法隆寺編

法隆寺史　上

——古代・中世——

思文閣出版

口絵1　西院伽藍

口絵2　金堂と五重塔

口絵３　東院伽藍

口絵４　金堂釈迦三尊像

法興元丗一年歳次辛巳十二月鬼
前太后崩明年正月廿二日上宮法
皇枕病弗悆干食王后仍以勞疾並
著於床時王后王子等及與諸臣深
懐愁毒共相發願仰依三寶當造釋
像尺寸王身蒙此願力轉病延壽安
住世間若是定業以背世者往登淨
土早昇妙果二月廿一日癸酉王后
即世翌日法皇登遐癸未年三月中
如願敬造釋迦尊像并侠侍及莊嚴
具竟乘斯微福信道知識現在安隱
出生入死随奉三主紹隆三寶遂共
彼岸普遍六道法界含識得脱苦縁
同趣菩提使司馬鞍首止利佛師造

口絵5　金堂釈迦三尊像光背銘

口絵6　伝橘夫人念持仏および厨子

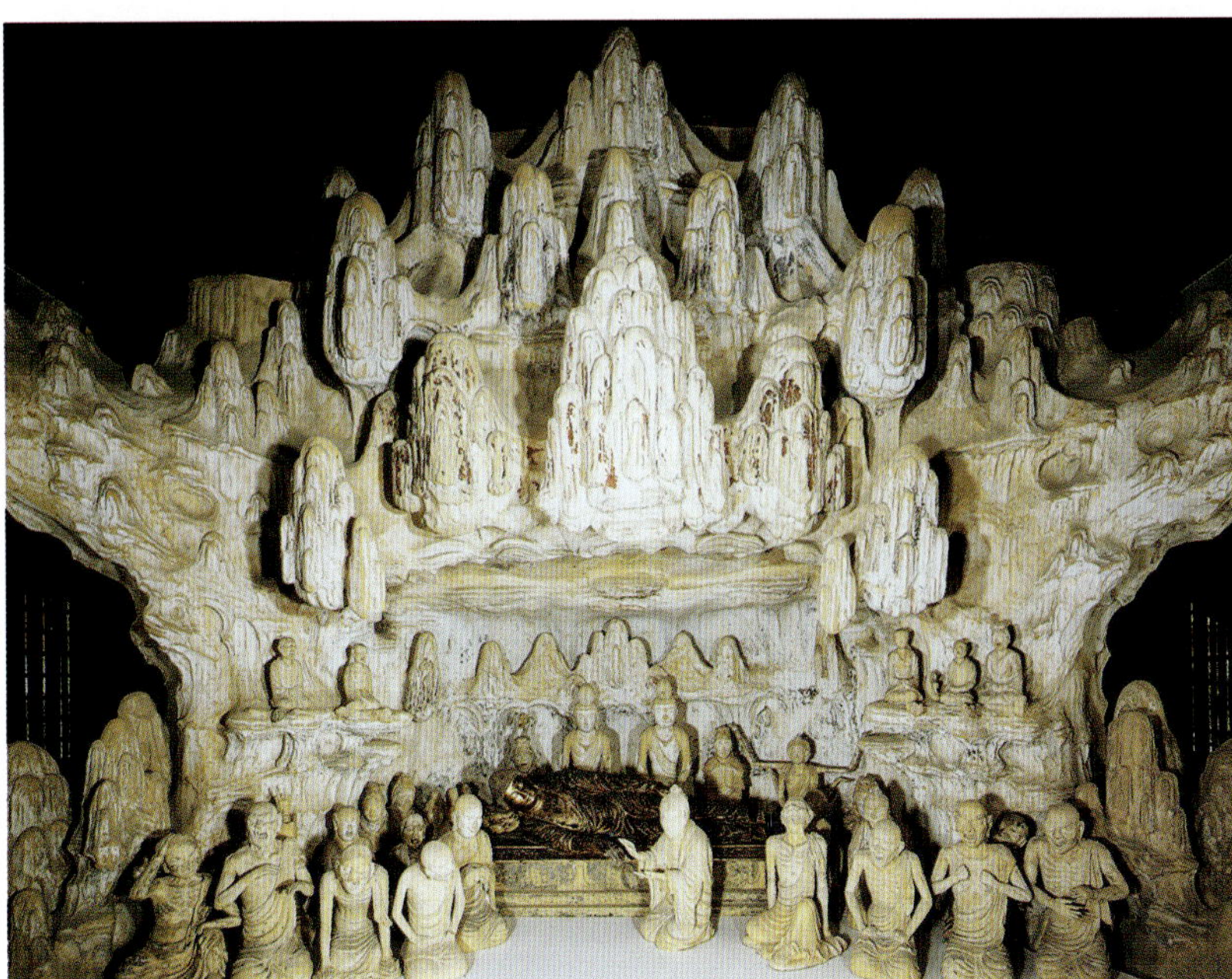

口絵7　五重塔塔本塑像東面（上）・北面（下）

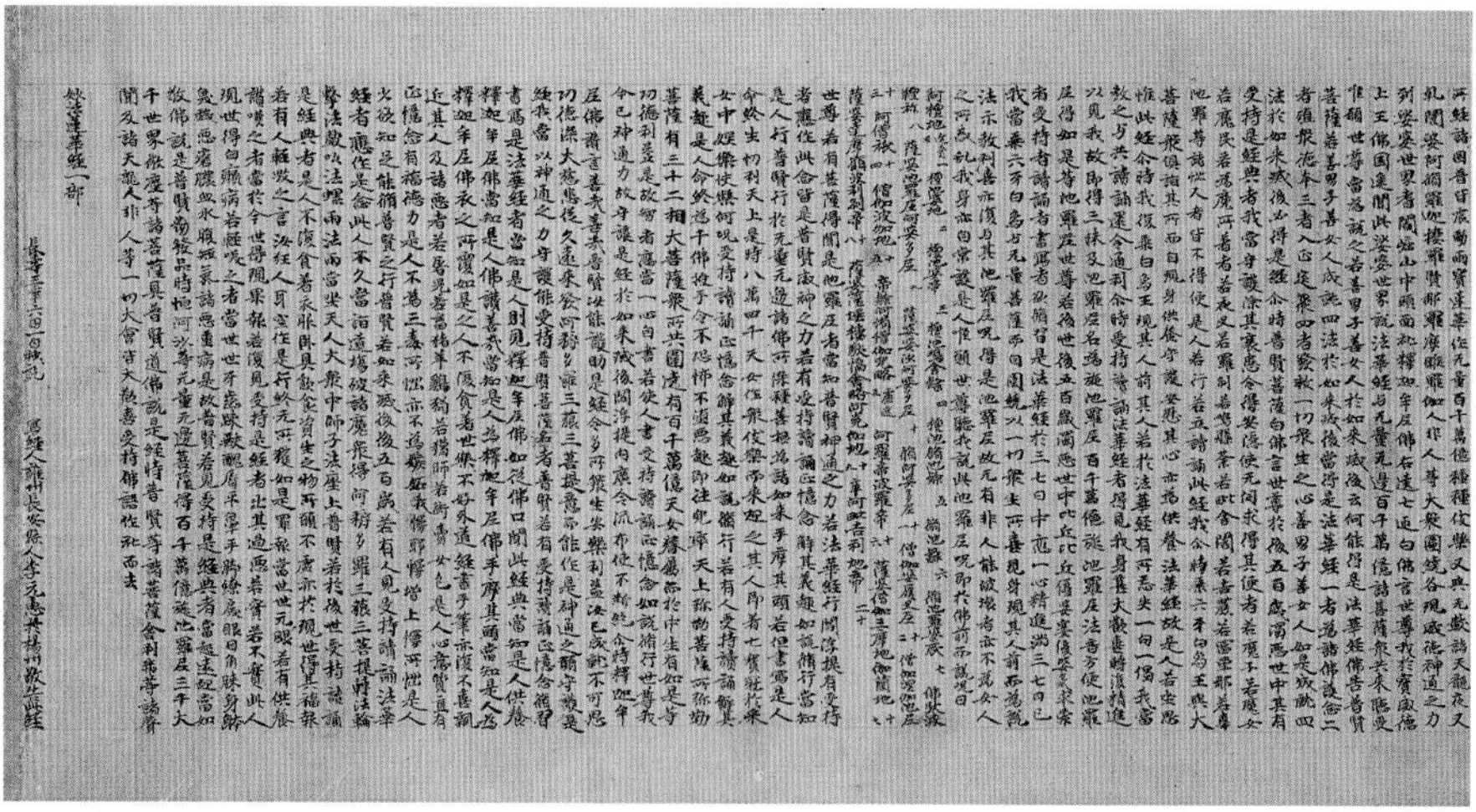

口絵８　細字法華経巻首(上)・同巻尾(下)

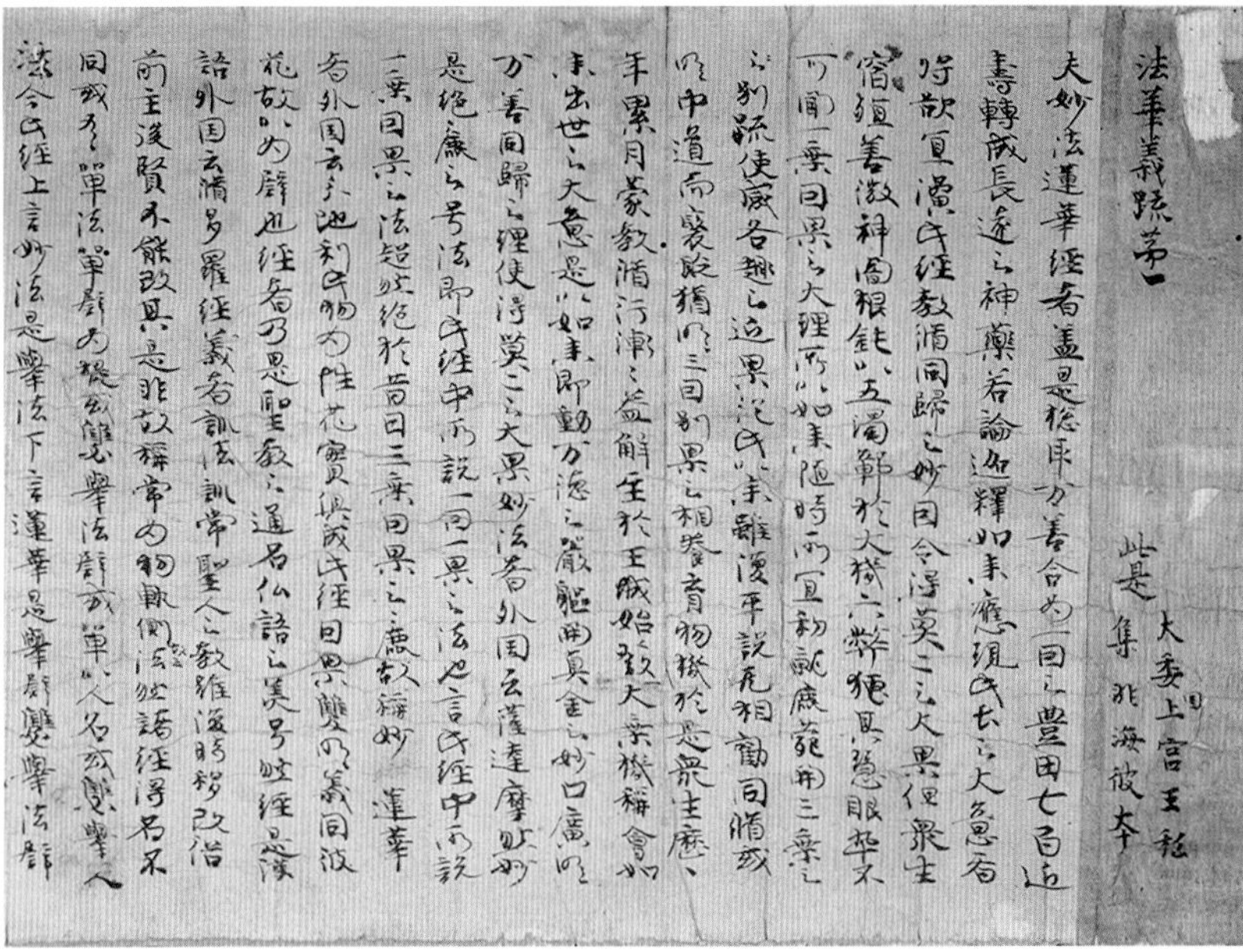

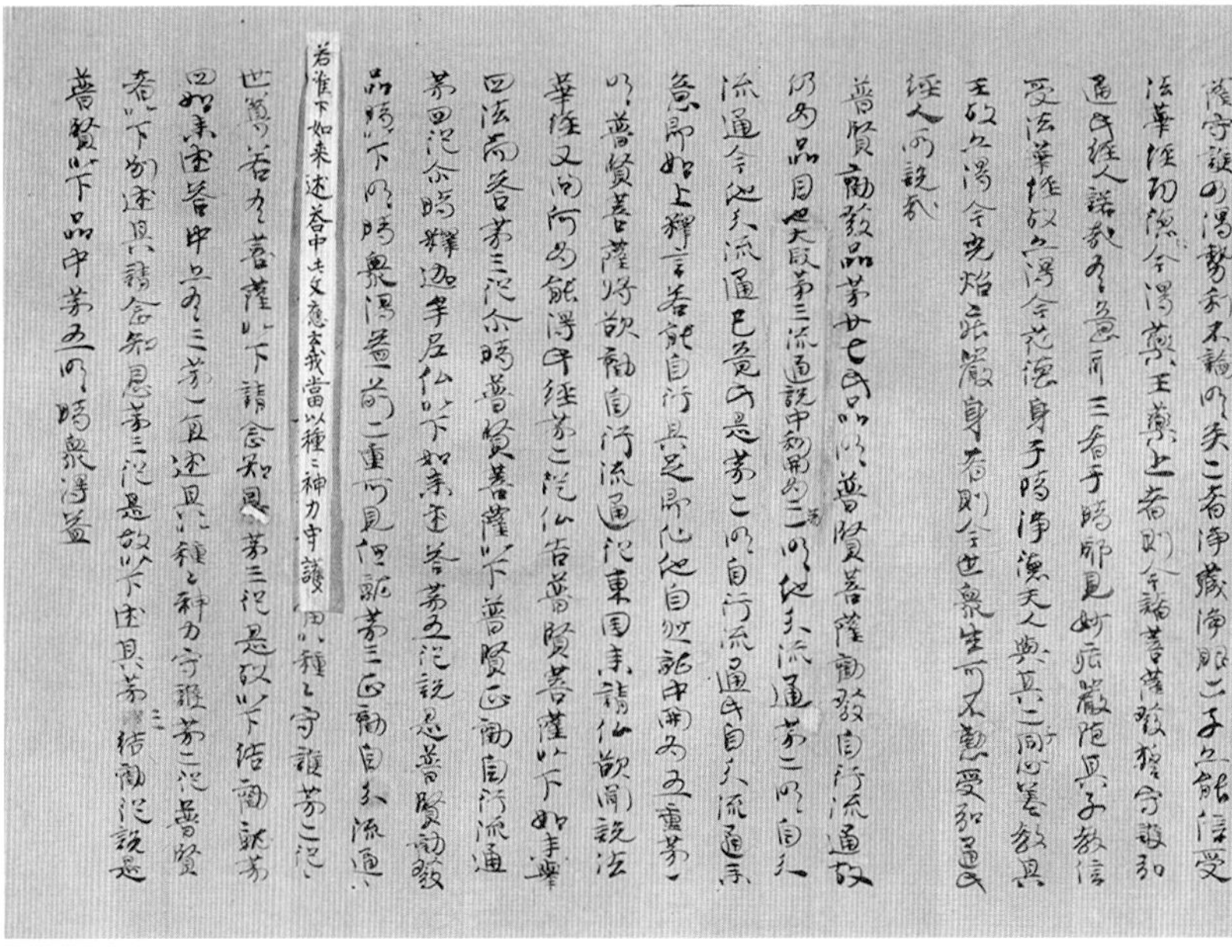

口絵9　法華義疏巻第一巻首(上)・同巻第四巻尾(下)

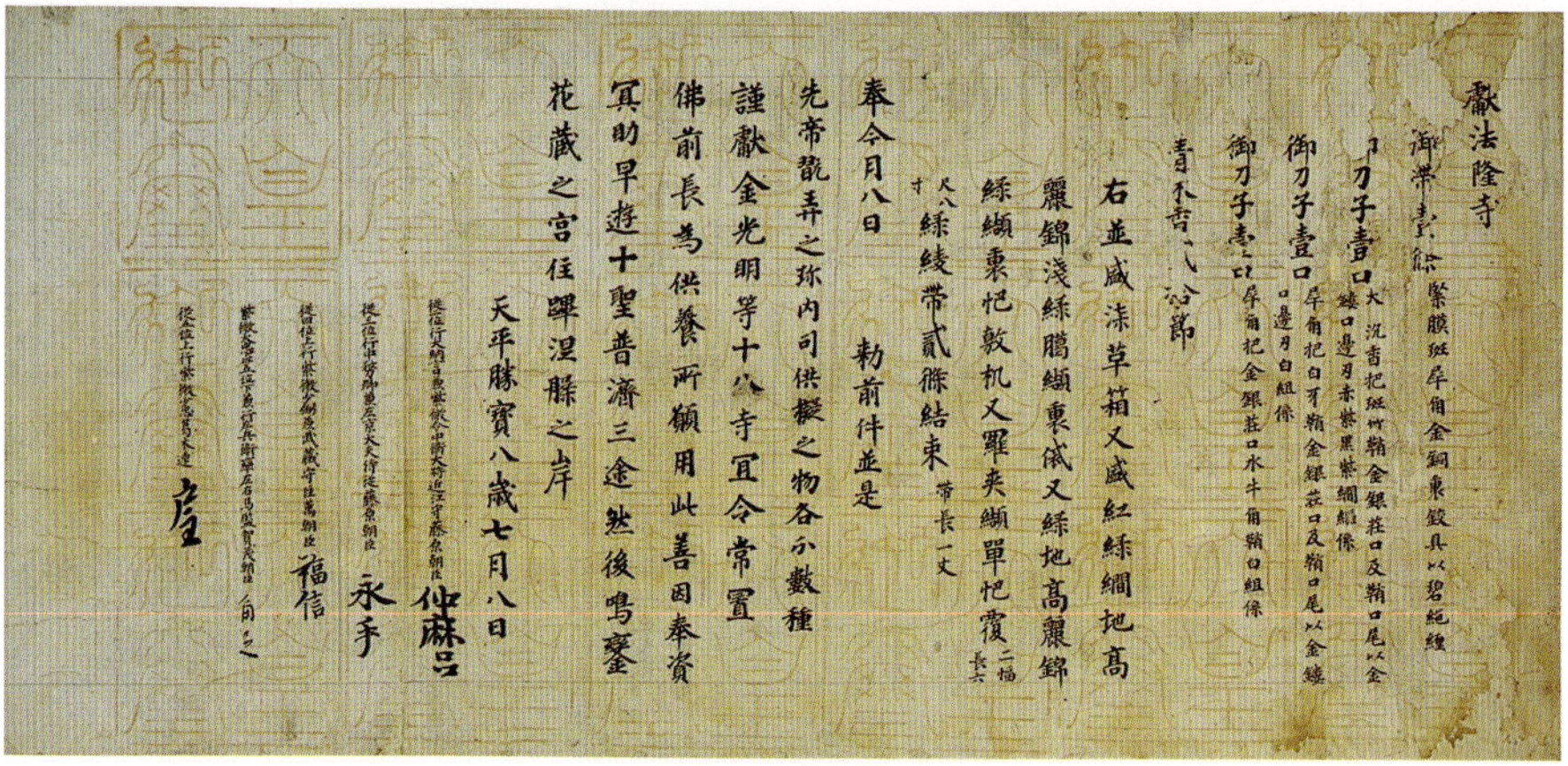

口絵10　法隆寺献物帳

口絵11　百 万 塔

口絵12　金堂吉祥天像

口絵13　聖霊院聖徳太子像

口絵14　聖皇曼荼羅

口絵15　舎利殿舎利講

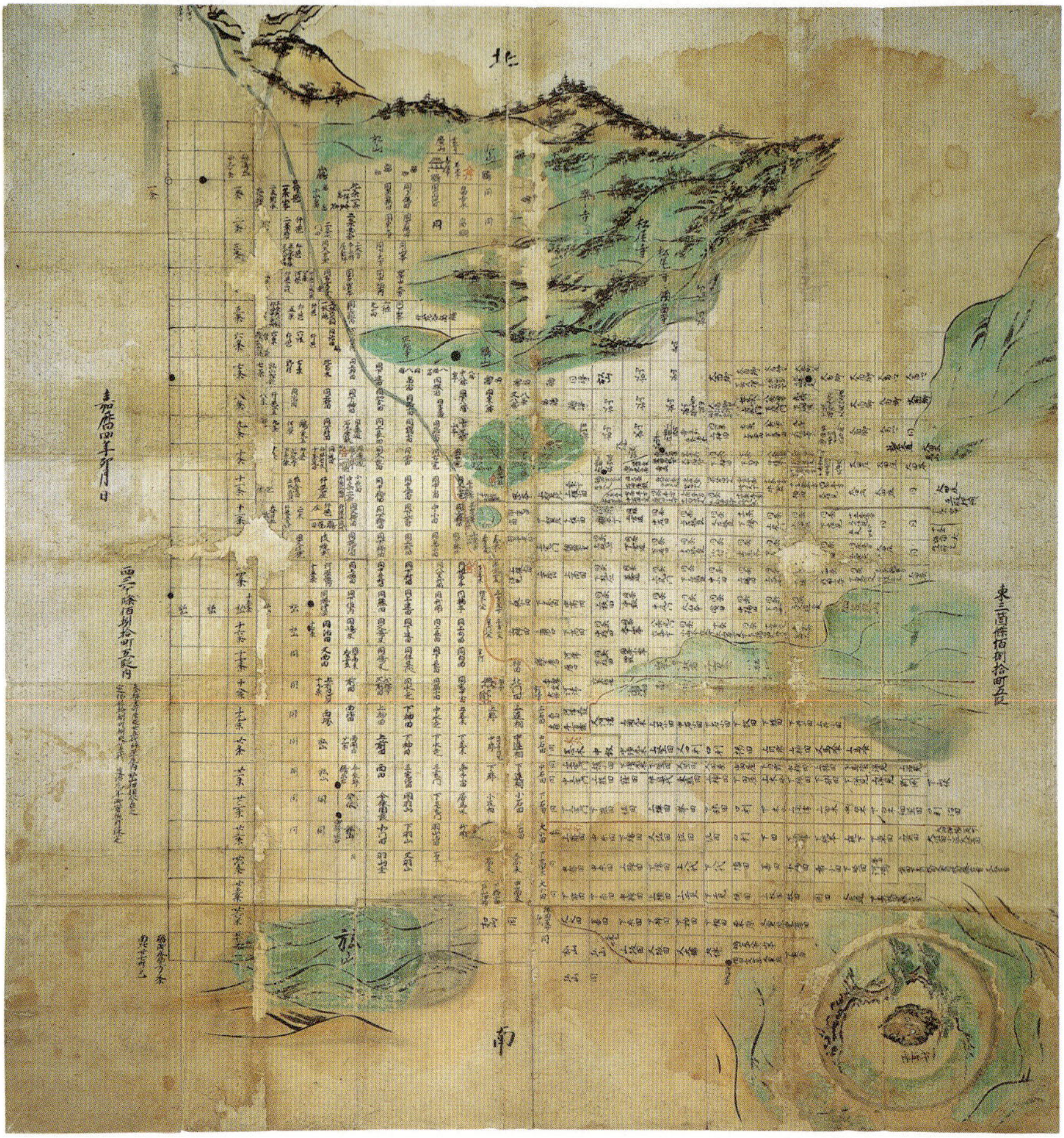

口絵16　鵤荘絵図(嘉暦4年図)

序文

聖徳宗管長・法隆寺住職　大野玄妙

法隆寺に関する書物は毎年多数出版され、その内容も美術・建築・考古・文学・思想など広い分野に亙っている。しかし、古代・中世・近世といった時代区分においては、それぞれ分離して、別個に執筆されているのがその殆どである。特に近年出版されたものの中には、独断や偏見に囚われて、興味本位に論理を展開させたり、或いは一面・一部の言及で総てを語るかのような錯覚を与えるものも少なくない。このような時、法隆寺の総ての時代を、一貫した計画のもとに記述した歴史書が望まれ、またその必要性に逼られている今日、『法隆寺史』を刊行する意義は非常に大きいものといえる。

法隆寺は聖徳太子によって建立され、その歴史は創建以来一千四百年に及んでいる。人々の幸福と平和社会の実現を願われた太子は、『十七条憲法』において「和を以って貴しとす」と、仏法による和の精神、和合協調の道を説かれ、善人が多く集う、慈悲に満ちた国造りを目指されたもので、この太子の理想を実行し、敷衍するための拠点として法隆寺は建立されたのである。

また法隆寺は、再建・非再建の議論はあるものの、一千三百年以上の年月を通じて戦禍や自然災害を受けなかったことも、他に類の無い大きな特徴となっている。そして、その間の各時代・各分野に亙る伝統や歴史的遺産が、途切れることなく、活きた状態で伝承され、それらが今、様々な分野の歴史を窺い知る上で貴重な役割を果している。

ただ単に古いということだけではなく、法隆寺に伝わったこれらの遺産は、その殆どが太子信仰の賜物といっても決して過言ではない。太子のご精神とともに、太子信仰に関わる多くの遺産が、物心両面に亙って引き継がれてきたのである。創建から現在に至る法隆寺の歩みや在り方を辿ることによっても、多くの得るものがあるのではないだろうか。

永い歳月の中で、法隆寺の歴史の推移もまた人の人生と同じように、時流の影響を受け、存亡に関わる危機的時期や状況に幾度となく直面し、その都度、多くの先徳・先人たちの努力によって乗り越え、克服して今日に至ったものである。法隆寺の歴史は、太子から受け継いだ遺産を守り伝えるために間断なく努力を続けてきた、信仰に支えられた多くの人々の歴史でもある。太子の建立目的を承け、そのご精神に従い布《ひろ》め、そのための活動を継続しつづけることにこそ、法隆寺の真義がある。

法隆寺の歩みを通して、これが社会の近い将来において、平和構築のための一助となれることを心から願う次第である。

編纂にあたって

法隆寺史編纂委員長　鈴木嘉吉

『法隆寺史』の編纂は昭和五十六年から着手した『昭和資財帳　法隆寺の至宝』全十五巻の刊行が、ようやく最終段階となった平成九年に発足した。それは『昭和資財帳』編纂のための調査によって所期の予想をはるかに上廻る宝物の新発見があり、寺の歴史との関連を見直すさまざまな問題が生じたこと、昭和初年に荻野三七彦氏が整理されて以来ほとんど手つかずだった古記録・古文書等についても再調査によって順次目録が完備してきたこと、天平時代の資財帳は「法隆寺伽藍縁起并流記資財帳」とあって本来歴史と宝物が一巻に記録されているのに「昭和資財帳」だけでは前半が欠けてしまって残念だなど、寺史編纂の条件が整ったことによっている。当時管長は高田良信師であったが師は早く『法隆寺子院の研究』や『法隆寺日記をひらく』など、従来あまり注目されなかった近世・近代の寺の歴史に光をあてる著書によって、歴代の寺僧たちが寺に伝わるもののすべてを聖徳太子に係わる遺産として、いかに懸命に保存する努力を重ねてきたかを強く世に訴えてこられた。その点で創建から現代まで一貫した寺の歴史書の編纂を常々希望されていたのが、ようやく機会を得ることになったのである。

実際、法隆寺はその宝物の多さと共に関連する書物や論文の多さも恐らく日本一となる寺であろうが、一貫した詳細な寺史は未だ書かれていない。これには対外的に活躍した寺僧がほとんど出なかったとか、幸に兵火などの災害もなく歴史の波瀾に乏しかったとか、いろいろな理由があげられる。宝物の多さに比べて古代・中世の古文書類が比較的少いこともその一つとなろう。しかし寺には江戸時代の「年会日次記」や明治以降の「寺要日記」など厖大な歴史記録や資料が残されている。前述の高田師の著書はその一部を紹介したに過ぎない。編纂委員会ではこうした点を考慮して通史編を上（古代・中世）、中（近世）、下（近代）の三巻に取まとめることとした。法隆寺といえば既刊の書物や論文がほとんど古代に集中していることからすると意外の感を抱かれる向きもあろうが、寺の歩みをできるだけ生々と画きたいためにほかならない。明治初期の廃仏毀釈の嵐の中で多数の宝物を皇室に献納し、その報償の御下賜金で伽藍の荒廃を防いだことは広く知られているが、近世にも遠く江戸までの出開帳や勧進でようやく修理費用を調達する寺僧たちの活動があって今日の法隆寺が存在するのである。

平成十一年、永年の懸案であった百済観音堂新宝蔵が前年めでたく落成したのを機に、住職の座が現管長にバトンタッチされ、寺史編纂の事業も体制を一新・強化して一層の推進が図られることとなった。寺史編纂室はそれまで昭和資財帳編纂の史料整理を引き継ぐ形で聖徳会館内に設置されていたが本坊の一角に移され、目録作成対象も近世・近代の史・資料に拡大された。昭和資財帳の時には手を伸すことができなかった本坊鵤文庫内の史料や収蔵庫に収める昭和大修理関係の文書・図面などの整理、目録作りも精力的に進められた。各巻の執筆担当者も確定して以後は定期的に編纂会議を開き、分担する史料整理の進行状況を相互に確認する体制が整えられた。これらはすべて現管長大野玄妙師の熱意によるものである。

寺史は通史編（三巻）、寺史年譜（三巻）、史料編（三〜四巻）で計画されている。編纂の初期の段階ではいずれを先行させるか意見が分れる時もあったが、専門家だけでなく多くの人々に寺の歴史を知って頂けるように、まず通史編上・中・下三巻を刊行することとした。途中で執筆者の交替があり、刊行が大幅に遅れてその間に早く念校まで目を通した森郁夫氏が逝去される非運も生じたが、ようやく上巻を上梓するに至った。中・下巻についても今後ほぼ一年ごとに公刊できるよう準備を進めている。辛抱強く長期間の編集作業に当られた思文閣出版の方々に深く感謝すると共に、今後なお一層のご尽力をお願いしたい。

法隆寺史　上　古代・中世◆目次

第三章　西院伽藍と東院伽藍

法隆寺史　上

古代・中世

序章　斑鳩の地理的環境と歴史的環境

1　斑鳩の地理的環境

地　勢

法隆寺は奈良県生駒郡斑鳩《いかるが》町に所在する聖徳宗の総本山である。古代においては斑鳩寺（鵤《いかるが》寺・伊可留我寺とも）、法隆学問寺とも呼ばれた。法隆寺の立地する斑鳩地域の地理的環境をみると、東は富雄川《とみおがわ》、西を竜田川《たつたかわ》（生駒谷）、南に大和川《やまとがわ》と馬見丘陵《うまみきゅうりょう》、そして北は矢田丘陵《やたきゅうりょう》に囲まれているが、いわゆる河内街道と呼ばれる交通路は東北から西南に斜向する形で開かれており、決して閉ざされた小空間ではない。

斑鳩町域に約六〇基の古墳と約一〇カ所の古墳時代の遺物散布地をみること、数多の宮居や寺院の造営などは、古代人の活発な営為をうかがわせるものがある。ことに地理的には、河内と斑鳩を結ぶ古道としての竜田道（前述の斜向道路にほぼ相当する）、これに直交して飛鳥まで通じたと察せられる太子道（筋違道《すじかいみち》ともいう）などの存在、そして大和川の水運などが注意されるが、古道については次章において後述するので、ここでは自然条件と人々との関わりに限って言及しておきたい。

まず山岳についてみると、寺は矢田丘陵の東南麓に位置する。矢田丘陵は生駒山地の東側にあり、『万葉集』

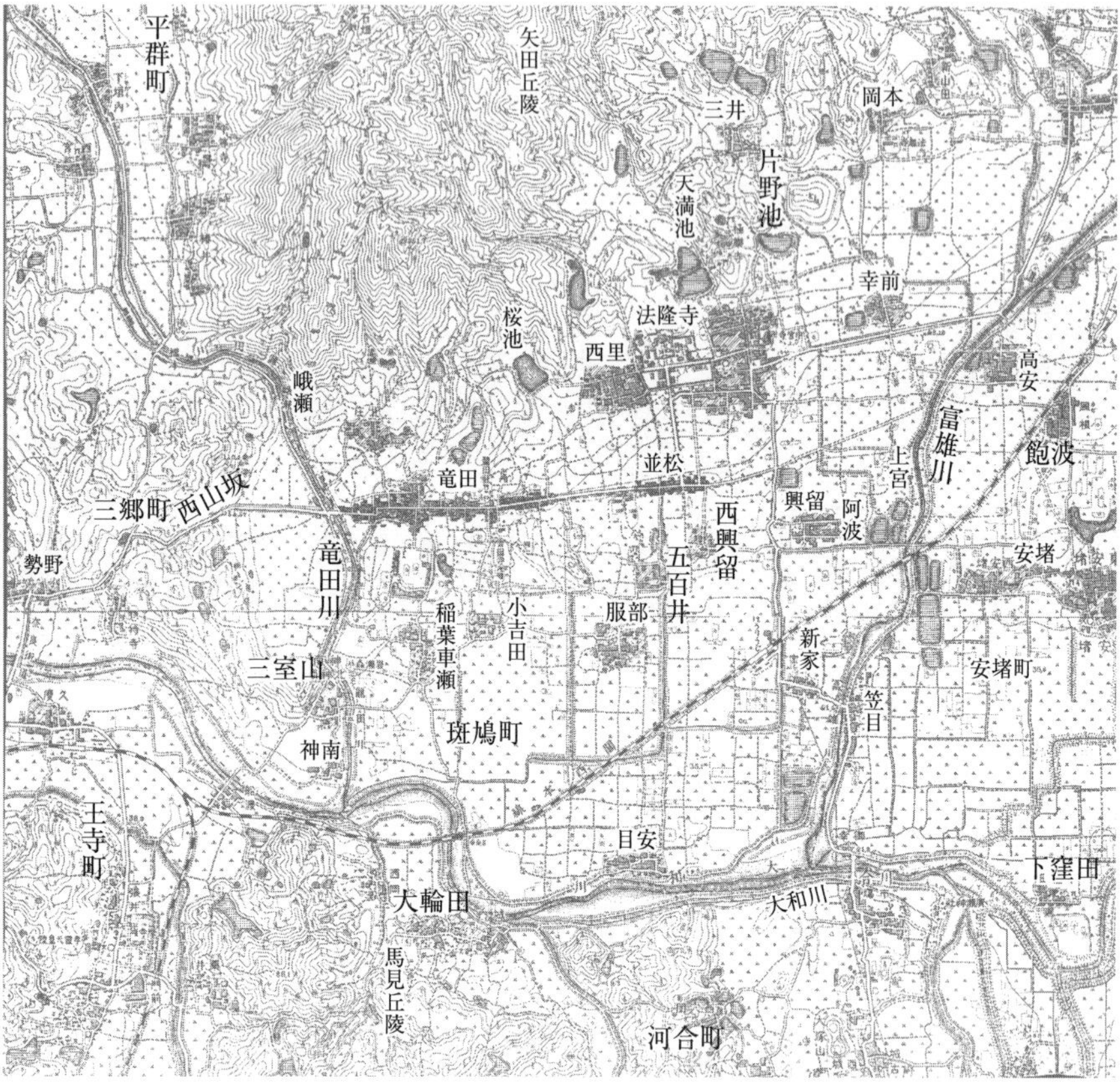

図１　斑鳩地域周辺図(明治41年測図、同43年製版の２万分の１地形図に加筆)

の「八重畳　平群の山」（巻一六―三八八五）や『古事記』景行天皇段・雄略天皇段にみえる「畳薦《たたみこも》　平群の山」はこの丘陵を指すといわれている。高所で海抜二〇〇～三〇〇メートルで地質は主として花崗岩《かこうがん》類からなる。矢田丘陵は松尾丘陵とも称し、南北約一八キロメートル、最高所で三三一・八メートルである。法隆寺の裏山は寺山と称し、寺山の低い山稜はさらに西南にのびて竜田の北山となる。この山稜が斑鳩地域の水稲栽培の用水源として、重要な役割を果たしていることについては後述したい。

図２　法隆寺裏山

斑鳩の東方を流れる富雄川は源を生駒市北部の傍示付近に発し、矢田丘陵と西ノ京丘陵の間を南流し、幸前《こうぜん》、高安《たかやす》、安堵町《あんどちょう》の西南端、斑鳩町の東南端において大和川に合流する。高い堤防が築かれた天井川《てんじょうがわ》で、古くは富ノ小川とよばれた。『日本霊異記』（上巻第四）には、聖徳太子が片岡村の乞食に着衣をあたえる説話の中で、「鵤の富の小川の絶えばこそわが大君の御名忘られめ」なる歌を記す。

竜田川は生駒市小明《こうみょう》付近から発し、矢田丘陵と生駒山地主脈の間を南流し、平群《へぐり》町から斑鳩町に入るところは峨瀬《がぜ》と称する小字名《こあざな》があり、V字形の峡谷を形成している。現在の流れは、峨瀬より東南の方向をとるが、もとは西南方に西山丘陵麓に沿って流れ、三室《みむろ》山《やま》の北側で東方に曲がり、稲葉車瀬《いなばくるませ》の西に迫り、再び南流して大和川に流入していた。近世、片桐氏が竜田に築城した際、河流を今のようにほぼまっすぐに南流させたものである（斑鳩町史編集委員会編『斑鳩町史』、斑鳩町、一九七九）。全長約一五キロメートル、上流は生駒川、中流は平群川という。現在、下流の県立竜田公園付近は楓が多く、紅葉の名所となっているが、古くはほぼその合流点以西の大和川を竜田川といった。

『古今和歌集』（五―三一一）に「年ごとにもみぢば流す竜田川　みなとや秋のとまりなるらむ」と紀貫之の歌にある湊は、川の規模から支流の竜田川ではなく、大和川東岸の斑鳩町竜田にあったと考えられている。

治安三年（一〇二三）一〇月二六日、高野山金剛峯寺参詣を終えた入道前太政大臣藤原道長は、帰途、法隆寺に到着、東院や種々の宝物を見て宿泊、二七日、法隆寺を進発し、河内国道明寺へと向かったが、『扶桑略記』は次のように記している。

河内国を指して進発の間、亀瀬山の嵐、紅葉影脆《もろ》く、竜田川の浪、白花声寒し、爰《ここ》に山中に於いて仮《かり》に草座を鋪《し》き、聊《いささ》か菓子を供え、紅葉を焼いて、佳酒を煖《あたた》む。蓋《けだ》し寒風を避《さ》くるなり。

これは次章第三節で述べる竜田道をとったことを示している。したがってここにみえる竜田川も現大和川を指すと考えられる。ちなみに二七日の宿泊は道明寺（藤井寺市）で、二八日の正午に、四天王寺（大阪市天王寺区）に到着している。

大和川は初瀬川《はせがわ》を本流とするが、奈良盆地の中央やや北部で、南から来る寺川・飛鳥川・曽我川・葛城川、北からの佐保川・富雄川などの諸河川を合流して、斑鳩地域では川幅が一〇〇メートル前後に達する。目安《めやす》とその対岸左岸の大輪田（河合町）のあたりで流れは北に向かい、竜田川との合流地点から北西流し、神南《じんなん》（斑鳩町）・勢野《せや》（三郷町）で、対岸の久度《くど》（王寺町）を包むように大きく湾曲して南西流し、亀ノ瀬を経て、河内平野へと抜けるのである。

『日本書紀』推古一六年（六〇八）八月条によると、隋使裴世清《はいせいせい》は難波から大和川をさかのぼって、額田部《ぬかたべ》（大和郡山市）付近に到達し、さらに初瀬川をさかのぼって海石榴市《つばいち》（現桜井市）に上陸したようである。しかし亀ノ瀬あたりは峡谷でしかも川中に岩が多いので、少時、竜田道をたどったかと思われるが、それはともかく、大和川が水運に果たす役割は大きかったと考えられる。ただし斑鳩町と河合町の間を流れる部分は奈良盆地で最も低い箇所であるため、かってはしばしば洪水の被害をもたらした。現在では堤防を高くしているが、天井川の様相を呈している。

斑鳩地域は右に述べたように、東西と南に大きな河川をみるが、田畑への灌漑用水地域はごくわずかである。昭和二二年前後の状況をみてみると、富雄川により、直接に灌漑される地域は、右岸では阿波《あわ》の一部のみで、左岸では高安の大部分、そして大和川を用水源とするのは目安の耕地のみであり、竜田川の水に依存するのは、竜田・小吉田《こよしだ》・稲葉車瀬の一部と神南の大部分であった（吉野川分水史編纂委員会編『吉野川分水史』、奈良県、一九七七）。すなわち斑鳩の中央部が抜けているのである。中央部は古来、溜池による灌漑用水に頼ってきているのである。

溜池と耕地

昭和五四年現在の主要溜池の所在数は大字別で、竜田・九、法隆寺・一一、三井《みい》・三、岡本・五、幸前・二、興留《おきどめ》・一、高安・四、阿波・一、稲葉車瀬・二、計三八カ所である（『斑鳩町史』）。このうち、築造年代が古代にさかのぼるものは三カ所くらいで、おおむね近世初期以降である。

三井にある斑鳩溜池は昭和一五年に着工し、二二年に竣工したが、従来から存在していた濁池《にごりいけ》・五ヶ村池《ごかむらいけ》・新池《しんいけ》の三つの池を整備拡充して完成したものである。三井・幸前・高安・法隆寺・興留・阿波など、広範囲を灌漑地域とするにいたった。用水受益面積は一七六町四反である。ただし、従来からの天満池《てんまいけ》・桜池《さくらいけ》その他の溜池や河川ならびに地下水の用水なども、地域的に持続されて今日にいたっている。なお、吉野川分水は斑鳩にはいたっていない。

斑鳩地域の平野部の北端は矢田丘陵の麓より始まり、南端は大和川に終わり、東側に富雄川、西側は竜田川が流れて、一定の田園空間をなしている。この平地の北端の丘陵に接するところは海抜六〇〜七〇メートルで多少の出入りをしつつ、東北から西南の方向にほぼ一線をなしている。大字法隆寺をはじめ、東北の三井、岡本、西南の竜田などの多くの集落はこの山麓のやや高燥地（海抜五〇〜六〇メートル）に立地している。ここより南へごくわずかに傾斜した平面上に、東から西へ興留・服部・小吉田・稲葉車瀬の諸集落が続く。これらの集落を結ぶ線より南は一層低くなり、まったく低平である。そこから南端の大和川におよんで、最も低いところで海抜四〇メートルくらいである。付近は大部分が古くから一毛作田のままである。

一町一〇九メートル四方の内部を一〇反に分かつ条里型土地割は、低平部に顕著にみられるが、一部に湿田を乾田に変えた際の耕地整理もあるという（昭和五八年度聞き取り調査）。丘麓部や高燥地は整然とした条里型土地割を示さず、地形的な影響をうけて、不整形な区画が多いが、文献的な条里史料は、低平部はもとより、法隆寺の西方に所在する桜池の近辺の丘麓部を示すものもある。古代の土地制度である条里制には、土地の方形区画と地番呼称というふたつの機能があるが、たとえ土地が方形区画でなくとも、地番呼称は機能し得た例といえよう。

ところで、聖徳太子が宮居の地として斑鳩を選んだ理由のうち、地理的な条件としては、通常、冒頭で示したように、難波—河内—大和を結ぶ交通の要衝であることをもって、南の当麻道—横大路を蘇我氏が抑えたのに対し、上宮王家が北の大津道—竜田道を制したといわれたりする。しかしここに高句麗の王京の立地を意識したものという説があること（千田稔「わが国における方格地割都市の成立——朝鮮半島との関連で——」、『考古学の学際的

研究 濱田青陵賞受賞者記念論文集』I、昭和堂、二〇〇一）を紹介しておきたい。安鶴宮《あんかくきゅう》、清岩里土城《せいがんりどじょう》（前期平壌城か）、後期平壌城のいずれもが南に大同江《だいどうこう》という大河川があり、東西に小河川が流れる立地が、斑鳩に類似していることを重視する考え方である。

2 斑鳩の歴史的環境

縄文・弥生時代の遺跡

縄文・弥生時代の遺物出土地としては、まず西里《にしさと》遺跡をあげることができる。遺跡は法隆寺の西、西里集落を中心とした、標高六〇メートル前後の緩やかな丘陵南斜面に立地している。斑鳩では数少ない縄文・弥生時代の遺跡であるが、すでに大正初期に西里字大将軍の田から、縄文時代後期の壺が、地元の人によって発見されている。この一帯はサヌカイト製の石鏃や土器片の散布地でもある。弥生時代では方形周溝墓などがあり、飛鳥時代と考えられる掘立柱《ほったてばしら》建物などもみつかっている。

また寺山（法隆寺背後の山）の中の慶花池《けいかいけ》の北側に形成された扇状地にも、石鏃や土器片の散布がみられる。さらに大和川と竜田川の合流地点である神南の三室山の南斜面で弥生時代中期から後期の土器や石器が出土している。

古墳時代の遺跡

斑鳩町には約六〇基の古墳と約一〇カ所の古墳時代の遺物散布地がある。このうち、少しでも調査されているのは、瓦塚《かわらづか》一号墳（三井）・仏塚《ほとけづか》古墳（法隆寺小字平尾）・竜田御坊山《たつたごぼうやま》三号墳（竜田小字御坊山）・藤ノ木古墳（法隆寺小字藤ノ木）・斑鳩大塚古墳（五百井《いおい》）・駒塚古墳（東福寺）の六基である（カッコ内の中の所在地は地番呼称の改正により、例えば藤ノ木古墳の場合は、現在法隆寺西二丁目とされているが、報告書・概報など参考文献の表示に従った）。

瓦塚一号墳は法起寺《ほうきじ》の北西方向約二〇〇メートルにある尾根上に立地する。大字は三井に属するが、むしろ岡本の集落の方に近い。全長約九七メートル、後円部径約六〇メートル、前方部幅約四七メートル、後円部の高さ約八メートル、前方部の高さ約八メートルの大型前方後円墳である。墳丘をとりまくみごとな埴輪列や葺石《ふきいし》が確認され、魚形土製品や円盤状土製品なども出土している。

すぐ隣接して、ほぼ同規模の全長九五メートルの二号墳と径四〇メートルの円墳の三号墳がある。そのうちの二号墳は西側に三井瓦窯《みいかわらがま》があり、『太子伝私記』（『法隆寺史料集成』四、一一三頁）に「又岡本寺ノ後ノ西山ニ俵塚ト云所ニ瓦数万枚焼埋掘穴云々　或云瓦塚云々」とある瓦塚にあたろう。

これら瓦塚古墳群の築造年代は五世紀初め頃である。その被葬者は斑鳩地域またはもう少し広くのちの平群郡域全体に関わる首長であったとの考えや、むしろ三井・岡本の東方にあたる大和郡山市の小泉大塚古墳、六道山古墳などと関わりをもちながら、奈良盆地の北西部の一角を前―中期にわたって支配していた集団との説がある。

仏塚古墳は、法隆寺背後の寺山の北にのびた小丘陵の先端部に立地する。後期の六世紀末頃築造の横穴式石室をもつ、一辺二三メートルの方墳である。亀甲形陶棺片《きっこうがたとうかんへん》・須恵器・馬具・耳環《じかん》・刀子《とうす》などの古墳時代遺物のほか、鎌倉時代後期～室町時代にかけての金銅仏・塑像仏片《そぞうぶつへん》・花瓶・土師《はじ》皿など仏教関係遺物が大量に出土しており、石室が中世に仏堂として利用されていたことを示している。近くにはそのころ法隆寺別院と称された極楽寺があり、それとの関係が指摘されている。また被葬者には聖徳太子の妃である菩岐々美郎女《ほききみのいらつめ》を出した膳《かしわで》氏《し》の可能性が強いとの考え方がある。

竜田御坊山三号墳は、三基の終末期古墳で構成される珍しい古墳群の中のひとつで、漆を塗った陶棺の中から若い青年の遺骨とともに、琥珀《こはく》製の枕や三彩の有蓋円面硯《ゆうがいえんめんけん》、ガラスの筆軸らしいものなどが出土している。横口式石槨《せっかく》の構造や副葬品から七世紀代の古墳と推定されている。なお、一号墳からは竪穴式石室状の施設に三体の埋葬があり、金銅製の環座金具《かんざかなぐ》と鉄釘が出土したという。御坊山は御廟山の転訛と考えられ、法隆寺伽藍の西の傾斜地の南斜面にあり、斑鳩の地を一望に見渡すその所在地や豪華な副葬品から、皇極二年（六四三）、蘇我氏によって滅ぼされた山背大兄王ゆかりの上宮王家の人々が葬られた墓との見方がある。現状は三基とも消滅している。

藤ノ木古墳は、法隆寺西里の集落の西南に所在し、六世紀後半に造営された直径約五〇メートルの大型円墳である。横穴式石室の中に安置された家形石棺から二体分の遺骨と、金銅製の冠・履《くつ》・半筒形製品、鏡・大刀・ガラス製装身具など多数の副葬品、さらに棺の外には華麗な金銅装馬具などがあった。被葬者については、付近の水田にミサザキの小字があることから、蘇我馬子の放った刺客によって崇峻五年（五九二）に暗殺された崇峻天皇の陵との伝承を重視する説と、崇峻の同母兄で、崇峻と同じく馬子の手で用明二年（五八七）に殺害された穴《あな》穂部《ほべ》皇子と、穴穂部と仲が良かったため同時に殺された宅部《やかべ》皇子の二人とする説がある。

斑鳩大塚古墳は、五百井の集落の北側に所在する。直径三五メートル、高さ四メートルの中期初頭（四世紀末から五世紀はじめ）の円墳で、粘土で覆われた木棺からは銅鏡・短甲（よろい）・工具・玉類などが出土した。斑鳩で最初に姿を現した古墳と考えられている。

駒塚古墳は、バス停「法起寺口」南にある前方後円墳である。調査の結果、全長四九メートル以上、後円部の径約三四メートルと判明し、墳端部各所から葺石が出土した。築造は四世紀後半である。斑鳩の前方後円墳では、瓦塚一号墳、二号墳に続く三つめのものである。聖徳太子の愛馬「黒駒」を葬ったという伝承を持つことから、古くから注目されていた古墳と考えられる。

なお、竜田の集落の北方の春日（滝谷）神社の境内に残る石材は、終末期古墳の石室の一部とみられ、神代《じんだい》古墳と名づけられている。御坊山古墳群の西南約五〇〇メートルの位置であり、両者の間に斑鳩宮の西方の地に築かれた終末期古墳という共通点がある。

以上、調査された古墳を中心にみてきたが、これらのほか山腹に直接墓穴を穿《うが》ち埋葬した桜池北側の寺山横穴群（五基）、斑鳩溜池の西方にあるゴルフ場内の三井古墳群（円墳九基）、法輪寺の南、片野池《かたのいけ》の西北にある樋崎古墳群（円墳約一〇基）、慶花池の東の梵天山古墳群（円墳三基）などが注目される。仏塚古墳とともに、造営はいずれも後期に属するが、これらの古墳の築造者もしくはその子弟たちが、斑鳩地域の開発や宮居・寺院の造営と関わりを持ったであろうことは、容易にうなずけるのである（前園実知雄・中井一夫『日本の古代遺跡』四、保育社、一九八二／前園実知雄「古墳分布の概観」、『斑鳩町の古墳』、斑鳩町教育委員会、一九九〇）。

集落遺跡　法隆寺の南東約一キロあたりから南北五〇〇メートル、東西約三五〇メートルの範囲に広がる古墳時代後期の集落遺跡として酒ノ免《さけのめん》遺跡がある。昭和五三年に、斑鳩町が大字法隆寺字酒ノ免に斑鳩東小学校を建設するのにともない実施された事前調査により発見された。その後実施された発掘調査から、現在までに五〇棟以上の建物が確認されているが、すべて掘立柱建物のみで構成された集落遺跡である。建物規模は二間×三間が多く、桁行《けたゆき》方向で柱間のひとつが他より狭くなっているため、入り口と認められるものがあるという。床面積は三〇平方メートル前後で、入り口側に庇《ひさし》を持つものや四面庇のものもある。時期的には古墳時代後期である五世紀代から六世紀代に集中し、七世紀初頭には忽然と消えるとの解釈があったが、近年では六世紀から七世紀初頭で、藤ノ木古墳の造営年代と並行関係にあるとみなす見解が有力である。ともかく奈良県下でも有数の集落遺跡のひとつであることは確かである。

東福寺遺跡は酒ノ免遺跡の北東約五〇〇メートルの地点（小字京田・院田）を中心に展開する遺跡である。このあたりにはその名の通り東福寺という寺がかつてあった。明治の廃仏棄釈にともない廃寺となり、今ではその名を地名に残すのみである。この遺跡からは古墳時代の土壙《どこう》や掘立柱建物、飛鳥時代の掘立柱建物、また、中世の井戸や建物など東福寺に関係すると思われる遺構がみつかっている（藤井利章編『奈良県斑鳩町　酒ノ免遺跡の研究』、斑鳩町教育委員会、一九八六）。

なお、東福寺遺跡の南に接する位置で発見された上宮《かみや》遺跡は弥生時代から鎌倉時代の複合遺跡である。発掘調査の結果、五世紀から六世紀にかけての掘立柱建物や溝を検出し、須恵器や埴輪等が出土している。しかし遺跡の中心は飛鳥～奈良時代のものであり、飽波葦垣宮《あくなみのあしがきのみや》ないし飽波宮との見方が有力であるので、第一章以降の叙述に委ねることとする。

ただ、鎌倉期の史料には平群郡飽波東郷付近の地名として、「カシワテ」「カシハテ」「膳手」という表記が見え（『大和郡山市史』史料集所収「額安寺文書」一九・二〇・二四・三二・四五、一九六六）、斑鳩町高安には「高橋」（日本地名学研究所編『大和地名大辞典』、一九八四）がある。高橋は膳の支族もしくは改姓したものである。また聖徳太子が晩年飽波葦垣宮に過ごしたことは『大安寺伽藍縁起并流記資財帳』や『太子伝私記』によって明らかであり、『太子伝私記』では太子の妃膳菩岐々美郎女がここに居住したと伝えている。そのため地名として残ったと考えられるが、もともと膳氏の本拠がここにあって、太子に妃と宮を献上したとも考えられないであろうか。

「斑鳩」の史上の初見は雄略紀八年（四六三）二月条にみえる膳臣斑鳩という人名であり、次いで用明紀元年（五八五）正月条の「初めて上宮に居す、後斑鳩に移す」である。人名だけで膳氏が斑鳩の豪族であったという証左にならないことはもちろんである。ただし、従来、膳氏の本拠地としてよく示される現橿原市膳夫町の地は藤原宮に遷都されてから定着したとも考えられる。

聖徳太子がこの地に宮居を営んだ理由としては前項で述べた地理的な条件が大きいと思われるが、歴史的には膳臣の存在を重視する説（加藤謙吉「上宮王家と膳氏」、『大和政権と古代氏族』、吉川弘文館、一九九一）と、ほかに平群谷に蕃居した平群氏との密着説もある（辰巳和弘「平群氏に関する基礎的考察」、『古代学研究』六四・六五、一九七二）。

早急な結論は避けることとするが、上宮王家を支援した氏族には、ほかに額田部連《ぬかたべのむらじ》・大原史《おおはらのふひと》・山部連《やまべのむらじ》・飽波評君《あくなみのこおりのきみ》などがあったとされ、また秦造《はたのみやつこ》の存在も重視すべきとの説（平野邦雄「秦氏の研究」、『史学雑誌』七〇―三、一九六一／横田健一「滅亡前における上宮王家の勢力について」、『日本歴史』三一二、一九七四／千田稔前掲論文）も提起されている。

第一章　聖徳太子と斑鳩宮

第一節　聖徳太子と太子をめぐる人々

1　聖徳太子と上宮王家

法隆寺と聖徳太子

法隆寺の前身である斑鳩寺（若草伽藍）は、聖徳太子によって建立された。現在の法隆寺西院伽藍が聖徳太子の建立した斑鳩寺そのものであるか、それとも天智九年（六七〇）と伝えられる斑鳩寺の焼失後に再建されたものかについて、永らく法隆寺再建・非再建論争が戦わされてきた。しかし若草伽藍の発掘成果によって、太子の建立した斑鳩寺が天智九年に焼失した後、現在の法隆寺西院伽藍がこの斑鳩寺の衣鉢を嗣ぐ伽藍として建立されたものであると考えられるようになった。ただ、その建立開始時期は若草伽藍の焼失以前にさかのぼる可能性があり、また、何よりもなぜこの地が選ばれたのかが充分に説明できない現状がある。

一方、法隆寺東院は聖徳太子の宮である斑鳩宮の故地に建てられたといわれる。斑鳩宮は太子の子山背大兄王に継承され、皇極二年（六四三）に蘇我入鹿によって襲撃されて焼失するまで存続した。このことは東院の発掘調査による下層遺構の発見によって裏付けられたといってよい。光明皇后と行信《ぎょうしん》による東院の創建はそれから約一〇〇年後の天平一一年（七三九）頃のことであった。

　入鹿に攻められた山背大兄王一族の最期の地となった斑鳩寺を受け継ぐ法隆寺（西院伽藍）の再建、その居宅であった斑鳩宮を受け継ぐ上宮《じょうぐう》王院（東院伽藍）の創建の中で、聖徳太子に対する信仰は深められていった。その意味で法隆寺は、聖徳太子とその一族を記念するモニュメントとしての性格を強くもった寺院であることがわかる。東院下層遺構の存在や、最近の五重塔心柱の伐採年代の解明が示すように、六世紀にさかのぼる歴史的な実態を背景に、法隆寺は聖徳太子信仰とともに発展したのである。聖徳太子という呼称が厩戸《うまやど》皇子に対する八世紀以降の敬称であるのは確かに歴史的な事実だが、法隆寺の歴史を語る本書においては、聖徳太子の呼称で叙述を進めることにしたい。

聖徳太子の系譜と呼称

　聖徳太子は、用明天皇を父とし、穴穂部間人《あなほべのはしひと》皇女を母として誕生した。用明天皇は欽明天皇と蘇我稲目の娘堅塩媛《きたしひめ》との間に生まれた推古天皇の同母兄、一方穴穂部間人皇女も欽明天皇と蘇我稲目の娘小姉君《おあねぎみ》との間に生まれた崇峻天皇の同母姉にあたる。したがって、聖徳太子の両親はいずれも欽明天皇の子で異母兄妹ということになり、しかもその祖母の堅塩媛と小姉君は同母の姉妹である。聖徳太子が天皇家の嫡系であるばかりか、蘇我氏の血統を極めて色濃くもった近親結婚の所生であることが知られよう。

　同母の弟には来目《くめ》皇子、殖栗《えぐり》皇子、茨田《まんだ》皇子がおり、異母兄弟姉妹には蘇我稲目の娘石寸名《いしきな》を母とする多目《ため》皇子、葛城当麻倉首広子《かずらきのたいまのくらのおびとひろこ》の娘伊比古郎女《いひこのいらつめ》を母とする麻呂子《まろこ》皇子・酢香手姫《すかてひめ》皇女がいる。

　聖徳太子の呼称は、基本史料である『日本書紀』やそれ以前の同時代史料にみられるものだけでもたいへん多岐にわたる。『日本書紀』にみえるものとしては、厩戸皇子、厩戸豊聡耳《とよとみみ》皇子、豊耳聡《とよみみと》、豊聡耳、上宮厩戸豊聡耳太子、東宮聖徳、法大王、法主王などがあり、このほか「法隆寺金堂釈迦三尊像光背銘」に上宮法皇・法皇、

図1　聖徳太子関係略系図

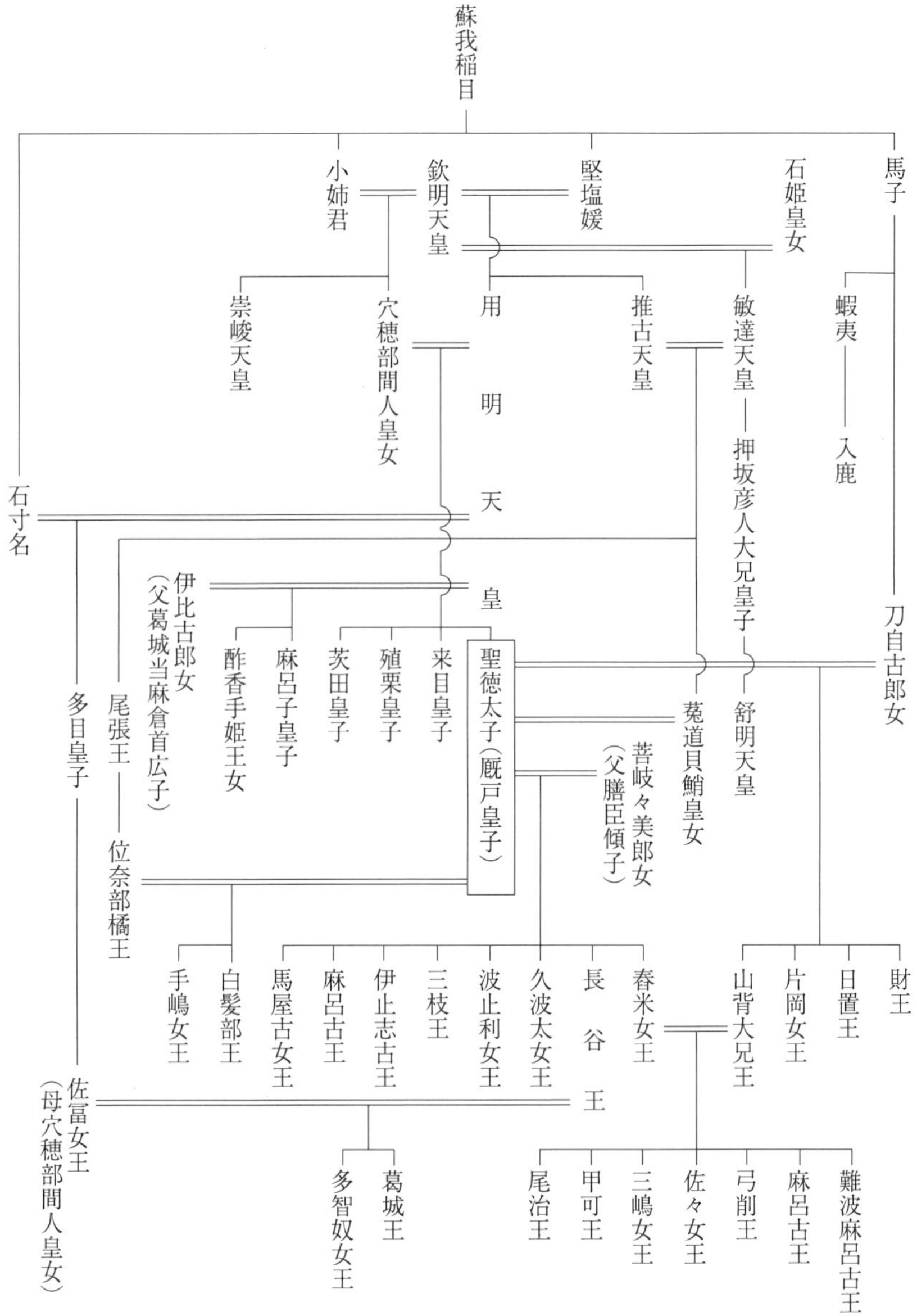

「伊予湯岡碑文《いよのゆのおかのひぶみ》」に法王大王、「天寿国繡帳銘《てんじゅこくしゅうちょうめい》」に等已刀弥々乃弥己等《とよとみみのみこと》、「法起寺塔露盤銘《とうろばんめい》」（現存しないが、一三世紀前半成立の顕真《けんしん》の著作『太子伝私記』に逸文として伝えられている。この銘文については偽作説もあるが、その史料的価値は東野治之「法起寺塔露盤銘」、『日本古代金石文の研究』、岩波書店、二〇〇四、が詳細に論じているところである）に上宮太子・聖徳皇、「元興寺丈六釈迦像光背銘」に等与刀弥々大王《とよとみみのおおきみ》などとみえる。

　これらは大別すると、実名と考えられる厩戸、聡明さを讃える敬称と思われる豊聡耳など、住まいとした宮の呼称に由来すると考えられる上宮など、仏教的な漢語の敬称である法王などに分けられよう。

　厩戸は、坂本太郎氏の指摘するように（坂本太郎『聖徳太子』、吉川弘文館、一九七九）、「元興寺塔露盤銘」（『醍醐寺本諸寺縁起集』所収「元興寺縁起」）に「有麻移刀等刀弥々乃弥己等」とあるのによれば、「うまやと」と濁らずに発音するのが正しいようである。上宮は、『日本書紀』には父用明天皇が宮（磐余池辺双槻宮《いわれのいけべのなみつきのみや》）の南の上殿に住まわせたため上宮と称したと説明するが定かではない。桜井市に上之宮の地名が残り、六世紀代の遺跡も検出されており、上宮の故地とみる見方もある。上宮の読み方も、「うえのみや」「かみつみや」の二説があって定まらない。ただ、いずれにせよ斑鳩に居を移して以後も、子の山背大兄王の代に至るまで上宮の名は継承され、その一族は斑鳩王家ではなく上宮王家と呼ばれることになる。上宮がこの一族にとっていかに由緒のある名称であったかの証であろう。

　さて、最も一般的な聖徳太子という名は、漢語の敬称聖徳を付して呼んだ皇太子としての名称で、「聖徳」の呼称自体は慶雲三年（七〇六）製作とされる「法起寺塔露盤銘」に「上宮太子聖徳皇」とあるのが初見である。養老四年（七二〇）成立の『日本書紀』に「東宮聖徳」とみえ（敏達五年三月戊子条）、また令の註釈書で天平一〇年（七三八）頃成立した古記が「天皇の諡とは未だ諡を知らず。答う、天皇崩ずる後、其の行迹《ぎょうじゃく》に拠りて、文武備わらば、大行を称するの類」（文武天皇の諡号の由来を述べたものであろう）とした後、「一云」として「上宮太子、聖徳王と称するの類」と述べている（公式令平出条集解）から、この頃には聖徳を諡号《しごう》とする見方が流布しており、何よりも聖徳の呼称が実際に行われていたことがわかる。ただ、この段階までは「聖徳王（皇）」が一般的で、「聖徳太子」という呼び方としては天平勝宝三年（七五一）に書かれた『懐風藻』の序文にみえるのが最古ではないかとされる。

聖徳太子の生没年

聖徳太子の生没年について、『日本書紀』は実はあまりあてにならない。まず生誕年について『日本書紀』は何も語らず、『法王帝説』に「上宮聖徳法王、又法主王と云う。甲午年の産。」とあって、敏達三年（五七四）甲午の誕生の可能性が指摘できる。『法王帝説』にはこのほか物部守屋が滅ぼされたのを丁未年として乱後四天王寺を建てたことが記されており、太子は「生まれて十四年」であったとする。また、『補闕記』も丁未年を「太子生年十四」とする。丁未年は用明二年、すなわち五八七年で、この場合は敏達三年（五七四）甲午の生まれ、ということになる。なお、『聖徳太子伝暦』は敏達元年（五七二）正月一日の生まれとし、物部守屋が滅ぼされた丁未年七月について、「是時、太子生年十六」とする。

次に死没年については、『日本書紀』は推古二九年（六二一）二月五日に死去したとする（『日本書紀』同月癸巳条）。そして諸王・諸臣、国内の百姓がこぞってその死を嘆き悲しんだ様を異例の筆致でもって叙述し、さらに太子の死を聞いた高句麗の僧慧慈《えじ》が心の絆を断ち難く、自らも翌年の同日に死去して浄土で太子と巡り会わんと誓願を立ててその通りに亡くなったという話を伝える。しかし、『日本書紀』以外の史料には太子の死没を翌推古三〇年二月二二日のこととするものが多い。例えば、『法王帝説』は「壬午年二月廿二日薨逝なり。生まれて卌九年。」、『補闕記』は「壬午年二月廿二日庚申、太子病無くして薨ず。時に年卌九」としている。また、金石文では太子の死後まもなく作成されたとみられる法隆寺金堂釈迦三尊像の光背銘もその造像の由来を記す中で、「法興元丗一年歳辛巳に次《やど》る十二月鬼前大后崩ず。明年正月廿二日上宮法皇病に枕して悆《こころよ》からず、（中略）二月廿一日癸酉王后即世す、翌日法皇登遐す」と述べ、辛巳年（推古二九）に聖徳太子の母穴穂部間人大后が亡くなったのに続いて、翌年すなわち壬午年（推古三〇）二月に王后（聖徳太子の夫人の一人の膳菩岐々美郎女《かしわでのほききみのいらつめ》）と聖徳太子が相次いで亡くなったと伝えている。製作は天武・持統朝まで降る可能性がある（ただし、図様や銘文は推古朝末年の古い繍帳を下敷きにしている可能性が高い）「天寿国繍帳銘」や、「法起寺塔露盤銘」も、推古三〇年説に拠っている。文献史料には『日本書紀』に配慮してか推古二九年説に従うものもあり、例えば『聖徳太子伝暦』は推古二九年説を掲げた上で「又説壬午年者《てへ》るは誤なり」とし、推古三〇年説を否定している。しかしながら、没後最も早い時期の製作で内容が最も信頼するに足ると判断される「金堂釈迦三尊像光背銘」をはじめ、金石文史料が一致して推古三〇年説を採っていることは重視すべきで、『日本書紀』の記述はむしろ法隆寺系統の史料を編纂に用いなかったことによる誤りとみなすべきであろう。

このように、聖徳太子の生没年については、敏達三年（五七四）生まれで推古三〇年（六二二）に数え年四九歳で亡くなったとみるのが最も穏当なところと考えられる。

四天王寺と法隆寺の建立

聖徳太子の父用明天皇は、敏達天皇の崩御を受けて、敏達一四年、すなわち太子一二歳の折に即位した。見るべき治績は多くないが、先帝敏達とは異なり仏教を保護し、親仏派の蘇我馬子と排仏派の物部守屋の対立は激化する。用明二年（五八七）に用明天皇がわずか在位二年で病没すると、物部守屋は用明の弟穴穂部《あなほべ》皇子を奉じて挙兵する。これに対して蘇我馬子は皇后炊屋姫《かしきやひめ》の命によって穴穂部皇子を殺害し、ついで物部守屋追討軍を興してこれを滅ぼすこととなる。一四歳になった聖徳太子は、泊瀬部《はっせべ》（穴穂部皇子の同

図２　四天王寺全景(東南から)

母兄弟、のちの崇峻天皇)、竹田(敏達・炊屋姫の嫡男)、難波・春日(敏達の庶子)らの皇子や、紀氏・巨勢氏・膳氏・葛城氏らとともにこれに参加したといわれる。

この戦いで戦況が悪化した際、聖徳太子は白膠木《ぬるで》を切り取って四天王像を造り、戦勝を祈願したという。そして勝利に導いていただけたら護世四王のために寺塔を建立するという誓願を守り、乱平定後摂津国に造営したのが四天王寺であるという。太子の亡くなった翌年の推古三一年(六二三)には新羅から献上された舎利・金塔・灌頂幡《かんじょうばん》などを四天王寺に納めたといい(『日本書紀』同年七月条)、このころまでに金堂が完成、次いで阿倍内麻呂が仏像四体を塔内に安置し鼓を重ねて霊鷲山《りょうじゅせん》の像を造ったといわれる(『日本書紀』同年二月己未条)。大化四年(六四八)頃までには塔ができあがり、さらに七世紀後半には講堂や回廊が竣工したのではないかとみられている。聖徳太子存命中に完成していたのはせいぜい金堂のみということになるが、発掘調査の成果によっても若草伽藍と同笵《どうはん》の軒丸瓦《のきまるがわら》を使用していることからみて、金堂の造営に聖徳太子が関与した可能性は高い。

一方、この時蘇我馬子も同様の誓願を行い、その結果造営されたのが法興寺《ほうこうじ》である。推古四年（五九六）に竣工したといい（『日本書紀』同年一一月条）、推古一四年に鞍作鳥《くらつくりのとり》の手になる本尊の丈六仏が完成したことがみえている（『日本書紀』同年四月壬辰条）。法隆寺（若草伽藍）の創立も金堂の薬師如来像の光背銘によると推古一五年頃のことと考えられ、これは推古一四年には聖徳太子が岡本宮で法華経の講説を行い、これに対して推古天皇が播磨国の水田一〇〇町を太子に与え、太子はこれを斑鳩寺に納めたという記事（『日本書紀』同年条）に対応するとみられる。聖徳太子は推古九年に斑鳩宮を造営したとされており（『日本書紀』同年二月条）、法華経講説を契機として自らの宮のそばに寺院を建立すべく、その財源として播磨国の水田の施入を受けたとみることができよう。法隆寺という名称は、坂本太郎氏が指摘するように（前掲書）、仏法興隆をめざす寺院として、蘇我氏の法興寺を意識した命名とみることができるだろう。そこに蘇我氏に対する対抗意識をみることは簡単だが、そうではなくむしろ両者あいまって日本の仏法興隆の両翼を担おうとした積極的な意識を読み取りたい。所在地によって法興寺は飛鳥寺、法隆寺は斑鳩寺とも称された。

なお、法隆寺の創建を考える上で、法隆寺五重塔の心柱の伐採年代が奈良文化財研究所の光谷拓実氏による年輪年代の測定によって、五九四年と特定できたことは、今後の研究の大きな定点となろう。また、現在の五重塔の位置に創建当初に立てられた刹柱《さっちゅう》を現在の五重塔はそのまま心柱として用い、この刹柱の存在が若草伽藍を西院伽藍としてここに再建した要因であったとみる説が出されている（松浦正昭「年輪に秘められた法隆寺創建」、『日本の美術』四五五、飛鳥白鳳の仏像――古代仏教のかたち、至文堂、二〇〇四）。なぜここに刹柱が建てられたのかの合理的説明が難しいが、蘇我氏による法興寺について、推古元年（五九三）に刹柱を建てた記事があり（『日本書紀』同年正月丁巳条）、法隆寺の五重塔の心柱の伐採年代と近いのが注目される。刹柱＝塔と解釈するのが一般的だが、その存在形態も含めた検討が、今後の法隆寺の創建を考える際には必要になろう。つまり、法隆寺の造営計画が斑鳩宮造営以前にさかのぼる可能性もあるのであり、斑鳩宮の造営と法隆寺の造営が、実際の完成は遅れるとしても、一体のものとして進められたとみることもできるのである。

聖徳太子の配偶者と子どもたち

聖徳太子の配偶者として、少なくとも四人の女性が知られる。まず正妻とされるのは菟道貝鮹《うじのかいだこ》皇女である（『日本書紀』敏達五年三月戊子条。別名を菟道磯津貝《しつかい》皇女とするが、これは同じ敏達天皇の皇女ではあるが別人）。敏達天皇と皇后炊屋姫の長子として名のあがるこの皇女は、聖徳太子の正妻として相応しい血筋ではあるが、ほかの史料にはみえず、また子の存在も伝えられていない。ついで膳臣菩岐々美郎女が知られる。膳臣傾子《かたぶこ》（加多夫古）の娘で、舂米《つきしね》女王、長谷《はせ》王、久波太《くわた》女王、波止利《はとり》女王、三枝《さいくさ》王、伊止志古《いとしこ》王、麻呂古《まろこ》王、馬屋古《うまやこ》女王ら四男四女を産んだ。次に刀自古《とじこ》郎女が知られる。蘇我馬子の娘で、山代(背)大兄王、財《たから》王、日置《ひき》王、片岡《かたおか》女王の三男一女を産んだ。最後に位奈部橘《いなべのたちばな》王（橘大郎女《たちばなのおおいらつめ》）が知られる。尾治《おわり》王（敏達と推古の第五子尾張皇子か）の娘で、白髪部《しらかべ》王、手嶋《てしま》女王の一男一女を産んだ。そして「聖王児十四王子也」、すなわち聖徳太子の子は一四人であるという（以上、『法王帝説』）。

このうち聖徳太子の嫡子とされたのは、蘇我氏の血を引く刀自古郎女所生の山背大兄王であった。山代大兄王、山尻王などとも書かれる。異母妹の舂米女王との間に、難波麻呂子《なにわのまろこ》王、麻呂古《まろこ》王、弓削《ゆげ》王、佐々《ささ》女王、三嶋《みしま》女王、甲可《こうか》王、尾治《おわり》王の五男二女をもうけたという（『法王帝説』）。推古天皇死後の皇位後継者の一人と目されたが、皇位は田村皇子が受け継ぎ舒明天皇として即位する。その後、皇極二年（六四三）、古人大兄皇子の即位をもくろむ蘇我入鹿に攻められ、斑鳩寺で一族とともに自刃することになる。なお、妃の舂米女王は上宮王家の財産管理権を保有していたらしい。蘇我蝦夷が双墓の造営にあたって上宮乳部《みぶ》を使役した際にこれに憤慨したと伝えられるのは、山背大兄王ではなく妃の上宮大娘姫《かみつみやのいらつめ》王、すなわち春米女王であった（『日本書紀』皇極元年是歳条）。

長谷王は、泊瀬《はせ》王、泊瀬仲《はせなか》王、あるいは近代《このしろ》王などともいう。聖徳太子の兄多目王の子の佐富《さほ》女王（母は穴穂部間人大后）との間に葛城《かずらき》王、多智奴《たちぬ》女王の一男一女をもうけたという（『上宮記』）。推古天皇の死後皇位継承をめぐって田村皇子派と山背大兄王派に割れた際、山背大兄王を推す境部臣摩理勢《さかいべのおみまりせ》が蘇我蝦夷と対立して斑鳩の泊瀬王の宮に身を寄せたといい、斑鳩に居を構えていたことが知られる。摩理勢は群臣の説得により泊瀬王の宮を離れ自宅に戻るが、一〇日余りのち泊瀬王は急病でなくなったという（『日本書紀』舒明即位前紀）。このほかの太子の子については系譜関係のみで伝の詳細は不詳である。

聖徳太子の孫については、前述の山背大兄王や長谷王の子などが伝えられるのみだが、それらはほんの一端であって、相当数の子孫たちが斑鳩宮とその周辺に居住していたとみられる。『法王帝説』は蘇我入鹿の斑鳩宮襲撃によって、山背大兄王とその兄弟ら合わせて一五人がことごとく滅ぼされたとする。一方、『補闕記』は、蘇我入鹿に攻められて山背大兄王とともに自経した太子の子孫として、次の二三人の王をあげる。

山代大兄王蘇、殖栗王、茨田王、卒末呂王、菅手古王、春米女王膳、近代王、桑田女王、礒部女王、三枝末呂子王膳、財王蘇、日置王蘇、片岳女王蘇、白髪部王橘、手嶋女王橘、孫難波王、末呂女王膳、弓削王、佐保女王、佐々王、三嶋女王、甲可王、尾張王

殖栗王と茨田王は聖徳太子の同母兄弟、卒末呂《そまろ》王と菅手古《すがてこ》王は聖徳太子の異母兄弟、すなわちいずれも山背大兄王からみると叔父にあたる。春米女王・近代王（長谷王）・桑田女王・礒部《いそべ》女王・三枝末呂子《さいくさまろこ》王はいずれも膳臣菩岐々美郎女を母とする聖徳太子の子どもたち、つまり山背大兄王の異母兄弟姉妹にあたる。財王・日置王・片岳女王は山背大兄王の同母の弟妹、白髪部王と手嶋女王は位奈部橘王（橘大郎女）を母とする聖徳太子の子ども

たち、すなわち山背大兄王の異母兄弟姉妹にあたる。太子の孫として列挙されている難波《なにわ》王・末呂《まろ》女王（「膳」とあることからすれば、膳臣菩岐々美郎女を母とする聖徳太子の子の可能性もある）・弓削王・佐々王・三嶋女王・甲可王・尾張王はいずれも山背大兄王の子どもたちである。その中にみえる佐保女王は太子の異父妹であり、また姪にもあたるが、ここでは山背大兄王の異父兄弟としての長谷王の妃として登場しているのであろう。

上宮王家と法隆寺

これによると、聖徳太子の兄弟姉妹、聖徳太子の複数の妃とその所生子たちが斑鳩宮とその周辺に居住し、上宮王家を構成していたとみられる。聖徳太子の孫の世代が山背大兄王の子に限られていることが注意されるが、これは山背大兄王を中心とした記述であるためであろうか。

このような『補闕記』や『法王帝説』の記述に対し、太子の子孫が一所に集住していたとは考えにくいとして、『法王帝説』の一五人がことごとく滅ぼされたという記事は疑問であるとし、ましてや『補闕記』の太子の子孫二三人全滅の記事は信用できないとする見解がある（岩波日本思想大系2『聖徳太子集』頭注など）。しかし、これらの人々は斑鳩宮にのみ居住していたのではない。聖徳太子から山背大兄王に受け継がれた斑鳩宮を中核としながら、太子の母の穴穂部間人皇女（聖徳太子の母で、用明の死後は兄多目王の妃となったとも伝えられる）あるいは位名部橘王（橘大郎女。推古天皇の孫、聖徳太子の夫人の一人で、白髪部王・手嶋女王の母）が居住したとみられる中宮（旧中宮寺跡、現在の中宮寺の東に位置する小字旧殿《こどの》の地）、太子の夫人で山背大兄王の母の蘇我刀自古郎女が居住したとみられる岡本宮（現在の法起寺の地）、山背大兄王の異母弟の泊瀬王の宮とみられる飽波葦垣宮《あくなみのあしがきのみや》（富雄川右岸の地、のちの飽波宮）などの諸宮が経済基盤を共有しつつ、上宮王家として一体となって機能していた（仁藤敦史「上宮王家と斑鳩」、『古代王権と都城』、吉川弘文館、一九九八）。斑鳩寺はその上宮王家のいわばシンボルとして造営されたのであり、その衣鉢を嗣ぐ西院伽藍と、斑鳩宮そのもののモニュメントとして八世紀に造営された東院伽藍とからなる現在の法隆寺は、上宮王家の存在の証そのものといってもよいのである。

2　上宮王家を支えた人々

上宮王家の舎人たち　聖徳太子と山背大兄王父子の上宮王家はどのような人々、組織によって支えられていたのであろうか。ここでは主としてその人的な構成について概観しておくこととしたい。

律令制以前の王臣家に、多数の舎人《とねり》が従者として存在し人格的な隷属関係を結んでいたことは、大海人皇子の場合を例にあげるまでもなく、聖徳太子も例外ではない。上宮王家を実質的に支えていたのは彼ら舎人たちであった。

皇極二年（六四三）、山背大兄王が蘇我入鹿に斑鳩宮を襲われた時、奴の三成《みなり》が数十人の舎人とともに出て防戦したという。ついで生駒山に逃れるにあたっては、三輪文屋君《みわのふみやのきみ》のほか、舎人の田目連《ためのむらじ》とその娘、菟田諸石《うだのもろし》、伊勢阿部堅経《いせのあべのかたぶ》らをともに従えたと伝えられる。舎人とは皇族の私的な従者の意味で、律令制下では天皇に近侍する内舎人《うどねり》、宮中の雑務にあたる大舎人のほか、東宮や中宮にも従者としての舎人が与えられた。これに対し、国家から親王・内親王に与えられる従者を帳内、家臣のそれを資人と表記したが、訓はトネリで共通であった。天皇の軍隊を構成する兵衛も訓はツワモノトネリであって、これもトネリの一種と見なし得る。七世紀の舎人としては、壬申の乱で活躍した大海人皇子の舎人たちが著名だがこれも従者一般を舎人と称したのである。

さて、この記述によって上宮王家には数十人の舎人がいたことがわかるが、戦闘の結果であろうか、結局わずか三人の舎人だけが最後まで山背大兄王に従って逃れることになった。ここで舎人として登場する三人の人物はいずれもほかの史料にはみえないが、ともに日頃山背大兄王に近侍した従者であったとみられる。田目連とその娘としたのは「田目連及其女」とあるもので、名を欠いており、またこの人物にだけその娘が登場するのはやや不審であり、あるいは「及其女」が本来名であったと考えられなくもない。田目は多米とも書き、『新撰姓氏録』大和神別にみえる大和国の氏族である。天武一三年（六八四）には八色の姓のうち連姓を賜っている。

菟田姓としては、雄略天皇の皇太后の厨人の菟田御戸部《うだのみとべ》が知られており（『日本書紀』雄略二年一〇月条）、『新撰姓氏録』和泉国皇別に宇太の同祖として膳臣があげられているのが注目される。膳氏といえば、聖徳太子の妃菩岐々美郎女の父、すなわち太子の外戚にあたる膳臣傾子の名が思い浮かぶ。聖徳太子と菩岐々美郎女の間に生まれた八人の子の一人で、膳臣傾子の孫娘にあたる舂米女王は、異母兄弟の山背大兄王に嫁いで五男二女をもうけるなど上宮王家の中枢にいた人であり、上宮乳部を管理をしていたのも彼女であったとみられる。菟田（宇太）は大和国宇陀郡に由来すると考えられ、供膳や調理を職掌として大和の王権に奉仕した氏族であろう。伊勢阿部堅経や田目連も膳氏と同姓・同族関係にあったという指摘もあり（加藤謙吉「上宮王家と膳氏について」、『大和政権と古代氏族』、吉川弘文館、一九九一）、膳氏が上宮王家の経営に深く関わっていた証拠となる。

『聖徳太子伝暦』は、このほかに四人の舎人の伝記を伝えている。調使麻呂は、後世には調使丸、あるいはさらに「使」が音で「子」に転化し、調子丸と呼ばれるようになるけれども、本来は「つきのつかいのまろ」であろう。調使氏は『新撰姓氏録』にはみえないが、調使首難波麻呂《つきのおみのおびとなにわまろ》（『大日本古文書』巻三、六四五頁、『同』巻四、九七頁）や調使家令（『同』巻四、四一五頁）などが知られ、官奴婢から解放された今良が調使部の姓を賜った事例がある（『続日本紀』宝亀元年七月己丑条）。また、系譜は不詳であるが、調使王という人物も知られている（神護景雲元年に従五位下に初叙。のち、少納言・越中守・左大舎人頭・右大舎人頭・諸陵頭）。『新撰姓氏録』左京諸蕃には、養蚕を行って絁や絹の様を献上したことにより調首の姓を賜った百済系の調連《つきのむらじ》がみえ、調使首はおそらく

図３　調子丸塚古墳（右）と駒塚古墳（左）

この調首と同一氏族を指すものと思われる。

さて、調使麻呂は天下の大盗の最も秀でたものであったというが、太子に召されて馬子として仕え、馬の後ろを離れることがなかったという。甲斐国が四脚の白い烏駒（黒馬）を太子に献上した時、太子はこれを調使麻呂に命じて飼養させたという。また、黒駒に乗った太子が片岡山を過ぎるに際し飢人を見た時、これに付き従っていたのも調使麻呂であった。己巳年（天智八＝六六九）に八四歳で死んだというから、用明元年（五八六）の生まれとなる。敏達三年（五七四）生まれの聖徳太子とは、ちょうど一回り違いということになるが、太子が一三歳の時、一八歳で初めて太子の舎人となったという説もある。いずれにしても太子よりは年長ということになる。子の足人が一四歳で出家し大安寺に住したといわれるが、『補闕記』はその出家を壬午年（推古三〇＝六二二）八月としており、太子の死去の半年後にあたっている。壬午年については、干支を一巡降らせて天武一一年（六八二）とみる説もあるが、『補闕記』には「生年十四」で出家と解釈できる記事があり、六二二年の出家であれば六〇九年誕生で、調使麻呂二四歳の時の子ということになって無理なく理解することができる。止住した寺を大安寺あるいは大官大寺とするのは、その前身である百済大寺や高市大寺を指すものであろう。調使麻呂自身も癸亥年（天智二＝六六三）に出家して僧となったという説も伝えられている。このように、調使麻呂は、上宮王家（聖徳太子）の舎人の筆頭にあげられる存在であり、のちに調子丸として伝説化していった。『古今目録抄』を著した顕真は自らを調子丸の子孫と位置づけ、聖徳太子に仕える者としての自負をあらわしている（顕真による調子丸顕彰――それは信仰といってもよい――については、荻野三七彦「聖徳太子傳古今目録抄の基礎的研究」に詳しい）。

次に、宮地鍛師《みやじのかぬち》は聖徳太子が一五歳の時に舎人になったといわれる人物である。狩猟を好んだため殺生をきらった太子の寵遇が得られなかったが、壬申年（推古二〇＝六一二）に悔い改めて出家し法隆寺に住むようになり、太子はこれを手厚く遇したという。そして、太子が没した翌年の五月、そのあとを追って自ら首を括って死んだと伝えられる。

膳臣清国《きよくに》は近江の人で、書を良くして聖徳太子に優遇され、多数の経典を書写したという。冠位十二階のうち大仁位を賜ったといわれる。また、物部連兄麻呂《えまろ》は信仰に篤く、のちに優婆塞《うばそく》となって太子に伺候したとされる。癸巳年（舒明五＝六三三）に武蔵国造に任じられ、小仁の冠位を賜ったという。

舎人たちの勤務形態

『聖徳太子伝暦』はこれら四人の舎人の略歴を紹介した上で、このほかに「罷る者数十百人、其の伝を得ず」として、ほかにも多くの舎人が上宮王家に奉仕していたことを伝えている。その勤務形態については、上宮王家の馬司《うまのつかさ》、あるいは水田司《たのつかさ》に任じられたとする舎人がいることが参考になる。

まず、播磨国賀古《かこ》郡の印南野《いなみの》の人である馬養造《うまかいのみやつこ》人上《ひとかみ》の祖先上道臣《かみつみちのおみ》牟射志《むさし》は、馬の飼育に秀でていたため聖徳太子に馬司として仕えたという。ところがこのことによって彼は、天智九年（六七〇）の庚午年籍《こうごねんじゃく》の編制にあたって、馬養造として戸籍に登載されてしまうことになる。雑戸まがいの氏姓で戸籍に登録されることになってしまった彼の子孫たちは、その氏姓を正すことを永らく求めてきたようだが、天平神護元年（七六五）五月にようやくその訴えが認められ、居住地にちなむ印南野臣の氏姓を得ることになる（『続日本紀』同月庚戌条）。『法隆寺資財帳』によると、播磨国賀古郡や印南郡には法隆寺の所領があったことが知られており、本来上宮王家とゆかりの深い地域であった。そこの住人牟射志は、上宮王家との私的なつながりによって舎人として王家に出仕し、斑鳩宮で馬の飼育を担当することになったのであろう。庚午年籍は定姓の根本として重用されたから、その誤りが正されるまで一〇〇年以上の歳月を要することになってしまったのであろう。

一方、大部屋《おおとものや》栖《す》野《の》古連公《このむらじのきみ》は、腹心の侍者として聖徳太子に仕え、推古一七年（六〇九）に播磨国揖保郡の地二七三町五段余りを管理する水田之司に任じられたという（『日本霊異記』上巻第五）。のちに法隆寺に施入される土地の管理責任者として、太子の舎人が活躍したわけである。

馬司に任じられた上道臣牟射志も水田司に任じられた大部屋栖野古連公も、いずれも聖徳太子の所領にゆかりの深い在地豪族の出身とみられるが、いわば私的なつながりによって上宮王家に舎人として奉仕した様子がうかがわれる。そして、馬の飼育、あるいは水田の管理の担当者として上宮王家の職務に携わったのである。

上宮王家に奴婢はいたか

上宮王家には、舎人のほかに奴と称される人々がいたとされる。先に紹介した、数十人の舎人とともに蘇我入鹿の軍と戦ったという奴三成《みなり》である。しかし、三成も舎人とともに戦っており、身分的な違いがあったとは思えない。家人、あるいは奴婢《ぬひ》と称するのは律令制のそれの反映であり、実態としては舎人と大きな違いはなかったとみるべきであろう。

また、『聖徳太子伝暦』には、家人として、馬手《うまて》、革衣《かわころも》、香美《かみ》、中見《なかみ》、大吉《おおよし》、波多《はた》、犬養《いぬかい》、弓削《ゆげ》、許母《こも》、河見《かわみ》の一〇人がおり、「奴婢の首領」として活躍し、その子孫が今法隆寺と四天王寺にいるという。奴婢の首領が、奴婢を統括する立場の者なのか、彼ら自身も奴婢なのかはっきりしない（『補闕記』は、これらの人物を合わせて「家人馬手、草衣《（マヽ）》の馬手、鏡中見、凡波多、犬甘弓削、薦何見等、並びに奴婢たり」〈読点は、『群書類従』による〉とある。家人とある者が奴婢でもあったり、奴婢に姓があったりするのは不審であり、『聖徳太子伝暦』のように一〇人に分けて考えるのがよい）が、おそらく上宮王家の滅亡後にゆかりの深い両寺に移されたのであろう。ただ、この記事に続けて婢黒女《くろめ》と奴連麻呂《むらじまろ》が冤枉《えんおう》、すなわち誤って奴婢身分とされることの不当性を訴えていることがみえるから、黒女と連麻呂は、その祖先がある段階（庚寅年籍か）で強制的に奴婢身分とされてしまったと意識しているのであろう。そうであるならば、黒女と連麻呂の祖先を含むと考えられる先の一〇人の家人たちは、上宮王家に隷属する人々であっても、舎人と身分的な違いがあったと考えるべきではないであろう。

なお、彼らの訴訟は永らく尾を引いたようで、『法隆寺資財帳』に見える賤五三三口のうち「訴未判竟」「蓋し家人か」とされる奴九口婢一六口の計二五口は、黒女と連麻呂の冤枉訴訟に淵源をもつものかとされる（神野清一「『放賤従良』と奴婢の従良要求運動」、『日本古代奴婢の研究』、名古屋大学出版会、一九九三）。彼らが法隆寺との直接的な関係を想定できない大倭国十市郡や山背国宇遅郡に居住しているのも、その自立性のあらわれとみられる。

上宮王家と長屋王家の比較

さて、舎人による職務分掌は、長屋王家における司の存在形態を彷彿とさせるものがある。長屋王家にも馬司が存在し、信濃・甲斐・上野など馬の産地出身の人々が王家に勤務してその飼育にあたる体制が取られていた。水田司はみえないものの、斎会司《さいえのつかさ》、膳司《かしわでのつかさ》、食司《しょくのつかさ》、犬司《いぬのつかさ》などさまざまな司が置かれ、帳内《ちょうない》、政人《せいじん》、小子《しょうし》たちがその職務にあたっていたことが確認できる。これらの司は、家政機関を構成する官司・部署というよりは、家政機関内の職務分掌体勢として理解すべきもので、いわばそれぞれの事項の担当者の意に解すべきものである。上宮王家の舎人が馬司や水田司に任じられているのは、長屋王家におけるこうした家政運営が、律令制以前にさかのぼる体勢を受け継ぐものであることをよく示している。

長屋王家と上宮王家で異なるのは、長屋王のトネリ（帳内）たちが律令制に基づく家政機関に組織されていたのに対し、聖徳太子のトネリ（舎人）たちを統括する家政機関の存在が確認できないことである。つまり、長屋王のトネリたちが官僚制を媒介として本主の長屋王に奉仕していたのに対し、聖徳太子のトネリたちは人格的な隷属関係でもって主人と結びついていたのである。このような人格的な結合による奉仕は、在地の豪族に限ったことではない、先に述べた膳臣傾子、あるいは秦河勝《はたのかわかつ》のような畿内の中小豪族の場合にもそうであったであろう。そしてこのような中小豪族は、王臣家との人格的な隷属の歴史を前提としながら、そのまま官僚として律令制下の王臣の家政機関に組み込まれることになったのである。律令制という新しい制度が導入されても、旧来の王臣家と中小豪族、あるいは従者との関係はそのまま温存される結果となったのであった。その意味では、上宮王家の家政運営のあり方は、律令制成立以前の王臣家の家政運営の実態を如実に示す好例ということができる。

上宮王家によって創建された法隆寺は、滅亡した上宮王家の資財の一部を受け継ぐ形でその財政的基盤を固めていくことになる。そして、それを主導したのは、上宮王家が滅ぼされた二年後に蘇我蝦夷・入鹿父子を倒した中大兄皇子であった（門脇禎二「いわゆる、中大兄皇子の「入部」について」、『「大化改新」史論』、思文閣出版、一九九一）。

第二節　斑鳩宮の造営

1　聖徳太子の宮

上之宮遺跡　聖徳太子生誕の地は明らかでない。『日本書紀』推古元年条には、母の穴穂部間人皇女が禁中を歩んで馬官《うまつかさ》にいたった時に生まれたとある。その禁中が用明天皇の宮、磐余池辺双槻宮であれば、奈良県十市郡池上郷の地あたりに推定される。その後、幼少期から青年期にかけての時期を上宮で過ごすことになる。その宮は、先の推古元年条に「宮の南の上殿」とあるところから、その地も磐余池辺双槻宮に近い桜井市上之宮《うえのみや》と推定する見方もあり、桜井市教育委員会によって行われた上之宮遺跡の発掘調査結果が注目された。

その遺跡は、六世紀中頃から七世紀初めにかけての掘立柱《ほったてばしら》建物を中心としたもので、園池遺構《えんちいこう》をともなうものであった。掘立柱建物というのは礎石を使わず、柱の直径よりひとまわりも、ふたまわりも大きな穴を掘って柱の根本を埋め固めて建てるものであり、伊勢神宮の御正殿などはこうした伝統を伝えて建てられている。掘立柱建物には、桁行《けたゆき》七間、梁間《はりま》六間南北棟すなわち、桁行方向の柱と柱の間が七つ分、梁間方向が六つ分で、棟木の方向が南北の正殿風の建物があり、その北に桁行七間、梁間二間の東西棟建物がともなう。そして正殿風建物の西には石組みの池、ここから北に導かれる五〇メートル以上に及ぶ石組みの溝がある。また、正殿風建物の東に掘立柱の南北柵があり、中枢部を塀で区画していたものであろう。これらは宮殿にふさわしい施設ではあるが、この地域には谷首《たにくび》古墳、文殊院東古墳、文殊院西古墳、艸墓《くさばか》古墳などが営まれており、また阿倍氏の氏寺である安部寺跡もあり、阿倍氏の本拠地と目されている地域である。磐余池辺双槻宮が確認されていないこともあって、上之宮遺跡は阿倍氏に関わる邸宅跡と考えるべきとの見解がある（大脇潔「聖徳太子関係の遺跡と遺物」、『聖徳太子事典』、柏書房、一九九七）。

上宮遺跡

斑鳩町法隆寺上宮《かみや》の発掘調査で見出された掘立柱建物群は、八世紀代の造営であったが、出土遺物には七世紀にさかのぼるものもあり、このあたりの検証も必要であろう。上宮遺跡からは七棟分の掘立柱建物と二基の井戸が検出された（平田政彦「称徳朝飽波宮の所在地に関する考察――斑鳩町上宮遺跡の発掘から――」、『歴史研究』三三、一九九六）。七棟の建物は二時期に分けられているが、建物と建物の間隔や柱間の寸法がいずれも規格性をもっているところから、単なる住居遺跡ではなく、宮殿あるいは官衙《かんが》の遺跡と考えられ

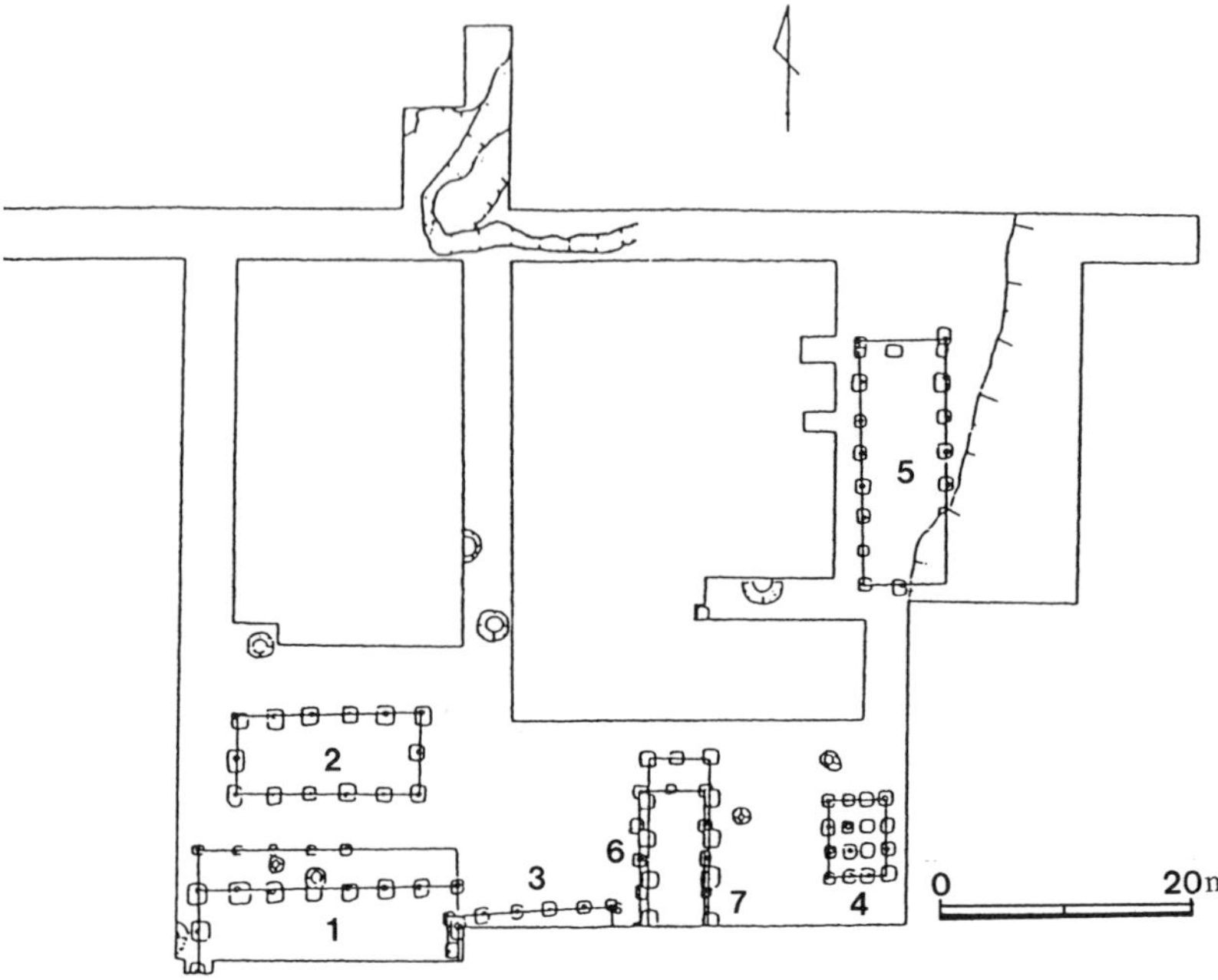

図 4　上宮遺跡遺構図(平田論文掲載図を一部改変)

ている。その中心となるものは、桁行七間、梁間四間の東西棟建物であり、これには南北に廂《ひさし》がついている。この建物に接する形で柱筋を揃えた桁行五間、梁間二間の東西棟建物が北に置かれている。この二棟の建物の東には桁行四間以上、梁間二間の南北棟建物で、先の東西棟建物と柱筋を揃えた建物が置かれている。これらの建物は一体のもので、いわば正殿、後殿、東脇殿という配置であり、まさに宮殿の配置なのである。出土している軒瓦には平城宮や平城京で用いられたものとの同笵品がみられるので、明らかに奈良時代の建物である。

『続日本紀』神護景雲元年（七六七）四月二六日条に、称徳天皇の飽波宮《あくなみのみや》への行幸の記事があり、この記事との関連が認められるようである。これらの建物に先行する建物も確認されているので、聖徳太子の飽波宮の地が後にも伝えられて、奈良時代に離宮の地として使われていた状況であったと考えることができよう。『続日本紀』の記事には、この行幸の際に法隆寺の奴婢二七人に爵を賜ったとあり、法隆寺との強い関連が認められるのである。

上宮遺跡の西南一五〇メートルほどのところに、成福寺《じょうふくじ》がある。成福寺に関しては『斑鳩古事便覧』に、芦《あし》墉宮《がきのみや》は俗に神屋寺《かみやでら》と言い、それは成福寺のことであると記され、聖徳太子との関係が述べられ、『法隆寺記補忘《ほもう》集《しゅう》』には、この寺が嘉祥二年（八四九）に造営されたと記されている。そして『太子伝私記』には上宮王院の東南約九〇〇メートルのところに木瓦葺《こがわらぶ》きの堂があり、そこが聖徳太子の葦垣宮跡であるとの記載がある。また寺蔵の『浴像功徳経』奥書に「承久二年庚辰卯月七日成福寺書写了」とあり、承久二年（一二二〇）段階になお、法隆寺との関連が深かったことが知られる。成福寺はそうした伝承をもつ寺であり、このあたりに聖徳太子生誕の宮が存在した可能性もある。

聖徳太子の宮として確実なものは斑鳩宮であり、それは法隆寺東院の寺域内で確認されている。

2　斑鳩宮跡の発見

東院の修理工事

推古九年（六〇一）二月に斑鳩で宮殿の造営工事が始められた。聖徳太子の宮、斑鳩宮の造営である。そして、『日本書紀』推古一三年一〇月の記事に「皇太子、斑鳩宮に居《ま》す」とある。この宮殿の全体像は明らかでないが、飛鳥を離れた地に営まれた皇太子の宮殿であるからには、工事は急がれ主要部はすでに完成していたものと考えられる。

昭和九年から法隆寺東院で始められた解体修理工事が礼堂、回廊、舎利殿及び絵殿、そして伝法堂におよぶちに、当初の伽藍が夢殿と伝法堂を除いて掘立柱建物であったことが明らかになり、調査に当たった人々を驚かせた。それは寺の建物は礎石建ちという、従来の常識を破るものであったからである（国立博物館編『法隆寺東院に於ける発掘調査報告書』、一九四八）。

当初の東院伽藍は『東院資財帳』によってその伽藍配置などを復元することができる。桁行三間、梁間二間の南門の北に桁行七間、梁間二間の中門が置かれ、中門から出た回廊が夢殿を囲むようにしてその北で閉じる。回廊は単廊である。中門は後に礼堂《らいどう》となり規模が大きく改造される。回廊の北には七丈屋が置かれる。のちに七丈屋は前面が拡張され絵殿と舎利殿となり、合わせて回廊がその両妻に接続する。七丈屋の北には伝法堂《でんぽうどう》があり、これは一般寺院の講堂に相当する。『東院資財帳』には僧房が記載されているがその所在位置は分からない。

その後さらに驚くべきことに、その下層から東院伽藍の軸線とまったく異なる方位で建てられた一群の掘立柱建物の遺構が現れたのである。

斑鳩宮跡の発見

調査日誌には、そのことが具体的に記されている。それは昭和一四年一一月一五日のことであり、伝法堂での地下調査の際であった。伝法堂の南側柱筋、東から五番目の礎石の下で約一・二メートル角の柱掘形《はしらほりかた》がみつけられ、それが東院伽藍より古いものであるとの見解からさきの報告書には「これこそ或は斑鳩宮に関係するものであるかも知れない」と記されている。この柱掘形は、のちに東西棟の大型建物の南側柱のひとつであることが分かった。その後数多くの柱掘形がみつけられていき、いくつかの建物の存在が明らかにされた。それらの建物は、「方位は正南せず、少し北にて西に振れていることが見当付けられた」と記されているが、ここにいう「正南せず」とは東院伽藍の方位と一致しないということであり、東院伽藍の堂舎との方位が異なることが確認されたのである。そして随所で灰、炭とともに焼けた壁土と思われるものなどがみつけられた。壁土に関しては、伝法堂の東南隅にあたる位置で「下塗部分中に焼けた丸い細木包まれてあり。壁木舞《こまい》の一部と認められ、壁土であることを確実にした次第である」と、その喜びが述べられている。このときの調査でみつけられた掘立柱建物は七棟分であった。

これらの建物が検出された地域では灰や炭、あるいは焼けた壁土などが散乱しており、明らかにこのあたりが火災にあったことを示していた。この地こそ、まさに蘇我氏が差し向けた軍勢によって焼き討ちされた斑鳩宮の跡であると確認されたのである。また、柱を抜き取った穴に焼け土などが入っていたことから、火災の後始末が行われたことも示すとの判断もなされた。

今でこそ七世紀代の宮殿遺構は奈良、大阪、滋賀などで発見され、宮殿の構成が明らかにされているが、東院伽藍の解体修理当時にはそうした状況になかった。そのことを考えると、宮のごく一部であったとはいえ、建物遺構の存在が確認されたことは大きな成果というべきであろう。

『東院縁起』には、天平年間に僧行信が斑鳩宮の跡の荒廃を嘆いて、そこに伽藍を建てることを朝廷に願い出たことによって、東院伽藍が営まれたと記されている。『東院縁起』に見える細かい点についてはいろいろ疑問な点もあるようだが、斑鳩宮の跡に東院伽藍が営まれたことについては異論のないところである。検出された掘立柱建物は身舎《もや》だけで、廂をもたないものであり、仏殿として建てられたものではないことは確かである。このようなことから、東院創建時の建物に先行するこれらの建物跡が、斑鳩宮の建物跡と考えられたのである。

3　二時期に分かれる斑鳩宮跡

大規模建物と小規模建物　斑鳩宮跡で検出された掘立柱建物は、大規模な建物群と小規模な建物群とに分けられ、これらは少なくとも前後二時期に分けることができる。そして柱穴の切り合い関係から大規模な建物群は新しい時期に属し、小規模な建物群がそれに先行するものであることが分かった。このことは、大規模建物群は聖徳太子創立時のものではなく、草創時には、この地域が宮の経営地域として雑舎が配置されたとみることができるのである。小規模の建物のうち一棟は総柱の建物であり、倉庫であることが知られる。この地域に倉が置かれていることも、経営地域であったことをうなずかせるものであろう。その後、ある時期になって建て替えが行われ、大規模な建物を何棟か営み、ここが宮の居住機能をもつ地域になったと考えることができるのである。

これらの建物を営んだ時期が山背大兄王の時であるかどうか断言できないが、焼亡した建物がこれらの大規模建物であることからすれば、そして当時の宮殿が代ごとに建て替えられたり、その位置が移動することが常であったことからすれば、山背大兄王の宮の一部であった可能性は充分に考えられよう。ただ、前項でふれたように斑鳩宮全体の推定地域の中では、東端に近い位置にあるので、宮の中枢部ではない可能性もある。

斑鳩宮の焼亡　ここで斑鳩宮焼亡の事情を記しておこう。推古天皇が亡くなったのち、皇位継承に関して蘇我蝦夷をはじめとする群臣の間で、山背大兄王を推す派と、田村皇子を推す派とがそれぞれ主張し合い、互いに譲らなかった。田村皇子に加担していた蘇我蝦夷は、山背大兄王を強く推していた境部臣摩理勢一族を滅ぼしてしまう。その後蝦夷は皇位を継ぐべき者について群臣に議っているが、結局は自分の推す田村皇子を皇位に即けた。舒明天皇である。在位一三年の後、舒明天皇は亡くなる。しかし、皇位は皇后宝皇女《たからのひめみこ》が継ぐこととなった。皇極天皇である。蘇我蝦夷の意志が強く反映していたにちがいない。

皇極二年（六四三）一一月、皇太子の地位を古人皇子へと考えた蘇我入鹿は、小徳《しょうとく》巨勢徳太《こせのとこた》と大仁《だいにん》土師連娑《はじのむらじさ》婆《ば》（別説では倭馬養首《やまとのうまかいのおびと》某）を将とする軍勢を斑鳩宮に差し向けた。わずかに小競り合いほどの戦いが行われたようにうかがえるが、飛鳥からの軍勢は高官が率いた大兵力だったため、上宮王家の私兵ではこれに抗しきれなかったのであろう。山背大兄王をはじめとする一族は生駒山に逃れた。その間に巨勢徳太らは斑鳩宮に火を放ったのである。少々説話めくが、宮を退く際に山背大兄王は「内寝《よどの》」に馬の骨を投げ込んでおいた。内寝は寝所をともなった殿舎で、山背大兄王が常の生活を送っていた場であったのであろう。焼け落ちた宮の中でその骨をみつけた巨勢徳太らは王が焼け死んだと思いこみ、囲みを解いて飛鳥へ引き上げたという。

山背大兄王らは数日間生駒山中に留まっており、その折りには三輪文屋君などが、東国へ行き軍勢を整えて抗戦することを進言する。それに対して王は、戦いは万民を苦しめることになるとしてこれに肯《がえ》んじなかった。生駒山から寺に戻った時の王の言葉として『日本書紀』は次のように記している。「吾、兵を起して入鹿を伐たば、その勝たむこと定し。然るに一つの身の故によりて、百姓を残り害はむことを欲りせじ。是を以て、吾が一つの身をば、入鹿に賜う」。そして王一族は斑鳩寺で自経して果てたのだった。

斑鳩宮はこのような悲劇のもとに焼け落ちてしまったのである。遺跡から出土する焼け土や灰はこの時のものなのである。遺構の状況をもう少し眺めてみよう。

建物の概要

調査面積そのものが、東院伽藍内での解体修理工事にともなうものということできわめて限られた範囲であり、実際に検出された建物遺構が宮のどの地域にあたるのかわからない面もある。しかし、検出された第二期の主要な掘立柱建物四棟のうち一棟が東西棟でほかは南北棟である。それぞれの建物は

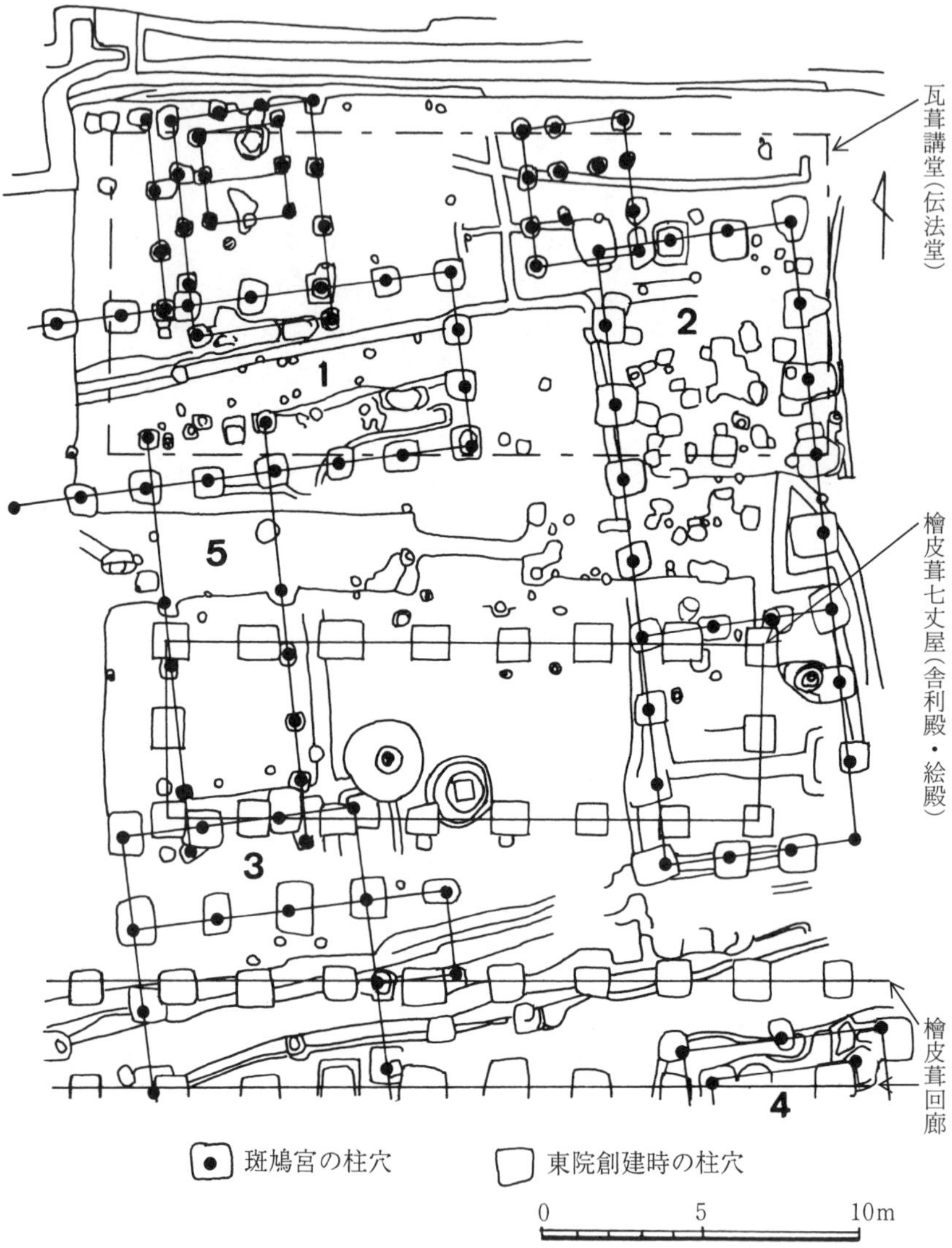

図5　斑鳩宮遺構図

柱筋が一致し、まとまりのあるものとしてとらえられるし、その配置も整ったものといえる。これらの建物は一棟を除いて梁間《はりま》が三間であるところが特徴的である。

ここで検出された建物の概要を述べておこう。建物1は東西棟で桁行七間以上、梁間三間の規模である。柱間寸法は桁行が二・二メートル、梁間が一・九メートルの等間である。建物2は南北棟で桁行八間、梁間三間で全体の規模が明らかにされている。南三間分と北五間分とで間仕切《まじき》りされている。柱間寸法は桁行二・五メートル、梁間二・二メートルの等間である。建物3も南北棟で桁行三間以上、梁間三間であり、北一間分に間仕切りがある。さらに東に一間四方の張り出しをもっている。柱間寸法は桁行・梁間ともに二・五メートル等間である。建物4は北端のごく一部があらわれているだけであるが、南北棟になるのであろう。建物2とほぼ柱筋を揃えている。ただ、梁間が二間であることはほかと異なるところである。また、建物5として建物1と建物3を結ぶかのように六間分二列の柱列がある。南北両端の柱はそれぞれ建物1と建物3の中にあり、廊のようなものとは考えられない。柱掘形の切り合い関係からは、南端の柱掘形がふたつとも建物3の柱掘形に切られているので、第I期の倉庫群にともなうものであった可能性が考えられる。

大嘗宮《だいじょうきゅう》主部の配置をみると、正殿が南北棟でしかも妻入《つまい》りである。そして付属舎は左右対称ではない。古い神社にも社殿が妻入りで左右対称の付属舎をもたないものがみられる。このような殿舎配置が古い様子を伝えるものとすれば、斑鳩宮跡の遺構はそれらによく似た状況を示しているといえるのではないだろうか。梁間の柱間が三間という例は、七世紀代の建物によくみられる。例えば、明日香村豊浦《とゆら》にある古宮遺跡で検出された七世紀前半代の掘立柱建物は桁行六間、梁間三間である。また橿原市和田町の和田廃寺下層で検出された七世紀前半代の掘立柱建物も桁行六間に対して梁間三間である（大脇潔・西口壽生「和田廃寺の調査」、『奈良国立文化財研究所年

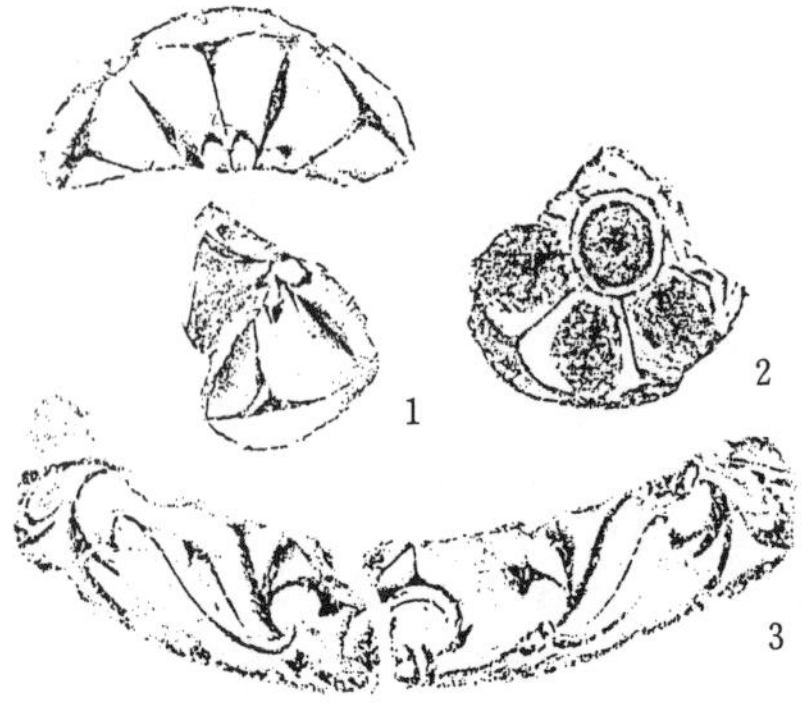

図6　斑鳩宮の瓦

報』、一九七五)。

このように、梁間三間の掘立柱建物は飛鳥時代に多く営まれたようである。こうした点からも、東院伽藍内でみつけられた下層の掘立柱建物遺構は、飛鳥時代の早い時期に営まれたことが確実である。この時に調査で出土した遺物はさほど多くないが、興味あることには、斑鳩宮の遺構にともなって瓦が出土したことである(図6)。

さて、斑鳩宮の掘立柱建物の主軸方位は先にふれたように、東院伽藍建物とは大きく振れており、北で西に約八度のふれがある。これと同じ振れをもつ掘立柱建物遺構が法起寺の発掘調査でも検出されており、これは七世紀前半代のこの地域の地割り方向を示すものであろうか。斑鳩地方にはたしかに斑鳩宮の建物主軸と同じ方位をもつ農道や水路が今でもみられる。しかし、それらと異なる方位で七世紀後半に寺々が営まれた理由はどこにあるのであろう。また、筋違道《すじかいみち》の方位も斑鳩宮の建物方位とほぼ一致するようである。このことに注目すると、この地域の広い範囲にわたって同一方向の地割りが存在した可能性をも考慮しなければならないであろう。

軒瓦の出土

斑鳩宮のこの遺跡で注目されるのは、七世紀前半の瓦が出土していることである(図6)。七世紀前半での瓦葺き建物は、寺院関連の建物に限られるというのが通常の考えになっている。このことは飛鳥地域における宮殿関連遺跡の発掘調査でも確認されていることであり、『扶桑略記』持統一一年(文武元=六九七)条に「天皇之代。官舎始めて瓦をもって之を葺く」と記されているところと一致している。それにも関わらず斑鳩宮跡から瓦が出土していることは何を示すのであろうか。軒丸瓦《のきまる》は小振りであり、軒平瓦《のきひら》は両端をいくらか切断した小型品であることからすれば、宮の建物そのものに使用したものではなく、宮内に瓦葺きの小堂、あるいは大型の厨子《ずし》などが設けられていたと考えられよう。宮殿での瓦の使用が確認されるものとしては最古の事例であり、興味深いことである。上宮王家が仏教を厚く信奉していたことから、そのように考えられるのである。

4　飽波葦垣宮

飽波宮

『日本書紀』推古二九年（六二一）二月五日条によれば、聖徳太子が斑鳩宮で亡くなったと記されている。聖徳太子が亡くなった記事は『大安寺伽藍縁起幷流記資財帳』や『太子伝私記』『聖徳太子伝暦』などにも見えるのであるが、それらは「飽波葦墻宮《あくなみのあしがきのみや》」で亡くなったと記している。とくに『大安寺伽藍縁起幷流記資財帳』では推古天皇がのちの舒明天皇、田村皇子を見舞いに飽波葦垣宮を訪れさせた状況が具体的に描写されている。そうしたこともあって、斑鳩宮と飽波宮は同じ宮殿の別称との考え方や、飽波宮が広い意味での斑鳩の地に営まれたために『日本書紀』で斑鳩宮としたというような考え方もある。

先にふれたように『続日本紀』神護景雲元年（七六七）四月二六日に、称徳天皇が「飽波宮」に行幸して二日間そこに滞在した記事がみえる。また同三年一〇月にもここに行幸、二日間滞在して由義宮《ゆげのみや》に移動している。こうしてみると、七世紀に営まれた上宮王家の飽波宮の地がそのまま宮地として残り、奈良時代にいたっても朝廷が離宮として活用できるほどであったことが知られる。やはり斑鳩の地が交通の要所として重要視されていたのである。これも先にふれた斑鳩町上宮遺跡を飽波宮にあてる見解もみられるが、飽波郷は現在の生駒郡安堵村東安堵に飽波の垣内名がみられるように、安堵村にあてられている。筋違道が村内を通っていることも、そうした考え方を強めているようである。

飽波の異変　『補闕記』の舒明四年（六三二）三月の記事に、東方から種々の雲気が飛来して斑鳩宮を覆ったということが記され、次いで奇鳥の悲鳴が聞こえたり、池や溝の魚や亀が死ぬというような変事が起こり、一一月には飽波村に終日虹がかかったため人々はこれを怪しみ、上宮王家の滅亡の前兆かといったということが記されている。『扶桑略記』にも同様な記事がみえ、それを皇極三年（六四四）三月から一一月のこととしている。

「飽浪」に関してはほかにいくつかの史料があり、『日本書紀』天武五年（六七六）四月五日条には「倭国の飽波郡」とある。この史料では雌鶏が雄鶏に化したという異変の記事としてみえるのであり、飽波郡の名は以後はみられず、ある時期に平群郡に併合されたと考えられている。

第三節　太子道と斑鳩の地割

1　河内と斑鳩・飛鳥を結ぶ古道

竜田道　古代に大和から河内にいたる主要なルートは二本あった。ひとつは北方の竜田道であり、ほかのひとつは南の二上山の麓を通る大坂道であった。そのうち竜田道は、飛鳥時代にあっては、次にとりあげる太子道と斑鳩町の高安付近でT字状に交差して、飛鳥へ通じていた。和銅三年（七一〇）、奈良盆地の北端中央に平城京ができると、竜田道は平城京の羅城門から下ツ道を南下し、大和郡山市横田で右折して「北の横大路」を西進して、斑鳩にいたるようになった。幸前《こうぜん》から法隆寺の前方あたりまでは北東から西南に走る斜向道であり、並松の集落からはまた西方へと直進し、竜田神社の前を通り、竜田川を渡って、竜田大社（本宮）の前から、大和川ぞいの亀ノ瀬の難所を避けるため、川の北岸の竜田山を越えるのである。竜田道とか竜田越えと呼ばれる所以《ゆえん》である。そこから山手の現大阪府柏原市雁多尾畑《かりんどおばた》・青谷《あおだに》を経て、高井田《たかいだ》に抜け、安堂廃寺の西で大和川を渡り、古道大津道につながることとなる。大津道の別名、長尾街道の名は、「南の横大路」の長尾から延びる大坂道との連絡による。大和川の渡河地点には河内国府や志紀郡家《しきのぐうけ》があり、さらに西進して、北に津堂城《つどうしろ》山《やま》古墳、南に大塚山古墳などをみて、松原市天美我堂《あまみがどう》と堺市南花田の境界地点から、いわゆる難波大道を北上すれば難波の地に達するのである。

　享和二年（一八〇二）再版の『河内国細見小図』によると、大和と河内の国境付近の大和川を挟んで、北に亀瀬峠、南に枯栖山《かれすかやま》を描写し、北側の道には「一名青谷越国分ヱ一里十丁／亀瀬峠ヨリ摂州境南花田ヱ四里四丁」とある。この道は雁多尾畑の南にある峠の集落から青谷に出て、高井田の手前で大和川を渡っている。序章で述べた、藤原道長の竜田越えはこの道筋を通った可能性がある。ただし、「山中に於いて」とあるように川筋に沿うように通じていたのではなく、山手を過ぎる道であったと思われる。現在国道二五号線やＪＲ関西本線が、亀ノ瀬付近ではいずれも川の南側を通過しているように、この辺りの大和川右岸は地すべりの多発地区であった。明治以降でも、同二三年（一八九〇）、同三六年、昭和六年（一九三一）～八年、同四二年に地すべりが起きているのである（池田碩「亀の瀬地すべり」、『奈良地理学会報』二六、二〇〇四）。

　『日本書紀』神武即位前紀戊午年四月九日条に「歩《かち》より竜田におもむく。しかるにその路狭く険しくして、人並《な》み行くこと得ず。すなわち還りて更に東《ひがしのかた》胆《い》駒山《こまやま》をこえて、中州《なかつくに》に入らむと欲《おもほ》す」とある。これは史実とは

図7　西山坂(椎坂)から西を望む

受け取り難いが、竜田越えが河内から大和に入る道として、古代人に注目されていたことが知られる。

さらに履中即位前紀にも、住吉仲皇子《すみのえのなかつみこ》の反逆伝承の中に、履中が皇子討伐の兵を率いて、「竜田山より踰《こ》えたまふ」との記事があり、また天武元年（六七二）七月紀、いわゆる壬申の乱において、天武側の大伴吹負《おおとものふけい》が、七月一日に兵士を遣して、竜田において近江勢を防がしている。また同八年一一月条によれば初めて竜田山・大坂山に関が置かれている。推古九年（六〇一）の斑鳩宮の造営においては竜田道―太子道（筋違道）が重視され、平城京への遷都ののちは竜田道の延長としての北の横大路を経て、下ツ道を北上するルートの重要性が増したことと思われる。北の横大路はそのまま東行すれば現天理市の櫟本《いちのもと》へいたり、さらに都祁《つげ》の山路を経て、伊賀・伊勢へ通じるのである（新川登亀男「平城遷都と法隆寺の道――天平十九年『法隆寺伽藍縁起并流記資財帳』を読む――」、『奈良・平安期の日中文化交流』、農文協、二〇〇一）。

とくに法隆寺では、聖徳太子が難波の四天王寺へ往還した道として重視されたことを考慮せねばなるまい。『太子伝私記』には平群河（竜田川）の川辺より「南北に二つの道あり、太子の四天王寺へ往還の道なり、一つの南の路をば椎坂路《しいさかみち》と名づく、河内国高安郡八部《やほ》の路へ通ずるなり。一つの北の路は玉野耶路《たまのやみち》と名づく、河内国の高安路に通ずなり」とある（荻野三七彦『聖徳太子伝古今目録抄』、原本内題「聖徳太子伝私記」、名著出版、一九八〇、七九頁を読み下し）。

さらに『万葉集』巻三―四一五には、「上宮聖徳皇子、竹原井《たかはらのい》に出遊《い》で

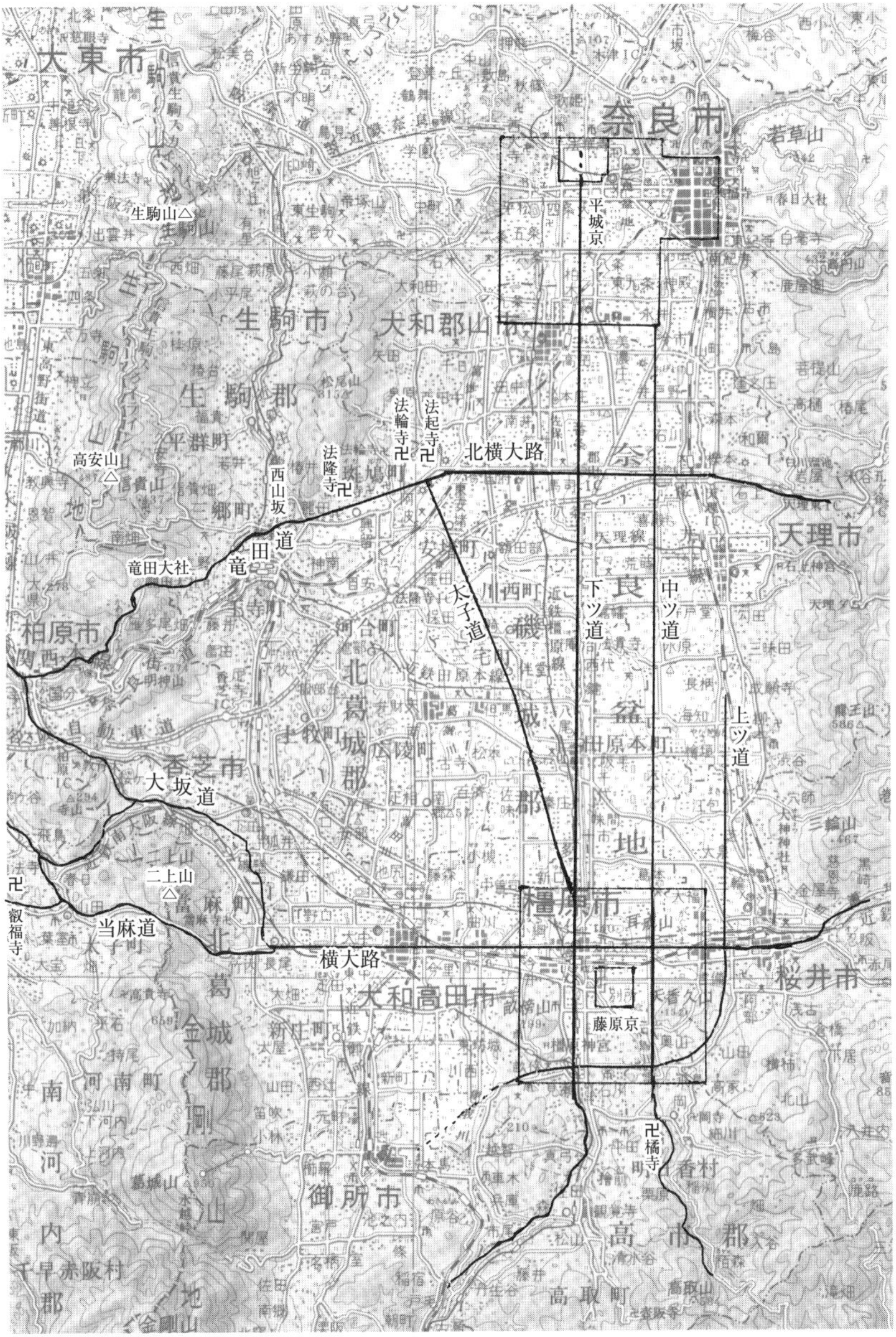

図 8　奈良盆地古道概念図

まししに、竜田山の死人を見て悲傷《ひしょう》して作らす歌一首　家ならば妹が手まかむ草枕　旅に臥《こ》やせるこの旅人《たびと》あはれ」とある。これは次項でふれるが、推古二一年一二月紀にみえる片岡山飢人説話が短歌形式になったものを収載したのであるが、竹原井は奈良時代の元正・聖武両天皇が逗留した離宮の所在地で、大阪府柏原市高井田ないし青谷の地名である。

また先の『太子伝私記』には太子が椎坂において竜田大明神の化身である老翁に会い、堂塔建立の地を選んでいることを告げると、老翁はこれより東に斑鳩郷あり、もっとも勝美に足れりといい（同書三〇頁上段）、さらに椎坂からその伽藍点定の地へは東へ約一〇町ほどの距離であると助言する（同書六六頁）。この椎坂は『法隆寺資財帳』の山林岳嶋の項にみえる志比坂路《しひさかみち》であり、宅地開発が進む昭和五〇年頃以前までの地形図には、いわゆる河内街道（竜田道の後身）と竜田町（現斑鳩町）・三郷町の境界線との交点に「西山坂」と記されていた位置にあたろう（第三章第六節3二四〇～一頁参照）。

なおいえば、『聖徳太子伝暦』には、推古一四年（六〇六）、太子三五歳のこととして、椎坂の北の岡に往き、平群里を望み、この地の様子麗しく、三〇〇年後に帝王の気ありといい、また、勢夜里《せやのさと》を望んで、この邑は気なしといい、区徳里《くどのさと》を望んで、三〇〇歳後に帝王あり、出でて平群の後に在り、また臣相の気有り、といったと伝える（仏書刊行会編『大日本仏教全書』一一二、名著普及会、一九七九、二四頁）。

歴史的事実であったかどうかは別として、風水思想によって、平群《へぐり》、勢野、久度《くど》それぞれの地相を識別したものであろう。

椎坂路を西へ亀ノ瀬の難所を避けて山路をとると、大和と河内の国境の峠を越えるが、そこが懼坂《かしこざか》であった。先に壬申の乱において、天武方が竜田において防御の兵を置いたことに触れたが、同日、懼坂の道にも守備の兵を置いたことを伝えている。懼坂とは異郷に通ずる峠の神への畏敬の念を表している。『万葉集』（巻六―一〇二二）にも恐坂《かしこさか》がみえ、これも竜田道と解する説があるが、こちらは石上乙麻呂《いそのかみのおとまろ》が土佐国へ配流される時の歌であるため、大和と紀伊の間の真土山《まつちやま》を指すとする考えのほうが妥当であろう。

太子道

法隆寺の東方、高安《たかやす》の地で竜田道と直交し、そのまま東南々に通じたと察せられる太子道（筋違道＝斜向道路）は飛鳥と斑鳩を結ぶ最短距離の道であった。ちなみに田原本町に残る道路痕跡をそのまま延長すると、推古天皇の小墾田宮《おはりだのみや》の位置に向うが、その現状を南の方からみていきたい。

飛鳥・藤原のあたりは倭京や藤原京造営の影響があってか、痕跡は不明である。下ツ道との交点も定かでないが、田原本町に入ると、多《おお》の集落の西から、新木《にき》・宮古《みやこ》・黒田そして三宅町の伴堂《ともんどう》・屏風《びょうぶ》にかけて、斜向道路の痕跡が道や畦畔に明瞭にみられるのである。ここまでは方位が北に向かって約一六度西偏する。川西町に入って、約二〇・五度西偏しつつ、島の山古墳を西にみて、寺川の左岸から、大和川を越え、安堵《あんど》では里道、高安では畦畔として残存しながら竜田道にとりつくのである。道幅は高安付近（図9T点）で、一四メートル強（高麗尺四〇尺）である。

特に法隆寺の南方では、延久六年（承保元＝一〇七四）の法隆寺文書に、「合参段者（中略）在平群郡八条八里十坪横路北副字古麻田」（『平安遺文』一〇九七）という史料があり、条里《じょうり》坪付《つぼつけ》から法隆寺の小字「酒ノ免」の斜向の畦畔がそれにあたり、ひいてはこの畦畔が「横路」と呼称されたことが分かる。また『和名類聚抄《わみょうるいじゅしょう》』では城《しきの》下郡《しもぐん》に三宅郷があり、天平二年（七三〇）の「大倭国《やまとのくに》正税帳《しょうぜいちょう》」では十市郡と城下郡に屯田《みた》がみえ、これが古代の倭屯倉《やまとのみやけ》の残存形態を示しているなら、この道は北方の倭屯倉への通路でもあった（秋山日出雄「大和国」、『古代日本の交通路』I、大明堂、一九七八）。

『万葉集』には、「うちひさす三宅の原ゆ　ひた土に足踏み貫き」とか「三宅道の夏野の草を」（巻一三―三二九五・三二九六）と歌われている原や道は右の屯倉に基づくであろう。

なお、筋違道の呼び名は、『太子伝私記』（荻野三七彦前掲書、六六頁）に次のように表現されている。

太子、鵤宮より毎日、橘寺の推古天皇の宮へ詣りしめ給ふ。その道近からしめる為に須知迦部路《すちかへみち》を作りたまふ。又その日中の供御《くご》をば屏風里名なりに於いて進しむ。屏風を立てるに依りて、当時、寺を立て、屏風寺と名づく云々

日中の供御とは昼食を意味する。

また、太子は黒馬（甲斐の黒駒）に乗って太子道を往復したという有名な伝承は、『聖徳太子伝暦』推古一三年（六〇五）条に次のように語られている。

太子が斑鳩宮に遷るべく、推古天皇に挨拶にいくと、天皇は涙を流し、今まで太子に政治を託してきたが、遠く別れることは心よからずとするとのことであった。そこで太子は別宅に住居するといえども、宿衛のもとを離れないといい、朝に烏駒に騎乗して、小墾田宮に入り、政事を終えてから斑鳩宮に還る日々を送った。時の人はこれを奇特と賞賛した（前掲『大日本仏教全書』一一二、一二四頁）。

さて、飛鳥から斑鳩まで、地形図の等高線を観察してみると、この太子道のうち約一六度西偏する部分は奈良盆地の自然地形にあまり逆らわずに、斜向線をとっており、また西を流れる飛鳥川に沿うように走っている。このことは遺跡の張り付きから、本来、太子道は弥生時代にさかのぼる集落間を連絡する自然道であったとの見解とも一致する（菅谷文則「横大路と考古学」、『探訪古代の道』、法藏館、一九八八）。黒田あたりと高安で道の方位が異なるのは、まさしく上宮王家が斑鳩の計画道路から右折して筋違道にとりつくように設定した結果であることは、次項で述べる斑鳩地域の地割の再検討からも想定できると考える。

そうすると、太子の斑鳩宮の造営着手は推古九年（六〇一）、完成は同一三年であるから、筋違道への連結路の設定の年代は七世紀初頭ということになろう。なお、太子道の南端部で、下ツ道と接続するあたりの痕跡が皆無なのは、官道としての下ツ道の成立によって、この道の機能が、下ツ道にとって代られたためと考えられる。

ほかに法隆寺から西南の現王寺町を経て、馬見丘陵の西側、片岡の地を経て、二上山北麓を越え、河内磯長《しなが》の上ノ太子（叡福寺）と結ぶ太子道もある。王寺町大字畠田の送迎垣内《ひるめかいと》には、聖徳太子が河内から法隆寺へ通った時、ここまで両方から送り迎えしたという地名伝承がある。

ただし、明確なかたちで太子の史伝と関連するのは、片岡山飢人説話と太子葬送のことであろう。前者は『日本書紀』推古二一年一二月条を初見史料とするもので、太子は片岡の地で飢えて臥せた人に出会い、食物と自分の衣服を脱いでかけてやるが、やがて飢人は死ぬ。その死者を哀れみ、墓を作り、遺骸を収めてのち、太子は死者は真人《ひじり》であろうと予言する。のちに墓を検めると、屍《しかばね》はなく衣のみが残っていたが、太子はその衣を取り寄せ、また自分の身につけたので、時の人は「聖《ひじり》は聖を知る」といって崇めたという。同様の説話は『日本霊異記』上巻第四、『今昔物語集』巻一一―一などに記載されている。一方、『補闕記』、『聖徳太子伝暦』は、これを推古二一年一一月のこととし、太子が山西科長《しなが》山本陵処に巡看し、片岡山辺道の人家に入ると、飢人が臥せていたが、太子の馬が立ち止まって動かないので、舎人調使《つきのおみ》麻呂《まろ》が御杖を握り取ると、太子は下に臨んで飢人と相語り、紫の袍《ほう》を着せたという。『万葉集』巻三―四一五では、片岡での事でなく、竜田山となっていることは先に述べた通りである。太子信仰の所産である。

後者はいうまでもなく叡福寺が太子の御廟所であり、太子信仰の高まりとともに、法隆寺から墓所へと巡礼する人々が増えていったために生じた呼称であろう。この太子道は太子追慕の道であると考えたほうがよかろう。

2　斑鳩の方格地割と斑鳩寺の立地

斜向道路の方位と地割

法隆寺の周辺を歩くと、太子道（図9道路T）と同方位または直交する斜向道路によく出会うことに気づくが、一方、西院伽藍に関していえば、ほぼ真っ直ぐな正方位を保っていることが分かる。これらの道とそれにともなう水路や畦畔が造りだす地割については長い研究史があるが、その成果の上に立って、あらためて実測図上に、斜向道路を列挙し、その方位をみてみる。

①幸前の西から秋葉神社の南にいたる道路、北に向かって一九・五度西偏（図9道路S）
②新池の北から富雄川右岸にいたる道路、東に向かって二一度北偏（図9道路M）
③道路C南端から幸前の斜向道路S南端までの道路と水路、同じく二〇度北偏（図9道路N）
④東大門北側築地、北に向かって二〇度西偏（図9道路Y、図10道路B）
⑤東大門から東院四脚門にいたる道路と、その北一行目の道路が同じく一七度北偏（図10O、P）
⑥西大門から南に伸びる道路、北に向かって二二・五度西偏

そして、右にみた約二〇度西偏する太子道と同方位の地下遺構が、若草伽藍跡、東院下層遺構、法起寺下層遺構などで検出されているのは周知の通りであるが、念のため左に確認しておきたい。

まず、若草伽藍跡の塔・金堂の中軸線が二〇度西偏と報告されている（石田茂作「法隆寺若草伽藍址の発掘に就て」、『聖徳太子奉賛論文集　日本上代文化の研究』、一九四一）。その年代は推古一五年（六〇七）、用明帝の病平癒祈願のための薬師如来像完成（像銘）を斑鳩寺に関わるものと考えて、七世紀初頭と解し得る。

次に、東院下層遺構すなわち斑鳩宮の中軸線は北に向かって二一度西偏する。これと直交する夢殿の北側で検

出された素掘り溝遺構（斑鳩宮の南限を示す）が東に向かって二一度北偏する。年代は推古九年紀二月条の「皇太子、初めて宮室を斑鳩に興《た》てたまふ」を参考とする。

第三に、法起寺下層遺構では玉石溝や石敷溝の方位が二〇度から二二度西偏している（一九六〇～八〇年の調査結果）。年代は推古一四年紀に「是歳、皇太子、亦法華経を岡本宮に講《と》く。天皇大いに喜びて播磨国の水田百町を皇太子に施《おく》りたまふ。因りて斑鳩寺に納《い》れたまふ」とある岡本宮を法起寺の前身とみるのが、定説となっているので、これも七世紀の初頭と考えられるのである。

これらのことから斜向道路の設定時期も七世紀初頭とみなしてよかろう。

ところで、こうした斜向道路の設定についての単位基準といったもの、すなわち計画地割に関しては、目下、大別して三つの説がある。当時の用尺はいわゆる高麗尺《こまじゃく》（大尺ともいう）で、一尺＝〇・三五三メートル前後であるが、まず、第一は三〇〇尺＝一町一〇六メートルの尺度を基本に施行されたものと考える説である（岩本次郎「斑鳩地域における地割の再検討」、『文化財論叢』、同朋舎、一九八三）。その論拠として図示したものを掲げる（図9、図10はその部分的拡大図）。

図9の道路Nとその延長線をXとし、東大門北の道路をYとする。

①Xから天《てん》満《ま》池《いけ》南堤防（図10-N4）まで四町。

②Xから道路P（図10-N2）までほぼ二町。

③Xから夢殿北側の溝遺構（図10-N1）まで一町。

④図9の道路MとNの間隔は四町。

⑤図9の道路Mの延長線上、東に四町で道路Tの延長線に達する。

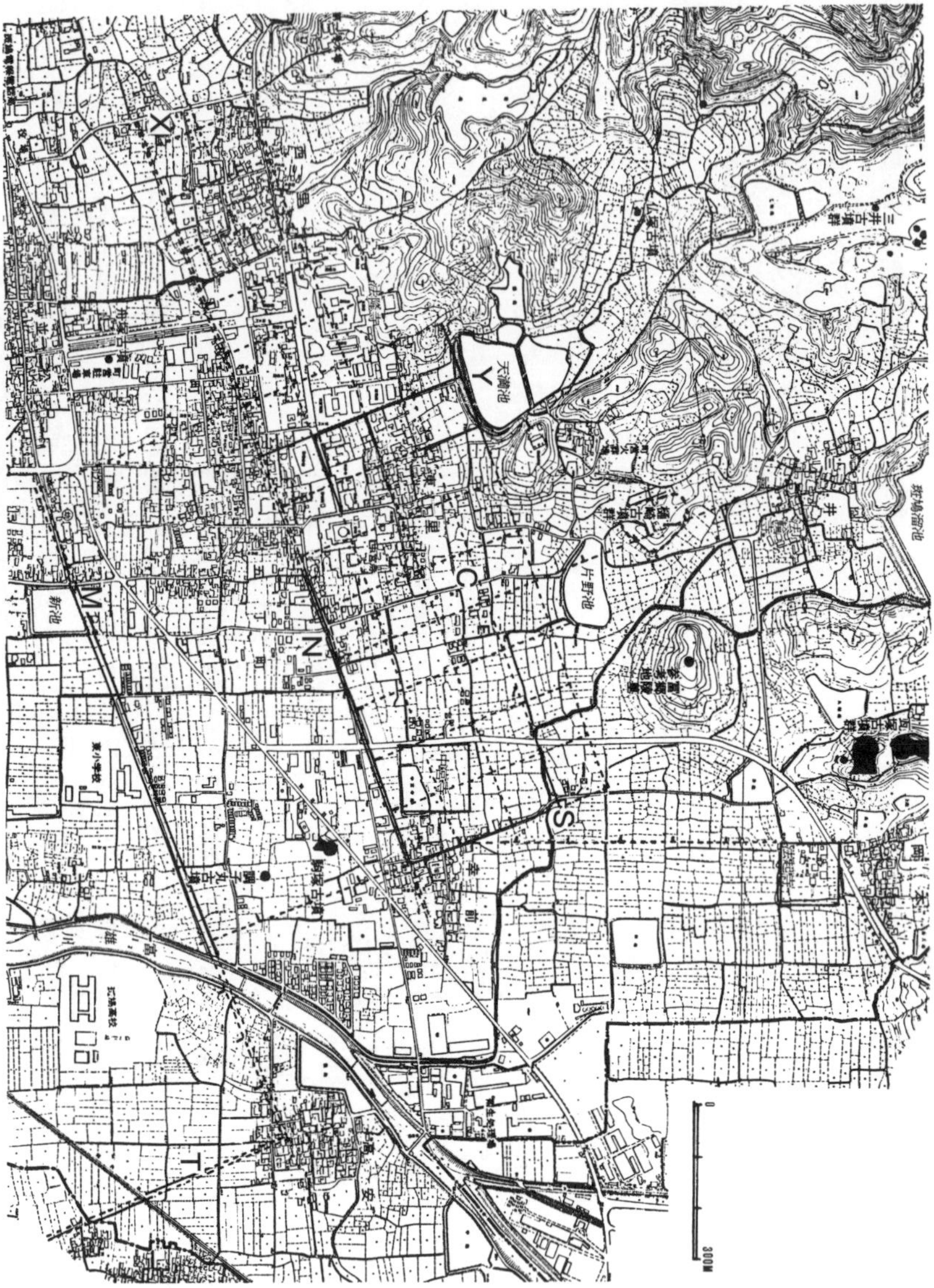

図9　斑鳩北部域の地割（斑鳩町都市計画図 No.3～7による）

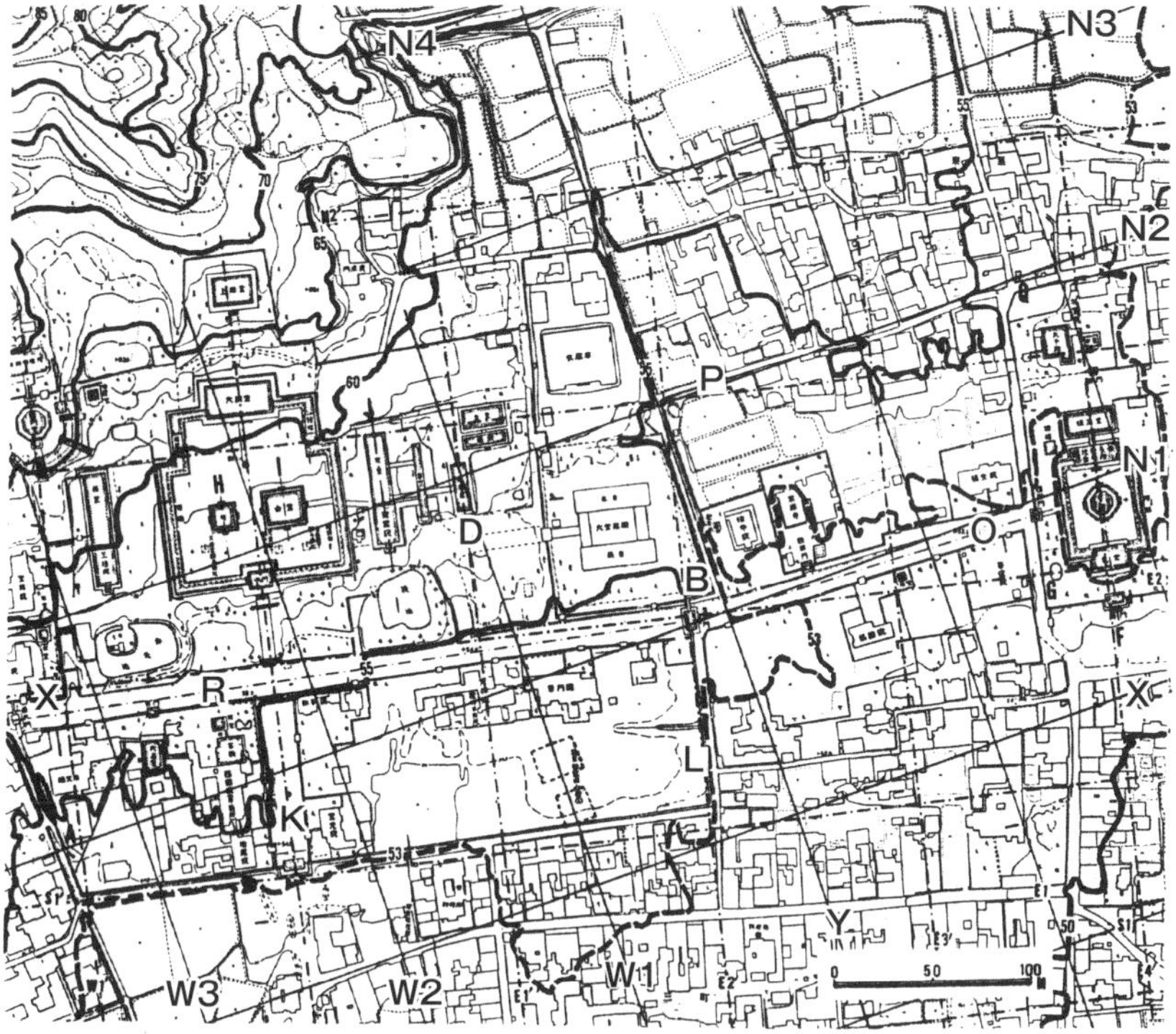

図10　法隆寺周辺の地割

⑥Yと若草伽藍の中心線が一町。Yは飛鳥~平安の河川遺構に沿う線でもある。

⑦Yの東一町に同方向の道路が現存する。

⑧Yと図9の道路Sの間隔が八町をとる。

右の論に対して、二五〇尺＝一町八八メートルとする説がある。それは千田稔「斑鳩宮についての小考」（『古代日本の歴史地理学的研究』、岩波書店、一九九一）ならびに同氏「わが国における方格地割都市の成立――朝鮮半島との関連で――」（『考古学の学際的研究　濱田青陵賞受賞者記念論文集』I、昭和堂、二〇〇二）である。図11は一九九一年文献に掲載分、千田氏には右の二論考の以前に、関連する二つの文献があり（「道と地割の計画

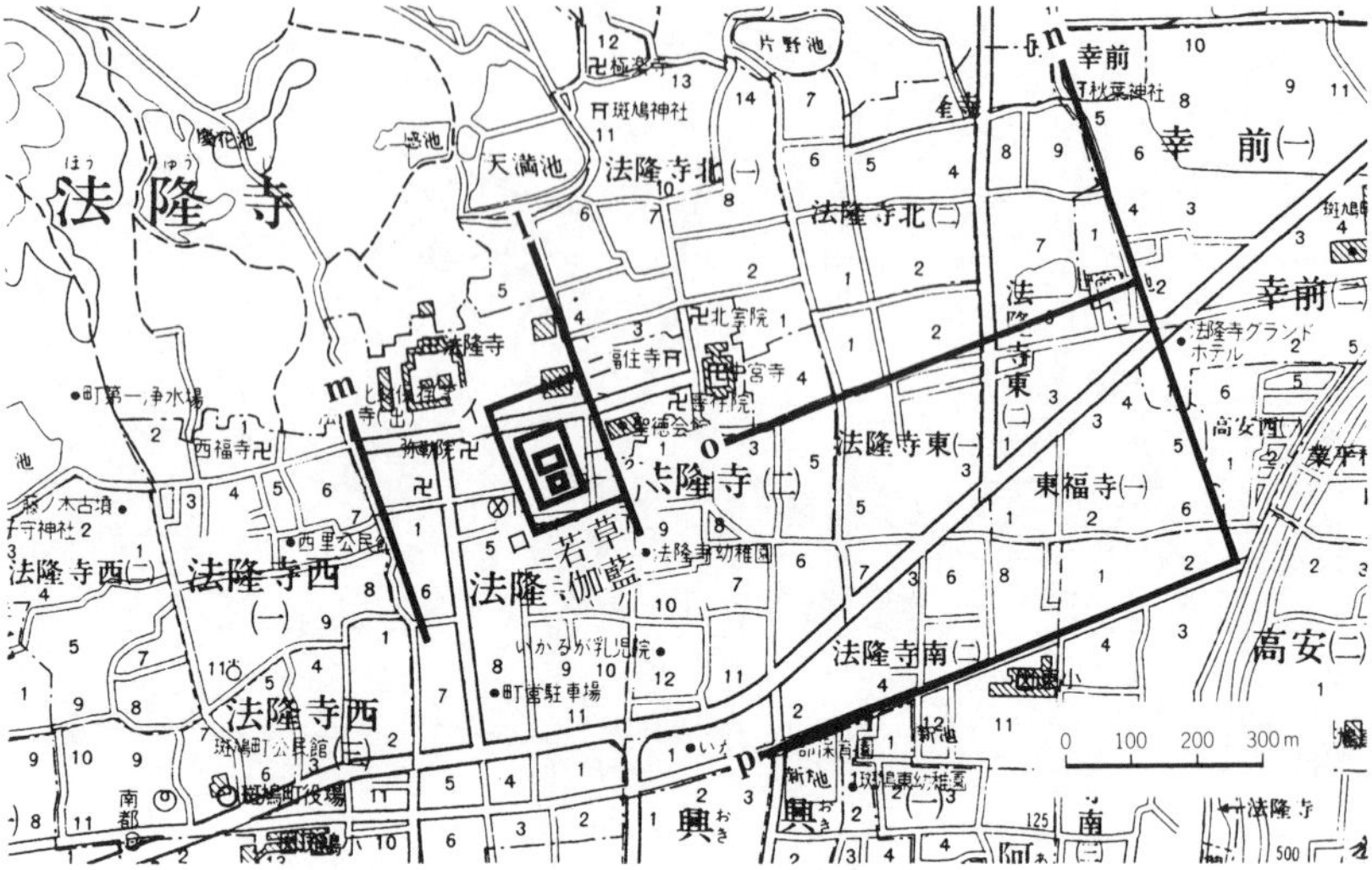

図11　斑鳩の飛鳥時代の推定地割(千田稔氏作製)

——河内磯長谷の古墳配置の問題に関連して——」、『環境文化』五一、一九八一／「条里地割と古地割」、『条里制の諸問題』II、奈良国立文化財研究所、一九八三）、図が一九九一年文献と相違するが、一九九一年文献に改訂されたものと理解して叙述をすすめる。

千田氏の根拠は、①西大門より南に走る道と東大門付近から北に走る道の間隔を計ると、高麗尺二五〇尺×四となる。②斑鳩町幸前《こうぜん》の西付近を走る道路と東大門付近から北に走る道の間隔は二五〇尺×九・五となり、③筆者説の道路Nと道路Mの間を計測すると、二五〇尺×五となり、二五〇尺を単位方格とする地割の存在を示唆するものとされるのである。

第三の説は、井上和人「斑鳩地域の偏向地割」（『古代都城制条里制の実証的研究』、学生社、二〇〇四）のもので、千田説批判は一九八一・八三年論文に向けられており、千田氏があげられた論拠の道を地図上で測りなおすと過長ないし懸隔の大きいものがあることを指摘している。筆者（岩本）説についても、同様に論拠に無理のあるものがあり、筆者がいう一町一〇六メートルの代制地割というものは、飛鳥寺、川原寺、山田寺、若草伽藍などではいずれも大尺（＝高麗尺）三〇〇尺が基本的長さであり、さらにその四つ割七五尺、またはその倍数あるいは$\sqrt{2}$などが割り付けの基準的寸法に用いられる場合が多い。そうした状況にかんがみれば、寺院や宮殿を造営するときに区画や建物配置の地割に多用されたことの結果が、随所に三〇〇尺（六〇歩）単位の寸法を遺存させることになったと考えておくこともできるのではないか、とされる。

本書が論争の場としての性格をもつものでないことは認識しているが、叙述の過程として、一応の釈明は果たしておくべきかと考える。

千田説の①は高麗尺一〇〇〇尺という整数値をとったと考えられる。②は千田説では一町約八八メートルのため、計算上は八三六メートルの数値をとる。実測値は道の心々八三五メートル（二五〇〇分の一、「斑鳩町都市計画図」による計測）であり、千田説の方が整合性をもつ。ただし、一〇町ではなく、何ゆえ九・五町＝二三七五尺という数値で道を設定する必要性があったのかと思案させられる。③の実測値は四五〇メートル弱を測る。この場合も千田説の方が整合性をもつが、道路Mは太子道に連続する道であり、大きな道幅を除外しての内法《うちのり》の方法で道路Nが施工されたと解することもできよう。

その場合、道幅は両者あわせて二四メートルとなるが、『日本霊異記』下巻第一六には「大和の国鵤《いかるが》の聖徳王の宮の前の路より、東を指して行く。その路鏡の如く、広さ一町許《ばか》り、直きこと墨縄の如く、辺に木草立てり。」とある。地獄での夢の中の話として出てくるのであり、広さ一町というのは誇張があるとしても、現実に存在した大路を念頭においたもので、道路Mを考えての説話であろう。

井上説が筆者説に無理があると指摘したのは、上述の③に関連するものである。実測値から両道幅を引くと、四二六メートルとなり、四町分とするのに無理ではないと考える。

氏が全体として反論を加えられるのは、筆者がいう「代制《しろ》地割」なるものは存在しないという点にある。ここで多くを語ることはできないが、「代制地割」とは氏が提起する高麗尺三〇〇尺による計画地割をも含めて考えており、決して耕地地割もしくは先行条里のみを意味しているわけではない。また、道路設定にある距離単位が認められるなら、それは寺院や宮殿の区画に、ある種の地割が多用された結果というよりも、一定の計画地割のもとに施工されたものと考えた方が良いのではなかろうか。

なお近年、七世紀初頭の法隆寺周辺に偏向《へんこう》地割が設定されて以後、八世紀後半の宝亀年間（七七〇年代）までに以前の地割を利用した偏向条里が斑鳩地域の比較的広範囲に施行されていたのではないか、との論が出された（山本崇「斑鳩の歴史的・地理的特質――道・宮・地割――」、『日本の名僧1 和国の教王 聖徳太子』、吉川弘文館、二〇〇四）。山本氏はまた代制の実在や、その方式がミヤケの開発に用いられたこと自体を否定することは困難ではないかとの立場も示されており、また、法隆寺南大門の東方で、図10のW2のラインにのる溝が検出された（斑鳩町教育委員会『若草伽藍西方の調査　現地説明会資料』、斑鳩町、二〇〇四）。高麗尺三〇〇尺の計画地割の一班を表すものといえよう。さらにごく最近、斑鳩地域の飛鳥時代以降の主な遺跡の発掘調査成果を、調査次数別に整理し、そのデータに基づいて、遺構の造営方位の振れに関して、N二〇度W、N八・五度Wの偏向地割と、それよりも時代が降ると理解してきた正南北地割のみでは説明できない、思いのほか複雑な様相を呈しているとする見解が提起されている（山本崇・鶴見泰寿・平田政彦・大林潤「斑鳩地域の発掘調査と地割」、『法隆寺若草伽藍跡発掘調査報告』奈良文化財研究所学報第七六冊、二〇〇七）。重要な指摘であるが、これが斑鳩偏向地割論のすべてを否定するものではないと考える。また、ほかに斑鳩地域に高麗尺三〇〇尺一町の方格地割を想定する論に、高田良信

『法隆寺の謎を説く』（小学館、一九九〇）、酒井龍一「聖徳太子の都市計画」（『文化財学報』二三・二四合併号、二〇〇六）、同氏「『聖徳太子の都市計画』案の課題」（『文化財学報』二六号、二〇〇八、いずれも副題略、奈良大学文学部文化財学科）がある。

西院伽藍を中心とする建物の方位と地割

次いで、西院伽藍を中心とする方位についてみてみよう。

①中門と南大門を結ぶ南北中心線が北に向かって八度西偏する（図10-K）。

②南北中心線が北に向かって八・五度西偏する建築に、金堂・塔・東室がある。

③東院西側道路は八・五度西偏し、東院の夢殿・南門中心線は九度西偏する。

④綱封蔵《こうふうぞう》の中心線は一〇・五度西偏する（図10-D）。

⑤右記の線にほぼ直交する道路に、西大門～東大門にいたる道路がある。九度北偏。

⑥東大門の南側築地は北に向かって八度西偏する（図10-L）。

八～一〇・五度の間に収まり、先にみた斜向道路の方位とは格段の差がある。これを地割についてみてみよう。

いま仮に、中門と南大門を結ぶ南北中心線Kとし、Kと直交する西大門～東大門にいたる道路の北端X′を基準とすると、

①X′から北へ一町の線は西室、回廊北面、東室の北端を通り、食堂のほぼ中心線の南側と北室院太子殿・本堂の南端をかすめる。

②X′の線は東大門中心の少し北を通り、東院礼堂の南端を通る。

③X′の南一町の線は南大門の石段下を通る。

④Kの西一町の線は宝珠院《ほうしゅいん》本堂東側の築地塀と西円堂のほぼ中心を通る。

⑤Kの東一町の線は綱封蔵の中心を通る。
⑥Kの東二町の線は東大門のほぼ中心を通る。
⑦Kの東四町の線は夢殿のほぼ中心を通る。
⑧南大門築地塀の東西長がほぼ三町である。

ここでも、一町は高麗尺三〇〇尺＝一〇六メートルの方眼に基づく地割計画が想定できると考える。ただし、基準線からみて現存の法隆寺建物の中心線にほぼ合致するという表れかたをする。しかも基準線から測って一〇六メートルの線が内側にくるということは、実際の計画線は一〇六メートル以上であったことになり、これは高麗尺の年代的な伸びを示しているのである。結論をいえば、高麗尺使用の最末期（七世紀終わり〜八世紀初め）にあたると推定したい。

ところで西院伽藍の金堂・塔・中門・回廊の平面寸法が高麗尺の七・五寸＝二六・五センチメートル（一尺＝三五・三センチメートル）の倍数によく合致することが分かっており、そこから金堂・塔についで、中門・回廊の造営に差し掛かるとき、中門の中心と金堂─塔の心々中央を結ぶ南北基準線、そして旧南門の前面を基準とする東西の基準線による計画地割が設定されたと考えたい。第二次の開発は、おそらくそれより早く、金堂・塔の造営直前から行なわれたものと推考する。その時期は、天智九年（六七〇）の被災を認めるとして、その二年後の壬申の乱を経たころからなされたと考えたい。

右についても、井上和人氏に前述の趣旨と同様な反論が前掲書にあることを記しておく。

条里制とその地割

条里制とは、基本的には三六〇尺（一〇九メートル）四方の耕地を一町として、その単位呼称を坪という。一坪は一〇段からなるが、一段の形状には一〇九メートル×一〇・九メートルと細長い長地型《ながじがた》地割、そして五四・五メートル×二一・八メートルの半折型《はおりがた》地割とに分かれる。また六町×六町の区画を里《り》と呼ぶが、区画内の六町の地番の呼称法（坪並《つぼなみ》という）にも二通りある。一の坪から六の坪までくると、七の坪をその横に数える千鳥型と、七の坪は一の坪の横にもどる並行型であり、大和国は千鳥型である。里がいくつか横に並んだものを条と称し、ある地点を示すのに数詞をもって一条二里三の坪のごとく呼称するのである。

大和国の場合、平城京の羅城門から発して、奈良盆地を縦貫する下ツ道を中心として、東の方を京南路東条里、西方を京南路西条里と呼称する。斑鳩地域は京南路西条里の中にある。法隆寺は東院伽藍が平群郡七条六里、西院伽藍が同七里にあたるが、条里史料は表れない。「太子道」の項目のところで、法隆寺字酒ノ免《さけのめん》周辺の条里史料の一例をあげておいたが、法隆寺の西南方、桜池《さくらいけ》の南あたりは八条一〇里の東北辺の位置にあたり、その東側の八条九里の西北辺とともに、延長六年（九二八）以降、鎌倉時代にいたる条里記載の文書が、法隆寺文書または吉田文書などに数十通遺されている。

ただし、右の地域の現実の地割は、整然とした長地型や半折型の方形区画を取ることは少なく、多くは不整形な区画をとり、しかも一段を二分割したくらいのものが多い。地形的な制約からであろう。総体的に岳麓部の地割は同様な傾向にあるが、条里制のふたつの機能、すなわち土地の方形区画と地番呼称のうち、前者が整然と行なわれないところでも、後者は機能し得たのである。整然とした条里地割は図9で示した道路Nの以南に広く展開している。

斑鳩寺の立地

右に述べたことから、道路設定の年代と斑鳩宮ならびに斑鳩寺（法隆寺）の造営の立地条件とその経過を振り返っておこう。

六世紀末から七世紀初頭にかけての第一次開発による地割と七世紀後半から八世紀初頭にかけての第二次開発

とその整備があった。

まず、第一次開発の過程を確認していきたい。『日本書紀』によれば、推古元年（五九三）に厩戸皇子が立太子して「摂政」となり、同九年に斑鳩宮を造営し始め、四年後に「斑鳩宮に居す」とある。そしてその翌年すなわち同一四年に、太子は法華経を岡本宮に講義し、播磨国の水田一〇〇町を斑鳩寺に施入したともある。金堂薬師如来坐像光背銘が同一五年のことと伝える斑鳩寺造立はほぼ認めてよかろう。

尾根筋《おねすじ》の先端を削り、谷筋を埋め、一定の計画性ある地割設定を行い、大道や水路を通ずる、しかもそこに宮居と寺院を並立させるなどの大土木建築工事は、上宮王家の勢威高揚の時期にこそ可能であろう。聖徳太子を主とする上宮王家と妃を出した膳臣らが中心となった。斑鳩宮、斑鳩寺、岡本宮、中宮、法輪寺前身建物、飽波葦垣宮などが次々と造営され、斑鳩地域は飛鳥を中心とする政治文化圏に拮抗して、仏教を中心とする一大文化圏を形成していったのである。

太子がこの地を選んだのは、序章に示したとおり、交通の要衝であること、背後に丘陵、東西と南に川が流れるという要害の地であることなどによろう。あるいは風水思想に叶った地勢であったかも知れない。

第二次の開発は、伽藍の造営としては、より岳麓に寄る形をとるが、大規模な地形の改変は、すでに第一次開発でなされており、区画整理と堂舎の建設が主たる事業となったであろう。西院伽藍造営の計画と施工、資材の調達と労働力の確保には、皇室権力が藤原京において大官大寺や薬師寺を建設している時であって、皇権に多くを望み得ないとすれば、その事業を領導した在地有力氏族としては、壬申の乱における天武方の功臣膳臣摩漏《まろ》を中心とした膳氏であった可能性が大きいが、法隆寺献納宝物にみられる命過幡の知識（寄進者）として名がみえる山部連《やまべのむらじ》氏や飽波評君《あくなみのこおりのきみ》など在地の小氏族による支援も多かったことと思われる。

第二章　法隆寺の創建

第一節　法隆寺の創建

1　法隆寺再建・非再建論争

一四〇〇年の法灯を伝える法隆寺に関しては、その創建の年を伝える明らかな記録がない。寺伝では、聖徳太子創建の伽藍が連綿と伝えられたとされていた。ところが、明治二〇年代からそのことに対する疑問、すなわち法隆寺は火災にあった後に再建されたのではないか、という疑問が呈されるようになった。そして、それに対する反論があり、半世紀にわたる論争が続けられることになった（村田治郎『法隆寺の研究史』、毎日新聞社、一九四九）。

論争の始まり

まず、最初に疑問を呈したのが石上《いそのかみ》神宮宮司であった菅政友《かんまさとも》である。その後、長く続くことになった論争は大きく三期に分かれる。明治二〇年（一八八七）頃から同三八年までの第一期の状況を記そう。

菅政友の再建論は、一口でいえば『日本書紀』天智九年（六七〇）四月の記事「夜半の後に、法隆寺に災《ひつ》けり。一屋も余ること無し。大雨ふり、雷震《な》る」によっている。この見解が発表された明確な年は分からないが、明治二〇年頃とされている。その後、同二三年に黒川真頼《まより》が、同二九年に小杉榲邨《すぎむら》が再建説を唱える。いずれも、その趣旨は『日本書紀』天智九年の記事によっている。

一方で、こうした見解に対しての反論、非再建説が唱えられた。明治三三年に北畠治房《はるふさ》は、普門院の裏に心礎のあることに注目して、焼けたのは『日本書紀』天智八年の記事にみえる斑鳩寺であり、法隆寺は火災にあっていないという、二寺説を主張した。翌三四年と三八年に平子鐸嶺《ひらこたくれい》は非再建論を発表した。特に後者では天智九年の干支、庚午は一運さかのぼらせた推古一八年（六一〇）のことであるとし、しかもこの時の火災は小規模なものであって、伽藍の主要部分には火がおよばなかったとした。この同じ年、明治三八年に関野貞《せきのただし》は建築史の立場から非再建論を発表した。この後、論争の中心人物となる関野貞の最初の反論であった。その要旨は、金堂や塔の建築様式が飛鳥様式であること、建立に際して使用されたのが高麗尺《こまじゃく》であり、それは大化以後にはすでに用いられていないという尺度論からの反論であり、きわめて説得力をもつものであった。関野貞のこの非再建論の発表によって、再建論は鳴りを潜めた状況であった。

そこへ登場してきたのが小杉榲邨の後輩であった喜田貞吉《きたさだきち》であり、歴史学の対場からの再建論が発表され、以後、再建論が主張されることになる。

以後の論争

第二期は明治三九年（一九〇六）から昭和七年（一九三二）年までである。小野玄妙《げんみょう》が、『日本書紀』の編者が皇極二年（六四三）の斑鳩宮焼亡を誤って天智九年に載せたのであるとの説を発表したが、学界では重視されず、論争は喜田貞吉と関野貞の両者が主であった。しかし、両者ともに次第に論旨が変わってゆき、喜田は火災の痕跡や焼けた瓦などが寺域内でみつけられていないことから、火災にあった法隆寺は斑鳩宮の建物を寺に転用したので、焼けた瓦や焼けた礎石もみられないのであるというような見解を示した。

関野は大正一五年に発見された五重塔心柱空洞の調査を契機に二寺説を提唱し、火災にあったのは聖徳太子のために建立した若草伽藍であり、西院伽藍は創建のままで現存していると力説した。しかし、心礎空洞《しんそくうどう》の発見、そして舎利荘厳具《しゃりしょうごんぐ》の発見があり、荘厳具の中に海獣葡萄鏡《かいじゅうぶどうきょう》が含まれていたことによって、その鏡が唐代に盛行したものであるということから、再建論者に有利な状況となった。

第三期は昭和八年から同一四年までである。非再建論者も火災のあったことは認めるようになったのであるが、現法隆寺、西院伽藍がその後の再建であるのかどうかという点に論点が移っていった。そして、昭和一四年に寺外に出ていた若草伽藍の塔心礎が寺に返還されることになり、それを機会に発掘調査がその年の一二月に行われた。その結果、西院伽藍に先行する寺院遺構の存在が確認された。このことによって、法隆寺再建・非再建論争に一応の決着をみることとなった。

しかしその後も論争は続き、たとえば、新たな非再建論が唱えられた。すなわち足立康《あだちこう》の二寺並存説であり、天智九年の若草伽藍の焼亡を認めるが、それは本来の法隆寺であって、用明天皇のための薬師堂とするのである。そして西院伽藍は飛鳥時代末期に聖徳太子のために現在の位置に建立されたもので、天智九年には存在したというものである。

この論争は約半世紀続けられることとなったが、古代史、建築史以外の分野からの参加もあり、一面で学問向上の役割を果たしたといえよう。また、現在でも焼亡の有無、その年代、西院伽藍創建の年代、軒瓦の年代観などをめぐって問題点が提起されている。

2　若草伽藍跡の発掘

塔心礎の返還

創建法隆寺すなわち斑鳩寺の伽藍中枢部は、現在の実相院と普門院の南側に営まれた。今その地には巨大な塔心礎が残っており、若草伽藍跡と呼ばれている。若草伽藍の名は、延享三年（一七四六）頃に編さんされた『古今一陽集《ここんいちようしゅう》』に「若艸之伽藍」と見えるのが初出であり、その名が踏襲されている。この若草伽藍跡が、斑鳩寺の建立された地であることが確認されたのは、昭和一四年（一九三九）のことであった。この地にあった塔心礎が明治の末に寺外に搬出されてしまったのであるが、昭和一四年に寺に返還されることになった。その塔心礎は明治の末頃のことと思われるが、法隆寺の近くに居住していた当時の北畠治房男爵家に運ばれた。その後塔心礎は、大正四年七月に芦屋の久原《くはら》房之助邸に移されることになった。久原邸では、この心礎の上に石塔を載せるために上面を一辺約一・三メートルの方形に穿《うが》った。しかし、それが浅く彫られたために、もとあった柱座は残された。その柱座《はしらざ》は、四方に副柱《そえばしら》座をともなうように穿たれている。

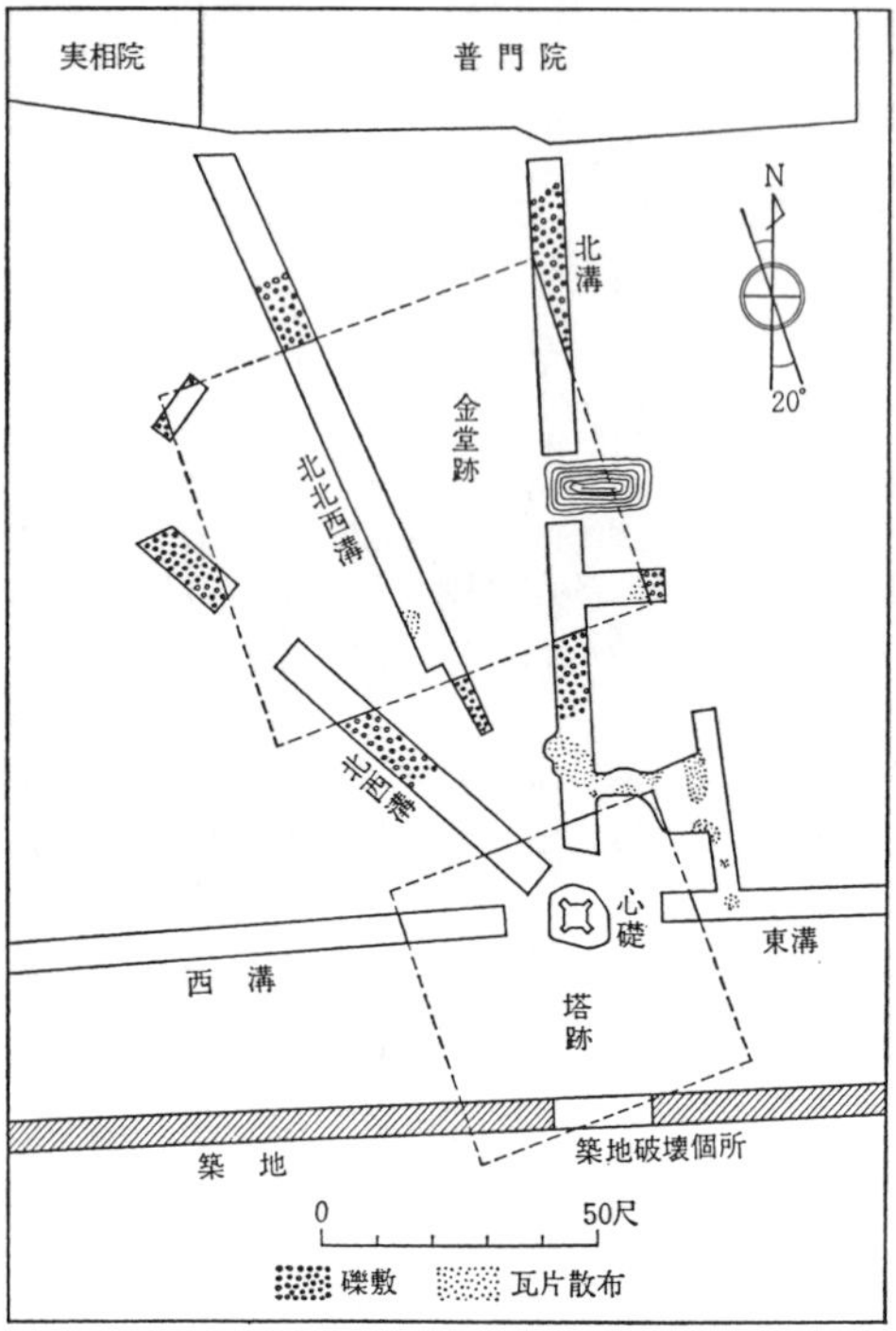

図 1　昭和14年調査の若草伽藍遺構図

心礎が運ばれた久原邸は昭和一三年に野村徳七氏の所有となった。同年九月には心礎上にあった石塔だけが野村家本邸に移されたために、その心礎だけが野村徳七邸内に残された。ちょうどその頃、法隆寺論争が白熱化し、『古今一陽集』に記載されている若草伽藍の心礎のことが注目されるようになった。そして、岸熊吉氏が調査に訪れているということもあり、当時法隆寺壁画保存調査委員会委員であった江崎政忠氏を介して、佐伯定胤管主と野村徳七氏との間で話し合いがもたれ、心礎は寺に寄贈されることになったのである。

こうして若草伽藍の塔心礎は、昭和一四年一〇月二二日に元あったと推定されたところに据えられたのである（高田良信「若草の礎石について」、『伊珂留我』一一、小学館、一九八九）。心礎が寺に戻されたことを機会に石田茂作氏らによって発掘調査が行われることになった。

図２　若草伽藍金堂掘込地業北辺

図３　若草伽藍塔掘込地業西辺

昭和一四年の調査では心礎を起点として数本のトレンチ（発掘溝）が設定された。地上には心礎以外に何ら遺構はみられない。発掘が進むにしたがって、心礎付近の地盤は固いが、それを遠ざかると、ある地点で急に地質が変わって軟らかくなることに気付き、それぞれのトレンチで確認された固い地点と、軟らかい地点との境を結ぶことによって、固い地質のところが建物の基礎部分であること、すなわち初めて建物基壇《きだん》

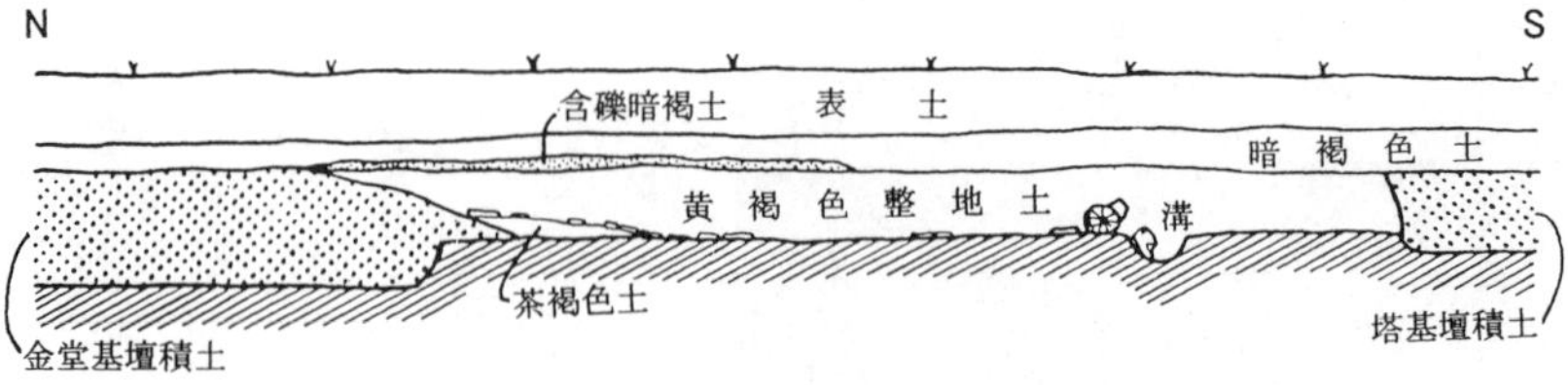

図4　若草伽藍金堂と塔付近の土層模式図

の基礎部分である掘込《ほりこみ》地業《ちぎょう》が南北二カ所で確認されたのであった。

掘込地業というのは、古代における建築基礎工事の手法のひとつである。礎石建ち瓦葺《ぶ》きの建物はかなりの重量となるため、不等沈下を防ぐために建物基礎とほぼ同じ範囲を掘り下げ、よく締まる土と入れ替えることをいう。そして土を入れ替える際には少し入れた土を棒突きして固めていくのである。これを版築《はんちく》といい、土層の断面に縞状にそうした状況があらわれる。この発掘調査で確認された「固い地質」というのは、掘込地業内に現れた縞《しま》状の版築なのである。この時の調査で確認された北の掘込地業が東西に長い長方形であり、南の掘込地業はその南端部が南面大垣外になるものの、東西規模が北の掘込地業より短いところから、南の掘込地業が塔の、北の掘込地業が金堂のものと判断され、四天王寺式伽藍配置をもつ寺が存在したことが明らかにされたのである（石田茂作「法隆寺若草伽藍址の発掘」、『総説　飛鳥時代寺院址の研究』、第一書房、一九四四）。

金堂・塔跡の確認

この地の発掘調査はその後、昭和四三・四四年度の文化庁による調査、同五三年度から五九年度まで行われた防災施設工事にともなう若草伽藍域におよぶ調査がある。これらを総合して若草伽藍について述べる。

昭和一四年と同四三・四四年度の発掘調査で確認された掘込地業によって、金堂基壇が桁行《けたゆき》方向約二二メートル、梁間《はりま》方向約一九メートルに、塔の基壇が一辺一五・八五メートルに復元された。

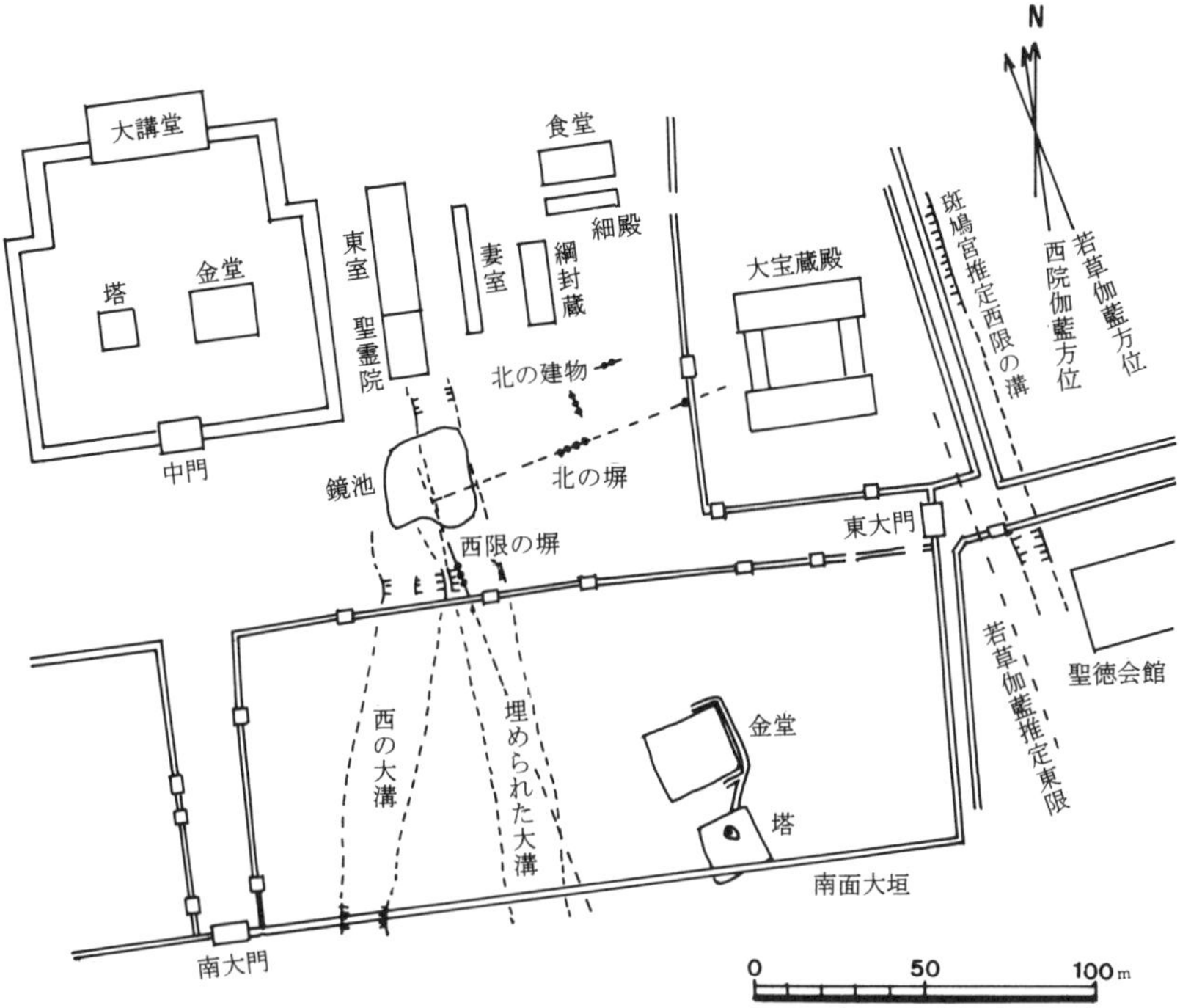

図5　若草伽藍の遺構と西院伽藍の位置

昭和四三・四四年度に行われた調査では、金堂基壇築成後に、その南側に盛土整地工事が行われたこと、そして、その整地土面から塔基壇築成のための掘込地業が行われたことが確認された（文化庁文化財保護部記念物課編『法隆寺若草伽藍跡　昭和四三年度発掘調査概報』、一九六八）。このことは、わが国古代における寺院造営に際しては、金堂の造営が先行し、塔の造営がその後であることを遺構の上から確認されたこととして特筆されるものであった。なお、金堂基壇をめぐって基壇築造時の溝が掘られている。これは工事中の排水溝であり、基壇南面中央部で塔基壇の方向に延びている。そして金堂基壇完成後の整地土によって埋め戻され、塔基壇築成時に切断されている。

このように若草伽藍は北に金堂・南に塔

が配置される四天王寺式伽藍配置をとるものであるが、回廊や講堂などの遺構は確認されていない。金堂・塔の遺構においてもこれらは掘込地業によってその存在が確認されたものであり、地上部の基壇はまったく削平されてしまっている。一般に回廊や講堂の基壇は掘込地業によらない場合が多いので、おそらく削平されてしまったものであろう。

寺城の確認

昭和五三年度から始められた防災施設工事にともなう発掘調査では、さらに多くのことが明らかにされた（法隆寺『法隆寺防災施設工事・発掘調査報告書』、一九八五）。若草伽藍の造営に際しては、旧地形が大きく変えられていることも明らかにされた。すなわち、寺の造営にあたって大規模な整地工事が行われているのである。西院回廊と東室・聖霊院《しょうりょういん》の間はちょうどひとつの谷筋になっており、防災施設工事にともなう調査の際に流路が検出された。ところが、この流路は聖霊院の前面で西に迂回する人工の流路に接続され、もともとの流路は埋め立てられていたのである。その埋め立てられた流路、埋土の上面で南北方向の掘立柱柵《ほったてばしらさく》が検出された。その方位は若草伽藍金堂・塔のそれとほぼ一致し、寺にともなうものであることが明らかである。また聖霊院南方に東西方向の掘立柱柵があり、その延長上、大宝蔵殿西塀に接して掘立柱掘形が検出され、南北柵と直角の位置関係にあることが確認された。その結果、ふたつの掘立柱柵は一体のものであることが明らかになった。

東大門を東に出てすぐ北に折れる道路は若草伽藍造営方位に近いのであるが、律学院の西側、この道路の側溝に接した地域では、幅約三メートルの溝を検出している。このような溝は、宮殿・官衙・寺などの外堀である場合が多く、この溝についても斑鳩宮の西を限る溝の可能性が高い。この溝を斑鳩宮の西を限る溝と仮定した場合、その西側には若草伽藍の東を限る施設が存在することになる。平成一九年度に行われた東面大垣の解体修理工事に伴う調査では、大垣下層から柱穴が検出された。それらは二間分、三間分という短いものであったが、三時期にわたっており、層位・方位からいずれも若草伽藍に伴うものと判断された。さきの西辺の南北柵からの距離を測ると約一四五メートルとなり、これを高麗尺に換算すると約四一丈である。そしてこの距離をほぼ三等分した西三分の一の位置に若草伽藍の金堂・塔を結んだ中軸線がある。金堂・塔跡は掘込地業で確認されているのみであり厳密ではないが、古代寺院の中心伽藍中軸線が寺域を三等分した西三分の一の位置に一致する例のあることからすれば、埋め立てられた溝に設けられた南北塀は、若草伽藍の西を画する施設と考えてよかろう。

したがって東西方向の掘立柱塀は、寺の北を画する施設と考えられる。これらの見解から、中門や南門の位置が明らかでないながらも、検出された東西方向の掘を柱塀から南へ約一七〇メートルの位置に想定でき（岩本次郎「斑鳩地域における地割の再検討」、奈良国立文化財研究所創立三〇周年記念論文集刊行会編『文化財論叢』、同朋舎出版、一九八四）、寺域が南北約一七〇メートル、東西約一五〇メートルの規模に復元された。ただ、北を限る東西塀の北にも若草伽藍と同じ方位を示す掘立柱列の遺構があり、それらも若草伽藍に関わる遺構と考えられるので、寺域がさらに北に広がる可能性は高い。

平成一六年度に斑鳩町教育委員会によって行われた、西院南大門前の発掘調査では、火災で火を受けたことが明らかな瓦が出土した。それらの瓦の中には金堂の屋根に葺かれた、手彫り忍冬文軒平瓦《にんどうもんのきひらがわら》、塔の屋根に葺かれた単弁蓮華文軒丸瓦《たんべんれんげもんのきまるがわら》もみられ、若草伽藍が火災を受けたことが確実となった。遺構としては、幅広い南北溝が検出され、ここが若草伽藍の西限を示すのではなかろうかとの見解が示された。この溝を西限に想定すると、金堂・塔の中軸線が、復元される寺域の中心にあたるという。今後さらに検討されることであろう。また、火を受けた壁画の断片が多数出土したとの報告もなされている（図6）。

堂塔の姿

さて、堂塔の具体的な姿を考えてみよう。先にふれたように、金堂基壇の規模が東西約二二メートル、南北約一九メートルに復元できた。この規模は、西院伽藍の金堂下成《かせい》基壇の規模東西二一・八メートル、南北一八・七メートルにきわめて近い数値である。したがって、裳階《もこし》の有無は分からないが、堂そのものは桁行五間、梁間四間で西院金堂の規模とほぼ同じであったものと考えられよう。昭和大修理以前の西院金堂は、上成《じょうせい》基壇が凝灰岩壇正《ぎょうかいがんだんじょう》積みであったが、石材は一枚石だけではなく、いわば継ぎ足しされた石がかなり使われていた（法隆寺国宝保存委員会編『国宝法隆寺金堂修理工事報告』、一九三六）。それらの石は、焼失した若草伽藍金堂のものが再利用されたものであり、若草伽藍金堂基壇外装が壇正積みであったことが想定される。

図６　若草伽藍跡西方出土壁画片

また、若草伽藍出土瓦の中には鴟尾《しび》片や鬼瓦片も含まれている。鴟尾は中門や金堂の大棟に載せられる。中門推定位置は現寺域の南方になるが、出土した鴟尾は二種類あるので、金堂と中門の大棟に載せられたものに違いない。鬼瓦は蓮華文を飾ったものであり、小形品なので降《くだ》り棟《むね》に使われたものである。

以上のことから、若草伽藍金堂は壇正積み基壇の上に桁行五間、梁間四間瓦葺きで降り棟をともなう入母屋《いりもや》造り、大棟の両端に鴟尾を載せた姿に復元することができる。

塔の掘込基壇一辺一五・八五メートルという規模も、西院伽藍五重塔下成基壇の規模に一致する。若草伽藍塔跡には現在、塔心礎しかみられない。しかし『古今一陽集』（法隆寺『影印本　古今一陽集』、一九七三）には若草伽藍塔心礎に関する記載の後に「又石之廻尺餘方石在土中」とあり、心礎に近接した北東と北西に方形の石が二個描かれている（図7）。

これについては位置関係から、四天柱の礎石とも考えられている。ただ、四天柱の礎石が「尺餘」では小さすぎるきらいがあり、また心礎に近接しすぎていることから、内陣に壁体を設けるための礎石で、その壁面に絵が描かれていたことも推察できる。韓国法住寺《ほうじゅうじ》捌相殿《はっそうでん》は韓国で唯一の木造五層塔であり、初層に高さ三・八メートルの須弥壇が設けられ、その上部三層までの四天柱間に壁体が設けられる。そして初層四面の各壁面に二図ずつ計八図、すなわち八変相図が描かれている（朝鮮遺跡遺物図鑑編纂委員会編『朝鮮遺跡遺物図鑑』、一九九三）。中国の事例では永寧寺の場合、心柱に近接して日干煉瓦を組んだ壁龕《へきがん》遺構がある。ここに絵画が描かれ塑像《そぞう》が貼りつけられたと考えられている（奈良国立文化財研究所編『北魏洛陽永寧寺』、一九九八）。

『古今一陽集』の図では、心礎柱座も「二尺餘」とあり、北の二石を仮に四天柱の礎石であるとすれば、『古今一陽集』編さんの頃には塔の基壇が残っていたことになる。

西院伽藍五重塔は昭和大修理以前、壇正積みで、しかも金堂基壇の

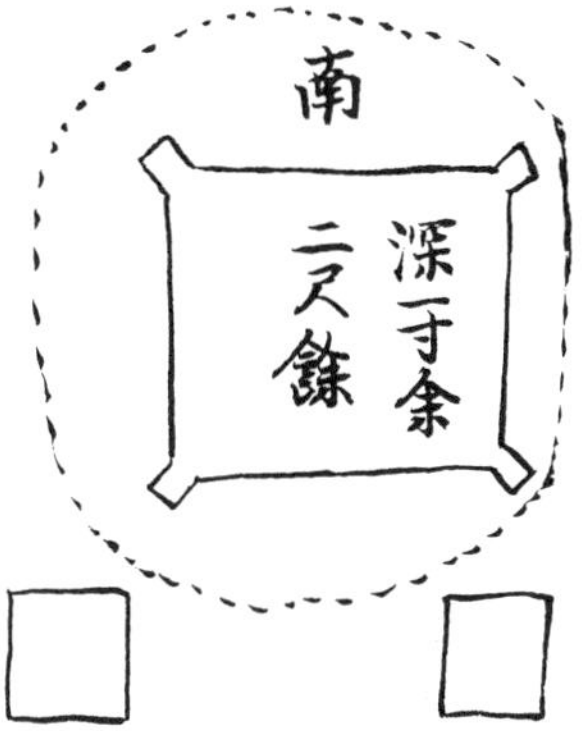

図7　『古今一陽集』にある若草伽藍の礎石

ように再利用資材ではなく、新規に調達された切石が使われていた（法隆寺国宝保存委員会編『国宝法隆寺五重塔修理報告』、一九五五）。そのことは、若草伽藍塔基壇外装も壇正積みであったと考えることができ、若草伽藍の塔基壇が罹災後そのままに残されたことを示している。おそらく舎利《しゃり》を回収することができなかったために、寺の象徴である塔基壇が削られなかったのであろう。塔心礎には舎利孔《こう》が穿たれていないので、舎利はその他の部位に納められたことが明らかである。舎利は中宮寺、尼寺廃寺、当麻寺西塔、大野丘北塔、東大寺東塔などのように心柱《しんばしら》、相輪《そうりん》部のいずれかに納められたのであろう。

西院東室については、解体修理工事によって創建時に再利用資材が使われていることが明らかにされた（奈良県教育委員会文化財保存課編『重要文化財法隆寺東室修理工事報告書』、一九六一）。おそらく、焼失を免れた建物部材を再利用したものであろう。そして、この東室は『法隆寺資財帳』に記されている四棟の僧房のうち、第一の僧房の規模に一致するものであることも明らかにされた。『法隆寺資財帳』に記されている四棟の僧房は、四棟ともその平面規模が異なっている。三面僧房の場合、一般には回廊の外、東西と北に置かれ、東西の僧房は同じ規模、北に置かれる複数の僧房は同じ規模で建てられる。西院伽藍のように、それぞれの規模が異なるのは珍しい例といえる。これも焼失を免れた堂舎の材を再利用したものに違いなく、最も規模の大きい第一の僧房、すなわち東室と同じ規模で若草伽藍の僧房が構成されていたのではなかろうか。

寺域を画する施設としてみつけられた西辺と北辺の柵は、遺構としては掘立柱が一列連なっているだけであり、周辺にはこれにともなう須柱穴《すばしらあな》のような遺構はみつけられていない。

その他の講堂をはじめとした中門、南門、鐘楼、経蔵などに関しては、それらを復元する手がかりがないのが残念である。

3　若草伽藍の軒瓦

若草伽藍出土の軒瓦は、細分すると軒丸瓦が一三種類、軒平瓦が二二種類ある。挿図には主要なものを掲げた。創建時の軒瓦は軒丸瓦が図8-2でこれは飛鳥寺所用軒丸瓦との同笵《どうはん》品である。

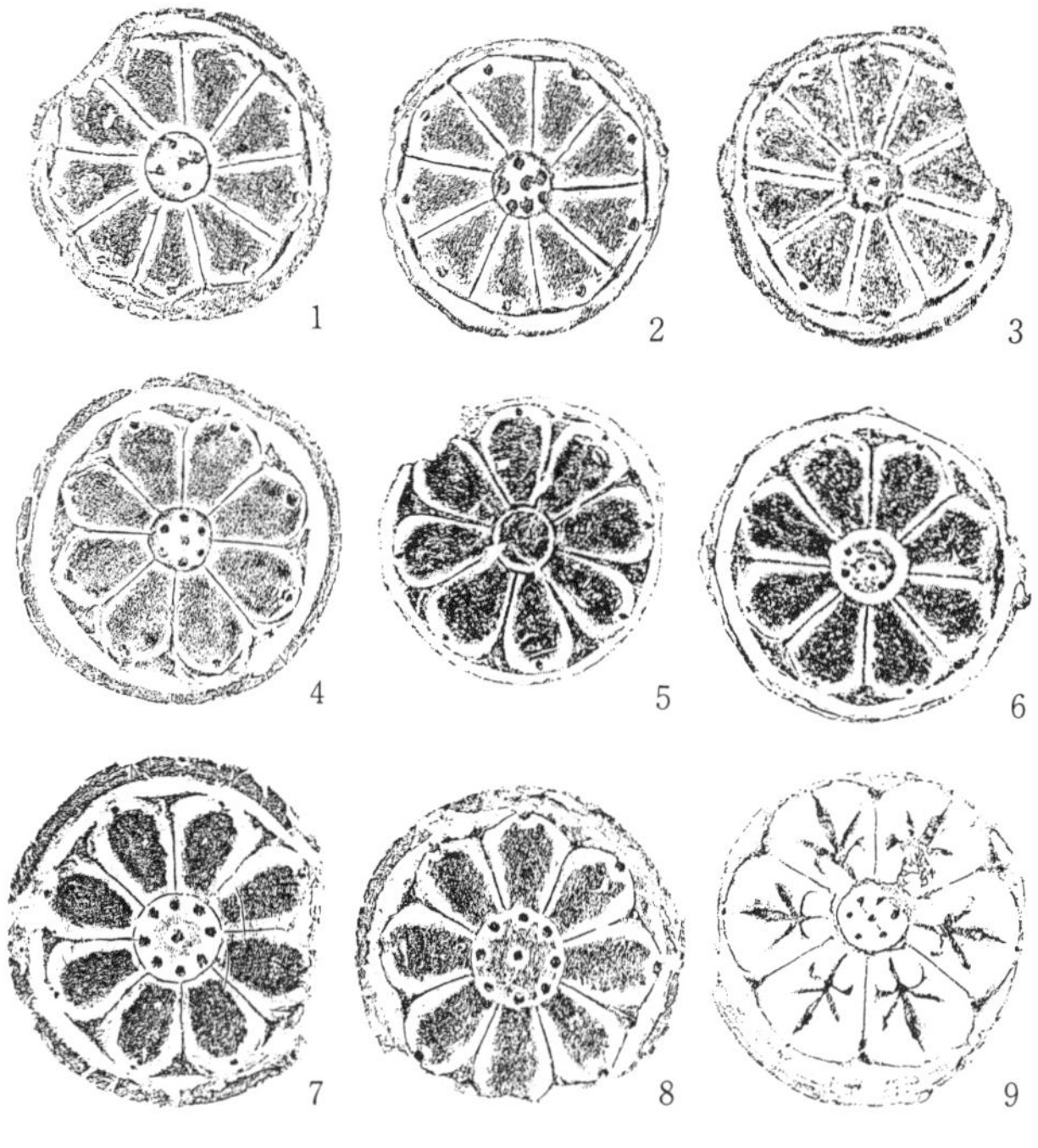

図8　飛鳥寺と若草伽藍の軒丸瓦

ただし飛鳥寺のものとは中房の蓮子数が異なる。飛鳥寺所用瓦当笵《がとうはん》が豊浦寺に移され、そこでいくつか造られた後に蓮子が彫り加えられたものである。そして豊浦寺所用軒丸瓦が若干作られた後にその瓦当笵が若草伽藍造営工房に移されたのである。

この軒丸瓦が創建時のものであることは、金堂基壇の周囲をめぐり南西へ延び、塔基壇築成時に断ち切られた溝からの出土資料によってそのことが確認されている。それらの軒丸瓦は2・3であり、さらに軒平瓦が創建当初にともなっていたことが確認されたのである（図9-3・4）。この溝からの出土で確認された以前、創建時の軒丸瓦は

図8-4（以下、軒丸瓦は図8）と考えられていた。それは文様構成からそのように考えられたものである。4は優美な八弁蓮華文《はちべんれんげもん》であること、それに対して2・3は蓮弁の割付が変則的な九弁蓮華文であり、こうした文様構成は4より後出するものと考えられたからである。しかしその溝からの出土によって2のみならず3もまた同時期の製品であることが明らかにされたのである。

若草伽藍創建時の瓦について特筆されることは、軒平瓦がともなうことが明らかになった点である。

軒平瓦の発明

わが国初期寺院には軒平瓦がともなわず、その出現はおおむね重弧文《じゅうこもん》軒平瓦をもって初出というのが一般の見解であった。ただ、若草伽藍と坂田寺に手彫り唐草文《からくさもん》軒平瓦があり、これらに対しては漠然と飛鳥時代の製品と考えられていた。しかし、先にふれた金堂基壇の周囲をめぐり南へ延びる溝から軒平瓦図9-3・4（以下、軒平瓦は図9）などが出土したことによって、若草伽藍の創建時から軒平瓦が使用されていたことが明らかとなり、その製作年代の手がかりを得ることにもなった。また軒平瓦3・4は、平瓦の広端部を厚く作り、そこに、各個体ごとに文様を描き適度に乾燥した段階で彫刻するという、軒丸瓦のように文様を彫りこんだ型、すなわち瓦当笵によるものではない。こうした製作技法は、若草伽藍と坂田寺で初めて採用されたものであるが、おそらく若草伽藍造営工房で考案されたものと考えられる。

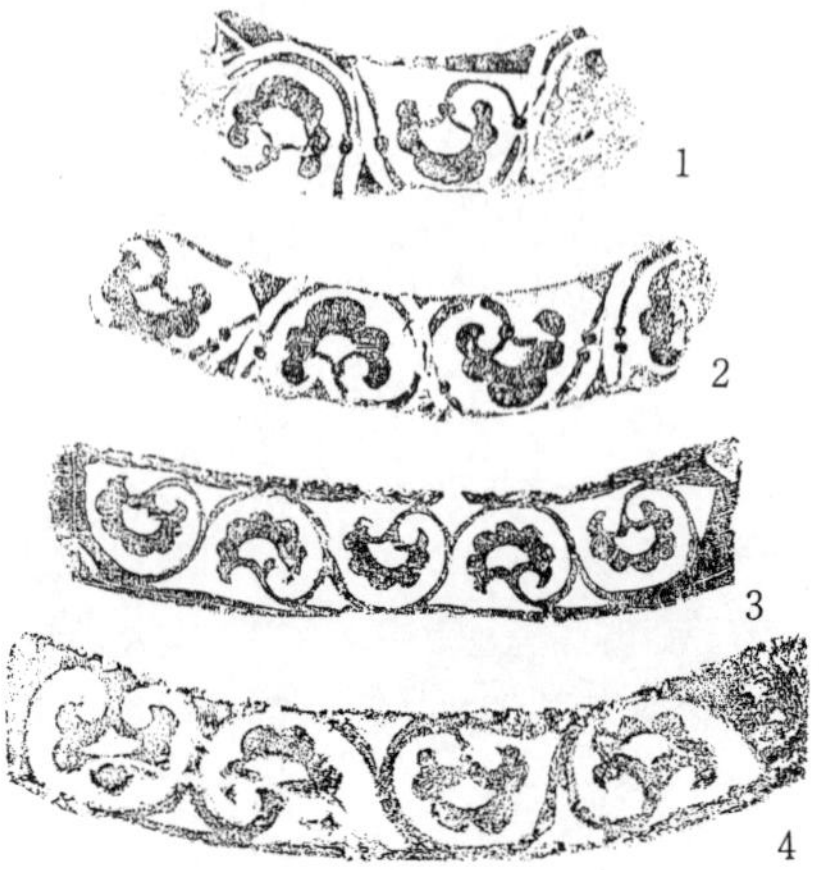

図9　若草伽藍の軒平瓦

飛鳥寺においては、文様を施して軒先を飾る平瓦は作られなかった。このことは、百済からもたらされた造瓦技術の中に軒平瓦の製作技術が含まれていなかったことを示すものである。若草伽藍における軒平瓦への文様の施し方については、すでに明らかにされているところであり、その材質についてもいくつかの可能性が指摘されている。すなわち厚紙、金属板、木材の薄板、皮革などであるが、このあたりのことはいずれとも決めかねる。

坂田寺資料を含めて、このような文様がどのようにして採用されたのであろうか。従来その可能性が考えられていたのは高句麗の要素ということである。高句麗江西中墓《ちゅうぼ》の墓室壁面に壁画が描かれており（朝鮮総督府編『朝鮮古蹟図譜』二、一九一三）、その上部に七葉と三葉のパルメット（先端が扇状に開いた文様）唐草文が、それぞれ二段に分けて描かれているのである。その事例から高句麗の要素をもったものと考えられたのである。しかし、中国南朝末期から初唐の築造と考えられる常州《じょうしゅう》戚《せき》家《か》村《そん》画像磚墓《がぞうせんぼ》の墓室壁磚に七葉三葉のパルメット唐草文がレリーフ状にあらわされているのである（常州市博物館編「常州南郊戚家村画像磚墓」、『文物』一九七九年第三期）。このことは、七葉のパルメットを主体とした若草伽藍の文様と、三葉のパルメットをあらわした坂田寺の文様とは、もともと同一工房で考案されたものにちがいない。そして一方が若草伽藍で、他方が坂田寺で使われることになった。手彫り唐草文軒平瓦は坂田寺では大小二種の文様がみられるが、若草伽藍では八型式一七種の文様がみられ、さらにパルメット一単位を印章としてこれを押捺していく軒平瓦1・2がその後に用いられている。このような継続性からすれば、手彫り忍冬文《にんどうもん》の軒平瓦は、先にふれたように若草伽藍側で考案されたものといえよう。若草伽藍では忍冬文軒平瓦が創建時以来継続して用いられたのに対して、坂田寺では七世紀初頭のみの使用であった。

七葉と三葉のパルメット文様が、朝鮮半島と中国大陸にみられるとはいうものの、若草伽藍と坂田寺の両寺にみられる軒平瓦のパルメット唐草文がどこの要素を受けたのか定かでないといわざるを得ない。いずれにせよ、飛鳥寺にみられなかった軒平瓦が、若草伽藍において用いられたということは、若草伽藍の造営時には飛鳥寺から移動してきた技術集団とともに、複数の造営集団が活動していた可能性を考えることができる。

瓦からみた創建年代

若草伽藍創建時に使用された瓦の年代は、軒丸瓦2によってかなり近い年代をあてることができる。軒丸瓦2が飛鳥寺所用の軒丸瓦1と同笵関係にあることは、のちに行われた防災工事にともなう調査の報告書で明らかにされている。飛鳥寺所用軒丸瓦1は瓦当裏面の状況から飛鳥寺創建時に使用された一群に含まれることが明らかである。そうした中の一種、飛鳥寺所用軒丸瓦1を製作した瓦当笵が蓮子を二個彫り加えた形で豊浦寺を経て若草伽藍造営地にもたらされたのは、飛鳥寺の造営工事にある程度の目途がたったためであろう。飛鳥寺の造営過程は『日本書紀』にみえるところであり、おそらく推古一四年（六〇六）に本尊が完成したとされる頃には、中心伽藍は完成に近づいていたものと考えられる。また、推古一七年に肥後国葦北《あしきたの》津《つ》に漂着した百済からの僧俗八五人（八六人とも）を本国に送り返すに際し、対馬にいたった時に僧侶一〇人（一一人とも）からの願いにより彼らをわが国に残すことにし、その僧侶たちを飛鳥寺に住まわせた。このことからすれば、その時すでに飛鳥寺にはそうした僧侶を収容できるほどに寺が整っていたことが知られるのである。したがって、六一〇年前後には飛鳥寺の寺観が整ったとみられる。したがって、その数年前には若草伽藍造営工房に技術者が送られ、寺の造営工事が始められたと考えてよかろう。そのように考えると、薬師如来光背銘に記された六〇七年と矛盾がなくなる。

発掘調査では金堂、塔の順に造営工事が行われたことが確認されているので、創建時の瓦は金堂所用のものといえよう。出土した瓦はごく一部を除いて、遺構にともなって出土したものではないが、金堂地域出土瓦と、塔地域出土瓦に分かれる傾向は認められる。金堂地域出土軒丸瓦は２・３であり、軒平瓦は３・４などである。これに対して塔地域出土軒丸瓦は７・８・９、軒平瓦は１・２および第一章図６-３などである（四二頁参照）。図６-３は東院地域からも出土し、これが斑鳩宮にともなうものであることが確認されている。斑鳩宮は皇極二年（六四三）に焼亡しており、第一章図６-３の年代の手がかりとなる。この軒平瓦は瓦当笵による製品であり、瓦当笵によるものとしてはわが国での初出のものといえる。斑鳩宮との関係から、この軒平瓦の年代を六四〇年前後におくことができよう。図９-１・２はパルメット一単位の文様を彫刻した印章によって瓦当文様を表したものであり、瓦当笵によるものより先行すると考えるべきである。塔の造営期間を考慮すれば、これを六三〇年代におくことができよう。

瓦当笵による軒平瓦の作製

わが国古代の瓦生産で軒平瓦が初めて作られたのは、若草伽藍と坂田寺でほぼ同時であると考えられる。それはそれぞれ七葉と三葉のパルメット唐草が使われているのであるが、江西中墓と常州戚家村画像磚墓の事例が、両パルメットが一組のものとして用いられていることから、わが国でのふたつのパルメットが本来一組のものであったと考えられるからである。しかし坂田寺においては、その軒平瓦が単弁七弁蓮華文軒丸瓦と組み合うと考えられており、その年代はなお定かでない。いずれにせよ、平瓦広端面に描かれた文様を、各個体ごとに彫刻していくという技法は、軒平瓦製作の歴史からみて特殊な技法といえる。むしろ、軒平瓦製作という新たな発想にともなって生み出されたものといえよう。各個体に文様を描きそれを彫刻していくというのは、確かに手間のかかる作業である。そのことがあって、次の段階で考案されたのが軒平瓦１・２である。パルメット一単位の文様を彫刻した印章を押捺するだけということからすれば、作業はかなり能率化されたことになる。そして次の段階に瓦当笵による軒平瓦が作られる。若草伽藍では、このように段階をふんで軒平瓦の発展をみることができる。坂田寺では手彫り唐草文軒平瓦が作られて以後、重弧文軒平瓦が出現するまで軒平瓦は作られていない。このことからしても、軒平瓦が若草伽藍造営時に考案されたものといえよう。

多様な要素

わが国に瓦造りの技術を伝えたのが百済であることは、『日本書紀』や『元興寺伽藍縁起幷流記資財帳』によって知られているところである。しかし、ほかから文化がもたらされるルートというものは、必ずしも一筋ではない。いくつかのルートがある。したがって瓦造りの技術も、百済からだけではなかろう。また、百済からの瓦造りの技術が奈良以外のほかにも伝えられていることが確認されている。

百済からわが国に瓦造りの技術が伝えられたとき、百済の都は扶余《ふよ》にあった。扶余時代の百済では寺院造営事業が盛んに行われており、その最も盛んな時代の技術がわが国にもたらされたのであり、必然的に蓮華文を飾った瓦当文様が酷似したものとなり、それが飛鳥寺創建当初の瓦当文様にあらわれている。

しかし、先にふれたように、文化流入のルートは必ずしも一筋ではなく複数のルートがある。百済に隣接した新羅からも技術が入ってきたことを示す資料もみられるのである。蓮弁の数が六弁で、蓮弁の中央に一条の線が設けられているところは統一前の新羅、すなわち古新羅の軒丸瓦の特徴である。それとよく似た文様をもつ軒丸瓦がわが国古代の軒丸瓦にみられるのである。また中房の周囲に凹線をめぐらせたり、凸線で区画するものも古新羅の軒丸瓦にみられる。さらに蓮弁と蓮弁の間に珠文《しゅもん》状の間弁《かんべん》を置く軒丸瓦が、古新羅時代の軒丸瓦にみられる。わが国古代の軒丸瓦で、このような特徴をもつものに対しては従来から高句麗の影響を受けたものとして、「高句麗式」軒丸瓦と呼ばれてきたが、明らかに古新羅の影響を受けたものである（森郁夫「瓦当文様に見る古新羅の要素」、京都国立博物館編『畿内と東国の瓦』、真陽社、一九九〇）。そうした状況を概観した中で若草伽藍の軒丸瓦に注目すると、図8-5・6は中房の周囲に凹線をめぐらせている。この特徴は百済の瓦当文様には見られない。すなわち古新羅の要素なのである。

斑鳩地域全体に目を向けて古新羅系の瓦当文様を求めてみると、中宮寺創建時の軒丸瓦がある。中宮寺創建時の軒丸瓦は二種ある。一種は瓦当面に弁端が角張った幅広の蓮弁を飾り、弁端に珠文をおく単弁八弁蓮華文軒丸瓦である。そして中房は丸味を帯びて盛り上がり、一＋八の蓮子をおくものである。ほかの一種は蓮弁の中央に凸線をもつ単弁九弁蓮華文軒丸瓦である。弁端は直立し、各蓮弁の間に珠文をおく。中房は周囲が角張り一＋八の蓮子をおいている。この類例は豊浦寺出土品に代表されるものであり、従来高句麗系と呼ばれてきたものである。それはおそらく、古新羅系の瓦当文様が基本的には百済の系譜をひくのであるが、高句麗に多くみられる蓮《れん》蕾文《らいもん》軒丸瓦に稜がみられること、そして弁間に珠紋がおかれるという要素を受け継いでいるところからそのように考えられたのであろう。したがって、わが国で高句麗系と呼び慣わしている瓦当文様を定義づけると、蓮弁の中央に縦に一本の線がみられることと、蓮弁と蓮弁の間に珠点がおかれたり、楔《くさびがた》形の間弁がおかれたりするものということができよう。そうした文様構成をもつ軒丸瓦を朝鮮半島の資料に求めれば、高句麗ではなく古新羅のものにみることができるのである。いずれにせよ、百済のみならず、新羅の要素を瓦当文様に見ることができるのである。

また、先に述べた手彫り唐草文軒平瓦の文様、全パルメットと半パルメットは中国南朝と高句麗にみられる文様である。わが国にいずれの文様がもたらされたのか定かではないが、百済や新羅でないことは確かなことである。こうしたところにも、若草伽藍造営時に多様な技術が導入されたことを示している。

第二節　法隆寺の火災と再建

1　天智九年の火災

いくつかの疑問点

『日本書紀』によると、天智九年（六七〇）四月三〇日に法隆寺が火災にあったことが次のように記されている。

　夏四月の癸卯の朔壬申に、夜半の後に、法隆寺に災けり。一屋も余ること無し。大雨ふり、雷震る。

この記事によって、法隆寺再建論が主張されたのである。先に述べたように、その見解に対してはいろいろな反論があったのであるが、現在でも法隆寺焼亡の年については『日本書紀』の記載とは異なった見解がみられる。それは推古一八年（六一〇）説と皇極二年（六四三）説である。推古一八年に焼亡したという考え方は、すでに明治期からみられたものである。天智九年は干支が庚午《かのえうま》にあたることから、これを干支一運さかのぼらせた推古一八年に寺が火災にあったと考えられたのである。

このように火災に年に疑問がもたれたのは、『日本書紀』の天智八年にも法隆寺が火災にあった記事がみられるからである。それには「是の冬に、高安城《たかやすのき》を修りて、畿内の田税を収む。時に、斑鳩寺に災けり」と記されている。この記事に対して、小さな火災があったとする見解もある。しかし、大方の見方は『日本書紀』の天智紀は遺漏が多いので、火災の記事が重出したというものである。

天智九年の火災

天智九年に焼亡したとする見解は庚午年がそれにあたるからなのであるが、『補闕記』の記事によってもその年であるとの見解が示されている。『補闕記』にも、庚午の年に火災にあったことが記されており、火災の後に人々が再建の位置を定めることができず、葛野蜂岡寺《かどののはちおかでら》、川内高井寺《かわちのたかいでら》、三井寺《みいでら》（法輪寺）を造ったという記事の後に法隆寺の家人・奴婢の相論の記事がみえる。これは身分を裁定する記事なのであるが、その裁定が「妙教寺」で行われたとある。妙教寺という寺がどこにあったのか定かではないが、法隆寺で火災があった後、寺地も定まらなかった状況の中で、家人たちの身分裁定を行わねばならなかったということは、よほどの事情があったにちがいないと考えられている（東野治之「文献史料からみた法隆寺の火災年代」、『日本古代史料学』、岩波書店、二〇〇五）。この裁定の原因となったのは、天智九年に作製を命じられた庚午年籍《こうごねんじゃく》であり、寺賤の身分裁定が急がれたのであろう。このように『補闕記』によっても、法隆寺が火災にあった庚午の年は天智九年ということになるのである。

この記事によれば、かなりの火災であったようにうかがえるが、果たしてそうだったのであろうか。「一屋も余ること無し」というほどの火災であれば、本尊はじめ数々の仏像や什物を取り出すことはできなかったのではなかろうか。第二章第一節2でも述べたように、西院伽藍では転用材がかなり使われている。そのようなことからすれば、火災を免れた堂舎がいくつもあったのではなかろうか。

2　再建された伽藍

使用部材の伐採年代

西院伽藍の中心部は若草伽藍の北西にあり、回廊で囲まれた中に金堂を東に、塔を西に置き、両者の中央に講堂が置かれている。若草伽藍と西院伽藍の位置が異なること、そして造営の方位が異なることから、若草伽藍が火災にあう以前に、すでに西院伽藍の造営工事が始められていたとの見解もみられる。建築様式の面から、あるいは軒瓦の年代観、とりわけ西院創建時の軒平瓦の年代観からの指摘は重要なものといえる。

近年、年輪年代測定法によって、使用木材の伐採の年を知ることができるようになった。年輪の幅は気候に左右され、樹木の生育を阻害することが起こると、その時の年輪幅はとくに狭くなる。そうした樹木の年輪によって、その樹木が生育していた期間の気候変化を知ることができる。そして伐採の年が明らかな樹木を基準にして年輪の変化をたどっていけば気候変化の暦ができあがり、その気候暦にあてはめてみれば、樹木が何年に伐採されたのかを知ることができるのである。

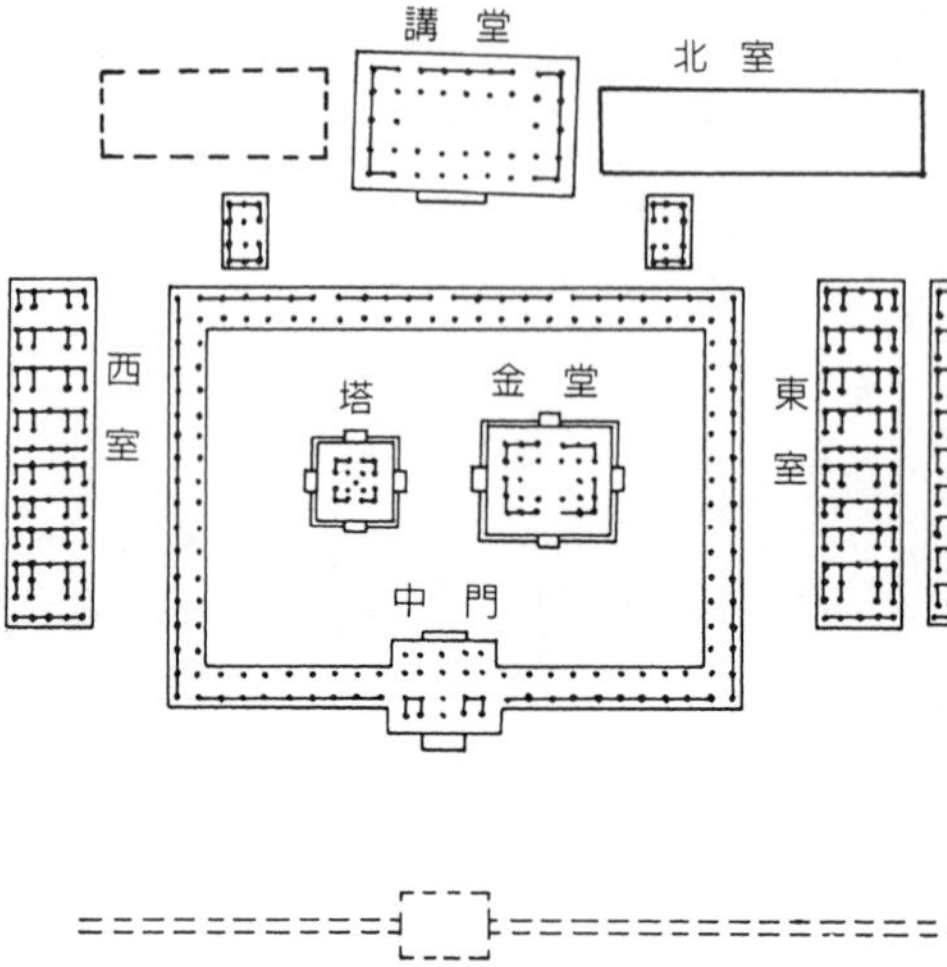

図10　西院伽藍復元平面図

この年輪年代法によって法隆寺西院伽藍の建築用材の調査が行われ、天智九年（六七〇）をさかのぼる年代を示すもののあることがいくつか明らかにされた。すなわち、明治年間に行われた中門の修理工事で、また金堂、五重塔の昭和大修理の際に取り外されて保存されていた部材の年輪年代の調査が行われたのである。

金堂外陣の天井板二枚のうち一枚は檜材で、天智七～八年の伐採、一枚は杉材で天智六～七年の伐採である可能性が示された。このことからすれば、金堂の建立は火災にあった天智九年に近い頃に外陣天井の工事にいたっていたものと考えることができる。

五重塔では、二重北西隅の雲肘木《くもひじき》が天武二年（六七三）にきわめて近い伐採年代を示しており、金堂に次いでその工事が進められたことが知られる。塔の工事が金堂に遅れることについては、建築様式からもすでに説かれているところであるが、金堂と五重塔での部材の年輪が示す年代は近接している。しかし、外気に触れないはずの部分に風蝕が認められているので、五重塔の工事は長期間を要したものと考えられる。また心柱の伐採年代が推古二年（五九四）、三重の垂木《たるき》が天智二年（六六三）を示すことが明らかになっている。中門では大斗《だいと》が天武一四年を上限とする伐採年を示し、原木伐採の年は七〇〇年に近い頃と考えられた。これらの成果を、どのように解釈するかという問題点が残る。年輪年代測定法による成果は、今後の重要な課題である。

昭和五三年度から同五九年度まで続けられた法隆寺防災工事にともなう発掘調査の結果、若草伽藍と西院伽藍との同時存在の可能性はないとの報告がなされている。ここでは、天智九年焼亡後に再建されたとの立場で述べる。

金　堂

西院伽藍中枢部の造営にあたっては、上御堂《かみのみどう》から大講堂を経て長く南へ延びる尾根を削っている。そして複雑な起伏をもっている。この尾根の低い部分は整地土で固めて回廊が納まるよう造成している。金堂は基壇の一部を地山から削り出し、ほかの部分は版築し、さらに地山の上にも版築を行い高く積み上げ、多いところでは版築層は三〇層をかぞえる（法隆寺国宝保存委員会編『国宝法隆寺金堂修理工事報告』、一九五六）。基壇は二重で、下成基壇を花崗岩《かこうがん》壇正積みにしているが、当初は凝灰岩であった。上成基壇は凝灰岩壇上積みであるが、羽目石《はめいし》のみで束石《つかいし》は使われていない。金堂の基壇としては高く、一・六メートルほどの高さである。礎石は自然石が多く使われており、三分の一ほどは円柱座を削り取ったものが使われている。

堂は重層で、下層は桁行五間、梁間四間、上層は桁行四間、梁間三間で下層に裳階をめぐらせている。屋根は入母屋造りである。裳階の屋根は板を上下張り重ねた大和葺きで、上板に鎬《しのぎ》がつけられている。

内陣には中央間に釈迦三尊像（口絵4）、東の間に薬師如来像（図11）、西の間に阿弥陀如来像が安置されている。いずれも金銅仏である。薬師如来光背銘には、この像が推古一五年（六〇七）に用明天皇のために造られたこと、釈迦如来光背銘には、この像が推古三一年（六二三）に聖徳太子およびその妃のために造られたことが記されている。阿弥陀如来像は一一世紀末に盗難にあった後に、鎌倉時代に再造された。

これら三組の如来像の上に懸けられている天蓋《てんがい》のうち中央間と東の間の天蓋は、金堂創建時をあまり隔たらない時期のものと考えられている。これら天蓋の上縁には、木造彩色の飛天が取りつけられている。

図11　金堂薬師如来像

外陣の扉口を除く壁面、東西各三面、南二面、北四面の計一八面には釈迦浄土や阿弥陀浄土などの壁画が描かれていた。また小壁一八面にも壁画が描かれていたが、昭和二四年（一九四九）一月二六日の火災によって焼損した。内陣の小壁に描かれていた二〇面の飛天を描いた壁画は取り外されていたため、幸いにも焼損をまぬがれ、保存されている。

五重塔の基壇は、地山がゆるく盛り上がった状況に整地した上に版築を行っており、掘込は行われていないと報告されている。ただ、心礎は地下式なので、その部分は深く掘り下げられている。基壇は金堂と同じ二重で、やはり下成基壇を花崗岩壇上積み、上成基壇を凝灰岩壇上積みにしている。上成基壇は羽目石だけで束石は用いられていない。羽目石は当初から一枚石であって再建の際に新たに調達されたものと考えられる。

五　重　塔

五重塔は、わが国に現存する塔としては最古のもので、地上約三四メートルの高さがある。昭和大修理で、四重以下は創建以来一度も解体修理を受けていないことが確認された。また、修理の際に初重内部周壁の一部に菩薩立像の壁画が描かれていたことが確認された。初重から四重までが方三間で、五重だけが方二間である。裳階の屋根は金堂と同様、大和葺きであるが、上板、下板ともに鎬がつけられており、上板は下面の両端に下板は上面の両端にそれぞれ耳を作りだし、上下かみ合わせる葺き方となっている。

初重の内陣四面には、心柱を中心にして塑像の岩窟が築かれている。東面は維摩《ゆいま》と文殊菩薩との問答の状況を現す維摩詰像土、北面は釈迦が涅槃《ねはん》に入り大勢の比丘《びく》たちが号泣している状況を現す涅槃像土、西面は釈迦の荼毘《だび》と分舎利の情景を現し、舎利塔と金棺を安置した分舎利仏土、南面は釈迦涅槃後の五六億七〇〇〇万年後に現世に下生して衆生《しゅじょう》を済度《さいど》し、その後に成仏すると伝えられる未来仏、弥勒如来の浄土を現す弥勒像土を築いている。これらの塑像は『法隆寺資財帳』にみえ、和銅四年（七一一）に築かれたと記載されている。中門の力士像もこの年に造られたと『法隆寺資財帳』に記されているので、西院伽藍の完成年代はこの頃と考えられている。

塔心礎には舎利孔が穿たれており、そこから舎利容器をはじめとする数々の納置品が発見されている。それらの納置品は大正一五年（一九二六）一月二一日に、心柱根本に大きな空洞の存在が発見されたことがきっかけでみつけられた。このことについて関野貞の手記に、心柱空洞の発見者岸熊吉の話が採録されている（福山敏男編「関野博士日記及手記（法隆寺五重塔関係の分）」、『大和文化研究』一一―一、一九六六）。

大正十五年一月卅一日塔礎石ヲ調査ノ目的ヲ以テ田口浅吉（十八歳ノ少年）ヲ壇ノ空気抜ヨリ入ラシメ、床下ノ塵埃ヲ除去シ、始メテ中心柱下ノ穴ヲ発見。自分モ亦入リテ之ヲ探検ス。

二月三日引続キ調査。穴ノ深ヲハカル。（中略）

六日穴中ノ塵土ヲ除去ス。

七日初メテ底ニ達シ、銅板発見。

こうして発見された空洞の調査が、岸熊吉によって引き続き行われ、心礎が基壇の上面から約三メートル下にあること、心礎中央の、銅板で蓋をした舎利孔に舎利容器が安置されていることが分かった。その後しばらくして四月五日に関野貞、伊東忠太《いとうちゅうた》、岸熊吉の諸氏によって海獣葡萄鏡や舎利が発見された。この鏡には葡萄文様《ぶどうもんよう》の間に鳥が配されているので、禽獣《きんじゅう》葡萄鏡と呼ぶのが正しい。

同年四月五日に発見された品々の調査が行われ、日没後にもとの形で心礎に納められた。その後、昭和二四年一〇月一七日から四日間、舎利容器及び荘厳具の学術調査が行われた。このときの調査は、舎利容器をはじめとする納置品の永久保存を完全なものとするために行われたものである（法隆寺『法隆寺五重塔秘宝の調査』、一九五四）。舎利荘厳具の置納状態は以下の通りである（図12・13）。舎利孔は銅板で蓋をしていた。孔内には響銅大鋺《きょうどうおおわん》、鍍金響銅合子《ときんきょうどうごうす》、卵形透し彫り銀製容器、卵形透し彫り金製容器、銀栓《せん》をした緑色ガラス製瓶の順で入れ子にして納められていた。ガラス製容器が舎利を直接納めた舎利容器で、ほかは舎利外容器という。金製容器と銀製容

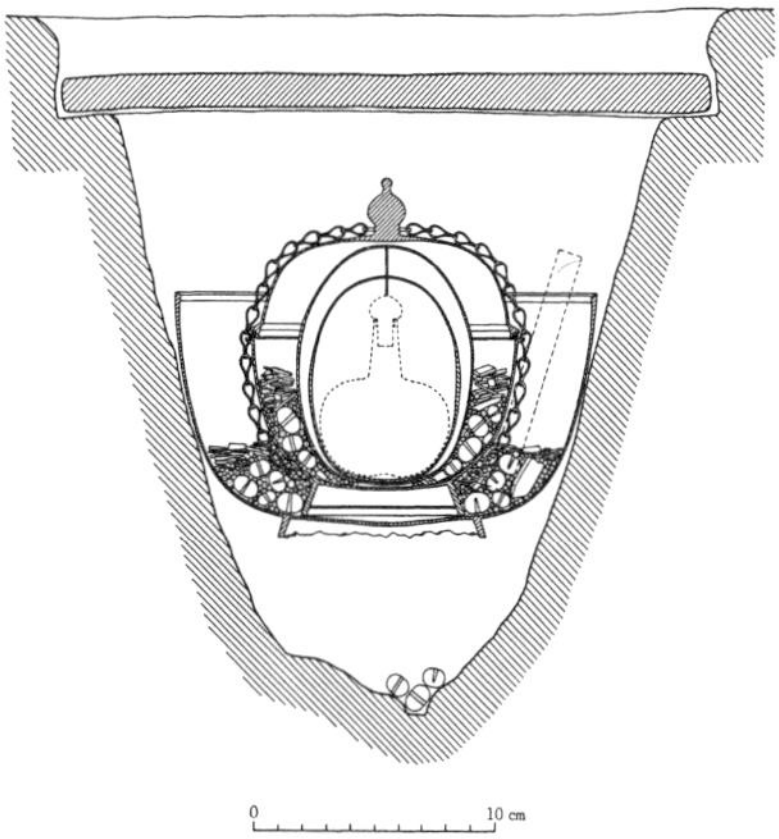

図12　五重塔舎利容器納置状況

図13　五重塔納置舎利容器

器の透し彫りは、いずれも忍冬唐草文である。響銅大鋺と鍍金響銅合子の中にはガラス玉、真珠、水晶、琥珀、金延板など、いわゆる五宝に相当するものや香木などが納められ、先述した禽獣葡萄鏡がともなっていたのである。

舎利をガラス、金、銀、銅の四種の容器に順次に納めた事例は崇福寺（滋賀県大津市）塔心礎発見のものにもみられ、『法王帝説』「裏書」に記す山田寺の場合にも四種の容器に順次に納められたことが知られている。これらの寺々でも各種の玉類が荘厳具として納められた。こうした納置法が古代での正統な儀法だったのである。

中門

中門は二重の門で、桁行四間、梁間三間という他に例をみないものである。梁間が三間の中門は飛鳥寺でも確認されており、内側、すなわち回廊側に二間分をとっているところから、中門で儀式を行う際にその場を広くとったとの見方もある。すると、礼堂的な性格をもっていたということになろう。桁行四間の事例は法隆寺中門にしかみられないが、礼堂的性格をもっていたとすれば、中央の柱を境に同数の僧侶が居並ぶ状況を推測することもできよう。そうした考えとの関連が思い起こされるのは、東院礼堂である。礼堂は、創建当初に建てられた中門が建替えられたものである。現在の礼堂は鎌倉時代、寛喜三年（一二三一）に建てられたものであるが、それ以前にすでに中門を桁行五間、梁間三間の建物に建て替えられている。ただ、創建当初の中門も『東院資財帳』に「長七丈。広二丈一尺」と記され、横長の建物であったことが知られ、最初から普通の門とは異なる用途をもっていたようにうかがえる。

中門の工事と同時に回廊の工事も進められたと考えられよう。回廊は単廊で北面回廊は、当初は金堂の北側、講堂との間で閉じられていたが、一〇世紀末頃に経蔵と鐘楼の南妻に取り付くよう、北折させ、さらに講堂の両脇につなげた。

寺にはほかに数多くの堂舎があるが、僧房は欠くことのできないものであり、かなり早い時期に建てられたと考えられる。飛鳥寺では、金堂や回廊を建て始めたと解される崇峻五年（五九二）の四年後、推古四年（五九六）に高句麗僧慧慈《えじ》と百済僧慧聡《えそう》が寺に入っているので、この時には僧房の一部が完成したと考えられている。また、山田寺では大化四年（六四八）に「僧始めて住みぬ」とあり、これは金堂の工事が始められた皇極二年（六四三）の五年後である。このような事例から、また法隆寺の場合はすでに大勢の僧侶が寺に在住していたのであり、火災後早速に僧房の工事にとりかかったものと考えられる。『法隆寺資財帳』には四棟の僧房の記載があり、解体修理の結果、第一の僧房が現在の東室であることが確認されている。ただ、南三房分が保安二年（一一二一）に聖霊院《しょうりょういん》として太子を祀る堂に改造された。第二、第三の僧房は、発掘調査によってその位置が確認され、それぞれの規模が『法隆寺資財帳』に記されている通りであった。

第三節　中宮寺・法起寺・法輪寺と法隆寺

1　中宮と中宮寺の建立

中宮寺・法起寺・法輪寺の三カ寺は、いずれも法隆寺との関わりによって建立されたと伝えられる寺々である。また、七世紀後半に用いられた軒瓦は、いずれの寺も軒丸瓦、軒平瓦ともに法隆寺式軒瓦なのであり、法隆寺との関係が深かったことを示している。

中宮寺は『法隆寺資財帳』に「中宮尼寺」と記されているが、それが法号であるかどうか分からない。『七代記』には「鵤《いかるが》尼寺」の名でみえ、斑鳩寺、すなわち僧寺である法隆寺に対する尼寺として建立されたものであることがわかる。いわば、飛鳥寺に対する豊浦寺と同じように僧寺と尼寺の両寺が建立されたのである。『太子伝私記』によると、中宮寺は葦垣《あしがき》宮、岡本宮、斑鳩宮の三つの宮殿の中間に営まれたために中宮寺と呼ぶのだ、というようなことが記されている。また『聖徳太子伝暦』には、中宮寺の縁起について聖徳太子の母、穴穂部間《あなほべのはし》人《ひと》皇后（間人穴太部）の宮を皇后が亡くなったのちに寺としたとみえている。

中宮寺跡の発掘

現在の中宮寺は法隆寺東院伽藍の東に隣接しているが、創建の場所は東へ約五〇〇メートル離れた小字「旧《こ》殿《どの》」と呼ばれる所であり、そこには南北約三六メートル、東西約二〇メートルの土壇が残っている。昭和三八年に発掘調査が行われ、中枢部の様子が明らかにされた（稲垣晋也「旧中宮寺跡の発掘と現状」、『日本歴史』一二九九、一九七三）。土壇は中央部が低くなっており、南と北で建物基壇が検出された。その基壇の状況から、南のものが塔、北のものが金堂と判断され、四天王寺式伽藍配置であることが明らかにされた。

金堂基壇は旧地表面から直接築き上げており、基壇周辺に凝灰岩の粉がみられたことから、壇正積み基壇であったと推定されている。金堂は鎌倉時代までに、基壇を含めて何度も修復されていたため、創建期の金堂そのものの規模は明らかではないが、鎌倉時代の規模と同じだったものと推定されている。その規模は桁行五間、梁間四間で、柱間寸法はいずれも二・六メートルである。

舎利荘厳具の発見

塔は二重基壇であることが確認された。上成基壇は一辺一一・三メートル、下成基壇は一辺一三・五メートルである。礎石は、心礎が地中深くに残っていただけである。いわゆる地下式心礎であり、残っていた基壇面から二・五メートルの深さに心礎上面があった。そしてその上面で金環《きんかん》二、金糸片一、金延板《きんのべいた》小塊《しょうかい》一、琥珀棗玉《こはくなつめだま》二、ガラス捩玉《ねじりだま》、丸玉二、水晶角柱一などが発見された。心礎に舎利孔は認められなかった。発見された金環などは舎利に副える意味の荘厳具なのであり、それらが心礎上面から発見されたということは、心柱の下部、すなわち基壇内に埋めこまれる部分に孔を穿って、金環をはじめとする各種の荘厳具が納められたのである。そして長い年月の内に柱が腐り、荘厳具が少しずつ心礎上面にこぼれ落ちていったのである。法隆寺西院五重塔と同様、基壇内に空洞が生じたことは明らかである。心礎に舎利孔がなく、舎利容器もがみられなかったということは、舎利は基壇より上部の心柱のどこか、あるいは相輪部に納められたものと考えられる。

中宮寺は、鵤尼寺でありながら次第に衰退していったようで、一一世紀には講堂も失われていたようであるが、一一世紀前半には金堂と塔の修理が行われた。文永年間（一二六四〜一二七五）には尼信如によって再興が企てられ、工事は進み弘安四年（一二八一）正月に落慶《らっけい》供養が営まれている。その後、延慶二年（一三〇九）、応長元年（一三一一）と相次いで火災によって堂舎が失われた。このような状況が重なって、天文年間（一五三二〜一五五五）に現在の地に移されたものと考えられている（高田良信「中宮寺小志」、『聖徳』五七・五八、一九七三）。

創建時の中宮寺の状況については、延久元年（一〇六九）秦致貞《はたのむねさだ ちてい》によって描かれた聖徳太子絵伝障子絵《しょうじえ》によってある程度知られる。この絵はもと法隆寺絵殿の障子絵であったもので、現在は法隆寺献納宝物として東京国立博物館所蔵となっている。この絵によると、金堂は桁行五間、梁間四間の重層入母屋造《じゅうそういりもやづく》りであり、金堂の前面に三重塔が描かれている。塔の初重には裳階がついている。金堂の奥には基壇があり講堂をあらわしている。先にもふれたが、この時期にすでに講堂は失われていたものと考えられる。

塔の南には単層の門があり、築地がめぐらされているように描かれている。そして金堂の西側に鐘楼と思われる堂がみえるので、中門・回廊は設けられなかったようにうかがえる。

創建時の軒丸瓦

中宮寺創建時の軒丸瓦は、まったく異なった系統のものが二種使われている（図14）。ひとつは先端が角ばり幅広の蓮弁を八弁置いたもので、いわば百済系に属するものである。他のひとつは中央に一条の凸線をもつ細長い蓮弁を置き、それぞれの蓮弁の間に珠点を一個ずつ置いたものである。このような蓮華文は、豊浦寺創建時の系譜をひくものであり、従来高句麗系と呼ばれたものであるが、むしろ古新羅にこの系譜のもとを求めることができる。これらの軒丸瓦は、文様構成の変遷から六二〇年代におくことができる。

興味あることに、この二種の軒丸瓦と同じ型で作られた同笵品が平隆寺からも出土するのである。平隆寺は中宮寺跡の西方約四キロのところに営まれた寺であり、発掘調査の結果四天王寺式伽藍配置である可能性が高いとされている。これら二種の軒丸瓦が中宮寺と平隆寺のどちらで先に使われたのか、そのことについての検討が必要であるが、平隆寺の北方丘陵に営まれた今池瓦窯《いまいけがよう》でこれらの軒丸瓦が採集されている。中宮寺の造営について

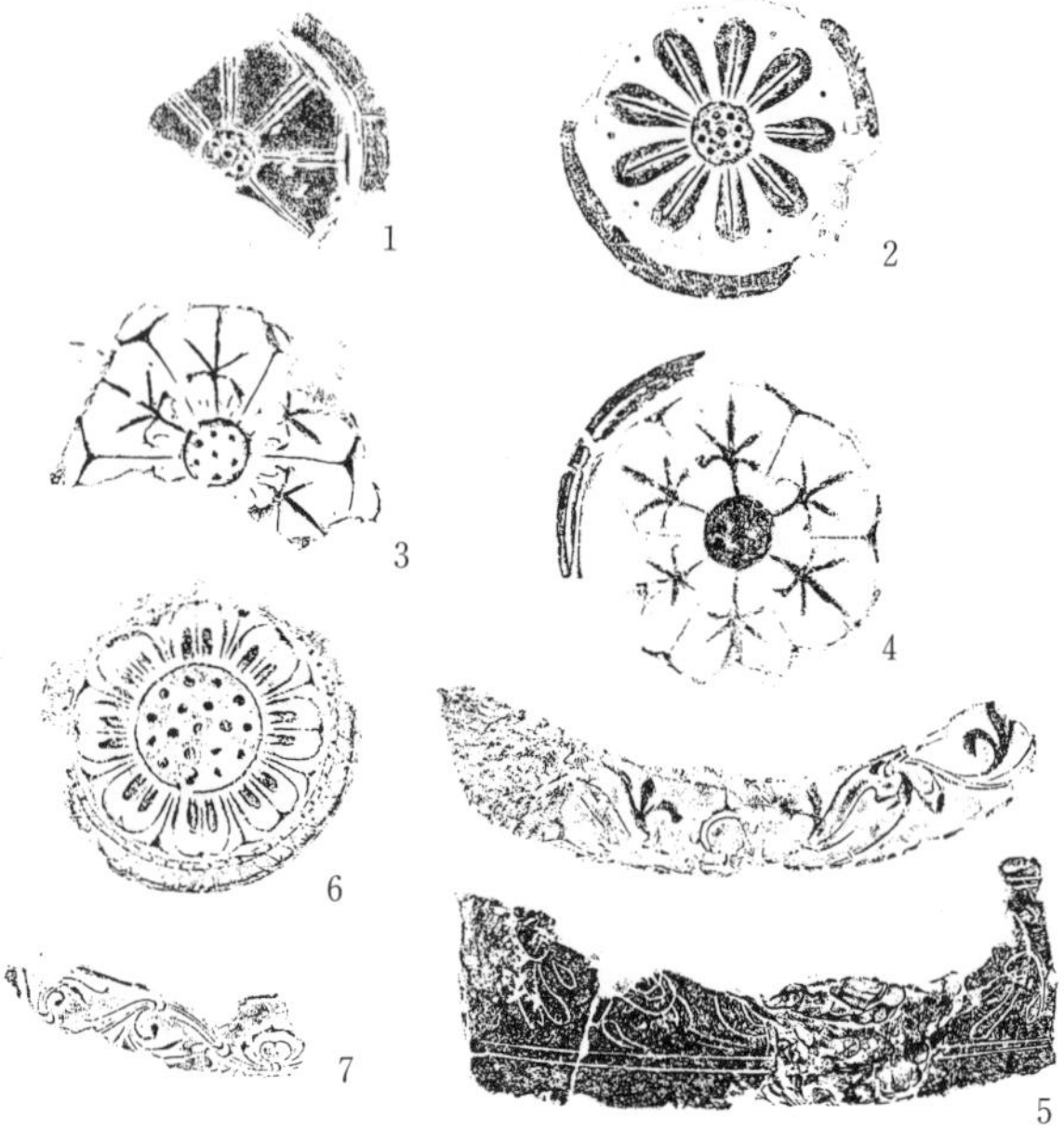

図14　中宮寺の軒瓦

は、平隆寺造営者との関連で十分注意しなければならない。

創建時に続くもの、すなわち第二期（六三〇年代）の軒瓦は六弁の蓮弁の中にそれぞれパルメットを置いた軒丸瓦と、均整忍冬《きんせいにんどう》唐草文軒平瓦であり、第二期のこれらの軒瓦は塔の屋根に葺かれたものと考えてよかろう。そして軒平瓦の同笵品が斑鳩宮跡からも出土する。斑鳩宮は、皇極二年（六四三）に蘇我氏が差し向けた軍勢によって焼き討ちされ廃絶している。したがって、これらの瓦の年代の一端を知ることができ、中宮寺の塔は六四〇年代に入る前には完成していたものと考えられる。

2　岡本宮と法起寺の建立

法起寺の創建年代

法起寺《ほうきじ》は、奈良県生駒郡斑鳩町岡本字池尻にある。この寺には法起寺のほかに岡本寺の名と池尻寺の名がある。岡本寺の名は『日本霊異記』『別当記』『太子伝私記』などにみえ、その名は聖徳太子が法華経を講じた岡本宮の跡に寺が営まれたことによるとされる。池尻寺の名は小字池尻の地名からの名である。古代寺院の名には法号を冠した名と、地名でいう名とがあるが、この寺のように三つの名をもつ寺はめずらしい。法起寺を、地名を冠した名で呼ぶ池尻寺の名は『法隆寺資財帳』や宝亀年間（七七〇～七八一）に成立した『七代記』など、奈良時代の史料にすでにみえる。

法起寺の造営過程に関しては、鎌倉時代に僧顕真《けんしん》が撰述した『太子伝私記』にみえる「法起寺塔露盤銘《ろばんめい》」によって知ることができる。露盤そのものは現存せず、銘文だけが伝えられているために意味不明なところもあるが、現在では、要点が次のように解されている。

聖徳太子が亡くなる直前の推古三〇年（六二二）、山背大兄王に「山本宮」の建物を喜捨して寺にするようにと託した。そのために、大和国の水田一二町と近江国の水田三〇町を入れた。その後舒明一〇年（六三八）に福《ふく》亮僧正《りょうそうじょう》によって弥勒像一体が造られ、金堂が建立された。それから四〇年を経た天武一四年（六八五）に恵施《えせ》僧正によって「堂塔」が建てられ、慶雲三年（七〇六）に露盤があげられた。

これが露盤銘の概要である。この中にみえる「山本宮」は「岡本宮」の誤写である。こうした誤りがみられるため、この銘文全体をそのままに信ずることはできないとの見解が強かった。そして銘文中の恵施僧正による「堂塔」建立に関しては、すでに福亮僧正によって金堂が建立されているのであるから、塔の建立を記した「寶塔」を「堂塔」と読み誤ったとする見解が示された。この見解は大方の支持を得たのであるが、金堂建立の舒明一〇年（六三八）から「寶塔」建立まで四八年、約半世紀も経ており、寺の造営事業に長い年月を要するといっても、法起寺の場合はいかにも長すぎ、そこには何か事情があったと考えるべきであろう。舒明一〇年に造営工事が開始された後に壇越《だんおつ》、すなわち上宮王家に起きたことといえば、上宮王家が蘇我氏の差し向けた軍勢によって滅亡したこと以外には考えられない。壇越が滅亡したにも関わらず、工事が進められたとは考えられないからである。したがって、法起寺造営工事の、そもそもの工事開始は福亮僧正による舒明一〇年であるが、本格的な工事は恵施僧正による天武一四年（六八五）と考えて良かろう。

法起寺境内出土の軒瓦では、蓮弁の中に何も装飾をもたず、すなわち無子葉単弁で外縁に圏線をめぐらすものが年代の決め手になろう（図15）。軒丸瓦で外縁に圏線をめぐらすものでは、『法王帝説』「裏書」の記載によって山田寺所用軒丸瓦が年代の基準になっており、それには皇極二年（六四三）の年が与えられている。山田寺の軒丸瓦の蓮弁には子葉がともなっているが、法起寺のそれには子葉がともなっていない。したがって、重圏をめぐらすものとしては初現的なものであり、六四〇年代初頭に位置づけられよう。そしてこれに先行する軒丸瓦が三種あり、いずれも無子葉単弁蓮華文軒丸瓦なのであり、それらは創建当初に用いられたものであろう。このようなことから、法起寺の造営工事は舒明一〇年にきわめて近い時期に始められたと考えることができよう。

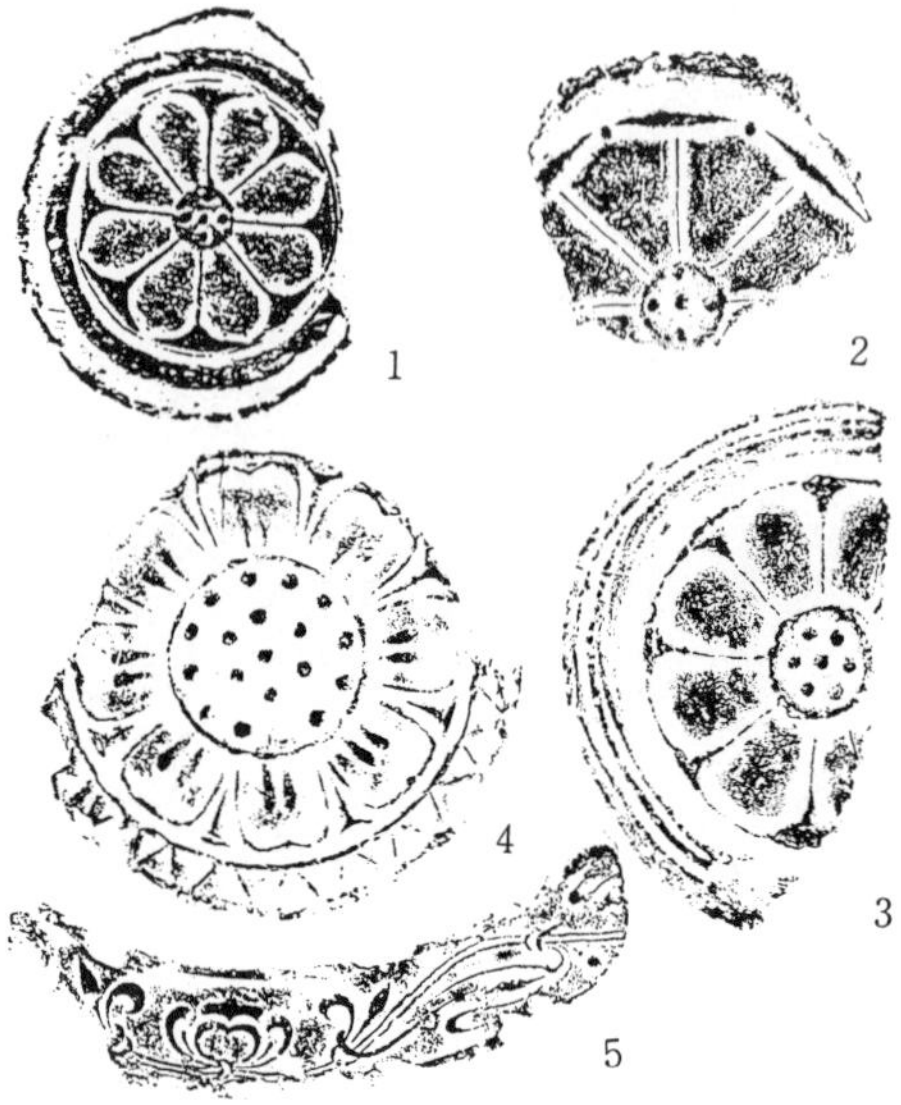

図15　法起寺の軒瓦

下層の遺構

舒明一〇年に工事が始められたその五年後の皇極二年（六四三）に上宮王家の滅亡ということがあって、工事が中断したのであったが、そのことを示すかのように、現在の法起寺の下層遺構が何カ所かで確認されている。金堂推定地の西では、方位が磁北より二〇度西偏する玉石《たまいし》組みの溝が検出されていたり、講堂西辺推定位置の西側で建物基壇の積土が発見されたりしている。また中門推定地では、門の遺構はみられず、方位の異なる溝が検出されている。

　こうした状況は、先行する基壇建物がこの地でいくつか営まれたことを示すものであり、現在の三重塔にともなう法起寺が営まれた時期が、舒明朝以降であることを現している。舒明朝に営まれた法起寺は、現在の法起寺と方位を違えたものと考えられるのである。この考え方を助けるのは、周辺地域から発見されている掘立柱遺構である（奈良県編『法起寺旧境内緊急発掘調査概要』、一九六九）。それらは先にふれた中門推定地や現寺域西側で検出されたもので、いずれも金堂跡西で検出された玉石組み溝の方位に一致する。これらの先行する遺構は、塔露盤銘にいう法起寺前身建物である岡本宮の建物の可能性を予想させる。そうであれば、聖徳太子が法華経を講説した由緒深い岡本宮の建物の一部が明らかにされたことになる。

三重塔

現在境内に建つ古代の建物は三重塔だけであるが、昭和三五・三六年の二回にわたる発掘調査によって、今の本堂の位置が講堂跡に、聖天堂《しょうてんどう》の位置が金堂跡に推定され、中門から発した回廊が講堂の両妻にとりつく形に復元されている。すなわち、法隆寺西院伽藍の金堂と塔の配置とは東西入れ替わった形なのである。こうした形で古代に営まれた寺がかなり多くみられ、法起寺式伽藍配置と呼ばれている。

　金堂基壇の規模は桁行方向が約一六メートル、梁間方向が約一二・五メートルであり、基壇東側で雨落ち溝と思われる石敷の溝をみつけている。講堂基壇は桁行方向で約二九・五メートル、梁間方向で一二・五メートルの規模に復元されている。かなり横長の堂である。

　この寺の三重塔は、先の露盤銘からその造営年代が明らかになっている。現存する三重塔としては最古の塔であり、規模も大きい。この塔の初重、二重、三重の規模は法隆寺の初重、三重、五重とほとんど同じであり、法隆寺五重塔にならって計画されたことが明らかにされている。このことは、初重と二重の大斗に皿斗《さらと》を造り出していること、雲斗《くもと》雲肘木が法隆寺金堂のように渦紋《うずもん》を彫らずに、先端の雲斗の半月状の掘込を省略していることなどからも明らかである（岡田英男「三重塔」、『大和古寺大観・一　法起寺・法輪寺・中宮寺』、岩波書店、一九七七）。

昭和四七年から五〇年にかけて、この塔の解体修理が行われた（奈良県文化財保存事務所編『国宝法起寺三重塔修理工事報告書』、一九七五）。その際に、基壇外装が凝灰岩切石積みであったか、玉石積みであったか明らかではなかったが、基壇端を瓦積みで補修してあることが分かり、当初は二重基壇であった可能性が指摘された。礎石は花崗岩質の野面石が用いられており、柱座は造り出されていない。心礎も花崗岩で、八角の柱座を造り出しており、基壇上に据えられている。法隆寺や法輪寺の塔心礎が地下式であるのに対し、この寺の心礎が基壇上にあること、心礎上面に円形の彫込みを造って、さらにその中央に舎利孔を彫っていることは、本薬師寺東塔心礎、平城京薬師寺西塔心礎に共通するところであり、この塔の造営が慶雲年間（七〇四〜七〇八）に降るものであることを示している。

現在の心柱は三本継ぎで、下方は当初の材、上方は弘長二年（一二六二）修理時の材、中間は明治三〇年（一八九七）修理時の材である。当初の材は断面八角で、八角の柱座にのっている。

3　法輪寺の建立

創建の説話　法輪寺は斑鳩町三井《みい》にあり、地名を冠した名は三井寺である。この寺の創立の事情はさほど明確ではなく、『太子伝私記』では推古三〇年（六二二）に聖徳太子の病気平癒を祈って山背大兄王と、太子の孫の弓義《ゆげ》（弓削）王が発願したと述べられている。また『補闕記』や『聖徳太子伝暦』などには、法隆寺が天智九年（六七〇）に火災にあった後、再建のための寺地が定まらないままに、その再建にそなえて百済の聞法師（一説には開法師《かいほうし》）、円明《えんめい》法師、下氷雑物《しもひのさいもち》の三人が衆人を率いて太秦《うずまさ》の蜂岡寺（広隆寺）、川内の高井寺（鳥坂寺）を造った際に、三井の地に寺を建てたというような説がある。これらの説にはいくつかの問題点がある。『太子伝私記』にみえる、山背大兄王と弓義王の発願に関しては、推古三〇年に弓義王は一〇歳に満たない年齢であり、聖徳太子の遺命を受けて寺を造営できるほどの年齢に達していないことに対する疑問が認められるのである。後の説については、法隆寺の火災は天智九年であることが認められており、広隆寺は七世紀の第Ⅰ四半期（六〇一〜六二五）の造営であり、高井寺は七世紀第Ⅱ四半期に造営工事が始められたことが明らかになっている。したがって、天智九年に焼けた法隆寺の後にそれらの二カ寺が建立されたとの記述は、単なる説話なのである。

創建の年代

この寺の創立の時期に関しては、昭和一九年（一九四四）に雷火のために焼失した三重塔復興事業にともなう塔基壇の発掘調査の結果明らかになった。この発掘調査は、昭和四七年に行われたものであり、基壇の周辺からは法隆寺式軒瓦が出土するのに対し、塔基壇の版築土の中からは、それよりも古式の軒瓦が出土したのである（宮本長二郎「法輪寺塔基壇の発掘調査」、『奈良国立文化財研究所年報』、一九七三）。すなわち、塔の基壇築成時に、先行する建物で使用された軒瓦が埋め込まれたのである。その軒瓦は単弁蓮華文軒丸瓦と、重弧文軒平瓦なのである（図16）。軒丸瓦は弁端がゆるく反転し、それを強調するかのように、弁端近くに鎬が入れられている。寺域内の発掘調査で出土する飛鳥時代の軒丸瓦はこれ以外にはない。したがって、この単弁蓮華文と重弧文軒平瓦が創建時の建物、金堂の屋根に葺かれたのである。重弧紋軒平瓦がこの寺の創建瓦として用いられたということになると、法輪寺の創建年代を山田寺の造営年代が参考になり、六五〇年代前後に

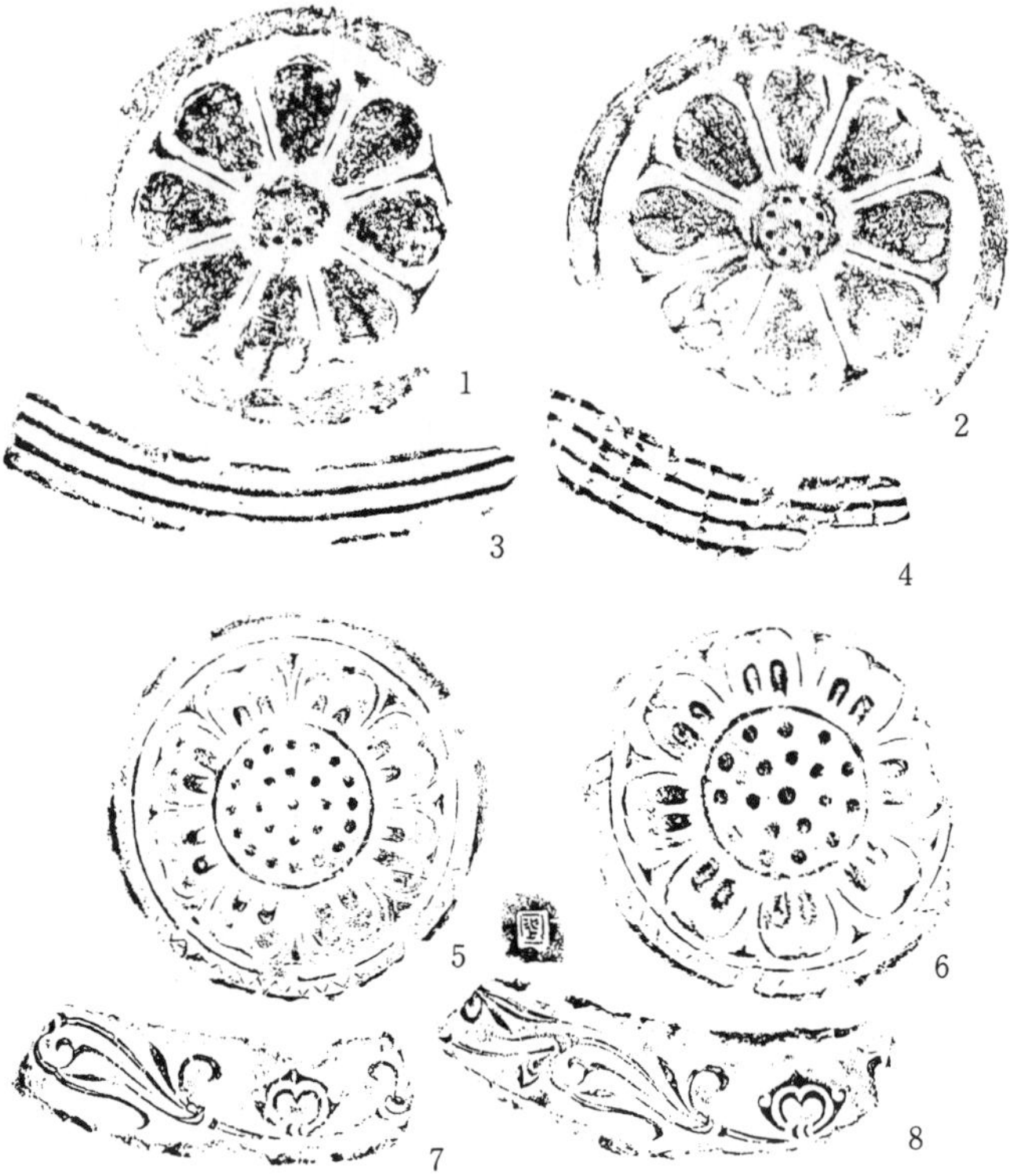

図16　法輪寺の軒瓦

造営工事が始められたと考えることができる。

塔跡の発掘調査の成果の概要は以下の通りである。基壇は石積みの二重基壇で、上成基壇は一辺一二・四メートル、下成基壇が一辺一三・二メートル、高さは一・二メートルであった。基壇の礎石はすべて当初のものであるが、柱座などの造り出しはない。心柱跡は直径八〇センチの八角形の空洞となっており、その痕跡からみて、心柱は直径七二センチの八角で、その各面に三本ずつの添え木を縄で巻きつけていたことが推測された。心礎は花崗岩で、基壇上面から約二・三メートル下にあり、上面を平らにし、中央に直径三六センチ、深さ四センチの柱座を穿っている。そしてその中央に直径一五センチ、深さ一〇センチの舎利孔を穿っていた。柱座の周囲に鉄錆が付着していたことから、鉄製の蓋があったことが知られる。

基壇の築成方法は、塔の初重の平面よりやや小さい範囲で、旧地表から深さ約二メートルの穴を掘り、心礎を据えてから心柱を立てる。心柱を立てたら、その根元約二〇センチの高さに粘土を巻いて根固めをする。そして心礎壙《こう》を地表面まで再び埋め戻して整地し、その上から基壇を粘土と砂とを混ぜて互層に突き固め、途中で礎石を据えながら版築を行なっている。

伽藍配置の復元

昭和二五年に寺域内の発掘調査が行われ、法隆寺式伽藍配置（東に金堂・西に塔を配置）をとることが明らかにされた。金堂基壇は東西約一五メートル、南北約一二・八メートルの規模で乱《らん》石《せき》積み基壇であることが確認された。階段は正面に一カ所、約二・五メートル幅で設けられていた。平成一二年に斑鳩町教育委員会による再調査が行われた。基壇の規模が追認され、その造営にあたっては掘込地業が行われていないことが確認されたが、版築が施されていたことが明らかにされた。斑鳩地域の、ほかの寺々の金堂と比べるとかなり小ぶりである。講堂は東半部が確認されただけであるが、東西約三〇メートルと推定され、南北幅は一二・八メートルである。南北幅が金堂の幅と同じ規模であるので、かなり横長の建物となる。基壇外装は南面、すなわち正面のみを瓦積みとし、ほかは乱石積みとしている。ここについても、平成一三年に斑鳩町教育委員会による発掘調査が行われ、基壇が地山削り出しであることと、東面の乱石積み基壇を確認している。回廊は検出された一部の基壇遺構から東西約六〇メートル、南北約四一メートルと推定されている。中門は南面回廊の中央位置にあり、桁行三間、梁間二間で、柱間寸法が中の間約三・三メートル、脇の間約二・七メートル、梁間は約二・四メートルの等間であることが確認されたが、基壇外装の状況は明らかでない。創建時の法輪寺の状況は以上のようであるが、塔基壇の東方では地山面から掘り込まれた掘立柱穴の一部が検出されているので、この法輪寺の寺域においても前身遺構の存在が推測される。

舎利容器　現在、寺には金銅製舎利容器が所蔵されている。これは修理工事中の元文四年（一七三九）七月に塔心礎から発見されたことが、時の法輪寺別当宝祐の記した『仏舎利縁起』にみえ、この舎利容器は舎利孔にちょうど納まり、舎利孔には容器が触れていたと考えられるところに錆がみられる。この容器は銅の鋳造挽物の壺形であり、高さ八・五センチ、胴の径一一・三センチであり、舎利外容器とすべきものである。『仏舎利縁起』によれば、三重塔心柱の下約三メートルのところから舎利容器が出現し、「金蓋、金壺、名香《めいこう》、白銀箱、瑠璃玉、仏舎利二粒（大小）、数珠、土器、朱土四天王像」などが発見されたと記され、それらの品々の絵がそえられている。三重塔は再建され、昭和五〇年一〇月に落慶法要が執り行われ、斑鳩三塔がよみがえった。

第四節　法隆寺系の地方寺院

1　法隆寺式軒瓦

同系統の軒瓦　七世紀後半、第Ⅲ四半期に軒丸瓦の文様構成に大きな変化がおこった。複弁蓮華文の出現である。そして外縁に面違い鋸歯文《きょしもん》がめぐらされる。瓦当そのものも一回り大きく作られ、直径約一八センチ以上になる。そのためか、中房が大きく設けられ、蓮子が中央の一個を中心に二重にめぐらされる。こうした特徴をもった文様は、川原寺創建時に考案された。川原寺は、斉明天皇の菩提を弔うために天智天皇によって近江遷都の前に発願されたと考えられており（奈良国立文化財研究所編「川原寺発掘調査報告」、『奈良国立文化財研究所学報』、一九六〇）、その創建は六六〇年代前半にあてられている。

次に現れる複弁蓮華文軒丸瓦が法隆寺西院伽藍創建期のものである（図17）。やはり大振りに作られており、瓦当の直径約一九・九センチである。外縁には線鋸歯文がめぐらされる。中房の蓮子も中央の一個を中心に二重にめぐらされる。蓮弁は複弁ではあるが、蓮弁そのものを二分割しているのではなく、蓮弁の先端に切り込み状の鎬を設け、子葉を二個入れているのである。その点が川原寺の複弁蓮華文とは異なっている。川原寺の瓦当文様との違いは鋸歯文にもある。法隆寺の軒丸瓦の線鋸歯文は、凸線で表した三角形を連ねたもので、鋸の歯のようにみえるところから、そのように呼ぶのである。先にあげた川原寺の面違い鋸歯文では、面として表した三角形が段差をもって連ねられているのである。このような特徴をもつ二種の複弁蓮華文軒丸瓦が七世紀後半に出現し、それぞれを川原寺式軒丸瓦、法隆寺式軒丸瓦と呼んでいる。法隆寺式軒丸瓦の出現は、川原寺式より若干遅れて七世紀第Ⅳ四半期の初め頃のことであり、西院伽藍創建時のことである。

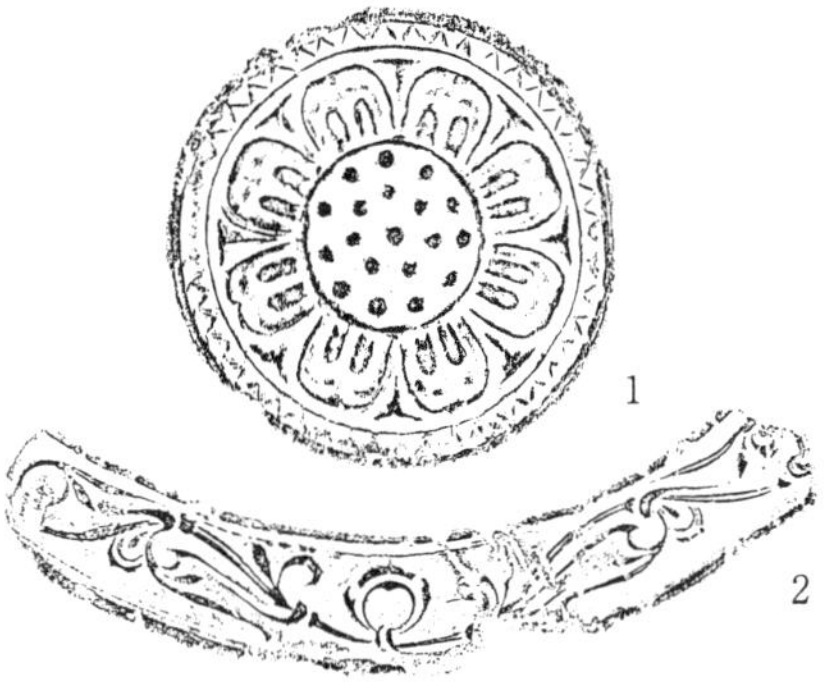

図17　西院伽藍創建時の軒瓦

この軒丸瓦と組み合う軒平瓦は、均整忍冬唐草文を瓦当面に飾ったものである。その文様構成は、斑鳩宮跡出土軒平瓦の文様構成に直結するものである。そのことから、この軒平瓦の年代を引き上げるべきとの見解もみられるところである。そうであれば、これにともなう軒丸瓦の年代についても引き上げねばならなくなる。軒丸瓦は複弁蓮華文であり、山田寺式軒丸瓦より後出のものである。もし、法隆寺式軒丸瓦の年代を引き上げるとなれば、山田寺式軒丸瓦とさほど隔たらない時に出現したことになる。

法隆寺式軒瓦は斑鳩地域では法隆寺のほかに、中宮寺、法起寺、法輪寺などで使われるようになり、やや西に離れた平隆寺にもみられ、いわばこの地域で一斉に使われるようになる。こうした状況には注目する必要があろう。

平隆寺

平隆寺は平群《へぐり》寺ともいい、平群氏造営の寺である。『日本書紀』などには、仁賢朝の末期に平群氏が滅びたとの記事がみえるが、この地域の古墳が継続的に築造されている状況から、平群氏に関わる伝承と考えられている。

寺域からは飛鳥時代の軒丸瓦が採集されており、それが中宮寺との同笵品であることで注目されていた（図18）。昭和四九年に発掘調査が行われ、創建当初の塔跡の位置が確認された（「三郷町　平隆寺」、奈良県立橿原考古学研究所編『奈良県史跡名勝天然記念物調査報告書』、奈良明新社、一九八四）。そして塔心礎が地下式あるいは半地下式であったことが、心礎の導入坑《こう》から明らかにされた。塔心礎の導入坑内に多量の平瓦がみられたことから、塔の造営時にはすでに金堂が存在した可能性も考えられている。塔の位置が、地形から推定される方一町の寺域の南北中心線で、南から三分の一のところに位置することから、四天王寺式伽藍配置の可能性があると考えられているが、発掘調査では金堂と推定される遺構が塔跡の北西に検出されているので、伽藍配置については検討を要するようである。

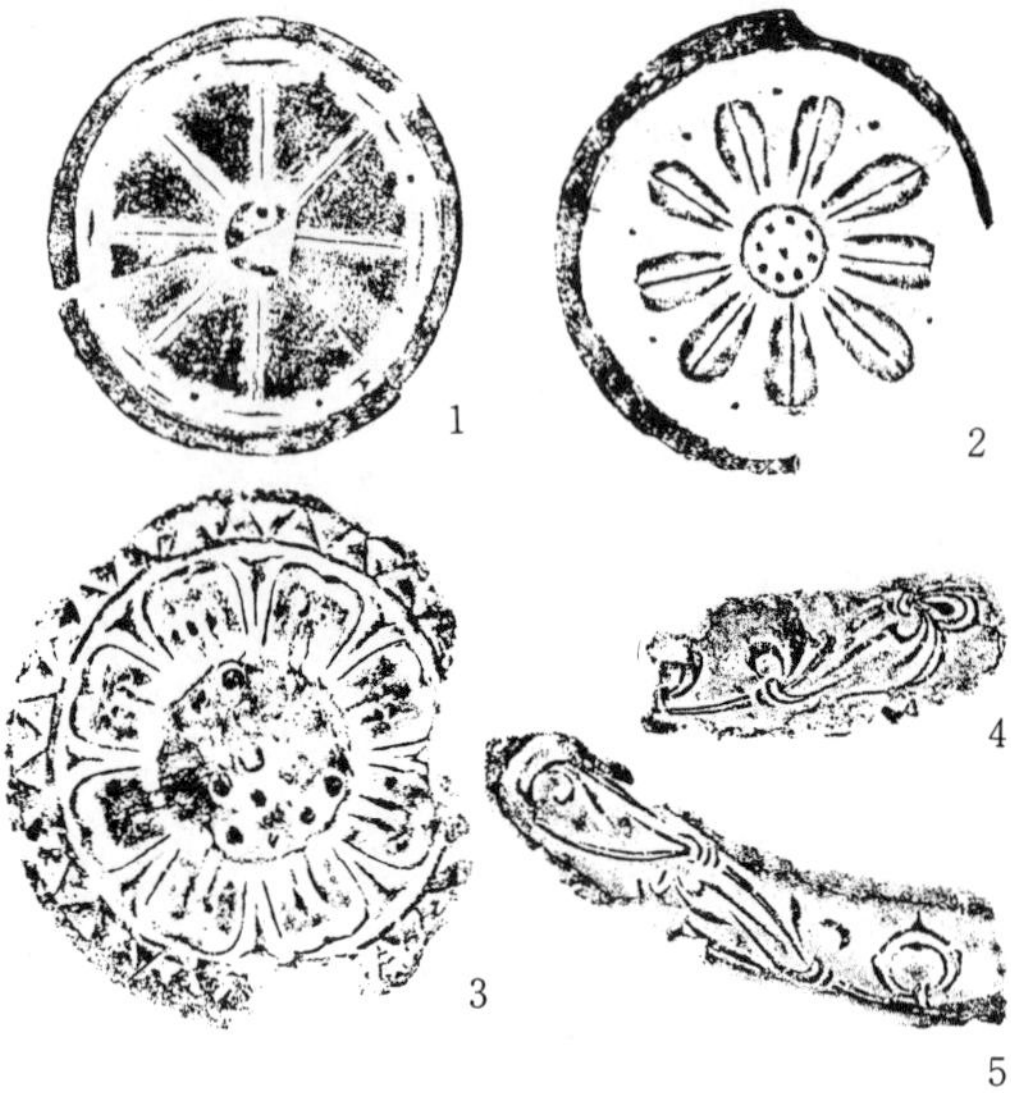

図18　平隆寺の軒瓦

大和川を隔てた地には長林寺（奈良県北葛城郡河合町穴闇《なぐら》）と額安寺（奈良県大和郡山市額田部寺町）があり、飛鳥の地に近接して醍醐廃寺がある。

長林寺

長林寺については、創立に関する縁起のような史料はみられない。現在の境内に塔心礎が置かれているが、これは寺の南側にあったものが移されたものという。この寺は古くから瓦が出土することで知られており、法隆寺式軒丸瓦のほかに、これより古い時期の単弁無子葉蓮華文を飾る軒丸瓦が二種あり、その創建年代が七世紀前半にさかのぼることが知られる（図19）。そして、その軒丸瓦には中房の周囲に溝がめぐらされている。中房の周囲に溝をめぐらす七世紀前半の軒丸瓦の事例は少なく、ほかに大和では法隆寺、片岡王寺にしかみられず、河内で新堂《しんどう》廃寺にみられる程度である。中房の周囲に溝をめぐらすものは、古新羅の系譜に連なるものであり、長林寺造営時に百済系とは異なる造営技術が導入された様子をうかがうことができよう。

長林寺においては、昭和六二・六三年度に発掘調査が行われ、金堂、中門、回廊、講堂などの遺構が検出され、法起寺式伽藍配置であることが確認された（「長林寺」、河合町教育委員会・奈良県立橿原考古学研究所編『河合町文化財調査報告』三、明新印刷、一九九〇）。金堂は桁行五間、梁間四間で、柱間寸法はすべて八尺（約二・四メートル）等間である。基壇外装は瓦積み基壇であるが、西面では丸瓦を立て並べるという、一般にはみられないものである。この寺には地名をとって「穴闇寺《なぐらでら》」の名がある。発掘調査で出土した文字瓦に「名倉寺瓦」、あるいは「長倉人寺瓦」と読める丸瓦のあることが注目される。

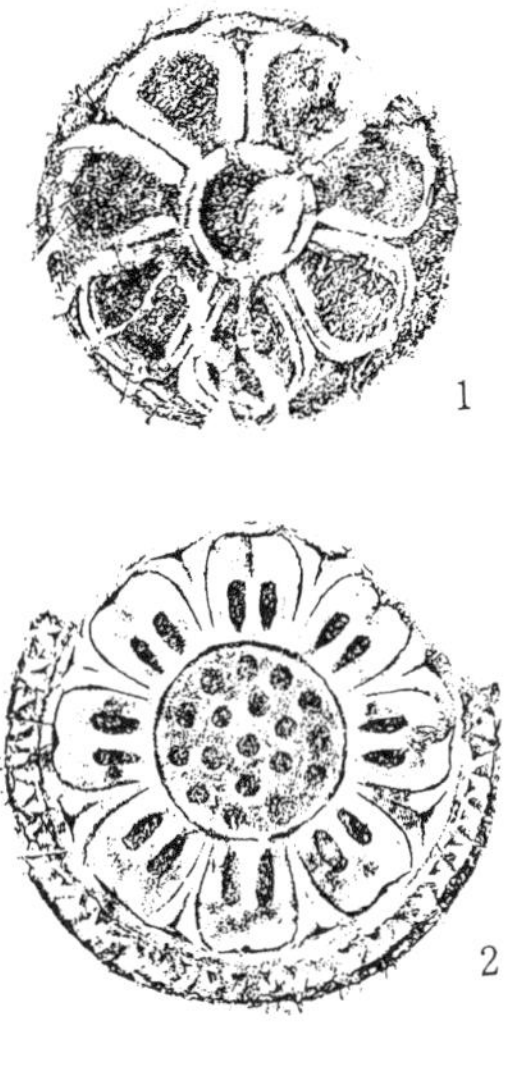

図19　長林寺の軒丸瓦

額安寺

額安寺に関しては『大安寺伽藍縁起幷流記資財帳』に記されているものが詳しく、聖徳太子の熊《くま》凝《ごり》道場を、太子の意志を継いだ舒明天皇が改めて大寺としたという。その大寺とは、百済大寺のことであり、天武朝に高市郡に移され高市大寺となり、さらに寺名が大官大寺と改められ、文武朝に新たな造営があって、平城遷都にともなって奈良の地に移され、大安寺となったというものである。この寺に関する資料としては、いわゆる「額安寺班田図」があり、奈良時代には寺観の整った寺であった様子をうかがうことができる。この図によれば、南大門、中門、金堂、講堂が南北一直線に並び、中門両妻から発した回廊は金堂の両妻に取り付く形である。塔は回廊の外に三重塔として描かれており、中門と南大門の中間の東方に置かれている。

中心伽藍の東側は、政所《まんどころ》などが置かれる経営地域である。ここで注目されるのは、塔が回廊の外に置かれていることである。額安寺に関しては、道慈《どうじ》との関わりも伝えられており、仮に額田氏の出自である道慈がこの寺に関わったとしたならば、大安寺の造営を主導した道慈によってその大安寺の東西両塔が金堂院の南に独立して建立されたので、そうした考えが額安寺の伽藍配置にも影響したものであろう。

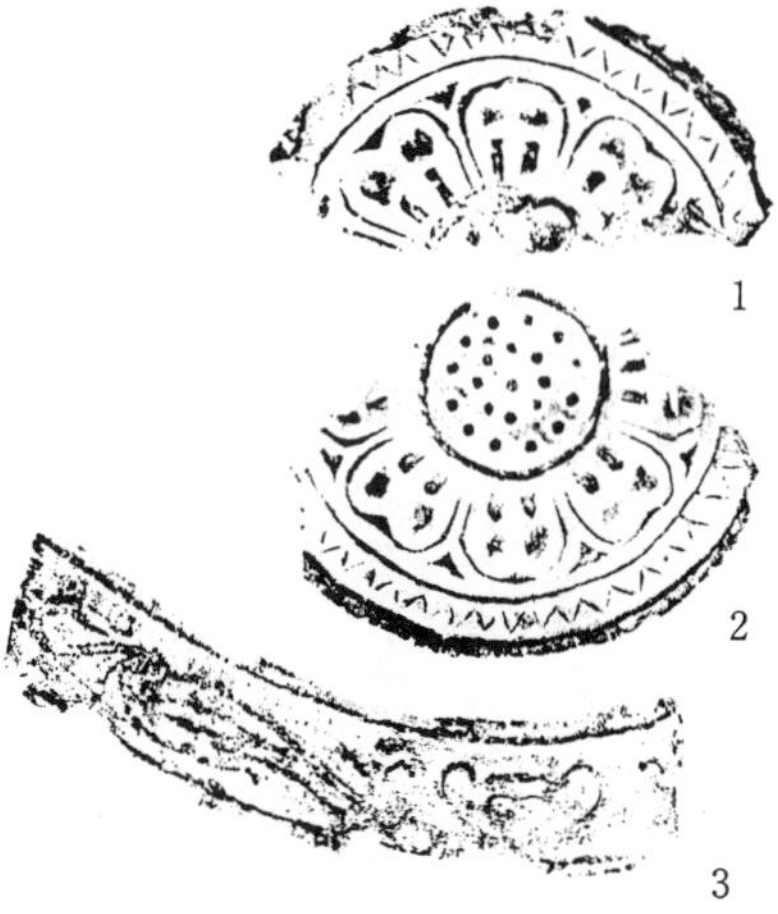

図20　額安寺の軒瓦

なお、この図面にあるようにこの寺が整備されたのが奈良時代であるとすれば、それ以前の状況がよく分からない。この寺で用いられた法隆寺式軒瓦は（図20）、軒丸瓦では子葉が小さいこと、軒平瓦では上下の外縁に溝がみられることなど、斑鳩地域の法隆寺式軒瓦と比較すると、わずかに年代的に降るようにも感じられる。しかし、先述したような斑鳩再開発とでもいうような一大事業があったとしたら、それは単なる文様構成の差であり、年代の差ではないとも考えられる。そして、この寺で何よりも注目しなければならないことは、若草伽藍創建時に用いられた手彫り忍冬文軒平瓦が発掘調査によって出土していることである（前園実知雄「大和郡山市額安寺旧境内発掘調査概報」、奈良県立橿原考古学研究所編『奈良県遺跡調査概報』、一九七九）。それは飛鳥時代の遺構にともなって出土したものではないが、若草伽藍のほかではみられない軒平瓦が額安寺境内から出土したことは、聖徳太子との関係がまったくなかったとはいえないように感じられる。

長林寺も、また額安寺も創建期の軒丸瓦の系譜が古新羅系であることは、興味深いことである。七世紀後半、第Ⅳ四半期にこの地で法隆寺式軒瓦が用いられたのは、斑鳩地域で法隆寺式軒瓦が一斉に用いられたのと時を同じくしていたと考えられるのである。法隆寺、中宮寺、法起寺、法輪寺、平隆寺、長林寺、額安寺というように、いわば斑鳩文化圏の諸寺すべて法隆寺式軒瓦が使われたのは、おそらく斑鳩再開発とでもいうような一大事業が行われたからにちがいない。

七世紀第Ⅳ四半期でのこの地域、大和川の両岸地域の動きとして注目されるのは、竜田の神、広瀬の神に毎年幣帛《へいはく》を捧げていることである。そもそもそのようなことが行われるようになったのは、天武四年（六七五）四月のことであり、美濃王と佐伯連広足《さえきのむらじひろたり》を遣わして竜田の立野で風の神を祭らせた。そして、間人連大葦《はしひとのむらじおおあし》と曽祢《そねの》連韓犬《むらじからいぬ》を遣わして広瀬の河曲《かわわ》で大忌神《おおいみのかみ》を祭らせている。以後、ほとんど毎年のように両神を祭らせている記事が『日本書紀』にみえる。両社とも大和川に近接しており、中小の河川が合流して大和川という大河川になって流れていく、いわば首の根にあたる地であり、壬申の乱で辛くも勝利を得た天武朝廷として交通の要所であるこの地を積極的に抑えたのであろう。あわせて、両社が農耕の神であったことも、朝廷が重んじる要素のひとつだったのであろう。大和川の左岸は広瀬郡であり、その南端の醍醐廃寺まで法隆寺式軒瓦があり、高市郡にはまったくそれがみられない。

山村廃寺

大和でこの他に法隆寺式軒瓦がみられるのは山村廃寺（奈良市山村町）であり、ここでは軒平瓦が法隆寺式である（図21）。左右の結節に蕾《つぼみ》が表現され、法隆寺式軒平瓦のなかでも初期の段階の製品である。軒丸瓦は蓮弁が山田寺の系譜をひくものであるが、外縁には線鋸歯文をめぐらせている。山村廃寺は「ドドコロ廃寺」の名もあり、大正一五年（一九二六）に発掘調査が行われ、石製の相輪が出土したことで知られている（岸熊吉「ドドコロ廃寺址出土石造相輪等の調査」『奈良県史蹟名勝天然記念物調査会第一〇回報告』、一九二八）。丘陵地に営まれたためか、伽藍配置は地形に応じた形である。金堂跡と考えられる桁行五間、梁間四間の遺構の東北約三〇メートルの位置に八角円堂跡があり、その東約二〇メートルの位置に塔跡がある。塔の基壇は一辺八・五メートルで、基壇の外装は瓦積みである。心礎には舎利孔が穿たれている。法隆寺式軒平瓦にともなう軒丸瓦は単弁蓮華文を飾るものであるが、山田寺の系譜をひくかのように、子葉がともなっている。この山村廃寺の軒瓦の事例から、昭和一四年に行われた若草伽藍跡の発掘調査以前に、すでに法隆寺式軒瓦が白鳳時代のものであるとの見解が示されていた（藤沢一夫「飛鳥期瓦の再吟味」、『考古学』七―八、一九三六）。

図21　山村廃寺の軒瓦

2　法隆寺式軒瓦をもつ地方寺院

西国での分布

法隆寺式軒瓦は、前項でふれたように各地にみられる。法隆寺系式軒瓦のような、各地に分布している軒瓦にはこのほかに山田寺式、川原寺式、紀寺式の名で呼ばれているものがある。それらの軒瓦の祖形は、それぞれの名で呼ばれる寺にあり、それぞれの寺は何らかの形で官に関わりをもっている。同系統の軒瓦が各地にみられるということは、その瓦を作る技術が官、すなわち当時の政府の機構を通じてその地へ供給されたこと、そして寺院造営という事業からすれば、瓦作りだけでなく、寺を造営する各種の技術も提供されたと考えられるのである（森郁夫「古代山背の寺院造営」、『学叢』八、一九八六）。全国に広く分布している先にあげた軒瓦をもつ寺のうち、紀寺跡に関しては近年小山廃寺と呼びかえている。それは、この寺跡の中央部に「キテラ」の小字があるところから紀氏の寺、紀寺跡と考えられていたのであるが、ここで用いられた主要な軒丸瓦が雷文を外縁にめぐらす特異なもの、そしてその系統の軒丸瓦が各地に分布しているところから、官に関わる寺であったと考えられるようになった。そのために、所在地の名をとって小山廃寺と呼ばれるようになったのである。

法隆寺式軒瓦の分布に関して注目すべきことは、『法隆寺資財帳』に記された水田や庄倉などの所在地と法隆寺式軒瓦の分布とが一致するところがいくつかみられることである。このことに関しては、従前から論じられているところであり（石田茂作「法隆寺式忍冬唐草文字瓦の分布」、『伽藍論攷』、養徳社、一九四八／鬼頭清明「法隆寺の庄倉と軒瓦の分布」、『古代研究』一一、一九七七）、例えば法隆寺式軒瓦を屋根に葺き上げた寺が所在する地に庄倉が存在することは、その寺を建てた豪族が庄倉の経営に関わっていたことを示すものととらえられているのであ

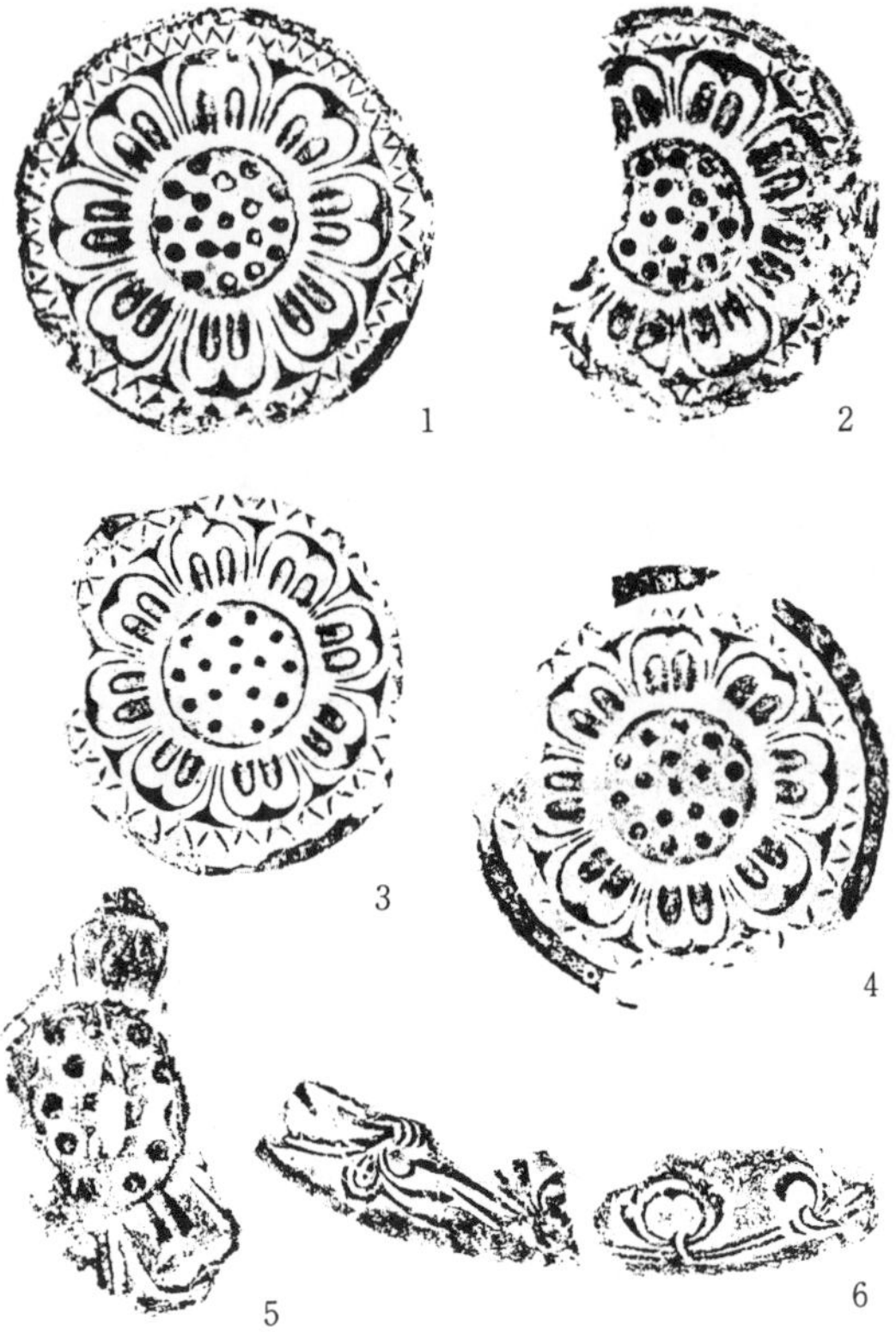

図22　愛媛県の法隆寺式軒瓦
1･2：湯ノ町廃寺　3･4：法安寺跡　5･6：中ノ子廃寺

る。そして、そのことは寺の造営に際して官との関わりをもっていたこと、法隆寺の工房から技術の提供を受けていたことを示すのであり、そのことが軒瓦の文様に表れていると考えられているのである。

伊予　法隆寺の庄・庄倉が多く置かれ、

法隆寺式軒瓦が特に顕著にみられるのは、伊予（愛媛県）である（図22）。庄・庄倉は一四カ所も存在したことが『法隆寺資財帳』に記されている。このうち現在の松山市に含まれる地域には和気郡、風速（早）郡、伊余（予）郡であり、そこに合計八カ所の庄・庄倉が置かれている。この地が法隆寺と深い関係にあったことが知られる。松山市内の道後温泉は、聖徳太子が来浴したことで有名であり、『伊予国風土記』逸文によると、高句麗から渡来して聖徳太子の師となった慧慈《えじ》法師と葛城臣をともなって、推古四年（五九六）一〇月にこの地を訪れ、湯の岡に碑文を立てたと伝えている。その松山市域には、法隆寺式軒瓦が出土する寺跡が七カ所もある。すなわち湯ノ町廃寺・中ノ子《なかのこ》廃寺・来住《きし》廃寺・中村廃寺・朝生田《あそうだ》廃寺・上野《うえの》廃寺・内代《うちしろ》廃寺の七カ寺である。そして上野廃寺や中ノ子廃寺では軒丸瓦と軒平瓦の両者ともに法隆寺式なのである。明らかにこの地域が法隆寺と深い関わりをもっていたのである。

伊予ほどではないが、讃岐（香川県）でも法隆寺式軒瓦の分布が顕著である。すなわち善通寺・仲村廃寺・道音寺などにそうした軒瓦をみることができる。『法隆寺資財帳』には讃岐国に薗地《えんち》・庄倉等が八郡一三カ所にあると記されている。讃岐国は一一郡から構成されており、そのうち八郡に法隆寺に関わる施設が存在することには注目する必要があろう。

播磨

播磨国では水田・薗地・山林・海浜・池・庄倉・食封などがすべてにわたって所在する。それらのうち、郷名が記されているのは食封の所在する揖保郡林田郷であり、この地は姫路市域にあたる。池に関しては揖保郡佐々山池とあり、これは揖保郡太子町にあたる。このように、播磨国には法隆寺に関わる多くの土地や施設があり、具体的にその所在地が明らかなところも多い。そして法隆寺式軒瓦が数多くみられることも特筆すべきことである。それらは姫路市下太田廃寺・加古川市西条廃寺・同野口廃寺・加西市繁昌廃寺・同天神山瓦窯・竜野市中井廃寺などである。それらの軒瓦の中には、すでに文様が形式化してしまったものもあるが、繁昌廃寺と同時に瓦を供給した天神山瓦窯の軒平瓦は、展開する忍冬唐草文の結節に蕾が表現されており、文様構成の基本的要素が残されている（法隆寺昭和資財帳編纂所編『法隆寺文化のひろがり――一四〇〇年後の検証――』、一九九六）。

3　法隆寺式伽藍配置の展開

法隆寺式伽藍配置の成立

法隆寺式伽藍配置は、一口でいえば回廊内に金堂と塔が東西に、すなわち金堂が東に、塔が西にというように、東西に並置された形である。この伽藍配置が成立する以前には、塔と金堂が南北に置かれる形、いわゆる四天王寺式伽藍配置が主流であった。南北配置から東西配置への転換は、伽藍配置の変遷の上では大きな変化といわねばならない。こうした伽藍配置を法隆寺式伽藍配置の名で呼んでいるが、法隆寺西院伽藍で成立したわけではない。連綿と法灯を伝えている法隆寺の名で代表させているのである。

現在確認されているものでは、吉備池廃寺（奈良県桜井市吉備）が法隆寺式伽藍配置をとるものの中では最古の事例である。吉備池廃寺に関しては、奈良文化財研究所による発掘調査によって舒明朝創建、わが国初の官寺である百済大寺の可能性が高いとの見解が強くなった。それは、かつてみられなかった規模の堂塔の基壇が発掘調査によって確認されたことによる（「吉備池廃寺発掘調査報告——百済大寺の調査」、奈良文化財研究所編『奈良文化財研究所創立五〇周年記念学報』六八、二〇〇三）。金堂は東西約三七メートル、南北約二八メートルの掘込地業の上に高さ二メートル以上の基壇を築いている。塔は旧地表上に一辺約三〇メートル、高さ二メートルを大きく超える方形基壇を築いていることが確認された。いずれも、当時営まれた寺院の最大級の規模であること、それまで百済大寺の跡と考えられていた木之本廃寺出土軒瓦との同笵品が出土することなどから、ここが百済大寺の跡の可能性がきわめて強いとされたのである。

問題点の所在

これを聖徳太子の側からみてみよう。百済大寺は、舒明一一年（六三九）にその造営工事が開始され、舒明天皇末年（六四二）に焼亡したと『大安寺伽藍縁起幷流記資財帳』に記されている。

この記事からすると、造営工事の開始から焼亡までの期間があまりにも短すぎるとのことから、舒明朝の建立を否定し、皇極朝の造営こそ百済大寺の造営開始とする見解もみられるほどである。しかしながら、吉備池廃寺の位置、使用された軒平瓦から見る限り、あながちそうとばかりはいえないのではなかろうか。まず、吉備池廃寺の位置が阿部の地と膳夫《かしわで》の地とのちょうど中間、すなわち阿倍氏と膳《かしわで》氏両氏の勢力圏にあることに注目すべきではなかろうか（狩野久「御食国と膳氏――志摩と若狭」、坪井清足・岸俊男編『古代の日本』五、角川書店、一九七〇）。

阿倍氏は六世紀前半以来、朝廷と密接な関係をもっていた氏族である。阿倍の名は食物供献のことに関わる饗《あえ》に由来しており、膳氏と同族である。阿倍氏の中では七世紀前半に活躍した倉梯麻呂《くらはしまろ》が、皇極朝に百済大寺造営の任にあたったことが注目される。膳氏は先にふれたように阿倍氏と同族であり、阿倍氏と同様に六世紀以降朝廷との関わりを深めていき、大夫を出す家柄として高い地位を築いていった。膳氏のうち傾子《かたぶこ》は、その娘菩岐々《ほきき》美郎女《みのいらつめ》を妃として聖徳太子に出し、上宮王家の外戚となった。

また、吉備池廃寺出土軒瓦の中にスタンプ文軒平瓦がみられることは注目すべきことである。この軒平瓦の文様は、若草伽藍で用いられたものと同じスタンプで施されているのである。若草伽藍ではそのスタンプの天地を交互に逆にしながら押捺しているが、吉備池廃寺ではパルメットを下向きにして連続して押捺している。

このように、上宮王家の寺を建立した際に用いられた軒平瓦施文用のスタンプが、吉備池廃寺造営時に用いられたことについては、上宮王家と密接な関係をもっていた膳氏の存在を考えざるを得ない。すなわち、吉備池廃寺は膳氏と阿倍氏の両者によって造営されたのであり、それが百済大寺として移築されたと考えられるのである。舒明朝に建立された百済大寺が程なく火災にあったこと、すなわち造営期間が短すぎるということから、舒明朝の建立はありえないとの見解もみられるが、すでにあった寺を移築したならば、それは可能である。かねて皇位継承問題で確執のあった上宮王家を援護するために阿倍、膳の両氏が百済大寺の造営に協力したのではなかろうか。吉備池廃寺では、発掘調査の結果ほとんどの資材がほかに運ばれていることが確認されている。しかも火災の痕跡はないとの報告もなされている。木之本廃寺の実態は明らかでないが、吉備池廃寺と同じ軒瓦が出土することから、ここが百済大寺の可能性が強い（森郁夫「百済大寺――吉備池廃寺をめぐる問題点――」、『帝塚山大学考古学研究所研究報告』一、一九九八）。いずれにせよ、法隆寺式伽藍配置は吉備池廃寺が初期のものである。

吉備池廃寺、木之本廃寺との同範品が出土する海会寺《かいえじ》（大阪府泉南市）もまた法隆寺式伽藍配置である（泉南市編『海会寺遺跡発掘調査報告』、一九八七）。海会寺創建時の軒丸瓦が百済大寺と目される寺との同笵品であることは、この寺の造営にあたって造営者が官との関わりが深かったことを示すものであり、和泉（当時は河内に含まれていた）の西南端に近い位置にそうした性格をもった寺が営まれたことにも注目しなければならない。いずれにせよ、官との関わりを強く感じさせられる海会寺の伽藍配置が法隆寺式であること、しかもこうした伽藍配置が法隆寺式伽藍配置として初期の段階のものであることは、朝廷において新たな仏教観が成立してきたことを示すものといえよう。

四天王寺式から法隆寺式への伽藍配置の変化、これは仏教観の変化によるものなのであり、寺院造営の歴史の中でも大きな出来事といわねばならない（森郁夫「伽藍配置変化の要因」、『日本古代寺院造営の研究』、法政大学出版局、一九九八）。そして、法隆寺式軒瓦をもつ寺の中で法隆寺式伽藍配置をとる寺もかなりみられる。それが法隆寺に倣ったものなのか、官との関わりなのか定かではないが、やはり注目に値しよう。

第五節　法隆寺と播磨国

1　播磨国の水田一〇〇町施入

『日本書紀』の推古一四年（六〇六）七月条には、聖徳太子が勝鬘経を三日で説き終えたこと、加えて是歳条では法華経を岡本宮で講義したということがあったため、播磨国の水田一〇〇町を太子に布施されたが、太子はこれを斑鳩寺に納められたとみえる。

そして『法隆寺資財帳』の冒頭部分には、戊午年（推古六）の四月一五日、推古天皇が聖徳太子に依頼して、法華経と勝鬘経を講義させたところ、その講義は僧のように立派であり、一堂の者みな喜ぶという状況であった。そこで天皇は播磨国佐西地《させち》五〇万代《しろ》を、太子に布施されたところ、太子はこれを受けて、斑鳩本寺（法隆寺）、中宮尼寺、片岡僧寺の三寺に分けてそれぞれ施入されたという。

一〇〇町という数字は『日本書紀』編纂時（『日本書紀』は養老四年＝七二〇に完成）に、水田面積として編纂者が把握していたものであり、五〇万代とは五〇代＝一段であるため、一〇〇〇町（一一二三・六ヘクタール）の広さをいうが、これは『法隆寺資財帳』が作成された天平一九年（七四七）に法隆寺が意識していた播磨国佐西地の水田・畑・丘陵などを含む地積を示すと考えられる。

播磨国揖保郡の鵤

播磨国佐西地とは現在の兵庫県揖保郡太子町鵤を中心とする地域である。中世には法隆寺領鵤荘として、寺の経済的基盤の中心となり、その範囲も太子町の平野部の大半と一部龍野市の東端部に及ぶのである。荘園としての正式の成立は、『別当記』の親誉大徳《しんよだいとく》（長暦三年〈一〇三九〉一二月補任、治九年）の項に「此任中寺家之田畠四至、一廻官省符宣旨、被申成下」とあるので、一一世紀前半のこととみなされ、その後、法隆寺の根本荘園として一六世紀後半まで続くのである。

『法隆寺資財帳』の五〇万代という数字は素直にそのままに受けとるわけにはいかず、大宝令（七〇一年制定）以前の代という単位面積をことさらに記載している所に、寺側の誇張もしくは作為が感じられるという見解がある（水野柳太郎「法隆寺伽藍縁起幷流記資財帳」、『日本古代の寺院と史料』、吉川弘文館、一九九三、初出一九六九）。ただし、この冒頭部分とは別に、所有水田を示す箇所では、播磨国揖保郡において二一九町一段八二歩が存在すると記載している。これは事実を語るものとして理解されている。

なぜなら一〇〇〇町の三分の一に足りないものの、比較的近い数字であること、法隆寺には嘉暦四年（元徳元＝一三二九）と至徳三年（一三八六）に作成された鵤荘絵図が各一枚ずつ残存するが、そこには鵤荘とともに片岡僧寺に関わるかと思われる片岡荘の範囲が描かれており、また現小字に「中宮寺」があることも注意されるからである。

なお、『播磨国風土記』揖保郡条の枚方里《ひらかたのさと》と広山里《ひろやまのさと》の記載の検討と、右の鵤荘絵図の記載地名ならびに現況との詳細な比較から、「佐西地五十万代」を推定する論がある。太子町鵤を中心とする平野部と山岳、そして西は龍野市龍野町宮脇・末政まで及ぶ地域に当てられている（栗岡清高「鵤庄域の沿革――「鵤庄絵図」を基準に――」、『播磨国鵤荘　現況調査報告総集編』、太子町教育委員会、二〇〇四）。これは天平時代に、法隆寺が寺領として意識し、主張していた地域であったと理解できる。

このほか『日本霊異記』（弘仁一三年＝八二二頃増補成立）には二一七三町五段余、『法王帝説』（平安時代中期に付加成立）には三〇〇余町とするが、いずれも当該記事成立当時の開墾面積として理解できるであろう（日本古典

表1　『法隆寺資財帳』に見える播磨国揖保郡の岳・池の比定

『法隆寺資財帳』	於布彌岳	佐伯岳	佐乎加岳	小立岳	為西伎乃岳	佐々山池
『播磨国風土記』	大見山	佐比岡	佐岡	御立阜	三前山	佐々山
鵤荘絵図の名称	行道岡・黒小馬丘か	佐比岡山	佐岡寺	小立岡	記載なし	楽々山
比　定　地	檀特山か	坊主山	前山	太子山	馬山	笹山
図　23	A	B	C	D	E	F

文学大系本『日本書紀』下、一八八頁、頭注）。なお、上述の鵤荘絵図には三六〇町余とする。

巨大な法隆寺領の景観

『法隆寺資財帳』に記載されている寺領水田のうち、この鵤の水田が全体の四八パーセントを占めており、断然他所を引き離している。水田のみならず、さらに薗地一二町二段、山林五地、池一塘《とう》、庄一處などに加えて、永年食封の五〇戸が近隣の揖保郡林田郷に設定されている。またそれらの所在が散在的でなく、比較的集約的な広がりをもっていた点を確認しておきたい。

それには水田・薗地の四至など具体的な位置を示す史料が『法隆寺資財帳』にはないが、そこには寺領の山岳が記載されている。幸い寺領の四周を取り囲むかのように存在する岳や池については、『播磨国風土記』の記載および二枚の鵤荘絵図の記載地名の比較検討によって、その範囲が浮かび上がってくる。最近の研究成果は次の表および図に示されている。

表1・図23とも、鷺森浩幸「法隆寺の所領」（『日本古代の王家・寺院と所領』、塙書房、二〇〇一）二四九・二五〇頁所載のものを一部改変しているが、改変の部分は、鷺森氏が『法隆寺資財帳』の小立岳を、「鵤荘絵図の名称」において小立岡あるいは大立岡とし、「比定地」を立岡山・太子山とされていたものを、筆者は至徳図に明らかな小立岡を採り、現地名の太子山に比定している。

すなわち大字鵤とその前方の前山Cを中心として、A～D～B～F～E～Aをた

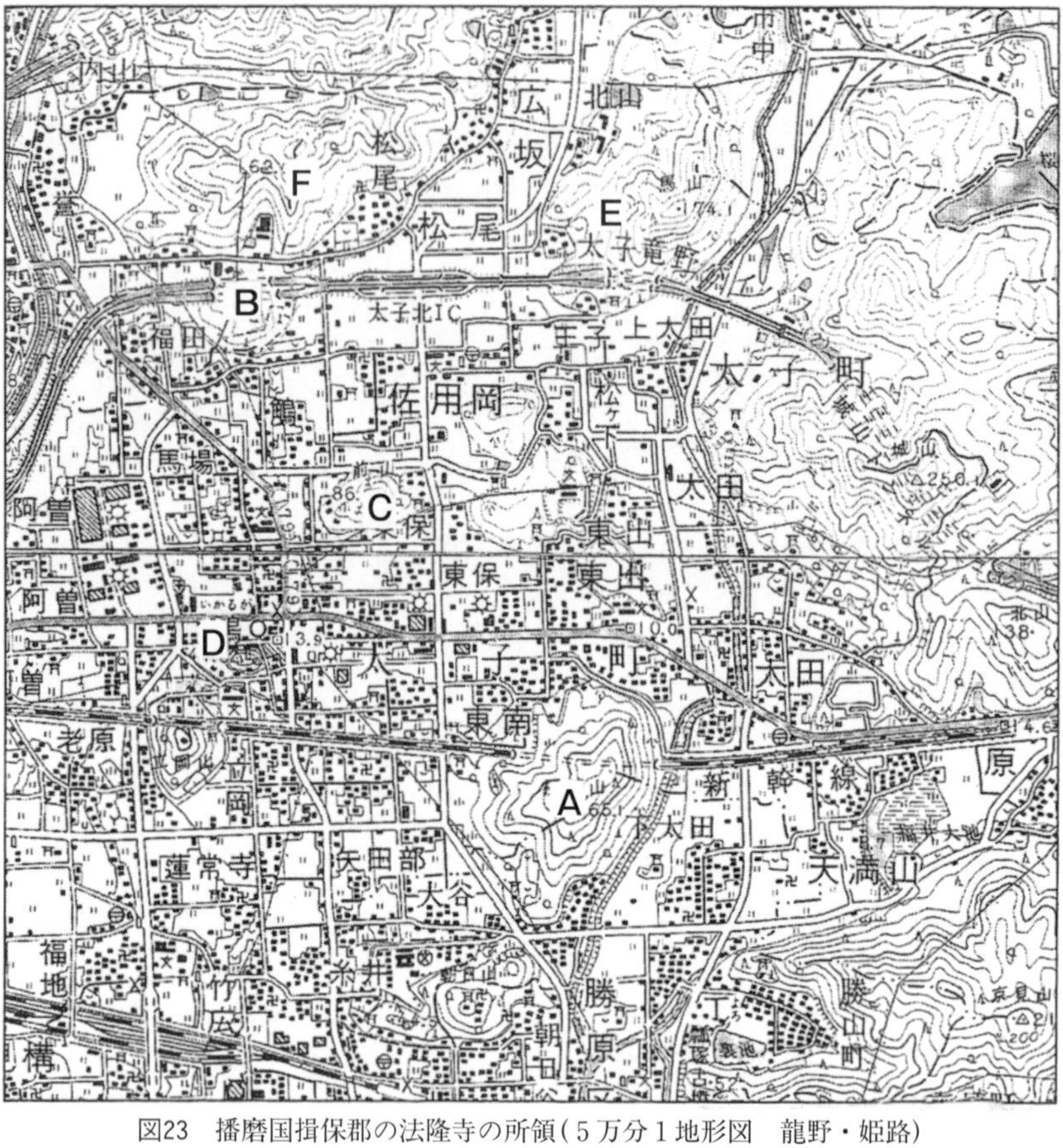

図23　播磨国揖保郡の法隆寺の所領（５万分１地形図　龍野・姫路）

どる線をほぼ外郭線として寺領は存在したのではなかろうか。すなわち寺領は、岳によって北・東・南を限られ、西は林田川にどれだけ迫っていたのかは明確でない。鵤荘絵図が示す鵤荘の範囲は、その北西部では林田川にかかっており、南西部でも川まで五・六町の位置に荘域を示す線が描かれているが、これは中世までに拡大された結果を提示したものである。

『法隆寺資財帳』作成時の水田・薗地合わせて二三一町三段余は、平安時代に斑鳩寺の造立をみて、鵤荘の政所が置かれる大字鵤を中心とする一帯で、庄一處（庄所と庄倉）も鵤に所在したのであろう。『播磨国風土記』によれば、揖保郡枚方の里は河内国茨田《まんだ》郡の枚方里の漢人《あやひと》の移住によって名づけられたもので、山の神を鎮めるのに、佐比《さひ》（鋤）を作って祭ったという。この説話は渡来人による開発を意味しており、いまも鵤の東北に平方の地が存在する。また、佐岡《さおか》は仁徳天皇の時代に筑紫の田部を呼び寄せて開墾させたという。これらから、土地の開発は地域的には東方から西方へなされたと考えられる。条里制での地番呼称は平城京や平安京のように、条坊呼称を用いている。里と称さず、坊と呼ぶ理由は明確ではない。ちなみに太子町は、西の一五条に始まり、東は二三条まで、南は六坊からで、北の限りは一四坊とする。

昭和六一年から平成五年度にわたって続けてきた、鵤荘の現況調査の結果を参考までに述べると、耕地は河川の周辺や旧河道において、若干の不整形な地割がみられるが、大部分は典型的な条里型土地割を遺存しており、水田は平坦部に展開し、薗地に相当する畑や果樹園は集落周辺や自然堤防の微高地に点在する。水利灌漑は林田川の赤井《あかゆ》（親井は揖保川の小宅井《おやけゆ》）の水路系統で大半の地区の田畑を潤しており、鵤荘のほぼ西北隅から東南隅へと通じている。一部は林田川下流の荒河井《あらこゆ》や阿曽井《あそゆ》の系統でまかなわれている。この状況をそのまま古代に当てはめようとするわけではないが、概況としては肯けるのではなかろうか。

先にふれた二枚の絵図には、一町の坪ごとに地名が記入されているが、その中に「三宅門」「下三宅門」「三宅治田」などの地名があり、『播磨国風土記』の田部伝承からみて、法隆寺領は大和政権の直轄領である屯倉《みやけ》から発したのではないかとも考えられる。

領地としての性格は若干異なるが、食封五〇戸の設置された林田郷についても確認しておきたい。林田郷は現姫路市林田町にその名が遺存するが、位置的には姫路市の西北部にあたり、太子町の北部と接しているのである。

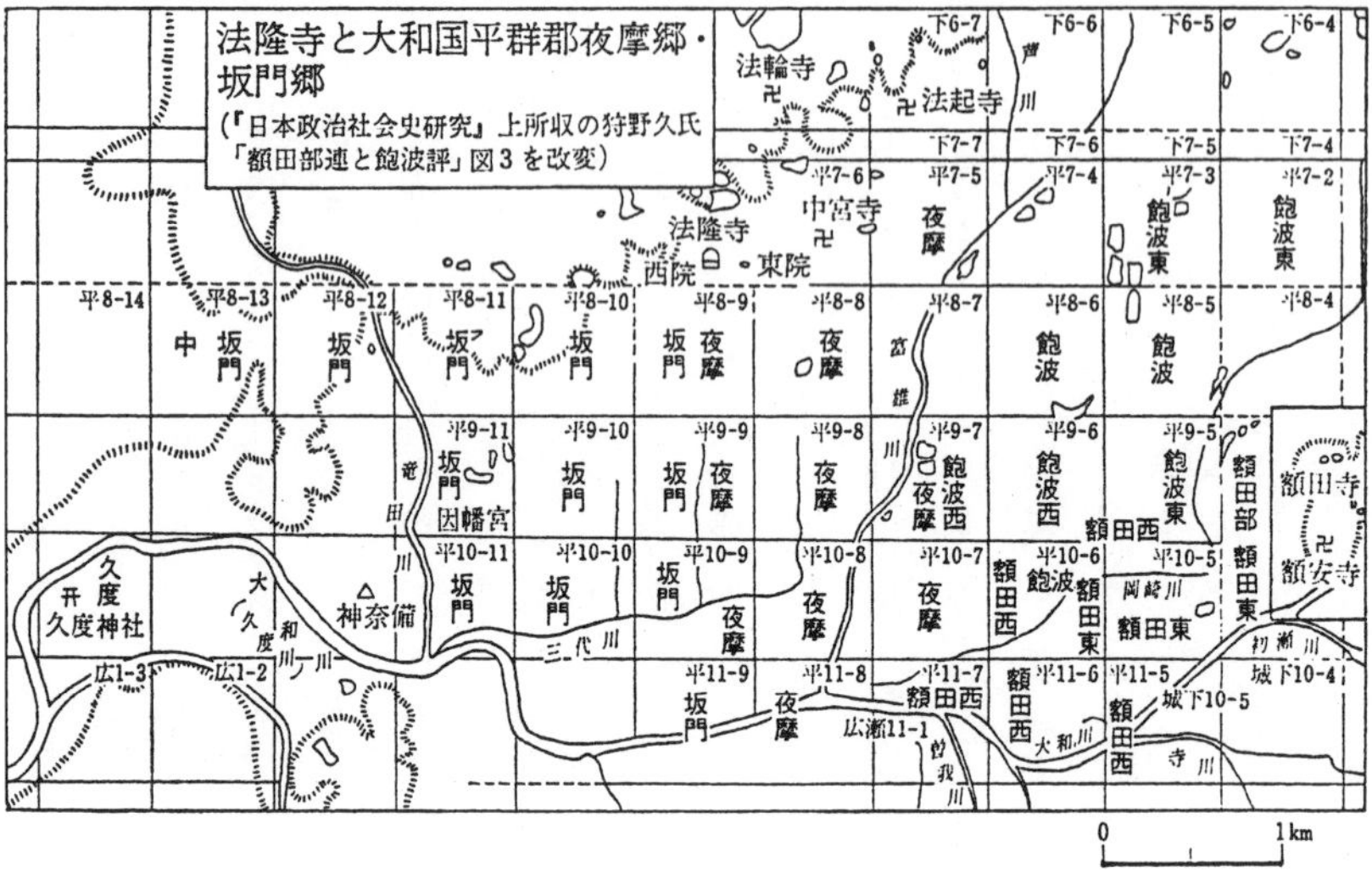

図24　大和国平群郡夜摩郷・坂門郷条里図（岸俊男氏作図）

鵤荘絵図において、鵤荘の東北端に記載されている大市郷の現在の行政区域は林田町に属している。あるいは従来からの寺領に近接して食封の設定をみたものであろうか。

2　平群郡夜麻郷と播磨国の山部

平群郡夜麻郷

大和国平群郡には那珂郷・飽波《あくなみ》郷・平群郷・夜麻郷・坂門《さかと》郷・額田郷の六郷があった（『和名類聚抄《わみょうるいじゅしょう》』）。『和名類聚抄』は一〇世紀前半の編纂にかかる百科事典であるが、郷域という地域区分がもつ地域性と地域集団としての一定のまとまりは七・八世紀にまでさかのぼることが考えられる。そのうち法隆寺は平群郡夜麻郷（夜摩郷）に所在したが、夜麻郷を中心として東側に飽波郷、さらにその東に額田郷があり、西側には坂門郷（坂戸郷）、その西に那珂郷、また北西に平群郷が存在していた（図24）。そして、それぞれの地域に氏族が割拠していた。飽波郷にあたる地域には飽波評君《こおりのきみ》、額田郷域には額田部連、坂門郷域には大原史《おおはらのふひと》、平群郷域には平群臣が勢力をはっていたと考えられる。

ところで、夜麻郷は本来、山部郷であり、延暦四年（七八五）五月、桓武天皇の諱《いみな》である山部を避けて、山と改姓させたことにともなう改称である。夜麻郷には山部連を頂点とする山部集団の人々が居住していた。法隆寺に奉納された飛鳥～奈良時代の幡《ばん》の中に、山部氏により奉納されたことを示す墨書のあるものが次の通り存在する（『法隆寺献納宝物銘文集成』〈東京国立博物館、一九九九〉による。○数字の次の番号は列品番号、ただし③は染織室保管番号、／は改行を示す）。

①一四七　平絹幡残欠　　辛酉年三月朔六日山部殿如在形見為願幡／進三寶内

（訳）養老五年三月六日、山部殿のいませし形の如く見んため、願う幡を仏に進む。

②一四九　平絹幡残欠　　癸亥年山ア（部）五十戸婦為命過願造幡之

（訳）養老七年、山部五十戸（男性の名前）の夫人、命過ぎにしため、願いて幡を造る。

③二　　平絹幡残欠　　山ア（部）名嶋弓古連公過命時幡

（訳）山部、名は嶋弓古《しまてこ》の連の公、命過ぎし時の幡

さらに、正倉院に存在する法隆寺旧蔵の幡にも、「山部連の公、奴加致の児、恵仙、命過ぎ往く」と読めるものがある。これらの奉納年代は七世紀末から八世紀初めである。辛酉年《かのととり》も斉明七年（六六一）説と養老五年（七二一）説があり、癸亥年についても、天智二年（六六三）説と養老七年説があるが、天智九年の法隆寺火災後の奉納にかかるとみて、いずれも後者の説をとる。そして、山部連は天武一三年（六八四）一二月に、宿祢の姓を賜っているので、無年銘のものは天智九年から天武一三年の間のものと推定できる。

また、『新撰姓氏録』左京神別下にみえる榎室《えむろのむらじ》連の条に、「山猪子《やまのいのこのむらじ》連ら、上宮豊聡耳《とよとみみ》皇太子の御杖代《みつえしろ》として仕え奉る」とあるが、これは山部連猪子が聖徳太子の補佐役を勤めたことを語る伝承で、事実とすればおそらく

のちに夜麻郷となる地域に住居した人であろう。

さらに、和銅六年（七一三）五月一〇日付の平城宮跡出土木簡には、大和国の各郡から急ぎ集められた九人の役人の中の一人、山部宿祢東人を平群郡とする。

山部の職掌については、山林の産物を貢納する部、山守部は山林を管理する部との解釈が通常なされてきたが、両者を分けて考えるのは難しいとの見解もある。さらに鉄生産の職能集団との説や山守部は船材としての楠を保護・確保するため、山部は山陵の守護に当るためとの説も提起されている（松尾光「山部と山守部」、『万葉古代学研究所年報』二、二〇〇四）。いずれにしても山林に関与する部であったことは間違いなかろう。

平群郡夜麻郷の山部を考えるに、山林の産物を貢納することと共に、山林を管理することが大きな職能であったと思われる。それは序章でも述べたが、斑鳩の大部分の田畑の水利灌漑は法隆寺の裏山の溜池にその水源を頼っており、その維持には山林管理は欠かせないことであったはずである。

それに加えて、上宮王家を守護する人々もいたであろう。山部氏は宮城一二門の門号氏族に入る軍事氏族である。上宮を常に守衛したことで軍事氏族の中に入ったとするのは穿ち過ぎであろうか。

また、斑鳩の山部連は地元の山部を統括すると共に、地方的伴造である山部直・山直・山君（公）らを通して、山部を統括していたのである。『和名類聚抄』ほかの文献に山部に関連する郷（里）名がみえる国は、大和・和泉・伊勢・近江・上野・越後・伯耆・隠岐・播磨・讃岐・豊前などであり、この他の国で、史料上、複数の人名がみえるのは、遠江・越前・出雲・豊後などである。

播磨国の山部

『日本書紀』によると、雄略天皇は即位にあたって、市辺押磐《いちのべのおしは》皇子を射殺するが、皇子の子である億計王《おけのみこ》と弘計王《おけのみこ》の二人は、播磨国に潜伏し、縮見屯倉《しじみのみやけ》の首の忍海部造《おしみべのみやつこ》細目《ほそめ》に仕えていた。しかし、たまたま、清寧二年（四八二）一一月に大嘗の供物を届けに来た伊予来目部小楯《いよのくめべのおたて》によって発見され、二人は小楯によって、大和に迎えられたのち、清寧の死後、弟の弘計王がまず顕宗天皇となり、次いで億計王が仁賢天皇として即位する。

小楯はこの功績によって、顕宗から山官に任ぜられ、山部連の氏を賜り、吉備臣を副として、各地の山守部を部民として管掌することを許されたという。そして、法隆寺周辺に居住した山部連一族こそ、まさにその後裔であろうとの指摘がある（岸俊男「山部連と斑鳩の地」、『日本古代文物の研究』、塙書房、一九七八）。

なお、『播磨国風土記』によると、宍禾郡比治里《しさわぐんひじのさと》には、孝徳朝に山部比治が里長に任ぜられたことがみえ、同郡安師里の条にも、ここはもとは山守里といって、山部三馬《みま》が里長であったと記している。また、藤原宮跡や平城宮跡の出土木簡にも次のように山部に関わるものがある（〔　〕の荷札は『評制下荷札木簡集成』、藤は『藤原宮木簡』、平は『平城宮木簡』、概は「概報」）。

①（表）宍粟評山守里　（裏）山部赤皮□□　〔荷札二〇七〕
②（表）播磨国宍粟　（裏）郡山守里穴毛知俵　〔飛概一三―一九〕
③（表）播磨国宍粟郡山守里　（裏）日奉部奴比白米一俵　〔飛概一三―一九〕
④（表）播磨国宍粟郡柏□□（野里カ）　（裏）山部子人米五斗　〔平二―一九五五〕
⑤（表）播磨国宍禾郡山守里　（裏）山部加之ツ支　〔平概一〇―六〕
⑥（表）播磨国宍粟郡　（裏）柏野郷山部人足米五斗　〔平概一一―一四〕
⑦（表）播磨囶多可郡那珂郷□／幷五斗　山直小弓戸二斗　針間直□
（裏）倭文連高山戸二斗持丁針□／天平九年三月三十日　〔平概三一―三〇〕

宍粟郡に顕著な山部の居住域があったことが知られる。

また、天平六年（七三四）一〇、一一月書写にかかる播磨国賀茂郡の既多寺（気多寺）の大智度論《だいちどろん》には、多くの知識参加者の名があるが、その中にも、山直《やまのあたい》恵得《えとく》・山直臣古《おみこ》・山直麻呂・山直乙知女《おとちめ》・山直安麻呂・山直土麻呂・山直古麻呂・山直恵志《えし》・山直山持など、ここでも濃密な山部の存在をみることが出来る（栄原永遠男「郡的世界の内実――播磨国賀茂郡の場合――」、『人文研究』第五一巻第二分冊、一九九九）。

さらに、正倉院文書天平一七年（七四五）九月の「優婆塞貢進解《うばそくこうしんげ》」にも、播磨国多可郡賀美郷戸主山直枝、同戸口国足がみえるのである（『大日本古文書』二五―一二五）。

これらのことから播磨国では山直―山部という支配関係が考えられ、山直は地方的伴造《とものみやつこ》であり、大和国平群郡斑鳩に本拠をもつ山部連の管掌下にあったものであろう。『法隆寺資財帳』には二六カ所の山林岳嶋を所有しているが、そのうち播磨国は揖保郡に五カ所、印南郡《いなみぐん》と飾磨郡《しかまぐん》に一六カ所の計二一カ所にものぼっている。これらも山部と無関係ではあるまい。前項で確かめた水田一〇〇町の施入とその後の開発の歴史的背景にも、山部連と上宮王家ないし斑鳩寺（法隆寺）の密接な連携を察知できるのである。

第六節　初期の法隆寺関係史料

1　金堂薬師像と釈迦三尊像の光背銘

薬師像の銘文

飛鳥時代の法隆寺に関する史料は、考古学関係のものを除くと極めて限られており、文献史料は、近年若干の新出史料があったほかは、すでにこれまでに出つくしている感がある。しかしなお論じ残されている点もあり、ここでそれらの史料について、内容と問題点を述べてみよう。法隆寺の創建を語る最も古い史料として、古来有名なのが、金堂東の間に安置される薬師如来像（八六頁の図11）の光背銘である。この銘は宝珠形光背の裏面に刻まれており、左のような内容である（図25）。

池辺大宮治天下天皇大御身労賜時歳
次丙午年召於大王天皇与太子而誓願賜我大
御病太平欲坐故将造寺薬師像作仕奉詔然
当時崩賜造不堪者小治田大宮治天下大王天
皇及東宮聖王大命受賜而歳次丁卯年仕奉

（池辺《いけのべ》大宮に天の下治《し》ろしめしし天皇、大御身《おおみみ》労《いたず》き賜いし時、歳《ほし》は
丙午《ひのえうま》に次《やど》る年、大王天皇《おおきみすめらみこと》と太子《みこのみこと》とを召し而《て》、誓《こ》い願い賜わく「我が大《おお》
御病《みやまい》、太平《たいら》かならむと欲《おもほ》し坐《ま》す。故《かれ》寺を造り薬師《くすりし》の像《かたち》を作りて仕え奉ら将《む》」と詔《の》る。然るに
当時《そのとき》崩《かむさ》り賜い、造るに堪えざれば、小治田《おわりだ》大宮に天の下治ろしめしし大王天
皇及東宮《またひつぎのみこ》聖王《ひじりのみこ》と、大命《おおみこと》を受け賜り而、歳は丁卯《ひのとう》
に次る年に仕え奉りき。）

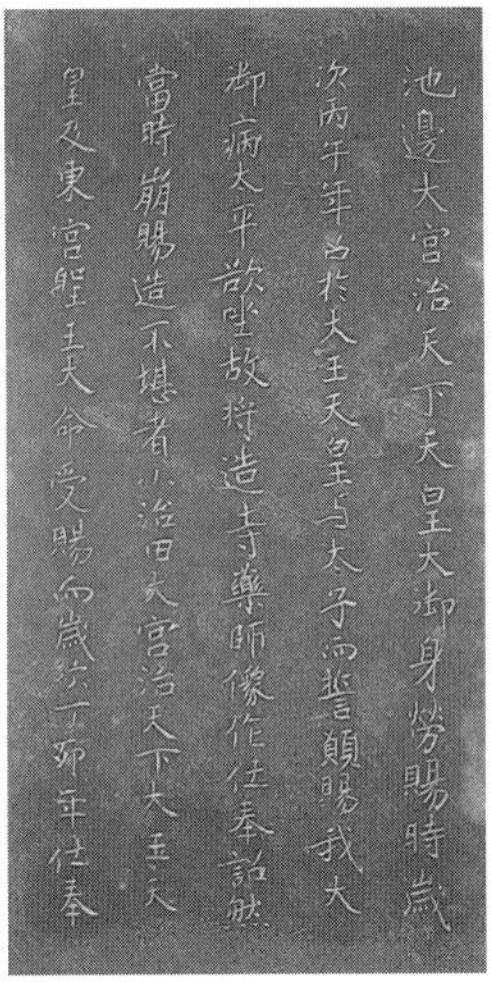

図25
金堂薬師如来像光背銘

銘の文字は整った楷書であるが、各行の字数は一六～一九字と、定まった規格はみられない。字画の端々に、タガネで刻入した際の銅のメクレが残る。

文章は、和文脈を漢字に置き換えて記したもので、助詞

の「て」(而)や、敬語の「ます」(坐)、「たまう」(賜)などが表わされているところに特徴がある。

この銘によれば、用明天皇(池辺大宮治天下天皇)が、その元年(丙午年＝五八六)に病にかかった時、平癒を願って寺院の建立と薬師如来像の造立を誓願したが、果たさずになくなったため、その誓願を伝えられていた推古天皇(大王天皇、小治田大宮治天下大王天皇)と聖徳太子(太子、東宮聖王)とが、推古一五年(丁卯年＝六〇七)に、それを実現したという。

以上の記述は長らく事実とされ、法隆寺の推古一五年創建を裏付ける一等史料とされてきた。しかし福山敏男氏が、昭和五年(一九三〇)、銘文の内容や用語に疑問を呈し、年代を七世紀後半に下す見解を発表して以来、記載を文字通り推古朝当時のものとする研究者はまれになっている。福山氏は、銘文中の「某宮治天下天皇」のような呼称は、死後の天皇に用いられることが多いこと、「天皇」号は七世紀後半に定められたとみられること、聖徳太子をさす「聖王」の語は、年齢的に早すぎ、むしろ没後にふさわしいこと、病気平癒を祈る薬師信仰は、七世紀後半から隆盛となることなどを主張した(福山敏男「法隆寺の金石文に関する二、三の問題」、『夢殿』一三、一九三〇)。これらの論拠の中には、確証のないものが多く、とくに「某宮治天下天皇」の称や天皇号の始まりについての見解には異論も少なくない。しかし薬師信仰が用明朝にどれほどの力を持っていたかという疑問や、「聖王」の称をめぐる主張には確かにもっともなところがある。より新しい銘文をもつ本尊釈迦三尊像と比べ、表現的にも技法的にも新しいとする研究結果(石田尚豊「美術史学の方法と古代史研究」、『空海の起結』、中央公論美術出版、二〇〇四／西川杏太郎「法隆寺金堂本尊移動調査の概要」、『日本彫刻史論叢』、同上、二〇〇〇)をふまえれば、その制作年代は七世紀後半までくだり、銘文は法隆寺の草創を伝えるべく、刻入されたと考えるべきであろう。

ただ銘文が推古一五年のものでないとしても、この内容までまったく根拠のない作文と断じることはできない。

とりわけ注目されるのは、瓦の編年を通じて提唱されている法隆寺の創建年代が、七世紀初頭にあることである（本書第二章第一節）。ほかのことはさておき、少なくとも銘文中の「丁卯年」（推古一五＝六〇七）が、法隆寺の創建にとって重要な年であったことは認められてよいと思われる。

なお付言すると、この銘文は法隆寺創建に関する史料としてばかりでなく、日本における天皇号の始まりを考える史料としても古くから著名で、天皇号が推古朝に始まったとする説（津田左右吉「天皇考」、『日本上代史の研究』、岩波書店、一九四七、一九二〇初出）の根拠とされてきた。福山敏男氏がそれに異論を唱えたことは先にふれたが、それ以降も、銘文中の「大王天皇」は、君主号が大王から天皇に転換する過渡期の称号とする解釈などもあらわれた（竹内理三「大王天皇号」、『律令制と貴族政権』Ⅰ、御茶の水書房、一九五七）。しかしこの銘文が、天皇の発する和風の詔勅《しょうしょく》、宣命《せんみょう》と同様な文体で書かれていることからすれば、この解釈は再考を要する。宣命では、しばしば天皇に対して「我皇天皇《わがおおきみすめらみこと》」（『続日本紀』第五詔・第九詔他）という表現が使われているが、「大王天皇」は、この「おおきみすめらみこと」の異なった表記と考えるべきであろう。宣命では、天皇がみずからの行為に敬語表現を用いる例が珍しくなく、この自敬表現をめぐって、宣命の宣布者が付け加えたものとする見方もあるが（諸説については西田直敏『「自敬表現」の歴史的研究』、和泉書院、一九九五参照）、この銘文では、宣布《せんぷ》される文ではないのに、用明天皇の言葉の中に自敬表現がみられる。これは宣命の自敬表現が天皇自身から出た文字通りの「自敬」表現であることを証しており、この銘文が宣命など和文体との関わりで理解されなければならないことを、よく示している。

釈迦三尊の銘文

次に金堂本尊釈迦三尊像（口絵4および図26）の銘文も、薬師像の銘と並んで早くから知られていた。この銘は、三尊の背後にある大型の舟型光背の背面中央に刻まれている。全文一四行、一行一四字から成り、文面は左の通りである（口絵5および図27）。

法興元卅一年歳次辛巳十二月鬼
前太后崩明年正月廿二日上宮法
皇枕病弗悆干食王后仍以労疾並
著於床時王后王子等及與諸臣深
懐愁毒共相発願仰依三宝当造釈
像尺寸王身蒙此願力転病延寿安
住世間若是定業以背世者往登浄
土早昇妙果二月廿一日癸酉王后
即世翌日法皇登遐癸未年三月中
如願敬造釈迦尊像并俠侍及荘厳
具竟乗斯微福信道知識現在安隠
出生入死随奉三主紹隆三宝遂共
彼岸普遍六道法界含識得脱苦縁
同趣菩提使司馬鞍首止利仏師造

（法興元三十一年、歳は辛巳に次る十二月、鬼
前太后崩ず。明年正月二十二日、上宮法
皇、病に枕して悆《こころよ》から弗《ず》。干食《かしわで》王后、仍《よ》りて以て労疾、並びて

床に著く。時に王后・王子等、及《また》諸臣と深く愁毒を懐き、共に相発願すらく「仰ぎて三宝に依り、当に釈像の尺寸、王身なるを造るべし。此の願力を蒙り、病を転じて寿を延べ、世間に安住せむことを。若し是れ定業にして、以て世に背かば、往きて浄土に登り、早く妙果に昇らむことを」と。二月二十二日癸酉、王后即世す。翌日、法皇登遐す。癸未年三月中、願いの如く敬いて釈迦尊像并せて俠侍及《また》荘厳具を造り竟《おわ》りぬ。斯の微福に乗じ、道を信ずる知識、現在安隠に、生を出でて死に入り、三主に随い奉り、三宝を紹《つ》ぎ隆《おこ》し、遂に彼岸を共にし、普遍の六道法界の含識、苦縁を脱するを得、同《とも》に菩提に趣かむことを。司馬鞍首止利仏師をして造ら使《し》む。）

この銘文は、一部に行書を交えつつ秀麗な楷書で記され、古代の金石文の中でも他に例をみない名筆である。行数と一行内の字数を同一に揃えることは、中国南北朝時代以来の墓誌に例が多く、日本古代の金石文《きんせきぶん》でも、文章をそのように構成したものが一、二あるが、実際にその規格で刻まれたものは、この銘のみである。銘はこの規格にふさわしく、厳格な漢文で作られ、四字句、六字句を基本とする構成になっていて、薬師像の銘とは好対照である。

銘文によると、法興三一年（推古二九＝六二一）一二月に、聖徳太子の母、鬼前太后が没し、年が明けて太子と干食妃があいついで病に倒れたという。妃や王子らは太子の平癒を願って、太子と等身の釈迦像を作ることを

図26　金堂釈迦三尊像

図27　同上光背銘

誓ったが、願いも空しく、妃に続いて太子が没したため、太后、太子、妃の三人の主に随って往生することを願い、「癸未年」（六二三）三月に、釈迦三尊を完成させた。作者は司馬鞍《くらつくりの》首《おびと》止利《とり》、いわゆる鳥仏師（鞍作鳥）であるというのである。

　この銘文では、三人の主、すなわち間人皇女、聖徳太子、膳菩岐々美娘女は、それぞれ「鬼前太后」「上宮法皇」「干食王后」と四字の成語で表され、太子は「上宮法皇」（法皇）の場合を除き、「王」で表記されている。「王后」「王子」「王身」の「王」がそれである。このような統一のとれた文字使いは、端正な漢文にふさわしい。

　干食王后については、かねてから解釈に各種あり、それに関連して鬼前太后の読みにも諸説があったが、干食がカシワデを表記したものであることが、飛鳥の石神《いしがみ》遺跡出土の木簡からほぼ確定でき、いずれも人名と解せるようになった。すなわち石神遺跡の木簡には、

大鳥連淡佐充干食

□卩白干食

などの記載をもつものがあり（奈良文化財研究所編『飛鳥・藤原宮発掘調査出土木簡概報』一七、四三番木簡、二〇〇三）、これらは衛士《えじ》ないし仕丁《しちょう》関係とみられる木簡群のひとつであるところから、人名は衛士か仕丁、「干食」は、これと組になって使役される廝《かしわで》を指すと考えられる。廝は、正倉院文書では「干」と書かれることが多く、その理由は従来明確でなかったが、干食の省略形とすれば納得できる。この木簡の出土によって干食王后がカシワデ王后であることが裏付けられたといえよう。八世紀以前のウジ名の表記には、「耳中」を紀、「青衣」を采女と読ませるような難解なものがあり（『続日本紀』宝亀四年五月条）、それらが実際に行われたことも、出土木簡に「耳中」や「青女」のあることから知られる。干食も「食に干《かか》わる」ことに源があるのかも知れないが、そのような表記のひとつとみるべきであろう。鬼前太后の鬼前も、これから類推すれば、ハシヒトの特異な表記である可能性が強いと思われる。

さてこの銘文についても、福山敏男氏以来、実年代を下げる説があり、銘のある光背と像が一具かどうかを疑う説さえ出されている（諸説については、大橋一章編『法隆寺美術　論争の視点』参照、グラフ社、二〇〇〇）。一具でないとする説は、それぞれ別の来歴をもつ中尊、脇侍、光背が取り合わされて三尊とされているというのであるが、そのようなことは机上の可能性としては想定できても、組み合わせるのに恰好の各部が、都合よく完好に近い形で残存していたとせねばならず、現実にはありえない想像というほかはない。すでに移動調査で明らかにされている通り（西川杏太郎前掲論文）、本来一具として作られた各部が、現場合わせで台座を含め組み上げられていると解すべきである。

その場合、銘文のみが追刻というような可能性も考えられないではないが、光背裏面の状態を観察すれば、追刻ではないことが判明する。すなわち光背裏面は、現在銘文の刻まれている正方形の部分より一回り大きい範囲が、他の部分とは異なって、かなり平坦に仕上げられている。しかも光背に施された鍍金は、裏面にも飛んで各所に痕跡が残り、それは銘文のある平坦部でも同様である。これらの所見を総合すれば、光背裏面の中央には、現在の銘文と同様な文面を入れるための平坦な余白が、光背の製作時点で用意されていたとみなければならない。銘文が時を経て刻まれるのを予想して、このような余白が作られるとは考えにくいから、銘文は像や光背の製作と一体のものとして準備されていたことになろう。銘の刻まれた技法についてはなお検討を要するが、銘文が三尊像の由緒を語る本来のものであることは、疑念の余地がない（東野治之「法隆寺金堂釈迦三尊像の光背銘」、『日本古代金石文の研究』、岩波書店、二〇〇四）。

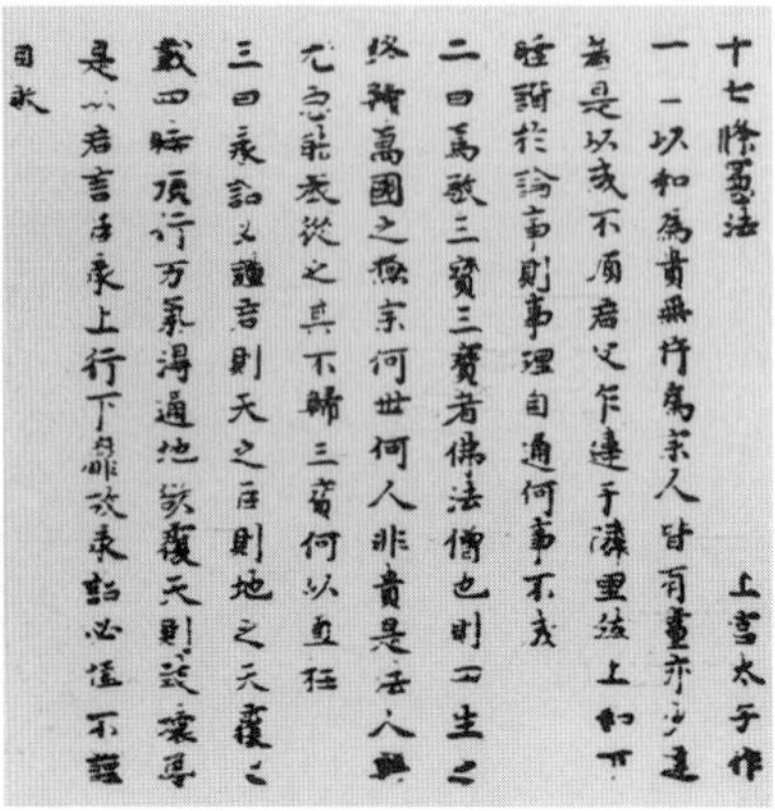
十七條憲法　上宮太子作
一曰以和爲貴無忤爲宗人皆有黨亦少達
者是以或不順君父乍違于隣里然上和下
睦諧於論事則事理自通何事不成
二曰篤敬三寶三寶者佛法僧也則四生之
終歸萬國之極宗何世何人非貴是法人鮮
尤惡能教從之其不歸三寶何以直枉
三曰承詔必謹君則天之臣則地之天覆地
載四時順行万氣得通地欲覆天則致壞耳
是以君言臣承上行下靡故承詔必愼不謹
自敗

図28　憲法十七条
（鎌倉時代の版木による）

銘文がこのような性格のものであるとすると、聖徳太子の没年や忌日が確かめられるというだけでなく、太子の生前の事績を考える上にも極めて貴重な意義をもつ。とりわけ太子が「法皇」と呼ばれているのは注目されよう。太子が法王、法大王などとも呼ばれたことは、ほかの文献史料にもみえているが、「王」と「皇」は古代には通じて用いられていて、特に意味に異なるところはない（東野治之前掲論文）。おそらくノリノミコ、ノリノオオキミと読まれたのであろう。もとより太子が、生前仏教に深い造詣を持っていたからこその称と考えられる。聖徳太子の人物像については周知の通り様々な見方があるが、かつて『日本書紀』によっていわれた、皇太子として摂政したというようなことは、事実とは認められない。皇太子という概念や制度は七世紀末になってあらわれるものであり、『日本書紀』はこれをさかのぼらせて使用したと考えられる。ただこうした記述はまったくの捏造ではなく、太子が『法王帝説』にもあるように、「王命」(ミコノミコト)という地位にあったことをふまえたものであろう。ミコノミコトは有力な皇位継承候補者として、天皇大権を代行する立場にあった皇子の称である(東野治之「聖徳太子の時代」、『日本古代史料学』、岩波書店、二〇〇五)。ミコノミコトとしての太子が仏教偏重ともいえる施政方針をもっていたことは、憲法十七条(図28)の条文排列からも明らかである。この憲法についても真偽の議論があるが、細部にのちの改変があるにせよ、天皇の詔勅を守ること(第三条)よりも、三宝への信仰(第二条)を先とする構造は、律令制以前でなければありえないことであり、太子の時代にこそふさわしいものである(東野治之前掲論文)。太子が法華経、勝鬘経などの講義、注釈を行ったとする伝えにも、ある程度事実が反映されているのは、第三章第三節(一八七頁以下)で述べる通りで、これらのことが総合され、「法皇」と呼ばれることに結びついていったと考えられよう。銘文での「法皇」が太子死没直後の称であることからすれば、太子は、少なくともその晩年にはこのように呼ばれていたとみるべきである。

2 金堂釈迦三尊像の台座墨書

下座の墨書

古くから知られていた光背銘のほかに、近年の調査で釈迦三尊の台座から墨書が発見された。移動調査の結果でも、台座は釈迦三尊本体と同時の作とみられており(西川杏太郎前掲論文)、墨書も推古三一年(六二三)をあまりさかのぼらないころのものと考えてよい。

図29
金堂釈迦三尊像台座の墨書銘

台座は上下二段から構成されているが、寺史にとってとりわけ意味深いのは、下座の下框《したがまち》から発見された、左のような墨書である（図29）。

①辛巳年八月九月作□□□□

②留保分七段

　書屋一段

　尻官三段　ツ支与三段

これらの墨書がある材は、もと建築部材であったものを転用したとされ、扉などの部材で、出納の状況などを書きつけたものが残ったかと解されている（館野和己「釈迦三尊像台座から新発見の墨書銘」、松本修自「釈迦三尊像台座に転用された建築部材による扉口の復原」、『伊珂留我』一五、一九九四）。確かに②は段を単位とする絹・布などの出納記録であろう。①は性格が②ほど明瞭でないが、同類の記録として無理ではなく、「辛巳年」は像の制作年代からみて、太子が没する前年の推古三〇年にあたるとしてよい。

問題はこの墨書部材をもつ建築がどこにあったかであるが、従来は斑鳩宮との関連を想定されることが多かった。ただ釈迦三尊像は、前項でも述べた通り、膳氏の妃やその王子らの主導で作られているから、斑鳩宮を本拠とした山背大兄皇子一族とは直接に結びつかない。釈迦三尊の銘文には、荘厳具の製作にまでふれながら、寺や堂の造営には言及がなく、既往の寺などに安置されたと推定できるが、それは法輪寺など、膳氏ゆかりの寺であった可能性が強いとみるべきであろう。そうなると、膳氏関係の邸宅なども、部材の出所として想定できる。②の内容について、解釈もなされてはいるが、未確定の要素が多く、出所について有力な手がかりとならないことが惜しまれる（前掲「法隆寺金堂釈迦三尊像の光背銘」）。

3　『日本書紀』と『上宮聖徳太子伝補闕記』の火災記事

法隆寺の火災記事　薬師像と釈迦三尊像の光背銘や墨書は、初期の法隆寺に関わる重要史料であるが、法隆寺の火災に直接関係するのが、『日本書紀』と『補闕記』である。長い再建・非再建論争の中で、さまざまな角度からとりあげられてきた史料ではあるが、改めて問題点を整理し、見通しを述べておこう（詳細は東野治之「文献史料からみた法隆寺の火災年代」参照、『日本古代史料学』、岩波書店、二〇〇五）。

まず『日本書紀』では左の二カ所に火災の記事がある。

①是の冬、高安城を修め、畿内の田税を収む。時に斑鳩寺に災す。（天智八年）

②夏四月癸卯朔壬申、夜半の後、法隆寺に災す。一屋も余すこと無し。大いに雨ふり、雷震う。（天智九年）

かつては右の斑鳩寺と法隆寺を別寺とする見解や、火災を二度起きたとする論もあったが、①②は同一事件が重複して載せられたものである（藪田嘉一郎「天智天皇八年紀斑鳩寺災の記事について」、『大和志』一〇―六、一九四四）。法隆寺について創建や完成の記事がなく、被災の記事があるのは一見不審のようであるが、『日本書紀』は限られた寺についてしか造営にはふれておらず、建立の記事を欠くのは異とするに足りない。ただ火災の記事が二度ものせられたのは、偶然の錯誤というよりも、意図的な結果であろう。壬申の乱の前後にあたる時代を扱った天智紀には、それにいたる前徴として災異、異常現象の記事がちりばめられており、二度にわたる法隆寺の火災記事も、そのような役割を担わせるため、採録された可能性が高い。

一方、『補闕記』の記事は、次の通りである。

①庚午年四月卅日夜半、有レ災二斑鳩寺一。

『補闕記』は、第四章第二節でも述べるように（二六〇頁以下）、平安前期に成立した太子の伝記であって、太子四七歳のときのこととして右の記事がある。また太子の年齢にかけて記されてはいないが、『補闕記』の末尾には、火災後の状況を語る次のような記事も存在する。

②斑鳩寺被災之後、衆人不得定寺地、故百済入師、率衆人、令造葛野蜂岡寺、令造川内高井寺、百済聞師・円明師・下氷君雑物等三人、合造三井寺。家人馬手・草衣之馬手・鏡・中見・凡・波多・犬甘・弓削・薦・何見等、並為奴婢、黒女・連麻呂争論、麻呂弟万須等、仕奉寺法頭、家人奴婢等根本、妙教寺令白定。

（斑鳩寺災を被るの後、衆人寺地を定むるを得ず。故に百済の入師、衆人を率い、葛野《かどの》の蜂岡寺を造ら令め、川内《かわち》の高井寺を造ら令む。百済の聞師・円明師・下氷君雑物《しもひのきみさいもち》等三人、合せて三井寺を造る。家人の馬手・草衣の馬手・鏡・中見・凡《おおし》・波多・犬甘《いぬかい》・弓削《ゆげ》・薦《こも》・何見等、並びに奴婢と為す。黒女・連麻呂《むらじまろ》争論す。麻呂の弟万須《ますら》等、寺の法頭に仕え奉り、家人奴婢等の根本を、妙教寺に白《もう》し定め令む。）

『日本書紀』も『補闕記』も編纂された書物であるため、火災についての原史料がどのようなものであったかがまず問題となるが、早く平子鐸嶺《ひらこたくれい》が論じた通り、原史料は年紀を干支で記していたとみられる。木簡など近年の出土史料からしても、七世紀代に干支紀年が一般的であったことは間違いない。すなわち『日本書紀』は原史料にあった「庚午年」を天智九年（六七〇）にあてはめ、『補闕記』は六〇年さかのぼって太子四七歳の推古一八年（六一〇）に配当したというわけである。そのどちらが正しいかは、これだけでは決しがたい。ただ『補闕記』の関係記事を総合的に考察すれば、解決の手がかりはある。

第一に注意されるのは、『補闕記』のいう庚午年は太子四七歳の年ではないことである。正しくは庚午年ではなく庚辰年でなければならない。このような誤りが起きたのは、すでに指摘がある通り、火災記事の前にある己卯年の記事から続く形で、原史料では庚午年の火災が記されており、『補闕記』撰者が不用意に、庚午年を己卯年の次の庚辰年と誤ったのであろう。そもそも『補闕記』は、序文に記されているように、調使《つきのおみ》氏や膳氏の家記を参照して編まれている。庚午年に先立つ己卯年の記事には、太子の舎人であった調使麻呂《つきのおみまろ》が登場しているから、記事の出所は調使氏の家記とみてよい。『補闕記』の撰者の誤りによって、庚午年の火災記事が、調使氏の家記から出たことが知られる。

そこで第二に興味深いのは、『補闕記』の末尾にみえる②の記事にも調使麻呂の弟万須等があらわれ、この部分もまた調使氏の記録から出ていることが分かる点である。己卯年の記事内容と、②の後につづく麻呂の寿命の記事との関連性も考慮すれば、①と②はもともと一連の記事であって、②は庚午年の火災後の状況を記していると判断される。かつては②の記事を、皇極二年（六四三）の斑鳩宮焼打ちに関係して斑鳩寺が焼亡した結果を記したと解する向きもあったが、それはあたらない。

②によると、火災後の法隆寺では、奴婢の身分の確定が行われ、そこで生じた不服を裁くため、調使麻呂の弟、万須等によって、妙教寺（『太子伝私記』に大和国高市郡所在とするが、場所は不明）で裁定がなされたという。被災後の法隆寺では、再建の寺地も定まらない状況でありながら、身分の確定が急がれ、他寺においてまで処分の決定が行われているのは、これを促す強力な要因があったとみなければならない。そこで注目されるのが、天智九年から始まった戸籍作成の事業である。年の干支をとって庚午年籍と呼ばれるこの戸籍は、最初の全国規模の戸籍で、一般の民衆と賤民の別を明確にしていたため、のちのちまで良賤の争いを裁く基本台帳ともされた。法隆寺が困難な状況の中で賤民身分の確定をはかったのは、造籍にともなう措置であったとすると納得がゆく。す

なわち火災のあった庚午年は、まさしく庚午年籍作成の始まった庚午年であり、天智九年（六七〇）であったと考えねばならない。庚午年の実年代は、このようにして決めることができる。

『補闕記』によれば、この火災で、衆人は再建の寺地を決めかねたという。この「衆人」は単に人々の意味ではなく、奈良時代の資財帳にみえる「大衆《だいしゅう》」の語などからすると、寺の構成員をさすとみてよい。この火災は寺地の変更を余儀なくされ、寺務も他寺で行わねばならないほど大規模なものであった。『日本書紀』や『補闕記』の「災」はもともと落雷による火災を意味するが、その被害は、『日本書紀』の「一屋余すこと無し」という表現そのままではないにせよ、相当尽大なものであったことを、これらの文献史料から読みとることができる。

4　幡の墨書銘にみる氏族と信仰

墨書銘の実年代

総じて文献史料に恵まれない七世紀から八世紀初めの法隆寺について、興味深い情報を提供してくれるものに、染織品の幡《ばん》に記された一連の墨書銘がある（図30）。これらの幡は幕末には法隆寺に蔵されていたが、一部が明治初年の宝物献納の結果、現在は法隆寺献納宝物に含まれ、また明治初年の保管の混乱から、正倉院にも混入して伝えられている。これらの幡は、特定の死者の冥福を祈って関係者が寄進したもので、墨書にはその事情が簡単に記されることが多い。残欠となって文意の明確でない墨書も少なくないが、そこにあらわれる寄進者や寄進の契機は、七世紀から八世紀初めの法隆寺をめぐる信仰を考える上に重要である。

図30　幡の墨書銘

ただ、これらの墨書銘では、ほとんどの場合、干支による紀年が使用され、実年代をいつとみるかについて議論の余地がある。また幕末まで法隆寺に伝来したとはいえ、同様な染織品中には、明らかに中宮寺から移入されたことの判明するものがあって、すべての幡が七世紀以来、法隆寺の所蔵であったかどうかは不明である。墨書銘の一部については、第二章第五節（一二一頁）、第三章第一節（一五一～三頁）などでもとりあげられているが、ここではこうした点に留意しながら、墨書銘の全体について概観し、法隆寺史との関わりをみておこう（詳細は東野治之「法隆寺伝来の幡墨書銘」参照、『日本古代金石文の研究』、岩波書店、二〇〇四）。まず墨書銘約二〇点のうち、比較的内容の豊富なものを次に掲げる。

①壬午年二月飽波書刀自入奉者田也（図30）
（壬午年二月、飽波書刀自《あくなみのふみとじ》入れ奉るはた〔幡〕なり）

②戊子年七月十五日記　丁亥□□(十カ)月十三日［　］［　］□名過作幡也
（戊子年七月十五日記す。丁亥□十月十三日……名過〔命過〕、作る幡なり）

③壬辰年二月廿日　満得□□(尼為カ)誓願作□(奉カ)幡
（壬辰年二月二十日、満得尼の為め、誓願して作り奉る幡）

④己未年十一月廿日　過去尼道果是以児止与古誓願作幡奉
（己未年十一月二十日、過ぎ去《い》にし尼道果、是を以て児止与古《とよこ》、誓願して幡を作り奉る）

⑤□(辛カ)酉年三月朔六日山部殿如在形見為願幡□(進カ)三宝内
（辛酉年三月朔《つきたち》て六日、山部殿、在りし形の如《ごと》見む為め、願う幡。三宝の内に進《たてまつ》る）

⑥癸亥年山部五十戸婦為命過願造幡之
（癸亥年、山部五十戸婦、命過ぎにし為め、願いて幡を造る）

⑦大窪史阿古為親父誓願幡和銅七年十二月
（大窪《おおくぼの》 史《ふびと》阿《あ》古《こ》、親父の為め誓願せる幡。和銅七年十二月）
⑧阿久奈弥評君女子為父母作幡
（阿久奈弥《あくなみの》 評《こおりの》 君《きみ》の女子、父母の為め作る幡）
⑨山部連公奴加致児恵仙命過往□
（山部《やまべの》 連《むらじの》 公奴加致《きみぬかち》の児、恵仙、命過ぎ往《い》にし……）

①〜⑥の干支による年紀は、すべて大宝令施行以前とする考えもあるが、幡の形式変遷に照らすと、そうは断定できず、むしろ①〜③が七世紀代、④〜⑥は八世紀前半と考えるのが妥当であろう。そうすると①壬午年は天武一一年（六八二）、②戊子年は持統二年（六八八）、③壬辰年は同六年、④己未年は養老三年（七一九）、⑤辛酉年は同五年、⑥癸亥年は同七年ということになる。また⑧には阿久奈弥評というコオリ名がみえるから、大宝令前の幡に相違ない。これらの幡は、おおむね法隆寺の再建期に重なっているといえよう。

幡が寄進された動機は、先にもふれたように故人の追福を願ってであるが、その中に「命過」「命過往」などの表現をもつものがある（②⑥⑨など）。『灌頂経』という経典には、死者の中陰中（四十九日まで）に幡を作って供養すれば、死者の往生が達成されることが説かれ、そのための幡が命過幡《みょうかばん》と呼ばれている。これらの幡の中には、この『灌頂経』の説く信仰によって作られたものが少なくないとする解釈があるが、確かにその通りであろう。⑤の「在りし形の如見む為め」という願いも、中陰中は死者が小児のような姿であると説かれていることを念頭に置くと理解しやすい。ただ幡の中には、②のように、日付からみて明らかに盂蘭盆《うらぼん》供養のためとわかるものもあるから、すべてを命過幡とすることは行き過ぎである。

これらの幡で注目されるのは、そのような信仰が、飽波、山部、大窪など、中小の氏族によって担われていたことである。とくに飽波や山部は斑鳩地域のある平群郡に関わり深い氏族である。飽波はのちに平群郡の一郷となるが、⑧の幡銘から、大宝令前は評として独立していたことが知られた。飽波には、飽波葦垣宮《あしがきのみや》以来、宮室が置かれていたことと関係があろうとされている。①⑧の飽波氏は、その評の長官を出す地方豪族と考えられよう。山部氏はこの場合、やはりのちの平群郡夜麻郷を本拠とする地元の氏族とみられる。夜麻郷は本来山部郷といったが、奈良時代末に桓武天皇の諱《いみな》の「山部」を避けて改名された。七世紀には山部五十戸ないし山部里と称されていたはずである。⑥の「山部五十戸婦」を、この山部五十戸（サト）の婦人と解する説もある。

ただ前にも述べておいた通り、これらの幡が最初からすべて法隆寺に納められたものであったとは言い切れない。たとえば当初中宮寺に寄進されたものが、他の染織品とともに、後世法隆寺へ移され、混入している可能性も低くはない。とくに中宮寺が尼寺であっただけに、尼に関係する③④、女性から寄進された①⑥⑧などは、その候補といえよう。しかし幡の製作は、とりわけ女性に縁が深かったはずである。たとえ移入品が少なくないとしても、斑鳩の諸寺が、瓦の文様の共通性からうかがわれるように、古くから強いまとまりを持っていたとすれば、墨書銘から看取できる支持基盤は法隆寺にもあてはまるとしてよいであろう。

法隆寺の場合、癸巳年（持統七＝六九三）、仁王会《にんのうえ》のための仏具が天皇から寄進され、翌年には、金光明経も天皇から納められるなど（『法隆寺資財帳』）、朝廷とのつながりも決して微弱ではなかった。むしろ第三章第五節2（二一四頁以下）でも述べるように、再建そのものが皇室の援護のもとで進められた可能性は強い。しかしそれだけではなく、斑鳩地方を中心とする中小豪族の信仰が、広く寺を支えていたことを、これらの墨書銘は語っているのである。

コラム――金堂の天蓋《てんがい》・須弥壇《しゅみだん》修理による新知見

金堂では平成一六年から二〇年にかけて天蓋・須弥壇等の修理を行ったが、その際の調査で次のようなことが明らかになった。

まず年輪年代の調査では内陣の天井板（檜）に樹皮まで残る材が三枚あり、伐採された年が六六七年（一枚）と六六八年（二枚）と判明した。平成一四〜五年の調査では外陣の天井板二枚がそれぞれ六六七年と六六八年であったから、内陣と外陣の天井板の伐採年代は同じことになる。天蓋については西の間天蓋の南垂幕板の最外年輪が六六三年で、これが最も年代が新しく、伐採年にかなり近い。また西の間天蓋の天井板の一枚と中の間天蓋の東垂幕板は年輪パターンが合致して同材と認められ、両天蓋は同一工房で同一時期に製作された可能性が高いと推測された。ただし両天蓋では天井板の幅や端部の形状に差異があり、特に中の間天蓋の天井板は六〇〇年前後の伐採年が推察されるので、この問題はなお今後の検討を必要とする。

内陣の天井では東の間で現在は使われていない天蓋吊金具が発見された。現在の東天蓋は天福元年（一二三三）の模古作であるが、それ以前にも同じような天蓋があったと考えられてきた。しかし挿図のように発見された金具は中央一箇所で、内径四・五センチほどの円環を二五センチの距離を置いて二つ並べ、その間に棒状のものが差し渡せるような配置になっている。実際の吊り方は不明だが、四隅を鎖で吊り下げる重厚な箱形天蓋ではなく、軽い布製の傘形天蓋用なのは明らかである。『法隆寺資財帳』には「合蓋十一具　仏分四具一具紫　法分七具　一具紫者　右、癸巳十月廿六日仁王会、納賜飛鳥宮御宇　天皇者」とあるが、こ

新発見の金堂東の間中央吊金具(右上)

のうち一具紫とする天蓋は色を特記する点で布製と思われる。とするとこの紫天蓋が東の間に用いられたことが考えられる。これは持統七年（六九三）に天皇から賜わったものである。光背に創立縁起の銘があっていわば寺の根本本尊に当る薬師如来像の荘厳用に賜わったとすれば、その意義は極めて大きい。

さらにこの新発見の吊金具は中の間や西の間の天蓋吊金具より一時期遅れて取付けられたこともわかる。昭和修理で取外した旧天井桁に残る痕跡をみると、中・西両間のものは座金《ざがね》の輪郭線がクッキリと木肌に喰込み、内側には弁柄《べんがら》彩色の赤い顔料が鮮やかに残っている。これに対して東の間の座金跡は周囲が風蝕して高く浮き出るが、取付面は平坦で彩色も赤黒くわずかに残るに過ぎない。前者は木材が未だ新しく彩色したすぐ後に金具を打ったことを示し、後者はそれからしばらく時間が経ってからの仕事なのである。従来持統七年の仁王会《にんのうえ》は、創建の法隆寺が天智九年（六七〇）に焼失したあとに現在の伽藍の造営が始まり、金堂だけはこのころ或程度完成したことを示すものとされてきた。しかし吊金具からみると、もしこの時納賜の紫天蓋を東の間に取付けたとすれば、中・西両間の天蓋の設置はそれよりかなり、恐らく二十年以上は遡ることとなる。現在の金堂の建立年代については未だ諸説あるが、先の年輪年代の成果と共に新たな視点が生じたといえよう。なお須弥壇はすべて元禄修理時に築きなおされていることが明らかになった。

第三章　西院伽藍と東院伽藍

第一節　西院伽藍の完成

1　西院伽藍の完成と律令国家

律令国家と法隆寺　法隆寺は、七世紀後半から始まる唐にならった律令に基づく国づくりの中で、国の大寺として位置づけられていくことになった。天智二年（六六三）の白村江の戦い（対唐・新羅連合軍）における敗戦後、六七二年の壬申の乱に勝利した天武天皇、そしてその遺志を継いだ持統天皇によって、急ピッチで律令国家の建設は進められていった。この間、聖徳太子が建立した当初の法隆寺（若草伽藍）は天智九年（六七〇）の火災で焼失し、律令国家の建設と時期を同じくして復興が進められていくことになる。こうしてできあがったのが現在の西院伽藍である。

これに対し、現在は法隆寺の一院をなす東院は、八世紀半ばに斑鳩宮の故地に新たに造営されたもので、上宮王院と呼ばれた。上宮王院については、寺院としての成立の由来や財産目録を記した公的な記録である伽藍縁起并流記資財帳が西院伽藍とは別に作成されている。したがって、上宮王院は法隆寺西院伽藍とは独立した寺院として扱われていたようであるが、聖徳太子創建寺院を受け継ぐ西院伽藍と、聖徳太子の斑鳩宮の故地に建てられた東院伽藍とは、聖徳太子ゆかりの寺院として不即不離の一体の関係を保っていくことになる。

律令国家の大寺としては、大官大寺の後身で文字通り国家の大寺として最高の格式を占めた大安寺、平城遷都の立役者藤原不比等が造営に着手し、以後娘の光明子の篤い庇護の下、藤原氏の氏寺としての繁栄した大寺院興福寺、天皇家の氏寺として藤原京のそれとは別に平城京に造営された薬師寺、これに対し聖武天皇と光明皇后が精魂傾けて造営に尽力した東の大寺東大寺、両親の建てた東大寺を意識して、敢えて京中の西郊に特異な伽藍配置をもって娘の称徳天皇が造営した西の大寺西大寺、そして日本最初の本格的寺院飛鳥寺（法興寺）を平城京に移した元興寺などがあった。これら奈良時代の代表的な寺院は、それぞれ相応の理由があって大寺に列していたことが文献からもわかるが、法隆寺がどのような経緯で律令国家の大寺として高い位置づけを得るようになったかについては、なお不分明な点が多い。

そもそも成立期の法隆寺の歴史を考えるための文献史料は非常に限られている。これに対し、法隆寺の西院及び東院の両伽藍は厳然として存在する。現にある「もの」としての建築の存在はまことに圧倒的である。また、奈良時代後半になると、法隆寺が十指に入る国家の大寺として位置づけられていたことが、称徳天皇が発願した百万塔の分置された十大寺のひとつであることによって明らかになる（本章第四節参照）。数万基の百万塔そのものが法隆寺には現存し、それは厳然としてあるものそのものによって裏づけられるのである。建築にしても百万塔にしても、現にある「もの」としての存在があまりに大きく、史料とのギャップがあまりにも大きいと言わざるを得ない。厳然としてある「もの」の存在によって、かえって事の本質が見えてこなかったという面があったのかも知れない。

さて、再建・非再建論争、およびその最近の新しい展開については第二章第一節1で触れているので参照いただくこととし、その要点のみ記せば、天智九年（六七〇）の火災でいわゆる若草伽藍が焼失した後に、その西側にあたる地域に方位を違えて建立したのが、現在の法隆寺西院伽藍とみられ、その全体の竣工は、後述のように、八世紀初頭の和銅年間（七〇八～七一五）、平城遷都後に降る。しかし、その復興過程については、なおわからない点が多い。

従来の研究によると、金堂の着工は天智九年の火災の前後、五重塔の着工はやや遅れて天武・持統朝（六七二～六九七）、中門は五重塔とそう変わらない時期に建立されたとみられている（太田博太郎『南都七大寺の歴史と年表』、岩波書店、一九七九）。文献史料からは断片的な事実が導き出されるにすぎないが、持統七年（六九三）一〇月に諸国で仁王会《にんのうえ》を挙行した（『日本書紀』同年一〇月己卯条）際、諸寺にも仏具が施入されており、法隆寺に経《きょう》台《だい》一足・蓋《かさ》一具・帳《とばり》三帳（『法隆寺資財帳』）、大安寺（大官大寺）に繍大灌頂幡《しゅうだいかんじょうばん》一具（『大安寺伽藍縁起幷流記資財帳』）が施入されている。また、翌持統八年にも法隆寺と大安寺に金光明経《こんこうみょうきょう》一部八巻が施入されたことが知られ、これは同年五月に金光明経一〇〇部を諸国に頒布して正月の講説に供えさせたこと（『日本書紀』同月癸巳条）にともなうものであろう。これらの施入は仁王経や金光明経などの経典の講説を行い得るような会場の整備が前提にあり、法隆寺の中心堂舎金堂がこの時期までに完成していた有力な証拠となる。さらに注目すべきは法隆寺に現存する持統八年銘「造像記銅板」である。

甲午年三月十八日、鵤《いかるが》大寺徳聡《とくそう》法師・片岡大寺令弁《りょうべん》法師・飛鳥寺弁聡《べんそう》法師三僧、所生の父母報恩《ほうおん》（のために）、観世音菩薩像を敬奉す。此の小さき善根に依り、无生《むしょう》の法恩《ほうおん》を得さしめ、乃ち六道の四生《ししょう》に至り、衆生と倶に正覚《しょうがく》を成さん。

甲午年、すなわち持統八年に、鵤大寺の徳聡・片岡大寺（放光寺）の令弁・飛鳥寺の弁聡の三人の僧が両親の恩に報いるために観世音菩薩像を造った旨が記されており、鵤寺、すなわち法隆寺が「鵤大寺」と表現されている。持統八年の段階で法隆寺が相応の伽藍を供えた寺院として復興していることを如実に示しているといってよかろう。

なお、「大化三年戊申」（大化三年は丁未であり何らかの誤記があるか。「小治田天皇」＝推古による施入を主張する点も事実とは合わない。戊申を信用するならば六四八年にあたる）に施入を受けた三〇〇戸の食封《じきふ》が天武八年（六七九）に停止されている（『法隆寺資財帳』）のは、寺封全般の見直し策の提示（『日本書紀』天武八年四月乙卯条）を受けて、国の大寺である二、三の寺院を除き、食封の支給年限を三〇年と定めたこと（『日本書紀』天武九年四月条）によるもので、天武朝の寺院経済政策の一環としてとられた処置である。法隆寺だけが特例なのではなく、ここに法隆寺の地位の大きな変化や再建の遅れの要因を読み取るのは妥当ではなかろう。

奈良文化財研究所埋蔵文化財センター古環境研究室の光谷拓実氏らによる西院伽藍の古材の年輪年代測定は、上記の推定をほぼ裏づける成果を得ている（第二章第二節参照）。西院伽藍の造営が、金堂、五重塔、中門・回廊の順に進められたことはほぼ疑う余地がなくなったといってよい。その上で金堂外陣天井板の最新の伐採年代が六六八年から六六九年にかけての成育停止期間であると確定できたことは、金堂の造営開始が六七〇年の火災以前にさかのぼる公算が大きいことを示す結果といえる。ただ、その場合も五重塔の心柱のみが五九四年という飛び抜けて古い伐採年代を示す点をどう理解すべきか、なお残された課題は大きい。このことは西院伽藍建立の謎を解き明かすカギになると思われるが、いずれにせよ年輪年代測定の成果が今後の法隆寺研究の定点となることは間違いない。

平城遷都と西院伽藍

さて、法隆寺西院伽藍の完成年代について文献から確実にいえるのは、それが都が藤原京から平城京に遷った和銅三年（七一〇）以降であったということである。これが平城遷都にともなうものなのか、それとも遷都とは無関係になされたものなのかはまた大きな課題となる。法隆寺以外の平城京の大寺は、藤原京から移転、あるいは平城京で新たに建立されたものである。これに対し法隆寺は平城遷都の前後を通じて斑鳩の地に存在し続けたから、遷都はその位置づけに直接の変化をもたらすものではなかったとも考えられそうである。太子道によって飛鳥・藤原方面とは密接な結びつきを保っていたのに対し、平城遷都後に法隆寺と平城京を結ぶ特別なルートが開設されたような形跡はない。平城遷都は法隆寺の地位にどのような変化をもたらしたのか、またもたらさなかったのか。

奈良時代の初めの法隆寺に関する史料は非常に限られているが、次の史料は法隆寺西院伽藍の完成に関係する可能性のあるものとして特に重要である。それは、五重塔の四面の塑《そ》像群《ぞうぐん》と中門の金剛力士（図1）の製作を伝える『法隆寺資財帳』の記事である。

　合わせて塔本肆面具　塲《しょう》一具は涅槃像土、一具は弥勒仏像土、一具は維摩詰像土、一具は分舎利仏土。

　右、和銅四年歳辛亥に次《やど》る、寺造る。

　合わせて金剛力士形弐軀中門にあり

　右、和銅四年歳辛亥に次《やど》る、寺造る。

（後略）

塲とは粘土で造られた像、すなわち塑像のことである。これらは塔や中門そのものの完成をいう記事ではないが、それを荘厳《しょうごん》する仏像群の制作を示すものであり、五重塔や中門の実質的な完成と連動するとみられる。し

図1　中門金剛力士像阿形(右)と吽形(左)

たがって、天智朝に焼けた西院伽藍がようやく復興したことを示す記事とみてよい。これは正史である『続日本紀』の記事ではなく、法隆寺の財産目録ともいうべき天平一九年（七四七）完成の『法隆寺資財帳』の記事であるから、何らかの作為が加わっている可能性も考慮する必要はある。しかし、当然寺側の意識としては、天智朝の火災から少しでも早い復興を願っていたと思われ、意図的に遷都直後の和銅四年（七一一）にかけたような意味は見出しがたく、年代的な作為は感じられない。

和銅年間（七〇八～七一五）における西院伽藍の竣工を示す史料としては、ほかに和銅元年にかける『七大寺年表』がある。これは永万元年（一一六五）成立の史料であり、和銅元年とするのは、『法隆寺資財帳』の記事などを前提として西院伽藍の竣工を和銅年間初めの年にかけたためと考えられ、独自の史料に基づくわけではなかろう。

和銅年間における斎会の挙行

和銅年間にすでに法隆寺が律令国家において大きな地位を占めていたことは、霊亀元年（和銅八年＝七一五）六月一三日に川原寺とともに斎会《さいえ》の会場となっていること（『続日本紀』霊亀元年六月癸亥条）とも矛盾しない。川原寺は、斉明天皇の川原宮をのちに寺に改造して成立した官の大寺のひとつであり、斎会の会場としてこれと併記されていることには、法隆寺の占めた国家的な地位の小さくなかったことが如実にあらわれているといえよう。

それでは、この時なぜ川原寺と法隆寺が斎会挙行の寺院とされたのであろうか。平城遷都から五年、平城宮の第一次大極殿も完成し、平城宮大極殿での最初の元日朝賀《ちょうが》が行われた年である。両寺に共通性を読み取るとすれば、平城宮から離れた場所に位置する点であるが、『続日本紀』がこの記事に続けて諸社への祈雨奉幣《ほうべい》があったことを伝えているのが注意される。諸社に奉幣して降雨を祈ったところ、まもなく雨が降ったので、時の人は天皇の徳が天に通じたのだと解し、この日諸官人が禄の支給に与ることになったのだという。川原寺といえば、祈雨の実績のある斉明天皇（『日本書紀』皇極元年八月甲申朔条参照）ゆかりの川原宮の後身であり、法隆寺の近傍には天武朝以来祈雨の霊験のある神社として広瀬社と並び称される竜田大社が所在する。もちろん、六月一三日は降雨を祝う禄の支給の行われた日であり、祈雨そのものの行事の実施された日ではないし、八世紀において寺院における祈雨の例はないけれども、祈雨とゆかりの浅くない川原寺・法隆寺における斎会の実施と降雨を祝う禄物支給との間には関連がある可能性を否定はできない。いずれにせよ、国家による斎会が挙行されている点からみて、和銅年間における西院伽藍中枢の竣工は歴史的な事実とみて差し支えなかろう。その後天平年間（七二九～七四九）にかけて、伽藍整備が進められることになる。

2　律令国家の大寺としての法隆寺の発展

個人の信仰対象としての法隆寺

　八世紀初頭の法隆寺を考える上で注意されるのは、国家の大寺として国家的な信仰の対象としての性格を示す史料とならんで、個人の信仰に密着したレヴェルの史料が多く残されていることである。例えば、法隆寺献納宝物の広東《かんとん》綾幡《あやのばん》残欠（法隆寺献納宝物N27-1／図2）の坪部には次のような墨書銘が読みとれる（東京国立博物館編『法隆寺献納宝物銘文集成』二一）。

□□□□〔親父誓カ〕和銅七年□

　現状では墨痕はこの程度しか残っていないが、これは良訓《りょうきん》が『法隆寺記補忘集《ほもうしゅう》』に載せる「大窪吏阿古為親父誓願幡和銅七年十二月」に相当すると考えられ、『法隆寺献納宝物銘文集成』が備考で指摘するように、「吏」はカバネとしての「史」の可能性が高い。順序は逆転しているけれども、覚賢《かくけん》が『斑鳩古事便覧』太子已後公物に載せる「和銅七年十二月大窪吏阿古為親父誓願幡」にまさに相当しよう。「大窪《おおくぼの》史《ふひと》阿《あ》古《こ》、親父のために誓願せる幡、和銅七年十二月」というのが本来の記載であったと考えられる。

　大窪史氏は『新撰姓氏録』にはみえないが、大窪史を名乗る者としては、養老五年（七二一）正月に学業の師範に耐える者の一人として賜物に与った唱歌師《しょうかし》大窪史五百足《いおたり》（『続日本紀』養老五年正月甲戌条）、天平二〇年（七四八）から天平宝字七年（七五五）

図2
広東綾幡残欠（法隆寺献納宝物N27-1）

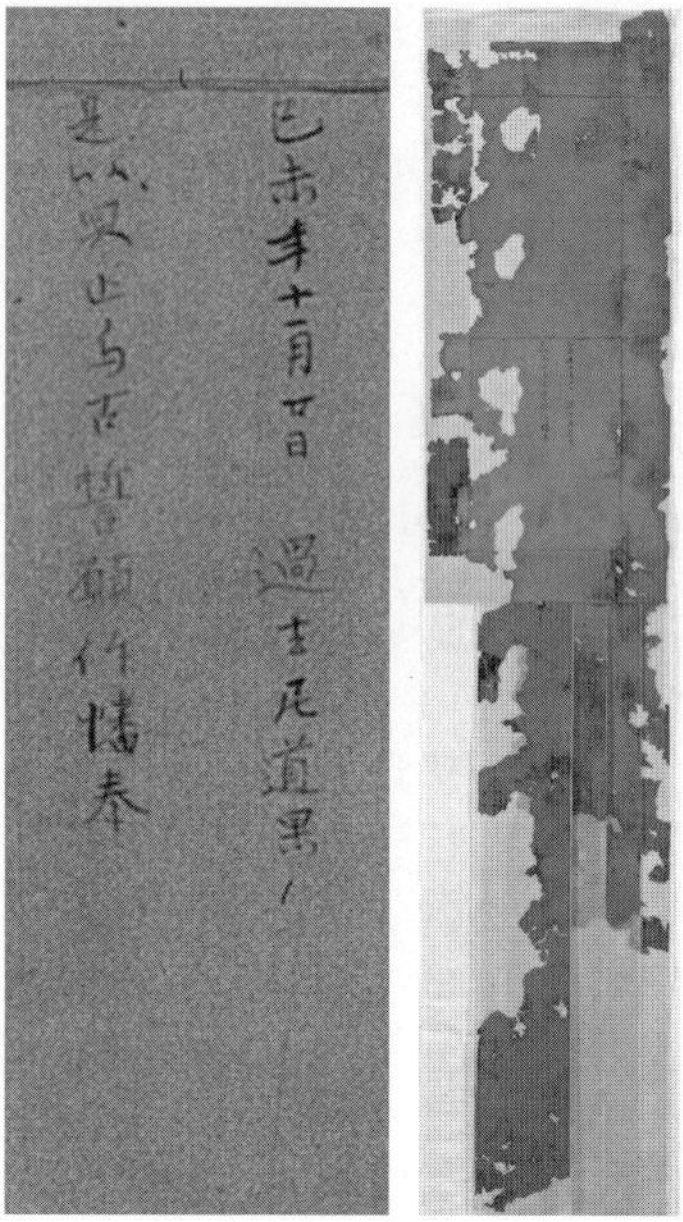

図3
平絹幡残欠（法隆寺献納宝物N319-9）

にかけて経師としてみえる大窪史石弓《いわゆみ》（正倉院文書）、同じく天平宝字七年に経師としてみえる大窪史牛甘《うしかい》が知られる。また、大窪寺の存在も知られ（『日本書紀』朱鳥元年八月条）、大窪史氏との関連が想定されるがその所在地は明らかではない。あるいは、この命過幡《みょうかばん》の存在からみて、法隆寺の近傍に想定できるかも知れない。

同様に、個人の信仰を集めていたことを示す資料が、時代はやや降るがもう二点残されている。いずれも同じ法隆寺献納宝物の平絹幡《ひらぎぬのばん》残欠で、これらも身内の冥福を祈って奉納されたことが銘文として明記されている。ひとつは一四八号（前掲『法隆寺献納宝物銘文集成』）平絹幡残欠である（図3）。

巳未年十一月廿日　過去尼道果／是以児止与古誓願作幡奉

「巳」と読めるけれども、「巳」と「己」はしばしば通用するので、己未年のこととみてよい。養老三年（七一九）のことである。干支を一巡さかのぼらせて六五九年とする見方もあるが、幡の様式上、また『法隆寺資財帳』から知られる施入年代の一般的傾向からみても、成立は不可能といわれる。「己未年十一月廿日、過ぎ去にし尼道果《どうか》。是を以て児止与古《とよこ》、誓願し幡を作りて奉る。」子の止与古が母の尼道果の冥福を祈って願を立て、作成して奉納した幡がこれだというのである。

もうひとつは一四七号（前掲『法隆寺献納宝物銘文集成』）平絹幡残欠である（図4）。

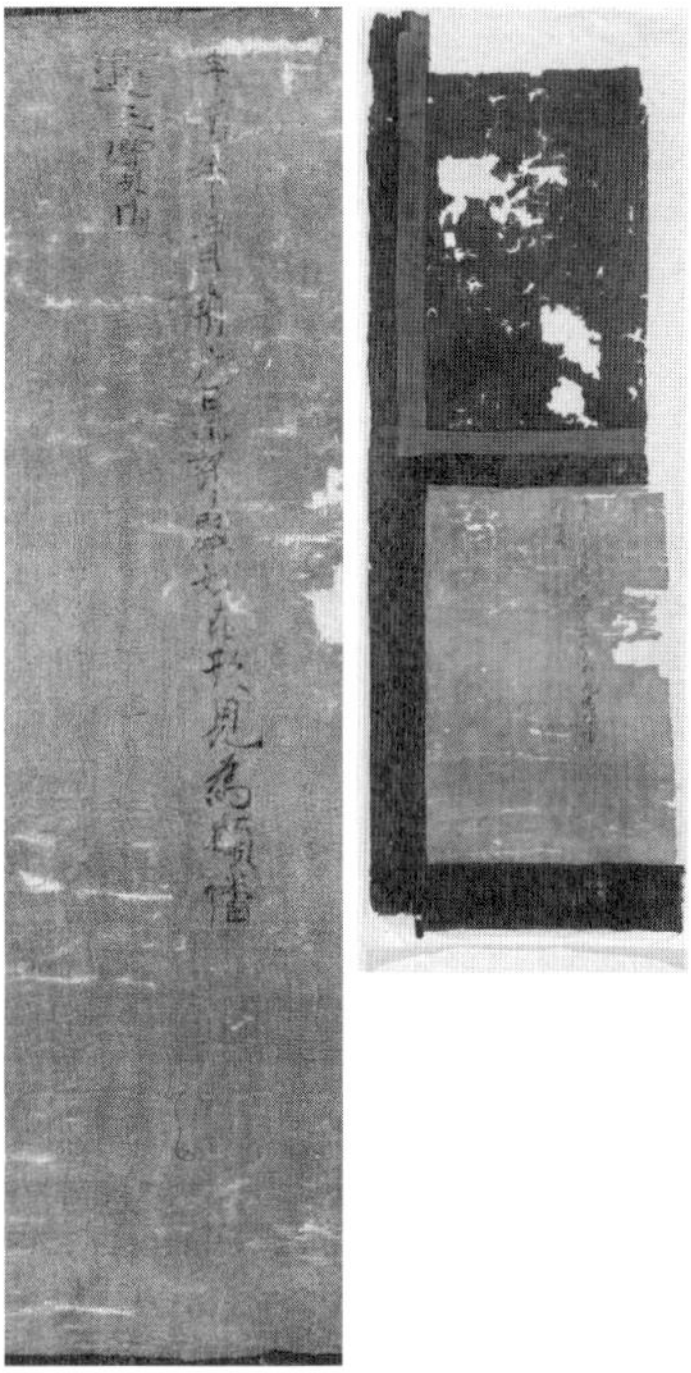

図4
平絹幡残欠(法隆寺献納宝物N319-8)

辛酉年三月朔六日、山部殿如二在形一
見為願幡　進二三宝内一

辛酉年は養老五年（七二一）。これも同様に六〇年さかのぼらせる見方もあるが成立しない。「辛酉年三月朔六日、山部殿の在りし形の如く見む為めに願う幡。三宝の内に進む」、すなわち養老五年三月六日に山部殿の生前の姿をいつまでも記憶に留めておくことを願って作成した幡であると、明記したのである。作成者と山部殿との関係は明言はされていないが、作成者は「山部殿」の妻とみるのが自然であろう。

子が母の、妻が夫のそれぞれ冥福を祈って作成したこれらの命過幡の存在からは、法隆寺が深い個人の信仰の支えとして機能していたことがうかがえる。

ここでもうひとつ注意したいのは、これらがいずれも女性の信仰を示していることである。前述の大窪史阿古も女性の可能性があり、そうであるならば娘が父の冥福を祈っていることになる。女性が身内の者の冥福を祈って幡を奉納する風習の存在がうかがわれるとともに、法隆寺が信仰の対象として地域に深く根ざした寺院として成長していたことの証といってよいであろう。

橘三千代と法隆寺

女性の信仰といえば、同じ時期に法隆寺が貴族の女性の信仰を集めるようになっていたことを示す伝えがあるのが注目される。それはこののち法隆寺東院の創建に大きな力をもつようになる、光明皇后の母県犬養橘三千代《あがたいぬかいのたちばなのみちよ》に関するもので、西院伽藍の北西の高台に位置する西円堂の創建説話がそれである。現存する西円堂は鎌倉時代の建築で、その創建がいつまでさかのぼるか確証はないが、例えば、『法隆寺縁起白拍子』には「三経院縁起事」に次のような言い伝えがある。

　西北の上に、八角円堂有り。光明皇后の母公、橘大夫人の御願なり。

また、『古今一陽集《ここんいちようしゅう》』西之部西円堂条にも次のような記述がみえる。

　凡《およ》そ此堂宇の権輿は、諸楽宮《ならのみや》元正帝御宇、橘大夫人の御願、養老年中の御草創也。

　（中略）

　一円堂顚倒《てんとう》薬師如来迁座之事

　（中略）西円堂は、永承三年五月廿三日午時破損す。此堂、橘大夫人、取造らしむるなり。綱所日記に曰はく、永承五年庚寅五月廿三日、法隆寺西円堂破損。午時許也。又日記之に同じ。又旧記古日記に曰はく、永承元年丙午後冷泉院御宇五月十七日、三百廿九年の後、顚倒。此御堂聖武天皇之后光明皇后母公橘大夫人の御願なり。

『法隆寺縁起白拍子』が単に橘大夫人の御願としていたものが、ここでは元正朝という限定が付き、それにともなって、天平五年（七三三）に没する彼女の発願時期としてあり得る年代として養老年間（七一七～七二四）が導かれることになる。『法隆寺縁起白拍子』より時代の降る『古今一陽集』の方が記述が詳しくなるのはやや不審といえなくもないが、橘三千代創建という伝承の存在は認めてよかろう。

県犬養橘三千代は、七世紀末から八世紀初頭の女官で、初め美努《みの》王に嫁いで葛城《かずらき》王（のちの橘諸兄）や佐為《さい》王（のちの橘佐為）らを産んだが、のちに藤原不比等に見初められて再婚し、光明子を産む。長く宮廷に仕えて、和銅元年（七〇八）には橘宿祢《すくね》の氏姓を賜り、これは諸兄らが嗣ぐことになる。聖武天皇とともに天平文化を支え

図5　西円堂薬師如来像

た光明皇后の仏教信仰の基礎を形成した点において、三千代の信仰の果たした役割は重要で、奈良時代の文化を考える上でのキーパーソンの一人といってよい。後に述べるように、光明皇后の仏教信仰は三千代の信仰を核にして形成されていくことになる。

　三千代と法隆寺の関係を端的に示すものに、橘夫人念持仏がある（口絵6および図6）。厨子内に安置されたこの白鳳期の代表的な金銅の国宝阿弥陀三尊像は、三千代の仏教信仰の証といってもよい仏像である。ただ不思議なことに、三千代と法隆寺をつなぐ史料はけっして多くない。もう一人の橘夫人、聖武天皇の夫人橘古那嘉智《こなから》に比べると、今ひとつ影が薄いのは否めない。しかし、光明皇后の熱烈な法隆寺への肩入れは、母三千代の存在なくしては説明できないほどのものがあり、この母子の果たした奈良時代の法隆寺興隆における役割の大きさには計り知れないものがあると思う。

　さて、『古今一陽集』の編者良訓は、西円堂三千代創建説を、西円堂顛倒の言い伝えから実証しようとしている。一一世紀の永承年間（一〇四六～一〇五三）頃に西円堂が破損したという伝承を諸書から収集し、永承元年、三年、五年という三通りの伝承の存在を示す。中でも良訓が注目したのは旧記古日記の伝承で、「永承元年丙午後冷泉院御宇五月十七日、三百廿九年の後、顛倒」という記述について、「但し、一本古記に拠り草創年の暦を考うるに、永承元歳より三百廿九年、逆次これを数うるに、四十四代元正天皇養老二年戊午に相当す。是年御造立これ有るか」と述べる。永承元年は一〇四六年にあたり、良訓の述べるように、逆算すると養老二年（七一八）建立の可能性が考えられることになる。

　のちに娘の光明皇后が東院の復興に尽力するので、光明皇后ゆかりの東院の八角円堂（＝夢殿）に対し、西院の八角円堂（＝西円堂）にその母橘三千代との結びつきを付会したという解釈も成り立つ。しかし、光明皇后が東院の復興に尽力するようになる経緯も実は明瞭ではなく、彼女の仏教信仰が母三千代のそれに導かれたものであるのはいうまでもないことであるから、法隆寺との結びつきが母三千代譲りのものであった可能性もまったく根拠のないものではないと思う。三千代の西円堂創建伝承は、後代の史料であって即座には信頼できない部分もあるけれども、仮に付会であるとしても、それは少なくとも法隆寺における三千代の果たした役割を充分に認識した上でなければなしえない付会であろう。三千代の個人的な信仰、特に浄土に対する信仰、それは法華経信仰であろうが、その存在を読み取ることができるのではないかと思う。

図６　伝橘夫人念持仏および厨子

元正天皇と法隆寺

　女性の信仰という点では、橘三千代と並んで注目すべき人物がもう一人いる。それは元正天皇である。元正は平城京に遷都した時の元明天皇の子である。元明は、天武・持統の息子で即位することなく亡くなった草壁皇子の夫人であり、草壁との間には草壁没後に文武天皇として即位した軽《かる》皇子、それから長屋王の夫人になった吉備《きび》内親王、そして元正天皇として即位する氷高《ひだか》内親王の三人の子がいた。文武が遷都を実現する前に崩御し、母の元明が即位して遷都を断行することになる。そして、文武の遺児の首《おびと》皇子、のちの聖武がまだ幼かったために、霊亀元年（七一五）に氷高内親王が即位して元正天皇となったのである。それで、通常は元明・元正の二代の女帝は聖武即位に向けた中継ぎの天皇として理解されることが多い。しかし、氷高内親王が即位した霊亀元年には、幼いとはいっても首皇子はすでに一五歳に達しており、即位できない年齢ではなかった。病弱であったことが原因だともいえるが、のちの聖武の天皇としての行動をみると、けっしてひ弱で繊細な天皇のそれではない。天平勝宝八歳（七五六）まで五六年の生涯を生きた聖武は、文字通り帝王という名に相応しい。ちなみに彼は大宝元年（七〇一）生まれで、八世紀とともに産声を上げ、その前半期を生き抜いたのである。大宝元年といえば、律令国家の基本法典として名高い大宝律令が完成した年である。八世紀は大宝律令によって示された日本型の律令国家が試行錯誤を重ねながら徐々に実現していく過程と考えられるが、聖武は律令国家建設とともに生涯を歩んだといっても過言ではない。なお、大宝元年生まれの人物がもう一人いる。誰あろう聖武の皇后になる光明子その人である。彼女も大宝元年という八世紀の始まりとともに生を受け、聖武とともに八世紀前半を駆け抜け、聖武より四年遅れて天平宝字四年（七六〇）に他界している。

さて、元正の即位に話を戻すと、それは単なる中継ぎではなく聖武即位のために踏まなければならない過程であったとみる説が有力である（東野治之「元正天皇と赤漆文欟木厨子」、『日本古代史料学』、岩波書店、二〇〇五）。つまり、聖武は父こそ文武天皇であるが、母は天皇家出身者ではなく、藤原不比等の娘（ということは光明子の異母姉妹）の藤原宮子であった。藤原氏出身者を母にもつ男子の即位は前例がない。例えば、大友皇子の事例を考えるまでもなく、蘇我氏を除くと、天皇家出身者でない母をもつ男子の即位が難しいものであったことが理解できよう。そこで首皇子の即位を正当化するために、彼の母として元正を位置づけたらしい。母元正から首への譲位という手続きを踏む必要があったのではないかというのである。こういう視点でみると、元明は確かに、聖武即位への中継ぎという意味合いが強いが、元正はそうではなく即位すべくして即位した天皇として評価できよう。そもそも内親王がいつまでも独身でいるというのも不審なことであって、長屋王の妃吉備内親王のように適当な皇親に嫁ぐのが一般的である。独身でいて即位した氷高内親王は、初めから即位を前提としてあえて皇親に嫁がせなかったとみるのがむしろ自然なのである。それを決めたのは誰か。最も可能性が高いのは天武亡きあとの天皇家を支えた持統太上天皇であるが、ここでは本筋から外れるので詳論は避ける。

元正の位置づけがそうであればその「子」聖武との関係にも微妙なものがある。のちに聖武は天平一二年（七四〇）から天平一七年まで平城京を離れて都を転々とするが、この間聖武と元正の関係はぎくしゃくしていた感を否めない。大仏建立のことしか念頭にない聖武が難波から紫香楽に向かう時、元正はしばらく難波に残り、聖武がいなくなった難波で難波遷都を橘諸兄に宣言させている。当時まだ天皇と太上天皇の関係は微妙で、太上天皇は退位した天皇という以上の大きな権能をもっていた。つまり、太上天皇もあくまで基本は天皇であって、天皇と同等の権能を行使できた可能性がある。このことはのちの孝謙太上天皇と淳仁天皇の不和、孝謙による淳仁の権限の奪取、平安初期の平城太上天皇と嵯峨天皇の確執――薬子の変。それは太上天皇による遷都という事態をも招くが――をみれば明らかであろう。太上天皇の天皇としての権能が制限されていくのは、この薬子の変が嵯峨天皇方の勝利で終わった後である。こういう事情であるから、太上天皇が二人いるという後世ならばけっして珍しくない事態はあり得ないことであった。つまり、太上天皇が存命中は天皇は譲位できないということになる。聖武天皇が娘の阿倍内親王に譲位して孝謙が即位したのは、元正太上天皇が天平二〇年に死去してからであったし、孝謙天皇が譲位して大炊《おおい》王が淳仁天皇として即位したのは聖武太上天皇が天平勝宝八歳（七五六）に死去してからであった。太上天皇が二人という事態を避けるという暗黙の了解があったのではないかというわけである。

元明太上天皇の一周忌法要

さて、元正天皇と法隆寺の関わりを示すのは、養老六年（七二二）一二月四日に行われた物品の施入である。この日の施入はかなり大々的で、金剛般若経一〇〇巻、白銅製の鉢一・多羅《たら》二・鋺《かなまり》七・鉗《はさみ》一・金匙《さじ》一のセットを仏分と聖僧分の二組のほか、幡、帳、机、筥《はこ》、韓櫃《からびつ》など多岐にわたる。『法隆寺資財帳』の各所に分散して記されているが、いずれも同じ一二月四日付の奉納で、一連のものとみてよい。

『法隆寺資財帳』によると、同じ養老六年に封戸《ふこ》三〇〇戸が法隆寺に施入されている。封戸とは貴族や寺社に与えられる給与の一種で、五〇戸（一里）単位で戸を指定し、そこから国家に納められるべき租の半分と調・庸を封主に支給する制度である。したがって、三〇〇戸は六里分に相当する。この封戸は神亀四年（七二七）に停止されているから、養老六・七・八年、神亀二・三年の五年間の期限を限った支給で、大宝令のうち禄令という俸禄に関する編目に定められた規定通りの期限付きの支給であったことがわかる。封戸が設定された日付はわからないが、一二月四日に行われたさまざまな物品の施入と一連の行為であることはおそらく間違いなく、元正の発願になる一連の法隆寺に対する喜捨といってよいであろう。なお、養老三年には、遣唐使が持ち帰った仏舎利《ぶっしゃり》が法隆寺に奉納されているが、これは法隆寺の高い位置づけを示すものではあるが、養老六年の元正による施入との直接的な関連は見出せない。

それでは養老六年の元正によるこれほど大規模な施入の理由はどこにあったのであろうか。その答えが実は『続日本紀』の記述にある。『続日本紀』養老六年一一月丙戌（一九日）条に次のような記事がある。

太上天皇のおんために華厳経八十巻、大集経六十巻、涅槃経四十巻、大菩薩経二十巻、観世音経二百巻を写し、灌頂幡八首、道場幡一千首、牙《げ》を着す漆の几《つくえ》卅六、銅の鋺の器一百六十八、柳箱《やなぎばこ》八十二を造る。即ち、十二月七日より、京弁畿内の諸寺において、便《たより》に僧尼二千六百卅八人を屈請して、斎供を設けん。

すなわち、前年養老五年（七二一）一二月七日に崩御した元明太上天皇の一周忌の供養のために、これらの経典を書写し、また仏具を作成し、京内と畿内の諸寺において、祥月《しょうつき》命日にあたる一二月七日から一周忌の法要を行うというのである。実は大安寺の資財帳である『大安寺伽藍縁起幷流記資財帳』にも、養老六年一二月七日付の供養具と灌頂幡の施入の記載があり、法隆寺への施入日より三日遅れるけれども、七日からの法要のための施入ということで七日付で記載したと理解できようから、大安寺への施入も法隆寺へのそれと同様に元明の一周忌に対応するものとみられる。

このように、『続日本紀』にみえるさまざまな仏具は、法隆寺や大安寺を初めとする大寺院に分配され、元明太上天皇の一周忌供養の仏具に充てられたとみられるが、どのくらいの数の寺院に分配されたのであろうか。まず、白銅器については、大安寺の資財帳によると、総計と内訳が合わないけれども、内訳によると法隆寺と同じ二四具が納められている。『続日本紀』には一六八具とあるから、一カ寺二四具ずつであれば、七カ寺という計算になる。灌頂幡については、やはり大安寺の資財帳に秘錦《ひごん》（秘錦は新羅の宮廷で織られた王室用といわれる錦）大灌頂一具とあるから、一カ寺一具として八カ寺分となる。机は大安寺の資財帳にはみえないが、法隆寺への献納は五足であるから、『続日本紀』の三六足は七ないし八カ寺分となろう。柳箱は法隆寺に五合であるから『続日本紀』の八二合はやや多すぎる。小幡がもし道場幡にあたるとすれば、一〇〇首と一〇〇〇首であるから、一〇カ寺分ということになる。いずれにせよ、最大で一〇カ寺程度、少なく見積もれば七カ寺という計算となり、法隆寺が当時のいわば七大寺の一角を占めていたことが、これらの史料からわかることになる。当時の七大寺として考えられるのは、『大安寺伽藍縁起幷流記資財帳』に仏具施入の記載のみえる大安寺、天皇家の氏寺といってよい薬師寺、実質的に藤原氏の氏寺となった興福寺、それに元興寺、この四カ寺のほか、法隆寺とともに霊亀元年（七一五）に斎会の挙行のみえる川原寺（弘福寺）、残る一ないし二カ寺の候補としては、四天王寺、崇福寺などがあげられよう（東大寺や西大寺は未創建）。平城宮内でも一周忌法要が挙行された可能性があり、秘錦大灌頂が八具なのはあるいはそういう意味かも知れない。

ともあれ、『法隆寺資財帳』に記された養老六年（七二二）一二月の施入記事によって、法隆寺が当時国家の大寺に匹敵する格式を誇る寺院であったことは明白である。そしてこのことは、和銅年間に完成した法隆寺の再建事業そのものが、国家的な意志のもとに行われた事業であったことを明瞭に示しているといえよう。再建を主導したのが誰であったのか、それはすなわち再建がいつから始まったのかということと直結するが、天武朝からなのか、持統朝からなのか、はたまた文武の意志か、それとも遷都を断行した元明の意志なのか、これは難しい課題である。しかし、遷都が契機となって最終的な完成に向かったのはおそらく間違いのないことだと思う。そうであるからこそ、再建を完成させた元明の一周忌法要が法隆寺においても行われたのである。ただ、それは元明やあるいはその一周忌を挙行した娘の元正の意志というよりは、より高次元の国家的な意志といった方がよいかも知れない。斑鳩宮以来の伝統を受け継ぐ寺院として、その再建は自明の事の如く粛々と実行されたのであろう。法隆寺の高い寺格が七世紀以前にさかのぼることの明確な証拠といえよう。

もう一点、『法隆寺資財帳』の養老六年の施入記事が『続日本紀』の記事と整合することは、その信憑性をも保証することになる。法隆寺の歴史を語る根本史料として、『法隆寺資財帳』の重要性を改めて認識させてくれる事実だといえよう。その意味で、この養老六年の施入のもつ意義には大きなものがある。律令国家の寺として、法隆寺西院伽藍は完成されたのである。

第二節　東院の創建

1　行信・光明皇后と法隆寺

長屋王の変と光明子の立后

西院の成立を核とした奈良時代前半の法隆寺のあり方に比べると、奈良時代後半の法隆寺は随分様変わりした感じをいだく。その転機となったのが、天平元年（神亀六＝七二九）に起きた長屋王の変である。端的にいうと、藤原氏出身の光明子の立后に反対する長屋王に無実の罪を着せて自殺させた事件である。これによって光明子は臣下出身として初めて聖武天皇の皇后になり、その四人の兄弟、武智麻呂《むちまろ》・房前《ふささき》・宇合《うまかい》・麻呂《まろ》の藤原四兄弟の政権が誕生する。

長屋王は天武天皇の長男高市《たけち》皇子と天智天皇の子御名部《みなべ》内親王の間に生まれた。天智・天武の孫という申し分のない血筋である。これに対し、神亀元年に即位した首皇子、すなわち聖武天皇は、天武・草壁皇子・文武と続く直系の男子ではあったが、世代からいうと長屋王よりもひとつ下の世代にあたる。しかも、父親は当然天皇家の直系で血筋に申し分はないが、母親は藤原宮子という不比等の娘である。天皇家の出身者を母親としない天皇として即位するに際して、元正からの譲位というややこしい手続きを踏まなくてはならなかった。やはり、長屋王に比べると見劣りがする。もっとも、実際問題として長屋王が聖武に取って代わるというような事態はあり得なかったかも知れない。長屋王は実は位階をもらって官人としてスタートするのが一般の皇親よりも遅れたが、これは当初彼にも皇位の可能性があったものの、その可能性がなくなった時点で、彼のいわば官僚としての人生がスタートしたのである。だから、長屋王は、聖武の政治的ライバルというのには程遠い存在だったはずである。

ではなぜ、そんな長屋王を藤原氏は排除する必要があったのか。長屋王は左道を学んだという無実の罪を着せられて自刃に追い込まれる。彼の正妻の吉備内親王――元正太上天皇の姉妹――も、また長屋王と吉備内親王の間に生まれた皇子たちも、ともに自殺して果てたのである。その最期の場となった長屋王の邸宅が、平城宮のすぐ東南に隣接する場所で見つかったのはまだ記憶に新しい。奈良そごうデパート建設にともなう発掘調査で、二五〇メートル四方という広大な敷地を占める長屋王の邸宅がみつかった。発掘調査で大規模な邸宅の跡がみつかっても、そこが誰の邸宅であったかがわかるのは稀である。しかし、長屋王の場合は、発掘調査の最終段階になって、長屋王家木簡と呼ばれる三五〇〇〇点におよぶ一大木簡群が発見され、これによってここが長屋王の邸宅であり、彼が妻子とともに果てた場所であることが明らかになったのである。

この事件の目的がどこにあったかは明白で、ひとつには、聖武の夫人光明子の地位の安定を図ることにあったのは間違いない。事件の数年前聖武と光明子の間に生まれた皇子、誕生後まもなく皇太子になるという異例の扱いを受け彼らの期待を一心に担った皇太子が、生後一年にもならないうちに夭折してしまう。光明子の子を天皇にする望みをいったん絶たれた上は、光明子自身を天皇にもなり得る立場、皇后にしようという動きが始まる。しかし、臣下が皇后になるのは前代未聞のことで、抵抗勢力の存在が危惧される。その急先鋒足り得るのが長屋王であった。光明子を皇后の地位につけ、藤原氏の政権を安定したものにするには、左大臣長屋王は排除する必要があったのである。

それだけではない。もうひとつ重要な要素があった。それは、長屋王の吉備内親王以外の配偶者を母とする子供たちは死を免れていることが注意される。吉備内親王も罪はないのでその葬送を醜くしてはならないという指令が出されていることや、事件から一〇年余りのちに、長屋王の事件が誣告《ぶこく》であったことが明るみに出たと『続日本紀』自体が記事の中で言明していることなどからみて、目的は長屋王本人はもちろんであるが、吉備を母とする鈎取《かぎとり》王らの子供たちの命を絶つことにあったようである。長屋王自身の即位の可能性はもうなくなっていたといってよいと思うが、聖武に男子が生まれなかった場合、長屋王の息子から、ことに吉備内親王を母とする者から、聖武に変わる天皇が出ることは充分あり得たであろう。長屋王と吉備内親王の間に生まれた子ならば血筋から見て申し分ないのある。

ともあれ、長屋王一家の死という犠牲を払った上で、天平元年（七二九）八月、光明子は聖武天皇の皇后になった。藤原四子の政権が、聖武・光明を背景にスタートしたのである。しかし、長い目でみると、この事件は奈良時代後半の政治や文化を大きく規定することになった。政治的に比較的安定した時期はこれで終わりを告げることになる。長屋王の変からの天平初期の一〇年間は、安定した奈良時代前半のいわば余韻のなかに微妙な均衡が保たれた時期であったといってよい。

聖武天皇の仁王会と法隆寺

長屋王の事件から三カ月余りのちの天平元年六月一日、聖武天皇は平城宮の朝堂、および畿内七道諸国において仁王経《にんのうきょう》を講読する法会を挙行した。いわゆる仁王会である。『法隆寺資財帳』にはこの年天平元年の仁王会に際し、法隆寺に仁王経二部、法分花覆《ほうぶんのはなおおい》と机敷《つくえしき》・漆塗の箱二具・高坐《こうざ》一具が施入されたことがみえる。仁王会は仁王経を講読して国家の安寧と災厄の排除を祈願する法会で、後世には春秋の仁王会と天皇の即位ごとの一代一度の仁王会とが行われるようになる。八世紀ではこの天平元年の仁王会が初見で、即位直後というわけではないものの、長屋王の事件後の人心一新を目指した聖武天皇にとって、実質的には後世の一代一度の仁王会に匹敵する法会であったといってよい。この法会が長屋王の変と、後述する光明子の立后の間の時期に行われていることは、その性格を端的に現している。『法隆寺資財帳』にみえる法隆寺への仁王経や講師の高坐の施入は、この行事の一貫として、法隆寺においても仁王経講読が実施されたことを示している。『続日本紀』には都の諸大寺における仁王経講読の実施は明記されていないが、法隆寺における仁王会の挙行は、諸大寺における行事の一貫とみるのが穏当であろう。長屋王の変の邪気を払う意味をもつ法会が全国的な規模で行われ、法隆寺も大寺のひとつとしてそれに参加したのである。

天平四年（七三二）四月、聖武天皇は立釈迦仏像・十弟子釈迦仏像・立薬師仏像各一張・観世音菩薩像八張など計一一張の仏画像を法隆寺に納めている。その経緯は不明で、諸大寺のひとつとしてなのか、あるいは特に施入対象として法隆寺が選ばれたのかはっきりしない。ただ、天平二年には法隆寺では聖武天皇のために法蔵の知識を集めた写経事業が実施されており、智度論《ちどろん》一〇〇巻が書写されている。さらに天平七年には大般若経一部六〇〇巻・華厳経一部八〇巻の書写も同様の法蔵の知識で実施されるなど、法隆寺側からの聖武天皇への働きかけは頻度を増していっている。後述する光明皇后と法隆寺との結びつきには、このような聖武天皇と法隆寺の関係が前提にあるとみてよい。光明皇后の初めての法隆寺への施入は、母県犬養三千代の死を契機として天平五年に始まる。

光明皇后の仏教信仰

さて、天平前半の微妙な安定が崩れ始める契機は、天平八年の天然痘の流行である。遣新羅使が持ち帰ったとも、また新羅使が持ち込んだともいわれるが、何度かの流行のピークをつくりつつ、天平九年に爆発的に流行し、政権中枢にいた藤原氏の四人の兄弟、武智麻呂・房前・宇合・麻呂が相次いで他界してしまうのである。その結果、政権は光明皇后の異父兄弟である橘諸兄の手に移り、天平一二年、聖武天皇はついに平城京を捨て恭仁《くに》に遷都し、以後難波・紫香楽《しがらき》と五年間にわたって都を転々と遷す時期が続くことになる。もっとも、この間平城京はけっして廃墟になっていたわけではなく、都としての機能は保ち続けていた。聖武はかたくなに平城京から遠ざかろうとしていたけれども、それは平城京を捨てたのではなく、当初は恭仁京を唐の東都洛陽に模した水の都にしようとしていた可能性がある。また、この間聖武は国ごとに国分寺・国分尼寺を造営する計画を打ち出す。また、恭仁京の奥座敷ともいえる紫香楽で大仏造立を発願し、甲賀寺《こうかでら》に巨大な大仏を造り、ここに恭仁京とは別に法都を造営しようとする。聖武の夢はどんどん膨らんでいく。それは専制君主としての絶大な権力と財政基盤に支えられたものであった。けっして彷徨の五年間として消極的に評価すべきものではないと思う。

しかし、天平一七年（七四五）、こうした聖武による衝動的ともいえる造営事業の連続によって政情不安が起こり、紫香楽を捨てて平城に戻らざるを得なくなるが、この後もいったん戻った平城京を再び捨てて難波に赴いて重病に陥るという状況が続く。結局聖武は紫香楽で発願した大仏建立を平城京東郊で再開することを条件に平城に戻るのである。大仏建立といい、それに先立つ国分寺・国分尼寺の造営といい、聖武は次第に仏教一色にのめり込んでいくのであったが、そこには常に皇后光明子の存在があった。国家的な仏教への傾倒は聖武が主導したのであったが、国分寺建立にしても大仏造立にしても、そこには思想的には光明皇后の積極的なバックアップがあったのではないかと考えられる。

光明皇后はこうして急転回を始めた時代の中で得難いものを生み出していった。その最も代表的な遺産は、五月一日経と呼ばれる一切経である。一切経というのは文字通りあらゆる経典を網羅した五〇〇〇巻におよぶ経典のセットで、唐代に完成した『開元釈教録《かいげんしゃっきょうろく》』という経典目録（天平六年に玄昉《げんぼう》が請来）に載っているお経を網羅するだけでなく、経・律・論以外のお経の注釈書である疏《そ》も含めた一大コレクションとしてその書写は天平八年から二〇年近くにわたって行われた。最後は書写すべき経典の入手ができ次第写すという状況で少しずつ貴重

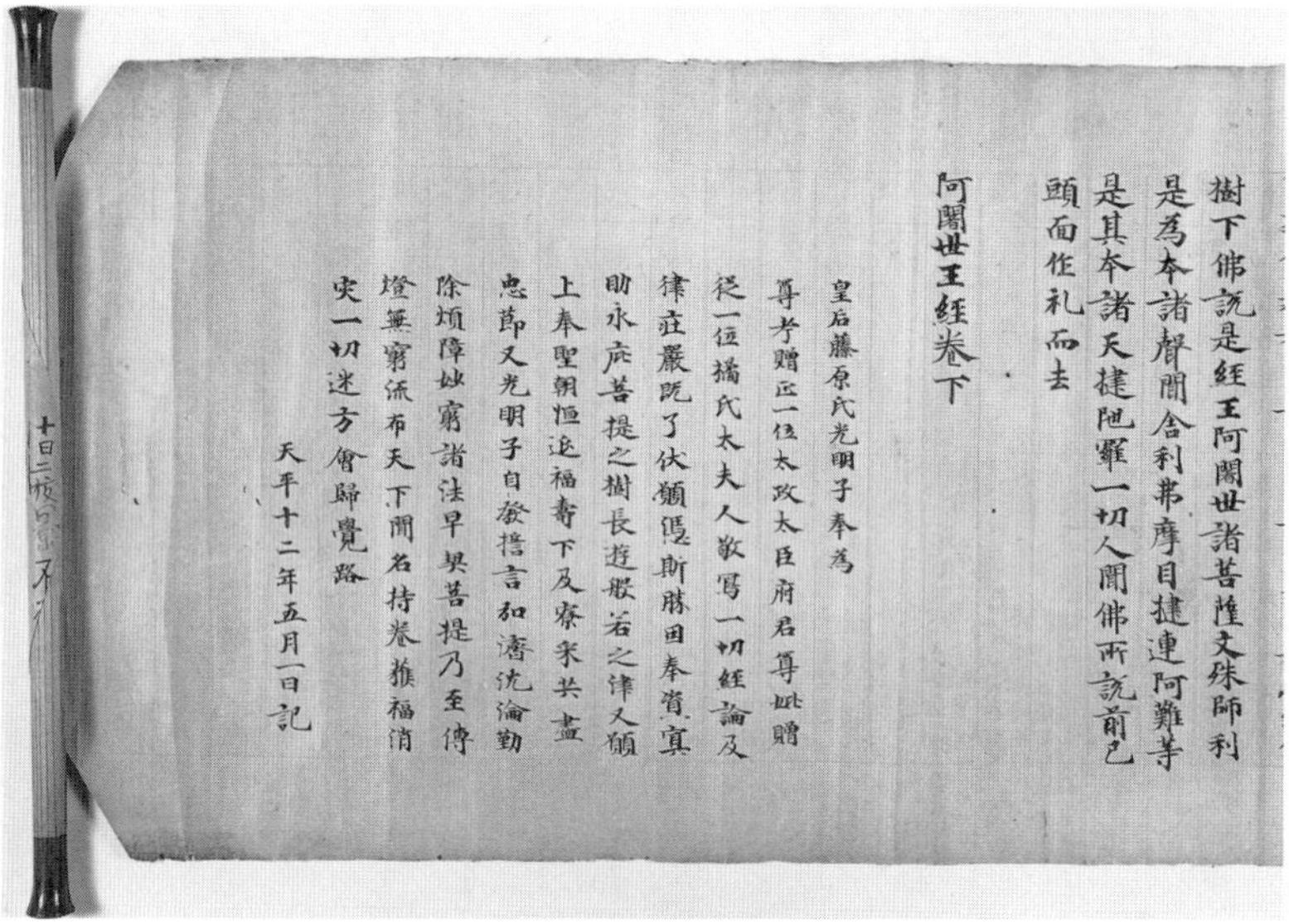
樹下佛說是經王阿闍世諸菩薩文殊師利
是爲本諸聲聞舍利弗摩目揵連阿難等
是其本諸天揵陀羅一切人聞佛所說前已
頭面作礼而去
阿闍世王經卷下
皇后藤原氏光明子奉爲
尊考贈正一位太政太臣府君尊妣贈
從一位橘氏太夫人敬寫一切經論及
律莊嚴既了伏願憑斯勝因奉資冥
助永庇菩提之樹長遊般若之津又願
上奉聖朝恒延福壽下及寮采共盡
忠節又光明子自發誓言弘濟沈淪勤
除煩障妙窮諸法早契菩提乃至傳
燈無窮流布天下聞名持卷獲福消
災一切迷方會歸覺路
天平十二年五月一日記

図7　阿闍世王経下巻巻尾（五月一日経の奥書の一例）

な財産が形成されていったのである。そして奈良時代のその後の一切経書写は基本的にこの五月一日経をベースに行われたほどに、奈良朝写経の根本を形成した事業となった。結果的には仏教が国家仏教として政治的に利用されることになるけれども、それを支えたのは純粋に光明皇后の信仰心、そして学問的な良心だったと考えられる。経典の読誦が政治的に利用される時代でもあったが、彼女の一切経書写の遂行にはそんな打算はなかったのではないかと思われる。

五月一日経というのは、天平一二年（七四〇）五月一日付の願文が後に付されたことに基づく名称であるが、書写そのものは天平八年に始められている。彼女の仏教に対する信仰を深める契機は何だったのであろうか。仏教信仰を生み出す母体は彼女の成育環境にもあった。光明皇后の母、県犬養橘三千代の信仰である。県犬養氏の本拠地河内国古市郡は大倭国の飛鳥地域と並ぶ仏教信仰の先進地帯であり、そういう環境の中で育った光明子の心には生まれながらにして仏教信仰が深く根付いていたのであろう。そしてそれを育んだ母三千代の存在がいかに大きいものであったかを考えると、長屋王の変という大きな犠牲を払って皇后の地位についた光明子にとって、彼女の信仰の深まりに大きな影響を与えた母三千代の死は大きな意味をもつ事件だったと思われる。県犬養橘三千代は、天平五年正月、天武・持統・文武・元明の四代の天皇に女官として仕えた生涯を閉じる。

　光明皇后が母の死を契機に行った事業がある。ひとつはその追善のための堂宇を興福寺に建立したことである。西金堂がそれである。興福寺は藤原氏の氏寺としての性格の強い寺院であるが、れっきとした国営寺院である。初めから藤原氏の氏寺として造営されたわけではなく、藤原氏が造営を主導したために事実上氏寺としての性格を強めていったのではないかと考えられる。興福寺は平城京の東郊から平城宮を見下ろす絶好の位置にあり、西金堂の造営も催造司《さいぞうし》という国家機構を通じて行われたようである。今は跡形もなく芝生になってただ礎石を残すのみだが、興福寺国宝館において、今でも西金堂を飾っていた仏たちに会うことができる。阿修羅《あしゅら》・迦楼羅《かるら》・沙《さ》迦羅《から》を初めとする八部衆像、富楼那《ふるな》・須菩提《すぼだい》などの十代弟子像、これらはいずれも西金堂に安置されていたもので、釈迦三尊を取り囲む二八体の群像の一部なのである。こうした群像を造ること自体も、実は母三千代が父不比等の追善のために興福寺中金堂に安置した弥勒浄土変にならったものだといわれる。こちらは五〇体にもおよぶ群像であった。東大寺の三月堂の諸仏も同様の群像の一部で、これも光明皇后とのつながりが深い仏像群だといわれている。

光明皇后の法華経信仰と法隆寺

　さて、ようやく法隆寺東院について述べる準備が整った。これまで光明皇后とその時代について細かくみてきたのは、東院の創建について述べるには光明皇后の足跡をたどっておく必要があったからである。光明皇后が母三千代の死を契機に深めた仏教信仰が具現化したもうひとつのもの、それが法華経信仰であり、聖徳太子への信仰だったのである。それは最終的に法隆寺東院伽藍の建立として結実するのである。

光明皇后と法隆寺との最初の関わり、それは『法隆寺資財帳』にみえる阿弥陀仏分の宝頂《ほうちょう》と褥《にく》の奉納である。天平五年（七三三）というだけで、納めた日付は明記されていないが、三千代の死後とみて差し支えないであろう。三千代と阿弥陀仏といってすぐ思い浮かぶのは、橘夫人念持仏である。三千代の念持仏が法隆寺に納められたのが生前なのか死後なのかは判然としないが、天平五年の阿弥陀仏分としての光明皇后の奉納が、母三千代の念持仏に対するものであった可能性は充分考えられよう。この奉納を皮切りに、以後、光明皇后は天平六年二月（五色糸交幡《ごしきのいとまぜのばん》・麝香《じゃこう》）、同三月（雑物四種・漆塗箱・韓櫃）、天平八年二月と続けて施入を行っている（いずれも『法隆寺資財帳』）。

最後の天平八年二月の施入は、この年二月二二日（施入と同日）に行われたとされる法華会（法華経講読の法会）と深く関わるもので、『東院縁起』に引かれることになる「皇太子御斎会奏文」（「法隆寺東院御斎会表白」ともいう。この史料については本章第三節一九四頁参照）がまさにその経緯を伝えている。法華経講説の準備は、前年の天平七年一二月に皇太子阿倍《あべ》内親王（聖武と光明の娘。ただし、立太子は天平一〇年のことで、この時点ではまだ皇太子ではない）をスポンサーとして進められ、翌天平八年二月二二日に法師行信《ぎょうしん》が律師道慈《りっしどうじ》を講師として招いて法華経講説を実施したと伝えられている。

これらの史料にはいくつかの点で歴史的な誤りが含まれている。例えば、まだ立太子以前の阿倍内親王が皇太子とされていることや、同様に春宮坊《とうぐうぼう》が登場することなどである。『斑鳩寺雑記』所収の「法隆寺東院御斎会表白」は、阿倍内親王による法華経講説は天平一九・二〇年（七四七・七四八）にかけてのことと解して、この矛盾を解決しようとしている。そこでは道慈を招請したことはそのまま生かされている。しかし、道慈は天平一六年に死去しており、別の矛盾が生じてしまっているのである。

法華会と同日の天平八年二月二二日とされる光明皇后による丈六分の銀多羅《たら》二口・白銅鏡二面・香四種・白筥《しらはこ》二合・革筥一合の施入を重視すべきであり、法華経講説の開催自体を疑うべきではないのではないか。そうなると、この法華経講説を推進した主体と考えるべきは、阿倍内親王ではなく、光明皇后なのではなかろうか。皇后宮職写経所の事業には、主膳令史《しゅぜんのさかん》や主蔵令史《しゅぞうのさかん》といった春宮坊官人が関与していることが知られており、ここもこうした経緯から阿倍内親王が特記されてはいるが、その背後には母光明皇后の存在が大きかったと思うのである。『東院縁起』にはみえないが、「御斎会表白」によると、皇后宮大進《だいじょう》安宿真人《あすかべのまひと》なる人物が参加したとあることが注意されよう。安宿真人は正倉院文書に残る皇后宮職牒にも「正六位上行大進勲十二等安宿首真人」としてみえ（『大日本古文書』巻二、二八頁）実在が確認できる人物で、「御斎会表白」の信憑性が確かめられる（東野治之「初期の太子信仰と上宮王院」、『聖徳太子事典』、柏書房、一九九七）。

それでは行信が関与したとされる点そのものは歴史的事実と考えてよいのであろうか。行信という僧は実は素姓がよくわからない。『僧綱補任』は天平一〇年に律師《りっし》に任じられたと伝え、天平勝宝二年（七五〇）まで律師としてみえ、その後入滅したと考えられている。しかし、『続日本紀』によると、天平勝宝六年に宇佐八幡を巻き込んで起きた天皇呪詛事件で薬師寺僧の大僧都《だいそうず》行信が下野《しもつけ》薬師寺に配流されたとある。この大僧都行信は律師行信の後身にあたる可能性があり、僧綱《そうごう》上層部で大きな権力を握っていたようである。

行信と法隆寺の関わりを示すこの次の史料は、『東院資財帳』（詳しくは本章第三節一九六頁以下参照）にみえる天平九年二月二〇日の鉄鉢の奉納である。二月二〇日という日付といい、聖徳太子の持物という伝えといい、作為を感じさせる内容であり、また『僧綱補任』による限り彼が律師に任じられる前であるのに、律師の肩書きが付いているという問題もある。信憑性はなお検討が必要で、行信のこの時点での関与の有無については、なお後考を俟つことにしたいが、思うに天平二〇年に至り行信が主体となって公的支援による法華経講説が実現した事実（後述）と、天平八年の道慈による法華経講説が混同されて、道慈による法華経講説が天平二〇年に開催されたという異伝が生じ、さらに後世これが聖霊会《しょうりょうえ》の嚆矢として認識されるようになり、また天平八年の法華経講説にも行信が関わったような伝承が生まれたというのが真相なのではあるまいか。

光明皇后と聖徳太子信仰

さて、『東院資財帳』によると、光明皇后は天平八年に引き続き翌天平九年二月二〇日にも法隆寺に施入を行っている。これも前年同様法華経講説に関わるものとみてよいであろう。今回の施入は仏具ではなく経巻である。しかも「上宮聖徳法皇御持物」、すなわち法隆寺ゆかりの聖徳太子所持の経巻を推し覓《もと》めて、すなわち探し出して施入したというのである。この時、光明皇后が施入した経巻は七七九巻あったが、このうち大般若経一部六〇〇巻・大宝積経一部一二〇巻・薬師経四九巻は、天平一八年五月に橘夫人（古那嘉智）宅に貸し出され、また法隆寺僧が借り出している経典もあった。

図８　細字法華経

光明皇后はこの時経巻とともに櫃《ひつ》も施入していて、しかもこの櫃は「上宮聖徳法王御持物法花経」を収めるためのものであった。ということは先の「上宮聖徳法皇御持物」は法華経である可能性が高く、このため一般的には献納宝物の中の細字法華経（図9）がこの聖徳太子の経巻であろうといわれるのである。この法華経には「長寿三年六月一日」の銘文があり、唐の長寿三年は持統八年（六九四）にあたるから、聖徳太子の持ち物では当然あり得ない。しかし、ここは聖徳太子の持ち物として本物であるかどうかよりも、むしろそういういわれのあるものを法隆寺に施入したことそれ自体が重要なのであって、そこに光明皇后の信仰が法華経を中心とした仏教信仰であるとともに、聖徳太子個人に対する崇拝の色彩を帯びてきていることを読みとるべきであろう。その際、彼女の法隆寺に対するいわば肩入れが、聖徳太子ゆかりの寺院であったことに由来するのか、法隆寺に対する信仰が先にあってその人物として聖徳太子を重視するようになったのかは、にわかには結論を下すことができない課題である。しかし、現存資料から判断する限り、母三千代とのつながりから生まれた法隆寺

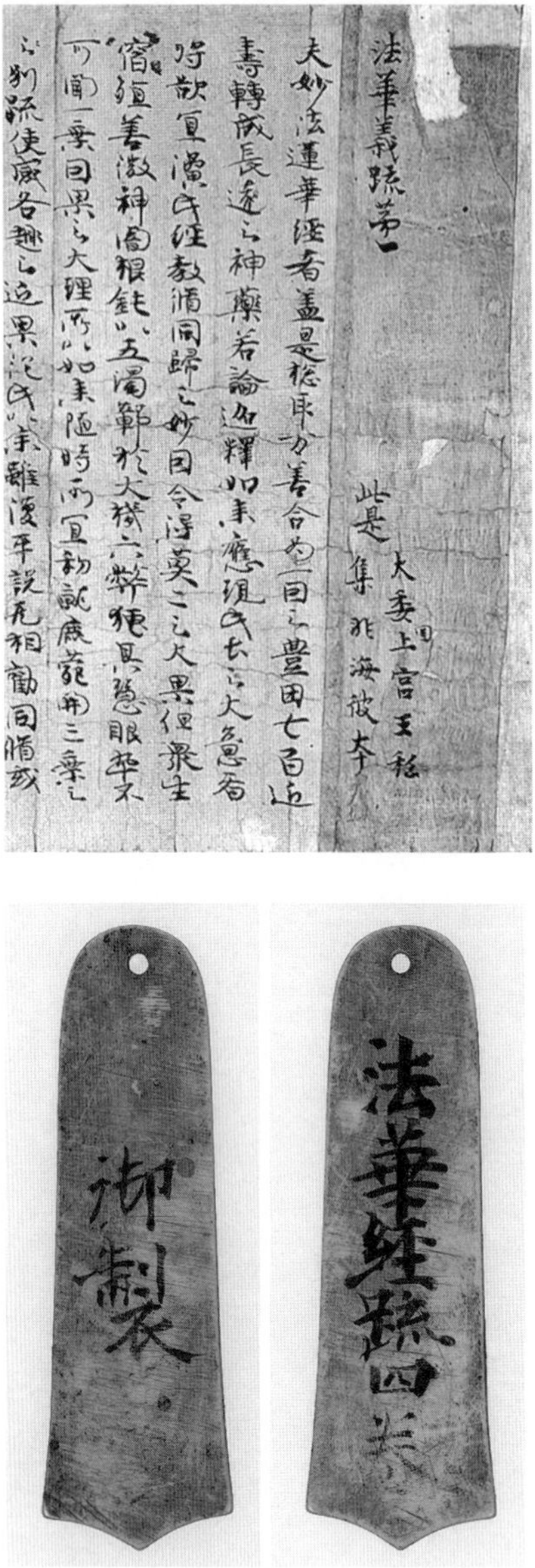

図9
法華義疏巻第一巻首(上)と題籤(下)

との結びつきの中で、次第に聖徳太子がクローズアップされていったのではないかと思われる。そして、そこには法華経に深く帰依したとされる聖徳太子信仰に対する共感が大きな意味をもったのではないかと思う。

　聖徳太子の法華経信仰の証となるのは、太子自筆と伝えられる『法華義疏《ぎしょ》』四巻である（口絵9）。後述する『東院資財帳』によると、天平宝字五年（七六一）の時点では、「帙一枚」に収められ「牙」（題籤）が付けられた「上宮聖徳法王御製」の「法華経疏肆巻」の「正本」が東院に収蔵されていた。これは律師行信が探し求めて東院に奉納したものであるという。一方、天平一九年（七四七）の『法隆寺資財帳』によると、法隆寺には「上宮聖徳法王御製」の「法華経疏参部各四巻」が収められていた。この三セットの法華義疏と『東院資財帳』にみえる聖徳太子自筆の「正本」との関係は定かではないが、行信が東院に奉納した太子自筆本の写本とみられる。『東院資財帳』において「正本者」という但し書きが付けられたのは、逆にこのような写本の存在を前提としたものだったのであろう。自筆本を太子ゆかりの東院に収納する一方、その写本を作成して西院にも保管したのである。三部も写本を作成したというところに、太子自筆とされる法華義疏に対する当時の認識が如実に現れているものと思う。そして行信が納めた自筆本を光明皇后がみていた可能性は高い。

聖徳太子信仰と長屋王の影

　光明皇后にとって、聖徳太子はこうした法華経研究者としてとはもうひとつ別の意味をもつ人物でもあった。聖徳太子の子山背大兄王は、皇極二年（六四三）二月、蘇我入鹿に攻められて、斑鳩寺で自経した。その八六年後の天平元年（神亀六＝七二九）二月、長屋王が自死する。二人の立場はたいへんよく似ている。史料的に実証することは難しいが、光明皇后の聖徳太子への帰依には、長屋王への贖罪の気持ちがあったのではないかと思う。

　しかしながら、事態は光明皇后の信仰の深まりとは逆の方向へと一気に進んでいった。天然痘の流行である。

すでに天平七年八月、大宰府管内の西海道諸国では疫病が大流行し始め、山陰・山陽道を東上する気配を見せ始めていた。年末までにいったん小康を得るものの、九月には新田部《にいたべ》親王、一一月には舎人《とねり》親王という重鎮が相次いで死去し、また不比等の夫人の一人で聖武の外祖母にあたる賀茂比売《かものひめ》も他界するなど、平城京においても天然痘が猛威をふるい始めている。翌天平八年六月から七月にかけて、聖武天皇は一一年ぶりに芳野《よしの》に行幸するが、その行幸に関する多数の史料が含まれている二条大路木簡という一大木簡群からは、疫病封じのまじないと思われる呪符がみつかっている。この年も実は天然痘は一進一退を続けていたらしいのである。法隆寺で最初の法華経講説が行われたのは、まさにこの年の二月のことであった。光明皇后が聖徳太子所持とされる法華経を施入したといわれ、聖徳太子が初めてクローズアップされてくるのはこれからあけて天平九年のことだったのである。光明皇后と法隆寺の関わりは、もちろん母三千代の死の直後から始まっていたが、より深まりをみせる時期は、ちょうど天然痘の流行する時期と重なっているのである。

事態は悪化の一途をたどる。天平九年四月一七日、藤原氏の四人兄弟の二番めの房前が天然痘で他界している。以後貴族の死亡が相次ぎ、七月には東北遠征から帰ったばかりの末っ子の麻呂と長兄の武智麻呂が相次いで死去、八月に諸兄の弟の佐為、三男の宇合までが死去し、四カ月ほどの間に政権中枢の藤原氏の四人の兄弟が全員死去してしまうという異常事態となった。長屋王の自死に荷担した者たちはこうして次々に他界してしまったのである。

史料的に明確な形で立証することは難しいが、こうした異常事態が当時どのように認識されていたかを示す興味深い事柄がある。それは、天平九年一〇月に行われた叙位である。「天皇、南苑に御す。従五位下安宿《あすかべ》王に従四位下を授く。无位黄文《きふみ》王に従五位下。円方《まどかた》女王・紀《き》女王・忍海部《おしぬみべ》女王に並びに従四位下」(『続日本紀』同月庚申条）というのだが、安宿王は九月に従五位下に初叙されたばかり、忍海部女王も二月に従五位下に初叙されたばかりで、異例の叙位といってよい。実は、この時の叙位の対象になった五人は、みな長屋王の子供なのである。しかも、翌天平一〇年（七三八）七月の記事で『続日本紀』はみずから長屋王の罪が冤罪であったことを認めているのである。子女に対する特例的な叙位といい、事件の真相が明るみに出るタイミングといい、長屋王に対して何か特別な意識が当時の政界には流れていたとみてよいであろう。光明皇后による天平八年の五月一日経の書写の開始、彼女の聖徳太子信仰の深まり、これらはいずれもこのような長屋王に対する贖罪意識の延長上にまさしく位置づけるべきではないかと思うわけである。光明皇后も、そして聖武天皇自身も長屋王の影を背負っていたといえるのである。

さて、藤原四兄弟死後の後継首班には、天平八年末に三千代の橘宿祢《すくね》の姓をついで臣籍に下っていた橘諸兄があたることになるが、彼は光明皇后の異父兄弟にあたり、藤原四兄弟亡き後も、光明皇后にとって身近な者の政権が続くことになった。天平一〇年、諸兄政権は一応順調に船出し、また聖武と光明の娘の阿倍内親王が立太子し、女性ながらいよいよ後継者として正式に認知されることになる。

2　東院の創建と法隆寺

東院の創建年代

光明皇后の聖徳太子信仰の深まりは、法隆寺東院伽藍の建立として結実することになる。法隆寺東院の造営主体が光明皇后・藤原氏であったことは現在もはや動かしがたい事実である。東院創建の軒瓦が光明皇后の皇后宮にも用いられた藤原氏関連の軒瓦をモデルにしていることが明らかになっており、これを裏づけている（図10）。ただ、実際にいつ東院が造営されたかについては、史料的な問題がある。

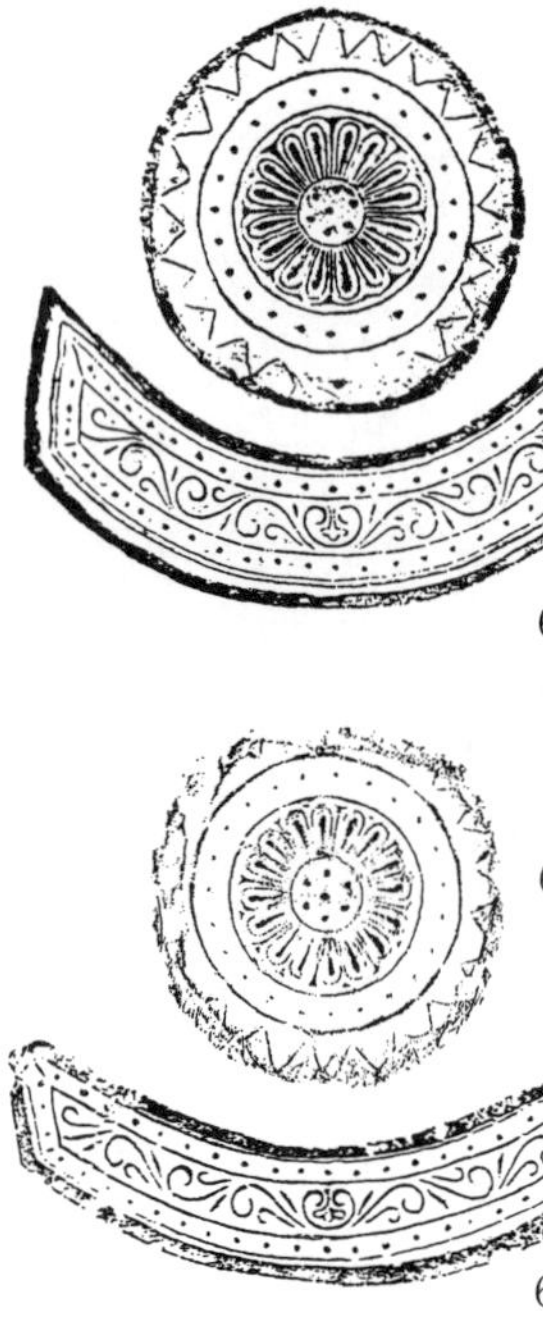

図10　推定皇后宮の軒瓦(上)と法隆寺東院の軒瓦(下)

東院創建を伝える具体的な史料は、『東院縁起』（良訓の書写した『法隆寺東院縁起』所収。本章第三節参照）、そしてそのもとになったいわゆる「皇太子御斎会奏文」（「御斎会表白」）である。両者を比較すると微妙な違いがあり、総じて『東院縁起』は後世の知識で潤色している部分があるが、古さからいっても史料としては「皇太子御斎会奏文」の方を重視すべきであろう。やや煩雑であるが、両者を比べながらみてみよう。

①『東院縁起』

是に於いて、大僧都法師位行信、斯の荒墟を観て流涕感歎し、遂に以て春宮坊に奏聞す。天平十一年歳己卯に次る、夏四月十日を以て、即ち河内山贈太政大臣をして此の院を敬造せしむ。則ち八角円堂に太子在世造る所の御影救世観音像を安置し、并せて御経蔵に納む妹子の臣請来せる御持の法花経・石鉢等を奉納す。又数部の大乗経等を書写し安置す。

②「皇太子御斎会奏文」

（前略）是に於いて、法師行信、斯の荒墟を観て流涕感歎し、遂に春宮坊阿倍内親王に奏聞す。伏して惟えらく、春宮殿下、智は□月に邁ぎ、徳は舜日に倫す。紫極を佐機して一物の失う所を懼れ、丹階を翼化して百揆の弼諧を冀う。余暇を聴覧して心を玄門に寄せ、広く法徒を集め、聖教を弘めんとす。粤に、天平十一

年歳己卯に次《やど》る夏四月十日を以て、即ち正三位藤原捻前朝臣に命じて此院を敬造するなり。（後略）

①は②に基づいて書かれたと考えられるが、漢文の修飾の部分が省かれている反面、救世観音のことや小野妹子請来経のことなどの②にない所伝が多数付け加えられている。これらは、②で単に法師とされる行信が①で大僧都とされていることと同様に、後生の付会とみて差し支えなかろう。

ただ、いずれにしても房前が関わったという造営が「天平十一年」とされるのは矛盾をはらんでいる（房前は天平九年＝七三七にほかの三人の兄弟とともに天然痘で死去）。しかし、だからといってこのことをもって東院建立における房前の関与をすべて否定してしまうのもいかがなものであろうか。このあとに実は天平七・八年にかける法華経講説の記事が続くことから考えると、「天平十一年」というのが誤りで、天平九年に死去した房前生存中、ことに天平七年ないしそれ以前にさかのぼる可能性は否定できないであろう。

天平一〇年には聖武天皇によって法隆寺に奴《ぬ》が納められており、また同じ年の三月には期限を限らない永続的な封戸《ふこ》二〇〇戸が施入されている（『法隆寺資財帳』）。東院造営との直接的な関係の明記はないものの、法隆寺に対して国家的な手厚い庇護が施されていることが知られ、東院造営と関連する可能性が高い。

また、「皇太子御斎会奏文」になく『東院縁起』にのみみえるため、史料的にはやや信憑性が落ちると述べたが、『東院縁起』にみえる八角円堂すなわち夢殿に、太子在世の御影としての救世《くせ》観音（図11）、小野妹子請来の太子の持ち物とされる法華経、石鉢《いしばち》を安置したという伝承のうち、後二者は史料的にも裏づけられる。すなわち、いずれも天平九年二月、聖徳太子護持の法華経は光明皇后が、石鉢（これまた聖徳太子遺愛の品とされる）は行信が施入したと伝えられるものに相当すると考えられよう（いずれも『東院資財帳』）。とすれば、造営はすでにこの頃始まっていておかしくなく、完成はこれ以後とみてよさそうである。そうであるならば、天平七年頃までに

図11　救世観音像

光明皇后の意を受けた藤原房前が発願して造営を開始したものの、天然痘の流行とそれによる房前自身の死によって完成が遅れ、天平一一年までずれこんだとみてよいのではなかろうか。「皇太子」阿倍内親王の関与がいわれるようになったことから考えると、天然痘の流行によって事業がいったん中断したあと、天平一〇年の彼女の立太子後に再開され、翌年竣工をみるという状況を想定することができるのではなかろうか。光明皇后の写経事業にも彼女の皇后宮職だけではなく、皇太子阿倍内親王の春宮坊が深く関わっていたことが確認されるが、法隆寺東院の造営にあたっても、皇后宮職だけでなく春宮坊が関与するようになっていった可能性があろう。あるいは、光明皇后自身が前面に出ることを意識的に避け、立太子した阿倍内親王を表に立たせた、といったような事情があるのかも知れない。

このように、東院の竣工時期そのものについては、『東院縁起』の記述を疑う必要はないというのが結論である。こうして聖徳太子ゆかりと称する品々を納めた東院は、光明皇后を最大のスポンサーとして完成したのである。奈良時代の法隆寺と光明皇后の存在とは切っても切り離せないものがあったといえよう。

行信と聖霊会の始まり

東院の造営に関してもうひとつ忘れてならないのは、スポンサーとしての光明皇后に対し、ディレクターとしての役割を果たした僧行信の存在であろう。阿倍内親王に東院の造営を働きかけたとされるのは行信である。行信の経歴については謎の部分が大きいが、東院の造営が進められる最中の天平一〇年に僧綱《そうごう》の末座の律師に任じられたと伝えられている。すなわち、『僧綱補任』には次のようにみえる。

（天平）同　十年戊寅（中略）
（律師）行信七月三日任。法相宗。元興寺。

これによると、行信は法相《ほっそう》を修め、元興寺の僧であったという（図12）。行信はこの後天平勝宝二年（七五〇）まで律師としてみえ、この年入滅したと伝えられる。『七大寺年表』もほぼこれを踏襲した記事を載せている。行信が阿倍内親王ないし光明皇后にはたらきかけたのは、天平九年（七三七）以前にさかのぼる可能性があり、東院の造営をコーディネートする中で、その功績によって律師に任じられたということも充分あり得べきことではないか。行信はこの後も律師として僧綱に地位を占め、東院における法華経講説の公的支援を実現させる一方、大僧都に任じられて僧綱での地位をさらに高めたようである。『僧綱補任』には大僧都になったことはみえないが、正倉院文書には天平一九年一〇月に大僧都として署名している例がある（『大日本古文書』編年文書巻三、九一頁）また前年天平一八年一〇月の僧綱の命令を受けて天平一九年二月に僧綱に提出された『法隆寺資財帳』は、僧綱がこれを点検して証判を加えた上で公布しているが、行信はみずから大僧都として奥上に判を加えている。資財帳を僧綱という公的な立場から認証しているのである。法隆寺以外の資財帳にも同様の証判が加えられていたはずであり、これは法隆寺と行信の結びつきを明かす史料というわけではないけれども、これらのふたつの史料によって、彼が大僧都に任じられていたことは間違いないであろう。『僧綱補任』に大僧都補任がみえず、律

図12　行信僧都坐像

師のまま死去したようになっているのは、天平勝宝六年の『続日本紀』の記事に「大僧都行信」が呪詛事件を起こして失脚したことがみえるのと無関係ではあるまい。これを東院造営に力のあった行信と別人とみる説もあるが、史料解釈の上で矛盾はまったくなく、同一人物とみるのが整合的な解釈であろう。行信の失脚は僧綱という公的な地位からのそれであり、このことが法隆寺の地位に対して何ら影響を与えるものでなかったのはいうまでもない。

こうして行信によって東院が造営され、天平一一年には竣工したとみられるが、大僧都に昇任した後も、行信が東院の地位向上に尽力している状況がうかがえる。それはまず法華経研究の推進という形であらわれる。すなわち、天平八年に道慈を講師に迎えて行われた法華経講説以来、毎年法華経講説が行われていた（東院竣工後は東院が会場とされたと思われる）が、天平一九年一一月一一日、法華修多羅《しゅたら》の存在の公認が要請されている。修多羅とは経典のことであり、要するに法華経研究の公的な推進が求められているのである。この申請を行った主体は法隆寺東院ではなく、翌一二月一四日にこれが許可された時の記事によると「大安一寺」とされている。「一寺」は難解であるが、官大寺の筆頭である大安寺が申請主体となっているのは、法華経研究プロジェクトの国家的な推進が仏教界の総意として求められたことを意味しよう。いうまでもなく、これをリードしたのは大僧都行信であった。

この僧綱からの申請は聖武天皇の入れるところとなった。法華経研究は国家的なプロジェクトとして進められることになったのである。当時は特定の寺院と宗派が結びつくというのではなく、宗派は寺院の枠を超えたいわば教義研究集団としての役割を果たすものであった。法華修多羅（宗）の公認は大安寺から申請されたものであったが、その研究自体は大安寺だけでなく当時の大寺に所属する多数の僧侶の横のつながり中で行われていくものであった。そしてその中でも特に法華経研究の中心的な場となったのが、『法華義疏』を著した聖徳太子ゆかりの法隆寺東院だったのである。天平一九年に行われた法隆寺東院への摂津職住吉郡の土地二五町と播磨国賀古郡の土地一〇〇町の施入は、このような光明皇后がスポンサーとなって進められた法隆寺東院への公的援助としての意味とともに、法華経研究の財政的裏付けとしての役割も果たしたものと思われる。

こうした公的な支援のもと、天平二〇年二月、行信の主導によって法隆寺東院において法華経講説が行われた。『別当記』は聖武天皇や光明皇后も参加したとも伝えており、この法華経講説は聖霊会《しょうりょうえ》の嚆矢《こうし》として認識されるようになった。

なお、この法華経講説に関する史料にはやや問題があり、「皇太子御斎会奏文」には行信は道慈を講師として招いたとある。この内容はまさに天平八年の法華経講説そのものであり、年次のみを「天平廿年」にかけた異伝といってよい。したがって、この「天平廿年」の法華経講説自体が「天平八年」のそれの異伝で、記事自体が重複している可能性も皆無とはいえないわけである。確かに道慈が持ち出されることはその死去年代からしておかしい。しかし、『東院資財帳』には「講法華経料」として「大僧都行信」が鍮石香炉《とうせきのこうろ》壱具を寄進した記事があり、行信が大僧都になったことが確かめられる天平一九年一〇月以降のこととみれば矛盾はない。したがって、天平二〇年の段階で行信が法華経講説の公的援助を推進したこと自体は史実とみてよかろう。

このように天平二〇年の法華経講説についてはこれを疑う必要はまったくなく、天平八年の法華経講説とあわせると、先にも述べたようにその展開は次のように整理することができる。すなわち、天平八年に道慈を講師として初めて法華経講説が行われ、その後、天平二〇年に至り行信が主体となって公的支援による法華経講説が実現したが、これと天平八年の道慈による法華経講説が混同されて道慈による法華経講説が天平二〇年に開催されたという異伝が生じ、さらに後世これが聖霊会の嚆矢として認識されるようになる、という経過をたどったものと思われる。

律令国家の大寺法隆寺

こうして東院の造営によって、国家仏教に占める法隆寺の位置はますます確固たるものになったと考えられる。『続日本紀』にはけっして何度も登場するわけではないけれども、平城京の大寺と肩を並べる寺格を誇る寺院として、法隆寺は律令国家において大きな地位を占め続けることになった。

天平感宝元年（七四九）五月、聖武天皇は「華厳経をもって本となす」という著名な詔を出して、諸寺に絁《あしぎぬ》・綿・布・稲などの物品を施入し、経典を読誦させた。この時、当時の大寺が次のような順序で列記されている。すなわち、大安寺、薬師寺、元興寺、興福寺、東大寺、まずこれら五寺をあげて施入物の数量が記される。次いで法隆寺がその約八割の数量を充てられ、これに続けて弘福寺、四天王寺が六割相当、崇福寺、香山《こうぜん》薬師寺、建興寺、法華寺が四割相当という状況である。平城京内の五寺が別格なのはいうまでもないことであるが、法隆寺が京外の大倭国にありながらほかの寺院に抜きん出た待遇を得ていることが知られよう。京外にあることを除くと、五大寺に匹敵する地位にあったとみてよかろう。

同じ年の七月に諸寺の所有する墾田地の面積の限度を定めたときには、大安寺・薬師寺・興福寺・法華寺・諸国の国分寺が一〇〇〇町、大倭国金光明寺すなわち東大寺が四〇〇〇町、元興寺が二〇〇〇町とされ、これに続けて弘福寺・法隆寺・四天王寺・崇福寺・新薬師寺・建興寺・下野薬師寺・筑紫観世音寺が五〇〇町、諸国の法華寺（国分尼寺）が四〇〇町とされている。五月の勅施入の際とは順序が若干異なるが、法華寺が前に出ているのはおそらく総国分尼寺としての優遇措置だったと思われる。これを除くと、大安寺、薬師寺、元興寺、興福寺、東大寺というランクはほぼ守られているとみてよさそうである。同じ数量の寺院を一括して記載したため、法華寺は前に出たわけである。法隆寺と弘福寺の順序が五月とは逆転して同格になっている。これは五月の勅施入の際には数量の多い法隆寺が前に出ていたと解釈すれば、結局法隆寺と弘福寺は同格といってよい。霊亀元年（七一五）の斎会の記事でも、弘福寺・法隆寺はセットでこの順序で登場していたことが想起される。寺格としては同格、しかし、待遇は法隆寺が上ということになるのではないか。

この後も法隆寺の寺格は保たれたようである。光明皇后が夫聖武天皇遺愛の品を奉納した一八寺のひとつを占めていたことが、東大寺のほかでは唯一現存する献物帳（図13）によって確認できる。すなわち、天平勝宝八歳（七五六）七月八日、聖武天皇遺愛の帯一条、刀子《とうす》三口、青木香《せいぼくこう》二〇節が法隆寺に献納されている。数量こそいわゆる国家珍宝帳による東大寺大仏への献納に比べればはるかにおよばないが、その献納を受けているという事実は重要である。

宝亀元年（七七〇）に完成した百万塔を奉納した十大寺のひとつでもあったことは、前述の通りである（詳しくは本章第四節参照）。この時は寺院名が列記されているわけでないので寺格はわからないが、翌宝亀二年に一二カ寺に寺印を頒布した際の記事では、大安寺、薬師寺、東大寺、興福寺、新薬師寺という順序であり、聖武天皇ゆかりの寺院の東大寺と新薬師寺が前に出ているのが注意を引くが、続いて元興寺をあげた後に、法隆寺、弘福寺、四天王寺と続く（『続日本紀』）。法華寺がかなり後ろに回っているのがやや問題ではあるけれども、法華寺と西隆寺は尼寺ということで後回しにされたと考えれば、その順序はほぼ変わっていないとみることができる。さらに、平安京遷都後の延暦一七年（七九八）六月、僧綱及び諸寺の三綱に従僧《じゅうそう》・従沙弥《じゅうしゃみ》・童子を支給した際に

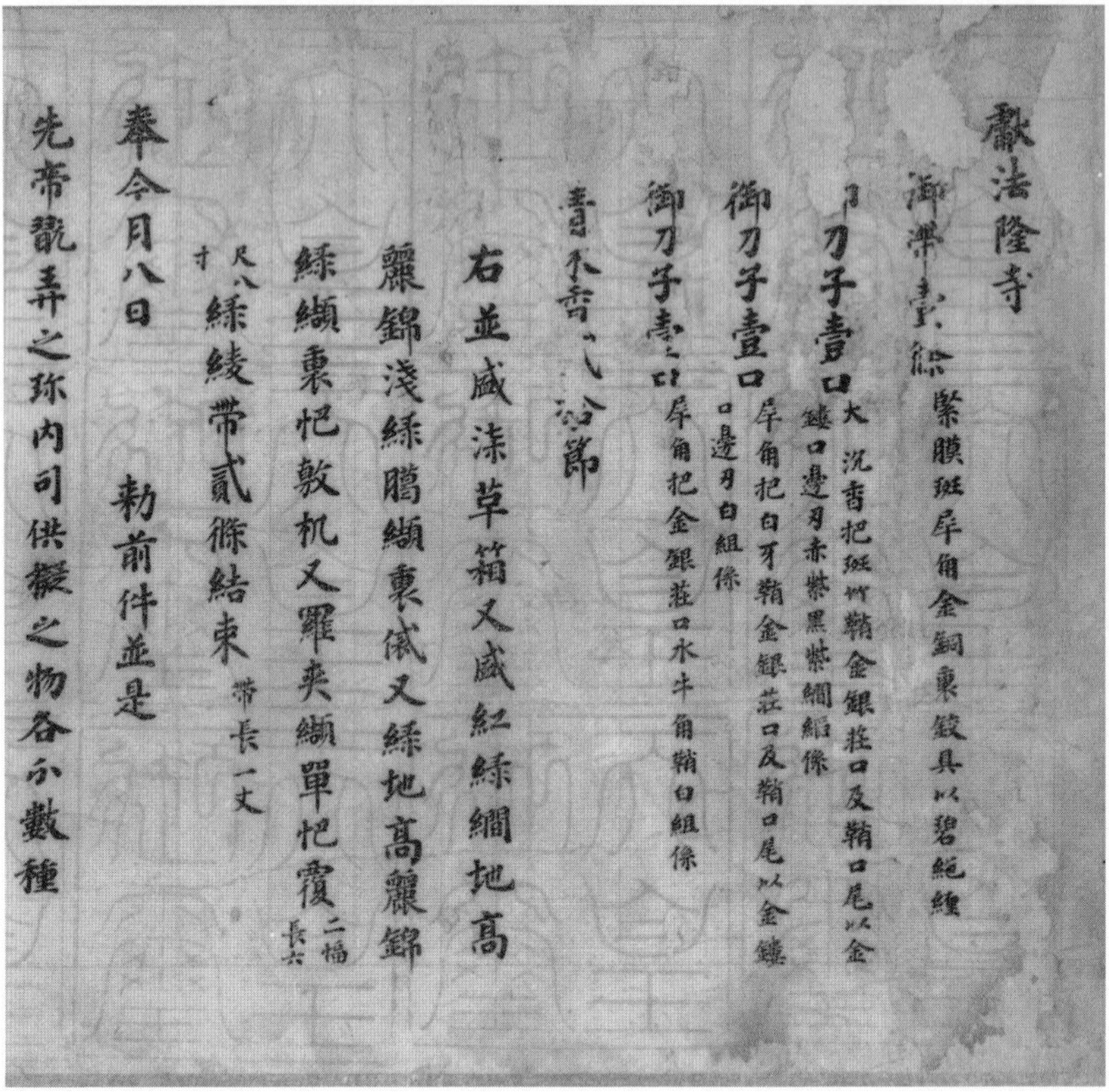

図13　法隆寺献物帳

は、法隆寺は十大寺のひとつとして大安寺・元興寺・弘福寺・薬師寺・四天王寺・興福寺・法隆寺・崇福寺・東大寺・西大寺の順で列記されている（『類聚三代格』）。法隆寺の十大寺のひとつとしての高い寺格が、遷都後も何ら変化することなく保たれていることがわかる。なお、三綱ではなく鎮の置かれた尼寺法華寺が十大寺とは別にあげられているのは、宝亀二年の場合と軌を一にするものであろう。

　このように、法隆寺が弘福寺とともに、五大寺につぐ位置づけを与えられている状況は、こうして奈良時代を通じて何ら変動はなかった。長屋王に対する贖罪に基づく光明皇后による東院の造営とい

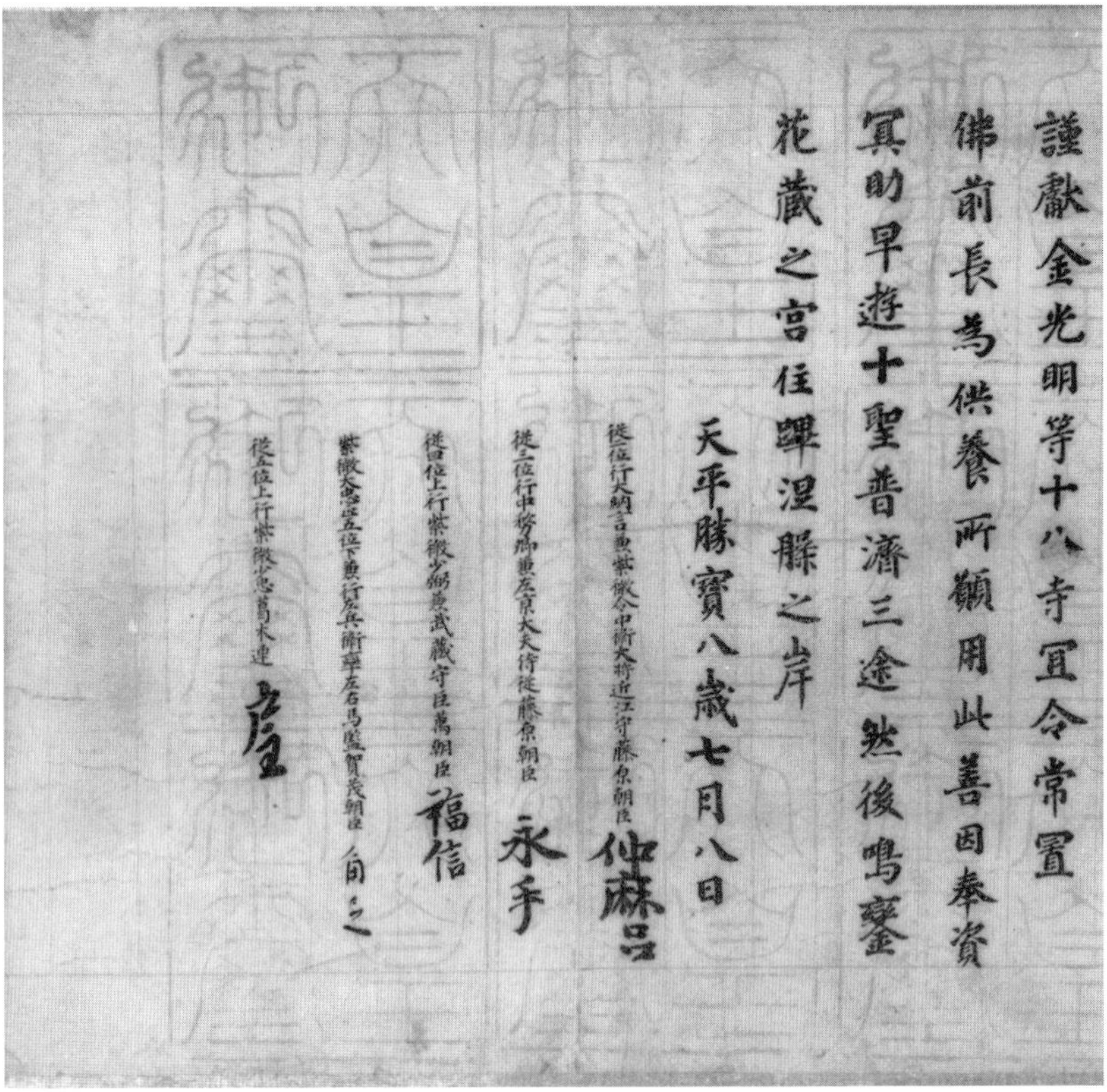
護獻金光明等十八寺冝令常置
佛前長為供養所願用此善因奉資
冥助早遊十聖普濟三途然後鳴鑾
花蔵之宮住蹕涅槃之岸
天平勝寶八歳七月八日
従二位行大納言兼紫微令中衛大将近江守藤原朝臣仲麻呂
従三位行中務卿兼左京大夫侍従藤原朝臣永手
従四位上行紫微少弼兼武蔵守巨萬朝臣福信
紫微大忠正五位下兼行左兵衛率左右馬監賀茂朝臣角足
従五位上行紫微少忠葛木連戸主

うエポックはあったが、法隆寺の寺格は奈良時代を通じて変わらなかったのである（そしてそれは平安京遷都後も変わらなかった）。ということは逆に平城遷都以前からその国家に占める位置づけは確立していたということにもなろう。それがどのように形作られたのかについては別に論じられているのでここでは述べない。

行信のもうひとつの遺産 ―孝仁が完成させた二七〇〇巻経

本節の最後に、東院の創建に貢献した行信のもうひとつの遺産、二七〇〇巻におよぶ写経事業について述べておきたい。それは一切経の書写ではなく、法華経・金光明《こんこうみょう》経《きょう》・大般若経《だいはんにゃきょう》・瑜伽師地論《ゆがしじろん》を合わ

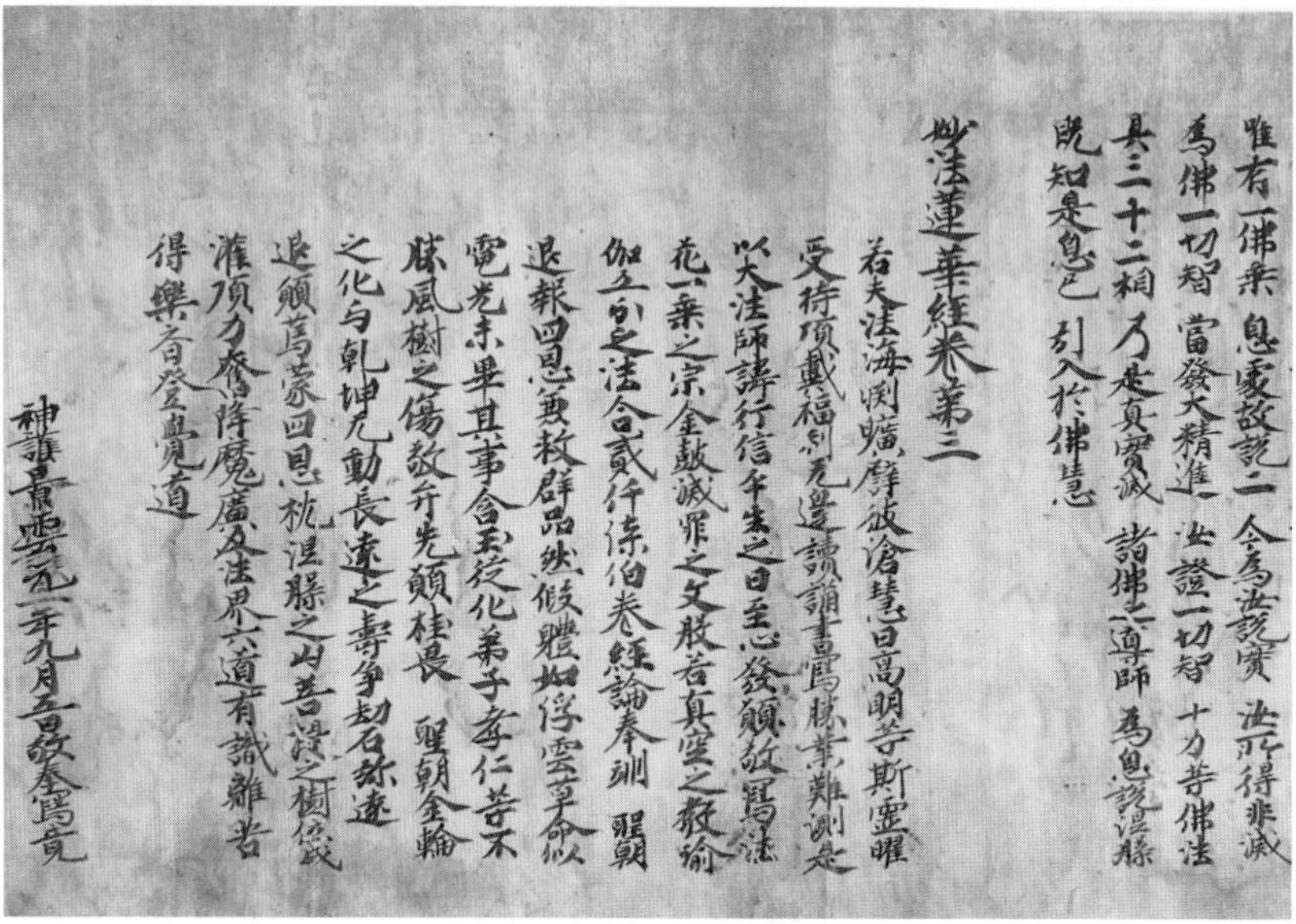

図14　法隆寺一切経妙法蓮華経巻第三巻尾
（行信発願経の奥書の一例）

せて二七〇〇巻書写するものであった。それぞれの部数の詳細は不詳で、また行信の生存中には完成しなかったが、その遺志を継いだ弟子孝仁《こうじん》らがこれを完成させたという。神護景雲元年（七六七）九月のことである。東院の創建から行信が失脚したとされる天平勝宝六年（七五四）までが一五年余り、神護景雲元年まではそれからさらにそれに近い年月が経過している。行信がいつどのような経緯で発願したのかは不詳とせざるを得ないが、法華経が筆頭にあげられていることからみて、第一に想起されるのは東院の創建との関わりであろう。もしそうであるならば、三〇年近い年月を経て完成にいたったことになる。孝仁については、『因明論疏記《いんみょうろんしょき》』三巻の著作があること程度の経歴しか知られないが、行信の遺志を継ぐ脈々とした教学の伝統が法隆寺に息づいていたことを物語る恰好の事例といえよう。

二七〇〇巻の経巻のうち行信の生存中に書写さ

れたものは残念ながら現存しないが、孝仁らによって書写された際の奥書をもつものが、法隆寺一切経の中に計一〇巻伝えられている。法華経が法隆寺一切経六七八の巻第三、瑜伽師地論が法隆寺一切経八五五の巻第一三ほか計三巻、また大般若経が巻三八四ほか計六巻である。年紀部分のみ初め天平神護三年と書き、のちに神護景雲元年と擦り消して訂正していることからみて、神護景雲元年九月五日はそれぞれの経典を書写した日付ではなく、未来の書写完成予定日をあらかじめ定めて書写の経緯を願文として付加したものと考えられる。八月一六日の改元によって修正を余儀なくされたのである。

第三節　天平資財帳の世界

1　西院伽藍と『法隆寺伽藍縁起弁流記資財帳』

『法隆寺伽藍縁起弁流記資財帳』

寺院の歴史を考えるための史料は、史料そのものの少ない古代史にあってさらに限られている。東大寺のように八世紀に造営された寺院でもその造営過程については謎が多く残る。藤原京から移転してきた興福寺・薬師寺・元興寺などについても、移転してきたのがいつなのか、そもそも何をもって移転とするのかの議論がけっして厳密に行われてきたわけではなかった。例えば、大安寺の移建記事は元興寺のそれと混同が起きてしまっている（『続日本紀』霊亀二年五月辛卯条に「始めて元興寺を左京六条四坊に徙し建つ」とあるのが実は大安寺の藤原京からの移建記事である）。国家筆頭の寺院である大安寺の史料についてさえこうなのであるから、あとは推して知るべしという状況であり、寺院史料に対する扱いには注意が必要である。

もっとも、『続日本紀』がこのような誤りを犯したのは、おそらく寺院に関する細かなデータを別にもっていたからであり、あえて正史の中には書かなかったという事情もあると思う。法隆寺（西院伽藍）についていえば、その歴史を考える上での基本となる史料は、すでに何度か具体的に言及してきた『法隆寺伽藍縁起幷流記資財帳』である。「資財帳」というのは、いわば古代の寺院の財産目録であり、多くの場合寺院成立の経緯を記す「縁起」が付属する。奈良時代のものとしては法隆寺のほか、元興寺・大安寺・弘福寺のものなどが知られている。最も著名なのは法隆寺・大安寺のものを含む天平一九年（七四七）成立のもので、天平一八年一〇月一四日の僧綱所の牒（僧綱は治部省の玄蕃寮《げんばりょう》管下に置かれた仏教統制機関で、僧正《そうじょう》、大・少僧都、律師、佐官《さかん》から構成され、寺院・僧尼の行政と教学の振興を担当した。奈良時代の僧綱は薬師寺に置かれていた。牒は仏教関係の内容や上下関係にない役所どうしで取り交わされる文書の書式）によって作成が命じられ、これを受けて法隆寺の三綱《さんごう》（都維那《ついな》・上《じょう》座《ざ》・寺主《じしゅ》）が翌天平一九年二月一一日付で提出したものである。今その冒頭と末尾の部分を掲げよう（図15）。

法隆寺（三綱言上す）、伽藍縁起幷びに流記資財の事
池辺の大宮に御宇天皇、幷びに在り坐す御世御世の天皇の奉為《おんた》めに、歳丁卯に次る、小治田《おはりだ》大宮に御宇天皇幷びに東宮上宮聖徳法王、法隆学問寺、幷びに四天王寺・中宮尼寺・橘尼寺・蜂岳《はちおか》寺・池後《いけじり》尼寺・葛城尼寺を敬いて造り仕え奉りき。（以下略）

このようにして法隆寺の沿革が語られ始める。この部分が「伽藍縁起」の部分である。その具体的な中味については、すでに第一章で述べたのでここでは繰り返さない。これに続くのが、この時点における法隆寺の財産目録というべき「資財帳」の部分である。ここで資財といわれるのは動産ばかりではなく、不動産も含む概念である。個々の資財については、必要に応じてその都度触れるとして、内容ごとに大まかに括ると次のようになる。

仏像、舎利、経典、僧尼、金・水銀など、銭貨、仏具、カギ、印、調度、幡、帳、香、薬、ハコ、雑物、繊

維製品、寺地・建築物、奴婢・家人・牛馬、田地・山野・河海・穀物、食封
項目ごとに、総計、内訳、個々の由来が事細かに列挙され、ものによっては仏分・法分・塔分・通三宝《つうさんぼう》分など、
その所属が示される。そして、箇条書きの列記を終えた後、末尾に次のように記される。

牒す。去天平十八年十月十四日を以て、僧綱所の牒を被るに偁わく、寺家の縁起・資財等の物、子細に勘録し、早く牒し上るべし、てへれば、謹みて牒旨に依りて、勘録すること前の如し。今事状を具さにし、謹みて以て牒し上る。

天平十九年二月十一日都維那僧霊尊
上坐僧隣信
寺主僧玄鏡
可信半位僧乗印
可信複位僧賢広
可信複位僧乗観

僧綱、三綱の牒に依り、件事記を検す。仍て恒式と為し、以て遠代に伝えん。謹みて仏法を紹隆せんことを請い、天朝を護らんとするものなり。

天平廿年六月十七日佐官業了僧願清
大僧都法師行信
佐官兼薬師寺主師位僧勝福
佐官兼興福寺主師位僧永俊
佐官師位僧恵徹

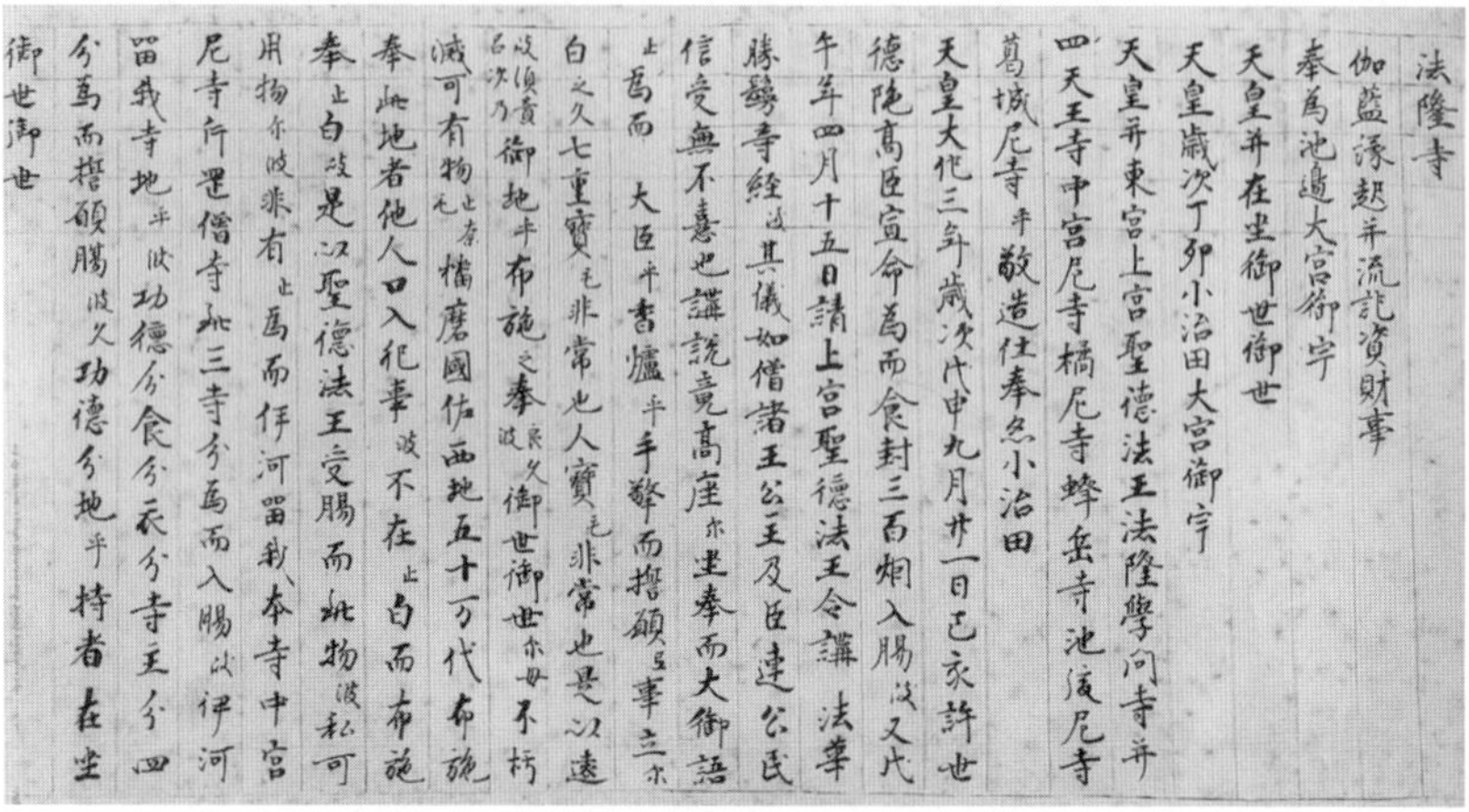
法隆寺
伽藍縁起并流記資財事
奉為池邊大宮御宇
天皇并在坐御世御世
天皇歳次丁卯小治田大宮御宇
天皇并東宮上宮聖徳法王法隆學問寺并
四天王寺中宮尼寺橘尼寺蜂岳寺池後尼寺
葛城尼寺并敬造仕奉矣小治田
天皇大化三年歳次戊申九月廿一日己亥許世
徳陁高臣宣命為而食封三百烟入賜岐又戊
午年四月十五日請上宮聖徳法王令講法華
勝鬘等経岐其儀如僧諸王公主及臣連公民
信受無不憙也講説竟高座尓坐奉而大御語
止為而大臣乎書爐乎手擎而稽顙尓事立尓
白之久七重寶毛非常也人寶毛非常也是以遠
岐須賣呂岐乃御地乎布施之奉良久御世御世尓母不朽
滅可有物止在播磨國佐西地五十万代布施
奉此地者他人口入犯事波不在止白而布施
奉止白岐是以聖徳法王受賜而此物波私可
用物尓波非有止為而伊河留我本寺中宮
尼寺片罡僧寺此三寺分為而入賜岐伊河
留我寺地乎欲功徳分食分衣分寺主分四
分為而稽顙賜岐久功徳分地乎持者在坐
御世御世

図15 『法隆寺伽藍縁起并流記資財帳』巻首

佐官業了僧臨照

これによると、天平一八年（七四六）一〇月一四日付で僧綱所が法隆寺のほか各寺院に縁起と資財の目録の提出を指示する（僧綱所牒）→翌天平一九年二月一一日付で法隆寺三綱が縁起と資財の目録を僧綱所に提出する（法隆寺三綱牒）→法隆寺の提出した縁起と資財の目録を監査した上で、天平二〇年六月一七日付で僧綱がその有効性を証明する証判を加える、という手続きが踏まれたことがわかる。おそらく、法隆寺が僧綱所に提出した原本に僧綱が判を加えたものが、法隆寺に下されたのであろう。そして、これが伽藍縁起并流記資財帳と称されることになるのである。したがって、法隆寺には当初原本が保管されていたはずである。

『法隆寺伽藍縁起并流記資財帳』の作成と伝来　さて、僧綱所による提出の指示から実際の提出まではわずかに四カ月で、提出後の監査に一年以上を要していることに比べるとごく短期間で縁起と資財の目録が作成されたことになる。わずか四カ月と考えるとたいへんなことのようではあるが、こうした目録の作成がこの時が初めてなのではなくある程度定期的に行われていたのであれば、それほどの労力は要しなかった可能性がある。例えば、興福寺の

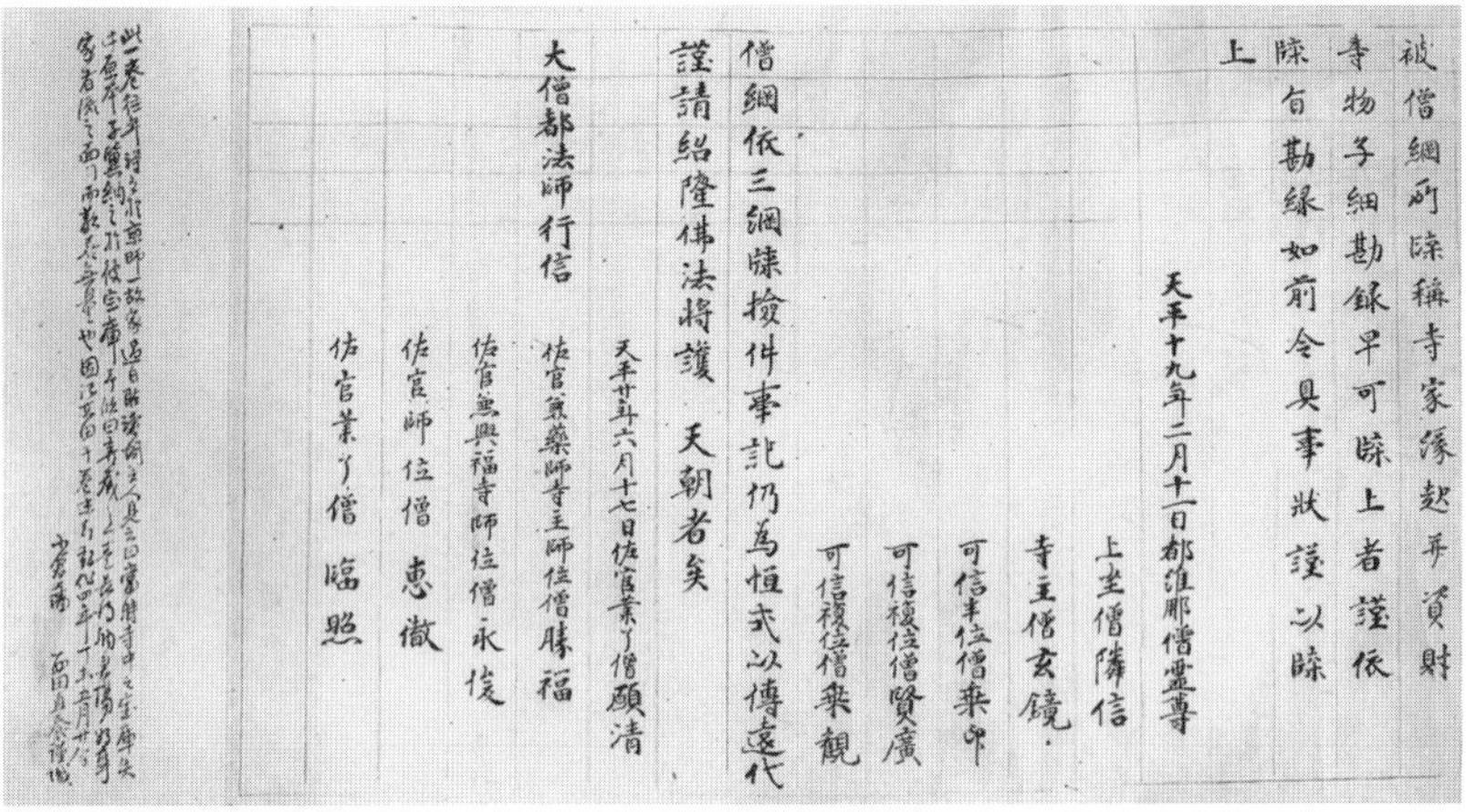
被僧綱所牒稱寺家縁起并資財
寺物子細勘録早可牒上者謹依
牒旨勘録如前今具事狀謹以牒
上
天平十九年二月十一日都維那僧霊尊
上坐僧隆信
寺主僧玄鏡
可信半位僧乗印
可信複位僧賢廣
可信複位僧乗観
僧綱依三綱牒撿件事訖仍爲恒式以傳遠代
謹請紹隆佛法將護　天朝者矣
天平廿年六月十七日佐官業了僧願清
大僧都法師行信
佐官兼薬師寺主師位僧勝福
佐官兼興福寺師位僧永俊
佐官師位僧恵徹
佐官業了僧臨照

同右　　巻尾

資財帳の集成である『興福寺流記』には、「旧記」(霊亀から養老——七一五～七二四年——の成立)、「天平記」、「宝字記」、「弘仁記」などが引用されており、藤原京からの四大寺の平城京への移築が完了した直後から、資財帳の作成・進上が数次にわたって行われていた。このうち「天平記」は天平一九年(七四七)のものに相当する可能性があり、もし興福寺と同じ頻度で作成されていたとするならば、三〇年前の実績に基づいて新版の提出を求めたということになろう。四カ月で完成したのにはそういう事情があるわけである。時を同じくして大安寺や元興寺も目録を提出しており、おそらく、寺院の現状を把握すべく、一括して提出が求められたのであろう。天平一八年末といえば、平城京に還都し、京東郊の金光明寺において新たに大仏造立が企図され、東大寺が成立していく前夜にあたる。こうした国家的な仏教事業の遂行が目指された時期であることと無関係ではあるまい。

もし、各寺院から提出された資財帳がよく残っていたら、寺院に関する歴史はより広く深い検討が可能になったであろう。しかし、残念ながらそういう状況ではない。元興寺の資財帳は、『諸寺縁起集』という醍醐寺に伝来した資財帳類を集成した書物に引用される形でかろうじて伝来した。前述のように、寺家側にも僧綱の証判の加わった原本が保管されていたと思われる。それは寺院にとって、みずから申告した資財が公的な承認を受けた証であったからである。当然寺側でも大事に保管していたはずなのだが、あるいは権利関係に関わるものではなかったので、所領関係の帳簿のようにはきちんと保管されなかったのであろうか。長い年月の間にほとんどの寺院で散逸してしまった。

『法隆寺資財帳』も一五世紀頃までは訴状や資料に引用された形跡があるので、法隆寺に伝来していた可能性があるが、それ以後はこれを紹介する記録がなく、法隆寺でも同様の運命をたどってしまったようだ。ところが、江戸時代、一八世紀末になって、上田秋成《あきなり》（『雨月物語』の著者）や橋本経亮《つねあきら》らが河内の観心寺蓮蔵院に『法隆寺資財帳』の古写本が伝来しているのを発見し、寛政七年（一七九五）の京都（法林寺）で行われた出開帳の時に書写して奉納し、これを契機に多くの写本が作成されることになる。現在この寛政七年の写本が法隆寺に伝来し、最古の写本であることが明らかになっている。ただ、残念ながら底本となった蓮蔵院本——法隆寺に伝来していたはずの資財帳原本にごく近い写本と思われる——は行方不明である。

図16　夢殿

2　東院伽藍と『上宮王院伽藍縁起幷流記資財帳』

東院の『縁起資財帳』

法隆寺には西院と並んで東院（上宮王院《じょうぐうおういん》）と呼ばれる夢殿（図16）を中心とした伽藍がある。現在は法隆寺の一部をなすが、当初は聖徳太子の斑鳩宮の跡地に建立された独立の寺院として位置づけられていた。東院というのは法隆寺と一体の寺院として認識されるようになった結果の呼称であって、本来は上宮王院と呼ばれていた。公的にも法隆寺とは別に伽藍縁起幷流記資財帳が作成されたことが確認でき、聖徳宮寺（『経国集《けいこくしゅう》』）、あるいは聖徳太子寺（『伝述一心戒文《でんじゅついっしんかいもん》』）とも呼ばれ、文字通り聖徳太子を記念する寺院として建立され発展したのであり、その強力な推進者が光明皇后であった。

東院（上宮王院）について作成された伽藍縁起幷流記資財帳はいつの日か散逸し断片的に伝来するにとどまっていたようである。その痕跡を伝えるのが広義の「法隆寺東院縁起」、すなわち江戸時代中期の僧良訓《りょうきん》の書写になる『法隆寺東院縁起』である。『古今一陽集』の編纂でも知られる良訓の法隆寺史の研究に果たした役割はまことに大きなものがある。良訓による法隆寺伝来の文書・典籍の整理、そして寺誌研究がなければ、法隆寺の歴史を組み立てる作業は一層困難になっていたに違いない。

さて、良訓の『法隆寺東院縁起』は、現在は『放光寺古今縁起』上・下と合綴されているが、これは明治一八年（一八八五）に法隆寺管長千早定朝《ちはやじょうちょう》によってなされたもので、もともとは『法隆寺東院縁起』として独立して伝来したものである。その書写は元文元年（一七三六）八月に行われたと記されている。良訓のこの『法隆寺東院縁起』は、「法隆寺東院縁起」（狭義。本書で『東院縁起』と略称するもの）、「皇太子御斎会奏文」、「仏経幷資財条」ほかから構成されている。連続して書写されているが、内容的にはさまざまな史料のいわば寄せ集めである。狭義の「法隆寺東院縁起」を冒頭に書写したあと、関連する史料を順次書き上げて、全体として東院の由来を記した史料集として『法隆寺東院縁起』と命名しているわけである。

このうち冒頭の「法隆寺東院縁起」（狭義）は、その末尾にみえる公範《こうはん》が延久二年（一〇七〇）に法隆寺別当になっているから、内容的にはこれ以前の成立ではないかと考えられている。本来あったはずの『上宮王院伽藍縁起幷流記資財帳』から構成されたと考えられる法隆寺東院の創建以来の歴史と相承の次第が記され、東院の歴史

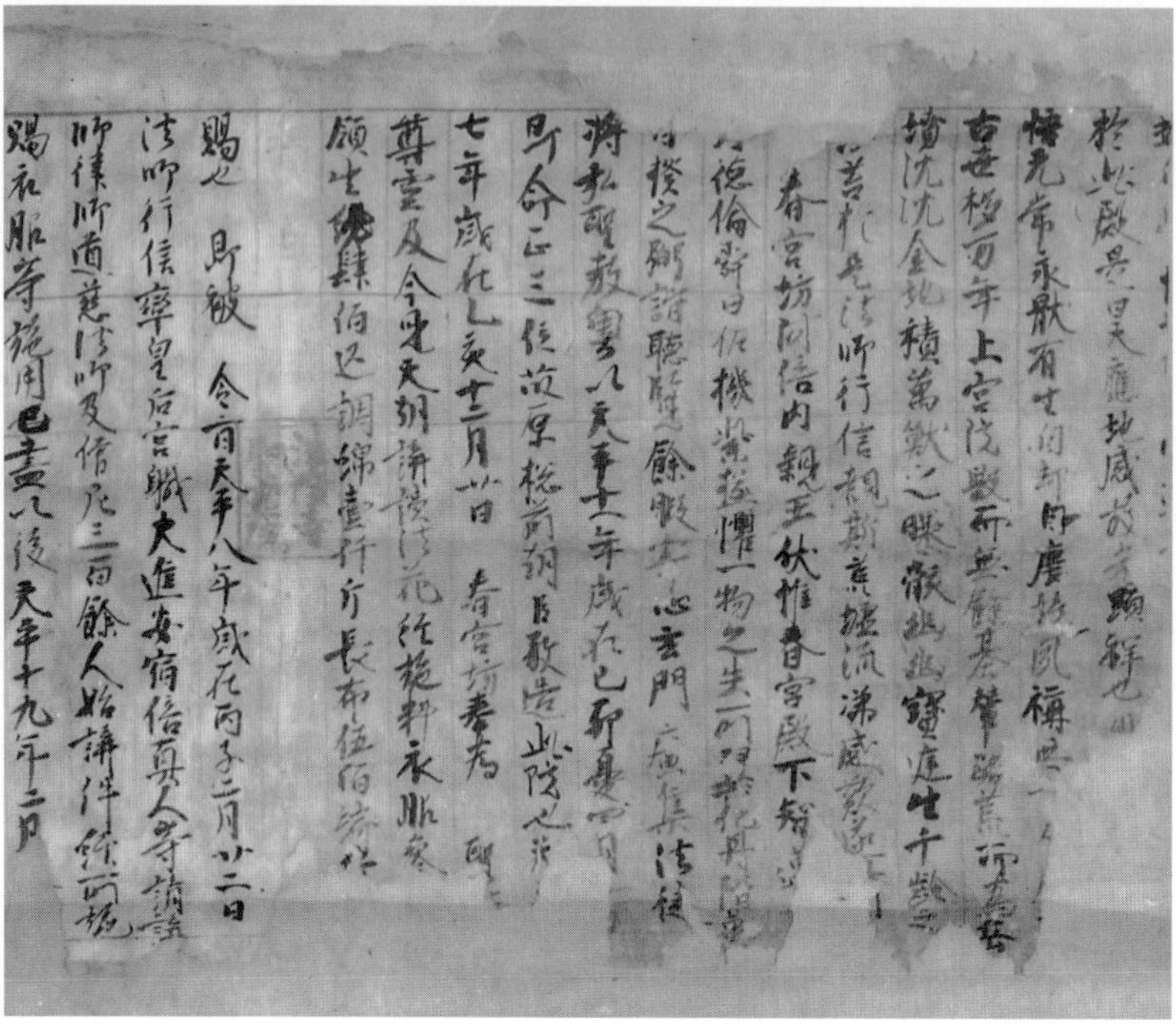

図17　「皇太子御斎会奏文」

を組み立てる重要な素材のひとつとなっている。

上宮王院縁起の逸文 ―「皇太子御斎会奏文」　これに続けて書写されている「皇太子御斎会奏文」は、狭義の「法隆寺東院縁起」のもとになったとみられるもので、これについては良訓が書写したものの原本と思しい写本が残っている。それが明治一一年（一八七八）に法隆寺から皇室に献納され、現在東京国立博物館所蔵の法隆寺献納宝物の中に含まれている「皇太子御斎会奏文」と呼ばれる断簡である（図17）。この断簡は、年紀はないが書風や紙の状況からみて鎌倉末期にはくだらないとみられる写本で、紙背に次のような内容の墨書があってその由来を伝えている（図18）。

　件の御斎会奏問之記、先師覚賢大僧都深く秘蔵せる処なり。然りと雖も、千

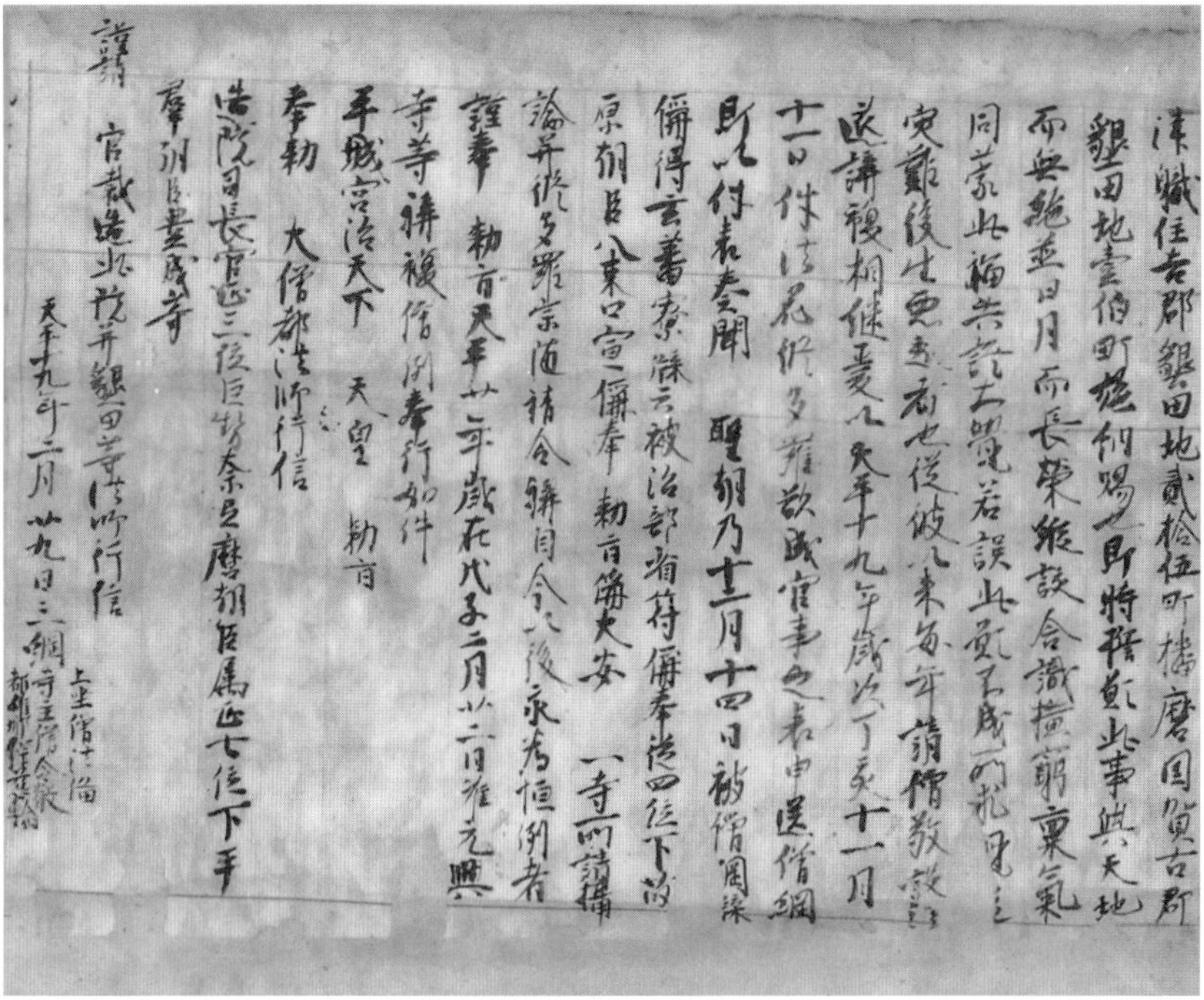

歳の珍書にして、後世誤りて散失せば、悔いると雖も益無し。故に此度寄附し奉る者なり。弘化第四竜州丁未夏六月、法印実然謹言、行信大僧都筆、天平正法十九年聖徳皇御斎会記奏文。善住院什物。

すなわち、この断簡は、もと覚賢《かくけん》大僧都（一七六四〜一八三九）の秘蔵の本で、遺弟の実然《じつねん》が散逸を危惧して弘化四年（一八四七）に法隆寺に奉納し、行信自筆の本として珍重されたことがわかる。良訓はこの奉納以前にこの本を借用して書写し、『法隆寺東院縁起』の中に含めていたことになる。覚賢自身も自ら編纂した『斑鳩古事便覧』（天保七年＝一八三六成立）にこれを引用し、「法隆寺東院伽藍縁起」と呼んでいる。書かれている語句そのものから「皇太子御斎会奏文」と呼ばれる一方、比較的早い時期

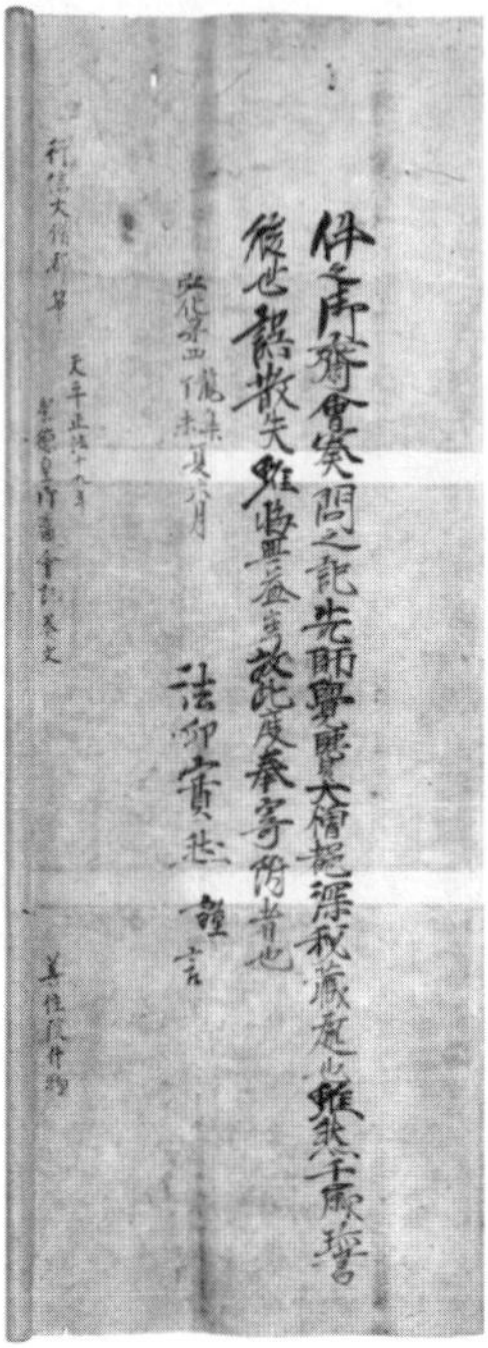

図18 「皇太子御斎会奏文」紙背墨書

から内容・体裁によって東院の縁起として認識されていたのである。これはおそらく「皇太子御斎会奏文」の性格を正しく言い当てたものといえ、『上宮王院伽藍縁起弁流記資財帳』のうちの縁起に相当する部分の記載に基づくもの、すなわちその逸文として理解すべきものであろう。

上宮王院資財帳の逸文 —『仏経弁資財条』

『上宮王院伽藍縁起弁流記資財帳』のうちの資財帳の逸文と考えられるのが、続く「仏経弁資財条」である。現在は前半部分を欠いており、「仏経弁資財条」という一行から始まっているので、文字通りこの名で「仏経弁資財条」と呼ばれているが、本文が「五副画像……」と始まるのは唐突で、もともと前欠であったものに後から付けたタイトルが「仏経弁資財条」であったとみるべきであろう。また、書き止め部分に「以前、本縁起及び天平宝字五年見に遺し定める資財等の物、細かに注顕し、僧綱所に申上すること已に畢んぬ。仍て公文を成すこと件の如し。」とあって、資財帳そのものではないにしても、僧綱所に提出した資財帳をその中身としていることは間違いなく、一般にこれを『東院資財帳』と呼んでいる。

『法隆寺資財帳』と比較してみると、冒頭の縁起部分を欠き、また資財目録の初めの仏像の目録の一部を欠くとみると、その構成は一致している。つまりこれは、天平宝字五年（七六一）一〇月に法隆寺の三綱が僧綱所に提出した資財帳の写しの後半部分で、天平一九年（七四七）の時と同様に、僧綱の進上命令を受けて、諸寺から一括して提出させることが行われたものと思われる。『興福寺流記』にみえる「宝字記」がこの時のものと考えられよう。

この資財帳もその伝来過程はなかなか複雑である。現存するのは元文元年（一七三六）に良訓が書写したものである。その本奥書（写本そのものの奥書ではなく、写本の基になった原本に書かれていた奥書のこと）によると、この資財帳の伝来の経緯は次のようであったという。

此の流記は院家の規模なり。紛失の後幾年なるを知らず。時に保安二年三月廿六日、従僧源朝の手より始めて伝え得。田舎小屋の雑反古の中に散在すと云々。（中略）別当長史少僧都法眼和上位経尋、敬いて以て安置す。

法隆寺の僧の源朝が田舎小屋の反故《ほご》文書の中から発見し、これを入手してその歴史的価値を認識した経尋《きょうじん》が、保安二年（一一二一）三月二六日の奥書を書き込んだというのである。良訓が書写した原本が、経尋が奥書を書き込んだ源朝発見になる原本そのものだったか、それともその写本だったのかはわからないが、良訓はそれを忠実に書写して今日に伝えてくれたのである。

田舎小屋の反故からの発見というのは、確かにいわくありげである。なかったものが出てきたというのは、一応の史料の信憑性について検討してみる必要があろう。しかし、この『東院資財帳』の場合、内容は天平宝字五年（七六一）のものとして矛盾はないし、特に作為も認められず、天平宝字五年当時でなければ書けないような詳しい記述が徹底されている。また、歴史的な誤りも確認できない。『東院資財帳』は基本的に信用するに足る史料であると考えていいと思う。

このように、奈良時代の法隆寺東院の創建以後の歴史を考える史料は、けっして恵まれたものとはいえないけれども、間接的な形ながら公的な史料としての『上宮王院伽藍縁起幷流記資財帳』の記載内容の多くを知ることができるのである。すなわち、伽藍縁起部分は「皇太子御斎会奏文」（良訓の『法隆寺東院縁起』にも「皇太子御斎会奏文」として引用されている）、およびそれを基礎資料のひとつとしている狭義の『法隆寺東院縁起』（本書で『東院縁起』と略称しているもの）として、また、資財帳部分は「仏経幷資財条」（いわゆる『東院資財帳』）として、それぞれ今日なおうかがい知ることができるわけである。それらは複数年次の伽藍縁起幷流記資財帳の内容を含む可能性も否定はできないが、基本的には天平宝字五年のものとみて差し支えないであろう。

第四節　残っていた百万塔

1　法隆寺と百万塔

藤原恵美押勝の乱と百万塔の製作

法隆寺には百万塔と呼ばれる三重の木製小塔が多数伝来している（口絵11）。本来は塔の本体（塔身部）と相輪《そうりん》の部分（相輪部）が別々に作られて組み立てられたものだが、現在では塔身と相輪はバラバラに保管されており、どれとどれが組み合ったのかは厳密にはわからない。法隆寺に現存する百万塔は、塔身部が四六〇〇〇基弱、相輪部が二六〇〇〇基余りといわれている（他に、製作が一万基、一〇万基に達した時に特別に造られたといわれる一万節塔と十万節塔各一基が現存する）。これは、天平神護二年（七六六）以降始まる称徳天皇―道鏡政権の積極的な仏教政策の一環として行われた西大寺・西隆寺の造営と並ぶ一大プロジェクト、百万塔造立事業の遺品なのである。

神護景雲四年（宝亀元＝七七〇）、称徳天皇の発願によって製作が進められていた百万塔が完成し、十大寺に分配された。百万塔というのは、木製の小塔を文字通り一〇〇万基製作したもので、それを一〇万基ずつ一〇カ寺に納めたのである。『続日本紀』宝亀元年四月戊午条によると、称徳天皇が、八年の乱（天平宝字八年＝七六四の恵美押勝の乱）を平定した後、三重の小塔——高さ四寸五分（一三・五センチ）、径三寸五分（一〇・五センチ）——一〇〇万基の造立を発願し、露盤《ろばん》の下に根本《こんぽん》・自心印《じしんいん》・相輪・六度《ろくど》の四種類の陀羅尼《だらに》（『無垢浄光大陀羅尼経《むくじょうこうだいだらにきょう》』にみえる呪文）を収めたという。それが六年後の神護景雲四年に至ってようやく完成し、諸寺に分置するとともに、製作やその管理にあたった官人以下仕丁《しちょう》以上一五七人に叙位を行ったというのである。

『続日本紀』には「諸寺に分置す」としか書かれていないが、『東大寺要録』には「十大寺に分配す」とあって、一〇カ所の寺に一〇万基ずつ奉納したらしいことがわかり、また「恵美乱誅之間懺悔料」とあって、恵美押勝の乱を平定した後に、その供養のために発願したことがわかる。ただ、これらの史料だけからでは、どのくらいの期間をかけて、またどの程度の組織で製作されたかはまったくわからなかった。小塔とはいえ一〇〇万基もの木製品で、轆轤《ろくろ》を用いた細心の技術で仕上げられており、これを文字通り一〇〇万個作るというのは容易なことだったとは思われないが、結果しか伝えられてこなかったのである。

法隆寺以外の九カ寺はどこか。『東大寺要録』も具体的な寺院名は伝えていないが、東大寺・西大寺・元興寺・薬師寺・興福寺には百万塔を収める建物があったことが知られている。このほか、大安寺・弘福寺（川原寺）・四天王寺と、崇福寺ないし西隆寺をもって十大寺に充てるのが一般的であるが、新薬師寺や建興寺（豊浦寺）も候補たり得る。百万塔造立が称徳—道鏡政権を象徴する一大プロジェクトだったことを重視すると、天平神護二年（七六六）から神護景雲元年（七六七）にかけて称徳が相次いで行幸した諸寺が含まれるのは確実であり、逆に天智系の寺院はやや問題が残り、さらに地理的条件を加味して強いて一〇カ寺の候補をあげるならば、法隆寺のほかに、西大寺・西隆寺・東大寺・法華寺・大安寺・元興寺・薬師寺・興福寺・四天王寺の各寺を充てるのが穏当であろう。

本来はこれら一〇カ寺に一〇万基ずつ分配されたはずであるが、現存するのは法隆寺のみであり、その他市中に出回っているものもあるが、それらはいずれももともと法隆寺に伝来したものと思われる。他寺にまったく実物が残らない中で、法隆寺には当初の一〇万基の半数近くが一二〇〇年の時を超えて伝えられたのである。これはまったく奇跡的なことといってよい。

百万塔の構造と墨書銘

さて、百万塔は、塔身部も相輪部もそれぞれ轆轤を使って円形に丁寧に仕上げられ、あとで接合されたらしい。接合された状態で大きさを測ると、相輪の頂までで約二一・五センチあり、『続日本紀』に高さ四寸五分というのは、おそらく塔身部だけの大きさをいうのであろう。塔身部だけだとちょうど一三・五センチほどで『続日本紀』にいう露盤が相輪部にあたるわけである。

百万塔で第一に注目すべきは、塔身部の上端、つまり相輪が組み合わされる部分に細長い円形の穴が開けられ、ここに世界最古の印刷物といわれる陀羅尼経が収められていたことである（図21）。縦五センチから六センチ程度、横四〇センチから六〇センチ程度の版刷りの印刷物である。陀羅尼経を納めた空間をちょうど相輪で蓋をするといった趣である。陀羅尼を納めた塔身部と相輪部を組み合わされて小塔は完成された。

百万塔で注目すべきことの第二点は、塔身部にも相輪部にも墨書銘がみつかったことである（図20）。百万塔は、塔身部はヒノキ、細かな作業を要する相輪部はサカキやセンダンの材を用いて加工し、最後に全体に白土《はくど》（胡粉《ごふん》ともいわれるが、白土と呼ぶのが正確のようである）を塗って仕上げてあるため、完成当初は外見上まったくその存在は気付かれなかったはずであるが、多年月を経過するうちに白土が剝落し、生地が見えてくるようになり、墨書が顔を出すことになった。そして、白土が残っていて墨書が明瞭に確認できないものについても念のた

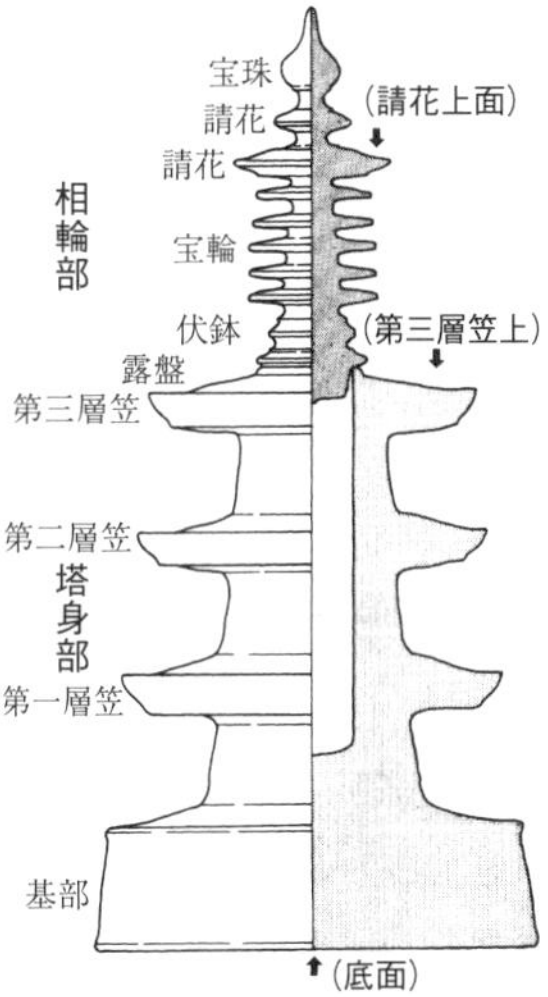

図20　百万塔の構造と部分名称
および墨書位置(↑印)

図19　法隆寺に残る百万塔

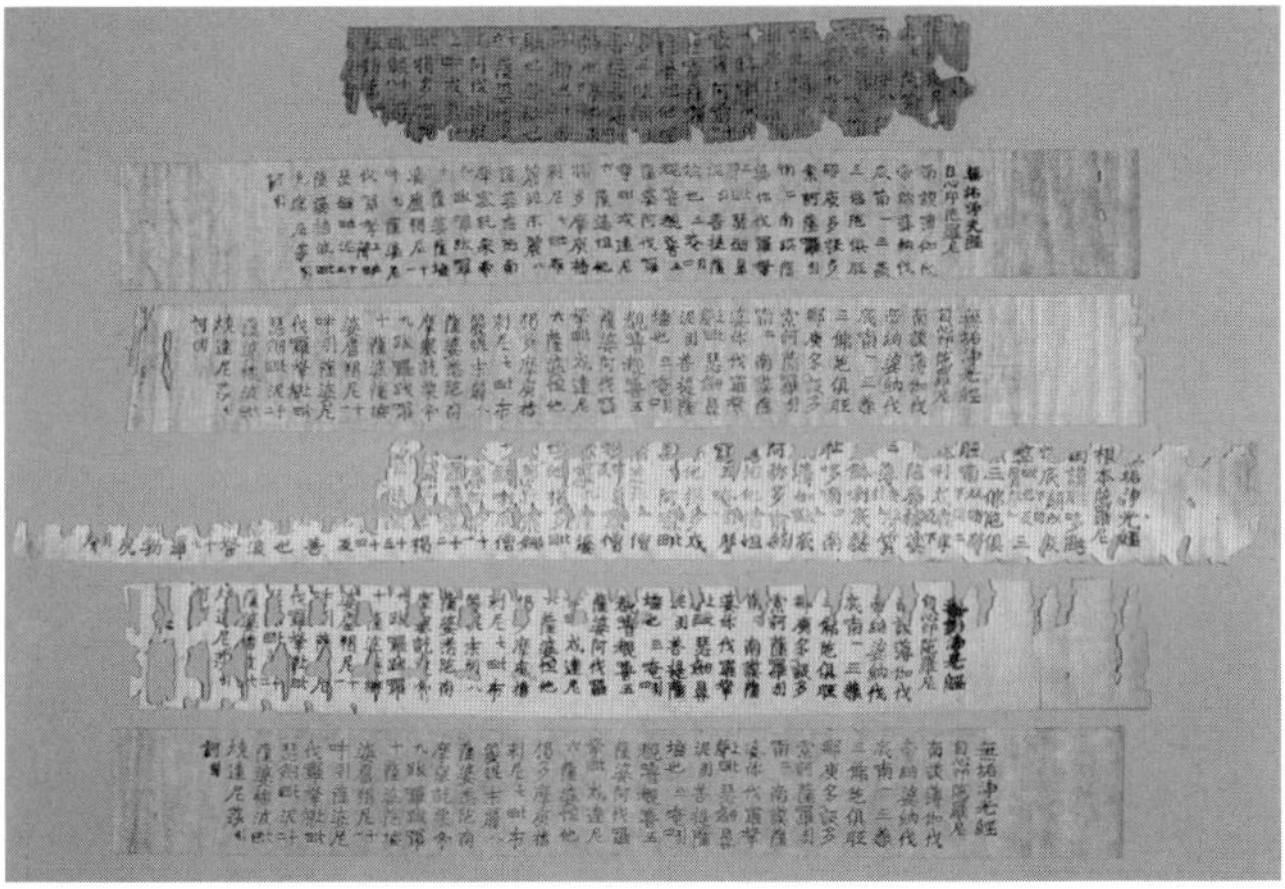

図21　百万塔に収められた陀羅尼経

め赤外線テレビカメラ装置によって観察したところ、肉眼で観察できないものにも多数の墨書銘を確認することができたのである。その結果、墨書のある製品は、塔身部で九〇パーセント、相輪部では九五パーセントにおよぶことがわかった。調査を行ったのは五〇〇〇点余りについてのみであり、全点について行ったわけではないが、基本的傾向は把握できると考える。次に墨書銘の内容とそこからわかることを、項を改めて述べることとする。

2 百万塔の墨書銘

墨書銘の内容とパターン　初めに、百万塔にみられる墨書銘を概観しておこう。墨書銘の基本的な構成要素は、「左」または「右」、年月日、人名の三つである。これらはその製品を製作した日付と、製作した工人名及び所属工房（左工房と右工房）を示すと考えられている。そして左右の工房にそれぞれ八〇人程度、左右不詳の者を加えると、最大二五〇人程度の工人の作品が含まれていることがわかってきた。一方、日付はおおむね天平神護三年（神護景雲元＝七六七）二月から翌神護景雲二年六月までの一年五カ月の間に収まる。法隆寺に現存する百万塔はこの短期間の間に製作されたものだったのである。

この製作期間のもつ意味についてはのちに言及することとし、墨書銘にみられる書式とその変化について述べておこう。百万塔の墨書銘には、塔身、相輪おのおの五種類のパターンを抽出することができる（調査対象は塔身・相輪とも五〇〇〇余基）。

まず、塔身について（図22）。

パターンA　左右＋〇年△月×日＋人名

パターンB　左右＋△月×日＋人名

三年三月廿七日里栖

A　No. 1472

右四月□三日里栖

B　No. 922

右云元十二月廿六日里栖

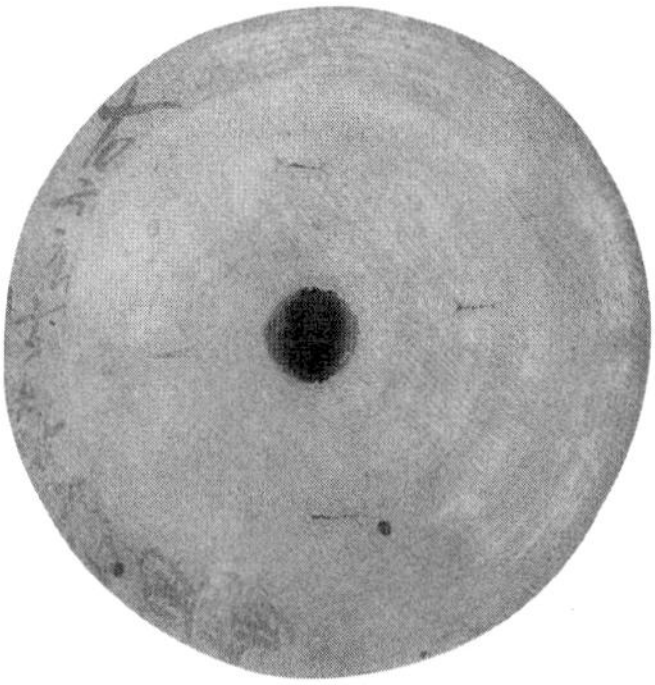

C　No. 3565

云二四九
右日下里栖

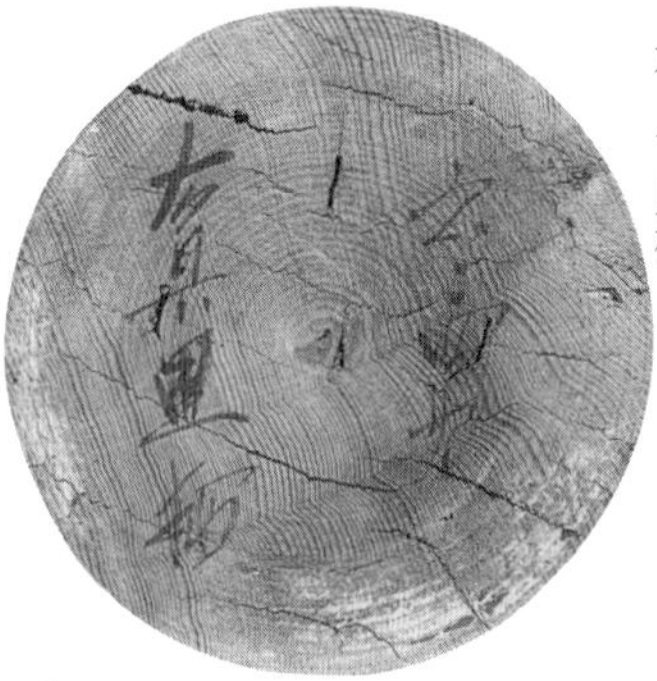

D　No. 407

元十月十七家成

C　No. 645

云二四廿六
家成

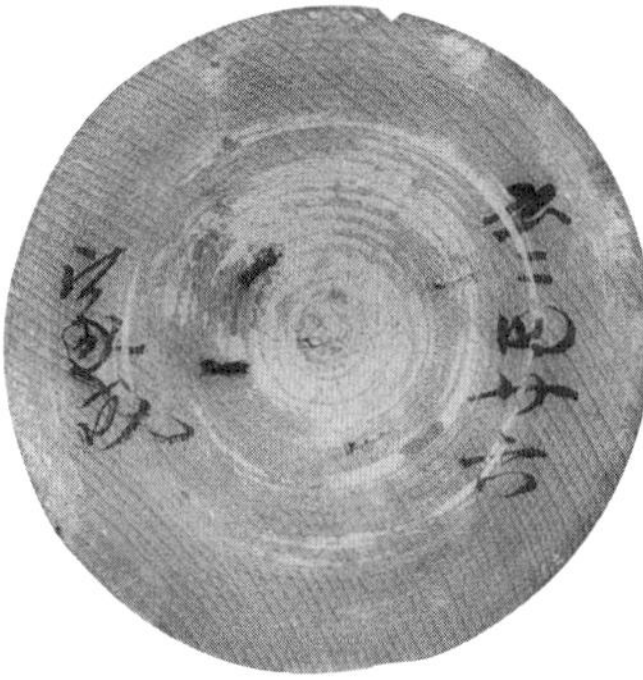

D　No. 2717

図22　百万塔塔身の墨書銘(アルファベットは墨書パターンを示す)

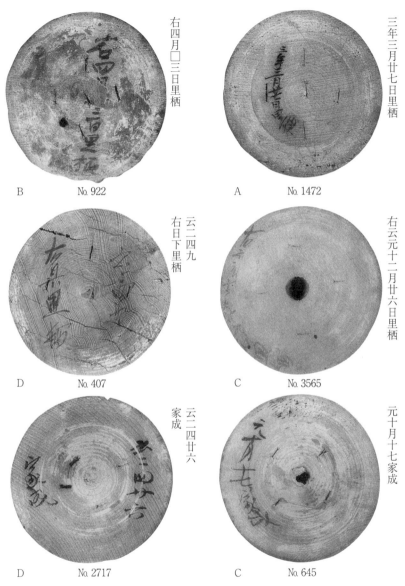

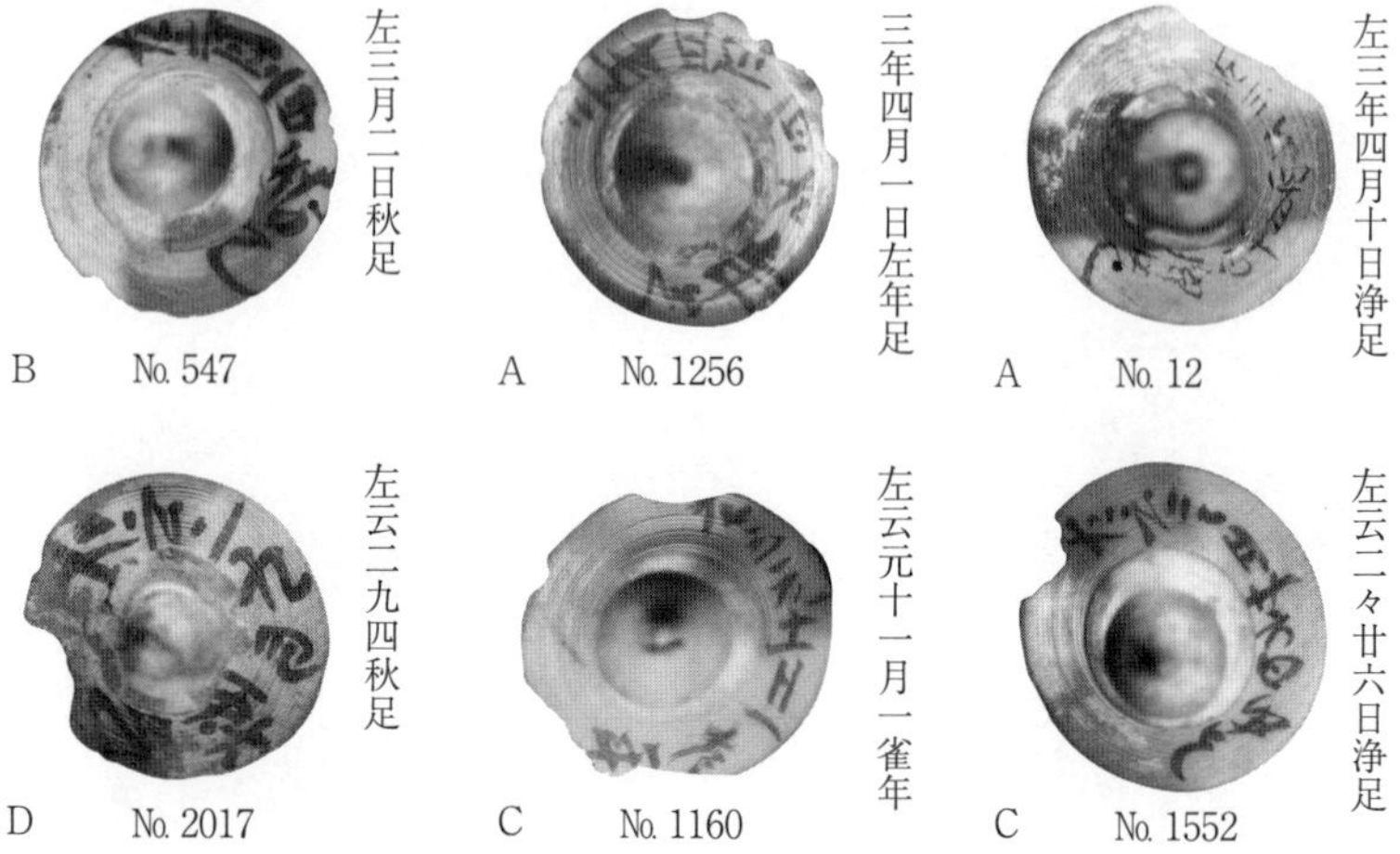

左三年四月十日浄足　A　No. 12
三年四月一日左年足　A　No. 1256
左三月二日秋足　B　No. 547
左云二々廿六日浄足　C　No. 1552
左云元十一月一雀年　C　No. 1160
左云二九四秋足　D　No. 2017

図23　百万塔相輪の墨書銘（アルファベットは墨書パターンを示す）

三年六月六日様広立　No. 427
三年六月六日様広立　No. 843

図24　「様」のみえる塔身の墨書銘

パターンC　左右十○△月×日十人名
パターンD　云○△×（一行目）／左右十人名（二行目）
パターンE　左右十人名

Aは調査対象の塔身のうち、約六パーセントを占める。○・△・×には漢数字が記される。最も丁寧な整った書式である。Bは Aから年の記載を省略するタイプで、約一五パーセントを占める。Cは Aから「年」の文字を略すタイプで、約四パーセントを占める。Dは二行に分けて記すタイプで、約二〇パーセントを占める。Dの「云」は年号「神護景雲」のうち「雲」の文字の雨冠を省略した字形と考えられる。また、日付のうち「年」「月」「日」の文字は省略され、数字が羅列される。Eは日付がまったく略されるタイプで、約二五パーセントを占める。このほかパターンの特定の困難なものが約一七パーセント、墨書の確認できないものが約一三パーセントある。

次に相輪について（図23）。

パターンA　左右＋〇年△月×日＋人名

パターンB　左右＋△月×日＋人名

パターンC　左右＋〇△月×日＋人名

パターンD　左右＋云〇△×＋人名

パターンE　左右＋人名

Aは調査対象の相輪のうち、約八パーセントを占める。BはAから年の記載を省略するタイプで、約一・五パーセントを占める。CはAから「年」の文字を略すタイプで、約〇・五パーセントを占める。Dは日付のうち「年」「月」「日」の文字を省略して数字を羅列するタイプで、約二〇パーセントを占める。Eは日付がまったく略されるタイプで、約四〇パーセントを占める。このほかパターンの特定の困難なものが約二五パーセント、墨書の確認できないものが約五パーセントある。

塔身と相輪のAからEのパターンはそれぞれ対応する。相輪のパターンDが一行書きになっているのは、記名箇所である請花《うけばな》部分の狭さに起因すると考えられ、塔身のパターンDを圧縮した書式ということができる。

同一人名の墨書を日付順に並べてみると、墨書パターンは塔身・相輪ともに、A→B→C→Dの順で年代を追って出現したことがわかった。特にDタイプの出現によって、墨書銘の書式がより整備されたものとなったのである。それは、名前と年月日・左右を別行に書くことによって名前をより大きく記すことができる。また、左右の区別と名前を連続して表記することにより、左右の工房の別をより明瞭に示すことができる。つまり、左右の別を確実に示した上で、人名をより明確に記すために採用されたのがDのパターンであった。しかもそれは左右の工房の違いを超えた書式の統一だったのである。

墨書銘の記載者と目的

それでは墨書銘は誰が何のために書いたのであろうか。まず記載者であるが、結論からいえば、江戸時代にすでに穂井田《ほいだ》忠友《ただとも》が『観古雑帖《かんこざっちょう》』の中で指摘しているように、百万塔を製作した個人、すなわち工人の手になる記載であった。書式の統一が図られたあとでも人名ごとに個性的な書式が残る場合がある。ただし、工人本人が書くことを原則とする一方、必ずしも本人の筆であることには拘泥していない。異人同筆、あるいは同人遺筆の例も散見される。周辺の工人同士で手の空いているものが融通しあって制作者名を記載したとみられるのである。

次に記載の目的についてはどうか。賃金支給の基礎資料とするためとか、製品管理のためという説明がなされることが多い。確かに、工人が提出したと考えられる製作実績についての自己申告書（手実《しゅじつ》）との照合に用いるというのが、製品への記名のもつ大きな役割であるのは認められよう。それによって支給すべき工賃が算定されるのである。しかし、それは広い意味での製品の管理、帳簿による作業管理の一環として捉えるべきで、その機能を賃金支給にだけ矮小化してしまうのは妥当ではないであろう。それに百万塔製作の場合は、単なる工房というよりも仏教における作善行為としての性格が強いのではなかろうか。白土を塗ってしまえば墨書銘が表に出ることはないが、記名することそのものに意味があった可能性も考えられるのである。

百万塔製作の意義

さて、最後に墨書銘の日付によって、法隆寺に残る百万塔が短期間のうちに製作されたと考えられる点について若干補足しておきたい。前述のように、百万塔の日付はおおむね天平神護三年二月から翌神護景雲二年六月までの一年五カ月の間に収まる。天平宝字八年（七六四）の恵美押勝の乱終息から二年半余り、また完成・諸寺分置を伝える神護景雲四年（宝亀元＝七七〇）四月までもまだ二年近くある。この点については、製作期間はこの前後を含めた五年半の長期にわたったがそのうちたまたまこの期間の製品が法隆寺に搬入されたという解釈も可能だが、法隆寺に分置された数の一〇倍の数の塔が造られたのであり、特定期間の製品とみるのはかなり無理がある。

前述のように、『続日本紀』は、称徳天皇が恵美押勝の乱平定後、百万塔造立を発願したとしている。一方、『東大寺要録』は発願の経緯をより押勝の乱に引きつけ、天平宝字八年九月一一日（すなわち恵美押勝の反乱の当日）の発願とし、「恵美乱誅之間懺悔料」という口伝を載せる。百万塔造立の真の目的はどこにあったのだろうか。法隆寺に残る百万塔の墨書銘を分析すると、この点についても考察の材料が得られることになった。

ここで注目したいのは、現存する百万塔の日付が、一年に満たない短期間に京近辺の主たる大寺に出かけた称徳天皇の異例の諸寺行幸の開始後であることである。行幸開始の翌神護景雲元年（七六七）正月には、これ以後恒例化する諸国における吉祥悔過《きちじょうけか》（金光明最勝王経に基づいて吉祥天を祀る法会）が初めて行われている。『寺要日記』によると、翌神護景雲二年には大極殿以下諸国の諸寺にいたるまであまねく吉祥悔過が修されたという。法隆寺においては大講堂でこれを勤修したと伝えられたといい、これらは神護景雲元年の吉祥悔過の創始を受けたものと考えられる。諸国の吉祥悔過は宝亀二年にいったん中断するが、宝亀四年に復活する。法隆寺の吉祥悔過のその後の状況は不詳だが、承暦三年（一〇七九）には会場が金堂に移されている。

さて、この吉祥悔過の創始は、恵美押勝の乱の混乱の終息と政権基盤の安定を如実に示す事実といってよく、百万塔造営の開始時期として相応しい。前述のように、従来百万塔造立の目的について恵美押勝の乱の悔過、すなわち戦死者の鎮魂のためといわれているが、それならば日照りが続き政情の安定しなかった乱終息の直後に行われてしかるべきである。『東大寺要録』の乱の当日の発願という言い伝えが生まれるのは当然のことであろう。しかし、百万塔に収められた無垢浄光大陀羅尼経には、造塔と陀羅尼経の書写の功徳によって一切の罪障を消し往生を遂げることが説かれている。書写開始時期の位置づけから考えると、百万塔造立の目的は、戦死者の供養というような過去の懺悔ではなく、むしろそれを乗り越えて政権の安定を図り、また自らの往生を願うという未来の開拓にあったとみるべきだろう。百万塔造立は、こうした称徳—道鏡政権による、恵美押勝の乱後の仏教による政治体制の建て直しを象徴する一大プロジェクトだったのである。

法隆寺に残された百万塔の製作過程

もうひとつ臆測を付け加えておこう。それは現存する法隆寺の百万塔の製作開始と称徳天皇の飽波《あくなみ》宮行幸の日付が近いことである。行幸先の大寺と百万塔が分置された十大寺が重なるのは当然ではあるのだが、行幸と百万塔造立にもっと直接的な連関を認めるべきかも知れない。この点は百万塔の製作工房の所在地の問題とも関係してくる。従来は、平城宮内の発掘調査で第一次大極殿院（恭仁遷都によって大極殿が恭仁宮に移築された後、最終的には称徳天皇の西宮として改造されたことがほぼ明らかになってきた）西側の宮内基幹排水路から百万塔の失敗作や断片がみつかっていることから（図25）、百万塔はすべて宮内の工房で製作し、十大寺に分配・搬

図25　平城宮跡出土の百万塔

入したと考えてきた。しかし、塔身部に限っていうと、五〇〇〇点余りを調査した法隆寺の一〇〇万塔で一人の工人の作品の最大数は一〇〇点程度であるから、法隆寺に本来あった一〇万基では二〇〇〇点程度であり、法隆寺の一〇〇万塔の造営期間を前述の一年五カ月余りとみると、常時五〇〇人の工人がこのペースで製作を続けないと百万基は作れない計算になる（その場合一日一人あたりの製作数は四～五点程度）。人数が少なければその分一日あたりの製作数が増え、恒常的な勤務工人数は墨書名をみる限り塔身部に限っていうとせいぜい五〇人程度なので、この一〇倍のペースを考えるしかない。結論的には、法隆寺に現存する百万塔からうかがえる規模の工房で、同じ製作期間内に一〇〇万基全部を造り上げるのは到底無理で、法隆寺の分一〇万基がせいぜいであったと考えられるのである。

そうであるならば、法隆寺に現存する百万塔からうかがえる工房は、法隆寺に安置するための百万塔を製作した工房ということになり、平城宮内における一括生産、諸寺への分配という考え方は改める必要が生じてくるかも知れない。称徳天皇の諸寺への行幸は、諸寺における百万塔造立発願の旅を兼ねるものだったのではなかろうか。現存する百万塔には「様」と書かれたものがあり、様工（臨時雇いの工人）と解釈する説もあるが、これは「ためし」の意味であり、同規格で製作すべく平城宮内の工房から諸寺に配された見本であろう。そして宮内の工房での完成品が「内裏」と墨書された百万塔とみてよいと思われる。

なお、神護景雲元年（七六七）四月の飽波宮行幸は、三月の元興寺・西大寺・大安寺・薬師寺への行幸に続くものであり、離宮への行幸という体裁を取りつつも、実質的には飽波宮を基地として飽波宮とは至近の距離に位置していたはずの法隆寺へ行幸することに真の目的はあったとみて差し支えなかろう。『経国集』や『伝述一心戒文』に見える淡海《おうみの》三《み》船《ふね》の詩題によると、この時、称徳天皇は聖徳宮寺あるいは聖徳太子寺にも立ち寄ったという。

これは上宮王院、すなわち法隆寺東院のことであり、その前提として法隆寺（西院）への行幸があったとみてしかるべきであろう。

第五節　太子信仰の高まり

1　聖徳太子観の変遷

崇拝から信仰へ　西院伽藍の完成や東院の創建が、聖徳太子への崇敬、信仰と切り離せないことは、すでに前節までにもふれられてきたところであるが、ここではより広い視点から、奈良時代までの太子観と法隆寺との関係をみておこう。

まず把握しておく必要があるのは、聖徳太子に対する見方が、七世紀から八世紀にかけて、どのように変化したかである。太子病没の時点で、太子が仏教への並はずれた造詣をもつ皇族と位置づけられていたことは、釈迦三尊の光背銘から確かめられる（一二八～九頁参照）。それが生前の事績を反映したものであろうことも、すでにふれた。

このような太子への評価は、七世紀を通じて増幅されていったとみられる。慶雲三年（七〇六）の成立と考えられる法起寺塔露盤銘（東野治之「法起寺塔露盤銘」、『日本古代金石文の研究』、岩波書店、二〇〇四）に、太子が「聖徳皇」という諡《おくりな》ではじめてあらわれるのは（図26）、その一証であるが、具体的な状況をよく示すのは、養老四年（七二〇）に成った『日本書紀』の崇峻・用明・推古紀の記述であろう。そこには「豊耳聡《とよみみと》」（あるいは豊《とよ》聡耳《とみみ》）という和風の尊称がみられるほか、物部守屋討伐戦における活躍（崇峻即位前紀）、片岡の飢者との対話

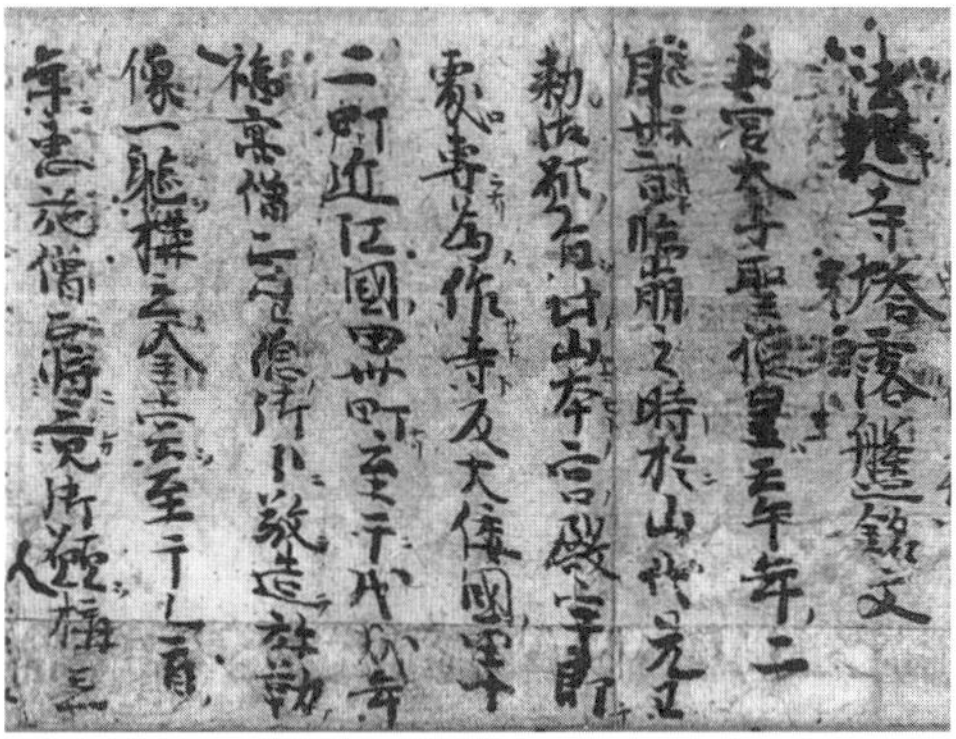

図26　法起寺塔露盤銘(『聖徳太子伝私記』所収)

（推古二一年一二月条）など、史実ではないエピソードがみられ、太子の薨去記事（同二九年二月条）にいたっては、文飾に満ちた叙述で、日本に生まれた聖人（「玄聖」「大聖」）であることが強調されている。法起寺塔露盤銘の「聖徳王」という号からみても、これらがみな『日本書紀』の捏造とは考えられず、大筋はすでに七世紀末にできあがっていた話としなければならない。没後七〜八〇年で仏教、道教、儒教の各分野を究めた聖人、法王として神秘化されたについては、生前やはりその種子となる行実があったとみるのが自然であろうが、釈迦三尊の銘に、釈迦像を太子の等身像として作るとあるのも、これを傍証している。片岡の飢者との説話が、出家前の釈迦の事績と類似するとする指摘や、「法王」という称に釈迦とのダブルイメージをみる見方もある。法王（皇）に関しては、釈迦三尊銘によって生前からの称であるとすると、直接釈迦と結びつけるのはいかがかと思われるが、太子を釈迦と重ねることも起源は古いとみられる。こうした太子への尊敬の高まりが、並行して進められた法隆寺の再建といかに関わるかが、ひとつの問題であろう。

　奈良時代に入ると、『日本書紀』にはみえなかった新たな説話が太子に関して登場する。太子は生誕前、中国南北朝時代の高僧、慧思《えし》であったとする、いわゆる慧思後身説である。慧思は五一五年に生まれ、五七七年に没していたから、五七四年の誕生と考えられる太子とは互いの生没年が合わず、歴史的にも矛盾があるが、以後長く事実として信じられた。

慧思後身説がいつから提唱されるようになったかについては、これまでさまざまな説が出されていて、定説といえるものはまだない（飯田瑞穂「聖徳太子慧思禅師後身説の成立について」、『聖徳太子伝の研究』、吉川弘文館、一九九九）。どちらかといえば、天平勝宝五年（七五三）に来日した唐僧鑑真の周辺から広まったとする見方が有力であろう。鑑真は最初天宝元年（天平一四＝七四二）に留学僧の栄叡《ようえい》、普照《ふしょう》から渡日の要請をうけた時、聖徳太子の存在を聞いて、慧思が「倭国の王子」に託生して仏教を興隆させたことを知っていると述べたという（『唐大和上東征伝』）。ここに太子と慧思を結びつける端緒が開かれたというわけである。この説の流布はさらにさかのぼる可能性が強く、これが東院の創建とも深く関わることについては後述する。

奈良時代も終わりに近くなると、太子の伝記をまとめる動きがあらわれてくる。太子の伝記といえば、『上宮聖徳法王帝説』が数々の古伝を含む点で有名であるが、その内容は法隆寺に伝わった太子関係の断片的な史料を集めたもので、部分的には七世紀にさかのぼる記事が含まれるものの、平安前期に成立した書である。したがって単独の統一ある太子伝としては、奈良時代末の『四天王寺障子伝《しょうじでん》』や『延暦僧録』中の「上宮皇太子菩薩伝」に、まず指を屈しなければならない。

『四天王寺障子伝』は、宝亀二年（七七一）六月一四日に四天王寺の三綱、衆僧と敬明《きょうみょう》らが造ったとされ（『玉林抄』）、本来四天王寺内の聖霊院に描かれた障子絵（壁画）と一体のものであった可能性が高い。敬明は同音で教明とも書かれるが、大安寺の僧であった。その文章は部分的に引用されて残るだけであるが、『異本上宮太子伝』と仮称される太子伝の文と一致するので、これによって全体をうかがうことができる。『日本書紀』などによった太子の事績に加え、中国で作られた慧思の転生を記す文献、『大唐国衡州衡山道場釈思禅師七代記《だいとうこくこうしゅうこうざんどうじょうしゃくしぜんじしちだいき》』（以下略して『七代記』という）を引載しているのが特色である。慧思後身説が、太子伝の中で大きな位置を占め

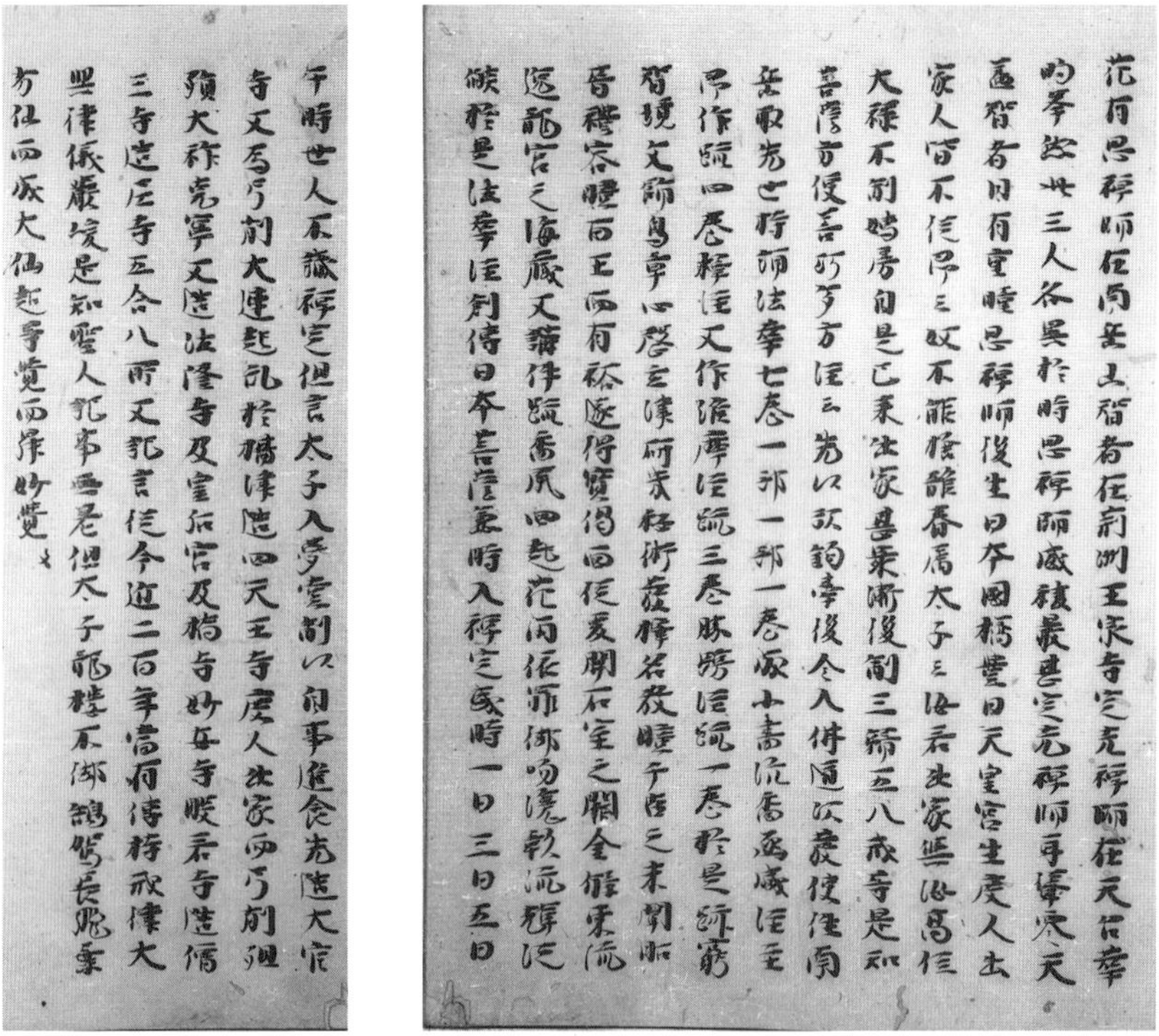

図27　「上宮皇太子菩薩伝」(『日本高僧伝要文抄』所収)

だしたことがわかる。なお奈良朝末の東大寺僧、明一《みょういつ》の作とされる太子伝『明一伝』も、断片ながら『異本上宮太子伝』とほぼ文章が一致するので、同じ伝である可能性が高い（飯田瑞穂前掲書）。おそらく明一も撰者の一人であったのであろう。

一方『延暦僧録』は、鑑真に従って来日した唐僧思託《したく》が延暦七年（七八八）に撰した書で、その中に「上宮皇太子菩薩伝」が収められている（図27）。ここでも伝記全体の中で占める慧思後身説の大きさが注目されよう。実際この伝では、物部守屋討伐や諸寺の建立といった事績にも言及はあるが、それらは末尾に簡単にふれてあるのみで、伝の大部分は慧思の生涯と太子への転生に充てられている。特にこの伝で重要なのは、太子が前生で持誦していた法華経を、使者を派遣して中国に取りにやらせ、これをもとに法華経の注釈、法華義疏を作って講説したとあることである。いわゆる小野妹子取経説話であるが、これをうけてこの伝では、「是に於いて、法華経創めて日本に伝う」とする。慧思は、その前生に霊鷲山《りょうじゅせん》で釈迦の説法を聞いたとされる僧であり、その慧思が太子に生まれ変わって取り寄せた法華経こそ、日本初伝の法華経であった。釈迦の霊鷲山における説法を記録したとされる法華経は、大乗仏教の根本経典であるが、それは太子によって始めて日本に伝えられて、広められたことになる。慧思後身説がこのような展開を遂げ、それが太子伝の形で定着したことは、太子信仰の方向を決定づけたものとして見逃せない。ここでもまた、東院の成立と関連して、このような展開がいつ始まったのかが注目されるところである。

2　太子崇拝と再建法隆寺

再建の復古性

以上の展望を踏まえ、法隆寺再建との関わりを考えてみると、まず八世紀初頭までの聖徳太子観が、すでに信仰に近い形に成熟していたことが注意される。これは法隆寺の再建に影響を与えたとみるのが自然であろう。再建法隆寺については、創建伽藍そのままの再現ではなく、金堂や塔の規模はほぼ等しいながら、伽藍配置や本尊の変更など、大きな変化のあったことが、従来も注意されてきた。特に金堂薬師如来像（八六頁の図11）が再建期の作と考えられるところから、銘文に用明天皇の発願、推古天皇と聖徳太子の完成を唱うことによって、有力な壇越《だんおつ》をもたない法隆寺が、政府の協力を取り付けるとともに、太子追福の釈迦三尊像を金堂本尊とすることで、昂《たか》まりつつあった太子崇拝を利用し、再建事業の円滑な進行を計ったとする論者もある。

しかし、強力な後ろ盾のないまま、再建が行われねばならなかったとみるのは正しいであろうか。既述の通り（第二章第六節3参照）、再建法隆寺は当初から国家的な法会を行う有力寺院とみなされていた。天武八年（六七九）に法隆寺への経済的特典である封戸《ふこ》が停止されたことをもって、朝廷との疎隔を考える説が古くからあるが、これは封戸制度の全体的見直しに基づく措置であり、法隆寺に対する朝廷の扱いを云々すべき史実ではない。法隆寺の経済基盤が、封戸にのみ負っていたのではないことは改めていうまでもないであろう（第二章第五節および第三章第六節参照）。

むしろ法隆寺は、再建を機に聖徳太子の建立した寺から、聖徳太子を追慕するための寺に生まれ変わったとみるべきである。そのことを最もよく示すと思われるのは、西院伽藍が極めて復古的な姿で計画、完成されたことである。建築様式が、ほぼ同時代に造営された藤原京の薬師寺と大きく異なることは、藤原京の薬師寺をそのまま平城京に再現した西の京の薬師寺と比べれば、一目瞭然であろう。法起寺や法輪寺の三重塔は、法隆寺と同様式であるが、この両寺は同じく聖徳太子ゆかりの寺院として、造営が並行して進められており、同列には論じられない。ほかの七世紀の寺院は建築物をとどめていないが、発掘調査などで推定できる金堂の平面計画などを比較しても、七世紀半ば以降、他寺では次第に間口が広い平面に変化してゆく中で、西院伽藍の金堂のみは、七世紀前半の四天王寺、飛鳥寺、創建法隆寺（若草伽藍）と同様、正方形に近い平面である。薬師寺にみられるような唐風の様式がまったく採用されず、朝鮮半島経由の中国南北朝的な古い様式が、強固に守られているといえる（東野治之「上代寺院の金堂と仏像」、『大和古寺の研究』、塙書房、二〇一一）。

仏像についてもそうであって、本尊釈迦三尊は推古三一年（六二三）頃の制作であるから当然として、薬師如来像は完全に飛鳥時代の止利《とりよう》様を踏襲している（八六頁の図11）。このことは、単に本尊が入れかえられたということではなく、最初から飛鳥様式の堂に飛鳥様式の仏像を祀ることが計画されていたことを示していよう。

飛鳥の復古ということでは、西院伽藍使用の軒丸瓦《のきまるがわら》、軒平瓦《のきひらがわら》の文様（九四頁の図14）も見逃せない。軒丸瓦は唐様式《とうようしき》の複弁蓮華文《れんげもん》であるが、軒平瓦のパルメット唐草は、七世紀前半の斑鳩宮での意匠（四二頁の図6）を踏襲している。同時代の様式で統一せず、軒平瓦には復古が行われているといってよい。そこに聖徳太子ゆかりの文様を生かすという意図が読みとれる。太子追福の本尊を中心に、七世紀前半の様式で再建するという統一的計画があったということであろう。

この計画の推進は、寺独自の意向や思わくによるのではなく、朝廷の援護のもとに行われた可能性を考えるべきである。西院伽藍の伽藍配置は、それを示唆している。法隆寺式といわれるこの配置は、近年の発掘調査による研究の進展で、六四〇年代に舒明天皇が建立させた百済大寺《くだらのおおでら》（奈良県桜井市の吉備池廃寺がその遺跡）で、始めて採用されたとみられるようになった（奈良文化財研究所編『大和吉備池廃寺』、吉川弘文館、二〇〇三）。法隆寺は、この配置をとる二番目の寺と考えられる。

百済大寺は、天皇が直接造営させた最初の大寺であり、その後、高市《たけち》大寺、大官大寺と継承、発展して、官大寺の筆頭に位置づけられた。その百済大寺の伽藍配置が法隆寺で採用されたところに、百済大寺が聖徳太子の伝承とも関わりをもつとはいえ、朝廷の関与を想定しないわけにはいかない。その背景には、すでに述べたような太子尊崇の盛り上がりが、すでに皇室を巻きこんで展開していた情勢があるとみられ、その結果、再建期の法隆寺が早くから官寺扱いされることにもなったのであろう。八世紀に入ってみられる新たな太子信仰と、法隆寺の関係については、次に節を改めて述べることとする。

3　奈良時代の法隆寺と慧思後身説

慧思後身説の登場によって、聖徳太子への崇拝は太子信仰へと傾斜してゆくが、それは法隆寺にも大きな影響を与えた。慧思後身説は結果的に法隆寺東院の信仰の中核を形成することとなる。本章第二節でも一部言及があるが、ここではさらに詳しく、双方の関わりをみておこう。

慧思後身説と道慈

最初におさえておかねばならないのは、慧思後身説の形成時期である。これについて定論のないことは本節1で述べたが、改めて史料を検討すると、少なくとも慧思が海東の国に転生したという伝えは、かなり早く、八世紀初めには日本に知られ、太子と結びつけられたと考えた方がよい（東野治之「日唐交流と聖徳太子慧思後身説」、前掲『大和古寺の研究』）。その手がかりは、本節1の太子の伝記のところで言及した『異本上宮太子伝』にある。既述の通りそこには『七代記』という中国文献が引用されている。これは慧思が没してのち、六人の人物に順次転生し、最後に倭国の王家に生まれたことを説く。この『七代記』は、徳島本願寺所蔵『聖徳太子伝暦』の書き入れに「已上七代碑文記之」（以上七代、碑文に之を記す）とあって、碑に刻されたものであったらしく、その末尾には「碑下題して言わく、倭州の天皇は、彼の聖化する所」で始まる短い文があるが、最後に次のような書写したときの奥書が二行割りの形で付加えられている。

李三郎帝即位開元六年歳次戊午二月十五日杭州銭唐館写竟

（李三郎帝即位の開元六年、歳《ほし》は戊午に次《やど》る二月十五日、杭州の銭唐館に写し竟《おわ》りぬ）

李三郎帝とは唐の玄宗のことである。書写した人物の署名はないが、これが唐に来ていた外国人であったことは、書写の場所から分かる。杭州《こうしゅう》の銭唐館《せんとうかん》（唐は塘か）は唐代の州に置かれた公的な宿泊施設のひとつで、水上交通の要衝である杭州の場合、外国使節の滞在にあてられていた可能性が強い。現に遣唐使もこのような館を利用したことが、平安前期の例から知られている。開元六年（七一八）は、その前年に入唐した養老の遣唐使があたかも帰国した年にあたる。この史料が日本に伝えられていることも考えれば、この遣唐使の一員が、日本への帰国に備えこれを書写し、持ち帰ったとみるのが妥当であろう。

　この日付の二月一五日が、釈迦入滅の日にあたっているのは暗合かもしれないが、この史料の舶載をめぐって見逃せない僧がいる。それは大宝二年（七〇二）に入唐し、この年養老二年（七一八）に遣唐使船で帰国した道《どう》慈《じ》である。道慈は、唐で訳出されて間もない護国経典、金光明最勝王経《こんこうみょうさいしょうおうきょう》を始めて請来したとみられ、唐の西明寺の建築プランを伝えるなど、奈良時代の仏教、文化に大きな影響を与えたことで知られる。『七代記』を書写した人物が、道慈であったとまではいえないにしても、道慈がみずからの帰国と同じくして伝えられた『七代記』に無関心であったとは考えられない。

図28　額安寺出土軒平瓦断片

　そこで注目されるのが、道慈と法隆寺、光明皇后との浅からぬ関係である。まず法隆寺に関しては、道慈の伝えた三論宗の新しい学派が別三論衆として法隆寺に置かれている（『法隆寺資財帳』）。この衆が設置されたのは、ほかでは元興寺だけである（田村円澄『日本仏教史』一、法藏館、一九八二）。『法隆寺資財帳』によると、法隆寺には道慈帰国の翌養老三年に、唐から請来の檀像一具や仏舎利五粒が納められたが、別三論衆との関わりから推すと、これにも道慈が関係したのではなかろうか。

　道慈と法隆寺との関わりは、別三論衆の件を除けば従来まったく取りあげられていない。しかし道慈は、法隆寺に近い額田部《ぬかたべ》（奈良県大和郡山市）を本拠とする額田部氏の出身である。この地に立つ同氏の氏寺、額安寺（額田寺）は、聖徳太子が創めた熊凝《くまごり》道場をうけついだものとされ、額安寺の出土瓦には、法輪寺や法起寺と類似するものもある。資料的性格は不明ながら、法隆寺の創建で使われた手彫り忍冬唐草文《にんどうからくさもん》の平瓦（図28）もみつかっている。この地に育った道慈が高まりゆく太子崇拝の中で、太子の事績に深い関心を抱いたことは推測にかたくない。道慈は、のちに平城京の大安寺の造営に尽くしたことで知られるが、その大安寺が、やはり熊凝道場につながる伝承をもち、太子の遺命を実現するために造られたという百済大寺に起源をもつことも、見落としてはならない。百済大寺の創建瓦では、軒平瓦にこれまた創建法隆寺の手彫り忍冬文の型が使われていて、上宮王家とのつながりも推定されている（前掲『大和吉備池廃寺』）。たとえ額安寺や大安寺の草創伝承が、あとから道慈その人によって唱え出されたとしても、それはかえって道慈の太子に対する強い関心を裏づけるものといえよう。

このようにみてくると、道慈が中国で展開していた慧思の転生譚を聖徳太子や法隆寺に結びつける上で、何らかの役割を演じた可能性は少なくないように思われる。前にも述べたように、慧思後身説は鑑真周辺との関わりを指摘されることが多いが、鑑真来日のもとになる伝戒師の唐からの招請自体、道慈の献策かとする説があり（佐久間竜「渡来後の鑑真」、『日本古代僧伝の研究』、吉川弘文館、一九八三）、その使命を帯びて天平五年（七三三）に派遣された栄叡・普照が、当時道慈の住していた興福寺の僧であったことにも留意する必要がある。栄叡・普照が道慈の示唆のもと、慧思後身説の原形といえるようなものを抱いて渡唐し、鑑真がこれをうけて確信するにいたったとも考えられよう。

以上のようなさまざまな推測を、大筋で裏付けるのではないかと思われるのが、法隆寺東院に伝来し、現在法隆寺献納宝物となっている細字法華経一巻である（一七一頁の図8）。この法華経のことは本章第二節でもふれら

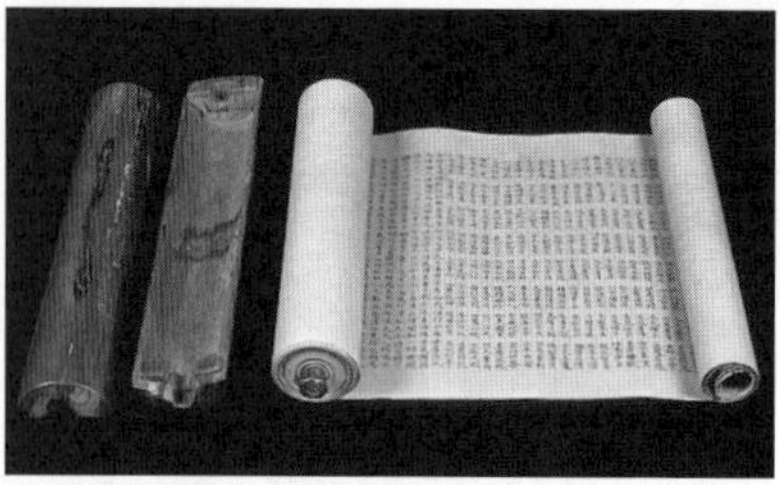
図29　細字法華経と経筒

れているが、天平宝字五年（七六一）の『東院資財帳』の脱落を補正すると、この時すでに東院にあったもので、天平九年二月二〇日に、聖徳太子在世中の所持品として、経筒に入れ（図29）櫃《ひつ》に納める形で光明皇后から寄進されたことは間違いない（東野治之前掲論文）。当時すでに東院は造営中で、二年後に完成したとみられる。ただこの経には末尾に奥書があり、則天武后期の長寿三年（六九四）、中国の揚州で李元恵という人物が書写したことが分かる。太子の「御持物」（『東院資財帳』）としては明らかに時代が合わないが、細かい事情はともあれ、武后期の頻繁な改元事情が伝わらないまま、古い経典と信じられて寄進されたことは疑いないであろう。

この経は、奈良時代末の『異本上宮太子伝』では、太子が遣隋使小野妹子に衡山《こうざん》へ取りにやらせた経として、長寿の奥書まであげ、『延暦僧録』（「上宮皇太子菩薩伝」）では、太子が先生、すなわち慧思として生きた時に持誦していた経とされている。『異本上宮太子伝』は明確に先生での所持品とはいっていないが、取りにやらせた場所が衡山である以上、やはりその含みであることは、いうまでもなかろう。『東院資財帳』では単に「御持物」とあるだけであるから、なおそこまでの伝承がなかったともみえるが、やはりそうではあるまい。太子の所持品ということなら、とりたてて舶載経《はくさいきょう》である必要はないにもかかわらず、このような経がそれとされているのは、取経伝承、ひいてはこれが日本初伝の法華経とする伝えが、背後にあったからと考えるのが自然である。『延暦僧録』（「上宮皇太子菩薩伝」）にみえるような、太子を最初の法華経請来者とする伝えは、すでに天平初年には成立していたとみるべきである。

この法華経が光明皇后によって寄進されたのは、天平九年（七三七）の太子忌日を目前にしてのことであったが、その前年の太子忌日には、第二節で言及があったように、光明皇后の命をうけ、僧行信が皇后宮職の官人を率い、僧尼三〇〇人余りの参加する法華経の講会を開いた。これは「皇太子御斎会奏文」(法隆寺献納宝物、一九四～五頁の図17)にみえる伝えであるが、その信憑性は高い(東野治之「法隆寺献納宝物　皇太子御斎会奏文の基礎的考察」、前掲『大和古寺の研究』)。そこで法華経を講じたのは、他ならぬ道慈であった。道慈は唐からの帰朝後、少なくとも天平九年頃まで興福寺に住したことが確かめられ、光明皇后の母、橘三千代の一周忌を期して営まれた興福寺西金堂の造営にも関与したことが推定されている(森下和貴子「藤原寺考」、『美術史研究』二五号、一九八七)。道慈が光明皇后の信仰上の相談役として大きな役割を演じていたことはまず間違いない。細字法華経の舶載経緯や出処はしばらくおくとしても、太子「請来」の法華経を皇后が法隆寺に寄進するについて、道慈の影響は少なくなかったとみられ、道慈と慧思後身説や小野妹子取経伝説との関係が、改めて見直されるといえよう。

ことがこのように展開したとすると、東院の創建にとっても、この法華経のもつ意義は大きい。もともと橘三千代と光明子の母子は、法華経や、それと関わり深い観無量寿経《かんむりょうじゅきょう》に基づく阿弥陀浄土への信仰をもっていたとみられる。法隆寺に伝わる橘夫人念持仏厨子(口絵6および一五六頁の図6)は、その遺品とみてよい(東野治之「橘夫人厨子と橘三千代の浄土信仰」、『日本古代史料学』、岩波書店、二〇〇五)。その信仰は法華経の請来者、聖徳太子と結びつくことで発展し、太子の法華経と称するものを得て、光明皇后の東院造営へと進んだのであろう。東院の本尊には、太子等身の観世音菩薩像、すなわち現在の救世《くせ》観音(一七八頁の図11)が安置されるが、これも法華経信仰と無関係ではない。観音信仰の典拠は、法華経の観世音菩薩普門品(観世音経)にあるからである。七世紀の太子崇拝において、太子を釈迦になぞらえる傾向のあったことを先に述べたが、東院の造営は太子を観音の化身とする、のちの太子信仰への端緒を開くものとなった。日本において法華経を最初に流布させたと目された太子が、観音の化身とみられるのは理のあることで、太子等身の観音像には、すでに観音の化身としての太子というイメージが重ね合わされていたと考えてよい。先に西院伽藍の再建は、太子を追慕する寺の完成であったと書いたが、東院の完成は、文字通り太子を信仰対象として祀る寺の出現であったといえる。

行信と太子遺品

ところでこれまで道慈に焦点をあててみてきたが、東院の造営を主導したとされる行信との関係は、どのように考えられるであろうか。本章第二節1にもあるように、行信の人物像や経歴は史料が乏しく、不明の点が多い。しかし行信が、東院にさまざまな太子ゆかりの品を集めていることをみても、東院造営の実務をとりしきった人物であることは確かである。道慈との関係では、道慈が天平九年（七三七）頃に律師の職を辞したあと（東野治之「太子信仰の系譜」、前掲『日本古代史料学』）、天平一〇年に行信がそれにかわるような形で律師となっていることが注意される。道慈の律師辞任は、光明子の兄たち、いわゆる藤原四子の死没直後のことらしく、政治体制の変化と関わるようにもみえるが、その後も大安寺での活動はみられ、むしろ自由な立場での行動を望んだ結果ではないかと思われる。行信は、これ以前から光明子と近いところで活動していたとみられ、道慈にかわる役割を果たすことになったのではなかろうか。行信と光明子のつながりを間接的に示すのは、天平九年に皇后宮職（実際には光明皇后の意向）から出された元興寺の摂大乗論《しょうだいじょうろん》門徒の扱いをめぐる請願である。その内容は、孝徳・天智朝以来、藤原鎌足や不比等、光明子が援助してきた元興寺の摂大乗論門徒の一部を、藤原氏ゆかりの興福寺に住まわせたいというものである。摂大乗論門徒は、法相宗《ほっそう》の基本経典である摂大乗論を研究する集団であって、鎌足は長男の定慧《じょうえ》が元興寺に関係深かったこともあり、元興寺を経済的に支持することを始めたようである（田村円澄前掲書）。元興寺（飛鳥寺）といえば、蘇我氏建立の寺というイメージが強いが、鎌足以降は藤原氏との親密な関係で結ばれていた。行信は元興寺で法相宗に属していたとされるが

（『僧綱補任』）、この申請の裏には、光明子と結んだ行信などの働きかけがあったとすべきであろう。この翌年、行信は律師となり、橘諸兄政権下で大僧都に昇任してゆく。道慈は三論宗、行信は法相宗と、学派は異にするが、太子信仰を鼓吹する点で、ともに光明子につながっていたのであろう。

　行信が東院にもたらした太子の遺品には、確かに全面的には信じがたいようなものがある。細字法華経にしても、すでに時代の齟齬したものであったから、すべてが実物でないことはもちろんであろう。ただその中に、明瞭に古いものが含まれていることも見逃すべきではない。東院の本尊、太子等身とされる観音像（救世観音）などはそのひとつである。太子等身という伝承は後出のものかも知れないが、おそらく法隆寺ないしその近傍にあった、然るべき由緒の飛鳥仏であろう。天平建築の金堂（夢殿）に、このような飛鳥仏を納めたところに、太子への強い思いが感じられる。

　また今日御物となっている法華義疏（口絵9および一七二頁の図9）も、まぎれもない七世紀前半の写本であろう。創建の東院には、このほかに勝鬘《しょうまん》、維摩《ゆいま》二経の疏も納められ、三本とも「正本」、すなわち太子自筆の原本であったとされる。現存するのは法華義疏だけであるが、これを巡ってそのまま太子自筆の草稿本と認める通説に対し、早くから疑問も投げかけられてきたのは周知の事実である。太子が最初の法華経請来者であり、それをもとにして作られた注釈が法華義疏となれば、信仰上もその草稿本があることが望ましい。そこに何らかの作為が働く余地は極めて大きいといえよう。

　しかし法華義疏の実物に則して詳しく調査してみると、この写本が太子の真蹟である可能性は決して低くない（詳細は東野治之「ほんとうの聖徳太子」、前掲『大和古寺の研究』）。おびただしい擦消、貼紙、本紙の切断による訂正は（図30）、古くから指摘されてきたように、この写本が著作者自身による原稿であることを示しているし、

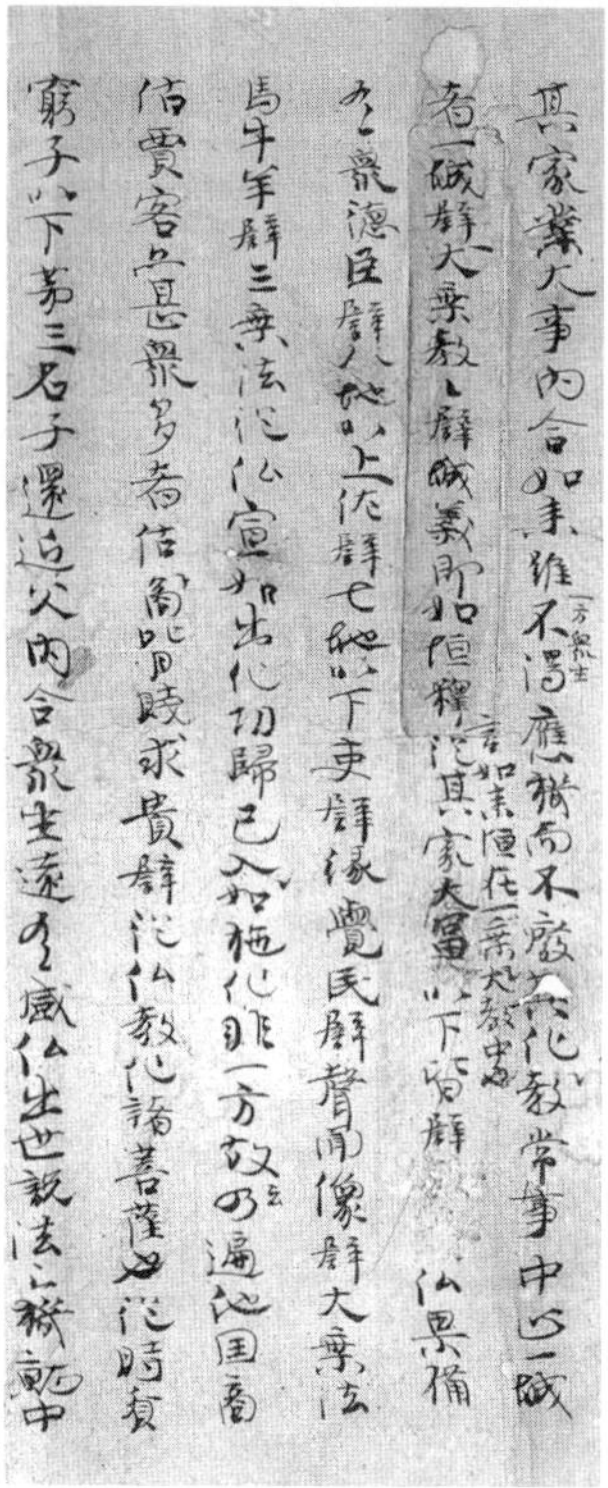

図30
法華義疏の書入れ、貼紙、擦消

押界《おうかい》による罫線入の用紙も私的な用途のためと考えられる。内容的には、これも早くにいわれている通り、安楽行品《あんらくぎょうほん》の注をはじめ、在俗の人物による著作としか考えられない箇所が含まれる。このような草稿が、裏面を再利用されることもなく、書かれてから一〇〇年以上もそのままに伝存したのは、よほど由緒の明瞭なものとして、最初から貴重視されていなければ考えがたいことである。それはやはり太子の草稿であったからとみるのが自然であろう。

なお、この義疏の表現に漢文ではありえない語順のあることが、日本人の著作とする証拠にあげられている(花山信勝『法華義疏の研究』、東洋文庫、一九三三)。しかしこれは必ずしも絶対的とはいえず、古代朝鮮などでも起こりうることである。ただ法華義疏ではないが、勝鬘経義疏の中には、明らかに中国語(漢文)を話さない人が書いたとみられる表現がある。

そもそもこの勝鬘経義疏に関しては、中国の敦煌《とんこう》から発見された仏典中に、内容のそっくりな南北朝時代の注釈があり、これが紹介されて聖徳太子の著作を疑う説が有力となったことがある。しかし中国の学問の方法は、儒教でも仏教でも、先行の研究、著作をそのまま継承した上で、わずかにオリジナルな意見を加えるというのが普通であり、酷似した別の著作があっても何ら不思議ではない。唐の初めに作られた五経の公定注釈書『五経《ごきょう》正義《せいぎ》』でも、前代の注釈を引き写したために、唐の時代にはふさわしくない、「大隋」などという用語が残っていることが指摘されている（吉川幸次郎『尚書正義』訳者の序、同舜典一九〇頁、『吉川幸次郎全集』八、筑摩書房、一九七四）。

むしろ敦煌本との比較では、よく似たなかに次のような違いのあることが注意されるべきである。すなわち敦煌本には、表現も意味も同じであるということを、「語意俱同也」（語と意、俱に同じなり）とする一方、表現は違うが意味は同じというのを、「語異於前、而意同前也」（語は前に異なれども、意は前に同じなり）と記す。勝鬘経義疏のそれにあたる箇所（摂受正法章）をみると、同じことが、

文意皆同（文と意、皆同じ）

故意一而文異也（故に意は一にして、文は異なり）

と表現されている。述べるところは変わらないが、敦煌本の「語」が「文」といいかえられているのが知られよう。これはまったく瑣末な相違のようでいて、決してそうではない。「語」は話し言葉であるのに対し、「文」は書き言葉である。右のような表現の違いは、一見ささいにみえるが、筆者が中国語を話せたかどうかという大きな違いを反映しており、義疏の作者が大陸の知識人ではなかったことを証明していよう（東野治之「『勝鬘経義疏』の「文」と「語」」、前掲『大和古寺の研究』）。

このように法華義疏や勝鬘経義疏を疑う必然性はないと思われるが、それは細字法華経との関係でもいえる。細字法華経は明らかに仮託されたものであるが、それには細字法華経が七巻本であるという点が大きく作用していたであろう。法華義疏は鳩摩羅什《くまらじゅう》訳の七巻本の注釈であり、それに使われた経ももちろん七巻本でなければならない。細字法華経の巻立ては七巻であるが、内容は八巻本の一変型で、この点でも仮託は失敗しているが、七巻編成のこの経が選ばれたのは、当然七巻本に基づく義疏があったからにほかならない。すなわち細字法華経が

先生持誦の経と仮託された時点で、すでに太子作の義疏が公然と認知されていたことが分かるであろう。その年代が、天平九年（七三七）をさかのぼること遠くないころとしても、それは年代の判明する限り、法華義疏を太子の作とする最も古い史料となる。太子の慧思後身説や妹子の取経伝説が形成される根底には、むしろこの草稿本の義疏があったのではあるまいか。

このようにさまざまな問題を含む東院ではあるが、その完成によって、法隆寺は太子信仰の寺として新たな出発点に立つこととなった。奈良朝末に称徳天皇の行幸につき従って法隆寺に参詣した文人淡海三船《おうみのみふね》は、慧思後身説をテーマに五言の詩を作り、それに「聖徳宮寺に扈従《こしょう》す」と題した。「聖徳宮寺」は「聖徳太子の宮」（斑鳩宮）に建てられた寺の意で、西院とは別寺の形で運営されていた東院を指すと思われるが、新たな法隆寺への信仰をよく物語っているといわねばならない。

第六節　『法隆寺資財帳』にみる経済的基盤

1　東国の乳部と食封

東国の乳部　法隆寺は聖徳太子やその子山背大兄王を中心とする上宮王家が営んだ斑鳩宮の付属寺院として創建された。その経済的基盤は第二章第五節（一一五頁以下参照）で既述し、また次項で述べるように、『法隆寺資財帳』が記すところによると、天皇からの寄進地や大豪族物部氏の旧領地などが混在していた。寺の周辺地域の開発には当然のことながら上宮王家の勢力をもってなされたが、在地勢力の支援も必要であったと思われる。そうした支援氏族については、序章2「斑鳩の歴史的環境」で触れているので、ここでは東国の乳《み》部《ぶ》と食封《じきふ》に限定して、寺の経済的基盤の推移について触れておきたい。

まず、東国の乳部であるが、皇極二年（六四三）一一月紀によれば、山背大兄王らが斑鳩において、蘇我氏配下の手勢に襲撃を受け、山中に在った時、三輪文屋君《みわのふみやのきみ》が王に勧めて、以下のように語ったという。

深草屯倉《みやけ》に移向《ゆ》きて、茲《ここ》より馬に乗りて、東国に詣《いた》りて、乳部を以って本《もと》として、師《いくさ》を興《おこ》して還りて戦はむ。其の勝たむこと必《かなら》じ。

王はこの進言に対して、わが身の為に、多くの民を戦に巻き込むのは欲しないとして、斑鳩宮に還って自殺するのであるが、注目すべきは深草屯倉と東国の乳部である。深草屯倉のある深草の地（山背国紀伊郡、現京都市伏見区深草）は秦大津父《はたのおおつち》の居住地であって、大津父はのちに大蔵の官についたとされる（欽明即位前紀）。大蔵のことが事実とはただちに受けとめることができなくても、深草が秦氏の勢力圏にあったことは、秦中家忌寸《なかつへのいみき》らが遠祖伊呂具《いろぐ》の秦公が稲を積んで富み栄えたという伏見稲荷社の起源説話（『山城国風土記』逸文、日本古典文学大系二『風土記』、岩波書店、一九五八、四一九頁）にもうかがわれる。そして聖徳太子と秦造河勝《みやつこかわかつ》が親密な関係にあったことは、太子からもらった仏像を以って太秦《うずまさ》に蜂岡寺《はちおかでら》を造立したということ（推古紀一一年一一月紀ほか）からも推察できる。

東国の乳部のうち、東国とはのちの三関（愛発関《あらちのせき》・不破関《ふわのせき》・鈴鹿関）の外側の国々であり、乳部は壬生部《みぶべ》（皇太子の資養部民《しようぶみん》）と解すれば、あたかものちの壬申の乱（六七二）の際に、大海人皇子が美濃の湯沐邑《ゆのむら》（皇太子領）をまず抑えたことを想起させるのである。

三輪文屋君の進言は上宮王家と秦氏の関係から深草の地をまず目指すことであり、そののち皇太子領において兵力を養おうという作戦であったと思われる。ただし、こうした上宮王家の勢力基盤が法隆寺の経済に恩恵をもたらしたという直接的な史料は見出せない。しかし斑鳩宮を中心とする地域に本拠を設けた上宮王家の法隆寺ということを考えると、法隆寺の維持経営と無関係とはいえまい（横田健一「上宮王家の基盤」、『古代王権と女性たち』、吉川弘文館、一九四四）。

食封の変遷

次に国家からの俸禄と目される食封のことについて述べたい。食封とは大化改新で従来の私有民を廃止するかわりに、公民の一部を割いて封戸として給付されたものである。指定された戸からの田租の半分と調庸の全額および五〇戸に付き二人の仕丁《しちょう》という労働力の提供を意味するものであった。このうち田租は天平一一年（七三九）から全額支給に変更された。はじめは封主（受給者）が封戸から直接徴収していたが、天武朝ころから国司らを通じて間接的に徴収することとなったのである。

法隆寺の食封は『法隆寺資財帳』がその末尾に記載するが、年代順にすると左のとおりである。

①大化三年歳次戊申（六四八）九月、食封三百戸、巨勢徳陀古臣宣命して納め賜う。
　己卯年（天武八年・六七九）停止
②養老六年歳次壬戌（七二二）九月、食封三百戸、元正天皇納め賜う。
　丁卯年（神亀四年・七二七）停止
③天平十年歳次戊寅（七三八）四月、食封二百戸、聖武天皇納め賜う。永年なり。
　相模国足下郡倭戸郷、但馬国朝来郡枚田郷、上野国多胡郡山部郷、播磨国揖保郡林田郷に各五十戸。

①の大化三年は四年の誤り（戊申は六四八年で大化四）で、天武八年の停止は、この年四月の詔に「諸《もろもろ》の食封有る寺の所由を商量して加えるべきは加え、やめるべきはやめよ」とあるによった処置であろう。②は元明太上天皇の一周忌の供養のためであり、五年後に廃止されたのは、養老令禄令一四条に「凡《およ》そ寺は食封の例にあらず。

もし別勅をもって仮に封じるはこの令にかかわらざれ。仮とは五年以下をいう」とあるによった措置である。③は同時に山階寺《やましなでら》（興福寺）へ一〇〇〇戸、隅院（海竜王寺）に一〇〇戸が施入されていることからして、藤原氏の意図が働いていよう（直木孝次郎「称徳天皇・光明皇后と飽浪宮」、史聚会編『奈良平安時代史の諸相』、高科書店、一九九七）。

封戸が設定された場所について、すこし眺めておきたい。

相模国足下郡《あしのしもぐん》倭戸郷《やまとごう》とは現在の神奈川県小田原市内に比定され、中世の早川荘の地に比定する説もあるが（村岡良弼『日本地理志料』、臨川書店、一九六六復刻版）、その根拠に乏しく詳細は不明である。

但馬国朝来《あさご》郡枚田《ひらた》郷は『和名類聚抄《わみょうるいじゅしょう》』高山寺本に「牧田　比良多」とみえる。枚と牧はしばしば通じて用いられる。兵庫県朝来郡和田山町枚田を遺称地とし、『但馬考』（宝暦一〇＝一七六〇成立）は西牧田・牧田岡・市御《いちみ》堂《どう》・法興寺《ほっこうじ》・比地《ひじ》・玉木・和田山・桑原を郷域とする。円山川上流西岸にあり、交通の要衝にあたる。枚田の赤淵神社は式内社である。正倉院の天平勝宝九年（天平宝字元＝七五七）八月二〇日付鳥兜《とりかぶと》下貼《したはり》文書に、「高田駅家戸主牧田連麻呂」とある牧田連をこの地の豪族とする説がある。中世には国衙領となった。

上野国多胡郡《たごぐん》山部郷は、群馬県高崎市山名町を中心とする一帯に比定される。多胡郡は『続日本紀』和銅四年（七一一）三月六日の条によれば、上野国甘楽《かむら》郡から四郷、緑野郡・片岡郡から各一郷、あわせて六郷を割いて設置されたもので、片岡郡から分割されたのは山郷であった。『和名類聚抄』には「山字　也末奈」とある。上野国分寺跡出土の文字瓦には、「山字物部子成」「山字子文麿」「山浄万呂」といった刻銘がある。さらに天平末年頃の正倉院御物の庸布《ようふ》にも「上野国多胡郡山部郷戸主秦人（切断）高麻呂庸布壹段　長二丈八尺　広二尺四寸」と墨書銘のあるものが存在する（松田猛「佐野三家と山部郷——考古資料からみた上野三碑——」、『高崎市史研究』一一、一九九九／同

「上野国片岡郡についての基礎的研究──古代のミヤケと郡・郷をめぐって──」、『高崎市史研究』一九、二〇〇四）。山部と法隆寺との密接な関係については、第二章第五節2（一二〇頁以下）で縷説したところである。食封設定の背景に山部の存在が大きな意味を持っていたのではなかろうか。

播磨国揖保郡林田郷は、第二章第五節1（一一五頁以下）で述べたので省略する。

2　寺領水田・薗地と庄倉

寺領水田・薗地の様相

法隆寺の経済的基盤のうち、寺領水田・薗地を語るとき、まずとりあげるべきは、天平一九年（七四七）二月一一日付で、寺から僧綱所（仏教界を統括する僧官の居所、当時は薬師寺にあった）へ子細を上申し、翌年六月に承認された『法隆寺資財帳』であろう。田中重久・岡田芳朗らによる『法隆寺資財帳』偽撰説もあるが、石上英一による批判を妥当と考え、天平一九年の撰として取り扱いたい。なお、石上によって、最も古い写本とされる法隆寺蔵の折本（『法隆寺史料集成』一、ワコー美術出版、一九八三）の影印本に基づいて、以下の検討を加えていきたい。（伝本研究史の論点については、石上英一「法隆寺伽藍縁起并流記資財帳の伝来」参照、『古代荘園史料の基礎的研究』上、塙書房、一九九七）。

『法隆寺資財帳』によれば、当時、僧一七六人、沙弥《しゃみ》（見習僧）八七人、計二六三人に加えて、譜代の奴隷的身分である家人一二三人（奴六八人、婢五五人）、家人より身分の低い奴婢三八五人（奴二〇六人、婢一七九人）、計五三三人、その他浄寺奴《じょうじぬ》一人、合計七九七人の人々が寺の構成員であったが、『法隆寺資財帳』は奈良時代中頃の寺のいわば財産目録であり、これをみることによって、当時の寺の経済的状況を具体的に知ることができるのである。

表1　法隆寺領所在地一覧

国	郡	記事
近江	栗太	水田・二一町七段一四四歩、薗地・物部郷 四段、庄・物部郷 一處
大倭	平城京	庄・右京九条二坊 一處
	平群	水田・四六町九段二〇一歩三尺六寸、薗地・一五町、池・寺辺 三塘、山林・屋部郷 一地、岳・坂戸郷 一地、庄・一處
	添上	水田・二町一段二一六歩
	添下	栗林・菅原郷深川 一地、庄・一處
河内	志貴	水田・一町、庄・一處
	渋川	水田・四六町二段一八七歩、薗地・六町、庄・一處
	更浦	水田・四〇町、庄・一處
	和泉	水田・四五町九段、薗地・二段、池・軽郷 一塘、庄・一處
	日根	山林・鳥取郷 深日松尾山 一地、庄・一處
	大縣	庄・一處
摂津	菟原	水田・三一町六段二八八歩、池・宇治郷 一塘
	雄伴	山林・宇治郷 宇奈五岳 一地、庄・二處
	西成	庄・一處
	川辺	庄・一處
	武庫	庄・一處
播磨	揖保	水田・二一九町一段八二歩、薗地・一二町二段、山林・五地（於布彌岳・佐伯岳・佐乎加岳・小立岳・為西伎乃岳）、池・佐々山池一塘、庄・一處
	印南	嶋林（印南郡飾磨郡内）・一六地（止奈彌乃利山・伊奈豆母山・伊布伎山・左豆知乃乎利・多居知乃乎利・斯止々山・
	飾磨	石井前山・夜加山・彌多知山・比利布乃佐伎山・大嶋山・加良止麻利山・比乃利彌山・彌多知乃乎利・奈閇嶋・加夜波良林）、海（印南郡と飾磨郡の間）・二渚
	明石	庄・一處
	賀古	庄・一處
備後	深津	庄・一處

讃岐	大内	庄・一處
	三木	庄・二處
	山田	庄・一處
	河野	庄・二處
	鵜足	庄・二處
	那珂	庄・三處
	多度	庄・一處
	三野	庄・一處
伊予	神野	庄・一處
	和気	庄・二處
	風速	庄・二處
	温泉	庄・三處
	伊余	庄・四處
	浮穴	庄・一處
	骨奈嶋	庄・一處

『法隆寺資財帳』の「水田」「薗地」「庄」などの法隆寺領についてみていきたいが、まずその一覧表を掲げることとする（表1）。

『大日本古文書』や『寧楽《なら》遺文』所収の『法隆寺資財帳』は、水田の合計を三九六町三段二一一歩三尺六寸とするが、右の所在地別の分の集計は、四五四町八段三八歩三尺六寸となり、五八町四段一八七歩の超過をみる。こうした齟齬は薗地でもみられて、所在地ごとの集計は三三町八段であるのに対し、標記合計は三一町二段とし、池の数も集計一一塘《とう》で合計は六塘と記載している。これらは『法隆寺資財帳』製作者の作為的意図によるものであるとの見解があるが（水野柳太郎「法隆寺伽藍縁起幷流記資財帳」、『日本古代の寺院と史料』、吉川弘文館、一九九

三、初出一九六九)、上記の影印本の記載では齟齬が少ないとの指摘もあり(仁藤敦史「斑鳩宮の経営」、『古代王権と都城』、吉川弘文館、一九九八)、ここでは経済的基盤の大勢を知ることができればよいので、この問題に深く立ち入ることはしない。

まず法隆寺の周辺での寺領は如何であろうか。大和国平群郡に水田四六町九段余と薗地一五町、加えて庄一處があり、寺辺に池三塘《とう》があるということは、とりもなおさず寺を取り巻く地域での寺領の存在を示していよう。第一章第三節2(五二頁以下)でみたように、北に向って西に約二〇度傾く、一辺一〇六メートルの方格地割がいわば線引き的に計画され、それにのっとって主要道路や水路などが施行されていた。その面積が『法隆寺資財帳』のいう水田面積にあたるほぼ四六町余となるとの見解があるが、その見解は採ることができない。伽藍配置やそれを含む寺地を考慮に入れると、寺領水田はその範囲に限定されていたとは考えられず、その外縁にも広がっていたはずである。

水稲栽培を基本とする水田に対し、薗地は原則的には蔬菜《そさい》や桑・漆を植える地目をいうが(『田令』)、果樹などの栽培はなされていたであろう。薗地一五町は丘陵の縁辺部や自然堤防などの微高地に営まれたことであろう。ちなみに法隆寺の南方、大和川を隔てた現北葛城郡王寺町・香芝市あたりに所在した長屋王家の御薗と考えられる片岡司からは、蓮葉・菁《かぶらな》・桃・あざみ・蕗などを王家に進上している(『平城京木簡(解説)』一・『同』二、奈良国立文化財研究所、一九九五・二〇〇一)。木簡の年紀が奈良時代初期の和銅六~霊亀三年(七一三~七一七)に納まることと、寺とは経営主体の性格が異なるので、そのまま適用できぬかも知れないが、参考にはなろう。

池や山林は次項で詳述するが、寺の背後に所在したものである。

次の近江国栗太郡の水田二一町七段余と同郡物部郷の薗地四段・庄一處の存在は、物部氏の旧領に関わるということを重視しなければなるまい。庄には庄倉があり、これまでみてきたように水田と薗地は一体として経営されていた。物部郷の推定地は守山市勝部町の一帯（もと物部村）で、同町の勝部神社の祭神のひとつに物部布都《ふつの》神《かみ》があり、『日本三代実録』元慶六年（八八二）一〇月九日条には近江国正六位上物部布津神を従五位下に叙したことがみえる。おそらく旧物部氏の所領であったのが、用明三年（五八七）のいわゆる渋川の戦いにおける物部守屋など物部本宗家の滅亡ののち、法隆寺に入れられたものと推測される。

右のような歴史的事態は、河内国の水田ことに渋川郡の四六町二段余、薗地六町の存在でも想定し得るのである。ただし、前々頁でふれた水田面積の集計誤差は、どうも河内国の田積に起因するらしいので、断定はしがたいが、もしこの数字がそのままでよいとするなら、右の事件は物部氏の本拠地である渋川郡内で惹起したことであり、『四天王寺御手印縁起』が語るように、四天王寺がもつ河内・摂津の所領がことごとく物部氏旧領であったことと軌を一にするものと考えられる。

摂津国菟原郡《うばらぐん》の水田三一町六段二八八歩と池が宇治郷に一塘あることは、雄伴郡《おともぐん》の山林が宇治郷の宇奈五岳《うなごだけ》に一地あり、庄倉二処が存在することと密接な関係があろう。菟原郡と雄伴郡（平安期の八部郡）は東西に接しており、『法隆寺資財帳』が作成された天平一九年頃には、現神戸市中央区の宇治川（現在、大蔵山の南からは暗渠《あんきょ》となっている）を郡境として、宇治郷は川を挟んで両郡にまたがっていたものと推定できる。『法隆寺資財帳』は宇奈五岳の四至について、東を限る弥奈刀川《みなとがわ》、南を限る加須加多池《かすかたいけ》、西を限る凡河内山《おおしこうちやま》、北を限る伊米野《いめの》としており、弥奈刀川は湊川で旧湊川（現兵庫区の新開地筋）、伊米野は同じ兵庫区夢野と解される。

『行基年譜』によると、行基は天平二年（七三〇）二月一五日摂津国「菟原郡宇治郷」に船息院《ふなどまりいん》・尼院を建立し、同書天平一三年記には「大輪田船息《ふなどまり》 在攝津国菟原郡宇治」とある。現和田岬あたりに港と管理施設もしくは布施所の設置をしたものであろう。宇治郷の法隆寺領も、水田経営と山林管理ならびに、米や木材の交易のための庄倉を置いていたと察せられる。

播磨国の水田・薗地については、第二章第五節1で既述した（一一五頁以下）。

なお、天平宝字五年（七六一）一〇月に法隆寺の三綱が僧綱所に提出したものの逸文で、東院に関わる「仏経并資財条」（『史料集成』一）には、墾田地として摂津職住吉郡二五町、播磨国賀古郡一〇〇町、近江国八町七段一七三歩が記されている。ただし、住吉郡の墾田地は未開、賀古郡のそれも八四町六段が未開である。実質的な経済的基盤にどれほど役立っていたかは分からない。

墾田といえば、天平勝宝元年（七四九）閏五月二〇日に、墾田地一〇〇町の施入が国からあった。同時に絁《あしぎぬ》四〇〇疋・真綿一〇〇〇屯、麻布八〇〇端、稲一〇〇、〇〇〇束も施入されている。同年四月の陸奥国小田郡からの金の発見を仏に感謝したもので、十二大寺に共に施されたものである。この時、法隆寺は大安・薬師・元興・興福・東大の五大寺に次ぐ扱いを受けており、弘福・四天王両寺を凌いでいることが判明する（『続日本紀』）。ただし、墾田地が具体的にどこであったかは不明である。

また同年七月一三日には、諸寺の墾田所有の限界を定めたが、法隆寺は五〇〇町となっている（『続日本紀』）。これも東大寺の四〇〇〇町、元興寺二〇〇〇町、大安・薬師・興福・大和国法華・諸国分寺の一〇〇〇町に次いでいる。

ところで『法隆寺資財帳』が標記する水田合計面積と所在地別の集計が異なることはさきにふれたが、五八町余も多く記す所在地別の集計には法隆寺の主張が含まれており、天平一四年（七四二）の班田収授より以前の田記を用いているとの見解がある（鷺森浩幸「八世紀前半の法隆寺の寺田」、『日本古代の王家・寺院と所領』、塙書房、二

○○一）。四五四町八段三八歩余という数字は、七世紀末ないし八世紀初頭の時点での現実を提示したものであろう。稲一束（一〇把）を収穫し得る面積が一代《しろ》であり、五〇代＝一段のため、約二二七、四〇五束の収穫となり、一束から米五升を得るため、約一一、三七〇斛《こく》二斗五升（ただし一升は現在の四合に相当）となる。古い時代の経営法は明らかではないが、一部に寺家の人や奴婢による経営もあったであろうし、賃租（小作料）による経営もあったであろう（弥永貞三「律令制的土地所有」、『日本歴史』古代三、岩波書店、一九六二）。賃租は古い寺田については不詳であるが、初期荘園などの例では収穫高の二割程度である。

庄倉の機能

『法隆寺資財帳』の處々の庄四六處には、庄倉八四口、屋一一一口をともなっていたが、これら四六處の庄の機能面ないし存在の意義に関しては、松原弘宣氏の論考が詳細である（「法隆寺と瀬戸内海交通」、『愛媛大学教養部紀要』二六、一九九三）。氏はまず次の四点を指摘する。

①薗地の所在地に庄の無いところは存在しないが、水田の所在地に庄のないところは、大和国添上郡と摂津国菟原郡があり（前掲表1参照）、水田の所在地に必ずしも庄が存在していない。庄の本質は水田からの収穫稲の貯蔵施設でなかったことを示唆する。

②庄の所在地のなかで、その国に法隆寺の不動産が存在するにも関わらず、庄の所在郡に不動産のない場所として、河内国大県郡、摂津国西成郡・川辺郡・武庫郡、播磨国明石郡などがある。つまり、庄は周辺に存在する不動産と直接関連をもたない。

③河内国大県郡は大和川水運と大和国を結ぶ竜田道が通る水陸両交通の要衝の地である。

④摂津国西成郡は東大寺・大安寺を初め諸庄が置かれた瀬戸内海交通の基点である。摂津国川辺郡には猪名湊、武庫郡には武庫湊、播磨国明石郡には「明石浦」が存在している。

以上の諸点から、庄は薗地の付属はあるが、必ずしも水田を領有するものではなく、交通路上の要衝に設置されていた。なかでも大和川―大阪湾―揖保川河口―讃岐国丸亀平野―伊予国中央部という瀬戸内海交通路沿いに庄（庄倉）を設置しているとする。それを確認するために、同郡内に水田・薗地や山林岳嶋が存在しなくて、庄のみある郡を見ておこう（カッコの数字は複数の存在を示す）。

右京九条二坊
河内国大県郡
摂津国西成郡、川辺郡、武庫郡
播磨国明石郡、賀古郡
備後国深津郡
讃岐国大内郡、三木郡(二)、山田郡、阿野郡(二)、鵜足郡(二)、那珂郡(三)、多度郡、三野郡
伊予国神野郡、和気郡(二)、風速郡(二)、温泉郡(三)、伊余郡(四)、浮穴郡、骨奈嶋

一見して瀬戸内沿岸に多いことが分かる。これは聖徳太子が推古四年（五九六）に伊予国道後温泉に赴いたという『伊予国風土記』逸文の伝承と無関係ではなく、庄倉の所在地と法隆寺式軒瓦の分布が多く一致するということから（この問題については第二章第四節2〈一〇九頁以下〉において論じられている）、これらの庄倉はもともと上宮《じょうぐう》王家の所有であった可能性がある。

そして法隆寺は王家の滅亡後、引き継いだかたちで瀬戸内海交通路沿いに庄倉を設置しているのである。その目的や機能としては、単に寺領からの地子米《じしまい》（賃租として収穫量の五分の一程を納めること）の輸送のためというよりは、交易のためであったのではないかと、松原氏は推定している。

『法隆寺資財帳』の中に商布七二七段の記載があるのも、交易活動の表れと受け止められている。そうと考えれば、平城京右京九条二坊に庄倉があるのも、西市が右京八条二坊にあることと関連していよう。東市に接して相模国の調邸が存在したのと同様に、西市の南に隣接して、法隆寺の商業取引の施設が設けられていたのであろう。

右の交易を重視する見解に対し、右京・河内国・摂津国・播磨国の庄の場合は交通・物資流通上の機能を第一義的なそれとして重視できるが、讃岐国・伊予国の庄は墾田の経営拠点として機能していたとの見解が提起されている（鷺森浩幸「上宮王家の家産」、『日本の名僧1和国の教主　聖徳太子』、吉川弘文館、二〇〇四）。天平勝宝九年（天平宝字元＝七五七）の讃岐国鵜足郡《うたりぐん》の法隆寺領墾田関連文書からの指摘であり、傾聴すべきものがあるが、天平一九年（七四七）の段階での墾田開発の実態ははたしてどうであったのか、水田不記載の理由はどこにあるのかなど今後の検討課題であろう。

3　寺領の山林岳嶋・海・池

『法隆寺資財帳』は寺領の山林岳嶋・海渚・池をも記載している。まず大和国の三カ所からみていこう。最初は寺の近辺いわゆる寺辺である。『法隆寺資財帳』の山林岳嶋の項には、

平　群　郡
夜部郷岳一地
　屋部郷岳一地　東限鳥方岳板垣嶺　北限渋谷、至於保伊知比石庭
　　西限石庭、至大谷須疑墓　南限寺領

とある。そしてこれに関連しては、『太子伝私記』（『史料集成』四、一二四頁）「御井寺勘録寺家資財雑物等事」の

次の記載が参考となる（四至にある提は書写の過程における堤の誤り）。

法名法琳寺　東限法起寺堺　南限鹿田池提

　　　　　　北限氷室池提　西限板垣峯

　　　　　　　在平群郡夜麻郷

とある。後者は法輪寺の寺領を示す史料であるが、鹿田池は現在の片野池《かたのいけ》、氷室池は切水の小字名を残す濁池《にごりいけ》（三井池のこと、昭和二一年に完成した斑鳩溜池のもとの三池のうち、古来唯一の池）をあてることができる。板垣峯《いたがきみね》は、片野池の西に板貝田《いたかいだ》の小字名があることから、その西方の峯（樋崎古墳群の所在する丘陵）と考える。前者では法隆寺領の岳の東側に板垣嶺がある。岳の南限に寺領が存したことから、この岳は法隆寺の北側のものであることがわかる。なお、『別当記』（『史料集成』三、三一頁）には、応保二年（一一六二）のこととして、「法隆寺北山　渋谷唱補谷白石木下　合四谷興福寺大衆申テ如本取返畢（下略）」なる記載があり、渋谷がみえる。また屋部郷《やべのごう》と夜麻郷《やまのごう》が通用するものであることも判明する。

『法隆寺資財帳』は寺辺に三塘の池の存在を示す。これについては、すでに伊藤寿和氏が推察しているように（「斑鳩地域の溜池をめぐって」、『歴史地理学紀要』二九、一九八六）、片野池・濁池に加えて、桜池の前身である蟇田池《がまたいけ》をあげてよかろう。蟇田池は蟇田中池として、延長六年（九二八）に初見し（『平安遺文』一―二三二）、以後、延久四年（一〇七二）に蟇田池坤（同三―一〇九〇）、承徳元年（一〇九七）に池尻堤前（同四―一三七四）、永久元年（一一一三）に池尻垣内（同四―一七四六）、承安二年（一一七二）に開補池尻（同七―三六一四）として史料に現れる。その位置は条里史料から桜池（開浦池の嘉称）と同じとしてよい。

なお、寺辺を含む縁辺の寺領水田はもっぱら溜池による灌漑用水に頼ってきたことは、近辺の河川の用水状況から間違いない事実である。序章でも述べたことであるが、昭和一二年に斑鳩溜池が完成する以前、富雄《とみお》川により直接灌漑される地域は、左岸の東安堵《ひがしあんど》・高安《たかやす》の大部分と右岸の阿波の一部であり、大和川を用水源とする地域は、目安の耕地の大部分で、竜田川に依存する区域は、竜田・小吉田・稲葉車瀬《いなばくるませ》の一部と右岸の神南の大部分であった（吉野川分水史編纂委員会編『吉野川分水史』、奈良県、一九七七）。法隆寺の周辺の集落は完全にその圏外にあり、事情は古代においてもほぼ同様であったに違いない。

さて、法隆寺が所在する夜麻郷は、第二章第五節2でみたように（一二〇頁以下参照）、山部の人々が集中的に居住した地域である。文字通り、寺の裏山の山林の伐採も含めた管理面や池の治水のほか、寺領農地の耕作にも従事したことであろう。その祖先は大化前代において上宮王家に仕え、その管理の下に、全国の山部集団を利用して、瓦を焼く燃料材や建築材などを調達したという見方がある（仁藤敦史『古代王権と都城』、吉川弘文館、一九九八）。その他王家の氏寺である法隆寺の寺領に関わる行事や農事にも従事したものであろう。ところで従来、法隆寺献納幡に「奴」の文字があるとして、山部集団の中に奴隷的身分の存在も指摘されてきているが、「奴」は「如」と読んで（第二章第五節）、その説は採らない。ただし、寺が抱える五三三人の家人や奴婢（『法隆寺資財帳』）は、雑務のほかに寺領の耕作にも使役されたことであろう。

平群郡
坂戸郷岳一地

次に『法隆寺資財帳』に「同（平群）郡坂戸郷岳、一地、東限平群川、南西限久度川、北限志比坂路」とあるのを検討してみたい。平群川は竜田川、そして南と西を久度《くど》川が限る箇所とは、大和川がまさしく大きく北へ蛇行する現王寺町久度の地点であり、北を限る志比坂路《しいさかみち》とは『聖徳太子伝暦』推古一四年条に、「太子斑鳩宮に在り、忽ち駕に命じて椎坂《しいさか》北岡に往きて、平群里を望む」とあり、『太子伝私記』には、太子の四天王寺往還の道で南北二路あるうちの南路を椎坂路といい、河内国八部《やほ》（八尾）路に通じるとする。そして、かつて聖徳太子は平群河の西から椎坂の東にかけての地に寺を建立しようとしたが、竜田大明神の告示によって、さらに東へ一〇町ばかりの処に寺地を占定したとある。かつて斑鳩町と三郷町の境界に西山坂と呼ばれた坂があったが（明治～昭和年間の五万分の一「地形図」）、これが椎坂を伝えるものであろう（第一章第三節1〈四四頁以下〉参照）。坂戸郷は坂門郷とも記されるが、まさにこの坂に由来するのであろう（新川登亀男「平城遷都と法隆寺の道」、『奈良・平安朝の日中文化交流』、農文協、二〇〇一）。

右に囲まれた寺領の岳とは斑鳩町西南隅の標高八二メートルの三室山にほかならないと思われる。すなわち斑鳩町大字神南にあり、式内社神岳《かみおか》神社が中腹の小字上ノ堂に所在する（図31）。ここは四至が示すように、北は斑鳩と河内を結ぶ道路、東は斑鳩へのいわば玄関口を守る川、南と西は舟便のある大川の内側にあるという重要地点であった。また、この地が法隆寺の所有するその近在の山林岳嶋の西端に位置しており、法隆寺を支える人々の生活と信心のより直接的な基盤をなす西限の地であって、場合によってはここに寺を建立したかもしれないとの指摘がある（新川登亀男前掲論文）。

図31　神岳神社

なお、三室山については別に竜田大社（本宮）の西南の高山集落の背後の山をとる説もあるが（日本歴史地名大系30『奈良県の地名』、平凡社、一九八一、に両方の説を紹介する）、当面の寺領に関しては前述のとおりでよかろう。

その他の山林 岳嶋・海・池

右に述べたほかに、大和国にはもう一カ所栗林が存在した。場所は添下郡菅原郷深川で、その四至を限るのは、東に道、南に百姓家と習宜《すげ》池、西と北は百姓田であった。この場所はすでに、岸俊男氏によって考証されている（「習宜の別業」、『日本古代政治史研究』、塙書房、一九六六）。平城京右京一条四坊の西側の地である。そこには奈良時代の前半、藤原武智麻呂の習宜の別業が営まれていたが、後半期に入って、称徳天皇の御山荘となった可能性のある場所である。ここに法隆寺が天平一九年（七四七）の段階で寺領を持っていた特別な意味は見出せない。

次に河内国日根郡鳥取郷深日《ふけ》松尾山一地であるが、現大阪府泉南郡岬町深日が遺称地であり、そこには庄倉も置かれていた。天平神護元年（七六五）一〇月二六日に、称徳天皇が紀伊国行幸の途中、深日行宮にいたっている。深日浦は風景のよい良港として著聞するが、寺領は松尾山とあり、東を高峰、西を路、南を爾我紀谷《にがきだに》、北を胸川がそれぞれ限るとしていることから、海岸よりよほど奥まったところであろう。山林に関係するものであろうか。

このほかの摂津国雄伴郡宇治郷宇奈五岳は前項（二三四頁）で、播磨国揖保郡五地については第二章第五節1（二一五頁以下）でふれたので省略する。また播磨国印南郡飾磨郡《いなみぐんしかまぐん》内嶋林一六地に関しては、瀬戸内海沿岸の要地に寺領を保有する意味は小さくない。しかし、所在地の考証において、不詳な面が多いのであるが、最近、嶋林一六地を、山・前山《さきやま》・平利《おり》・島・林の五種類に分類し、前山は平地に張り出した丘陵、平利は牛馬を飼育する檻《おり》を指すとして、左豆知平利《さづちおり》は、現姫路市別所町佐土《さつち》に、夜加山《やかやま》は現加古川市東神吉《ひがしかんき》の斗形山《ますがたやま》に、弥多知山《みたちやま》・弥《み》多知乃平利《たちのおり》は現姫路市御立付近の丘陵、加良止麻利山《からとまりやま》は「韓泊」山で現姫路市的形付近とする見解が出された（鷺森浩幸前掲論文）。妥当な指摘である。

また、海弐渚《うみにしょ》が播磨国印南郡と飾磨郡の間にありとするのは、寺領近くの漁場や塩生産の確保を主張している可能性があると考えられる。あるいは前述の嶋林一六地が山と林と嶋の領有を地名をあげて主張していることと関連があり、その前面の渚の領有を謳《うた》っているのかも知れない。最後に池六塘であるが、池の水利灌漑における重要性については縷説したので省略に付したい。

第四章　聖徳太子信仰と子院の成立

第一節　法隆寺僧善愷訴訟事件と九世紀の法隆寺

1　法隆寺僧善愷訴訟事件

九世紀の法隆寺と西院・東院伽藍

長岡・平安遷都後の法隆寺の様子を伝える史料は多くないが、直接その衰微を伝える史料はない。南都の寺院の中で、法隆寺は八世紀に占めていたのと同じ地位を、九世紀になっても保ち続けていたとみてよい。例えば、承和四年（八三七）四月に二〇カ寺に大般若経と薬師宝号の輪転を指示した際には、梵釈・崇福・東西両寺・東大・興福・新薬・元興・大安・薬師・西大・招提・本元興・弘福・法隆・四天王・延暦・神護・聖神《しょうしん》・常住《じょうじゅう》の順で列挙されており（『続日本後紀』同月丁巳条）、平城京内の諸寺の順序には若干の異同があるものの、京外の南都諸寺として弘福寺・法隆寺・四天王寺と列挙するあたりはほぼ八世紀の列次を保っている。また、嘉祥三年（八五〇）五月の仁明天皇の六七日斎会にあたって南都の諸寺に使者が派遣された際には、東大寺・元興寺・興福寺・大安寺・西大寺・法隆寺・薬師寺の順で記されている（『日本文徳天皇実録』

同月庚辰条）。列次を見る限りにおいては、ここで法隆寺は平城旧京に位置する天皇家の氏寺ともいうべき薬師寺の上位に位置づけられている。

図1　綱封蔵（東南から）

この時期の法隆寺の寺格を示すものに、聖霊院・東室の東に現存する綱封蔵《こうふうぞう》がある（図1）。綱封とは開閉を僧綱《そうごう》（国家の寺院統制機構）の厳重な管理下に置くこと意味し、勅封に次ぐ格式を誇る。ほかの寺院では東大寺に類例が知られるのみである。しかも、当初は勅封《ちょくふう》だったようで、一一世紀後半には勅使下向の例も知られ、勅封蔵《ちょくふうぞう》と呼ばれていた（『太子伝私記』によれば、現在の綱封蔵の東には、もう一棟同規模の倉庫があり、これも勅封であったという）。発掘調査によって現在の綱封蔵は九世紀初めに新たに建てられたものであることが明らかになっている（鈴木嘉吉「法隆寺綱封蔵」、『ミュージアム』一九六、一九六七）が、『法隆寺資財帳』によると、天平一九年（七四七）には双倉《ならびぐら》二棟の存在が知られ、現在の綱封蔵はその後身とみられる。西院創建時までさかのぼるものではないものの、国家の厳重な管理下に置かれた倉庫建て直しの実施は、この時期の法隆寺の大きな地位の証といえるのである。勅封とされたのは聖徳太子ゆかりの品々を収めていたためともいわれるが、一一世紀末以降、開封は僧綱の手に委ねられるようになり、現在の綱封蔵の名称が生まれた。

なお、史料上にみえる法隆寺が、九世紀においても基本的には西院伽藍であったとみられることには注意を要する。というのは、法隆寺として八世紀にみえるのと同様の地位の寺院が継続して史料に登場する中で、東院伽藍については後述するように道詮《どうせん》が出て復興を進めているからである。このことは、法隆寺として八世紀と変わらない状況で史料にみえるのが西院伽藍であり、東院伽藍はこれとは別に衰微していたことを示すとみられる。西院伽藍と東院伽藍は山背への遷都後も別の寺院として活動しており、遷都が両者に異なる影響を及ぼしていたとみられるのである。

法隆寺僧善愷の訴訟と弁官の解任

さて、九世紀の法隆寺を考える上で、特に注目されるのは、法隆寺僧善愷《ぜんがい》が時の少納言登美《とみの》真人直名《まひとなおな》を太政官に訴えた訴訟に端を発するいわゆる善愷訴訟事件である。承和一三年（八四六）に起こったとされてきたこの事件は、檀越《だんおつ》として法隆寺に強い影響力を有したらしい登美真人氏と法隆寺との争論が太政官に持ち込まれたものだが、その訴訟審理をめぐって弁官内部での権力闘争の様相を呈する事件に発展する。事件は法隆寺僧善愷の起こした訴訟内容そのものとは関係ないところで発展することになるが、当時の法隆寺の置かれた環境を考える上で恰好の史料であるので、事件の展開を追いかけていくことにしたい。

そもそもの事の発端は、法隆寺の僧善愷が少納言登美直名の罪状を告発する訴状を太政官に提出したことにある。審理は弁官で行われ、当初は善愷の訴えが認められ、登美直名は断罪されるはずであった。おそらくそれだけならば、法隆寺僧善愷がそのような訴訟を起こしたこと自体も今日に知られることはなく、九世紀の法隆寺史は大きな空白となったことであろう。

ところが、この訴訟は思わぬ方向に展開する。承和一三年の秋九月、この訴訟の審理にあたってきた参議右大弁和気真綱《わけのまつな》が急死する。訴訟審理をめぐるトラブルから自宅に引きこもってまもなくのことであったという。同年一一月には、参議左大弁正躬王《まさみおう》、前参議右大弁和気真綱、左中弁伴成益《とものなります》、右中弁藤原豊嗣《とよつぐ》、左少弁藤原岳雄《たけお》から贖銅《しょくどう》を一〇斤ずつを徴収する決定がくだる。和気真綱はすでに死去していたためこれを免れたが、時の弁官のうちの五人までもが断罪される結果になったのである。さらに翌承和一四年五月には、「法隆寺僧善愷の違法の訴状を受推した件」によって、死去した和気真綱を除く四人の前弁官の位記一階を毀《こぼ》つ、すなわち位階の一階の降格が行われている。位階をもって充てる官当の処分の実施を示すのであろう。こうして法隆寺僧善愷が起こした訴訟は、時の弁官の五人の解任という、訴訟の当事者善愷の意図からはまったく思いもよらない中央政局の一大疑獄事件へと発展してしまう。これが善愷訴訟事件と呼ばれる事件である。

この事件の立役者は誰であったのか。それは残るもう一人の弁官、式部少輔右少弁伴善男《よしお》であった。彼はのちに貞観八年（八六六）の応天門の変で失脚することになるが、この事件はその直接的引き金ともなっていくことになる。正躬王や和気真綱ら弁官の多数派の意見としては、登美直名を遠流に処すべきであるという判断に当初はまとまろうとしていたが、これに対して伴善男は、僧である善愷が起こした訴訟の手続きそのものの違法性を指摘して、この処断に真っ向から反対したのである。すなわち、僧尼が訴訟を起こす場合は僧綱《そうごう》を通じて行うべきであり、善愷が太政官に直接訴訟を持ち込んだのは越訴《おっそ》にあたり違法である、というのが一点である。そしてその違法の訴訟を受理して審理した弁官の側に大きな過失があるとするのがもう一点で、これは審理期間中の原告・被告の扱いにも及んでいる。すなわち、伴善男は手続き面からこの訴訟審理の不当性を断じたのである。結果的に、伴善男の指摘に基づいて覆審が行われ、明法家《みょうぼうか》たちのさまざまな意見が聴取された上で、彼の意向に添う形で、彼以外の五人の弁官が解任されるという異常事態が生じることになった。

善愷による提訴の年代

伴善男はなぜそのような点を追及したのかが問われなければならないが、この事件の本質を探る前に、事件の実年代について述べておく必要がある。従来この事件の発端となった善愷による訴状提出は、承和一三年（八四六）の春から夏にかけてのことであったとされてきたがこれはおかしい。というのは、善愷の訴訟を好意的に受け入れ、登美直名の行為を断罪しようとして解任されたとされる左右弁官の長官である左大弁正躬王と右大弁和気真綱が、承和一三年正月に同時に更迭されていることが知られるからである。すなわち、承和一三年正月一三日、参議源弘《ひろむ》が左大弁を兼任、また参議安倍安仁《やすひと》が右大弁を兼任している（『続日本後紀』同月乙卯条）。これは明らかに前任の左大弁正躬王と右大弁和気真綱が同時に解任されたことを意味する。和気真綱は同時に参議も解任されたらしい（『公卿補任』）。真綱が固く山門を閉ざした、といわれるのはこの直後からであろう。したがって、伴善男の指摘によって覆審が実施されたのは、承和一三年正月よりも前でなければならない。事件に関わった人々の卒伝などでは承和一二年の叙位を記した後、善愷訴訟事件との関わりを述べており、覆審の実施、ひいては善愷による提訴自体が承和一二年中のことであった可能性が最も高いのではなかろうか。

また、残る三人の弁官左中弁伴成益・右中弁藤原豊嗣・左少弁藤原岳雄らが解任されたのも、贖銅徴収の決定が下ったこの年一一月のことではない。承和一三年九月一四日、小野篁《たかむら》が左中弁に、藤原嗣宗《つぐむね》が右中弁に、藤原松影《まつかげ》が左少弁に任じられている（『続日本後紀』同月壬子条）。それぞれ伴成益、藤原豊嗣、藤原岳雄の後任で、彼らはこの時点で解任されたみられる。和気真綱が「病無くして卒」したのはその直後のことであった（『公卿補任』では九月一五日、『続日本後紀』では九月二七日）。あるいは、元同僚の弁官たちの一斉解任の目の当たりにした上での覚悟の自死であったのかも知れない。その後の展開は先に述べたとおりであり、弁官職の解任にとどまらず、律の既定の厳密な適用による刑罰の執行にまでおよぶことになるのである。

伴善男と登美直名

さて、伴善男がそこまで徹底して善愷の訴訟の審理の非を追及したのはなぜなのであろうか。そこには藤原良房の腹心とみられる正躬王・和気真綱と伴善男との対立を読み取ることも可能ではあろう。四年前の承和九年の橘逸勢《はやなり》・伴健岑《こわみね》の変の審理にあたったのが正躬王と和気真綱であったことも偶然ではないかも知れない。また、一方では登美直名の救済に伴善男の真の意図を認めるべきではという見方もあり得る。しかし、弁官の解任は承和一三年正月の正躬王と和気真綱にとどまらず、さらにその八カ月後に残る三人の弁官にもおよぶというまことに執拗なものであったから、伴善男の意図が正躬王と和気真綱の解任にあったとみるのは妥当ではないであろう。あるいは登美直名を救済するためにクレームをつけたとまでみるのはややうがちすぎの感を免れない。いずれにしても弁官五人の解任はあくまで結果論である。

そこで、訴訟の本来の当事者たちの処遇をみておこう。この事件が記録に残ったのは弁官解任事件としてであり、善愷の訴訟そのものによるのではないため、実は肝心のところが明確ではない。原告の法隆寺僧善愷は、法的根拠は今ひとつ明確ではないが、明法家の断文によると笞《ち》卌が妥当とされており、そのように処された可能性が高い。一方、被告の登美直名はどうだったか。直名の罪状は、法隆寺の檀越としての立場を利用し、違法に法隆寺の賤物（奴婢と財物）を売却してその代価を得たということである。それは布に換算して二二一端三丈分にあたることから、当初は遠流に相当するという判断が下された。善愷訴訟事件はこの訴訟の手続きそのものの違法性を問う事件であったから、その判決そのものの有効性についても疑問がもたれるけれども、正史はこの当初の判断がどうなったかについては口をつぐんだままである。

そこでその後の登美直名の経歴からこれをうかがうと、承和一五年正月、直名は大宰少弐に任じられている。少弐は少納言と同格の従五位下相当官であるので、これをどう評価するかは問題である。少納言をいったん解任されその後少弐に任じられたのか、少納言から直接少弐に転じたのかはわからない。ただ、仮にこの訴訟の被告として檀越としての責任を問われることがあったとしても、それは形式的にはまもなく復帰できる程度のものであったということができる。

しかし、相当位階が同じであるとはいえ、京官ではなく大宰府官人への異動にはやはり更迭としての意味を読み取るべきではなかろうか。のちに豊後守に転じた時に謀反を企てたというのもその延長線上において理解すべきではないかと思う。最終的にはそれは許されたということだが、実質的な左遷とそれへの反発が、謀反と認識されるような行動となって現れたのであろう。登美真人氏が法隆寺の檀越といういわば在地に密着した立場にあったことを考えると、直名の大宰少弐任官にはこれまで以上に重い意味を読みとるべきであろう。

このように考えると、伴善男は直名の遠流という処分を撤回させることには成功したものの、直名はその後経歴的には不遇を託《かこ》つことになったし、伴善男自身も弁官一斉解任という異常事態の出来によって藤原良房との対立を決定的なものとし、後年の応天門の変でのみずからの失脚の伏線を作ってしまった事件という評価が可能になってくるであろう。伴善男の全面的な勝利と評価するのはやや片手落ちのきらいがある。

2　法隆寺と天台宗——善愷訴訟事件と法隆寺

法隆寺と登美藤津

それでは、法隆寺の側からみると、この訴訟とそれをめぐる弁官解任事件はいかなる意味をもったのであろうか。この点を考えるためには、法隆寺と登美真人氏との関係から説き起こす必要がある。登美真人氏と法隆寺との関係は、直名の父登美藤津《ふじつ》の代までさかのぼって確認することができる。登美藤津はもと藤津王といい、諸王の一人であった。少納言正月王《むつき》(牟都岐王とも)を父とし、用明天皇の皇子来目王《くめ》の後裔という系譜関係を称する家系である。延暦一〇年(七九一)七月、藤津王は父正月王の意志を受けて臣籍降下を願い出て許されている(『続日本紀』同月己卯条)。それによると、藤津王の父正月王は、生前臣籍降下を願い出る上表文を作成したがこれを提出する前に死去してしまった。正月王はその表において、「私の息子四人と娘四人は王を名乗っているけれども（六世王にあたるため）既に庶人と等しいので、願わくは登美真人の姓をたまわって諸臣の身分とさせたい」と述べる。

「登美真人」の「登美」は、大和国添下郡登美郷（『和名類聚抄《わみょうるいじゅしょう》』では鳥貝郷とするが鳥見の誤りであろう）にあたる。現在の奈良市中町・三碓《みつがらす》町から平群《へぐり》郡斑鳩町にかけての富雄《とみお》川沿い一帯の地名とみられる。登美直名が法隆寺の檀越として権勢を奮ったのは、登美真人氏が法隆寺の所在する地域に近い登美郷に基盤をおく在地に密着した氏族として成長していたことによると考えられるが、正月王が登美真人賜姓を申請する上表を用意していたことは、こうした在地との強い結びつきが、祖父正月王の代にはすでに形成されていたことを示している。聖徳太子の兄弟にあたる来目王の後裔を称するのも、それが史実かどうかは別として（法隆寺との関係から来目王に系譜を結びつけた可能性も否定できない）、法隆寺に近い在地に根ざした氏族として相応しい。登美真人氏の檀越としての法隆寺への強い発言権は、後述する夏安居《げあんご》講師に天台宗の僧侶を招請することを申請した際、法隆寺だけでなく四天王寺の安居についても同時に申請していることにもよくあらわれている。なお、世代からみても来目王の後裔とするこの主張は不自然ではなく、この正月王の上表は子女の藤津王らが六世王にあたるという認識を前提としたものであったとみてよい。

登美藤津は延暦一八年二月に左大舎人助、同年八月には少納言に任じられる。時に従五位下であった。その後弘仁元年（八一〇）には越前介、この年従五位上に昇叙し、弘仁二年には治部大輔・兵部大輔を歴任し、弘仁五年には越中守に任じられている。越中守離任後の天長元年（八二四）六月、前越中守として解《げ》を提出し、四天王寺・法隆寺における毎年の安居の講師に、天台宗（延暦寺）の僧を招請することを申請している。太政官では翌天長二年二月、この申請に基づいて治部省に符を下し、これを正式に認めている（『類聚三代格』）。法隆寺では、聖徳太子の本願になる功徳安居と、聖武天皇の本願になる官安居の二種の安居を行ってきた（『日本三代実録』貞観二年一〇月二五日条）が、この年八月以降は登美藤津の解に基づく太政官符によって、延暦寺の僧を官安居の講師とすることとし、功徳安居にのみ法隆寺の僧を充てることになったという。法隆寺にとっては寺における行事に自寺の僧侶を講師として参加させられないという事態が出来《しゅったい》することになったのである。檀越として寺家の運営に大きな発言権を有したと思われる登美藤津の発案に基づくとはいえ、法隆寺の僧侶の立場からいえば、いわば屈辱的な事態であったといってよい。のちに法隆寺僧善愷が藤津の子直名の檀越としての専横を太政官に訴えることになったのも、こうした法隆寺の僧侶の立場を無視した寺家運営への口出しが顕著になっていくことの延長線上に位置づけられる僧侶の側からの対応策だったのであろう。

法隆寺の安居への延暦寺僧の参加

それでは登美藤津が法隆寺における安居に延暦寺の僧を参加させる申請をした背景はどこにあったのか。登美藤津はこう述べる。四天王寺と法隆寺は、聖徳太子が建立した寺である。太子は生まれながらにして聡明にして仏の教えを深く尊び、みずから法華経、維摩《ゆいま》経、勝鬘《しょうまん》経の註釈（疏《そ》）を執筆した。太子が書いた経疏は、天台宗において尊ぶものとみな同じものである。そこで四天王寺と法隆寺においても、安居の際にはそれぞれ天台宗の僧を招請して法華経ならびに法華宗の法門について講義させてほしい。

ここで注目されるのは、登美藤津と当時延暦寺俗別当を勤めていた伴善男の父大伴国道との間に親交があったのではないかという薗田香融《こうゆう》氏の指摘である（薗田香融「承和十三年僧善愷訴訟事件に関する覚書」、『平安仏教の研究』、法藏館、一九八一）。天台宗の側の記録である光定の『伝述一心戒文《でんじゅついっしんかいもん》』によると、当時の天台宗の教団は沈滞の極みにあったという。光定《こうじょう》らはさまざまな方法で天台宗の僧の出身の道を模索したようであり、法隆寺と四天王寺の安居への参加も、大伴国道から法隆寺の檀越として力のあった登美藤津への働きかけの成果ではないかというのである。薗田氏は、登美藤津が延暦寺の僧の招請を要求する解の中で、鑑真将来の天台典籍について述べるのに際しわざわざ伴宿祢胡満（大伴古麻呂《こまろ》）を引き合いに出していることに、登美藤津の申請には大伴国道の意志が反映しているのではないかとみている。そして登美藤津と大伴国道が親しい間柄にあったことが、大伴国道が俗別当をつとめる延暦寺の僧の法隆寺における安居への参加申請とその実現をもたらし、さらにこのことが国道の子伴善男をして、のちに藤津の子登美直名が法隆寺僧から告発を受けた際に、積極的にこれを弁護する行動をとらせることになったというのである。確かに、登美藤津と大伴国道が親しい間柄にあったことを示すような具体的な史料は確認できない。また藤津の申請が、そのような大伴国道との個人的なつながりに基づくものではなく、純粋に法華経の教えを極めるためには天台の教えに通じた延暦寺の僧による講説が必要であると認識した結果に基づく行動であった可能性も考えられよう。法華経を重んじるという点で延暦寺と四天王寺・法隆寺は共通性があるという主張はもっともであり、純粋に学問的な理由から説明することもできる。例えば、申請から三年後の天長五年（八二八）には、慈覚《じかく》大師円仁みずからが法隆寺の夏安居に講師として参加しており、登美藤津の申請がかなり現実的な意味合いをもつものであったことが看取できよう。学問的な興隆という点では、最大級の交流が実現したのである

このように、薗田氏の推定をそのままには史実と認めることはできないけれども、少なくとも藤津の申請が大伴国道にとって有利な内容であったのは間違いなく、このことがのちに国道の子善男を藤津の子直名救済の行動に動かす伏線になったことは充分にあり得る事態であろう。もっとも、善男の行動も、純粋に訴訟手続きの違法性を指摘することに主眼があり、直名の救済などという個人的な関係に起因するものではなかったこともあり得ることである。結局のところ、藤津―直名と、国道―善男というそれぞれの親子二代にわたる登美氏と（大）伴

氏との密接な関係というのは結果論にすぎないのであるが、偶然にしてはできすぎの感が強く、薗田氏の仮説は誠に魅力的な説ということができよう。

伴善男の行動は、結果的に善愷の訴訟の不当性を突き、登美直名を弁護するものとなったが、それは反法隆寺、親天台宗という原理に基づくものでもなかったようである。この訴訟審理の過程で弁官を解任され、みずからの身の潔白を主張するかのように自死したらしい和気真綱は、その卒伝によれば天台宗と真言宗の自立に多大の功績があったという。いわば天台宗保護という面では登美直名と同様の立場にあったとみてしかるべき人物である。しかし、伴善男の最初の標的とされた者の一人が他ならぬ和気真綱であったことを考えると、善男の行動に宗教的な要因を見い出すのはおそらく不可能であろう。

さて、薗田氏の仮説の当否はともかく、法隆寺の側からいうと、天台宗の僧の安居への登庸《とうよう》が、実際に法華経を信奉する僧侶からではなく、一檀越の発議によっているところが問題なのであった。延暦寺の僧を講説に招請することは、法隆寺における法華経研究の振興という点では確かに画期的な意義をもったかも知れない。しかし、現実には法隆寺の僧から安居における活躍の場を奪う結果になってしまったのである。

善愷訴訟事件が一段落した後も、結局この登美藤津の発案に基づく延暦寺の僧の夏安居への招請は続けて行われ、すぐには改められることはなかった。檀越の専横を訴える訴訟もすぐには効果をもたらさなかったのである。この点にも善愷の起こした訴訟の処理に対する基本姿勢が読み取れると思う。前述のように、この事件は登美直名の全面的な勝利というわけではなく、またこの事件によって檀越としての登美真人氏の発言権は弱まった可能性が高いが、善愷の訴訟によっても結局法隆寺僧の寺外的、また寺内的立場が強化されることにはならなかったのである。

安居における得業資格の奪還

善愷が訴訟を起こしたと考えられる承和一二年（八四五）から一五年後の貞観二年（八六〇）一〇月、法隆寺は僧綱に牒《ちょう》を提出して次のように訴えている。法隆寺では、聖徳太子の本願になる功徳安居と、聖武天皇の本願になる官安居の二種の安居を行ってきた。法隆寺の僧はこの二種類の講師を順番に勤めることによって得業《とくごう》の資格を得てきた。しかし、登美藤津の解に基づいて天長二年（八二五）以降、官安居の講師は延暦寺の僧が勤めるようになり、法隆寺の僧は功徳安居の講師のみを勤めることになった。ところが斉衡二年（八五五）八月二一日格により諸国講師・読師を勤めるには夏安居《げあんご》の得業者（講師を勤めた者）でなければならないことになったが、これに基づいて有司《ゆうし》がいうには、功徳安居は格《きゃく》外のものであって、その講師を勤めても得業の資格は得られないという。諸大寺の僧はみなこの資格を得られるのに、ひとり法隆寺の僧のみ得業の資格を得る手だてがなくなってしまった。そこで、功徳安居を格内の安居として公認し、法隆寺の僧も得業の資格が得られるようにしてほしい（『日本三代実録』貞観二年一〇月二五日条）。

この貞観二年の法隆寺の牒によって、承和一二年の善愷の訴訟以降も引き続き官安居には延暦寺の僧が招請されていることがわかる。そして斉衡二年、それは得業資格の非公認という法隆寺僧にとってはさらに由々しき事態を招くことになったのである。それから五年、法隆寺は貞観二年になってようやくこの牒によって得業の資格を得るための功徳安居の格内化には成功した。しかし、善愷の訴訟によっても改まることなく、天長二年以来三五年にわたって続いてきている官安居における延暦寺の僧の招請そのものが見直されることはなかったのである。

しかしながら、善愷が訴訟を起こした承和年間から貞観年間にかけては、法隆寺にとってはいわば変革の時期にあたっていたとみることができる。善愷の訴訟はその序奏と位置づけることができるのである。寺院の側からの国家への積極的な働きかけには、律令国家の官大寺の一郭という位置づけから、大和国の一寺院としての自立を目指す動きを読み取るべきだと思う。『別当記』によると、その経歴などは不詳ながら延鳳《えんほう》が初代別当に任じられたといわれるのが承和年中であるといい、ちょうどこの頃のことである。別当は、寺務執行の責任者として置かれた役職であり、別当制の導入には独自の寺務執行を行い官からの自立を目指す意図を見出すことができる。

前述のように、夏の功徳安居の講師を勤めることによって得業資格を得ることができるよう、いわば国家とかけあってこれを実現したのは貞観二年のことであった。延暦寺の僧の受け入れはなお継続したけれども、法隆寺側として実をとることには成功したのである。檀越の専横を排除し、また国家の統制にも抵抗し、独自の存在意義を強調し始めた姿を読みとることができる。それはいわば法隆寺の中世的寺院への変貌のスタートということもできるだろう。

3　東院の復興と官大寺からの脱却

道詮による東院の復興

こうした法隆寺の自立の機運の高まりを象徴的に示す出来事として一般的に語られるのが、この時期の道詮による東院の復興である。『日本三代実録』貞観元年（八五九）五月一九日条によると、伝燈大法師道詮の奏言により、大和国平群郡の私田七町四段を法隆寺東院に施入し、堂舎の修理料や聖徳太子の忌日供養料に充てることが認められている。道詮の奏言には、東院は聖徳太子の旧居であり堂宇や仏像が伝来しているのに、年月を経て日に日に破壊が加わっているという、東院の衰微したさまが語られている。

伝燈大法師位道詮奏言す、法隆寺東院は、是聖徳太子居するところなり。堂宇旧存し、遺像是在り。年祀稍久しく破壊日に加う。請うらくは、大和国平群郡の私の田七町四段を以て、彼の院に施入し、以て堂舎を修理し、并せて忌日転念功徳料に充てん。これを許す。

この『日本三代実録』の記事は、道詮の奏言を借りる形においてではあるが、法隆寺東院が聖徳太子の斑鳩宮の故地であることを明言する史料としても重要である。そしてこのことが、伝法堂や舎利殿絵殿の解体修理の際にその下から発見された掘立柱《ほったてばしら》建物群が斑鳩宮のものであると推定する大きな根拠となったのであった。

一方『東院縁起』には、同じことが貞観元年九月一三日のこととして記録されている。すなわち、道詮は白河太政大臣（藤原良房）を通じて奏聞し、料物を賜って東院を修造したという。そして、修造の対象となった堂宇として、瓦葺八角円堂一宇、七間礼堂一宇并歩廊一廻、七間二面講堂一宇、七間御経蔵一宇、僧房四宇并倉雑舎等堂舎をあげる。まず、『日本三代実録』との日付の違いについては、奏言の日付と実際にこれが許可され、修造料と忌日供養料として水田の施入を受けた日付の違いとみなすことができよう。また、列記されている堂舎は、現存する堂舎からいうと、瓦葺八角円堂は夢殿（瓦葺八角仏殿）、七間礼堂一宇并歩廊一廻は中門（檜皮葺門二棟のうちの一棟）と回廊（檜皮葺回廊）、七間二面講堂は伝法堂（瓦葺講堂）、七間御経蔵は舎利殿絵殿（檜皮葺屋三棟のうちの一棟）に相当すると考えられる（カッコ内は『東院資財帳』における名称）。僧房四宇は（『東院資財帳』では瓦葺僧房二棟）位置が明らかでない。

図２　道詮律師坐像

このうち夢殿と伝法堂についてはこの時の修理の痕跡は不詳であり、舎利殿絵殿については掘立柱の根を切って礎石建ちに建て替えていることが調査によって明らかになっており、貞観の修理は掘立柱の宝蔵・回廊・中門を主要な対象とするものではなかったかとされている（太田博太郎『南都七大寺の歴史と年表』、岩波書店、一九七九)。創建から一二〇年余りを経た時期の修理として当然あり得べきものであろう。

なお、この時施入された水田(『日本三代実録』が「私田」とするのは、あるいは「水田」の誤写か)七町四段が、実際には四町の堂舎修理料と三町四段の忌日料という内訳であったことが、『東院縁起』から明らかになる。聖徳太子の忌日供養料とはすなわち、二月二二日に行う聖霊会《しょうりょうえ》の費用に充てるためのものであり、聖霊会はここに公的な財源を得ることになったのである。『別当記』に貞観元年に道詮が聖霊会を再興したとあるのは、こうして財源的な裏づけを得たことを表現したものとみられる。

以上のような貞観元年の東院の復興をリードしたのは道詮であった。道詮は武蔵国の出身で、法隆寺東院の院主寿仁《じゅにん》に師事して出家し、三論《さんろん》と真言密教を学んだが、のち法隆寺の西方に位置する福貴《ふき》寺に入って虚空蔵求聞持法《こくぞうぐもんじほう》を修め、「自然智」を得たという(『元亨釈書《げんこうしゃくしょ》』)。高岳《たかおか》親王真如の三論の師としても著名であり、嘉祥三年(八五〇)三月には仁明天皇に戒を授け、天安元年(八五七)六月には道詮を座主として読経僧のうち英俊な者六、七人を選んで文徳天皇の御前で論議を行わせたという(『日本文徳天皇実録』同月甲午条)。貞観六年(八六四)二月には権律師《ごんのりっし》に任じられ、貞観一八年一〇月に寂した。

別当長賢と法隆寺西院

貞観年間の法隆寺を語る際にもう一人注目されるのは、道詮の弟子の一人とされる(『東院縁起』)長賢である。長賢は、貞観四年の御斎会の講師をつとめ、貞観一二年九月に師に先んじて寂した。この間、延鳳の後を受けて法隆寺の第二代別当をつとめたという(『別当記』には元慶二年任とあるが、『日本三代実録』の入滅記事を信頼する限り、元慶二年とあるのは疑問)。貞観一〇年五月、法隆寺の僧が維摩会と最勝会の竪義《りゅうぎ》に預かることを願い出て勅許を得て、以後これが恒例となったが、これを主導したのは別当長賢だったと思われる。

道詮と長賢は師弟の関係にあるとはいっても活躍した時期が近接しており、長賢の方が先に入滅していることもあって、この時期の法隆寺の復興の立役者として同列に語られることが多い。しかし、それぞれの法隆寺との関わりは、史料に即してもう少し厳密に考えてみる必要がありそうである。というのは、道詮は法隆寺の別当には任じられておらず、その系譜からはみだした存在であり、法隆寺東院の復興には尽力したが、法隆寺西院、すなわち法隆寺そのものとの直接的なつながりをうかがわせるような史料はない。一方、長賢は法隆寺別当としての事績はあるものの、『東院縁起』に道詮の弟子であることがみえる程度で、それ以上に法隆寺東院との直接的な関係をうかがわせる史料はない。

このことと東院の創建以来法隆寺東院と法隆寺西院がそれぞれ独立した寺院として活動していたことを思い起こすならば、道詮と長賢が一体となって東院伽藍と西院伽藍を含めて法隆寺全体の復興に尽力したという図式は再考の余地が大きいであろう。すなわち、道詮が復興したのはあくまで東院であって、彼が西院をも復興したとするのは飛躍があるのではないか。このことは、九世紀の道詮登場以前の法隆寺が、全体として衰退していたとみる見方にも再考を迫るものといえる。すなわち、少なくとも西院（狭義の法隆寺）に関する限りにおいては、大きく衰微することなく寺勢を保っていたとみるのが自然ではないかと考える。

もちろん西院も時代の変化を手をこまねいて眺めていたのではない。善愷以来の古代寺院からの脱皮を図る動きが加速しつつあったのがこの時期であり、それをリードしたのが長賢であったとみられる。そこには当然東院を復興した師道詮の影響もあろうが、基本的には長賢自身の尽力によるものであり、しかもそれは衰微したものの復興ではなく、古代寺院から中世寺院への転換の舵取りなのであった。

古代寺院から中世寺院へ

貞観年間以降も九世紀を通じて法隆寺の南都の大寺のひとつとしての位置づけに変化はなかったようである。貞観五年（八六三）七月に新銭饒益新宝《にょうやくしんぽう》を諸大寺に施入した際には法隆寺の名がみえないけれども、元慶四年（八八〇）一一月に清和上皇の病気平癒祈願のため大般若経転読を行った際には、東大寺・興福寺・元興寺・西大寺・薬師寺・大安寺についで法隆寺がみえ、これに唐招提寺と延暦寺を加えた九カ寺が対象とされている（『日本三代実録』同月二九日条）。また、仁和二年（八八六）六月の天変の予測による大般若経転読の際には、東大寺・元興寺・興福寺・薬師寺・延暦寺・西大寺・法華寺・大安寺についで法隆寺があげられている。ここでは転読費用が三段階に区分され、東大寺から延暦寺までの五カ寺は五貫文、西大寺から大安寺までは四貫文、法隆寺は三貫文とされている。

一〇世紀に入った延長三年（九二五）法隆寺の講堂・北室が焼失した（『別当記』）。天智九年（六七〇）の若草伽藍の焼失以来、ほとんど災害らしい災害を被ってこなかった法隆寺にとって、西院伽藍と東院伽藍の創建以後最初の本格的な罹災となった。それは九世紀の法隆寺がたどり始めていた自立への道を確たるものにする契機となる事件でもあった。法隆寺はここに律令国家の官大寺からの脱却への大きな一歩を歩み出したのである。

第二節　太子信仰の発展

1　太子伝の展開

『補闕記』と細字法華経

東院の成立は、太子信仰の歴史に一時期を画するものであったが、平安時代に入ると、太子信仰にもさらに新しい要素が加わり、それがまた法隆寺に新たな影響をおよぼして、太子信仰の拠点としての意義を一層大きなものにしてゆく。この状況を、まず太子伝の展開からみてゆこう。

奈良時代の末に二、三の伝記がまとめられたことは第三章第五節1で述べたが（二一〇頁以下参照）、平安時代前期に、これらを補う意味でひとつの太子伝が成立する。第二章第六節3でもふれた『上宮聖徳太子伝補闕記』がそれである。本書の撰者は明らかでないが、文中、太子が平安遷都を予言する件《くだ》りがあり、またその内容が、一〇世紀に成立した『聖徳太子伝暦《でんりゃく》』に採り入れられていることから、平安前期の成立と考えられている。

『補闕記』の特色は、それまでに成立していた太子伝にはなかった伝承を、太子の妃や太子の舎人の出身氏族、膳《かしわで》氏や調使《つきのおみ》氏の家記から補ったことにある。書名の「補闕」（欠けたところを補う意）も、この意味でつけられた。その多くは事実とは考えられない伝えであるが、既述の通り、調使氏の家記から出た斑鳩寺火災の記事のように、重要な史料が含まれる。

この時期の法隆寺に関係して『補闕記』で注目されるのは、細字法華経をめぐる伝承の変化である。奈良時代末の太子伝で、長寿三年（持統八＝六九四）の奥書を持つ同経が、太子の先生持誦の経として疑いをはさまれていなかったことはすでに述べたが、『補闕記』では、太子が法華経を取り寄せたことについて、入定《にゅうじょう》中の太子の机上に忽然と法華経があらわれたとする。この法華経は隋の高僧から届けられた経で、癸卯年（皇極二＝六四三）に行方不明となった。「今在《あ》る経は、小野妹子の持する所なり。事は太子伝に在り」という。「今在る経」が細字法華経をさすことはいうまでもない。この話は、細字法華経の奥書に年代的な矛盾のあることが気付かれるようになった結果、別に真の前生所持の経があって、のちに失われたとする話が考え出されたことを示すと解される（飯田瑞穂『聖徳太子伝の研究』、吉川弘文館、二〇〇〇）。

しかし東院所在の細字法華経は、このような伝承の修正を経たのちも、厚い信仰を集めたことに変わりはない。

一〇世紀に成立した『聖徳太子伝暦』は、それまでの太子伝を集大成したもので、後世に尽大な影響を与え、この書に説かれる神秘的な太子が、聖徳太子のイメージとして一般に定着するが、ここでも細字法華経は太子の前生での「弟子の経」(のちのいわゆる「御同朋経《ごどうぼうきょう》」)として、重要な位置を与えられている。この状況は、以後、明治初めまで変わることはなかった。

2　平安仏教と子院の成立

平安時代になって、日本の仏教界は天台宗、真言宗の登場で新しい局面を迎えた。こうした状況は、当然直接間接に法隆寺にも影響を与えたことと思われるが、関連する史料があまり残っておらず、具体的に確かめることはできない。

天台宗と真言宗

ただ天台宗の場合は、教義の根本を法華経に求めているため、最初の法華経請来者と位置づけられた聖徳太子には、大きな関心が払われた。また太子の前生とされる慧思《えし》は、中国天台宗の祖師の一人であり、この意味でも浅からぬ縁が意識されていた。日本天台の開祖最澄の『天台法華宗付法縁起』に、慧思後身説を詳しく展開した『異本上宮太子伝』が長文にわたって引用されていたとされるのは、天台宗にとって太子や慧思が大きな意義を持っていたからこそであろう。最澄の弟子でのちに延暦寺別当ともなった光定《こうじょう》が、『伝述一心戒文』の中で太子に言及しているのもそのためである。しかし、このように関係の深い天台宗についても、本章第一節2で述べた延暦寺僧の安居参加問題以外に(二五二頁以下参照)、法隆寺との直接的な接触を物語る史料は残っていない。

真言宗に関しては、聖宝《しょうぼう》をめぐる所伝が注意される。聖宝は天智天皇の後裔で、九世紀半ばに東大寺で受戒、三論などを学び、のち真雅《しんが》について真言の名僧となり、醍醐寺を開いたことでも知られる。その聖宝が法隆寺内に「東院を草創し、丈六薬師如来を造」ったことが『宗躰要文《しゅうたいようもん》』なる書に記されていたようで、室町時代の義演が著わした『五八代記』に引用が見える。太田博太郎氏は、「東院」とあるのは誤りとしながらも、丈六薬師像については信憑性を認め、これを現在の上御堂《かみのみどう》の本尊（いまは釈迦如来と称する）に比定した上で、聖宝が造営したのは現在の上御堂（図3）と考え、深草の普明寺からの移建も想定している（太田博太郎「上御堂」、『奈良六大寺大観・一　法隆寺』、岩波書店、一九七二）。

図3　上御堂(内部)

図4　大講堂(内部)

延長三年（九二五）の焼亡後、正暦元年（九九〇）に再建された大講堂に関しては、普明寺からの移建との伝えがありながら、解体修理の結果、それが否定されており、伝承は宙に浮く形となっていたが、太田説が成立するならば、これを解決する意味も出てくる。

ただ何分にも後代の史料による説で、傍証に乏しい難点もあったが、鈴木嘉吉氏は、東大寺宛ての寛弘九年（長和元＝一〇一二）九月二二日付太政官牒に、一〇世紀前半の法隆寺別当寛延が、在任中に一堂を建立して賞せられたとあるのを見出し、これが上御堂の造営にあたる可能性を指摘した（鈴

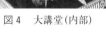

木嘉吉「上御堂　補遺」、前掲『奈良六大寺大観・一』、岩波書店、二〇〇一）。寛延は初めて真言宗から別当になった人で（『僧綱補任』）、聖宝との関係を想定しても無理はない。講堂焼失後の事情を含め、なお検討を要する点は多いが、一〇世紀前半に真言宗の力が法隆寺におよんだことは確かであろう。空海や聖宝が東大寺で活躍したことを考えれば、天台宗よりも真言宗との関係が密となったのも肯ける。その後、一〇世紀末から一一世紀初めにかけて、長燿《ちょうよう》（醍醐寺）、観峯《かんぽう》（仁和寺）、仁満《にんまん》（同上）らの別当が出たことが、影響をさらに大きくする契機になったかと思われるが、具体的なことは不明である。

聖と開浦院

平安仏教と法隆寺との関係が詳細に判明するのは、一一世紀を待たねばならない。そのころになると、浄土教信仰を背景とする聖たちが、法隆寺と接点をもって活動するようになったことが、法隆寺の古文書から知られる。すなわち薬師寺の道静《どうじょう》律師という聖《ひじり》が、治暦年中（一〇六五〜六九）、勝鬘経を講ずる勝鬘会を行うため、法隆寺に移り住み、延久四年（一〇七二）、法隆寺西郊に寺の許可を得て庵室を営み、ここで阿弥陀の来迎を待ちながら活動を始めた。やがて道静とそれに従う僧たちは、法隆寺の寺僧と協力して、後述のように、さらに積極的な宗教活動を展開する。庵室から発展した開浦院《さくらいん》には、三昧堂や房舎のほか、曼荼羅堂も建立された。この開浦院の地は、現在も法隆寺西里の西方に名を残す「桜」の地とみられ（図5）、その経済的基盤としては、平群郡八条一〇里を中心に「燈油料」として畠地が設定され、地子《ぢし》を免除されている。

これら聖たちの活動と経済的基盤を詳しく分析された久野修義氏によれば、その宗教活動は勝鬘会にみられる学問的な研究と、迎講《むかえこう》の開催のような大衆的布教活動とが並存するところに特色があるという。また開浦院の経営のために設定された畠地の中には、さかのぼると寺僧やその近親者の所領であったものが多く、その僧たちは、のちに五師《ごし》などの役僧として、法隆寺の運営に関わった人物が少なくないとされる。道静律師の活動は、一

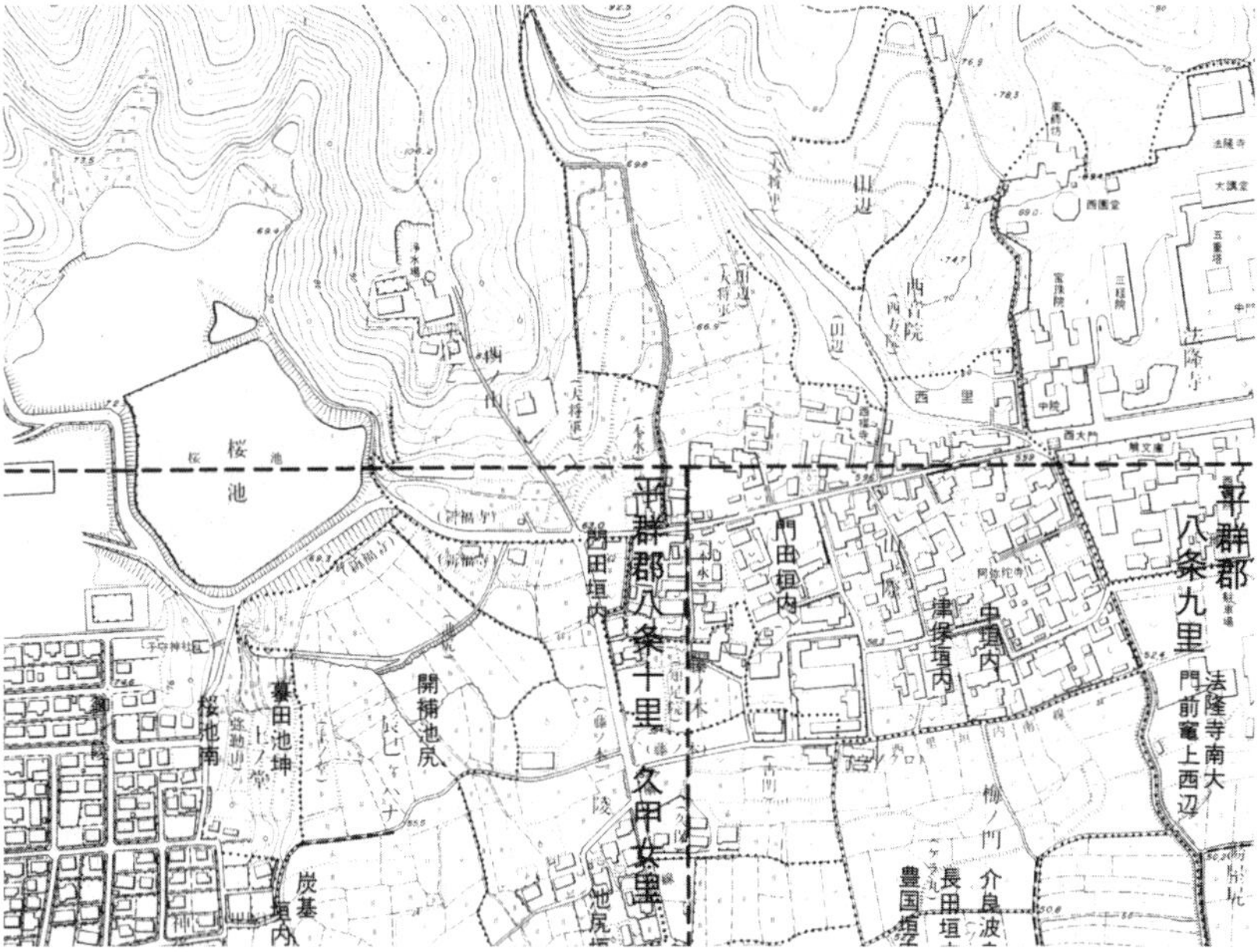

図５　法隆寺と桜池

見外部からの動きのようにみえて、実際は教学的にも経済的にも、法隆寺と一体のものとして展開されたといえよう（久野修義「中世法隆寺の成立と別所」、『日本中世の寺院と社会』、塙書房、一九九九）。律令国家の盛期には、法会や造営は国家的な財政基盤のもとに行われたが、この聖たちによる活動には、そうした色彩がまったく消失している。法隆寺の信仰や経済が、すでに中世へ向けて変化していたことがうかがわれよう。

現にこうした聖の活動は、法隆寺に限ったことではない。少し時代は下るが、平氏による南都焼討ちで焼亡した東大寺大仏と大仏殿が、勧進《かんじん》聖《ひじり》重源《ちょうげん》の尽力で再興されたのは、よく知られた事実である。また時代が近い点で注目されるのは、経塚関係の銘文にみる勧進僧や勧進聖の活動であろう。一一世紀後半以降に盛んとなる経塚の造営には、経筒の銘などから、天台系の勧進僧の関わった例が多く知られ、延久三年以降、北九州を中心として、やがて全国的展開をみせることが指摘されている（石田尚豊「経塚と勧進僧」、『空海の起結』、中央公論美術出版、二〇〇四）。地域的にも信仰的にも、法隆寺の場合と同一視することはできないが、同じ中世的な宗教活動の胎動と受けとめてよいであろう。

太子絵伝の制作

ではこれら聖たちの活動は、法隆寺にどのような結果をもたらしたであろうか。それを具体的に跡づけるには、すでにこれまでの研究でも一部とりあげられているが、天永二年（一一一一）四月一二日付の開浦院住僧解《じゅうそうげ》（法隆寺文書）によるのが便利である。この文書には、その時点までの活動がまとめられているので、次にこれを読み下してみよう。

開浦院住僧等解《げ》して申し請《こ》う、法隆寺別当律師御房政所《まんどころ》の裁の事。
殊に恩裁を被《こうむ》り、先例道理に任《まか》せ、院家《いんけ》の敷地・燈油料畠の地子物《じしもつ》を免除し、幷《あわ》せて責め取る質物等を免ぜ被《ら》れむことを請うの状。

右、謹んで案内を検するに、件《くだん》の院内に建立せる三昧堂等、元は薬師寺の聖の律師、去る治暦年中（一〇六五～六九）を以て、勝鬘会を修せ被れむ為め、法隆寺に移住するの後、亦寺僧と共に夢殿の絵を図さしめ、次に延久の比《ころ》（一〇六九～七四）、此の院に於いて迎講を修さしめ、其の時始めて彼の三昧堂幷せて房舎等の敷地、山野荊蕀《けいらつ》の原一処を卜し、寺家に領主の有無を尋ね問わるるの時、別当・所司《しょし》・大衆《だいしゅう》、領主無きの由を陳じ申さる。随えば即ち文面を開き、証判明鏡なり。其の後、房舎を結構し、御栖居《おんすまい》と為す。寺家の仏法の凌遅《りょうち》を歎き、専ら興隆の志、丁寧なり。先ず金銅宝塔を鋳瑩《いみが》き、太子御所持の舎利を安置す。聖霊会料の御影《みえい》を図絵せしめ、毎月の観音講、修正《しゅしょう》・二月、六時の行儀あり。或いは金堂を申し開き、大衆と共に多聞・吉祥二天像を造立し、御願の六時の政を行う。員《かず》かずの仏具等を施入し、五大形《ごだいぎょう》塔婆を造立し、私に所持する仏舎利を安置し、講堂の仏生会《ぶっしょうえ》を興し修す。或いは寺中寺辺の荊棘を苅り掃い、塞道《そくどう》を開き餉所《しょうしょ》に直す。其の時、人皆謂わく、本願太子の再び降臨し給うと。随喜すること極り無し。而る間、三昧堂と曼《まん》陁羅《だら》堂二宇を建立し、私の御領并せて御房の人等の私領畠を、燈油料に施入せ被るる所なり。(下略)

ここには「薬師寺の聖」(道静)と、その一派の人々が行ってきた活動が詳しく記されている。文書本来の意図は、冒頭にもあり省略した後段にもあるとおり、活動の拠点や経済基盤となった土地などへの賦課を、法隆寺に免除されるよう願ったところにあるが、その点については、先の久野氏の研究に譲っておこう。

この文書の行文は、当時の常として文脈が錯綜しており、必ずしも整っていないが、前述のとおり道静らの活動は、開浦院の開創より先に、勝鬘会を行うため寺内に移り住んだのが始まりのようである。それは治暦年間のことであった。続いて寺僧とともに「夢殿の絵を図さしめ」たというのは、有名な聖徳太子絵伝障子絵《しょうじえ》(図6)の制作を指すものであろう。この障子絵は、夢殿の背後の絵殿に画かれたので、「夢殿の絵」と呼ぶのは不正確であるが、夢殿自体に画かれていた徴証はない。太子絵伝は、『聖徳太子伝私記』や『嘉元記』によると、秦致《はたのむね》《ち》貞《さだ》《てい》が延久元年(一〇六九)二月から五月にかけて制作したという。延久改元は四月一三日であったから、正しくは治暦五年に制作されたわけで、「治暦年中」にかけて記されるのは理にかなう。「夢殿の絵」というだけで詳しい言及がないのは、かえってそれが説明を要しないほど著名となった作品であったからと考えられ、ひいてはそれが太子絵伝であったことを示すといえよう。そもそも太子の生涯を絵画化することは、奈良時代の末に四天王寺ですでに行われており、院政期には寺僧の絵解《えと》きをともなう形で布教の手段ともなっていたが(『台記』久安二年〈一一四六〉九月一四日条ほか)、浄土信仰の盛んであった四天王寺の太子信仰が、浄土系の聖を介し、この時点で影響を与えたともみられよう。

図6　聖徳太子絵伝障子絵（部分）

次いで「延久の比」、「此の院」において迎講が修され、これを機に荒地を開いて三昧堂や僧の居住する房舎が造営されたという。「此の院」は開浦院であるから、このころには桜の地に何らかの施設が形成されていたのであろう。それは道静の「庵室」（延久四年一〇月五日道静解案）とも表現される小規模なものであった。迎講はもちろん阿弥陀浄土信仰に基づく行事であり、三昧堂も法華懺法《せんぼう》（法華三昧）ではなく、阿弥陀経による念仏三昧を行うための堂と考えられる。

南無仏の舎利

その後、道静らの活動はここを拠点にさらに展開される。まず第一は聖徳太子所持と伝える舎利《しゃり》を納めるために、金銅製の塔を造ったことである。これは開浦院の仏具ともとれそうであるが、以下の品々にも明らかに寺内のものが含まれるし、天承二年（長承元＝一一三二）、三経院《さんぎょういん》に施入された開浦院の仏具中にもみえないから、そう限定することはできない。この「金銅宝塔」が現存するか否か、これまでは問題とされていないが、それとは別に

図７　舎利塔

現在法隆寺献納宝物となっている舎利塔（図７）が、もと東院に伝来し南無仏《なむぶつ》の舎利を納めていたと伝え、金銅製で多宝塔形式をとることが注目されている（総高六二センチ）。この塔には木製の基壇や屋蓋部に次のような墨書銘がある。

①保延四年八月十六日ヨリ至廿七日此御塔瑩了以此功徳当
来必結成仏因預五師覚厳敬白

（保延四年〈一一三八〉八月十六日より二十七日に至る、此の御塔を瑩《みが》き了《おわ》んぬ。此の功徳を以て、当来、必ず成仏の因を結ばん。預《あずかり》・五師覚厳《かくごん》敬て白《もう》す。）

（下層基壇側板裏面墨書）

②廿四日瑩已了□（恭カ）氏
保延四年八月十六日ヨリ瑩始五師覚厳

（二十四日、瑩くこと已《すで》に了んぬ。恭氏。保延四年八月十六日より瑩き始む。五師覚厳。）　（屋蓋部裏面墨書）

①の銘文中、「瑩」はかつて「營」と読まれ、この舎利塔は保延四年の作とみられてきたが、②の銘が近年発見され、「瑩」が正しいと判明した。「瑩」のみでは、この塔の造立銘とはいえず、すでにあった塔を磨いたか、あるいは鍍金し直したときの銘とみて、現在では一一世紀後半の制作とする説がある（加島勝「法隆寺献納宝物舎利塔の修理と新発見の墨書銘」、『日本古代仏教工芸史研究』、雄山閣、二〇一六）。そうなるとその制作年代は、文書にみえる一〇七〇年前後という年代と矛盾せず、この塔を文書にいう「金銅宝塔」と解することもできる。ただ、簡単にそう結論してよいかどうか、なお問題は残る。鍍金だけをやり直した銘というのは他に聞かないし、その

ような修理銘としては願文が大仰である。先の文書の「鋳瑩き」という文言を参考にすれば、瑩くというのは全制作工程が終了して、塔が完成したことを含意している可能性も捨て切れないであろう。献納宝物の舎利塔は、一応別箇のものと考えておく（東野治之「聖徳太子南無仏舎利伝承の成立」、科学研究費補助金研究成果報告書〈研究代表者：加島勝〉『仁寿舎利塔の信仰と荘厳に関する総合的研究』、二〇一六年）。

次に注目されるのは、この塔がいわゆる南無仏の舎利を納置するためのものであったことである。文書には「太子御所持舎利」とあるが、後代の状況を勘案すれば、これは太子二歳の春、東方に向かって合掌し、南無仏と唱えた時、掌からこぼれ落ちたという、その舎利に相違なかろう。この南無仏舎利をめぐる伝承は、一〇世紀の成立とされる。『聖徳太子伝暦』にはみえず、保延六年（一一四〇）ごろ成立の『七大寺巡礼私記』法隆寺の条にあらわれるのが最初のようである。そこではこの伝承が「延喜講師」の説とされているが、これは『東大寺要録』巻四（嘉承元年＝一一〇六成立）に、昌泰ごろ（八九八〜九〇一）の人としてみえる「延義講師」と同一人であろうから、すでにその頃から生じていた話であろう。この阿弥陀信仰と深い関わりのある伝えが、具体的な形をとって法隆寺に定着するには、道静らの働きかけが大きな影響力を発揮したのである。南無仏舎利への信仰は、中世以降、東院というより法隆寺全体の信仰の核ともなったものであり、その意味でこの聖たちの役割は、従来いわれている以上に評価されてよいであろう。

さらに舎利塔に続いてあげられているのが、聖霊会料の御影である。太子の忌日、二月二二日の法会の本尊となる太子画像であろう。『聖徳太子伝私記』の夢殿の条にみえる像が、これにあたる可能性がある。

此の堂の西浦に、太子の御影坐す。二月廿二日の御忌日の料なり。昔時の御影より、次第々々に移し来たる像なり。（原漢文）

この文中の「移」は、移動の意ではなく、模写、転写の意味であろう。このような宛字的用法は珍しくなく、

図8　御物聖徳太子画像

図9　聖徳太子摂政像

かつて法成寺《ほうじょうじ》の塔をめぐって論議を呼んだ『中右記』の「移二薬師寺塔一成二基一」（天承二年〈一一三二〉二月二八日条）とある「移」は、その実例である。したがってこの肖像は当然古様な像容であったはずで、御物聖徳太子画像（図8）や、その系統を引く薬師寺の太子摂政像（図9）などが想起される。薬師寺像は薬師寺の聖律師道静との関わりでも注目されるが、関連は定かでない。

文書では、この御影制作に続いて、観音講、修正会、修二会《しゅにえ》で六時の念仏などを行ったことがみえる。六時とは、晨朝《じんじょう》、日中、日没、初夜、半夜、後夜の六度の時をいう。

次に記される金堂の開扉とは、それまで別当の交替時にしか開かれなかった金堂に、寺僧が入り仏事を修するようにしたことを指す（『金堂日記』）。この結果、従来講堂で行われた修正会も金堂で修されるようになり、これに合わせて、修正会の吉祥悔《きちじょうけ》過《か》の本尊として、新たに多聞天と吉祥天の二像が造立された。これも国宝の毘沙門天像（図10）、吉祥天像（口絵12）として金堂に現存し、銘文によって承暦二年（一〇七八）の完成であることが分かる。「御願の六時の政《まつりごと》を行う」とは、吉祥御願《ごがん》のための六時の行法《ぎょうぼう》を行ったという意味である。このあ

図10　金堂毘沙門天像

と文書には、なお五大形塔婆の造立や講堂での仏《ぶっ》生会《しょうえ》の開催などが記されているが、五大形塔婆、すなわち五輪塔を造立して舎利を安置したというのは、舎利容器としての五輪塔の早い例として注目される。この舎利塔は、『金堂日記』によると、金堂に安置された。

以上のような活動は人々に大きな感銘を与えたとみえ、道静を聖徳太子の再臨として喜んだという。開浦院における三昧堂と曼陀羅堂の建立は、この間のことであったというから、延久から承暦にいたる一〇年ほどのことである。開浦院は聖たちの別所として、一院を形成することになった。法隆寺文書中には、承暦二年（一〇七八）一〇月三日付の金光院三昧僧等解《こんこういんさんまいそうらげ》があり、このころには開浦院は金光院とも呼ばれたことが知られる。開浦院が地名に基づく通称であるのに対し、金光院が正式な法号とされたのであろう。

子院の形成

この金光院の成立は、法隆寺における子院のさきがけとしても意義深い。律令時代の官寺では、僧侶は僧房で集団生活を送り、経済的にも国家によって認められた封戸《ふこ》、荘園などで一体的に支えられてきたが、律令体制の弛緩とともに、上層の僧侶は寺域内に院を構えて分かれ住み、私領主として独自の経済基盤を持つようになる。寺院の中世化の具体的あらわれである。

法隆寺での子院の成立過程は、史料が残されておらず、詳しくはわからない。ただ長元元年（一〇二八）に西大門、同四年に南大門が造られたのは、子院の成立と関連して重要である。すなわち奈良朝には、現在の東大門

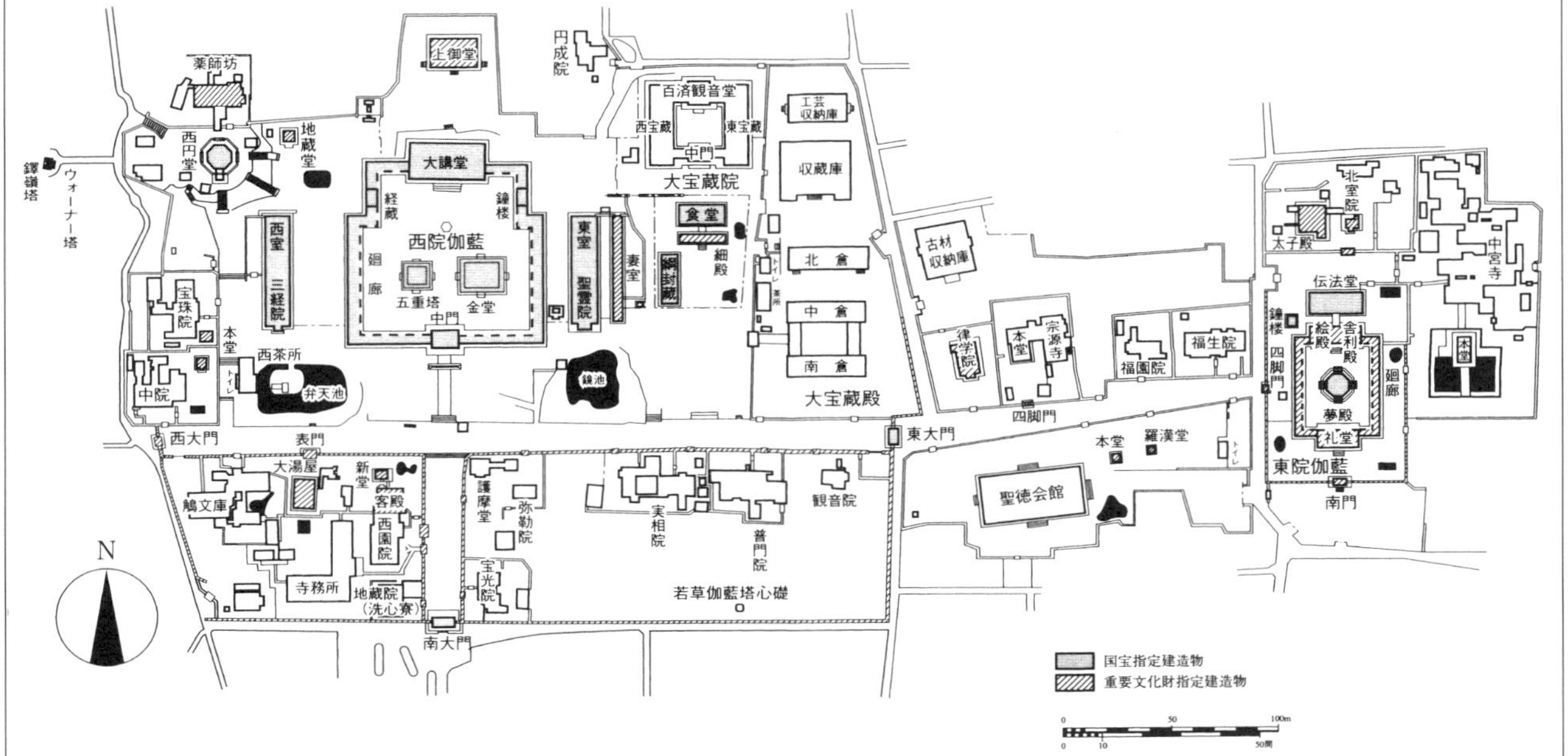

鐸鑽塔
ウォーナー塔
薬師坊
西円堂
地蔵堂
上御堂
円成院
百済観音堂
西宝蔵
東宝蔵
中門
大宝蔵院
工芸収納庫
収蔵庫
大講堂
経蔵
鐘楼
西院伽藍
廻廊
五重塔
金堂
中門
西室
三経院
東室
聖霊院
妻室
綱封蔵
食堂
細殿
トイレ
茶所
北倉
中倉
南倉
大宝蔵殿
宝珠院
本堂
中院
トイレ
西茶所
弁天池
鏡池
古材収納庫
律学院
本堂
宗源寺
福園院
福生院
四脚門
西大門
表門
東大門
本堂
羅漢堂
トイレ
大湯屋
新堂
客殿
鵤文庫
西園院
寺務所
地蔵院
(洗心寮)
護摩堂
弥勒院
宝光院
実相院
普門院
観音院
若草伽藍塔心礎
南大門
聖徳会館
北室院
太子殿
中宮寺
伝法堂
鐘楼
舎利殿
絵殿
四脚門
廻廊
夢殿
礼堂
本堂
東院伽藍
南門
N
国宝指定建造物
重要文化財指定建造物
0
50
100m
0
10
50間

図11　法隆寺境内図

と西大門を結ぶ道路の北側、一段高くなったところに東西の築地塀《ついじべい》があり、その正面に南大門が開かれていたが、この前後に境内地を広げ、南大門や西大門が新造されたと推定されている（図11）。現在、その拡大した境内地の東築地に開く東大門は奈良時代のものであるが、昭和大修理の際、部材から番付が発見され、もとは南向きで、現在地に移建されていることが確かめられている（太田博太郎『南都七大寺の歴史と年表』、岩波書店、一九七九）。この境内地の拡張は、後代その拡張部分に子院が立ち並んだことを考えると、子院建立の用地確保を目的にしていたとみてよいであろう。

またいまひとつ注目されるのは、西僧房（西室《にしむろ》）が承暦年中（一〇七七〜八一）に焼失したこと（『別当記』）、東僧房（東室大房）が別当定真《じょうしん》の在任中（一一〇一〜一一〇）に顚倒《てんとう》したことである。西室と東室の再建は、それぞれ大治元年（一一二六）、保安二年（一一二一）をさかのぼらないとみられるので、このような状況も、子院の分立を促したのではないかと考えられる。ただ草創期の子院の名称や規模はまったく不明である。

金光院は寺外の桜に営まれたので、最初から寺内の子院であったわけではない。しかし前述のような寺内の動向は、この院にも大きな変化をもたらした。すなわち天承二年（一一三二）正月の源義《げんぎ》施入状案《せにゅうじょうあん》によると、開浦三昧堂は、大治元年に場所を改めて三経院に造立され、その仏像、仏具や敷地、燈油料畠などが三経院に施入されている（法隆寺文書九）。この「開浦三昧堂」は、敷地などの施入状況からみて、三昧堂のみでなく、開浦院全体の総称であろう。三経院は元来西僧房の南端部をいい、法華・勝鬘・維摩の三経を毎夏講説する場とされたことから、この名がある。西僧房は大治当時、北端のみ残して焼失していたから、金光院の移転は、三経院の再興を意味する（鈴木嘉吉「三経院及び西室」、前掲『奈良六大寺大観・一』）。その位置も、旧西僧房より西寄りとなった。先の天永二年の文書には、道静が治暦年中（一〇六五〜六九）、勝鬘会を修するため寺内に移住したことが記されていたが、それも寺内に空地が生じてきていたためであろうし、すでにそのころから、道静は寺内に足場を築いていたとみられる。

その後、中世になると、金光院は東大門から東院へ向かう道路の北側に位置を占めることとなる。現在、子院の宗源寺となっている場所である（高田良信『法隆寺子院の研究』、同朋舎出版、一九八一）。金光院が文字通り寺内の子院となるのは、この地に移ってからといえよう。ただ『古今一陽集』によると、それは承元四年（一二一〇）とされており、『聖徳太子伝私記』では、金光院について、昔は西桜郷にあったが、「中昔《なかむかし》」に現在地に移ったとあって、三経院にはふれていない。そこで、鎌倉初期まで開浦院と三経院は併存したという見方がある（久野修義前掲論文）。しかし承元四年の年紀を載せる『古今一陽集』は江戸後期の記録であるし、『聖徳太子伝私記』は詳細な経緯を省いたとも解される。たとえ何らかの堂宇が桜の地に残ったにせよ、その機能は明らかでなく、詳細はなお今後の検討にまつべきであろう。

3　法隆寺一切経書写と聖霊院造営

聖律師道静の活動に始まる教学と布教の振興は、中世的な色彩を濃くしながら、さらに展開してゆく。一二世紀初頭から本格化する一切経の書写事業と、これに並行する聖霊院《しょうりょういん》の造立とは、その顕著な例である。

一切経書写の勧進

まず一切経であるが、この書写事業の趣旨と経過については、保安三年（一一二二）三月二三日付の寺僧林幸《りんこう》らによる勧進状（図12）が史料として重要である（法隆寺文書）。それによると法隆寺では、他寺で一切経崇拝が盛んであるにもかかわらず、一切経がないことを嘆き、貞元新定釈教目録《じょうげんしんじょうしゃくきょうもくろく》による七一〇〇巻余りの書写が発《ほっ》

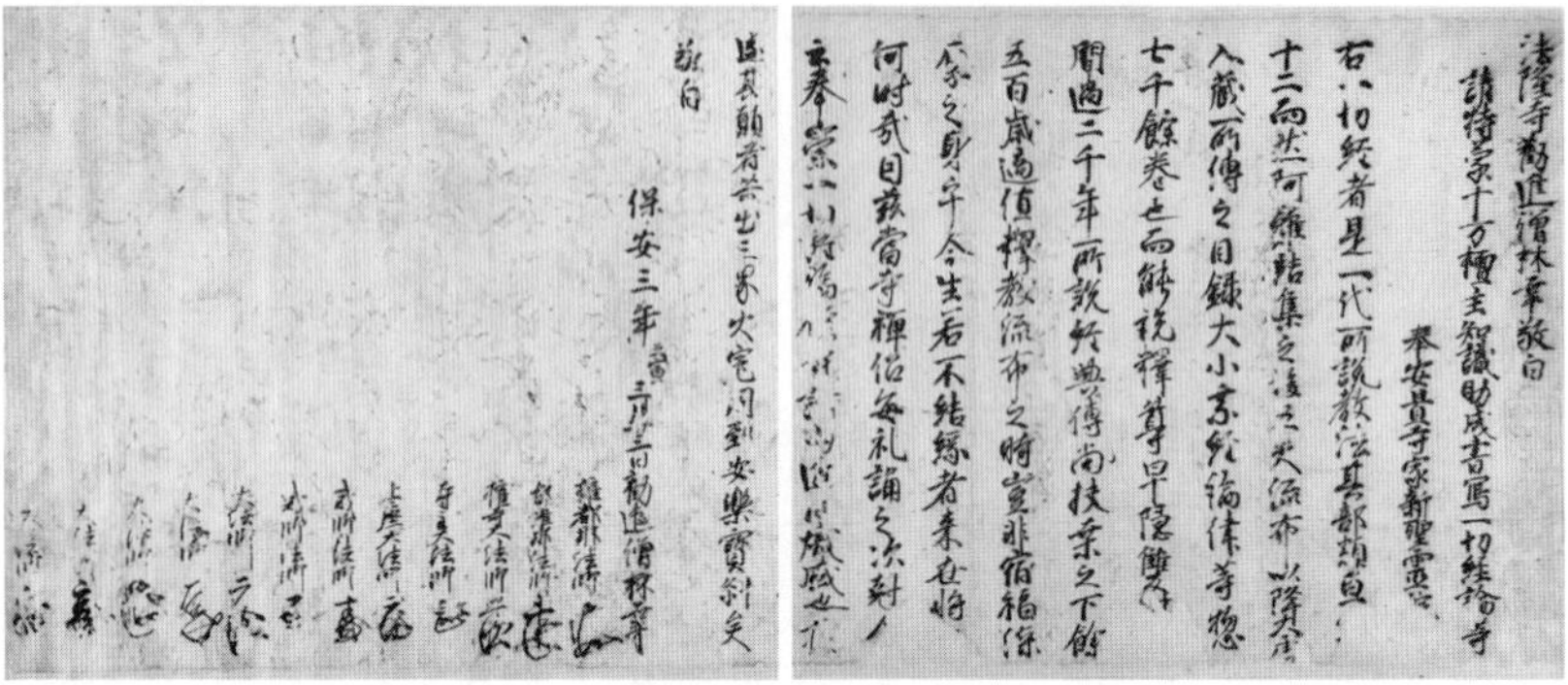

図12　一切経書写勧進状（巻首・巻末）

願《がん》された。この勧進状を始め、関連資料をふまえた詳細な研究として、堀池春峰氏によるものがあり（「平安時代の一切経書写と法隆寺一切経」、『南都仏教史の研究』下、法蔵館、一九八二）、その後もこれを補足する成果が出ている（久野修義前掲論文／石井万紀子「天治本新撰字鏡と法隆寺一切経の書誌学的研究」、『樟蔭国文学』二八号、一九九一／宮﨑健司「法隆寺一切経と『貞元新定釈教目録』」、『日本仏教の形成と展開』、法蔵館、二〇〇二／同「総説　法隆寺一切経について」、大谷大学博物館編『法隆寺一切経と聖徳太子信仰』、二〇〇七）。

　いまこれらの研究に基づいてこの事業を概観すれば、大きく三期に分けることが可能である。第一期は一一世紀末から一二世紀初めで、承徳三年（康和元＝一〇九九）写の大宝積経《だいほうしゃくきょう》巻七四が残るのみ。詳細は不明である。第二期は勧進状にいう永久二年（一一一四）頃から元永元年（一一一八）頃までで、勧進の寺僧勝賢がほかの寺僧や結縁《けちえん》を願う人々を募り、二七〇〇巻余りを書写させた。結縁者には寺辺の人々も多く含まれたようである。薬師寺の僧が協力しているのは、道静以来の法縁によるのであろう。第三期は勧進状の記された保安三年（一一二二）から大治六年（天承元＝一一三一）ごろまでで、やはり林幸そのほかの寺僧が勧進を行い、寺僧たちや近隣の有力者の協力を得て行われた。果たして七〇〇〇巻をこえる書写が完了したかどうかは確認できない。

いまこの事業の特色を要約すれば、勧進が五師《ごし》クラスの寺僧上層部に主導されたこと、写経校勘《こうかん》のため『新撰字鏡』を写すなど、学究的性格も備えていたこと、広く寺外の結縁《けちえん》者を得て、大きな宗教活動となったことがあげられよう。現在その多くは散佚し、寺内に九八六巻、寺外に一六〇巻余りの計一一〇〇巻ほどが残るだけであるが、その中には既存の写経を補入したものもあり、日本最古の紀年を有する金剛場陀羅尼経《こんごうじょうだらにきょう》（丙戌年＝六八六）も含まれている。この事業は、中世に民衆をまきこんで盛行する法隆寺への信仰を、予見させるものと評しても過言ではないであろう。

その信仰は、もちろん聖徳太子を中核とするもので、勧進状でもふれられているところであるが、あたかも一切経書写の第一期と二期の中間には、太子を祀る聖霊院が完成して、太子信仰の新たな拠点が加わった。この聖霊院は、もとの東僧房（東室）の南端部を分立させ、住宅風の建築として太子と侍者の影像を安置したもので（口絵13および図13・14）、太子の五〇〇回忌にあたる保安二年の一一月に、小田原寺（浄瑠璃寺）の念仏聖経源を迎えて落慶《らっけい》法要がとり行われた。金光院についてみたと同様、子院の発展で僧房が不用となる中、浄土信仰と結びついた太子信仰の高揚してゆく様子が看取できよう。その名称には、早くから浄土教と関わり深い四天王寺の聖霊院という称が影響しているとみられる。第三期の一切経書写はこの聖霊院完成直後に再開されたが、その勧進状では、書写された経論を聖霊院の太子の御影に捧げるとしており、双方の密接な関係がうかがわれる。

図13　保安の聖霊院復原模型

なおこれに関連して注意しておかねばならないのは、聖霊院成立にやや先立って、東

図14　聖徳太子ならびに侍者像（聖霊院内）

院が完全に西院の管下に入ったことである。永久四年（一一一六）、西院と上宮王院（東院）との間に起こった相論を契機に、暹尊《せんそん》五師が二〇人余りを率いて同院に移り住み、三年間濫吹《らんすい》を行った末、同院院主の隆厳が解任され、上宮王院は法隆寺別当の支配下に入った（『別当記』）。西院が太子追善の伽藍とすれば、東院は太子信仰の寺として（第三章第五節参照）、その成立以来、別組織で運営され、院主も行信系の僧にうけつがれてきたが、その体制がここで終わった。太子信仰における東院の重要性はその後も変わらず、中世にも「東寺」「西寺」というような名称は使用されているが（『聖徳太子伝私記』など）、法隆寺全体が太子信仰の中心となる傾向は明らかとなってゆく。西院内に聖霊院を新設する動きは、それを象徴する出来事といってよいであろう。

このようにして平安時代後期を迎えた法隆寺の姿は、『金堂日記』や『別当記』などの寺内史料のほか、貴族の巡礼の結果まとめられた『七大寺日記』や『七大寺巡礼私記』にも記されている。この二つの書は、大江《おおえの》親通《ちかみち》が、それぞれ嘉承元年（一一〇六）と保延六年（一一四〇）に、南都の諸寺を巡って得た手記をもとに、先行の文献などを参照して著わしたとされる（藤田経世編『校刊美術史料』寺院篇上、一九七二）。

『七大寺日記』は総じて記事が簡略であり、『七大寺巡礼私記』は、法隆寺の記事の冒頭と末尾を欠いているのが遺憾であるが、注目されるのは、東院夢殿の北にあった「七間亭《しちけんてい》」の東端二間分が宝蔵とされ、そこに太子ゆかりの宝物が種々集められていたことである。これはのちの舎利殿の前身である。その内容は、太子請来の細字法華経や太子自筆の法華義疏、南無仏の舎利、太子の俗形御影など、太子信仰の核ともいうべき品々が多い。中には、太子が前生に慧思として衡山の般若台で講義したときに使ったという、脇息《きょうそく》、鉢、念珠《ねんじゅ》といったものまで含まれる。同じ七間亭の西側に画かれた太子絵伝とあいまって、これらは実物で太子の生涯を見せる役割を担ったのであろう。これらの品が参詣者に展示されていたことは、『七大寺巡礼私記』が細字法華経の焼けこげ箇所に言及し、それが見えるよう「巻き寄する者也」と述べていることからも明らかである。建久元年（一一九〇）に参詣した後白河院《ごしらかわいん》もこれらを目にしたであろうし、『建久御巡礼記』の女院も実見したようである。建久二年には、親鸞が法隆寺円明院で因明《いんみょう》を学んだという伝えもあり、太子信仰が新たな段階に入る準備は、ここでも整えられていたといわねばならない。

第五章　南都の興隆と法隆寺

第一節　武家政権の登場と法隆寺諸衆

1　鎌倉幕府の成立と法隆寺

治承・寿永の内乱と南都寺院

平安時代から鎌倉時代へという時代の変化は、いわゆる「源平合戦」として知られている治承・寿永の全国的な内乱を通じて、栄華を誇った平家が滅び、源頼朝による鎌倉幕府の登場をもたらした。鎌倉の地に最初の武家政権が樹立されたことにより、政治地図は大きく変化し、京都と鎌倉というふたつの大きな政治・文化の核が形成されることとなった。まことに大きな社会変動であったといわねばならない。

こうした社会の激動から南都の諸寺院も圏外ではありえなかった。というよりも主要な舞台のひとつとなっていたといった方がいいかも知れない。

そのことを物語るもっとも端的な事件が、治承四年（一一八〇）一二月二八日、平氏による南都東大寺・興福寺の焼き打ちである。南都の諸寺院にとって、鎌倉時代とは、この破壊と混乱の中から伽藍再建をはじめとする仏法再興のためのたゆみない努力がなされ、ひいてはそこから新時代にふさわしい中世寺院や仏法を生成させていく転生の時代でもあった。

では、こうした趨勢のなかにあって、奈良の中心部から少し離れた場所に位置する法隆寺は、どのような状況にあったのだろうか。実は、このことを伝えてくれるような史料はあまり豊富ではない。このために、治承・寿永の内乱期から鎌倉幕府が草創される時期、法隆寺がどのような動きを示したのか、はっきりと確認することはむずかしい。ただ後世には古老の言い伝えとして、

治承四年四月二十八日高倉宮御謀反の時、法隆寺衆徒三百騎興福寺に加勢す、古老の所伝也

(「法隆寺良訓補忘集」、『続々群書類従』一一、五二八頁)

といわれている。高倉宮＝以仁王《もちひとおう》と源頼政による平氏打倒の最初となる武装蜂起に、興福寺が関与したことはよく知られているが――そしてこのことが、ひいては南都焼き打ちをもたらす一因ともなるのだが――、法隆寺衆徒もその時、興福寺に加勢したというのである。後述するように、一一世紀終わり頃から、法隆寺別当は興福寺僧が就任することが一般化していたし、大和の諸寺院が興福寺の強い影響下にあったことはまちがいなく、寺院もしばしば組織的な武力行使を行っていたから、こうした法隆寺衆徒の内乱への関与もあり得ない話ではない。

しかし、この少し以前の承安三年(一一七三)、興福寺と延暦寺の対立から、興福寺勢によって多武峰《とうのみね》が焼き払われるという事件がおこり、関係した南都諸寺院の所領が一時没収されたことがあった。そこで寺領および末寺荘園が没収されたのは、東大・興福・元興・薬師・大安・西大・新薬師・大后・不退・法花・超証・招提・宗鏡・弘福寺の各寺院であり、法隆寺の名はみえない(『平安遺文』三六四三)。興福寺の強い影響下にはあっても、

この事件で法隆寺は寺として組織的な軍事行動を共にしてはいなかったことを思わせるものであり、この事例をあわせて考えると、先の以仁王の蜂起へ加勢三〇〇騎というのも、個別的な僧侶の動きとしてはあったかもしれないが、やはり伝承の域を出ないだろう。

保元元年（一一五六）や建久二年（一一九一）に発せられた公家新制は、中世王権が寺院の国制的なあり方を規定しようとした一面をもっていたが、そこで、特に仏事用途注進が命じられ、寺領と仏事のあり方が注目されていたのは、以下の一〇カ寺であった（保元元年新制第七条、建久二年三月二二日新制第一〇条）。

東大寺・興福寺・元興寺・大安寺・薬師寺・西大寺・法隆寺・延暦寺・園城寺・天王寺

いわゆる南都七大寺と天台系の山門・寺門、そして四天王寺である。法隆寺も含めたこれらの寺院は、王権にとって特に重要な国家的寺院としての位置を与えられていたのである。他方、悪僧の濫行が名指しで問題にされていたのは、「興福寺・延暦寺・園城寺・熊野山・金峰山」（保元元年令第四条）であり、法隆寺の名はこちらには含まれていない。法隆寺は、実力行使という点では、東大寺・興福寺のような目立った動きはなかったといえそうである。

内乱期の法隆寺別当は、治承四年（一一八〇）から慧範《えはん》、建久二年から範玄《はんげん》といずれも興福寺僧が勤めているが、「法隆寺別当次第」（『別当記』）は、彼らの任中についての記事をあまり記載してはいない。範玄は後白河法皇第一の近臣として、時に「大衆張本」や「有勢之者」とみなされ、内乱期の興福寺においてめざましい動きをした僧侶なのであるが、法隆寺別当としては、ただ興福寺権別当を勤めながら兼帯していたくらいの事績しかうかがえない。

源義経の逃亡と南都

しかしながら、こうした別当のあり方とは別に、内乱の余波はたしかに法隆寺にもおよんでいた。ひとつは、平氏滅亡後におこった源義経・行家の頼朝に対する謀叛と、その後の逃亡に関するものである。この時の義経追捕の動きが、いわゆる鎌倉幕府の「文治の守護地頭」設置へとつながったことはよく知られている。京都を逃れた義経・行家らに対する探索活動は、まず洛中・洛外およびその周辺地における検断と追捕《ついぶ》となってあらわれた。源行家は、文治二年（一一八六）の五月一五日、早くも和泉国で殺されたが（『吾妻鏡』五月二五日条）、なおも義経は捕捉されず、南都に潜伏しているとの風聞が流れていた。そして九月、比企朝《ひきとも》宗《むね》ら御家人は南都興福寺の聖弘得業《しょうこうとくごう》の房を追捕し捜索に乗りこみ、さらにその後も見張りを続けた。このため寺内は不穏な情勢となり、「南都頗《すこぶ》る物忩《ぶっそう》、衆徒蜂起を成し鬱訴《うっそ》を含み、維摩大会《ゆいまだいえ》を停止すべきの風聞」（同書一〇月一〇日条）があったという。興福寺別当は「一寺滅亡之基」だと頼朝に訴えているが（同書一一月一五日条）、各地では追捕の武士による乱妨が起こっていたのである。

一一月には院殿上にて公卿僉議《せんぎ》がもたれ、畿内北陸道に捜索命令の宣旨が出されることが決められた。そして一二月、法隆寺にも宣旨が発せられ、官使に協力して法隆寺四至内・末寺荘園を捜索し、見付けしだいに義経やその従者を搦《から》め進めよとの命があった（『東院縁起』所収の文治二年一二月一三日付請文は一部であり、全文は法隆寺文書別集良訓本二七で判明する）。

法隆寺では、宣旨が到着した一九日、さっそく寺内を捜索したが、むろん義経らの姿はどこにもなく、法隆寺を代表して五師《ごし》大法師《だいほっし》・三綱《さんごう》らは、見付けたら必ず搦め進めるとの起請を行っている。

この次第を語る古文書は、当時の法隆寺について、わずかながらその様子を垣間見せてくれる。寺僧らは次のようなことを述べている（図1）。

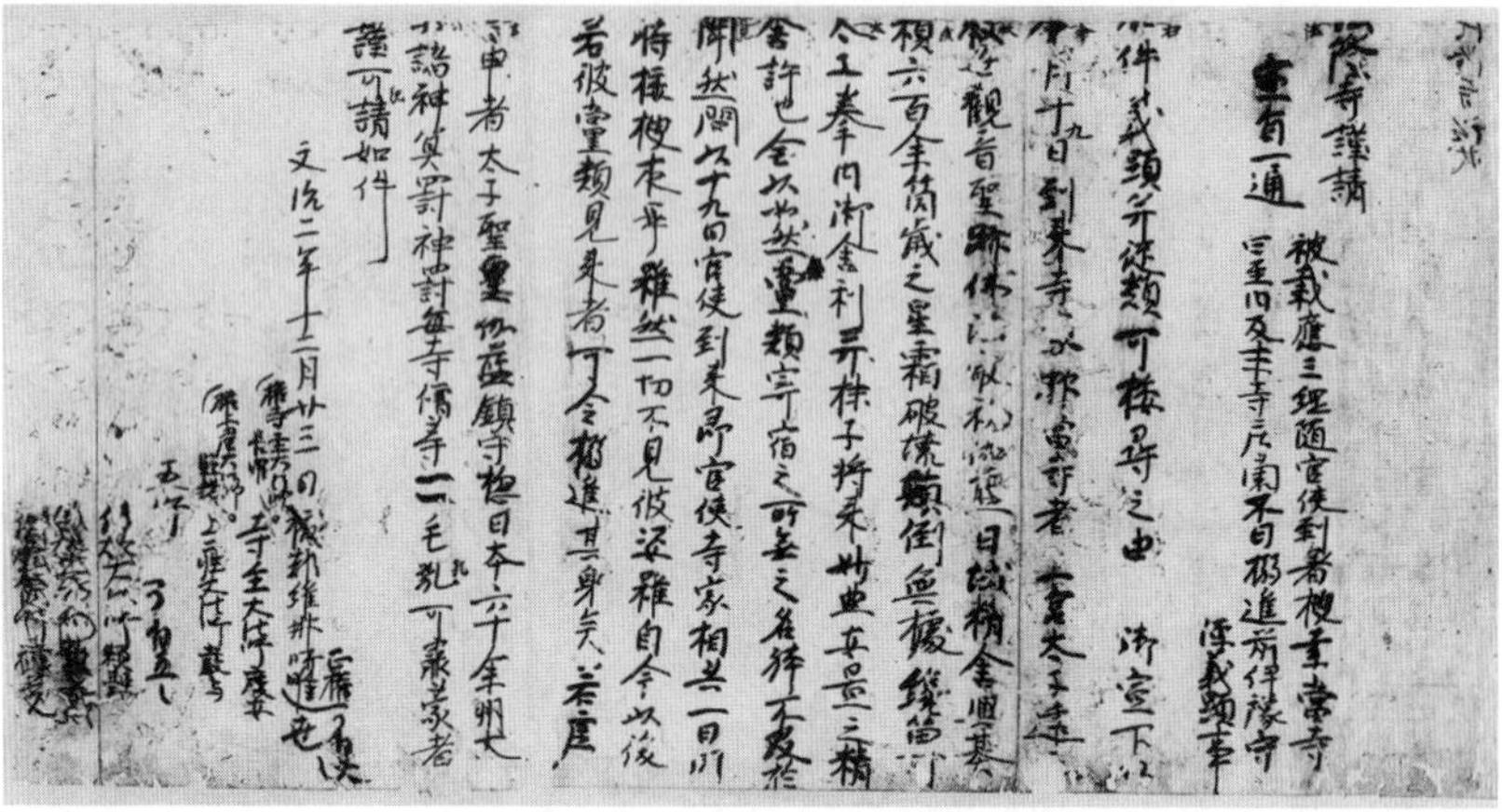

図1　法隆寺請文(法隆寺文書別集良訓本27)

抑《そもそ》も当寺は、上宮太子の建立、救世観音の聖跡、仏法最初の伽藍、日域精舎《しょうじゃ》の興基にして六百余個歳の星霜を積む、破壊顚倒拠なく、纔《わず》かに留むる所は太子拳内の御舎利幷びに妹子将来の妙典を安置の精舎ばかり也

寺内に義経の党類が身をひそめるような場所はないということを告げるためだろうか、聖徳太子の建立による「仏法最初の伽藍」「日域精舎の興基」であることを述べつつも、この時はいたるところ破壊顚倒《てんとう》がひどく、聖徳太子感得の仏舎利《ぶっしゃり》や小野妹子が請来した妙典などの宝物を安置する精舎があるのみだといっている。この言葉を誇張ではない文字通りのものとして受けとめていいかどうか、若干問題はあろうが、官使の到来をうけて出された文書であるから、あながち修辞だとも思えない。そして、少なくとも、ここには中世における法隆寺がみずから寺の独自性をどのあたりに求めていたか、ということがよく示されている。すなわち我が国仏法の創始者としての聖徳太子の存在と、そのゆかりになる仏法根源の寺院であるということ、そして、それにもかかわらず、法隆寺はそのような重要な寺院にふさわしい処遇をうけておらず、そのため伽藍の荒廃が起こっていると寺僧らが考えたこ

とも。さらにつけ加えれば、太子ゆかりの宝物を安置する東院伽藍が、法隆寺にとって重要な構成要素となり、一体化がすすんでいることもみてとれる。

興福寺堂衆の襲撃事件

さて、内乱状況を物語るもうひとつの出来事は、より直接的な襲撃事件の勃発である。正治元年（一一九九）一二月五日早朝、興福寺西金堂衆らが法隆寺の大湯屋《おおゆや》に乱入し、釜を奪おうとした。寺僧らがなんとか追い返しはしたものの、修学者一名が死去した。その翌日も、西金堂の悪僧らは再び発向し、法隆寺寺中寺辺の堂宇や僧房、在家を放火に及び、資財資具を奪うという挙に出た（法隆寺文書別集良訓本二八）。「法隆寺別当次第」（『別当記』所収）は、この時在家二五宇が焼失したという（図2）。

類似の事件として、有名な旧山田寺仏頭の事例が想起される。昭和一二年（一九三七）、興福寺東金堂で発見された金銅の仏頭は、白鳳文化の代表的な作例とされているが、これは、文治三年（一一八七）の三月、興福寺東金堂衆らが本尊にしようと奪取した飛鳥の山田寺講堂の薬師三尊の一部なのであった。東金堂と西金堂の差はあるが、いずれも別当の制止も聞かずに堂衆らが実力行使による掠奪をはかり、みずからの堂舎を整えんとした事件といえる。

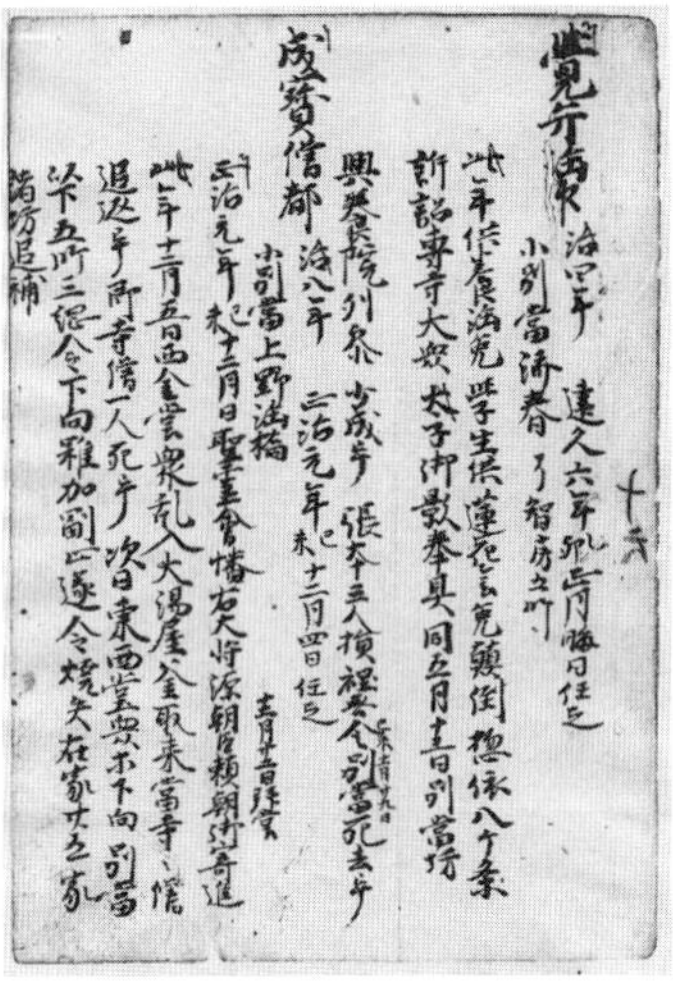

図2　『別当記』成宝僧都の項
（西金堂衆乱入について記す）

平家の焼き打ちによって多大な被害を蒙った興福寺の再建は、国家事業として、また摂関家の尽力によって進められていたが、堂衆らは、彼らなりのやり方で、自分たちの拠点の再建整備をはかったのであろう。興福寺の金堂こそ建久五年（一一九四）に落慶《らっけい》供養が行われていたが、なお

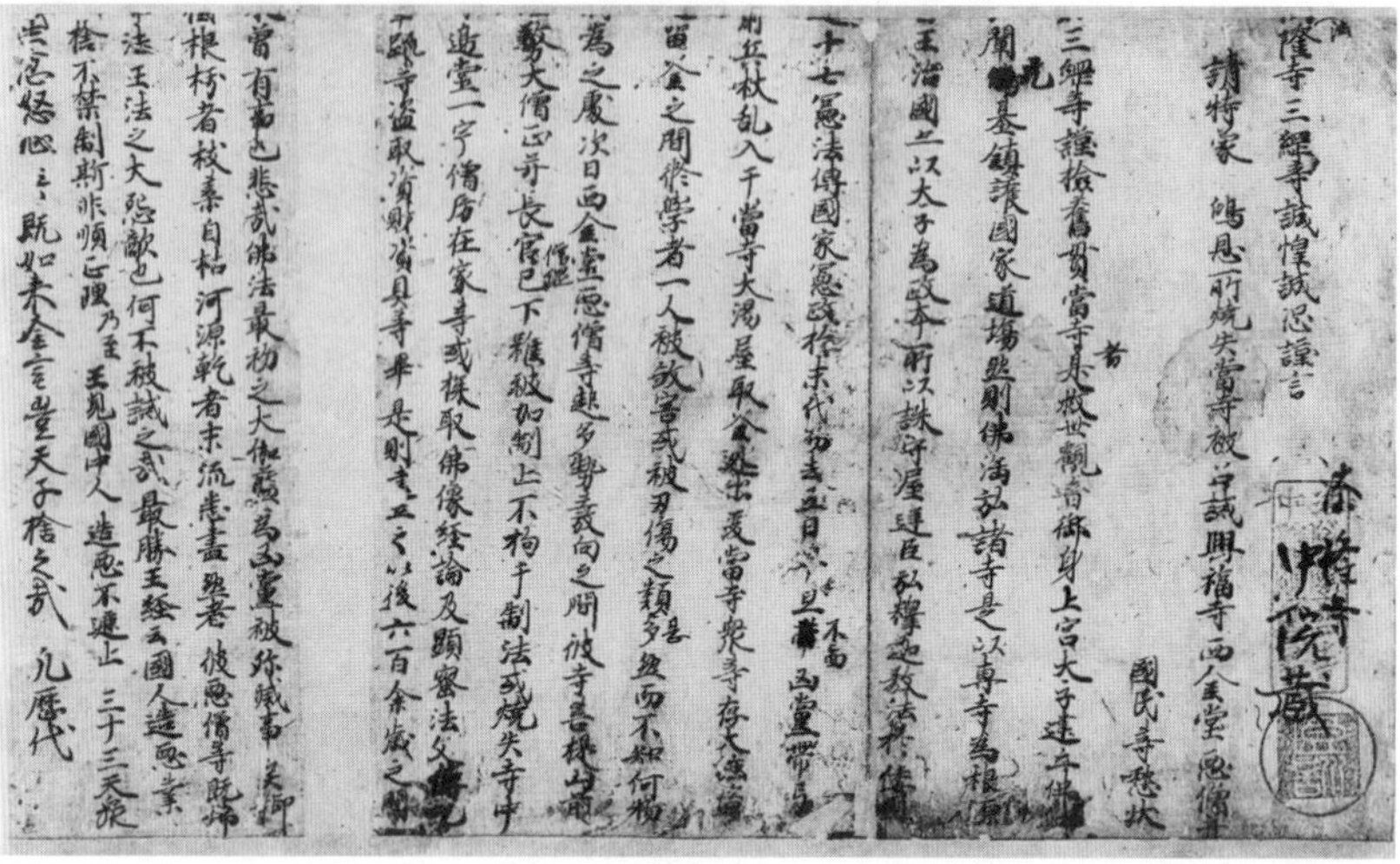

図3　正治元年12月日 法隆寺三綱等解（前半部分／法隆寺文書別集良訓本26）

も堂舎の再建事業は続いており、一応の復興がなったのは建暦二年（一二一二）頃といわれている。したがって法隆寺襲撃のあった正治元年は、こうした再建活動のさなかなのであった。これもまた内乱の余波といえようか。

法隆寺三綱らは、解状《げじょう》を提出し興福寺悪僧張本人の処罰を求めているが、その主張のなかで、法隆寺を「仏法最初の大伽藍」とし、諸寺に仏法をひろめた源とみなしている。さらに加えて、聖徳太子が逆臣物部守屋《もののべのもりや》を誅したという事績を強調しながら、興福寺の悪僧らを「仏法王法の大怨敵」と決めつけた（法隆寺文書別集良訓本二六／図3）。聖徳太子＝法隆寺は、日本に仏法を広める根幹であり本源だとするが、そこに仏敵物部氏を武力で誅伐したという事績が随伴していることが注目される。このような王法仏法の擁護者という性格、いわば、武力を用いることで悪しき存在を打倒し、国家や社会を鎮護したという側面を強調することは、武家政権たる鎌倉幕府の立場とも共鳴するものであった。

すなわち平家は、王法と仏法に大いなる災厄をもたらした悪であり、清盛はしばしば物部守屋になぞらえられる。そして、それを打倒した頼朝の軍事力こそは、王法仏法の正当な擁護者、再興者というわけである。このような武士の立場からの「太子信仰」というものは、新たに登場した鎌倉幕府において見出されるところである。

源頼朝と法隆寺

天保年間（一八三〇〜一八四四）に編纂された『斑鳩古事便覧』には、源頼朝が建久年中（一一九〇〜一一九九）に経巻を納めるためのものであろう「竹帙《ちつ》」を施入したことを告げる銘文が収録されている。そして「法隆寺別当次第」には、正治元年（一一九九）一二月、源頼朝が聖霊会《しょうりょうえ》のための幡《ばん》を寄進したことも記録されている。こちらの事績については、その後も長く記憶されたらしく、戦国時代の大永三年（一五二三）、聖霊会再興のために作成された勧進帳にも、範とすべき先例として言及されており、その数量も六六旒《りゅう》であったという（「法隆寺良訓補忘集」、『続々群書類従』一一、五四〇頁）。ちなみにこの勧進帳では聖徳太子を「本朝無双の大士、鎮護国家の勇将」とあらわしている。

頼朝の太子信仰は、法隆寺の荘園支配にとっても大きな力を発揮した。たとえば、播磨国鵤《いかるが》荘は法隆寺にとって最も重要な荘園のひとつであるが、この荘園もご多分に漏れず、源平内乱時における武家方代官の押領や、さらに承久乱後の新補地頭設置など、困難な事態が発生していた。しかしながら、それらを切り抜けることができたのは、まさに聖徳太子の威光の果たす役割が大きかった。そのあたりの事情は、「上宮太子の聖跡を重んじられるにより、法隆寺を地頭金子十郎が妨ぐる事、停止すべし」（『吾妻鏡』文治三年三月一九日条）とか、「太子御起請他に異なるの地也、右大将軍（頼朝）の御時御帰依ありて、興隆を専らにす」（同書安貞元年五月二三日条）という文言が、よく伝えている（第五章第三節三五四〜五頁参照）。

源頼朝以後も、三代将軍実朝は、鎌倉で聖徳太子ゆかりの宝物を取り寄せて拝観している。それは、聖徳太子十七条憲法・守屋逆臣跡収公田員数在所及び四天王寺や法隆寺に納置される重宝記録などであった。これらの宝物に触れることを実朝はかねてより希望していたという（同書承元四年一〇月一五日条）。そして持仏堂に聖徳太子の御影を供養し、そこで御霊会も行っている（同書承元四年一一月二二日条・建暦二年六月二二日条）。

得宗北条時頼の場合は、弘長二年（一二六二）、聖徳太子像の供養を叡尊《えいそん》に依頼しているが、これは、わざわざ法隆寺に「巧匠」を派遣して、聖徳太子御影を模して制作したものであった。彼はこれを「仏法興隆の大将」として仰いでいた（『関東往還記』弘長二年七月二六日条、『西大寺叡尊伝記集成』九〇頁）。

聖徳太子信仰には多彩な側面があるが、武家政権の誕生という事態をうけ、まずなによりも強調されたのは、日本における仏法興隆をもたらした聖者としての太子であり、したがって日本仏教の初発に置かれるべき存在であるというところにあった。そして、そこには、対物部守屋との戦いが随伴し、強調されていた。すなわち仏法に敵対する存在として物部氏が措定され、それに対して、四天王の加護を得つつ打倒し、正法治国を実現したという太子像がそこにあった。これは、王法や仏法を護持する武力という幕府の立場にとって、まことにふさわしい信仰対象たりえたといえる。こうした太子信仰の一面は、法隆寺にとっても、「武士の時代」の到来の中で人々の願いや信仰を受けとめていくための重要な属性なのであった。新たな太子信仰の展開については、さらに第二節で改めて言及する。

2　別当と寺門

法隆寺別当と興　福　寺　平安時代から鎌倉時代という大きな社会変動のなかで、法隆寺の側ではどのような変化があったか、次にみてみよう。

この時代、奈良の諸寺院は、多かれ少なかれ、巨大権門《けんもん》寺院として大和一国を支配したといわれる興福寺の影響を蒙《こうむ》っていた。前項では興福寺悪僧の襲撃というような形でその一端が認められたが、なんといっても法隆寺の場合は、別当、すなわち対外的にも寺院を代表する最高責任者たる長官が、ほとんど興福寺の僧侶によって占められているという大きな特徴があった。では、そのような傾向はいったいいつ頃からであったろうか。

法隆寺の歴代別当のうちで、興福寺関係者として登場する最初は、『別当記』によると天慶年中（九三八～九四七）の湛照（第九代）である。詳しいことはわからないが、彼は菅原氏の出身であり、それゆえであろうか「天満御霊会」の開始者とされている（『別当記』、『寺要日記』八月二三日条）。また東院については、別当仁階《にんがい》大徳（正暦元年＝九九〇任）の任中、定好已講《じょうこういこう》なる人物が上宮王院院主に補されているが、彼は、興福寺の有力門跡一乗院の院主次第にもその草創者として見える人物である。したがって一〇世紀の頃から、興福寺僧の法隆寺への関与が見てとれる。しかし、まだこのころは法隆寺別当には東大寺や仁和寺の僧も多く任じられており、必ずしも興福寺僧侶で占められていたわけではなかった。

こうした状況が変化をみせるのは一一世紀の後半である。

今、大まかな動向を示すために、およそ平安時代後期から鎌倉・南北朝時代にあたる歴代の法隆寺別当について、その在任期間を合計し、興福寺僧と他寺系の者との年数を比較してみた。さらに興福寺関係者のうち、興福寺別当や権別当を経験した者とそうでない者の内訳も表示してみた（表1）。

この表からはいくつか興味深い傾向が読みとれよう。

まず、一一世紀後半以降になると、ほとんどすべてが興福寺僧侶によって占められており、他寺系の別当はわずかである。この傾向は、一三世紀後半以降は決定的であり、他寺系の別当はまったくみられない。

また、一三世紀になると法隆寺別当はだいたいが興福寺の別当もしくは権別当になるような寺僧が勤めている。

表1　法隆寺別当の在任年数集計

	興福寺別当・権別当歴任者 (在任年数の合計)	興福寺系僧侶で別当・権別当になっていない者 (同左)	他寺系別当・不明 (同左)	備　考 特に長期在任者
11世紀後半 (第24～31代)	24,26 (14年)	27,28,29,30,31 (36年)	25 (３年)	
12世紀前半 (第32～35代)	32,33,34 (37年)	35 (７年)	不在２年	32(経尋21年)
12世紀後半 (第36～40代)	39,40 (４年)	36,38 (34年)	37 (４年)	36(覚長22年)
13世紀前半 (第41～46代)	43,45,46 (46年)	44 (４年)	41,42 (12年)	43・45(範円17年) 46(覚遍25年)
13世紀後半 (第47～55代)	48,49,50,51,52, 53,54,55　(52年)	47 (５年)		50(玄雅18年)
14世紀前半 (第56～70代)	56,57,58,59,60, 61,62,63,65,66, 67,68　(40年)	64,69,70 (７年)		
14世紀後半 (第71～77代)	71,72,73,74,75, 76,77　(48年)			

注１：時期区分は、別当の任期を重視しているので、正確に半世紀ごとにはなっていない。
２：アラビア数字は『別当記』などによる別当の代。治の年数は、記載を単純に合計したもので厳密ではないが、おおよその傾向を知ることはできよう。

そしてこれらの傾向がはっきりしていくとともに、在任期間がきわめて長期間にわたる別当は、一三世紀後半からは登場しなくなる。

ちなみに、興福寺別当・権別当クラスの僧侶で、長期間在任が認められる最初の法隆寺別当は、天仁二年（一一〇九）に就任した第三二代の経尋《きょうじん》であろう。したがって彼の存在は中世法隆寺にとってもひとつの画期となったことと思われる。そしておおむね一三世紀後半にもひとつの区切れがあると判断できよう。

以上のような特徴をこの表から読みとると、内乱をはさんだ平安末期から鎌倉時代前期という時代（表1の「一二世紀後半」「一三世紀前半」の項）は、長期間在任する別当のほか他寺系別当も存在するという点で、少し前後の時代と異なる異例の時期であったといえよう。また長期間在任する別当の存在は、この時期の法隆寺にとって別当の果たした役割が小さいものではなかったことも示唆する。

他寺系別当の消滅

表1で他寺系別当としたのは、第三七代賀宝《がほう》（安元二年＝一一七六任）・第四一代成宝《せいほう》（正治元年＝一一九九任）・第四二代兼光《けんこう》（承元元年＝一二〇七任）の三名で、いずれも勧修寺系の僧侶と思われる。

彼らが別当に就任したのは、ちょうど内乱期をはさんだ前後であり、その就任のいきさつなど詳細についてはなかなかわからない。ただ見逃せないのは、このうち、成宝・兼光の任中に、いずれも紛争が生じていることである。成宝の場合はほかでもない前項で述べた興福寺堂衆の大湯屋襲撃事件がそれであるが、この事件が起こったのは、彼が別当に就任したまさにその翌日のことであった。

そして、成宝の後任となった兼光の場合、『別当記』には「興福寺の訴訟に依り押い落とされ給い畢」とあり、興福寺の訴えによって、別当職を追い落とされてしまうという事態まで起こっていた。こうした紛争の続発は、興福寺以外の僧侶が別当となることをきわめて困難にするものであり、実際のところ、この後、中世を通じて興福寺以外の僧侶が別当になることは絶えてしまう。

こうして法隆寺別当、さらにその補佐役ともいうべき小（少）別当は、つねに興福寺僧によって占められ、寺外に居住することが通例となった。別当・小別当は法隆寺領荘園からの得分を一定程度得たほか、寺僧らの諸職就任にあたっては、その任料を得分とするなど、経済的な収益を法隆寺から得た。他方、このようにしてもたらされた興福寺と法隆寺の緊密化によって、外部からの武力的な脅威に対しては興福寺の保護をうけたり、法隆寺の訴訟に際しては興福寺の強力な同心が期待された。一例を示せば、承久二年（一二二〇）仏像盗賊の与力らが

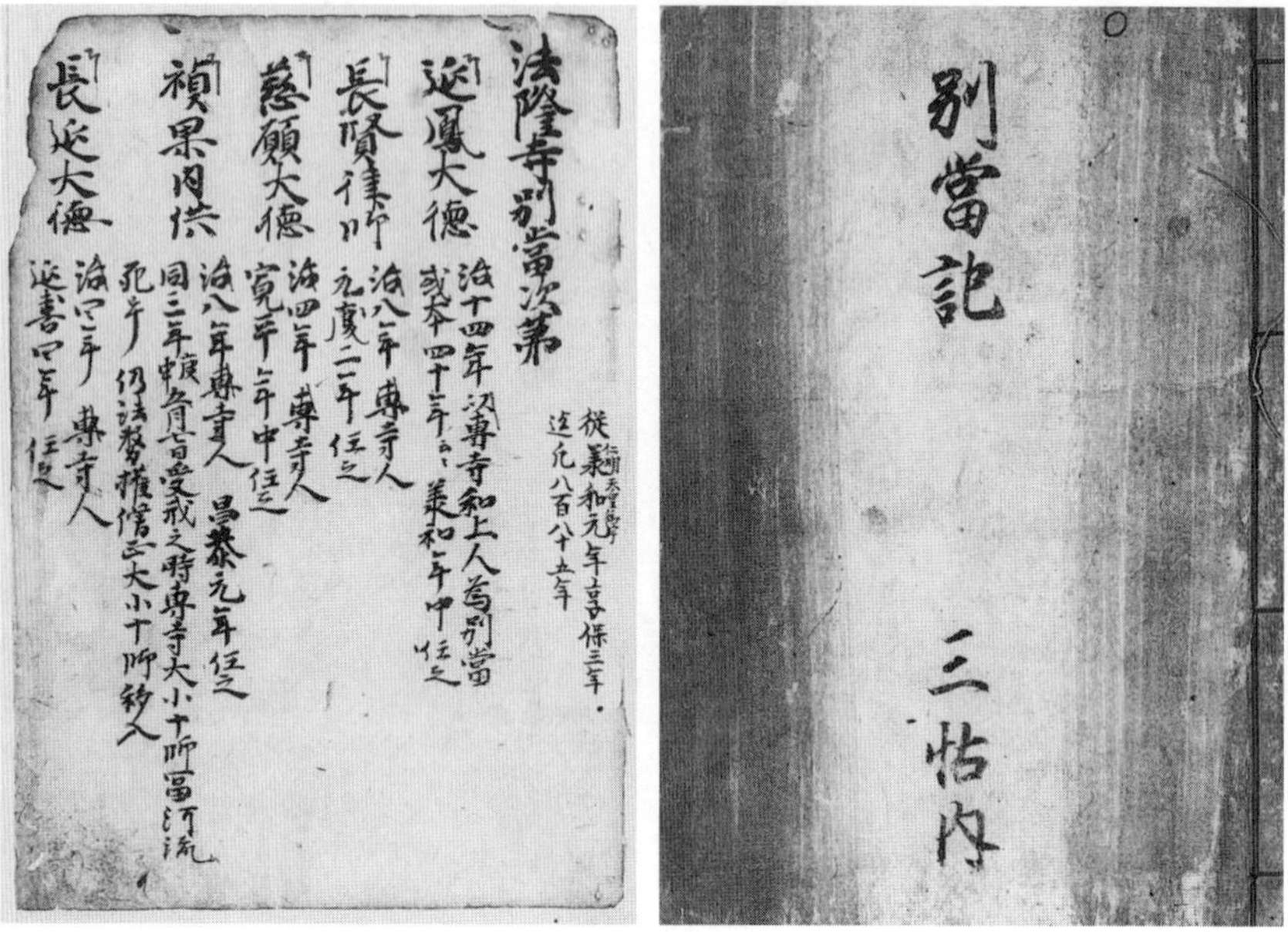

図4　『別当記』表紙(右)と冒頭の「別当次第」(左)

法隆寺に夜討をかけ、寺僧や仕丁《しちょう》に死者が出たことがあったが、それら悪党を追い出したのは「菩《ぼ》提山《だいせん》僧正御房の御沙汰」、すなわち興福寺一乗院門主信円の尽力によるものであったし（『別当記』範円項）、播磨国鵤荘下司職の補任権をめぐる訴訟では、「当寺別当は近代貴寺に付」しているからということで、その援助を求めていた（建長五年〈一二五三〉八月三日法隆寺牒『春日大社文書』）。そのほか興福寺の維摩会はもとより南都全体にかかわるものであったから法隆寺僧の参加は当然であるが、法隆寺での法会においても興福寺僧の出仕があり、さらに聖教・仏具類のやりとりなど、日常的な交流も親密に行われていた。

別当と寺門

しかし、別当・小別当が興福寺僧であり、寺外にその基盤を置いていることは、やはり寺門（法隆寺の寺僧ら）とは対抗的な緊張関係をもたらすことになる。先にみたように、興福寺系以外の別当の時に興福寺との間では軋轢が生じていたが、それにとどまらず、別当に対する寺門の抵抗や抗議行動も明瞭にあらわれてくる。そしてそれは別当が興福寺系であろうと他寺系であろうと、選ぶところではなかった。

建久六年（一一九五）、法隆寺大衆らは学生供免《がくしょうくめん》などが顚倒したことなど「惣じて八カ条訴訟に依って」、時の別当覚弁《かくべん》の坊である興福寺興善院（『別当記』は興養院とするが誤写であろう）に烈参した。このとき彼らは「太子御影」を具していたという。集団的な訴訟烈参において聖徳太子の御影をともなう最初の事例であった。『別当記』の記載によると、この時大衆の「張本三人損」したと記し、続けて「程なく別当死去し畢んぬ」と結んでいる。太子御影動座のもつ効力を暗示しているのであろう。

建仁元年（一二〇一）には、正月の吉祥御願《きちじょうごがん》が闕如し、供料仏供《くりょうぶっく》の下行《げぎょう》がなかったために、小別当上野法橋《こうづけほっきょう》が追却され、寺僧らは三〇日あまり城を構えている。さらに四月には、別当に違背《いはい》して、鐘木《しょうぼく》を切り落とし聖《しょう》霊院《りょういん》の池に投げ入れた。別当に抗議して釣り鐘の鐘木を切り落としてしまう行為は、この後、しばしば見られることになるが、これはその最初の事例であった。

興福寺の訴訟によって追い落とされることになった兼光について、『別当記』は、承元元年（一二〇七）に別当に就任し「治四年」としつつも、「無拝堂不吉事也」と記す。別当の就任儀礼である諸堂巡拝とそのあとの下行振る舞いは、別当が寺外に住するだけにいっそうその意味は大きくなったであろう。したがって「無拝堂に依り寺に入れ奉らず」ということにもなったのだが、この拝堂をめぐる軋轢はこの後ますます激しさを増していくことになる。その兆しがここにみえていた。

鎌倉期になって、法隆寺別当になる者が興福寺僧に落ち着いていくとともに、法隆寺の側でも、大衆という集団的な構成員の自律的な動きが明瞭になってきていた。太子御影の動座や、別当に対する寺門の側からの要求や対抗が次第に表面化しているのである。あきらかに法隆寺内部でも、中世の寺院運営に特有の寺僧らによる自治・自立的なありかたが別当に対抗しうるまでの機能を発揮しだしていた。

3　寺内諸衆と聖徳太子

寛喜二年棟札銘にみる寺内諸衆

いわゆる源平内乱期をきりぬけた法隆寺では、どのような人々が活動していたのか。そんな鎌倉時代の法隆寺構成員を知るうえで比類ない好史料が現存する。

それは、寛喜二年（一二三〇）の銘をもつ東院夢殿の棟札《むなふだ》であり、その表裏両面にはぎっしりと当時の人々の名前が記されている。天平年間（七二九～七四九）に創建され、貞観時代（九世紀半頃）に再建されたという東院の伽藍が今日のような姿に整えられたのは、一三世紀初頭より始まった舎利殿・夢殿・礼堂などの造営活動（表2参照）の結果といってもよく、寛喜二年は、その一応の成果が上がった時であった。

棟札の全体を概観してみよう。表側の中央には大きく、

法隆学問寺　上宮王院棟上　寛喜弐年歳次庚寅五月二十三日

と明記されている（図5右）。夢殿の棟札ではあるが、「上宮王院棟上」と表現していることが興味深い。夢殿造営というものがもつ東院伽藍整備における大きな意味を思わせるのである。

そして時の別当範円以下、多数の人名が続けて記されている。墨痕が一部見えにくくなっているため、その全体を正確に判読することは困難であるが、これまで『奈良六大寺大観　法隆寺五』や『至宝』二で紹介されているので、それらに一部私見も交えながら紹介しよう。

まず造営の中心的な人々として、

表2　鎌倉時代前期の東院伽藍の整備(『別当記』『官符宣記』など)

建久3(1192)	上宮王院法華十講行わる　秋法隆寺・春興福寺
建久4(1193)	4.7 上宮王院天井造　4.19 完成
建暦元(1211)	別当範円、上宮王院に下向して三経講讃　講師問者各3人
	9.6 上宮王院釈迦念仏始まる(解脱上人の勧進)
建暦2(1212)	11.29 三が日上宮王院にて勝鬘会始まる　聴衆10人(異本では25人)
建保元(1213)	勝鬘会竪義始行
建保3(1215)	9.28 太政官牒により勝鬘会が恒例御願に(嘉禄2年からは講堂で実施)
建保6(1218)	秋、鎮守の東院五所社造営
承久元(1219)	2.26～ 御舎利堂造営(2カ年で造立) 発願は慶政上人
	3.29 舎利殿棟木銘
承久4(1222)	3.11 舎利殿太子御影を尊智法眼が描く
貞応元(1222)	12.20 御持堂(東院舎利殿)にて供養法始行
安貞2(1228)	7.8 上宮王院御影堂千手供養法始行　供僧6口　田園1町6反
寛喜2(1230)	4.13～ 夢殿木造　5.23 夢殿棟上　桁一重・鴨居一重を加増
寛喜3(1231)	9.18 礼堂木造(10.22 棟上)

別当前権僧正範円　小別当尊円拝（弁カ）勧進　大勧進寛応跡（上人慶政カ）

（傍注カッコは私見による）

とある。小別当・大勧進の外側には、墨書痕跡のみで名前は判明しないが、おそらく行事僧をつとめた隆慶《りゅうけい》・公円《こうえん》・覚増《かくぞう》・幸《こう》禅《ぜん》など（『別当記』）の名があったと思われる。

そこから下には「大工妙阿弥陀仏」を中心に、その左右に「平　末守　丹波貞行　三国国元　藤井国宗」ら一七名の造営に携わったらしい俗人名が記されている。

さらにその下段に「結縁衆《けちえんしゅう》」として、七段にわたって総勢八五名の名前が書き連ねられている。まず「隆詮《りゅうせん》大法師」が、中央に少し大きな文字で記され、その左右に「大法師」の肩書きを持つ一八名が二段にわたり、さらにその下段には「覚暁《かくぎょう》法師」ら法師名のものが四六名みえ、つづいて「草賀部姉子《くさかべのあねのこ》」以下、俗人九名・法師八名・沙弥《しゃみ》一名・「聖阿弥陀仏」などの名前が入り混じって記されている。

これらの棟札表側に記された人々は、上宮王院の整備に具体的に寄与した人物であろう。その中心になったのは、別当範《はん》円《えん》・小別当尊円《そんえん》・大勧進慶政《けいせい》であり、そのもとで、行事僧の四

（部分）　（全体）
図5　寛喜2年棟札（表）

人「隆慶・公円・覚増・幸禅」がいた。別当範円ら三人はいずれも法隆寺という一個の寺院を越えた幅広い活動を行っていた人物であるのに対して、行事僧四人はいずれも法隆寺住僧である。その内訳は学侶《がくりょ》の中心的メンバーたる五師大法師二名（隆慶・公円）と、学衆（覚増）と禅衆（幸禅）から各一名という構成をとっている。

そして結縁衆は、物心にわたる支援者で、おもに隆詮大法師を中心とする法隆寺の僧侶が連なっていた。この隆詮は、『太子伝私記』を著わしたことで有名な顕真《けんしん》の師にあたる人物で、太子伝に関する秘事口伝の継承者であったが、そのほかにも、彼は法隆寺の裏山の池に雨乞いのため龍王を勧請したり、四〇年にわたって金堂堂司をつとめ、また聖霊院主でもあるなど、法隆寺学僧らの中でも長きにわたってその活動が際だつ人物であった。夢殿上棟にあたって、結縁衆の中心にその名を占めているのも、隆詮のこうした事績を想起すれば、きわめて自然なことに思われる。

またこうした法隆寺僧のほかに、結縁衆には俗人――その三分の二が女性であった――や聖も加わっていたことも、東院への信仰の広がりをうかがわせるもので、見逃せないところである。

棟札裏面の諸衆

つぎに、棟札の裏面であるが、こちらは、表側以上の多数にのぼる人々の名前が、いくつかのまとまりをもって記されている（図6）。ここではとりあえずこれを主に五つのグループに分けて整理しておこう。この五グループは、この時期の法隆寺の基本構成を示すものでもあった。

①三綱（七名）・五師成業《ごしじょうごう》（五名、ただしほとんど判読できない。従来五師成業の部分は「法師成業／□大法師」と読解していた）からなる大法師のグループ。

ほかのグループにはない大法師位をもつことから寺内上層のグループと考えられる。三綱は別当のもとで政所を構成する寺務執行機関の中心的な存在であり、一方、五師大法師は学侶の代表として評議の中心を占めていた。この中から年番で年会《ねんえ》五師《ごし》が選出され、これはやがて寺僧自治の中核を占めるようになる。寺外に拠点をおく別当・小別当に対して、これら三綱・五師は寺僧らの日常的な寺務運営にあたっては執行部とでもいうべき部分を形成していた。一一世紀後半からこの時代には、法隆寺関係者の証文類に対して、その内容を保証していたのは、彼ら五師三綱であったようで、証文類に五師三綱らが署判を書き加えたものが散見している。

②学衆（九四名）

③禅衆（八五名）

棟札の人名記載のうち、もっとも多数を占めるのがこれら②③の寺僧集団である。彼らはいずれも「法師」であり「大法師」のものはいない。したがって①グループよりも下位の寺僧らである。「学衆」は聖教の修学をもっぱらとし、各種法会の勤仕ではその中心となる。学侶や学道衆ともいった。これに対して「禅衆」は、「夏衆《げしゅう》」「律宗」「堂衆」ともいわれる。学衆の修学に対して、「行」をもっぱらにしており、夏中に香花を供える事

（部分）　（全体）

図6　寛喜2年棟札（裏）

を役目としていることから「供花衆《くげ》」とも呼ばれた。棟札の記載が上下になっているというその位置関係が物語るように、学衆より下位に位置づけられた。

④中綱（一九名）　小維那・専当・権専当などいずれも法師名をもつ

⑤仕丁《しちょう》・瓦工・鍛冶《かじ》・刀禰《とね》・番匠《ばんしょう》・堂童子《どうどうじ》・大仏師・神主など俗人（二六名）

この両者は、堂舎・本尊・仏具の修理や管理など寺内のさまざまな雑役や法会のしつらい、そして諸道具を調える手工業者であったりした。通例、公人・諸道の輩と称されるグループである。④は法師名をもつことからもわかるように僧体である。この点、俗人である⑤とは区別される。④⑤はいずれも平民身分に属しており、侍《さむらい》品《ぼん》にあたる学衆・禅衆とは大きな階層的隔たりがあった。この階層の子弟は、原則として学衆・禅衆にはなれなかったと思われる。

以上の結果、ともかく合計二三六名が裏側にその名を記載されていた。表側とあわせると総計のべ三四一名となる。このうち表裏ともにその名が重複しているものが、三綱で二名、学衆で一八名、禅衆で一二名いるから、それを勘案すれば総勢三〇九名を数えるのである。そこから俗人や仕丁を除けば、ほぼ二六〇名に近い数が算出される。これが鎌倉時代前半の法隆寺における寺僧らの数であった。このうち大法師位をもつものが二〇名余りというところで、これが上臈グループであり、それ以下の中下臈とは区別されていた。むろんこの夢殿棟札は墨書が判読できない部分もあるので精確な数字ではありえないが、おおよその状況はうかがえるだろう。

太子と寺僧集団　この棟札の表側には上宮王院造営に直接関与したと思われる人々が名を連ねていると述べたが、では裏面はどのような人々であったのか。表裏で重出する人名があることからみても、表と裏では、その性格を若干異にしていたと考えられる。これに関しては、裏面の上部中央に、

法隆寺上宮王院修造之時寺僧名帳

と端的に記されているように、こちらは明らかに上宮王院が修造された時点における「寺僧名帳」であった。「寺僧名帳」は、たんなる名簿ではない。例えば、罪科の者を寺僧集団から追放する時には「寺僧名帳から擯出《ひんずい》する」というように、ここに名を記載されることは、寺僧集団の一員としての成員権をみとめられていることを物語るものであった。寺役勤仕や供料下行《くりょうげぎょう》などもこうした寺僧名帳にもとづいて実施されたと思われる。

ただ、この棟札の場合は、記載したものを夢殿に奉納したわけであるから、通常の寺僧名帳とは少し異なる特別の意味があったのだろう。中世社会において、新たに貴族のもとに仕える場合や、武士が主従関係を結ぶ際、「名簿」の進呈がなされていたことをここで想起すると、棟札に名前を記載して、東院伽藍の正殿ともいうべき夢殿に納めたということは、まさしく寺僧らが聖徳太子に対して名簿を捧げた行為であると考えられよう。中世の呪詛《じゅそ》行為のひとつに「籠名《ろうみょう》」があったように、名前を記されたものがもつ意味は、われわれが想像する以上に重かった。表側の上宮王院造営に関与・結縁した人々とともに、上宮王院の整備によってさまざまな人々が組織化された状況がここに示されているようである。ここに名を連ねる人々は太子のもとに結集し、太子に報恩を行い、そして太子に庇護される。しかし、背く者は太子によって懲罰をうけることになる。そんな意志がここに籠《こ》められていたのではないだろうか。裏面には「大法師」が少なかったが、彼らはおそらくほとんど表の結縁衆として造営に参加していたからであろう。

年紀の判明するもっとも古い太子像として有名な治暦五年（延久元＝一〇六九）の太子七歳像がある（図8）。この年は、また秦致貞による聖徳太子絵伝が描かれて絵殿（図7）に納められた時でもあり、中世的な太子信仰をみる上で大きな画期とされている。この童形太子像にはその作成のいきさつを示す銘文があり、そこには「自

図7　舎利殿・絵殿

図8　太子童形像(七歳像)

他法界衆生共の成仏道のため、法隆寺大衆が結縁として造顕するところ也」とあった。中世的な太子信仰の初発にあたって、「法隆寺大衆」が結縁してこの像を造顕したことが如実に示されていたのである。

それからのち、内乱期をはさんで、建保六年（一二一八）以来、順次なされてきた東院伽藍整備が一応の帰結をみたこの寛喜二年（一二三〇）に、あらためて寺内諸衆は太子に結縁し、あるいは名簿を進呈したのである。まさにこれは法隆寺諸衆が、いわば太子を祖師として、そのもとに結集する太子門徒として、みずからの集団を成り立たせていたことを物語るものといえるだろう。

中世寺僧集団につきものの嗷訴《ごうそ》にさいして、法隆寺の場合、彼らが押し立てたのは太子御影であり、起請文作成にあたってその誓いをたてる対象は本願太子であった。少し降った時期の史料によると、新任別当の就任儀礼たる拝堂の参賀作法は、もっぱら聖霊院で行われていた。その様子は、新別当が外陣に南向きに座り、それに対して所司以下、宿老成業《じょうごう》や中﨟大十師、そして諸衆が順次参賀に赴くというものであった。聖霊院は西院伽藍における本願聖霊の聖徳太子を安置する場で、参賀に赴いた寺僧らは、眼前に新別当、そしてその背後には厨子に控えている聖徳太子御影を仰ぐことになる。本願聖霊の前で、新別当と諸衆の間の新しい関係が設定されていたというわけである。

中世法隆寺の寺僧らは、いわば聖徳太子を祖師とする門徒として集団を形成していたのである。聖徳太子の聖所ともいえる東院伽藍の整備がほかの堂舎に先駆けて進められたのは、そのための拠点とされたからであろう。こうした寺内整備の努力は、むろん単なる施設面だけにとどまるものではなかった。寺院の宗教活動に不可欠な新しい法会整備がそこにともなうのであり、またこの動きは西院伽藍全体への活動へと連動していったのである。

第二節　法隆寺の興隆と南都世界の活況

1　南都仏教と法隆寺

鎌倉仏教の清新な動き

鎌倉期の法隆寺は、これまでの叙述からもあきらかなように、けっして古代の姿そのままに命脈を保っていたのではなかった。新たな堂舎整備や法会の充実化など、さまざまな新しい動きがあり、多くの僧侶の活躍もあった。法隆寺内外の貴賤僧俗による多彩な動きを通じて、新しい中世法隆寺はかたちづくられていったのであり、それは今日の法隆寺東西伽藍の姿につながるような基本的な骨格を作り上げていった時期でもあった。これは堂舎伽藍など直接目に見える建造物レベルのみならず、信仰面においてもあてはまる。すなわち太子信仰の高揚ということである。法隆寺が中世寺院として新たに展開していくにあたって、聖徳太子に対する信仰はきわめて大きな意味と役割を果したが、この時代は、太子信仰が際だった高揚をみせ、そして広範な人々に受容されていった時期なのであった。

太子信仰はもとより、新たな信仰にもとづく仏法興隆というものは、この時代、けっして法隆寺だけにとどまるものではなく、南都仏教、ひいては日本仏教全般にもおよぶ広がりをみせた。太子信仰の他にも、釈迦信仰・観音信仰・弥勒信仰・文殊信仰、さらには舎利信仰など、まことに多彩な信仰が登場し活況を呈したのである。法隆寺においてもこうした要素はうかがえるのであり、本項では、こうした点に注意を払いながら、南都仏教の動向を念頭に中世法隆寺の様子をとらえなおしておこう。

ところで、私たちが鎌倉時代の文化を考えるとき、その大きな特徴としてまず想起されるのは、仏教界全体の清新な、かつめざましい動きであり、その代表的なものとして、ただちに法然・親鸞や栄西・道元、そして日蓮などいわゆる「鎌倉新仏教」の祖師たちを思いうかべることだろう。そして、南都の諸寺院はこれらの動きに対抗する「旧仏教」としてとらえられ、法隆寺はいうまでもなくその一員として目されることになる。しかし、これまで中世法隆寺の多彩な動きをみてきた私たちにとっては、このような単純化した新・旧仏教の対抗的な動きという観点で鎌倉期の法隆寺を位置づけるのは、説得的な見方だとは思えない。事実、鎌倉新仏教対旧仏教という対抗軸によってこの時代の仏教界をとらえる見方そのものも、今では次第に採用されなくなっている。いわゆる「鎌倉新仏教」が占める社会的な位置は、この当時、現在の私たちが考えるほど大きなものではなかったし、教団としての成立もずっと後世の室町時代以降であろうとされている。したがって新旧仏教の対抗面よりも、両者を包含したさまざまなタイプの仏教が新たに活発な動きをみせ、鎌倉時代の仏教界全体にうかがえる清新な性格に着目し、それをとらえ直すことに力点が置かれるようになっている。

こうした結果、鎌倉期の仏教を見るときには、鎌倉「新仏教」や「旧仏教」という区別にかわって、まずは、社会における正統かつ正当的な仏教として大勢を占めた「顕密仏教」——すなわち南都六宗と天台・真言宗からなる顕密八宗——を措定し、それに対して、さまざまな形態をとってわき起こってくる改革派や異端派という構図によってこの時代の仏教を描き出すことが次第に通例となってきている。南都諸宗に天台・真言、さらには神祇信仰や陰陽道も含めたさまざまな宗教的要素が、平安時代以来、密教を中心にゆるやかに共存し、そして統合される体制が次第に形成され、時代とともに展開を遂げながら中世社会においては、国家レベルから一般民衆にいたる多くの人々の求めに応じて、さまざまな祈禱呪術の機能を果たすこととなった。このような諸宗体制が中世宗教の基軸であり正統的なあり方だったとみなされるようになっている。この傾向を決定づけたのが黒田俊雄氏の研究であり、彼が提唱した顕密体制論・顕密仏教論である（黒田俊雄『日本中世の国家と宗教』、岩波書店、一九七五年）。

インドから中国を経て伝来した仏教が、日本仏教としての信仰形態や思想内実をかたちづくっていくにあたっては、平安時代の最澄・空海が大きな画期をなした。最澄が示した一乗思想や大乗戒、空海によって整えられた体系的密教、これらがその後の日本における仏教思想や儀礼の基礎となり、彼らによってできあがった平安仏教を前提に、それが大きく展開したのが鎌倉期の仏教だといえる。そして、ほかならぬ聖徳太子信仰もこうした日本仏教の展開過程に深く連動するものだと考えられる。

平安末から鎌倉初期の社会的な動乱も経験した日本仏教の大きな特徴は、仏教というものが広く社会や庶民一般にも浸透したことであり、社会のさまざまな分野において仏教が大きな意味をもつようになった。いわば仏教の社会化・民衆化とでもいえる事態が通例となった。太子信仰の広まりはこうした側面にも大いに寄与したといってもよい。古代寺院が中世的な寺院へと転生していくにあたっては、このような動きをとりこむことは不可欠であり、そうでなければ中世寺院として存続し得なかっただろう。南都世界の活況も、こうした社会的背景に根ざしていた。南都の中心から距離的には少し離れていた法隆寺も、もちろんその一翼につらなっていたのである。

太子信仰の展開—南無仏舎利と貞慶

聖徳太子は早くから理想化され、人智を越えた能力を発揮する聖人としてさまざまな逸話をもっていた。奈良時代末になる『東征伝』や、平安初期の「上宮皇太子菩薩伝」（『延暦僧録』所収／二一三頁の図27）において、すでに太子は中国の南岳慧思の転生であるとか、救世《くせ》観音の応現とされており、列島社会の枠をこえた東アジア規模で時空を超えた存在とみなされている。仏教が列島社会のなかに深く浸透し、多くの人々に受容され幅広い民衆にまでおよぶようになると、すなわち言いかえれば、日本仏教として生成していくようになると、聖徳太子イメージや太子信仰も新たな展開をみせるようになる。それは聖徳太子が日本仏法の歴史のなかでその劈頭を飾る重要人物として位置づけられることでもあった。

一〇世紀の仏法入門書として名高い源為憲撰述の『三宝絵』では、その法宝部の冒頭にまず聖徳太子の物語が配されているし、平安院政期に成立した『今昔物語集』本朝仏法部は「聖徳太子、此朝にして、始めて仏法を弘めたる語」から始められている。

聖徳太子は「和国の教主」であり、東方のこの小国に仏法をひろめ衆生を導くために王家の一員として誕生した人物なのであった。いわば日本仏法の祖であり、日本仏教の原初に位置づけられたのである。中世日本の神仏習合理論としてよく知られている本地垂迹説の考え方に則《のっと》って、聖徳太子は釈迦や観音が姿を変えて身近かなこの国土に登場したという理解はごく自然なものとして受けとめられた。

こうした聖徳太子に対する信仰については、平安時代一〇世紀に成立した『聖徳太子伝暦』が重要な画期をなしたが、一一世紀後半になると、上宮《じょうぐう》王院の絵伝や太子童形像（三〇〇頁の図8）が出来《しゅったい》して新たな高まりをみ

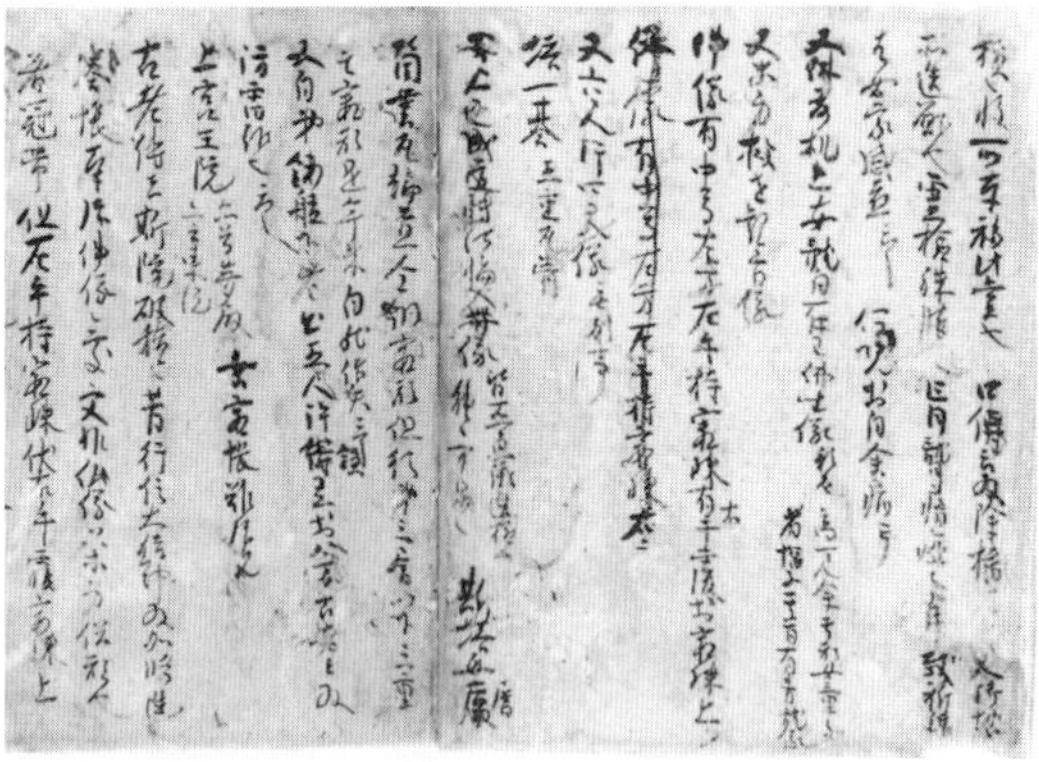

図９　『七大寺巡礼私記』

図10　聖徳太子像（二歳像）

せ、さらに一二世紀には東院伽藍の夢殿を中心に大きな展開を示す。そこでとりわけ注目すべきは太子と舎利信仰とのかかわりである。

一二世紀半ば保延六年（一一四〇）頃に成立した『七大寺巡礼私記』（図9）は、東大寺にはじまり大安寺・西大寺・興福寺・元興寺・招提寺・薬師寺と続き、法隆寺を掉尾とする巡礼の記録であり、この時期の南都諸大寺をみる上で大変貴重なものである。その法隆寺についての記載をみると、残念なことに冒頭部を一部欠いているが、とりわけ印象的なのは上宮王院伽藍の北側に位置する七間宝蔵とそこに納められた聖徳太子ゆかりの宝物群の列挙である。なかでも仏舎利の記載は興味深い。というのも、仏舎利の由緒を記すにさいし、「この事、伝記に見えず」と、『聖徳太子伝暦』にはない内容を、新たに「延喜講師」の説としながら引用しているからである。これこそ太子二歳の時、東方にむかって合掌し南無仏と唱えたさい、掌中よりこぼれ落ちたという舎利なのであり、太子信仰の中核をなす「南無仏舎利」の伝承にかかわるものである。ちなみにこの逸話に基づく太子像が、緋袴を付けた合掌する童子立像姿の「南無仏太子像（二歳像）」であるが、この像が登場する早い例は、承元四年（一二一〇）鎌倉将軍源実朝が持仏堂で供養した「聖徳太子御影南無仏」（『吾妻鏡』）だとされており、実作のものは鎌倉後期を初見とする新しいスタイルの太子像なのであった(図10)。太子と仏舎利の関係が密接になり前面に出てくることは、聖徳太子がまさに釈迦と重なる存在であることを指し示すことにほかならず、聖徳太子を粟散《ぞくさん》辺土たる日本の教主として、「本朝の釈尊」とみなす性格がさらに強調されることになろう。

東院創建時になる夢殿北側の「七丈屋」は、平安時代後期の一一世紀半ば、太子絵伝の障子絵が配置されて西側部分が「絵殿」として整備され、一三世紀初頭、鎌倉前期に今度は東側部分が「舎利殿」として整えられて舎利が納められ、くわえて「絵殿」「舎利殿」の前面に礼堂的機能を持つ部分が増築された。こうした結果、現在のようなかたちができあがった(図11)。鎌倉前期の東院伽藍整備については既述したが(第五章第一節3参照)、ここが「絵殿」や「舎利殿」を含む形態をとって改造されたことは、まさに鎌倉期以降の太子信仰のありかたを

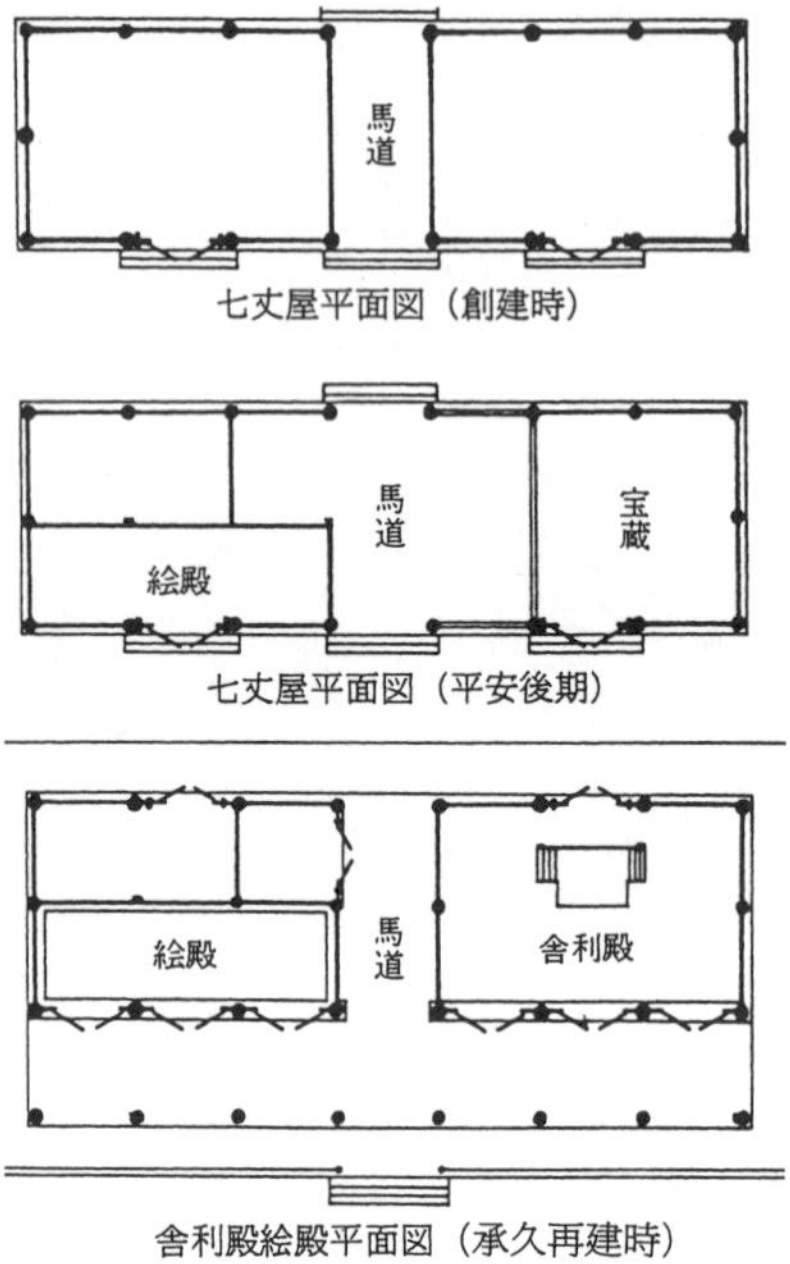

図11　東院舎利殿・絵殿の変遷図

図12　南無仏舎利塔

よく示すものといえるだろう。

舎利殿では、太子と仏舎利を讃歎する舎利講が、現在も正月元日から三が日行われているが、明治以前は毎日の恒例行事であった。『聖徳太子伝私記（古今目録抄）』によると、「毎日舎利講一座」とあって、五師成業が式師をつとめ、法華経や勝鬘経・維摩経の講釈がなされ、くわえてその場では過去帳・現在帳の供養もあったもようである。法隆寺の寺僧らにとっても、いかに意義深い大切な法要であったかが推しはかられよう。

そして見逃せないのは、建暦元年（一二一一）九月に解脱上人貞慶（一一五五～一二一三）がこの上宮王院で釈迦念仏会を始めたことである。そのさいの本尊とされたのは、いうまでもなくこの仏舎利であった。釈迦念仏会は貞慶が建仁二年（一二〇二）に唐招提寺で創始したもので、そこで本尊とされた鑑真請来の舎利を納める金亀舎利塔はよく知られているが、法隆寺においても水晶製五輪塔形の舎利容器が舎利堂に安置されている（図12）。その金銅製蓮台下框裏面の紀年銘によって南北朝時代のもの（貞和四年）であることがわかるが（『至宝』一二）、その美しさは聖徳太子信仰の核ともいえる南無仏舎利を納めるものとしてふさわしいものである。

解脱貞慶が創始した釈迦念仏会は、釈迦の宝号を唱える口称念仏が中心的な行であったと思われ、これには多数の人々が結縁《けちえん》を願って参集するものだった。ここには法然が主唱した「南無阿弥陀仏」の称名念仏との類似も想起されることだろう。法然教団が巻き起こした称名念仏の社会的な興隆を目の当たりにして、南都側がみせた対応という一面があったことは容易に察せられよう。そして、貞慶は、法然の専修念仏を厳しく批判した元久二年（一二〇五）興福寺奏状の作者と目されており、鎌倉期の南都仏教を代表する碩学でもあった。彼は、父が少納言藤原貞憲、祖父が平治の乱で死去した藤原通憲という出自をもつが、これは多数の学者・文化人を輩出したことでも有名な一族であった。興福寺別当を勤めた覚憲は叔父であり、貞慶は、興福寺を本寺、法相宗を本宗と

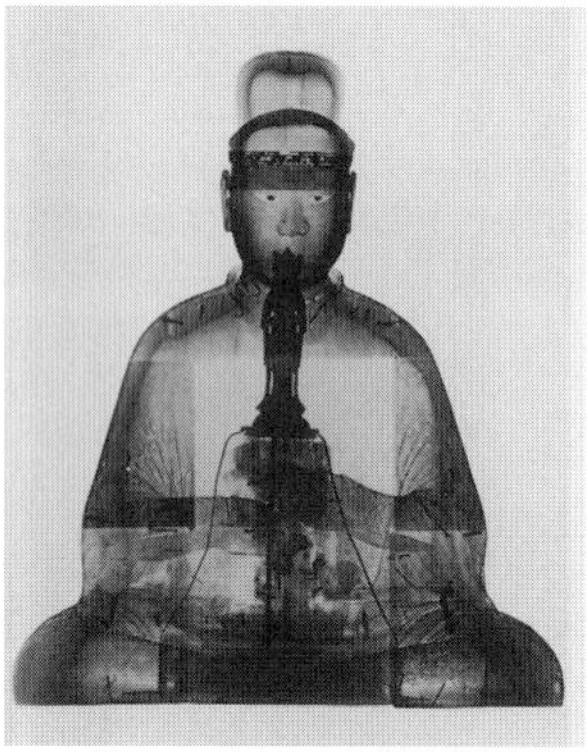

図13　聖徳太子像X線写真

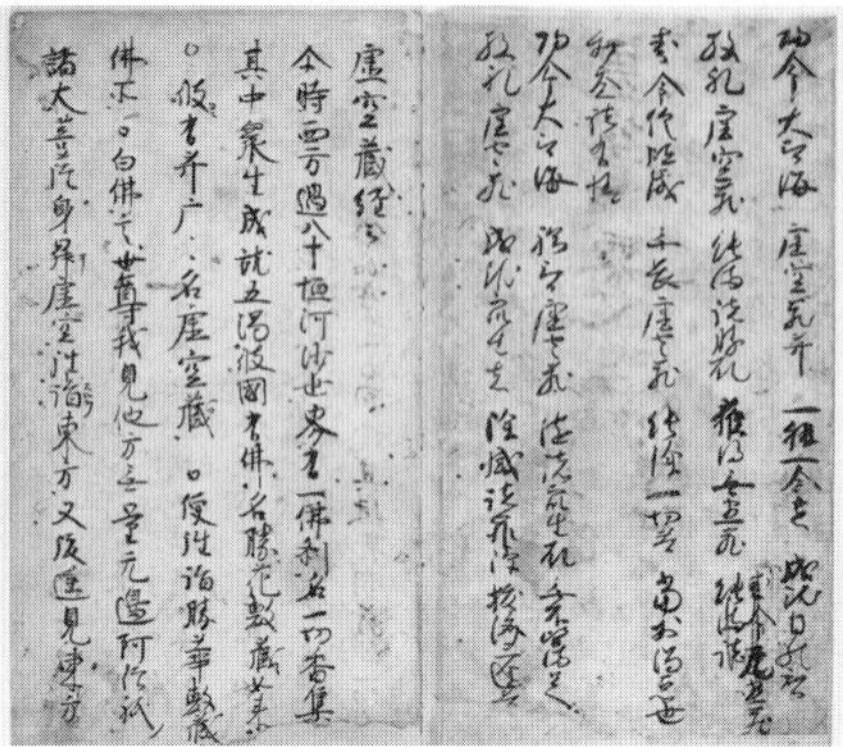

図14　『虚空蔵要文』

して出家の道を歩み、維摩会講師や法勝寺八講・最勝講の講師をつとめるなど、名僧にふさわしい階梯をつみ「末代の智徳」（『玉葉』建久二年二月二一日条）と讃えられるほどの人物であった。しかし建久四年（一一九三）、貞慶はこうしたキャリアを拒否して遁世の道を選びとり、自在な立場から鎌倉仏教の復興につとめ幅広い活躍をみせるようになる。東大寺再建の中心人物であった俊乗房重源《ちょうげん》との親密な協力関係も確認でき、興福寺の再建や笠置寺・海住山寺の再興にもつとめ、戒律復興にも尽力してのちに大きな影響を与えた。釈迦念仏会も、仏道の本師たる釈迦への信仰を基軸にしつつ南都仏教の再興をめざしたものであった。こうした貞慶の活動は鎌倉期における南都仏教改革の大きな第一波をなしたといえる。

　彼が行った法隆寺への寄与については、上宮王院釈迦念仏を始めたほかにも、建暦二年（一二一二）九月、聖霊院で「観音宝号」を始めている。貞慶は法相宗を本宗としつつ、釈迦・弥勒・観音・阿弥陀・春日なども信仰していたが、晩年には観音信仰を強めたとされており、これもその一齣をなすものといえる。「観音宝号」はその後、恒例行事となったことは『寺要日記』からもわかる。三月六日から三日間にわたって終日一〇人ずつが結番することとなっている。聖霊院安置の聖徳太子像胎内には観音菩薩が納められていることが確認されており（図13）、これまた文字どおり観音信仰と太子信仰の一体化していたことがわかる。建仁元年（一二〇一）に貞慶が作った「観音講式」にも、聖徳太子を救世観音だとして、太子への報恩が強調されている。この他にも彼が作成した講式や和讃には聖徳太子を讃えたものが多く、法隆寺で朝夕詠嘆していた「太子和讃（九首和讃）」も彼の作だといわれている（『聖徳太子全集』）。

上宮王院釈迦念仏や聖霊院観音宝号の始行は、いずれも貞慶最晩年の事績といえるが、一方で法隆寺には、若き日の貞慶の姿を伝える貴重な文化財が伝来している。それは治承四年（一一八〇）四月二五日というから、「源平内乱」直前にあたるが、その頃記されたのが『虚空蔵要文』（粘葉装／図14）である。貞慶の著述として知られる最初のもので、『虚空蔵経』『大集大虚空蔵菩薩所問経』などから要文を抽出したものである。その自筆と見られる奥書には、承安二年（一一七二）四月に一八歳だった彼が、修学のために虚空蔵求聞持法を伝受したことを記す。みずからの天性に自信が持てず、記憶力増進をはかり見聞覚知を廃忘しないことを願っての伝受だという。修業時代の若き真面目な学僧の横顔がうかがえて興味深い。本書が法隆寺に伝わった経緯は不明だが、南都復興に邁進した解脱上人の若年時の自筆著作が法隆寺に現存していることにも、南都仏教の世界と法隆寺の密接な関係がうかがえるところであろう。

2　中世法隆学問寺の興隆と勝鬘会興行

別当範円と法会興隆

本章第一節3で紹介した寛喜二年（一二三〇）夢殿棟札が作られたとき、法隆寺別当は範円《はんえん》であった。彼は、間に範信《はんしん》をはさみ、その前後二度にわたり都合一七年もの長期間、法隆寺別当を勤めた。最初の在任中には興福寺権別当を兼任していたが、興福寺別当に昇進するにともない法隆寺別当を辞任。

その後、興福寺別当を辞退すると再び法隆寺別当となった。興福寺別当の経験者が法隆寺別当になった最初の事例で、これは「末代勝事」（『別当記』）であった。彼の後任別当である覚遍《かくへん》の場合は、法隆寺別当のままで興福寺権別当・別当を兼任し、興福寺別当を退いてからも法隆寺別当であり続け、任期は二五年におよんでいる。おおむね興福寺権別当クラスの僧侶が法隆寺別当になるのが常であったから、彼らはその意味で異例であり、しかも長期間の在任であったことからも、範円・覚遍は大いに力を発揮して法隆寺興隆につとめたと思われる。事実、この両人が別当の時代に、法隆寺の法会整備は大いに進んだのである（山岸常人「南北朝法隆寺の僧団と法会」、『中世寺院の僧団・法会・文書』、東京大学出版会、二〇〇四）。彼らの後には、興福寺別当経験者が法隆寺別当になる例も散見するようになるが、範円はその先駆けであった。

先に述べた上宮王院伽藍整備の動きは、そんな彼の在任中のことであった。そして範円の時代は伽藍整備だけでなく、さまざまな法会仏事が興隆された時期でもあった。簡単に列挙すれば、以下の通りである。

建暦元年（一二一一）　上宮王院釈迦念仏始行（解脱上人勧進）
建暦二年（一二一二）　聖霊院観音宝号始行（解脱上人勧進）
〃　上宮王院勝鬘会始行
建保二年（一二一四）　勝鬘会竪義始行
建保四年（一二一六）　慈恩会竪義始行
嘉禄三年（一二二七）　勝鬘会、上宮王院より講堂へ移す（興福寺・東大寺・薬師寺など他寺聴衆供奉）
〃　義疏談義始行
安貞二年（一二二八）　上宮王院御影堂千手供養法始行（六口供僧を定め置く）

図15　聖徳太子勝鬘経講讃の図
（秦致貞『聖徳太子絵伝』）

寛喜二年（一二三〇）　三経講始行
嘉禎二年（一二三六）　上宮王院舎利堂前法華経転読始行

解脱《げだつ》上人、すなわち興福寺出身の遁世僧貞慶《じょうけい》の勧進活動による釈迦念仏・観音宝号の始行など、法隆寺においてこのような聖との連携活動がうかがえるのも興味深いところであるが、一覧すると上宮《じょうぐう》王院を舞台にした法会の興隆がその特徴として明瞭にみてとれる。ここでは、そのなかでも勝鬘会の整備が注目される。

勝鬘会は勝鬘経の講経論義を行う講讃法会であるが、聖徳太子が三五歳の時、三日間にわたって推古天皇に勝鬘経を講じたというエピソードが、この法会の淵源というべきものである（図15）。聖徳太子の著作『三経義疏《さんぎょうぎしょ》』の三経のうち、維摩経や法華経にちなんだ維摩会や法華会は興福寺をはじめ諸寺でさかんに行われているのに対して、この勝鬘会のみ未修であった。これを聖徳太子ゆかりの場である上宮王院で、三日間の講経論義として始行させようとしたのが別当範円であった。その具体化は、建暦二年（一二一二）のことであり、さらにその翌年には竪義《りゅうぎ》論義が加えられる。竪義は、法会の場における口頭試問のようなものであり、学僧が昇進するための関門とされた。興福寺維摩会の竪義は、南都に学ぶ学僧が高位僧に昇進するための登竜門として代表的なものであった。これにちなんで、法隆寺では、この勝鬘会竪義をはじめ、その修了者を「成業《じょうごう》」という僧侶の職階に定めるようにしたとされる。すなわち、これは法隆寺の学衆が中﨟から上﨟になる、言いかえれば法師から大法師になるための制度が整備されたことを意味するものといえるだろう。

その二年後、建保三年（一二一五）には別当範円は朝廷に奏状を提出し、その結果、勝鬘会を恒例御願の勅会とすること、その用途として播磨国鵤荘が宛てられることなどが太政官牒によって確認された（『官符宣記』／図16）。ここに勝鬘会は朝廷御願という国家的な格づけが与えられた。ついで安貞元年（一二二七）一一月からは、勝鬘会は上宮王院から西院伽藍の講堂へと、その場所を変えて行われるようになり、しかもこの時から、興福寺・東大寺・薬師寺らの寺僧も聴衆として始めて供奉するようになった。その「作法儀式はただ興福寺の維摩会の如し」（『太子伝私記』）という盛大なものであった。上宮王院から西院伽藍へという実施場所の移動にともなって、勝鬘会は、それまでの東院における太子奉賛の法会から法隆寺全体の仏事へと展開をとげたのであり、しかも南都世界の中で独自の位置を占めるということを強く意識した構想のもとに整備をみたのであった。以後、勝鬘会は、法隆寺学侶の上臈昇進の関門として、また恒例御願の重要な法会として、中世法隆寺を代表する法会となっていった。これ「偏《ひとえ》に別当範円僧正の御興行」（「法隆寺別当次第」）であった。

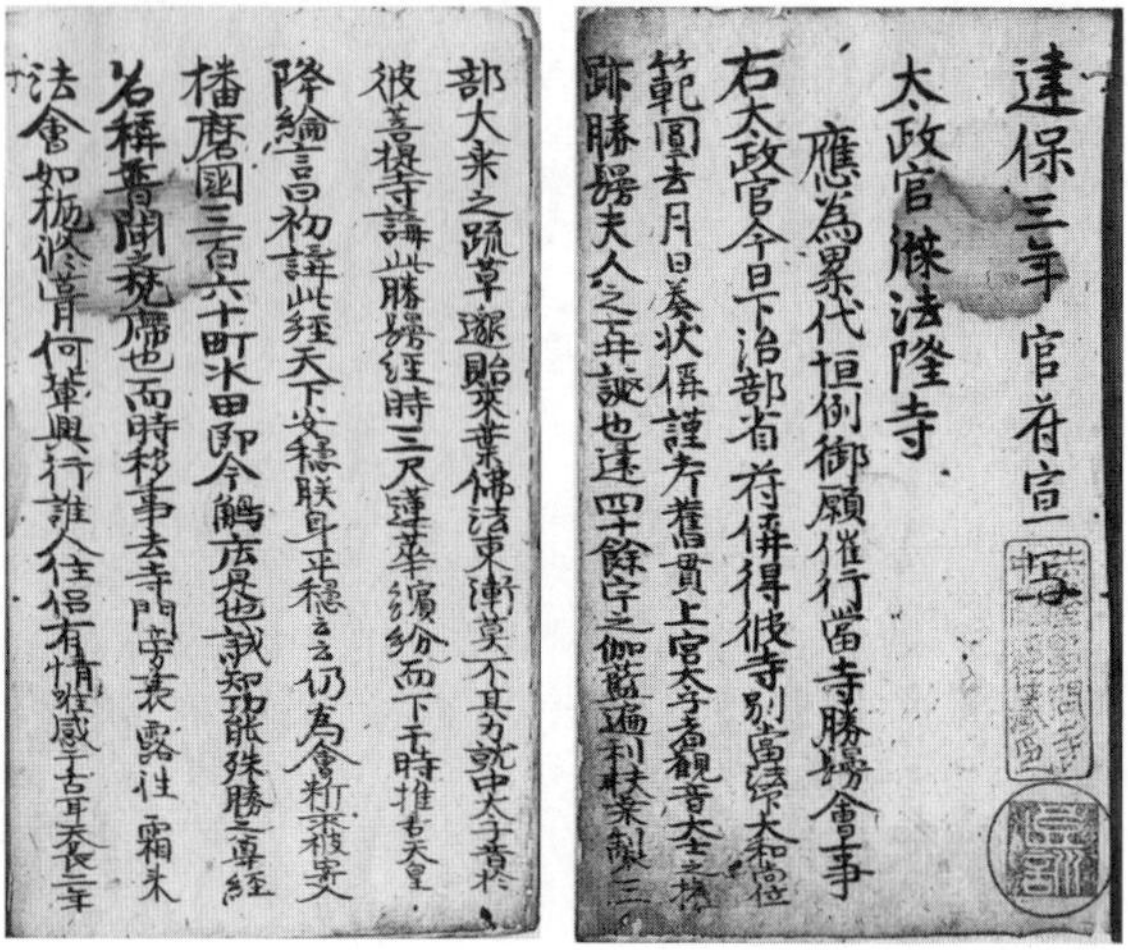

図16　『官符宣記』建保３年９月28日　太政官牒

別当範円の時代

勝鬘会の実施形態を大きく変えた安貞元年であったが、その同じ年、勝鬘会挙行に先立つ六月に、播磨国鵤荘水田のうち一八町を「勝鬘会料」とともに、「一夏九旬講演用途」「学頭住寺依怙」などに永代にわたって宛てるようにとの官宣旨が出されている（『官符宣記』）。勝鬘会のみならず、九旬（九〇日間）にわたる三経講についても興行がはかられ、法隆学問寺の体制が整備されていたことがわかる。

範円の時代は、東院伽藍整備がすすみ、中世以降、基幹となるような法会が整備され、それにともなう学侶昇進システムもかたちづくられていった。勝鬘会竪義は成業への関門となったが、その前段階にあたる中﨟への昇進のための慈恩会竪義が建保四年（一二一六）には始められていた。このように別当範円の時期には、上宮王院の太子信仰をテコにしながら法隆寺学衆のあり方が整えられていったのである。しかもそれが鵤荘の支配整備をともなっていたことも見逃せない。

さらに、こうした動きは南都世界のなかでの法隆寺の位置が確固としたものになっていくことでもあった。解脱上人の勧進活動が法隆寺においてみえたことなどはその一端を示すものだが、勝鬘会の興隆自体も、強く興福寺維摩会を意識したものであった。

範円は、嘉禄三年（安貞元＝一二二七）五月、朝廷へ提出した解状のなかで、南都七大寺の状況を次の三つに分類して語っている。まず東大寺・興福寺は、「仏法繁昌、堂宇壮麗」、次に元興寺・大安寺・西大寺は「衰滅し紹隆に無力」。そしてわずかに寺務の秘計で仏法の慧命を支えているのが、薬師寺と法隆寺であるという（『官符宣記』）。範円が南都世界の諸寺を強く意識しつつ、法隆寺仏法の紹隆につとめていたことがよくうかがえる。

こうして法隆寺は中世的な法隆学問寺として、その骨格を備えていった。

ところで、範円が法隆寺別当に還補する直前の嘉禄元年（一二二五）、聖霊院の御影が初めて、寺僧三〇人の供奉《ぐぶ》により京上するという事件が起こっている。寺領弓削《ゆげ》荘の訴訟によるものであった。建久六年（一一九五）の太子御影動座の時は興福寺にいる別当のところまでだったから、これは一段とエスカレートしている。後世にも「嘉禄の例に任せて、太子御入洛を進め奉る」（乾元二年〈一三〇三〉閏四月法隆寺牒状）と前例として想起されるほどであった。そして、この年には別当・小別当が寺僧らによって追い払われるという事態も起こっている。この結果が、範円の別当再任であったわけである。

このようにみてみると、別当範円の時代は、中世法隆寺の骨格が定まってくる一方で、寺内諸衆が寺外別当に対して、その主張を激しくぶつけていくという動きも、すでにはっきりとあらわれていた。そしてこのような動向は、今後さらに激しさを増して進んでいくことになるのである（第六章第一節3〈三八〇頁以下〉参照）。

3　南都仏教の中の法隆寺

中世法隆寺の興隆は住僧のみでなしえたのでない。そこには多くの聖たちの実践的な宗教活動、とりわけその勧進活動が不可欠であった。

勧進尊円・慶政

寛喜二年（一二三〇）の夢殿上棟棟札の表には、小別当尊円と大勧進慶政の名が、別当範円について記されていた（二九五～六頁参照）。『別当記』は夢殿造営にあたったこの両人を「勧進」としているが、彼らは、別当範円のもとで、具体的な資材調達や費用集積、さらには労働力の手配などに活躍したものと思われる。

まず、このうちの大勧進慶政についてみれば、彼は西山法華寺勝月房上人とも称し、『閑居友』『比良山古人霊《ひらさんこじんれい》託《たく》』などの著者として名高い人物である。彼は、摂関九条道家の兄という高貴な出自をもちながら聖となって、入宋をはたし、広く造寺造像など勧進活動を行った人物である。幼年期の事故のために身体に障害をもったことが、出家の一因ともいわれている。堀池春峰氏は、彼の活躍によって九条道家・近衛兼経など当代一流の人々にまで太子信仰が広まることとなったと評価している（「法隆寺と西山法華寺慶政上人」『南都仏教史の研究』下、法藏館、一九八二）。

慶政が入宋したのは建保五年（一二一七）頃で、建保七年正月以前には帰国したとされ、この年に、慶政は舎利堂再建の発願《ほつがん》を行い、法隆寺との関わりをみせはじめる。そして、夢殿の造営を寛喜二年にはたすと、ひきつづき上宮王院御影の大願主（文暦元年＝一二三四）、上宮王院正堂石壇修理の願主（嘉禎元年＝一二三五）、三経院の法相宗祖師曼荼羅《まんだら》・太子御影安置の願主（嘉禎元年）、上宮王院礼堂・廻廊の瓦を沙汰し（嘉禎三年）、仁治元年（一二四〇）には聖霊会の如法《にょほう》供養を行っている。さらに、嘉禎二年・四年には太子自筆の「法華義疏」や「唐本御影」など太子ゆかりの宝物を京都へ運び、貴族らに披露したことも見逃せない。なかでも嘉禎四年の時は、大がかりなもので、九条家・近衛家や将軍頼経はじめ宣陽門院覲子、北白河院陳子など、公武貴顕の人々が拝観しており、大変な感動を与えたもようである。こうした活動もあって、慶政を介して、九条家の法隆寺へのなみなみならぬ経済的支援が引き出され、さらには彼らの法隆寺参詣がもたらされたと評されるのである。そして、このような貴族の参詣はやがて弘長元年（一二六一）の後嵯峨院参詣へと連なっていった。

図17　三経院

慶政のように法隆寺の外にいた聖であり、上宮王院を中心に法隆寺興隆の願主や勧進僧として活躍していたということでは、もう一人の尊円も同様であった。彼は寛喜二年の夢殿造営のほか、大経蔵・金堂・東大門の修造（嘉禄三年〜寛喜元年）、延応元年（一二三九）の中門金剛力士の彩色などにあたり勧進をつとめている。そして寛喜三年、西院伽藍の西室三経院造営では尊円は大勧進を勤めていた。三経院は西室の南端をあてたもので、この後、三経講讃の道場とされたほか、唯識講《ゆいしきこう》・三蔵会《さんぞうえ》・撲揚講《ぼくようこう》など学僧にとって重要な法会が行われた場所である（図17）。古代以来の僧坊を中世法隆寺の重要法会の道場として再生したものとして注目されるが、この活動の中心となったのが別当範円であり、大勧進尊円であった。まさしく上宮王院の整備に次いで、西院伽藍の中世的な整備でも同じコンビが活躍していたわけである。

尊円について、近世法隆寺の寺誌『古今一陽集』も何人《なんぴと》かわからないとしているように、法隆寺ではその人物像ははっきり伝わっていなかったようである。小別当になっていることから考えても、彼もやはり法隆寺の住僧ではなかっただろう。ただ、ここで彼の房号が宗春房であったことに着目すると、『沙石集《しゃせきしゅう》』巻一〇―三には「宗春坊遁世の事」という説話記事がみえており、この人物が尊円その人であるとみなしていいように思う。それによると、宗春房は南都の「慈悲フカキ上人」で、もともと東大寺の法師であったという。

ある時、師から譲られた田地をめぐって相弟子との間で相論となり、やがてその争いに嫌気がさし、文書を相手に渡して遁世してしまったというのである。それからあとは「慈悲フカク興隆ノ願アリテ、南都ノ興隆多クシタル人」となったという。尊円のイメージと齟齬するところはなく、むしろよく一致している。これが尊円だとすると、彼はもと東大寺にいた学僧であり、所領争いから遁世を志し勧進聖となったという人物像が浮かびあがるわけである。

東院伽藍を先駆けとして、ついで、西院伽藍においても鎌倉時代の前半に法隆寺はその寺観の骨格を形成するが、そこで中心的な活躍を果たした勧進僧の慶政や尊円は、法隆寺のみならず、広く南都世界、さらに特に慶政についていえば京都の貴顕にもつながりを持つような人々であった。こうした勧進聖や太子信仰のもつ広がりを基盤としつつ、中世法隆寺はその骨格を整えていき、確固たる位置を占めていったのであろう。

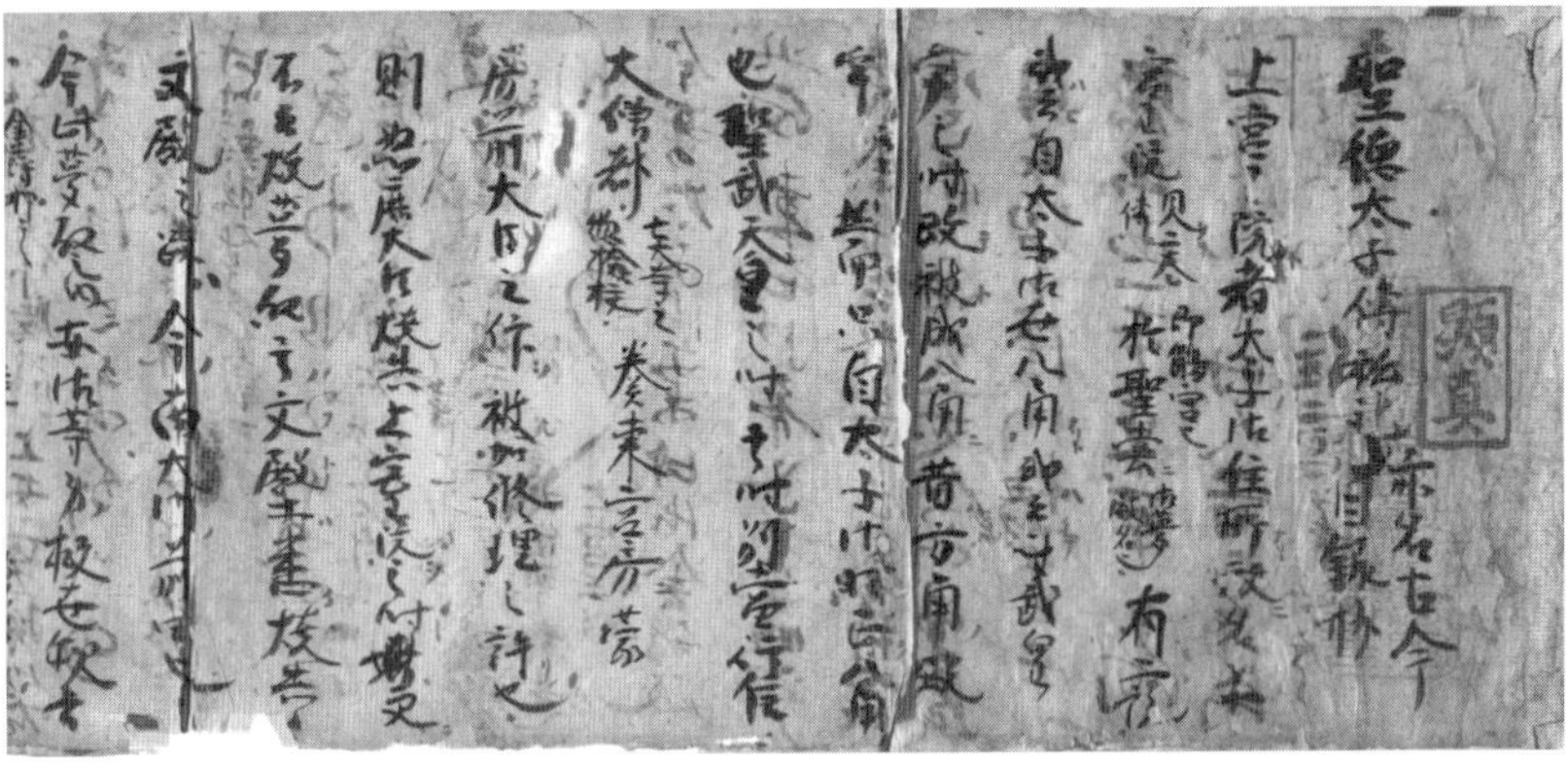

図18　『聖徳太子伝私記』

顕真と『聖徳太子伝私記』・「聖皇曼荼羅」

鎌倉中期にあたる一三世紀半ば、法隆寺においても太子信仰の広まりや興隆に関して重要な意味をもつ著作が作成された。顕真『聖徳太子伝私記（古今目録抄）』上・下巻である（図18）。本書は、全体としては必ずしも体系的に整えられたものではなく、覚書のような性格も濃厚に残しているが、この当時、法隆寺内外に伝わっていたさまざまな聖徳太子ゆかりの秘事や口伝が集積されており、中世の太子信仰を考える上で不可欠のものとなっている。くわえて、法隆寺東院西院の諸堂舎をはじめ、寺内の宝物類、年中行事や法会およびそれらの由来などについても多彩な記述がみえ、いわば中世法隆寺の代表的な寺誌、もしくは百科全書といっても過言ではない。この時代の太子信仰のみならず法隆寺やその周辺世界について探ろうとするとき、本書の果たす役割は比類無く大きいものがある。

本書の成り立ちについては、上巻の末尾近くに参考となる記述がある。それによると、「増覚入寺、覚印五師、智勝五師、隆詮五師」と代々相伝してきた秘事口伝に、世間流布の口伝抄を少し加えたものだという。増覚入寺より以前の相伝の様子はよくわからないようである。この口伝類の抄物を受け継いでいた隆詮五師が、当時、法隆寺小別当であった興福寺僧教弁に貸し与えたところ、興福寺内で起こった紛争のために悉く散失してしまった。隆詮五師は深く歎いたがどうしようもなく、少しずつ思い出すことや散り散りの覚書、見聞のたぐいを改めて書き集めたり、口伝などに注記を施す作業を行った。そのさいに、「世上の流布」と異なったり「常の伝記」と違うことがあれば、隆詮が「道理に任せて取捨」したもようで、このような作業過程で彼なりの考証がなされているのは注目される。ところが、折しも、宝光院院主隆詮に随従して同院常住の弟子顕真は、かねてからみずからが書き写していた抄物を保持しており、それをこのさいに役立ててもらおうと隆詮にそのことを披露したのである。これを知った隆詮五師はたいそう悦び、またこの機に顕真の器量を認めて、改めて年来の秘事口伝をすべて顕真に授けた。そして、その成果が本書になったというわけである。

以上の経緯をみると、聖徳太子に関する秘事口伝はこの時までにすでに相当形成されており、それは代々「五師」という法隆寺内の指導的立場にある学僧によって管理されてきたこともわかる。ただ、それらは「抄物類」とあるように折紙や口訣などきわめて断片的な形態で伝わっていた。そうしたものが、この時、たまたま寺外に持ちだされ散失するという奇貨を契機に、隆詮五師が考証作業を加え、それを引き継いだ顕真の手によってテキスト化作業がなされ、一書のかたちにまとめあげられたわけである。本書が中世太子信仰に関する代表的史料とみなせる所以である。

著者の法隆寺僧顕真は、聖皇《しょうこう》曼荼羅作成や後嵯峨院の法隆寺御幸に活躍した人物でもあるが（後述）、師である隆詮大法師は寛喜二年（一二三〇）夢殿上棟にさいして結縁衆の中心にあって、その他にも多彩な活動ぶりを示したこと、これらについては既述した（第五章第一節3参照）。隆詮と顕真の師弟は中世法隆寺にとってきわめて重要な役割を果たした寺僧なのであった。彼らの師弟関係ぶりは、今も法隆寺に伝わっている聖教《しょうぎょう》類からもうかがうことができる。写経のなかには、隆詮が書写し顕真が勝本によってその校訂と確認の作業を行ったもの

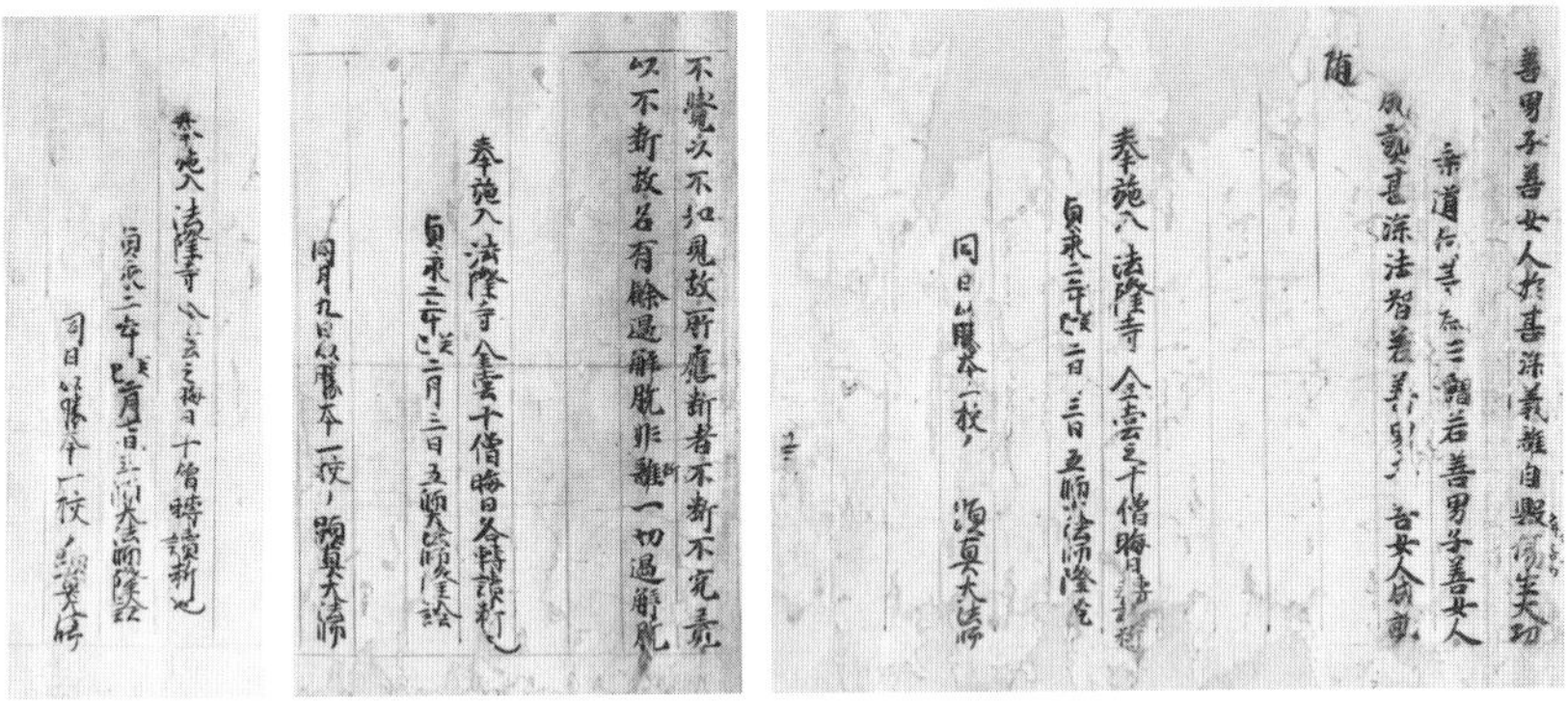

図19　一切経の書写奥書

があって、書写奥書の部分にその旨を記したものを見出すことができる。二人の名前が相並んで記されている部分をみると、彼ら師弟の具体的なありさまが浮かびあがってくるだろう（図19——貞永二年二月三日と二月七日に五師隆詮が書写したものを顕真大法師が勝本によって同年の二月七日に校合したことがわかる）。

顕真は中世太子信仰を集成するという大きな役割を果たしたわけだが、同時に、そこに新たな要素をもりこんだことも見逃せない。たとえば『太子伝私記』において特徴的なことの一つに、調子丸説話の肥大化ということがある。調子丸は百済出身の聖徳太子舎人とされている人物であるが、平安期『聖徳太子伝暦』の段階では、もっぱら黒駒で各地に飛翔する聖徳太子の傍らにいて忠実に付き従う存在であった。それが本書になると、調子丸は百済からの調貢使、あるいはその子、また百済聖明王宰相の子とされ、聖徳太子の無二の側近として太子の葬儀はじめさまざまな場面で重要な役割を担うようになっている。用明天皇と皇后から直々に、太子の奴僕として傍を離れぬように告げられたとか、その子孫伴類はながく法隆寺の奴婢とされた、との伝承も登場する。そのことを命じる「聖武天皇宣旨」なるものも本書には登場している。ここでいうところの「奴婢」とは、通常考えられるような不自由民の奴隷をさすものではなく、法隆寺所司である三綱として寺役に貢献することを意味しており、調子丸の子孫は代々三綱の寺主という役職につくこととなった。その調子丸末裔のうちでも際立つ存在は康仁で、調子丸二一代子孫にあたる彼は、太子廟に入って三骨一廟の状況を確認し、太子の容儀は在世のままで廟中には異香が満ちていたとの奇瑞を一条天皇に報告したという。この功績によって康仁は「官符寺主」とされ、以来その係累のものは代々寺主となったとある。法隆寺寺主となることが調子丸という神話的存在によって根拠づけられており、さらに調子丸と太子との身近かな関係というように王家による荘厳化が加えられている。

そしてほかならぬ顕真は、康仁から八代の末裔で「調子丸廿八代孫」であった。彼が聖霊院院主時代に修補した聖霊院の如意輪観音菩薩坐像は、こうした「調子丸子孫相伝の本尊」なのであった（後述三二六頁参照）。調子丸説話の発展展開が、そして法隆寺における地位の由緒づけが、その子孫にあたるという顕真撰述の『太子伝私記』においてみられることはごく自然であった。

さて、顕真が太子信仰にもたらしたもうひとつの新しい特徴として、密教的要素ということがあげられる。顕真の師隆詮も「五師一﨟大法師」という法隆寺学侶の上首となるいっぽうで、旱魃時には法隆寺裏山の池に龍王を勧請し、祈雨の行法を行うという「真言師」でもあった（二九六頁および第六章第二節3〈四一五頁以下〉参照）。「金剛仏子隆詮」とも称しており、彼が真言密教僧としての性格を持っていたことは間違いない。当然、その弟子たる顕真にもこうした性格はあったと思われる。これはなにも特異なことではなく、既述したように日本中世仏教の基軸が「顕密仏教」として体制化されていたことからみれば、ごく自然なことであった。

顕真が考案し作成に尽力した「聖皇曼荼羅」（口絵14）は、建長年間に制作された大曼陀羅で、中央部に聖徳太子、「天竺漢土での御先身」や太子一族、さらに夅内仏舎利はじめ三経義疏・十七条憲法などの宝物を描き、

図20　五尊像

その周囲には聖徳太子ゆかりの眷属を配して一枚に図絵したものであり、調子丸と愛馬黒駒も下部に大きく描かれている。密教で通常よく用いられる金剛界・胎蔵界曼陀羅とは型式が異なるが、あきらかに密教図像の曼陀羅を参考に、太子信仰の世界を一枚にまとめて表現したものである。いわば太子信仰と真言密教が融合したものといえよう。ちなみに本図の上部には、弘法大師も描き込まれているのも見逃せない。この曼陀羅は広く信仰の対象となり、江戸時代には板木も作られるほどであった。

さらに聖皇曼荼羅と同じ建長前後の頃に作られたと思《おぼ》しい「五尊像（五尊像曼陀羅）」（図20）になると、より明確に密教と太子信仰の関係が読みとれる。本図の中央には智拳印を結ぶ金剛界大日如来が描かれ、上部左右には虚空蔵菩薩と如意輪観音、そして下部右側に弘法大師、それに対峙するように左側には袈裟を懸け柄香炉《えごうろ》をもつ孝養太子像が配されている。このような配置法は、真言密教の開祖空海が、聖徳太子と同列の存在であり、さらにいえば、空海は太子の再来とみなされたことの表現でもいえる。事実、顕真は『太子伝私記』（上巻）のなかで、端的に、

（弘法）大師は太子の御身也、天竺には勝鬘、唐土には南岳、日本には上宮、皆これ弘法大師也。

と弘法大師を基軸に、インド・中国・日本三国の勝鬘・南岳慧思・上宮太子を連結させるような解釈を施している。本書には空海にちなんだ伝承がこれ以外にもあちこちに散見しているが、そのほかにも、西院伽藍の中門の

二間戸について、これは金剛界と胎蔵界の両部の門をあらわすものである、といかにも密教的な立場からの説明も行っている。現在の私たちが想像する以上に、中世法隆寺には密教臭が色濃く存在していたようである。これはまさに、顕密仏教の通例のあり方であり、法隆寺が南都仏教の正統的な本流の世界に属していたことを示している。密教的要素をもりこんで大成結実させた顕真は、鎌倉期、法隆寺と太子信仰の様相をじつによく体現した人物であったといえる。

後嵯峨院の南都御幸と聖皇曼荼羅

弘長元年（一二六一）九月一日から八日間、後嵯峨院は大宮女院姞子や左大臣洞院実雄以下の公卿殿上人を率いて大がかりな南都七大寺巡礼を行った。一カ月前からその準備がすすめられたが、法隆寺御幸があったのは九月四日。三経院を御所として、前項で言及した顕真得業の先達によって西院伽藍を巡拝し、西室で宝蔵の宝物を拝観。ついで、東院へ赴くと案内役は栄範少輔得業がかわってつとめた。

この時の模様は『別当記』に詳しいが、とりわけ後嵯峨院が示したという感想や振る舞いを伝えているのが印象的である。曰く「天王寺に増して左右なく貴く覚ゆ、天王寺には尼などの修念仏、西に向きはゝめく許《ばかり》也」とか、金堂から出堂した時には「東大寺・興福寺は広々として、をひたたしき許《ばかり》、貴き事は此の寺にて有りけり」といって三度礼拝し、外の石壇にて、また立ち還り念珠を摺り御祈念があったという。

後嵯峨院が法隆寺で深い印象をうけたことは間違いないが、こうした記述を『別当記』がことさらのように残していることは、この後嵯峨院御幸が法隆寺にとっていかに大きな出来事であり、しかも寺僧らが四天王寺や東大寺・興福寺を強く意識していたかを物語る。そして、この時、法隆寺は確かにそれらの寺院とは異なる独自の風情をしっかりと保持するにいたっていたということも。

後嵯峨院の御幸の前史としては、九条道家（仁治三年〈一二四二〉一一月）や近衛兼経（建長六年〈一二五四〉・七年）の参詣があり、これらのことは、先述したような慶政らの活躍によって、都の貴族にまで法隆寺の認知が高まっていたことが影響していた。そして後嵯峨院の場合は、御幸の前年にあたる文応元年（一二六〇）、洛西の嵯峨殿で新調なった前述の「聖皇《しょうこう》曼荼羅」をみており、これがひとつの契機となったことはまちがいないだろう。

この曼荼羅制作は、後嵯峨院の法隆寺御幸で先達をつとめていた聖霊院院主五師顕真の年来の宿願であった。そして顕真の強い働きかけをうけた実相上人円照が勧進活動を行い、建長七年三月、円照ゆかりの戒壇院《かいだんいん》で開眼がなされた。その後、近衛兼経のもとにも持参されて援助を引き出すと、その一〇月には上宮王院にて惣供養が実現したのである。

ここに登場する実相上人円照こそ、遁世の律僧として東大寺大勧進職をつとめ、戒壇院を復興させた立役者であり、鎌倉時代後期の代表的な律僧で禅教律を広く学んだ人物であった。彼は後嵯峨院の信も厚く、聖皇曼荼羅を後嵯峨院のもとにもたらしたのもおそらくは円照であろう。後嵯峨院の法隆寺御幸が、大風のために延期されかかったとき、自分が風を止めるから御幸すべしとすすめ、実際に風をとめたという逸話も彼の伝記には残されている。

後嵯峨院の法隆寺御幸、聖皇曼荼羅の制作という鎌倉時代中期の大きな事跡について、その中心的な立役者は法隆寺五師顕真と遁世聖円照であったといえるだろう。

鎌倉期法隆寺の興隆と叡尊

聖皇曼荼羅を立案したのは法隆寺僧顕真であったが、実際にこれが完成にいたるには、東大寺大勧進の戒壇院上人円照による勧進活動や南都絵師堯尊の技量、さらには京都の貴族摂関家の

図21　法相宗祖師曼荼羅

後援など、法隆寺外の多くの人々の協力があってのことであった。こうした法隆寺の内外を問わぬ連携による興隆事業はなにも聖皇曼荼羅に限ったことではなく、鎌倉期の法隆寺においてしばしばみられたことは、これまで述べたとおりである。ここで改めて、その実例といえるような成果の一端を法隆寺に伝来する作品を通して確認しておこう。

　鎌倉期仏法復興の第一波ともいえる解脱貞慶、彼にすこし遅れて続いた慶政上人についてはすでに紹介したところだが（三一四頁）、そこでもふれた慶政が願主となった三経院安置の「法相宗祖師曼荼羅」は今も伝わっている（図21）。六角台座の蓮花上に結跏趺坐《けっかふざ》する弥勒菩薩を中央に描き、その左右にインド・中国の法相宗祖師たちを配したもので、損傷が激しく彩色はほとんど剥落している。しかし弥勒菩薩の左右にそれぞれ向き合う祖師たちは、貼紙にある墨書によって、それぞれ上から無着—世親、天主—陳那、戒賢—護法、慈恩—玄奘、恵沼—撲揚であることがわかる。本図の画風から宋画の影響が指摘されており、その写であろうといわれているが、慶政が法隆寺興隆に関与するようになったのは、彼が宋から帰国してのちのことであったということが思い合わされる。鎌倉期の禅宗についてはよくいわれることであるが、こうした南都仏教の復興においても、中国の宋文化の影響が具体的におよんでいることは大変興味深く、注意しておきたいものである。

　鎌倉仏教の興隆ということで、次にどうしても逸することができないのは、叡尊（一二〇一～九〇）の活躍だろう。叡尊は衰退していた西大寺を復興し、ここを拠点に真言密教と戒律を興隆し、宗教者の立場からじつに幅広い社会活動を展開した人物としてよく知られている。彼は貞慶の弟子戒如からも律を学んでいるから貞慶の孫弟子ともいえるが、嘉禎二年（一二三六）南都仏教史上の画期的出来事である東大寺での自誓受戒《じせいじゅかい》を、叡尊とともに行った覚盛《かくじょう》・円晴《えんせい》・有厳《ゆうごん》らは、いずれも貞慶立案の律学研究道場である興福寺常喜院に学んだ僧侶たちであった。叡尊は、文字どおり貞慶の後を受け継いで南都仏教興隆の大きな波をもたらした。叡尊においても、貞慶と同様に仏教の本源である釈迦や舎利に対する信仰や文殊信仰がみられたが、その釈迦信仰には釈迦の穢土成仏を讃える「悲華経《ひけきょう》」が基盤になっていたことが注目されている。というのも、この経典は来世の浄土往生とは別に、五濁悪世たる現世での釈迦による救済を記しており、現実社会の中で宗教的な救済活動を実践しようとする者にとって、まことに意義深いものといえるからである。当時「非人」と称された最下層の人々にまで菩薩行の対象として救済に尽力した叡尊の思いにかなう相応《ふさわ》しいものであった。

そして日本仏教の始祖とみなされた聖徳太子も、当然、叡尊にとっては仏法興隆と衆生救済の範となるべき尊崇対象であった。寛元四年（一二四六）に叡尊は河内にある聖徳太子廟に赴き、その場で五〇二人もの人々に菩薩戒を授けたほか、建長六年（一二五四）正月二八日には「聖徳太子講式」を作成し、西大寺での太子講を恒例化している。法隆寺とのかかわりは、康元元年（一二五六）三月、東院において二〇二人に菩薩戒を授けているのが早い事例であるが、これは額安寺住僧学春のかねてからの要請によるものであった（『感身学正記』）。この学春の子息は、のちに西大寺第二世長老を勤める信空である。弘安七年（一二八四）にも叡尊は法隆寺で菩薩戒を授けているが、この時は一一八九人の多くにのぼっている。ちなみにこの時、法隆寺別当であったのは興福寺竹林院乗範であるが、彼は弘安元年（一二七八）、西大寺別当在任時に、叡尊ら律家に西大寺を寄進することで同寺の歴史にとって大きな画期をもたらした人物でもあった。

しかしながらやはり、私たちが最も注目すべきは法隆寺僧顕真と叡尊との関係であろう。既述の聖皇曼荼羅についていえば、勧進上人を勤めた円照は叡尊から律を学んでいるし、本図を描いた南都の絵師堯尊も、叡尊について出家した人物で、彼とともにさまざまな造像活動に携わったことが知られている。このように聖皇曼荼羅制作にも叡尊に連なる関係がうかがえる。そして、法隆寺における顕真と叡尊との直接的連携による活動成果として特筆されるのは、正嘉二年（一二五八）から三年にかけてなされた聖霊院如意輪観音菩薩坐像の修補作業であろう。『法隆寺縁起白拍子』聖霊院の項でもこの像を栴檀の霊像として触れているが、本像の台座裏には修補に関する銘文があって、その経緯を知ることができるのは大変貴重である（図22）。

此の像は調子丸子孫相伝の本尊也、去る正嘉二年戊午九月十六日聖霊院に参るの次、顕真大法師調子丸廿八代孫の勧めにより、不日に迎え奉り、同十一月下旬に始めてこれを修補し、御身細金箇中宝珠、念珠、蓮花輪、御光、花葉、花盤、栢榴花、蓋円座、方座、始めて造り加う、同三年三月十五日当院に安置す、

図22　如意輪観音菩薩坐像
（下は台座銘）

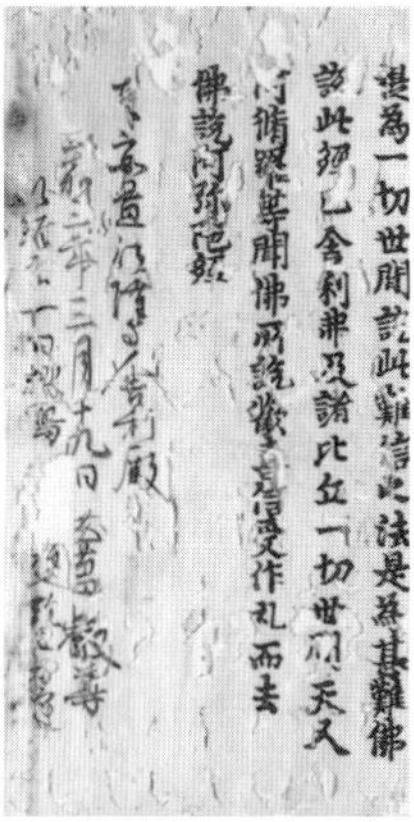

図23　奥書に叡尊の名前がみえる版経

願主　西大寺衆首比丘叡尊

奉行比丘盛遍

銘文の語るところによれば、この六臂の如意輪観音菩薩坐像こそが、既述した調子丸にかかわるもので、すなわち彼の子孫が代々相伝していた本尊だという。正嘉二年九月、聖霊院に参詣してこの像を拝した叡尊はその由来を知ると、ただちに顕真の勧めに応じて、みずからが願主となって西大寺に像を迎え入れ、修補作業を行ったのである。本体部の截金文様や持物・台座・光背などが新しくされ、翌年三月に完成させると聖霊院にもどされた。こうして叡尊による開眼供養がなされ、三日三夜にわたる不断の如意輪大呪が行われた。加えて一四・一五日には、法隆寺講堂で持戒の行法である布薩を実施し戒律興隆につとめた。この間に叡尊は仏法繁昌の霊夢を得るという奇瑞を得ている（『感身学正記』）。

さらにこの一連の法要に続けて、三月一九日には一日摺写経も行われたもようで、その写経類は舎利殿に奉納安置された。その事実を物語る正嘉三年三月一九日という日付と叡尊の名前が奥書にみえる版経は今も法隆寺に伝わっている（図23）。法隆寺の場で行われた叡尊の仏教興隆事業は、彼にとっても大切な意味を持ったろうことが十分に偲ばれる。そして、その場には中世太子信仰の大成に寄与した顕真も連なっていたわけである。顕真は、この時期、叡尊ら律僧によって再興されたことで有名な唐招提寺釈迦念仏に結縁の名を連ねており（「釈迦念仏結縁交名」、『鎌倉遺文』八二一九号）、太子信仰の興隆と叡尊の流れをくむ律僧らによる仏教再興活動が互いに親近性をもって密接にかかわりあっていたことがわかる。

さて、叡尊と太子信仰という要素に関する南都寺院の復興ということでいえば、忘れることのできないのが、中宮寺の再興と天寿国繡帳の再発見である。中宮寺の尼信如は興福寺学僧璋円の娘であるが、寛元元年（一二四三）西大寺で叡尊が行った如法の剃髪に感動して出家を決意し、その後、中宮寺に入るとその再興につとめた人物である。中宮寺に入寺するにさいしても、叡尊やその弟子惣持の意向があったともいわれている。そして中宮寺の興隆をめざして尽力するなかで、信如は天寿国繡帳を再発見するのである。文永十一年（一二七四）二月のことであった。天寿国繡帳とは周知の如く、聖徳太子の死を悼んだ妃の一人橘大郎女《たちばなのおおいらつめ》が推古天皇に願って作成したものであるが、いつしかその所在は不明となっていた。たまたま盗賊が法隆寺綱封蔵《こうふうぞう》に入ったことから、その点検作業が行われ、その折りに蔵内に入ることを許された信如が唐櫃《からびつ》内から発見したのである。破損が甚だしく困難を極めたが、京都の霊山法印定円や花山院中納言師継らに依頼して解読作業がすすめられる一方で、修理と模本作製につとめ、建治元年（一二七五）八月には信如が願主、定円を導師として天寿国新曼陀羅供養が行われた（信如については細川涼一『中世の律宗寺院と民衆』参照、吉川弘文館、一九八七）。

これが中宮寺紹隆に大きく寄与したことは間違いなく、建治三年（一二七七）三月には「中宮寺棟上」、弘安四年（一二八一）三月には「中宮寺供養」があったことが『別当記』に記されている。後者の記事によると、法隆寺別当であった玄賀が講師を勤めたほか、読師は三蔵院宗懐法印、そして色衆として法隆寺成業と禅衆（宗）大法師が参加している。ちなみにこの時、成業と禅宗の座列の順序をどうするか紛糾した模様で、この供養の時から禅宗大法師の座次は学侶中﨟の次にすることが定められた。そのことを記す契状や、さらにこの年の「中宮寺供養日記」が法隆寺の年会五師が保管責任を持つ年会櫃に大切に保管されていた。これは法隆寺の規程集ともいうべき『法隆寺置文契状等大要抄』によって確認できるが、中宮寺の供養が法隆寺にとっても大切な意味をもつものだったことがうかがえる（『法隆寺置文契状等大要抄』については後述——第六章三九五頁以下参照）。中宮寺復興には、法隆寺もさまざまな点で深く関与していたわけである。

円照の活躍と律僧（北室）

鎌倉時代中期以降になると、持戒持律の遁世僧は南都仏教の興隆のため、ますますめざましい活動を示しており、彼らは「律衆」や「律僧」、あるいは「禅律僧」などと称されている。彼らの動きは、嘉禎二年（一二三六）に叡尊《えいそん》や覚盛《かくじょう》らが行った自誓受戒《じせいじゅかい》による戒律興隆をその大きな画期として次第に広がっていった。彼らは僧位僧官を持つことなく遁世僧として厳しく戒律を守り、それをよりどころに、衰退した寺院の復興や橋梁《きょうりょう》の整備、非人《ひにん》施行《せぎょう》などさまざまな社会活動を展開した。叡尊・覚盛はそれぞれ西大寺・唐招提寺を興隆して律僧の拠点を築いたことはよく知られている。

図24　北室院

聖皇曼荼羅の制作に大きく寄与した実相上人円照は、この叡尊のながれを汲《く》む律僧であり、東大寺戒壇院を興隆したほか、東大寺大勧進職もつとめ、元興寺僧坊の修造も行っていた。法隆寺においても、この頃にはかつての慶政上人のような浄土系の聖にかわり、円照など律僧の動きが次第に際だつようになっていた。そして、そのような動きは上宮王院＝東院の一角に収斂《しゅうれん》されていった。

建長七年（一二五五）一〇月、聖皇曼荼羅の惣供養が上宮王院において行われたさいに導師をつとめたのは千品上人証空（如林房）であった（『別当記』）。彼は、のちに京都千本釈迦堂の釈迦念仏を始めた如琳房《にょりん》澄空《ちょうくう》と同一人物だと思われるが、さらにこの供養の場には諸所から持戒僧、すなわち律僧らが集会した模様である。

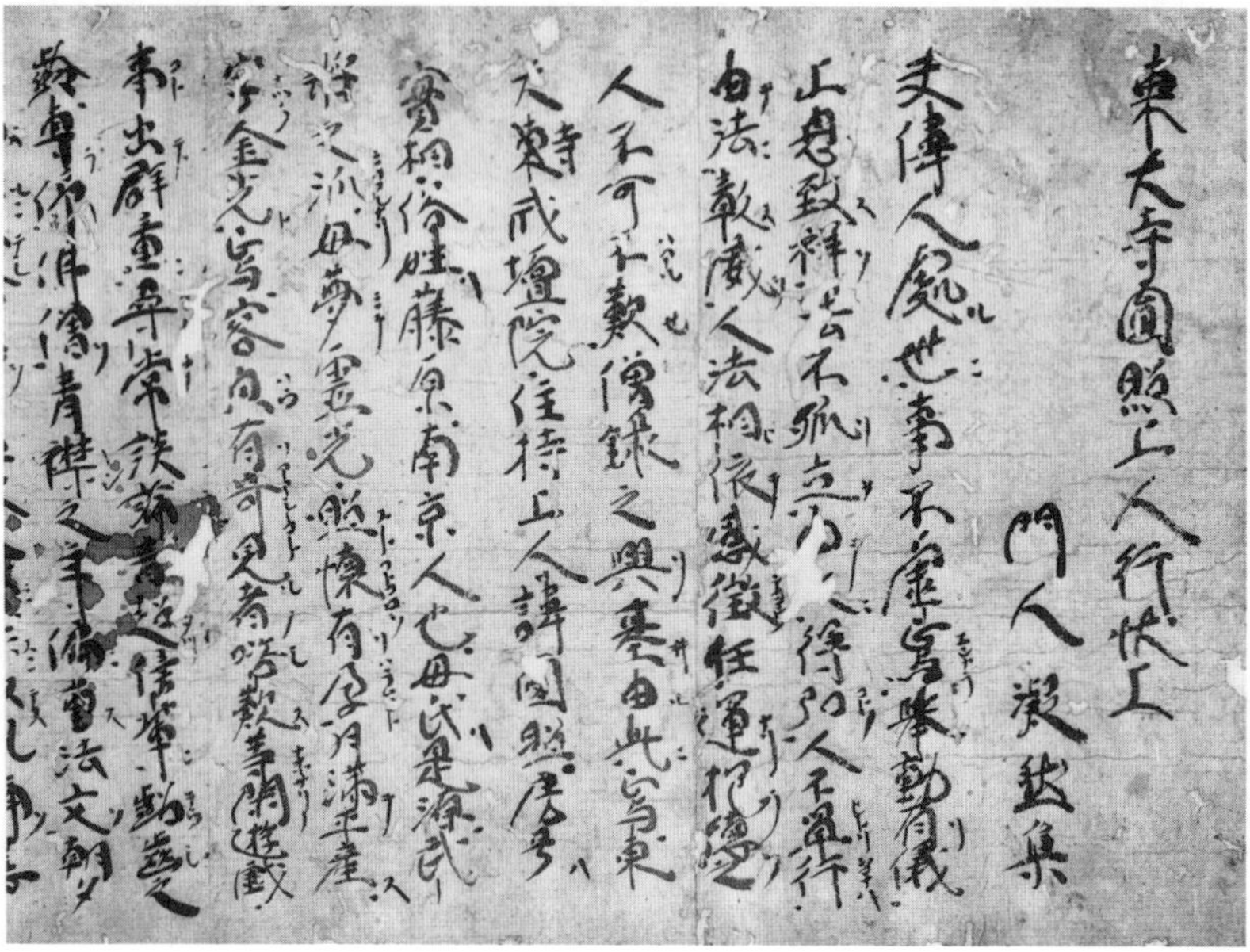
東大寺圓照上人行状上

門人凝然集

図25　『円照上人行状』(冒頭部)

文応元年（一二六〇）になると、円照は法隆寺上宮王院を住持し、ここを拠点に戒律を興行し僧衆を安置したという（『円照上人行状』／図25）。そして『別当記』には弘長元年（一二六一）一一月のこととして、

円照上人の勧進に依り東院北室を持戒僧のために寄進せられ、五部大乗経を転読せしめ給う者也、円照上人の結構

と記している。円照上人の勧進によって東院の北室（図24）が律僧に寄せられ、ここで五部大乗経の転読が始まった、という。上宮王院＝東院の北室がこうして律院としてその姿を明確に示したのである。これが北室寺の起源と考えられる。

『円照上人行状』は、上人が死去するにあたって「法隆之側上宮王院」を門下の円覚上人に付したと記すが、細川涼一が明らかにしたように、この円覚上人は、謡曲「百万《ひゃくまん》」で名高い律僧、法金剛院導《どう》御《ぎょ》であり、彼は事実上最初の東院北室の長老となった。円覚は北室を拠点にして、あらたな仏事として文永八年（一二七一）に東院舎利殿での逆修を始める（『寺要日記』）。これは逆修によって死後の菩提供養をあらかじめ祈るものであるが、奉加米をつのり「現在帳」にその名を記載して結衆を組織するものであった。

このような葬送にもかかわる仏事は、東院北室の特色ともいえるものであり、円覚の後任の長老教仏《きょうぶつ》は、正応元年（一二八八）光明真言会をさらにつけ加えている。これは人別五升ずつの米を奉加した者を、「現存過去名帳」に記名し、七月の盂蘭盆《うらぼん》供養で弔うというものであった。そして集められた米の利分は法会出仕の僧食米にあてられた。教仏はこの光明真言会開始にあたって「北室住僧」がこのやり方を固く遵守することを命じている（『寺要日記』『古今一陽集』）。北室律僧らは、こうした東院舎利殿を中核にして鎮魂の儀礼を整備することで、人々に広く働きかけられるような空間を作りあげていったのである。

遁世の律僧が鎮魂や葬送にかかわることは一般的にもよく知られているが、法隆寺における動きはむろんそれにとどまるものではない。たとえば文永五年（一二六八）西院伽藍の西室を改造したさい、奉行をつとめたのは北室円覚であったが、さらに同年一二月、彼は食堂薬師如来修理と厨子制作の勧進を行っている。また弘安七年（一二八四）七月には新堂院上棟の勧進もつとめている。このように寺内堂舎・仏像の営繕にあたっても、北室律僧が活躍するようになっていた。

この点の事情を語るものとして、『嘉元記』が暦応元年（一三三八）「五師所結解《けちげ》」のところで語る次の記載は大変興味深い。

往古ヨリ寺ノ勧進ト名テ、成業中一人衆分中二人、毎年ニ巡廻テ寺之修理等ヲモ奉行之、此結解事ノ世俗ニテ有出仕、而近年此勧進衆ヲ止テ北室へ被付了、

図26　「法隆寺領播磨国鵤荘絵図（嘉暦4年図）」（孝恩寺の部分）

これは五師所結解のさいの振る舞いの場に「勧進」が出仕しなくなった事情を説明したくだりである。すなわちかつては、寺の修理をするにあたって、学侶《がくりょ》である成業《じょうごう》から一人と衆分《しゅうぶん》から二人が順番に勧進衆をつとめて、その任にあっていた。そこで五師所結解にも参加していたのだが、近年は、このような機能は北室が専任するようになったから、出仕もなくなったというのである。

寺内の営繕活動のための勧進が、五師の権限のもとで学侶が交替でつとめるという体制から、北室律僧のもとで専門的に任されるようになったというわけである。先の北室長老円覚の活動は、まさにこうした事態を具現したものであった。律院としての東院北室の確立は寺内の勧進体制の変化をも意味したのである。

さらに律僧による寺院復興は、法隆寺領にもおよぶことがあった。播磨国鵤《いかるが》荘内に同荘の名主《みょうしゅ》沙弥法蓮が建立した孝恩寺は（図26）、南北朝期の播磨国地誌である『峯相記《みねあいき》』にも「五カ所奇麗な念仏堂」のひとつと称されるほどのものであったが、願主法蓮の死後、顛倒してしまっていた。それを再興したのは、学侶評定をうけて下向し、この寺を預け置かれた北室叡実上人であり、彼の「律法興行」の成果になるものであった。建武年中のことであったという（法隆寺文書ハ函一六巻二号）。律僧の動きが地方に波及していく動きの一端を示すものとして大変興味深い。

西円堂と上御堂の再建

一三世紀前半には、法隆寺の中核部分が次第に整備され、伽藍の様子についても現在にまでいたる基本的な形が整えられていったことはすでに述べた（三一四〜六頁参照）。

これに少し遅れて、東院伽藍地区では北室が律院として整備をみたわけだが、西院伽藍地区についても同様に、その周辺部に位置する西円堂・上御堂《かみのみどう》について、新たな再建の動きが確認できる。そして、北室が律僧であったのに対して、こちらはいずれも堂家＝禅衆の活動拠点というべきものであった。

現在、西円堂では修二会「鬼追い」の勇壮な儀式が有名であるが、ここは「峯の薬師」とも称され、西院伽藍廻廊の外側、小高い所にあって、独自の庶民信仰の場となっている。その本尊薬師如来による除病延命の信仰も広く知られている。さらに、とりわけ注目すべきは、この堂内にきわめて膨大な数にのぼる鏡や六千振りの腰刀・打刀が奉納されていたことである。そして、これら今もよく知られている修二会や武器奉納ということは、おおむねこの時期から始まったのである。

図27　西円堂

西円堂（図27）は一一世紀の半ば永承五年（一〇五〇）に破損顚倒すると（『別当記』と『太子伝私記』は永承三年とし、『古今一陽集』は永承元年説）、長く再建されることなく本尊も講堂に移されていた。その再建造立が始まったのが宝治二年（一二四八）であり、建長二年（一二五〇）に上棟をみている。これが現存の西円堂であり、その後本仏も移され、弘長元年（一二六一）二月には御行、すなわち修二会が始まったのである。そしてこの時の施主はすべて堂家、すなわち禅衆であった（『寺要日記』）。この時に施主幸聖が寄進した牛玉《ごおう》箱も西円堂に所在している（高田良信編『法隆寺銘文集成』上巻、国書刊行会、一九七七）。西円堂は堂衆らの力によって再興されたのである。弘安六年（一二八三）七月に修理がなされた西円堂薬師如来坐像も、その光背銘文によると「律宗長﨟故行尋大法師」の五〇貫文の寄進によるものであった。ここにみえる律宗行尋とは、大法師位を持っていることからも明らかなように、前項で述べた遁世の禅律僧や律僧・律衆ではなく、禅衆＝堂家とみていいだろう。

また、西円堂への奉納物についてみれば、末永雅雄報告書『法隆寺西圓堂奉納武器』（一九三八）によると、現存最古の奉納銘文は「奉施入西円堂為除病延命　元徳三年辛月八日」（『至宝』九の目録では「元徳三年辛未月八日」となっている）と鎌倉末期のものである。さらに奉納鏡の最古のものの年代観は、鎌倉時代中期だといわれ、奉納武器については、戦国期のものが中心であるが、そのはじまりは鎌倉末・南北朝からと考察されている。

以上のことから、峯の薬師信仰はおおむねこの時期を画期としていたとみていいだろう。

図28　上御堂

次に上御堂であるが（図28）、講堂の裏手の高みに再建がなったのは、西円堂の再建に少し遅れてのことであった。康和年中（一〇九九〜一一〇四）以来、倒壊したままであったのが、応長元年（一三一一）手斧《ちょうな》始めがあり、文保二年（一三一八）に造営がなされている。そして堂内には、四天王が貞和二年（一三四六）から文和四年（一三五五）にかけて順次安置された。この四天王は鎌倉における鵤荘訴訟成就を謝してのものであったことはよく知られている。上御堂は、「一夏苦行之仏閣、六時供花之梵場ナリ」（『法隆寺縁起白拍子』）とか「上堂者、往古以来、九旬供花、三夏当行之御堂也」（『寺要日記』）というように、西円堂と同様に堂家＝禅衆の活動拠点となる堂舎であった。

鎌倉時代中後期、遁世の律僧による北室、そして堂家の西円堂・上御堂と、整備が進んだことがわかる。そして、ここで注目すべきはとくに広範な人々を対象とする庶民信仰の広がりが感じられることである。北室律院の東院逆修・光明真言会にみえる結縁衆の存在や、西円堂の薬師信仰などはそのことを十分に思わせるのである。法隆寺は古代以来の由緒ある官寺から、太子信仰をよりどころとした寺内諸衆の形成、そしてここにみたような遁世律僧・禅衆の活動をも組み込むことで、その宗教的な地盤は格段に広がり庶民信仰レベルにまでおよぼされるようになっていたといえよう。

南都の寺院間コンソーシアムと太子信仰の広がり

南都世界の興隆事業は、法隆寺に即してみてもまことに多彩で、実に活況を呈していた。そこで特徴的なことは、法隆寺外の多くの人々が、さまざまなかたちで関与し、寄与していたことであり、南都の興隆は、このように個々の寺院の枠を超えた連携や交流があってこそ可能となった。法隆寺の『別当記』別当玄雅法印の項には、次のような記事も見出せる。

同（文永）六年三月二十五日東大寺北山般若寺文殊供養、大勧進西大寺師縁房（思円房叡尊）・良観房（観良房良恵）上人、供養六千余人也、非人三千余人に一斗を曳く、人別にヒカサ・引入・筵を曳く

これは鎌倉仏教史のみならず慈善救済事業史の上でも特筆される叡尊と弟子般若寺良恵による非人供養の記事である。非人を文殊菩薩の化身とみなし、奈良北山の般若寺西南の般若野五三昧に六〇〇〇人も集めて（『春日社記録』では二〇〇〇人）、米のほか檜笠《ひかさ》・引入《ひきいれ》（轆轤で挽いた木製食器）・筵という乞食行のための必需品を、一人一人に与えるという大規模な施行の法要であった。この無遮《むしゃ》大会は、法隆寺と直接関係があったわけではないが、それでも『別当記』にこうした記録が残されたのは、叡尊のこの活動が南都世界全体にとっても大きな意味をもつものだとする認識があり、法隆寺もそこに連なるものとしてなみなみならぬ関心を寄せていたことを物語

るものだろう。

東大寺大仏の再建は鎌倉期南都復興の象徴ともいえる大事業だが、文治元年（一一八五）の開眼供養にさいしては千僧供養が行われ、東大寺三〇〇人、興福寺五〇〇人、元興寺一五人、大安寺三〇人、薬師寺一〇〇人、西大寺一五人、そして法隆寺からは四〇人と、南都の有力諸寺の寺僧が一同に会した（『東大寺続要録』）。建久六年（一一九五）や建仁三年（一二〇三）の東大寺供養のさいにも、法隆寺僧はそれぞれ三〇人・二〇人が参列している。このように他寺院の供養に参列するのは、東大寺の場合に限ったことではなく、建保六年（一二一八）には西大寺塔供養に一五人が参加し、正安二年（一三〇〇）一二月の興福寺金堂供養にも、法隆寺色衆五人（舎利預俊厳・慶玄、絵殿預貞祐、金堂預定朝、夏一大定縁）が供奉している。

各寺院で行われる重要な法会においても、こうした連携参加は通例のことだった。延応元年（一二三九）、薬師寺最勝会に法隆寺僧も聴衆として出仕するようになっているし、文永六年（一二六九）には、興福寺維摩会聴衆に改めて法隆寺僧も供奉するようにとの藤氏長者宣が下されている。東大寺法華会に法隆寺得業が出仕するのは恒例のことであった（『別当記』「東大寺年中行事」）。他方、法隆寺においても、嘉禄三年（一二二七）以降、勝鬘会を講堂で行うようになると、興福寺・東大寺・薬師寺からも寺僧聴衆が加わり、規模を拡大しての興隆がはかられた。

このように南都の諸寺院は、ゆるやかなコンソーシアムとでもいうべきものを形成し、互いに支えあいながら総体として南都仏教の世界をかたちづくっていた。時には、南都世界の中核にある興福寺の意向をうけて、紛争や相論にあたって七大寺がそろって閉門するようなこともあったが（安貞二＝一二二八年五月）、聖皇曼荼羅の制作時のように、南都の番匠や絵師など技術者が下向して営繕や造像を援助することもしばしばであった。戒律復

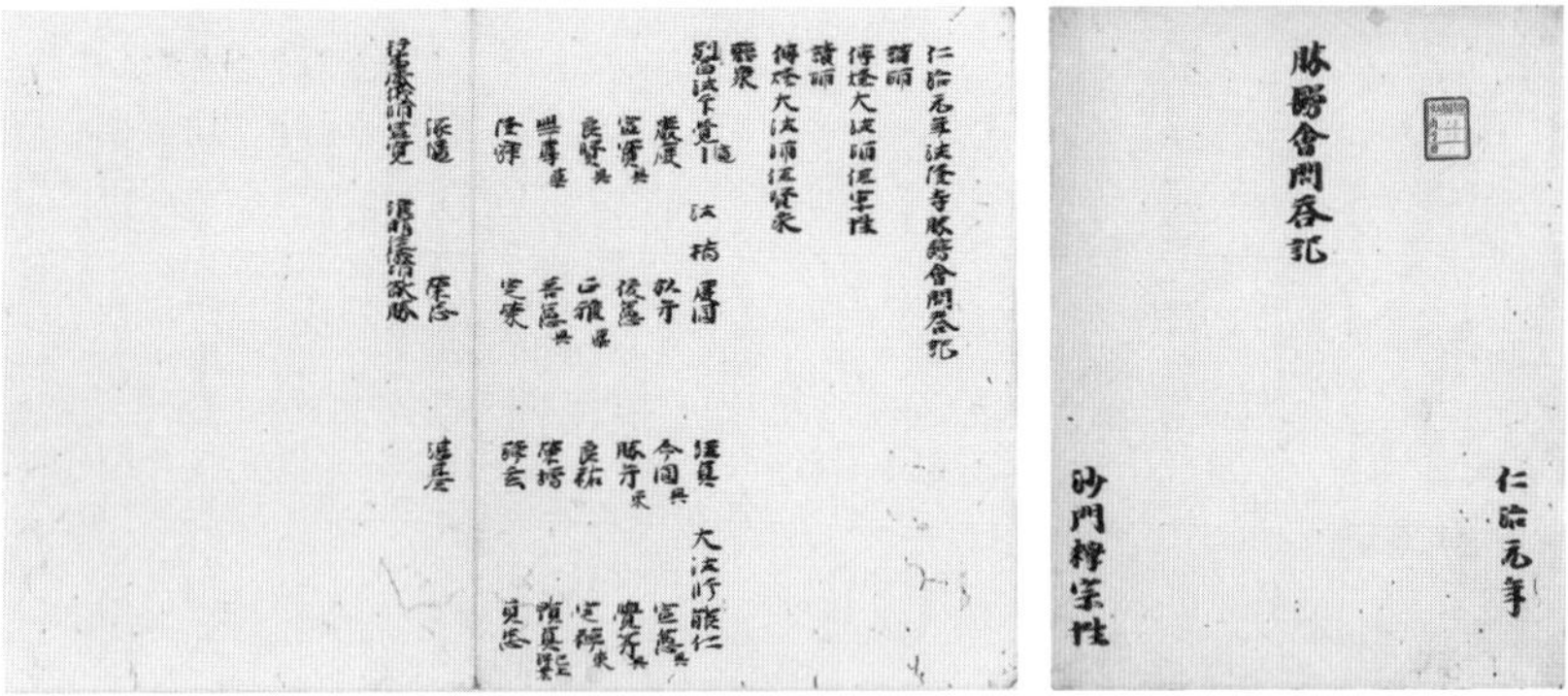

図29　『勝鬘会問答記』

興につとめた律僧たちの活動内容や範囲が多岐にわたって広かったこと、とりわけ財源を得るための勧進活動に活躍したことは折りにふれて述べたが、番匠・絵師などの技術者や彼らのような存在は南都寺院間コンソーシアムを維持する上で重要な役割を果たしていたと思われる。

そして南都世界を結びつける要素のひとつに太子信仰があったことは確かである。鎌倉期南都を代表する学僧の宗性（一二〇二〜七八）についてみてみよう。宗性は東大寺別当も勤め、維摩会や最勝講など国家的法会出仕の功を積み権僧正までのぼりつめた一方で、『日本高僧伝要文抄』『弥勒如来感応抄』をはじめとする膨大な著作を残した華厳宗きっての学僧である。そんな彼も仁治元年（一二四〇）一一月、法隆寺恒例の勝鬘会において講師を勤めており、そして、その時の記録を『勝鬘会問答記』として残している（図29）。一五日、初日暮座の論義をおえると、彼は法隆寺宿房でさっそく筆をとって問答の様子をメモしておき、年が明けた正月一八日、みずからの住房東大寺中院で改めてこれをとりまとめた、という。その間の経緯を示す奥書には、自分が勝鬘会講師を勤めたことを次のように述べている。

仰ぎ願うらくは、この会遂講の微功に依り、今度結縁の善因に答え、必ずや太子聖霊の引摂を蒙り、速かに慈尊値遇の本望を遂げんことを法隆寺で勝鬘会講師を勤仕することが、聖徳太子との結縁行為であると強く意識しており、彼はその功徳によって聖徳太子聖霊の引摂を得ることを願っている。学侶として聖教を学び研鑽を積むという学文修学行為には、その功によって後世への引摂を願う寺僧自身の信仰行とでもいうべき側面ももっていた。南都の学僧にとって太子信仰は、日常的な教学活動とは別にみずからの後世往生を願う信仰という一面をもつものだった。法隆寺に伝わる鎌倉期写経のなかにも、書写の「筆功を以て、生々世々の間、聖徳太子に値遇」することを願ったものがあり（『至宝』七「その他写経」一三〇「維摩詰経」巻下）、このようなかたちの太子信仰は広く存在していた。

宗性に華厳を学び、また本章でしばしば言及した円照上人には後継者にあたる学僧凝然《ぎょうねん》（一二四〇～一三二一）の場合をみよう。彼は華厳と律を本宗としながらも、『八宗綱要』や『三国仏法伝通縁起』など顕密仏教全体を概観するような重要な著作を残した人物であるが、彼にもやはり聖徳太子に対する信仰がうかがえる。凝然の述作は華厳部・律部をはじめとして一八二点を数えるが（『凝然大徳事績梗概』所収「考訂・凝然大徳撰述目録」）、そのなかには聖徳太子の「三経義疏」に関する注釈書も含まれている。すなわち『法花疏慧光記』（六〇巻）『維摩経疏菴羅記』（四〇巻）『勝鬘経疏詳玄記』（一八巻）などがそうであり、これらは彼が六〇～八〇歳代のものである。

しかし三経義疏の研究を若い頃から熱心に心がけていたことは、「自分は昔、二二歳の時以来、太子所造の大乗三経妙疏を習学し、六十年がたった。不聡不敏で、怠惰な自分であったが、その志はつねに持ちつづけてきた」（『維摩経疏菴羅記』巻一奥書／図30）とみずから語っていることからもわかる。これを記した時、凝然は八一歳で、「老眼の涙汁を拭い、中風の右手を励まし」、昼夜を問わず経論を引き勘《かんが》え、注釈に邁進したという。彼の「三経学士沙門」という自称にも、深い思いが伝わってくる。『維摩経疏菴羅記』は、法隆寺上宮王院北室長老である律僧乗円上人の要請に応えたもので、凝然は東大寺戒壇院や唐招提寺で、この作業につとめた。それ以前の

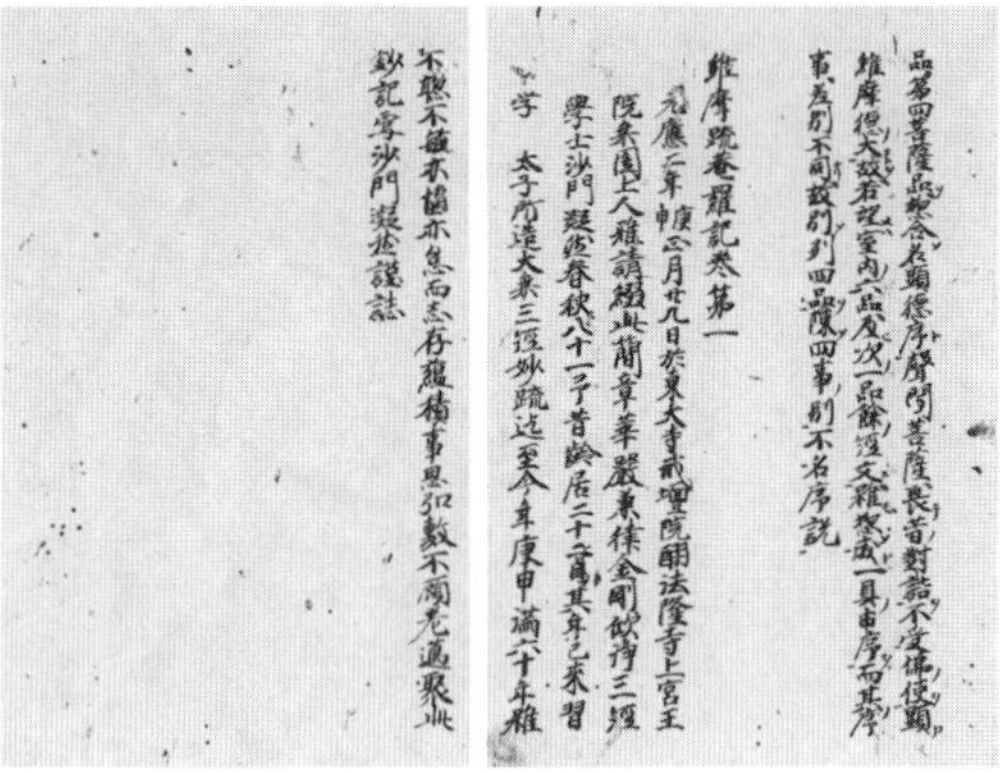
図30　『維摩経疏菴羅記』巻一奥書

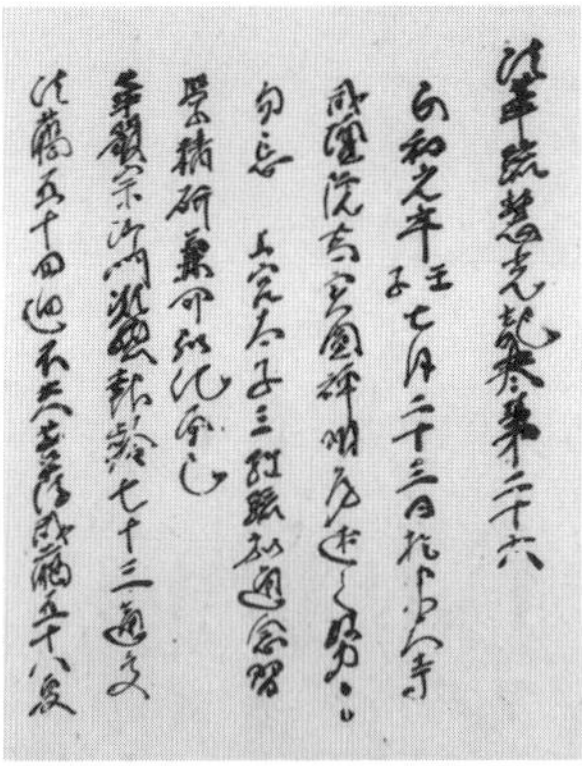
図31
『法花疏慧光記』巻二十六奥書

七〇代にまとめたのが『法花疏慧光記』六〇巻で、こちらは俗甥でもある弟子実円禅明房のために述作したもので、その奥書には「上宮太子三経疏」を弘通《ぐつう》し「習学精研」し弘化すべきことを忘れぬようにと記している（巻二六奥書／図31）。

鎌倉期の南都仏教を代表するような学僧にとっても、聖徳太子やその著作がもつ意味はいかに大きかったかがうかがえよう。これも、中世の太子信仰がもつひとつのかたちであった。

聖徳太子への思慕は法隆寺や南都世界をこえてさらに広がりをみせている。たとえば天台宗にとっても、聖徳太子は前世において天台列祖の一人南岳慧思とされるから、当然、重要な信仰対象となる。事実、最澄は弘仁七年（八一六）四天王寺の上宮廟に入り「求伝法華宗」なる五言律詩を奉じており、自分もその玄孫として法華一乗の教えを広めることを誓っている（「伝述一心戒文」中巻、『伝教大師全集』第一巻所収）。真言宗の場合、弘法大師空海も聖徳太子の生まれかわりと称していたし、中世法隆寺において真言密教の要素が濃厚にあったことはすでに述べたところである（三二〇頁以下参照）。

いわゆる「鎌倉新仏教」の代表的存在である親鸞をとってみても、彼が「和国の教主」として太子を讃える講式をつくり、太子を信仰していたことはよく知られている。親鸞の生涯と思想において、大きなハイライトが法然への弟子入りであるが、その機縁となったのは京都六角堂に参籠中、聖徳太子の夢告を得たことにあった。親鸞にとって、聖徳太子への信仰は大きなものであったことはまちがいない。

太子と母・妃の三骨一廟として知られる河内国磯長《しなが》太子廟も、鎌倉期には太子信仰の聖地として次第に多くの人々が訪れるようになるが、時宗の聖一遍上人もその一人で、ここに三日間参籠して奇瑞をえたという（『一遍聖絵』第八）。また確実なことは不明であるが日蓮もここに参拝したといわれている。

禅宗の場合、聖徳太子との関係はさらに明瞭で、太子が出会った片岡山の飢人が達磨大師であると早くからいわれていた以上、聖徳太子と禅宗との間にも、大いなる親近性があった。禅僧虎関師錬による日本仏教史『元亨釈書』は、その本文冒頭「伝智」一―一が「南天竺菩提達磨」から始まるが、そこでもこの逸話がとりあげられ、菩提達磨が片岡の飢人となって聖徳太子に出会ったことを「仏種萌芽の初め」と評している。

宗派を問わずみられるこうした聖徳太子への渇仰《かつごう》ぶりをみると、太子が「日本仏教の総元締め」と称されるのもまことにふさわしいと納得できよう。鎌倉期の代表的仏教説話集『沙石集《しゃせきしゅう》』は、この時代の仏教信仰の様子を知るうえで最も有益な書物の一つといえる。というのも作者無住は禅僧とはいうものの、それにとどまらず、南都や京・鎌倉などで広く諸宗を学び、特定の宗派に偏する姿勢を強く批判し、本地垂迹や和光同塵など神仏集合の状況についてたくみな解釈を示すなど、当時の信仰状況の特徴がよくうかがえるからである。本書でも片岡山の飢人＝達磨大師について記すが、さらに達磨大師は中国で南岳慧思に日本で仏法をひろめるよう勧めたと言い、その結果、慧思は聖徳太子として生まれかわったのだと説明している。だから、

本朝に仏法ひろまり、我等まで三宝の名字を聞き、因果の道理を弁ふる、偏に太子の御恩徳なり。その源を

尋ぬれば、達磨大師の御勧めより起これり（『沙石集』巻五末）。

というわけである。いくぶん禅宗よりの説明ではあるが、このように日本における仏法流布の要諦に聖徳太子が位置づけられ、その背後に南岳慧思・達磨大師が重ねられている。さらに達磨の本地として観音・文殊菩薩がこれに加わっていく。菩薩が日本に仏法を広めるために垂迹して「来化」した、それが聖徳太子である。こうした多重性・多層性イメージを基盤に日本仏法の濫觴《らんしょう》が根拠づけられる。このような思惟形式は、この時代、ごく通例のことであった。

そして、この『沙石集』の著者無住も法隆寺へ少なくとも二度参籠していた。徳治三年（一三〇八）、八三歳で参籠した折りには、法隆寺僧恵厳に『沙石集』を貸与し、その書写を許すというように寺僧との交友もあった（加賀元子『中世寺院における文芸生成の研究』、汲古書院、二〇〇三）。その数十年前にも法隆寺参籠を行っており、その時には中宮寺にも参詣して同寺の再興につとめた長老信如とも語らっている（『雑談集』巻一〇）。さらに『沙石集』には「先年、和州片岡の、達磨の御廟に参籠して侍りしに」（巻五末）という記述もあるから、無住は、片岡山の飢人こと達磨大師の墳墓、この頃には達磨寺であったろうが、そちらにも参籠していたことは確実である。

磯長太子廟はもとより、法隆寺や中宮寺、そして片岡の達磨廟と、太子ゆかりの聖地を巡礼するということが、この頃には相当整っていたことを思わせる。一二世紀の『七大寺日記』『七大寺巡礼私記』の頃とは異なって、このような巡礼は南都世界をこえた広がりをもっていたことであろう。正応三年（一二九〇）『とはずがたり』作者の二条は、中宮寺・法隆寺から当麻寺、太子の磯長廟へと巡拝や奉納を行っているのは、その一例である（巻四）。

三井寺の唱導僧で勅撰歌人でもある霊山法印定円が、弘安元年（一二七八）に『法隆寺宝物和歌』を作製して舎利殿に奉納し、太子との結縁を願ったことはよく知られている。この定円は、既述した中宮寺信如が天寿国繡帳を発見したさい、その解読や模本作成、およびその供養にあたって大いに尽力した人物でもあった（加賀元子前掲書）。聖徳太子信仰は、南都寺院の世界はもとより、京洛世界もまきこむ広がりをみせており、それがまた中世法隆寺の新たな興隆をもたらすという役割や機能を担っていたのである。

第三節　法隆寺の経済的基盤

1　田畠の寄進と所領の形成

記録にみる田畠の寄進　天平一九年（七四七）二月に法隆寺三綱から僧綱《そうごう》に提出された『法隆寺資財帳』（第二章第五節・第三章第六節参照）によれば、法隆寺の経済的基盤にあたるものは、大和国の平群《へぐり》郡四六町九段二〇一歩三尺六寸と添上《そうのかみ》郡二町一段二一六歩のあわせて四九町一段五七歩三尺六寸、播磨国揖保《いぼ》郡二一九町一段八二歩をはじめ近江国栗太《くりた》郡・河内国志貴郡渋川郡讃良《さらら》郡和泉郡・摂津国兎原《うはら》郡にある総田積三九六町三段二一一歩余の水田、そして大和国平群郡一五町・播磨国揖保郡一二町二段をはじめ近江国栗太郡・河内国渋川郡和泉郡にある薗地《えんち》三一町二段、天平一〇年に賜戸された播磨国揖保郡林田郷・但馬国朝来《あさご》郡枚田郷・相模国足下《あしのしも》郡倭戸《やまと》郷・上野国多胡《たこ》郡山部郷に各五〇戸ずつ所在する食封二〇〇戸などであった。それ以外に山林岳嶋（大和国平群郡屋部《やべ》郷・坂戸郷・添下郡菅原郷などに所在）・海・池を所有し、それら所領の経営にあたる拠点としての荘が四六カ所、屋が一一一カ所あった。そしてそれら水田・薗地・山林岳嶋・池のうち、二種以上の所領とそれに荘がともなう法隆寺として重要な所領が所在する郡は、近江国栗太郡、大和国平群郡・添下郡、河内国和泉郡、播磨国揖保郡である。法隆寺の所領が畿内近国に所在していたことが知られよう。

これら所領が、天平一九年以降、律令国家体制の弛緩とともに、どのような変化をし、そして法隆寺の経済的基盤としてどのように機能したであろうか。

そこで平安時代以降の法隆寺の所領の蓄積につき、『別当記』「法隆寺別当次第」（『史料集成』三）と法隆寺に伝来する古文書からみてみよう。『別当記』の「法隆寺別当次第」は、承和年中（八三四〜八四八）に別当に任じられた初代延鳳《えんぽう》から永正一五年（一五一八）の八四代晃円《こうえん》までの歴代別当につき、各代別当の事績を記載するが、数人の別当に関する記事に法隆寺への田畠寄進の記事がみえる。

まず平安時代中頃、別当久円在任のとき、「榎並庄一所、売られること已に畢ぬ」と、榎並《えなみ》荘売却の記事がある（図32）。榎並荘は摂津国東成《ひがしなり》郡にあり、規模は不明であるが、法隆寺がすでにこの地に「庄」と称する所領を持っていたことが知られる。当荘は、当時諸家諸寺の所領が混在していた荘園であるが、のちには摂関家領として確立している。久円の別当就任は、長元八年（一〇三五）であり、五年間その地位にあったが、そのとき何らかの事情で榎並荘の売却にいたったものであろう。

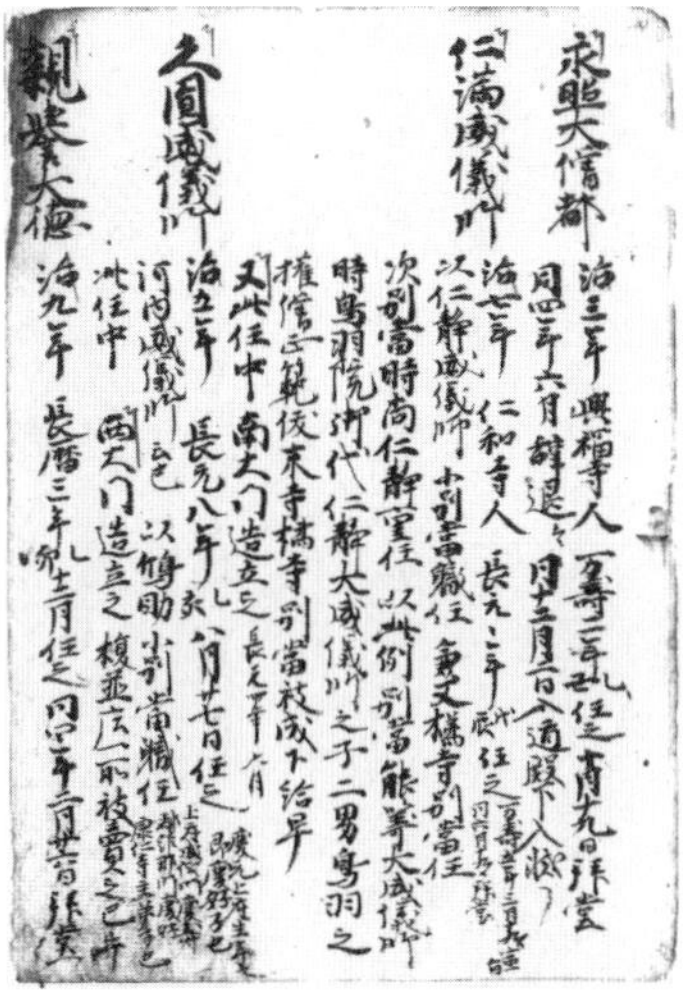
図32　『法隆寺別当記』（久円任）

次の別当親誉（別当就任：長暦三年〈一〇三九〉、在任九年）のときに次の記事がある。

此の任中、寺家の田畠四至、一廻り官省符・宣旨、申し

成し下さる、或いは寺家の寺主慶好実検のため、使いを播磨鵤御庄に下し遣わす

この記事により所領のひとつとして、寺家寺主慶好が使いを播磨国鵤《いかるが》荘に派遣し、その範囲が確定されたことが知られる。当時すでに、鵤荘は法隆寺の所領として重要であったことを示していよう。さらに延久二年（一〇七〇）就任の別当公範《こうはん》の任中（在任三年）には、鵤荘へ下向の記事があり、さらに大和国添上郡楊生《やぎゅう》荘にあった公範の私領田九町八段が上宮王院に施入されており、ここに初めて私領田からの上納の費用で上宮《じょうぐう》王院三昧勤行の法会が行われることになった。同任中の記事に、永久三年（一一一五）上宮王院の修二月会御行仏供花《おんぎょうぶっくけ》餅《ひょう》の免田が寄進されたとあるが、この年紀については誤記としても、寄進の事実はあったのであろう。聖徳太子四〇〇回忌が治安二年（一〇二二）にあたり、その翌年一〇月には藤原道長の法隆寺と上宮王院の参詣が行われるなど、この頃は、聖徳太子信仰の高まりがみられる時期であった。

さらに寄進の記事を追うと、承保二年（一〇七五）就任の別当能算《のうさん》の在任中には、承暦二年（一〇七八）正月八日金堂で吉祥悔過《きちじょうけか》が行われ、そのための料田二町が寄進されている。天仁二年（一一〇九）就任の別当経尋《きょうじん》の在任中には、永久三年（一一一五）二月二一日聖霊会埦飯料《おうばんりょう》として、免田五段が寄進されている。経尋の別当在任は、二一年間におよび、その間聖霊会楽人の埦飯料として免田五段が、さらには上宮王院の修二月会御行仏供花餅の免田が寄進されている。さらに次の別当覚誉《かくよ》（別当在任：天承二年〈一一三二〉～保延五年〈一一三九〉）の在任中には、金堂吉祥御仏供《おんぶっく》免田の寄進があった。この時期、ひとつの法会が寺内で執り行われるとき、その目的を果たすための用途を負担する料用が寄進されたのである。広い面積の田地寄進の場合は法会料として、狭い面積の場合には法会中の特定用途の費用のための料田として寄進されている。

ついで久安四年（一一四八）興福寺東院に止住していた信慶《しんけい》が別当に就任して、初めて法隆寺に下向したとき、

上宮王院六月蓮華会酒料の免田として田地三段を寄進している。この頃、興福寺の権別当クラスが法隆寺別当になり、さらに興福寺別当になる例が多いが、法隆寺別当に赴任するに当たり、寺との協調を図るための寄進かと考えられる。さらに別当覚長（任別当：久寿二年〈一一五五〉、在任二三年）在任中の安元元年（一一七五）三月二二日三経《さんぎょう》院田として免田一町が寄進され、範玄《はんげん》（任別当：建久二年〈一一九一〉、在任四年）の在任中には、建久四年（一一九三）政所下向に際して、東院田一町八段が寺僧らに給付されたが、それは蓮華会料と供養法免田に充てられた。また彼の在任中、播磨国鵤荘東北条が三経院学生供料として寄進されたのが特筆される。さらに別当範円は興福寺別当に着任してのち、法隆寺別当に再度還補されているが、その在任期間中の安貞元年（一二二七）夏、勅宣によって播磨国鵤荘の水田一八町が勝鬘会料および談義料として永代寄進されている。また安貞二年七月八日には上宮王院御影堂千手供養法が始行され、六口の供僧《くそう》が置かれたが、その用途のため一町六段の田園が寄進されている。

興福寺光明院出自で、寛喜三年（一二三一）任の別当覚遍《かくへん》の在任中の文暦元年（一二三四）八月には、法隆寺金堂に初めて供僧が三昧僧《さんまい》三口、承仕《じょうじ》一口の四口が置かれ、その用途のために供田《くでん》水田四段が寄進され、また同年一一月には上宮王院太子御影供養が導師璋円《しょうえん》律師のもとで執行されたが、その費用に充てるため山城国桂之御領が寄進された。費用への配分は、地利《ちり》を四分し、一分は供養法之衆日供料、一分は太子之御供養料、二分は六節日三経講讃之供料に充てられた。そのときの大願主は慶政上人であった。

また仁治三年（一二四二）八月には、寺僧の依頼により前右大臣西園寺実氏が所当二〇石の水田を寄進している。『別当記』の注記には、「弓削《ゆげ》庄歟」とある。弓削荘は河内国内にある。さらに建長四年（一二五二）一二月、和泉国珍南北荘年貢一〇石が、勝鬘会料として初めて寄進されている。

二代後の別当良盛《りょうせい》（任別当：正元元年〈一二五九〉、在任四年）のときには、円照上人により弘長元年（一二六一）一一月に和泉国珍南北荘が寄進され、翌二年二月には上人の勧進によって恵学供料《えがくくりょう》などのため播磨国鵤荘平方条《ひらかたじょう》が寄進されている。さらに別当玄雅《げんが》（任別当：文永三年〈一二六六〉、在任一八年）在任中の文永八年には鵤荘久岡名《ひさおかみょう》が毎年三〇石勧学講米として別当から寄進されている。そして別当実懐（任別当：弘安七年〈一二八四〉、在任六年）在任中の弘安九年七月には施主堯実《ぎょうじつ》のもと因明講《いんみょうこう》が初めて勤行され、その布施物所当三〇石が寄進されている。

南北朝時代にも、別当懐雅《かいが》（任別当：文和元年〈一三五二〉）のとき、文和元年に鵤荘光久名《みつひさみょう》が総寺沙汰として金堂十僧中に、延文二年（一三五七）八月には鵤荘光末名《みつすえみょう》がこれまた総寺沙汰として、東院供僧中に寄進されている。

以上、やや煩雑ながら院政期から南北朝期にかけて『別当記』にみえる法隆寺に対する田地などの寄進記事をみてきた。

そこにみるように、平安時代における田地の寄進は、基本的に何かしかるべき法会やそれにともなう費用に充てる目的で寄進されている。そしてその田地の規模も数段単位のものが多いが、鎌倉時代になると次第に名単位など地域や賦課単位毎による寄進もみられるようになり、より領域的な所領の寄進に近づくのである。そしてその領域的支配を維持できる所領が、次第に法隆寺にとって経済的に重要な所領となるのである。そのなかに鵤荘など法隆寺領の中核となる所領が確認できる。

古文書にみる田畠の寄進

それでは次に古文書から田畠の寄進などの例をみてみよう。法隆寺には、現在巻子本に装幀《そうてい》されて多数の古文書が伝来する。古代からいまに続く寺院としては、古い時期の文書が比較的少なく、

図33　法隆寺文書巻子本

その点は少々残念な気もするが、それでも一九五巻の巻物にされた、三三〇〇通余におよぶ古文書が伝わる（図33）。

　うち中世文書は一二五〇通ほどである。巻子にされたのは、昭和になってからで、戦前に荻野三七彦氏により調査が行われ、そこで作成された目録の分類、記載にしたがい成巻されたものである。表紙は、黄土《おうど》地《ぢ》唐草文《からくさもん》の紙表紙で統一されている。また記録類も、同じ荻野氏により分類され目録が作成されて、巻子本と同じ文様の表紙が付けられて装幀されており、こちらは一五五〇冊ほどある。なおそれ以外に聖教《しょうぎょう》類とともに黒漆塗箱に未表装の状態の文書が多数伝わるが、まだ全貌がとらえられていない。


その巻子に収録されている古文書類については、『至宝』八に、巻子ごとの目録と、中世文書については図版がおおむね掲載されている。

　それら古文書から法隆寺の所領の形成をみてみると、平安時代後期の古文書に売券の多いことがあげられる。土地売券の保有が所領維持に必要な要件であり当然といえるが、それら売券には裏書に「寄進聖霊院」（平安遺文一二二五・一二二七・一二三五一号）、「法隆寺三経院所領　信融寄進之処也」（平安遺文一二八九・一七〇〇・二一四九・二一五〇号）との文言のあるものがみられる。これらの売券は、例えば「寄進聖霊院」とある二通は坪付・田積からみて同一の畠地かと考えられ、その場合、本来は連券など一括関係を示す形態であったと思われる。また僧長仁公験紛失状（平安遺文六三七号）などにみえる大和国平群郡坂門郷八条九里二一九・三〇坪内の畠地などは、開浦三昧院を経て、最終的に法隆寺金光院の所領と帰したものである。

また承元四年（一二一〇）五月僧栄舜田地寄進状（法隆寺文書イ函六巻）によれば、このとき栄舜は法隆寺住侶信融《しんゆう》の遺言に任せて、彼が所有していた法隆寺山内字悔過谷の田地四段を三経院講演料田として法隆寺に寄進している。そのときその田地の相伝に関する本券文二巻が添えられたが、その一巻は紙数一八紙、一巻は一四紙の巻物であった。売券など証文を貼り継いだ巻物で、収録された各文書には「法隆寺三経院所領　信融寄進之処也」の裏書を有していたものであったと思われる。また法隆寺金光院三昧堂は、薬師寺念仏堂との間で、自己所有の奈良右京三条二坊五坪所在の畠地と、薬師寺念仏堂の平群郡八条九里二九・三〇坪所在の畠地との交換を行っているが、これも所領をより寺の近郊に保持しようとする両寺の共通した要望があったのであろう。このように所領の形成を物語る文書が残っているのは、聖霊院・三経院という平安時代末期から鎌倉時代はじめ、法隆寺の信仰の展開により成立した子院が、いろいろな経緯を経て所領の蓄積を遂げていったことを物語ろう。

法隆寺惣寺としての経済的基盤は、次項にみるように次第に弱体化しながらも、それぞれの個別的信仰形態をもつ子院の活動への所領の集積という中世的ともいえるあり方により、法隆寺全体の財政も支えられていたのである。

2　鎌倉時代の所領荘園

『玉林抄』にみる所領

それでは法隆寺の鎌倉時代以降の所領はどのような状態であったのであろうか。

法隆寺の経済的基盤であった賜田《しでん》、寄進された雑役免田《ぞうやくめんでん》などは、次第に土地に密着した所領である荘園化していった。その法隆寺領荘園に関する記事が、室町時代文安五年（一四四八）訓海編になる

『太子伝玉林抄』（以下『玉林抄』）巻一五にみえる（図34）。

そこには、「一、法隆寺末寺末庄等事」として一八件があげられ、末寺は中宮寺、法起寺、定林寺、妙安寺、新堂寺の五カ寺であり、末荘は播磨国伊穂《いほ》（保）荘、近江国野州《やす》（洲）荘、摂津国洲摩《すま》荘、河内国弓削《ゆげ》荘、和泉国珍南北《ちんなんぼく》荘、山城国佐山荘、大和国神南《こうなん》荘・椎木《しいき》荘・結崎荘・木部荘・佐保田荘・葛木荘・鵤田横田《いかるがたよこた》荘の一三カ荘である。

それらの荘園個々について以下、概観することにする。

まず播磨国伊保荘は印南郡（現高砂市付近）に所在した荘園であり、嘉元三年（一三〇五）・暦応五年（一三四二）の摂籙渡領《せつろくわたりりょう》目録のなかに「伊保庄　田二十五町一反三十五代」とみえ摂関家領であった。法隆寺の所領については不詳である。

近江国では野洲荘が法隆寺領である。野洲荘は、平安時代治安年間（一〇二一～一〇二四）は大安寺領であり、寛治年間（一〇八七～一〇九四）には法華寺領になり、これまた『玉林抄』にみえるように法隆寺領になったことが知られる。野洲荘は近江国野洲郡（現守山市付近）の荘園で、直施入の大安寺領である。鎌倉時代以降、複数の領主が存在し、法隆寺もそのひとつと考えられる。法隆寺領とされる野洲荘は、『民経記』寛喜三年（一二三一）一〇月九日条では伊勢勅使役が賦課された記事に野洲南荘とある。

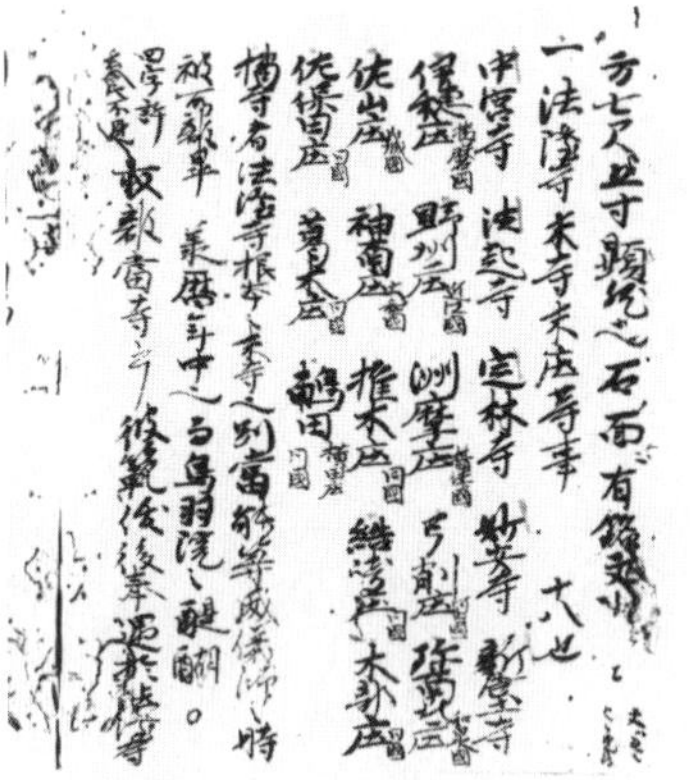

図34　『太子伝玉林抄』巻十五

摂津国洲摩荘は須磨付近に所在したものかと考えられるが、詳しくはわからない。

河内国弓削荘は、若江郡（現八尾市弓削町付近）所在の法隆寺領荘園であるが、仁治三年（一二四二）八月西園寺実氏の寄進によるものであることは前述した。所当五〇石であった（『嘉元記』仁治三年八月条）。貞和二年（一三四六）九月法隆寺別当範守《はんしゅ》法印が和泉の高石新左衛門や河内の宮河八郎に当荘への入部を試みさせるが、守護の細川顕氏に訴え、守護代の沙汰により荘外に追却することができた。別当による荘園直務化に対する現地の抵抗といえよう。天文八年（一五三九）の年貢算用状によれば、地数八町六段五歩で、うち一町は荒田、分米は二二石八斗八合五勺《しゃく》であった。なお夏麦納帳《なつむぎのうちょう》（天文八年分）、算用状（天文一〇年分）も残る。なお弓削荘に関しては、『嘉元記』暦応二年（一三三九）に仏聖米収納の升を紛失する事件が起こっている。

和泉国珍南北荘も『玉林抄』に記載されており、荘域は、現在の泉佐野市域にあたるかといわれている。『小右記』長和元年（一〇一二）六月二九日条には珍保としてみられるが、鎌倉時代に入って、建長四年（一二五二）一二月珍南北荘の年貢一〇石が法隆寺勝鬘会料として法隆寺に寄進されている（『別当記』覚遍項）。さらに弘長元年（一二六一）に円照が珍南北荘を法隆寺に寄進した（『別当記』）。珍保は南北に分かれていたが、それが一括されて、法隆寺領になったものと考えられる。この珍南北荘でも、弓削荘と同様、貞和二年（一三四六）別当範守法印の沙汰をうけた悪党高石新左衛門が同荘に入部しようとする事件が発生するが、珍北方下司は守護に訴えて、阻止することができた（『嘉元記』）。そして同荘は戦国期まで、法隆寺領として維持された。法隆寺文書には、珍南北荘の年貢算用状が永享元年（一四二九）から永禄二年（一五五九）までの間で、九通が伝来している。永享元年で、田地は北方一二町三段三三〇歩、南方九町九段一九〇歩であった。なお永享元年、享禄二年（一五二九）分は珍南北荘で集計されているのに、永正七年（一五一〇）、大永五年（一五二五）、天文一七年（一五四八）、永禄二年分は珍南荘での算用で、大永五年分ではさらに南方、北方の二通に分けて作成されている（法隆寺文書ロ函六巻）。

山城国では狭山荘が『玉林抄』に佐山荘としてみえる。狭山荘をめぐっては、山城実相院文書に建武から暦応の頃、内膳司の奉膳と実相院の争論がみえる。山城国佐山荘（狭山荘）は久世郡の久御山町とその周辺にあった荘園であるが、法隆寺の所領がどれほどのものであったかは定かでない。

また大和国には、当然のことながら数カ所の法隆寺領がある。

神南《こうなん》荘は大和国平群郡、現在の斑鳩町神南《じんなん》付近所在の荘園で、法隆寺は膝元の荘園として継続して領した。南北朝時代以降、史料にみられるようになり、天正八年（一五八〇）指出《さしだし》によると田地一三町一段一八七歩あった。神南荘は、竜田神社の南に位置し、『法隆寺資財帳』にみえる坂戸郷岳の地域にあたる。『別当記』別当覚晴の記事に、承安二年（一一七二）に法隆寺大衆が神南寺の鐘を取って来て、三経院にかけたとみえる。当荘は元来、法輪寺の寺領であったものが、一乗院家領となり、さらに承久元年（一二一九）大乗院領となっており、興福寺領でもあった。そしてこの地に法隆寺領も存在し、『嘉元記』には、正和三年（一三一四）一〇月地頭の入部や、観応二年（一三五一）六月神南の賢信《けんしん》と服《はとり》の藤三《とうぞう》の間で争乱が起こり、さらに神南と服が争いを繰り返した記事や、延文元年（一三五六）一二月神南荘下司の嫡子が竜田宮男聖を殺害したことに関して神人らが神南荘に発向したなどの記事がみられ、近隣所在の荘園でもあり、法隆寺との関係が密接であったことをうかがわせる。神南荘の算用状は仏餉米《ぶっしょうまい》の分が、永禄九年（一五六六）分から天正八年（一五八〇）分の間で七年分が残っている。それには惣田積は四町で、分米一六石とみえる。

椎木荘も大和国平群郡の荘園で、現在の大和郡山市椎木町付近に所在した。久安四年（一一四八）興福寺東院領として初見するが、それ以後、興福寺門領、興福寺門跡領としてもみえる。荘内には、東大寺大仏灯油田や春日神社夕御供料所とともに、法隆寺領も所在したのである。延久二年（一〇七〇）『興福寺雑役免坪付帳』平群郡の項には、「強木《しいき》南・北庄」で記載される。

結崎荘は大和国磯下郡、現川西町結崎所在で、『玉林抄』にみえるが、これまた興福寺寺門領でもあり、応永六年（一三九九）段銭帳では田積三〇町二段とある。

大和国木部荘は不詳。一説には、現在の河合町大字城戸が「きのへ」の音通で、推定地とされる。

大和国添上郡にあった佐保田荘は、鎌倉中期の『簡要類聚抄《かんようるいじゅしょう》』には興福寺一乗院門跡領とみえ、二五名の均等名からなる荘園で、田積は計約三五町の田畠が散在していた。さらに永享七年（一四三五）引付によると名田積三〇町四段余であったが、戦国時代末には一町二段余に減少していた。また『二条寺主家記』大永三年記に「大永三年五月十三日大洪水、佐保田荘悉く破損せしむ、在々所々破るところなり」とあり、洪水により被害をうけた記事がみえる。その洪水は、荘の南を西流していた佐保川によるもので、荘域は東は法蓮町の鴻ノ池、西は法華寺町、北は佐保山を含み、南は佐保川南の船橋町にわたっていた。法隆寺領としての実態は明らかでない。

大和国葛木荘は『玉林抄』『太子伝私記』にみえるが、所在地は不明である。現在の御所市かという説がある。

横田荘は添上郡所在で、現在の大和郡山市横田付近である。東大寺領（『東大寺要録』）や興福寺領も存在したが、法隆寺領も存在したものか。その田地は「鵤田」と呼ばれていたものであろう。興福寺領としては、延久二年（一〇七〇）『興福寺雑役免坪付帳』添上郡の項に、「横田庄十二町五反　不輸租免田畠五町八反大　公田畠六町六段小」とみえる。ほかに春日社領や皇室領も存在した。

なお『玉林抄』に、次のような記事がある。

上宮王院は三昧庄、柳生庄、横田九町八段なり、此者延文年中始行□之、件庄者、当寺別当公範僧正の私領

なり、此の僧正は、行信大僧都の余流なり、公範云く、若し此庄に煩いの事あらば、我が門徒殊に沙汰すべきと云々、

すなわち『別当記』にみた大和国楊生荘もまた添上郡にあり、延久二年段階では興福寺領であったが、そのうち荘内の田九町八段は、僧公範の私領であり、三昧田として法隆寺に寄進されている。公範は、延久二年～承保元年（一〇七四）の間、法隆寺別当であった僧で、この三昧料田は以後断絶せずに引き継がれたようである（『玉林抄』『別当記』）。

以上、『玉林抄』にみる法隆寺領荘園について、個々に確認してきた。他寺領との混在荘園もあり、多くは興福寺大乗院領や一乗院領であったことが知られる。これらの法隆寺領の荘園をみると実質的な所領といえるのは、寺周辺に展開する神南荘などと、和泉国珍南北荘、河内国弓削荘、そして次項で述べる播磨国鵤荘であったといえる。

つぎに『玉林抄』にはみえないが、中世において法隆寺の根本所領といわれた播磨国鵤荘につきみてみよう。

3　法隆寺領播磨国鵤荘

鵤荘の成立

播磨国揖保郡にあった荘園で、現在の兵庫県揖保郡太子町付近に所在した。嘉暦四年（元徳元＝一三二九）と至徳三年（一三八六）作成の二鋪の『法隆寺領播磨国鵤荘絵図』と、『鵤庄引付』『鵤庄御庄当時日記』などの記録が残っており、荘園史研究の対象として著名である。鵤荘の淵源は、『法隆寺資財帳』に聖徳太子が勝鬘経を講じたことに対し、推古天皇が推古六年（五九八）に施入された揖保郡の水田二一九町一段八二歩と薗地一二町二段・山林五地・池一塘《とう》・庄倉《しょうそう》一処を所有していたことにはじまる。これが立券

図35　鵤荘風景

図36　斑鳩寺三重塔

荘号されたものが鵤荘になったと考えられている。のちの嘉暦四年の絵図では、鵤荘の荘域は方角地割で区画された東三条と西三条の六条からなっている。条里からみれば、揖保郡の東西一六条～二〇条、南北九坊から一四坊の地域を占める。なお揖保郡の条里は、里を坊と称した。そして正確な創建時期は不明であるが、この寺領管理のために、荘の中心に斑鳩寺が建立され、遅くとも平安時代には法隆寺の末寺になった。この斑鳩寺には鎌倉時代の作である釈迦・薬師・如来の三尊と日光・月光菩薩、十二神像が安置されている。斑鳩寺を中心に法隆寺領の田畠が方格地割に展開している中世はじめの鵤荘の様子はこのようであった（『太子町史』『播磨国鵤荘現況調査報告』）。

鎌倉時代はじめ、鵤荘で起こった事件を『吾妻鏡』が次のように記載している。

文治二年（一一八六）の鵤荘地頭金子十郎の押妨は後白河法皇の院宣をうけて鎌倉幕府により停止された。しかし金子十郎は、さらに現地に代官を派遣し、その代官が鵤荘を押領したので、法隆寺はその押領を止めさせるように鎌倉幕府に訴えた。源頼朝は地頭代官の押妨をただちに止めるように命じている

（『吾妻鏡』文治三年三月一九日条）。金子十郎は名を家忠といい、関東武士である武蔵七党村山党の武士である。その金子十郎家忠が鵤荘地頭職に補任されたことは、鵤荘が平家没官領に準じた取り扱いがされたことを示している。

なぜ鵤荘は、そのような扱いを受けたのであろうか。

鵤荘の下司職は平安時代末期の桑原貞久にいたるまで一〇余代の間、まったく他姓をを交えず桑原氏が相伝したという（建長五年八月三日法隆寺牒、『太子町史』三）。桑原氏は、鵤荘近隣の桑原郷（最勝光院領桑原荘）の本貫をもつ武士かと考えられている。その桑原氏が、源平の争乱のとき平氏与党として行動し、その結果として地頭が置かれたと思われる。

さらに鎌倉時代中期にも、青木五郎兵衛重元という武士が地頭職に任じられたのに、対抗してそれを追放したという事件がある。

承久三年（一二二一）に承久の乱が勃発すると、播磨守護後藤基清が後鳥羽上皇方についたため、播磨の武士は多く上皇方として戦った。鵤荘内久岡名主内藤右馬允《うまのじょう》成国も上皇方についた一人であった。乱後その所領は没収され、青木重元が追放された内藤右馬允の後、新補地頭として入部したのである。それに対し法隆寺から抗議が起こり、地頭職補任は撤回され、新補地頭の設置を阻んだのである。金子家忠の場合も、この青木重元の場合も、『吾妻鏡』特有の言いまわしとはいえ、「上宮太子聖跡、重んぜられるにより」とか「太子の御起請、他の異なるの地なり、右大将軍（頼朝）の御時、御帰依有りて」という源頼朝の聖徳太子への信仰の篤さが、これら武士の押妨から法隆寺領鵤荘が守られたとされている。

鵤荘下司職

ところで鵤荘下司職は金子家忠の地頭停止後、桑原氏のなかで争いが起こった。桑原貞久没後、他姓の代官を置こうした後家尼浄心と息貞保の間の不和になった。そのとき従来のような法隆寺からの補任ではなく、鎌倉幕府による下司職補任が行われた模様で、法隆寺は興福寺に協力を求め、その撤回を要請している（建長五年八月三日法隆寺牒、『太子町史』三、四九六頁）。

ところが鵤荘下司職は、下司善寂が起こした殺人の咎によって、幕府に収公される事態が発生した。この没収された下司職の返還は法隆寺の大きな課題であったが、湛舜僧都は俊厳擬講（顕真の甥）とともに数年鎌倉に滞在して、その返還を訴えた。その結果、幕府は嘉暦四年（一三二九）三月二七日に御教書を下し、二階堂出羽入道道薀《どうおん》を使者として、収公した下司職を法隆寺に返付したのである（『古今一陽集』西之部上御堂項）。

嘉暦四年卯月日の日付を有する法隆寺領播磨国鵤荘絵図の作成は、この下司職の返付と関係があると考えられる。そのことは『嘉元記』嘉暦四年（一三二九）三月二七日条に、「鵤庄一円寄て奉るの状、東使出羽入道出され畢ぬ、請取使湛舜・賢盛・実禅・長盛」とみえていることからわかる（図37）。

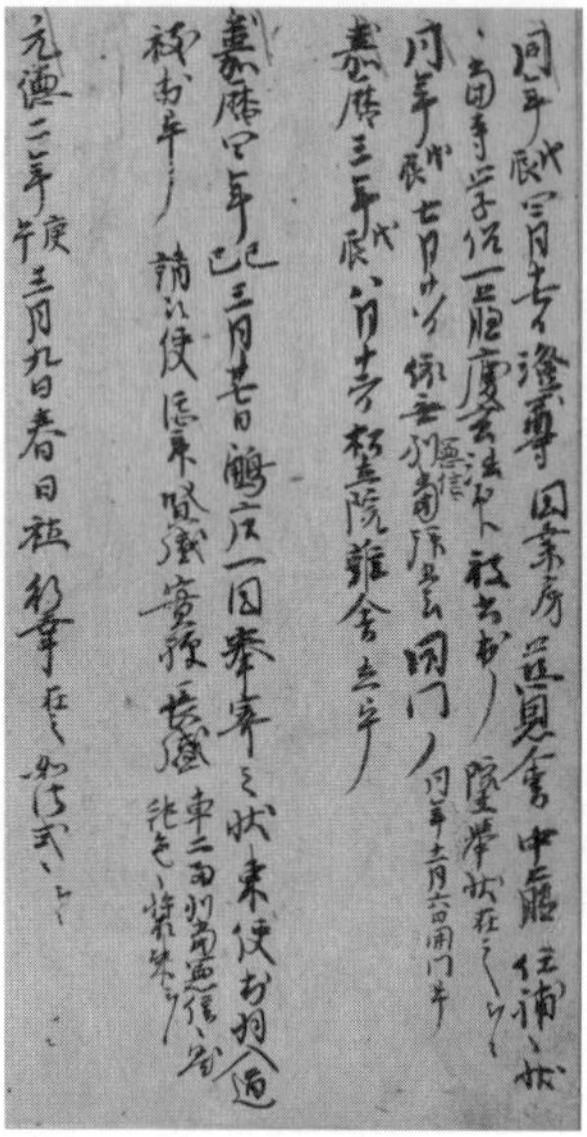
図37 『嘉元記』嘉暦4年3月条

法隆寺領播磨国鵤荘絵図

それでは、その嘉暦四年の「法隆寺領播磨国鵤荘絵図」（以下「嘉暦四年図」と略す）をみてみよう（口絵16および三五八頁の図38）。

「嘉暦四年図」は、縦（南北）一二九・四センチ、横（東西）一二五・一センチで、周辺の山を描き、それに取り囲まれる部分に、碁盤目状に条里の坪、すな

図38　鵤荘矢田部牓示石

わち方一町の区画をほぼ正確に表現した図である。

荘境のあたりに一二カ所記された黒点の「御牓示石《おんぼうじせき》」は、当時の荘域を示すといわれている（図38）。荘域面積が絵図の通り三六一町とすれば、その範囲は黒点の「牓示石」よって囲まれた地域といえる。なお牓示石については『峯相記』に「太子御下リ有テ四方ノ堺ニ傍示ノイシヲ埋ミ給、又寺ヲ造、斑鳩寺ト名ク」とあり、ここでも聖徳太子の行為が仮託されている。荘域は、揖保川の左岸の支流である林田川左岸の沖積《ちゅうせき》平野に立地し、政所《まんどころ》、斑鳩寺を中心とする一円支配の荘園であることを示している。この一帯の平野の形成時期は古く、洪水からは安全で、集落立地にも水田耕作にも好適な地域を占めているとされる。

地形的には、北は「鵤山」（現坊主山または教寺山）および「岡山」、東は「小松山」（現前山）、南は「行道岡」（現檀特山、一六五・三メートル）と「大立岡」（現立岡山、一〇九・二メートル）などのような主に流紋岩類からなる孤立丘陵である周辺の山々に囲まれた地域であり、西は林田川のほうに開ける。

荘域には、林田川（古絵図北西端にみえる）から引水し、南東に流れる赤井《あかゆ》または「富ノ小川」により、東半の「東三箇条佰捌拾町五段」と西半の「西三箇条佰捌拾町五段」と東西に二分される。そして、東方は北から南へ平方条、東北条（東保）、東南条と三分される。各条は、それぞれ村落を形成していたものかと考えられ、村域は東西の朱線で区分されている。そして「嘉暦四年図」左欄外に「西三箇条佰捌拾町五段内」につづけて「参拾壱町陸段廿五代片岡庄内弘山押領分在之　定佰肆拾捌段廿五代　建治元年御実検目録定」とあり、建治元年（一二七五）以前段階では東西両三カ条をあわせて最大三六一町であり、嘉暦四年段階では、三一町六段二五代が「片岡庄内弘山押領」されていたことがわかる。

なお「嘉暦四年図」を至徳三年（一三八六）に引き写したと考えられる「至徳三年写図」が存在する。両図を比較し、相違点が指摘されているので紹介する。

朱色・橙色・淡水色を使った線の引き方、黒点の数、山・樹木の表現法、社寺の名称と位置、朱文字の書き方、付紙の点で種々の違いがある。両図ともに東北（東保村をさす）の二町分にあたる東西列を三分割しているが、そこに描かれた朱線には、両図間で一町のずれがある。「嘉暦四年図」は、荘域西辺の南寄りで、南北列二町分の地名を一町ずつずらせており、一四条を一五条、一六条を一七条、一八条を一九条、二〇条を二一条と特別に書きこみ、黒点を四つ打っているのに対し、虫喰いの少ない「至徳三年写図」は、その記載がみられない。

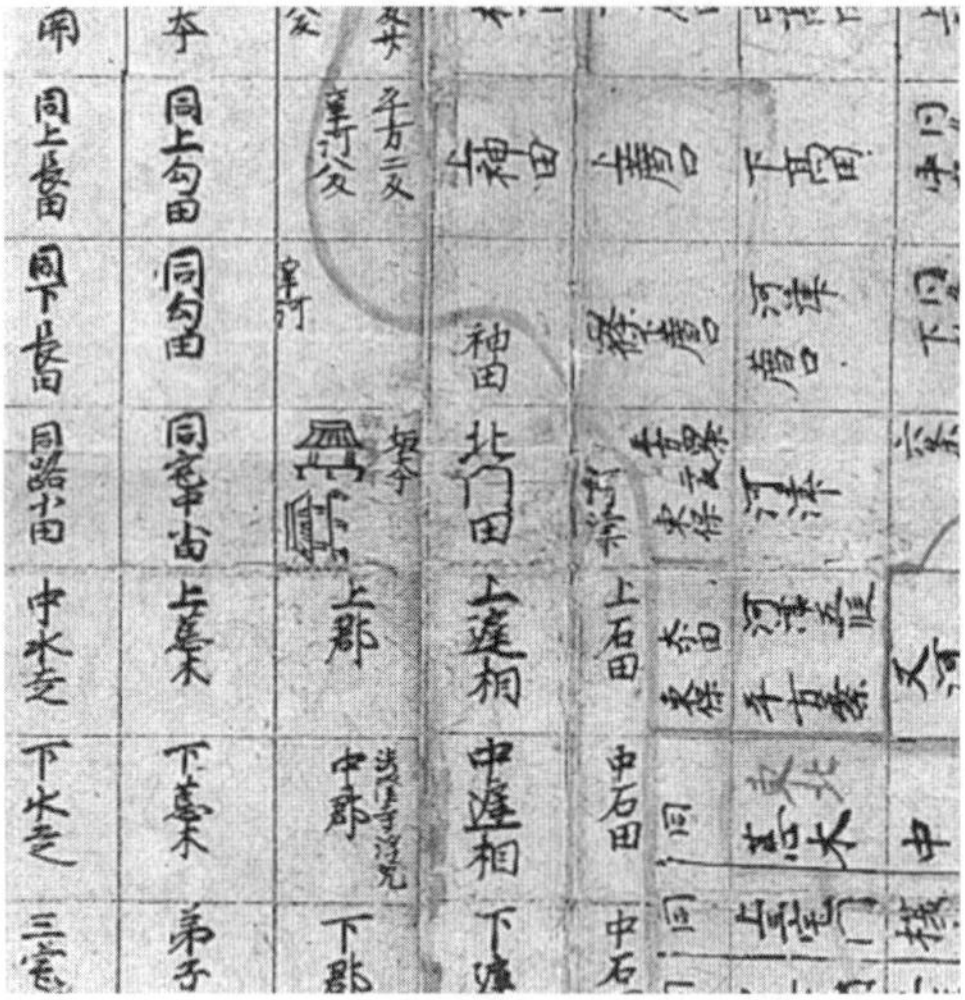

図39
「法隆寺領播磨国鵤荘絵図（嘉暦４年図）」（部分）

「至徳三年写図」では、一四条に「嘉暦四年図」にない地名が入り、「牓示石」を示す黒点は二つ（この点は「至徳三年写図」の方が正しい）。荘域東半部の東北（東保）において東西列二町を三町分に分割した箇所は、地名・土地割・地形観察などにより、三町分引き延ばす方が、荘域北端が好都合に収まることが判明する、などである。

なお揖保郡の条里制（鵤荘では里を坊と表記）は、荘域は東西一六条〜二〇条、南北九坊〜一四坊の範囲を占め、例えば斑鳩寺の場所は一七条一一坊二坪・三坪にあたる。

このような法隆寺領鵤荘は、「嘉暦四年図」の時点が鵤荘が一円所領として然るべく確立した時期を示すといえるとともに、その図に弘山荘押領の部分の存在が物語るように、荘の衰退する条件もはらんでいた。それは、内部における対立と隣接荘園からの押領である。「嘉暦四年図」が描かれた要因も、建長元年（一二四九）〜五年頃から、東方平方条下司職の相続をめぐる、桑原氏の母子の対立、鵤荘の下司善寂による殺害事件による収公など、内部における対立が原因で起こった事態からの回復が契機であった。

また隣接荘園の押領の事実は、古絵図の東方部分に「太田庄五段押領」「大田押領一反卅」とあるような東隣りの太田荘によるものや、前述したような弘山荘によるものがあった。弘山荘は、当初片岡荘（北西端）内の一部を占めるにすぎなかったが、鵤荘荘域を押領、文和二年（一三五三）頃には確保することになる。永徳二年（一三八二）『弘山庄実検絵図』（天明八年写）によれば、東西幅八町で林田川に沿って、東の鵤荘と西の小宅荘との間を割り込むように挿入して描かれている。

このような播磨国鵤荘は、その規模からみて中世法隆寺の経済的基盤の大きな部分を占めていたことは明らかである。

第六章　法隆寺の「寺中」と「寺辺」

第一節　寺内組織の変遷

1　『法隆寺縁起白拍子』と『寺要日記』

南北朝時代の康安二年（一三六二）春、もはや南朝方の劣勢が明らかになっていた頃、三月に法隆寺内の中花園では天満講談義が行われ、そのおり源春房五師重懐《じゅうかい》が法隆寺の由緒を初めて「白拍子」に仕立てて披露、その場で囃《はや》し唄《うた》われ、酒宴が行われた（『嘉元記』康安二年三月六日条）。白拍子は、院政期以来流行していた今様の歌舞芸能であるが、そのような歌謡台本の形にして学侶《がくりょ》の五師重懐は法隆寺の縁起をまとめあげ、皆に披露したのである。芸能とはいっても、白拍子は「仏神の本縁」をうたうことをその根元としたとされており（『徒然草』二二六段）、そのことによって仏神に捧げるという性格をもつものであったから、この場合もまさにそれにふさわしいふるまいであったといえる。

その場所、中花園というのは、江戸時代には花園院があったあたりで、現在、若草伽藍塔心礎が据えられてい

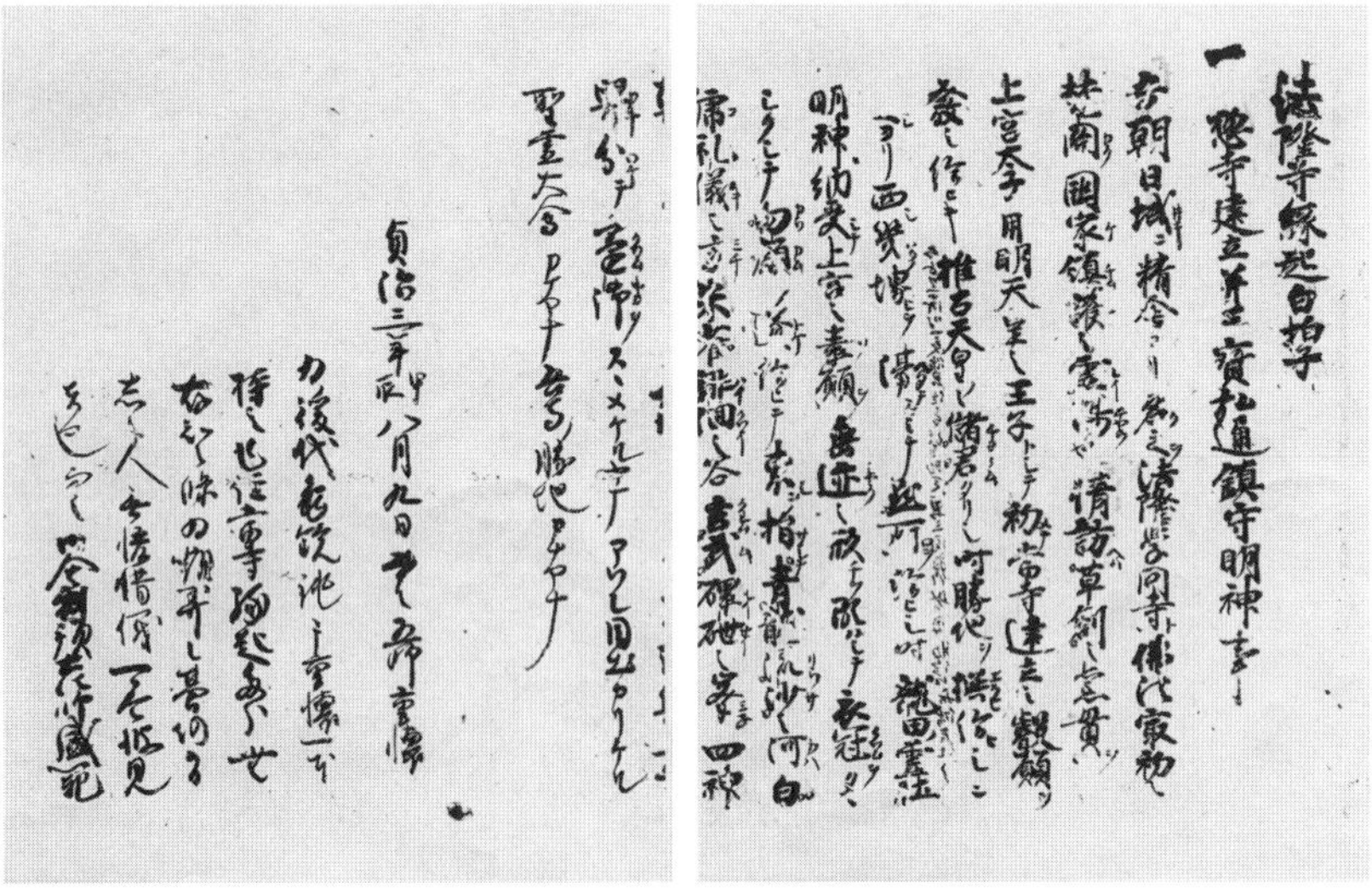

図1　『法隆寺縁起白拍子』冒頭（右）および奥書（左）

る場所の北西部分になろう。『古今一陽集』は、花園の由来を説明して、かつて聖徳太子が千草万木を植えて逍遙した場であり、一時は普門院（東花園）・花園院（中花園）・阿弥陀院（西花園）があったとしている。その後、ここには勧学院も建てられていたという。中花園はこの頃、法隆寺の一臈僧都実禅《じつぜん》の住院であったと思われ（『カタカンナ双紙』延文六年卯月五日）、この実禅が僧綱《そうごう》に昇進した際、その後任の五師となったのがほかならぬ重懐であった。彼はもともと興福寺僧であり、法隆寺での所定の昇進階梯をふまない「直任五師」であったという（『嘉元記』）。五師重懐は白拍子の編集に先立って、西大寺叡尊の『感身学正記《かんじんがくしょうき》』や、『聖徳太子伝暦』はじめとするさまざまな太子伝の書写活動をしたことが確認されており、戒律復興や太子信仰の興隆を熱心につとめた人物であった。

さて、この時披露された白拍子の台本こそ、現在国の重要文化財として法隆寺に伝来している『法隆寺縁起白拍子』一巻である（図1）。最初に披露されてから二年後の貞治三年（一三六四）に重懐五師がみずから清書した自筆本で、その奥書には次のように記す。

後代の亀鏡のため重懐に誂えて一本これを持す、当寺に住しながら縁起を多分に存知無きの条、嘲弄の基たり、仍て有志の人、慢惜の儀無く、披見せしむべき者也而已《のみ》、御舎利預大法師盛範

とあり、法隆寺の住僧自身がみずからの寺の縁起を知らないことで嘲弄をうけることのないよう作られたもので、秘匿することなく披見せしめよといっている。したがってその内容は、この時期の法隆寺についての姿、いわば法隆寺がみずからの寺をどのように認識していたか、それを知るための恰好の史料になっているといってよい。

白拍子が謡う七カ条　その内容は次の七カ条からなっている。

一　惣寺建立幷三宝弘通鎮守明神の事①

一　三経院縁起の事、付講堂、西円堂、上堂②

一　聖霊院縁起の事③

一　御舎利梵網経幷上宮王院縁起事　付御宝物④

一　現身往生塔婆縁起の事　付拝石⑤

一　勝鬘会縁起の事⑥

一　聖霊会縁起幷会場の事⑦

①は法隆寺の草創由緒を語り全体の総論も兼ねる部分であり、寺地の選定を指示し鎮守神となった竜田明神についても語られている。以下、とりあげられる主要な堂舎は、中世になって整備がすすんだ、三経院・聖霊院《しょうりょういん》であったり、講堂・西円堂・上御堂《かみのみどう》であった（②③）。次に、聖徳太子ゆかりの聖遺物や宝物について、その霊威を述べ、それらを保管している法隆寺の特殊性を強調する（④）。

⑤では、聖徳太子の皇子たちがこの塔から天上に往生したという伝承にもとづく現身往生を語り、⑥⑦で法隆寺の宗教活動を代表する法会として、勝鬘会と聖霊会をとりあげ、その教学研鑽の興隆や荘厳のさまが極楽世界を思わせる華やかさであることを謡いあげる。

おおむね現在まで連なっているような法隆寺イメージがここにできあがっていることがみてとれる。全体として、その内容上の特色は、いうまでもなく聖徳太子の存在を基軸にしながら、とりわけここが仏法の根元、初発の場であり、本朝最初の寺院であるということの強調と、そして同時に、その仏法が再興された場であるとも評していることだろう。つまり、仏教の根本発祥の場であること――これはむろん四天王寺を強く意識していた――を一方で強調しつつ、もう一方ではそれが荒廃を経て再興されたことを語っているのである。②の三経院も、太子の『三経義疏《さんぎょうぎしょ》』にちなんだ名称をもち、同じく太子の「四節意願」による三経講経が実行される場として仏法再興の勝地だとされた。こちらが顕教的であるのに対して、③の聖霊院は密教面の要素が語られる。弘法大師が聖徳太子の後身とされ、(聖皇)曼陀羅の供養や伝法灌頂にも言がおよんでいる。④の上宮《じょうぐう》王院も、行信《ぎょうしん》・道詮《どうせん》による修造再興であった。彼らは上宮王院を建立したのではなく、太子ゆかりの八角霊堂が荒廃したのを修造したとされているのである。

明らかに、『法隆寺縁起白拍子』は法隆寺が仏法の根本であるということと、その再興が実現されているということ、これらを大きなモチーフとしている。この白拍子が中世以来の活動の成果を集約したものとする所以《ゆえん》である。

このような寺院の縁起が白拍子という芸能台本にまとめられたこと自体もまた見逃せない。『法隆寺縁起白拍子』の各条項の末尾は、いずれも、

あはれ目出かりける……かなやな、吾寺の勝地かなやな

という囃子《はやし》ことばで結ばれている。先の『嘉元記』の記事からもわかるように、この白拍子は広く宴会などの場で人々に披露されることを前提にしている。かつての『太子伝私記』のように口伝秘伝としての扱いではなく、寺の由緒や縁起が広範な人々にアピールされているのである。一方寺僧は、こうした縁起を知ることで「吾寺」意識がいっそう共有されていったことだろう。その意味でも、これは中世寺院法隆寺の基本的な寺誌という性格も持つものであった。そして南北朝期の法隆寺では相前後して、このような基本的な寺誌の類が次々と作成されていたのである。

代々の別当とその事績を書きあげた『別当記』(延文五年〈一三六〇〉頃)、年中行事をまとめた『寺要日記』(延文四〜貞治五年〈一三六六〉)、そして、鎌倉末から南北朝期の法隆寺と寺辺の出来事を記す『嘉元記』(貞治三年をさほど降らぬ頃)などは、今も根本史料たる性格を失わない。このほかにも『金堂間私日記』『吉祥御願御行記録』『法隆寺別当補任寺役次第』。さらに学侶櫃《がくりょひつ》や年会櫃にあった重要な規式類を編纂した『法隆寺置文契状等大要抄』も貞治二年をあまり降らぬ頃に成立したものであった。

これらはほんの一例であるが、南北朝期の寺僧らの活発な動きが感じられ、まことに壮観である。『法隆寺縁起白拍子』もこうした動きの一環であったといえる。この頃、諸寺で言挙《ことあ》げされた「仏法人法興隆」の波の大きなあらわれであったとも評しうる。

『寺要日記』にみる行事

中世の法隆寺像を簡潔に示す史料が『法隆寺縁起白拍子』だとすれば、中世法隆寺の年中行事を概観する上で比類のない史料が『寺要日記』である(図2)。法隆寺で行われていたさまざまな法会・法要の一カ月分を一冊にまとめ、一年分全一二冊からなっている。今法隆寺に伝わるのは、奥書が延文四

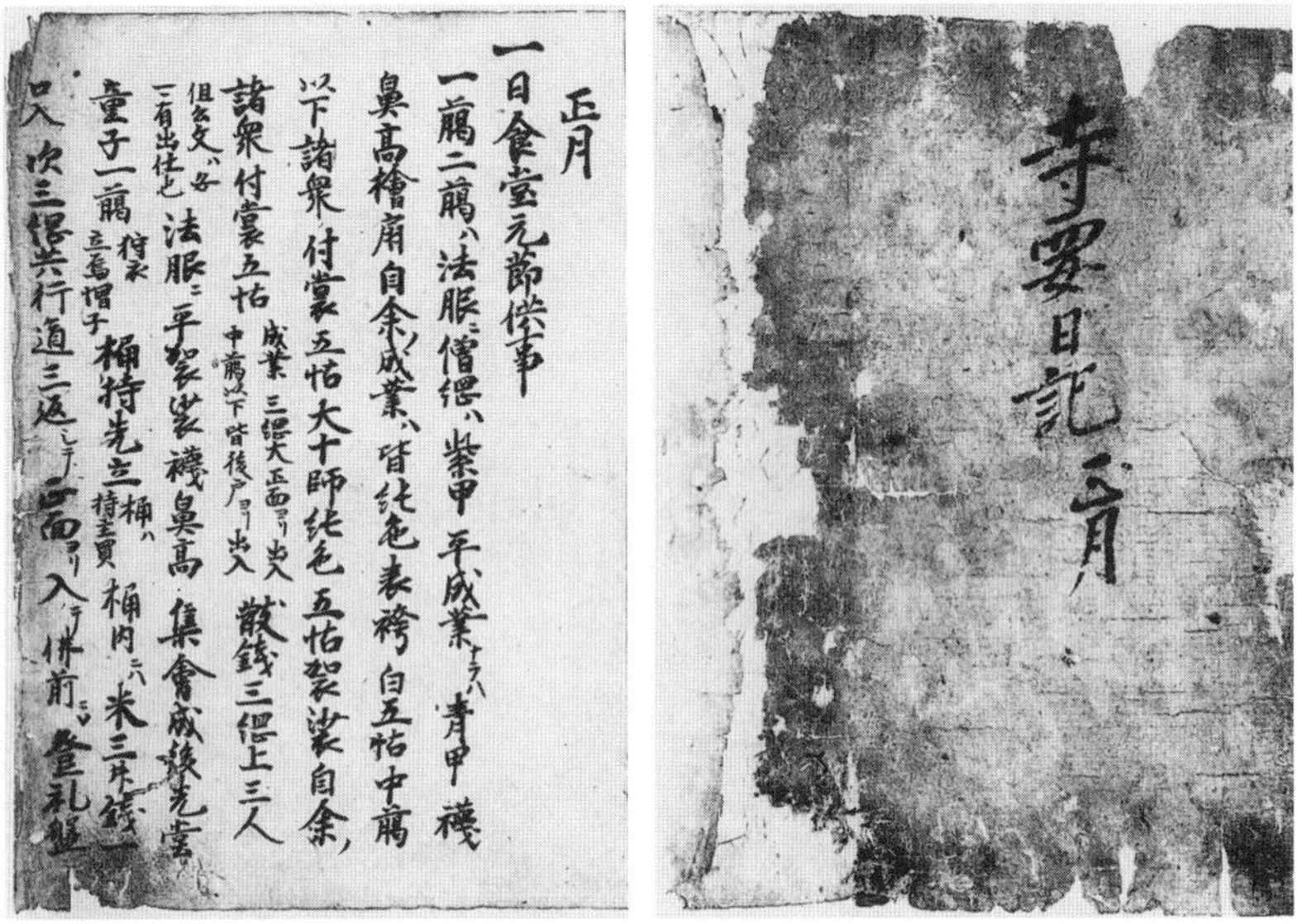

図 2 『寺要日記』

年（一三五九）から貞治五年（一三六六）にわたっており、おおむねこの頃にまとめられたと考えられ、さらに近世の写本も法隆寺に伝来している。このほか東京国立博物館には宝徳元年（一四四九）書写奥書の『寺要日記』が蔵されており、本書がさかんに書写されていたことがうかがえる。先の南北朝期の『寺要日記』にも、その後の異筆追記や貼り紙による補充があちこちになされており、この書も『法隆寺縁起白拍子』と同様、決して秘蔵されることを意図しておらず、実用の書として規範や典拠としての役割をもっていたことがわかる。

実際、江戸時代の宝永七年（一七一〇）や文化一三年（一八一六）にまとめられた年中行事の書き付けのなかにも『寺要日記』は言及されている。一一月仏《ぶつ》名会《みょうえ》で講師を勤める僧侶は、「装束法服青甲表袴襪子等弁寺要日記十一月分持参」となっている（「年中行事」法隆寺文書乙函三四九、「寺要年中行事」法隆寺文書乙函五八五・五八六）。仏名会の講師は、身支度のひとつとして『寺要日記』の当該月の冊子を持参することが求められていたのである。そして、これら江戸時代に作られた年中行事記の奥書には、「往古より『寺要日記』有ると雖も、近年寺役増減これあるに依り」群議評議でこの書を作成することになったと、その作成のいきさつを記している。『寺要日記』が近世にいたるまで寺僧らにとって周知の、実用に供される重要な文献であったことがよくわかる。

さて、この『寺要日記』には、法会の具体的な式次第のみならず、行事が成立した由緒や願文・表白文の実例、さらにその財源なども記されており、いわば年中行事からみた法隆寺の総合的な寺誌ともいえるものであった。このような性格をもつ書物がまとめられたこと自体、やはりこの時期の諸衆の仏法人法興隆の活発な営みを示すものであった。

『寺要日記』にみえる行事の主要なものは表1の通りである。

表1　『寺要日記』主要行事一覧

月	日	期間	行事名	場所	摘要
1月	1日		元節供	食堂	
	5日		日中新堂御行	新堂院	
	8日	7日	吉祥悔過(修正会)	金堂	神護景雲2年講堂にて始行、承暦3年正月8日より金堂に遷し行わる
			西円堂御行		舎利講以後禅学出仕
	11日		所々講	十四所	講堂、金堂、塔底、中門、経蔵、惣社、聖霊院、食堂、瓦坊、南大門、東大門、西大門、上宮王院、五所
			心経会	南大門前	
	16日	3日	上宮王院修正会(十一面観音悔過)	夢殿	

月	日	結日	行事	場所	備考
	22日		唯識講	三経院	
			日中御影堂 太子講式	夢殿	
	吉日		蜂起始	大湯屋	
	30日		晦講	金堂	
2月	1日	3日	西円堂修二会（薬師悔過）	西円堂	弘長元年2月8日始行
	3日	修二会結願後	追儺会	西円堂	鬼役三人毘沙門役一人皆堂衆役
	5日		三蔵会竪義	三経院	中﨟竪義
	8日	7日	上宮王院修二会	上宮王院	
	15日		涅槃会	大講堂	
			舎利堂釈迦念仏	舎利殿	
	21日		唯識講	三経院	
	22日		聖霊会		「委細別紙在之」
	彼岸		無縁一日経	聖霊院	
3月	1日	5日	三経十講	聖霊院	
	6日	3日	観音宝号結番	聖霊院	建暦2年9月25日解脱上人始行
	7日		因明講	三経院	弘安9年7月晦日始行
	10日	10日	金光院三十講	金光院	
	16日	15日	竜田宮三十講	竜田宮	
	22日		唯識講	三経院	
4月	8日		仏生会	大講堂	元永2年始行
			功徳講	大講堂	4月8日法花第一巻、15日法花第二巻、29日法花第三巻 5月8日法花第四巻、15日法花第五巻、29日法花第六巻 6月8日法花第七巻、15日法花第八巻、29日勝鬘経 7月8日維摩経、15日仁王経

月	日	期間	行事	場所	備考
					夏中閏月には六斎日皆仁王経講釈
	14日		夏講	大講堂	功徳講と夏講は安居中の両講。夏中毎月六斎日早朝に実施
			結夏供花	上堂	
		結願7月14日	転夏中大般若経一部読	塔	永仁元年始行
		〃	転夏中最勝王経一部読	大講堂	正和4年始行
	16日	90日	義疏談義	三経院	嘉禄3年始行
	22日		唯識講	三経院	
5月	6日		大師講(鑒真祭)	大講堂	舎利講以後 頼円別当(弘長2年補任)任中始行
	22日		唯識講	三経院	
6月	4日		六月会	惣社	
	8日		新堂院本願忌	新堂院	
			蓮花会	大講堂	
	18日		東院蓮花会	東院礼堂	信慶別当始行
	20日		撲揚講	三経院	
	22日		唯識講	三経院	
7月	1日	14日	東院夏番		
	7日	7日	光明真言	北室寺	正応元年始行、北室院勧進聖教仏
	14日		自恣	講堂	
	15日		盂蘭盆講	東院	
	22日		唯識講	三経院	
彼岸			一日経供養	聖霊院	正嘉2年8月19日辻堂にて始行
			太子堂逆修	金光院	嘉暦元年8月21日太子堂引遷

8月	15日	3日	念仏会	東院	
	16日		勧学講	三経院	文永8年16日始行
	22日		唯識講	三経院	
	23日		御霊堂	天満宮	湛照別当任中始祭
9月	1日	25日	唯識談義	三経院	
	13日		竜田会	竜田社	
10月	2日		行信忌日	東院	
	8日		東院逆修	東院	文永8年3月円学房勧進始行
	14日	3日	釈迦念仏	舎利院	建暦元年9月6日解脱上人勧進始行
	22日		唯識講	三経院	
	23日		上宮王院十講	東院	
11月	13日		慈恩会竪義	大講堂	建保4年範円別当始行
	15日	3日	仏名大会	大講堂	
			勝鬘会	大講堂	建暦2年11月29日3カ日上宮王院にて始行、建保2年勝鬘会竪義始行 嘉禄3年11月15日会場を大講堂に移し行う 東大・興福・法隆・薬師、四ケ寺僧出仕
	22日		唯識講	三経院	
	26日		梨本忌日(聖讃忌)		建治3年始行
12月	8日	3日	方広会	大講堂	
	11日		泗洲会	三経院	
	22日		唯識講	三経院	

高田良信「法隆学問の変遷と伝統行事」（『秘宝法隆寺』下、講談社、一九七〇）をもとに加筆作成した。

『寺要日記』にあるものをすべて表示したわけではないが、正月の食堂での元節供から、一二月の唯識講にいたるまで多くの法会が各堂舎で行われていたことがわかる。全体について説明する余裕がないので、ここでは中世法隆寺の法会として特徴的な点をいくつか指摘するにとどめておこう。

修正会、修二会、涅槃会《ねはんえ》、仏生会など仏教寺院に通例である法会もむろん多数存在するが、法隆寺にとって特色ある大きな法会としては、『法隆寺縁起白拍子』にもあったように、勝鬘会《しょうまんえ》と聖霊会《しょうりょうえ》があった。ところが、この両者についてはその具体的な式次第を『寺要日記』はほとんど何も記さない。聖霊会については「委細別紙在之」とするのみであり、勝鬘会についても、別当範円の時代に上宮王院で開始されてから勅会として講堂で行われるに至ったいきさつを記すのみである。おそらくこれらふたつの法会は、ほかの年中行事とはランクの異なるものとして特別の扱いとなっていたのであろう。

このふたつがいずれも聖徳太子にちなんだものであったように、法隆寺の年中行事は当然ながら太子ゆかりの法会が大きな位置を占めている。多数あった寺内の院家のなかでも、太子御影が安置されている聖霊院や、聖徳太子の『三経義疏』にちなんだ三経院が、しばしば法会の場となっていることもこのことを示している。

次に指摘できるのは、こうした法会が学僧の修学カリキュラムと関連づけられていたことである。なかでも、勝鬘会で行われていた竪義論義《りゅうぎろんぎ》は学僧にとっても大きな意味を持った。学僧は、南都の他寺聴衆も参加している前で、竪義という一種の口頭試問を課せられ、これを通過することで大法師位を称する学侶上﨟たる「成業《じょうごう》」となりえた。このように修学と昇進プログラムも年中行事のなかには組み込まれていた。勝鬘会竪義をつとめる以前には、二月五日の三蔵会、一一月一三日の慈恩会での竪義があった。これらは、それぞれ玄奘三蔵《げんじょうさんぞう》、慈恩《じおん》大師窺基《だいしきき》という、いずれも法相唯識《ほっそうゆいしき》にちなんだ中国の高僧に対する報恩と講讃の法会であるが、この場でも竪義が行われていた。そしてこちらは中﨟論義、すなわち学僧が下﨟から中﨟に昇進するための階梯となっていた。各法会の間にはこうした階層的な整序がなされており、寺僧らは出仕してその寺役をつとめることで昇進していったのである。
以上は、おもに西院伽藍での学僧主体の法会に関するものであったが、このほかにもいくつか興味深い点を示しておこう。

多彩な宗教行事の場

ひとつは修正会・修二会にあたる「御行」が西院伽藍のほかに、東院・西円堂などでも行われていたことが示すように、法隆寺内には、西院伽藍の中核部分とは別に、いくつかの個性を持った宗教空間や施設が存在していたということである。

このうち東院は聖徳太子にちなんだ夢殿を中核としており、他寺でいう祖師堂や御影堂にあたるような場であるが、ここでは釈迦念仏や念仏会、東院逆修、そして北室寺の光明真言など、どちらかといえば後世往生にかかわるような行事にその特色がみられる。しかもこれらの行事は、貞慶や教仏など鎌倉期の遁世聖らによる勧進活動に基づいて始められているものも多く、したがって寺院内外の結縁衆の信仰を組織することで成り立っていたこともとりわけ注目される。

同様に、「峯の薬師」として庶民信仰の場でもあった西円堂がある。現在も二月節分の夜、多数の参拝者でにぎわう追儺《ついな》会（鬼追い）は有名であるが、これは西円堂の修二会の最終日の法要として、この『寺要日記』でもすでに確認できる。すなわち二月三日夜、修二会の終わりに、学衆方末の六人が金剛鈴を振り、一人が太鼓を乱打すると、「鬼三人毘沙門一躰、鉾持、堂内に入て三遍走り廻て出堂」したという。さらに同書は、西円堂修二会の始まりが弘長元年（一二六一）のことで、その施主一〇人はすべて堂家であり、その末流の者が、いまも勧進衆をつとめていたと記す。鎌倉時代後期以来、西円堂が堂家（禅衆）によって興隆したと、前章でもふれたことが想起される（三三三～四頁参照）。ちなみに西円堂本尊の薬師信仰についても、先にふれた『法隆寺縁起白拍子』

図3　西円堂修二会の様子
（本尊薬師如来前での導師表白）

は、この霊像に「一度参詣之輩は、衆病悉除の望を遂げ」そして長寿の益を得るとあった。西円堂にみえる庶民信仰の場としての特質は、南北朝期には明瞭になっており、それが現在にまでつながっていることがよくわかる。

そして、もうひとつ逸することができないのが、春秋における竜田三十請、竜田会など法隆寺鎮守であった竜田神社での法会である。ここで寺僧らは伽藍の守護神に対して、法華経・最勝王経・仁王経などの大乗経典の講讃をすることで神に法施をたむけたが、これ以外の時にも、正月には竜田への社参を行い、三蔵会・慈恩会での中﨟竪義に際しては堂内から竜田社を遙拝することが常であった。いかにも神と仏が混交した時代にふさわしいありかたといえ、法隆寺内にはこのほかにも天満宮や惣社、五所社などの神社が存在していた。しかし特にこの竜田社祭礼の場合は、近隣近郷の人々にも深く関わる地域の祭礼でもあったことが見逃せない。郡内安穏や五穀豊穣の祈りの場でもあり、近隣郷の百姓らによる猿楽も行われた。『太子伝私記』が端的に述べるように、竜田明神は「法隆寺の鎮守、総じて平群郡郡神」であり、九月一三日の竜田会は神社の「御祭日」でもあった。

年中行事の一覧表からごく簡単に概観したにすぎないが、それでも中世法隆寺の年中行事は、一方で法隆学問寺としての教学振興を核としつつも、それにとどまらぬ多彩で重層的な性格をさまざまに保持していたことが見てとれるのである。

2　法隆寺の多彩な諸衆

寺内諸衆の構成

『寺要日記』に記される寺内諸衆の法会出仕に関する記録をもとに、同時期の他史料と組み合わせると、ある程度まで南北朝期の法隆寺僧団構成をうかがうことができる。その結果を簡潔な形で示すと次のようになる（山岸常人「南北朝期法隆寺の僧団と法会」、『中世寺院の僧団・法会・文書』、東京大学出版会、二〇〇四）。

僧綱・成業・三綱・学衆（供僧・衆一臈・中臈・下臈）・中綱・禅衆（夏一大・大）・律宗・三昧

寺内において諸衆が階層的な構成をとっていたことがよくわかる。ただ、これはきわめて明快な形で単純化したものなので、ここではもう少し詳細にみてみたい。

なによりも注意すべきは、法隆寺諸衆を一系列で整序することはいささか難しいということで、実際にはいくつかの系列からなりたっていた。

まずは法隆寺の長官ともいうべき別当の系列がある。政所系列ともいえるが、別当とその補佐にあたる小（少）別当が中心となる。彼らは既述の如く興福寺僧であり、通常は法隆寺には止住していない。そのため寺外にいる別当・小別当と法隆寺をつなぎ、その実務を担当する存在が必要となるが、それが三綱（在庁・公文）であった。通例、三綱といえば上座・寺主・都維那《ついな》からなり、別当と共に政所を形成するが、法隆寺では鎌倉時代以降にはこのような別当政所は消滅している。かわって在庁法橋や公文寺主、あるいは目代僧がその役割を担っている。これも法隆寺別当が興福寺僧によって占められていたことが大きく影響しているのであろう。『別当記』を通覧したところでは、「在庁・公文」が登場するようになるのは、貞応二年（一二二三）に別当となった範信大僧都の時が最初のようで、以後常態となったようである。

学衆と禅衆

寺内諸衆のもっとも主要な構成部分は、大別して学衆と禅衆と称されるふたつの系列からなっているといえる。そして、それぞれは次のような序列を示している。

学衆方　　僧綱・成業・衆一臈・中臈・下臈

禅衆(堂衆)方《(宗)》　夏一大・大・平堂衆

学衆方は、修学をもっぱらにする寺僧らで、寺院の中核を占める存在といってもいい。彼らは上臈・中臈・下臈という三階層からなっており、このうち「成業」以上が上臈にあたり、大法師位をもっている僧侶である。「成業」が勝鬘会竪義を設けることで整えられたことは、既に述べた通りである。

ついで「衆一臈」であるが、これは中臈の最上首、もしくは中臈の上に位置する存在であるが、この人物はまだ大法師位にはなく法師位である。おもに中臈をさして「衆分」という場合もあり、衆一臈とは、衆分一臈という意味であろう(林幹彌『太子信仰の研究』、吉川弘文館、一九八〇――以来、「衆分」＝中臈ととらえることが通例であり、確かにそのような場合は多いが、一方で、『寺要日記』には「中臈以下衆分」という表記があったり、「衆分」として時に下臈も含んでいると解せるような場合がある。したがって衆分の中核は中臈であるが、時に下臈分も含む場合もあったのではないか。ただし下臈分は次第に独自の組織として次第に分離されていく傾向を強めたものと考える)。中臈は法師位の学侶で、彼らは三蔵会・慈恩会竪義を経たものであった。そしてその下位には下臈分がいた。彼らは文書で名を連ねるときには、大法師や法師をつけないただの僧名のみであらわれる。「若輩」にあたり、法会で梵唄《ぼんばい》をつとめることから梵音衆とも称されている。

学衆各層の人数に着目すると、建武四年(一三三七)金堂御行餅下行注文《げぎょうちゅうもん》(「吉祥御願御行旧記」法隆寺文書甲

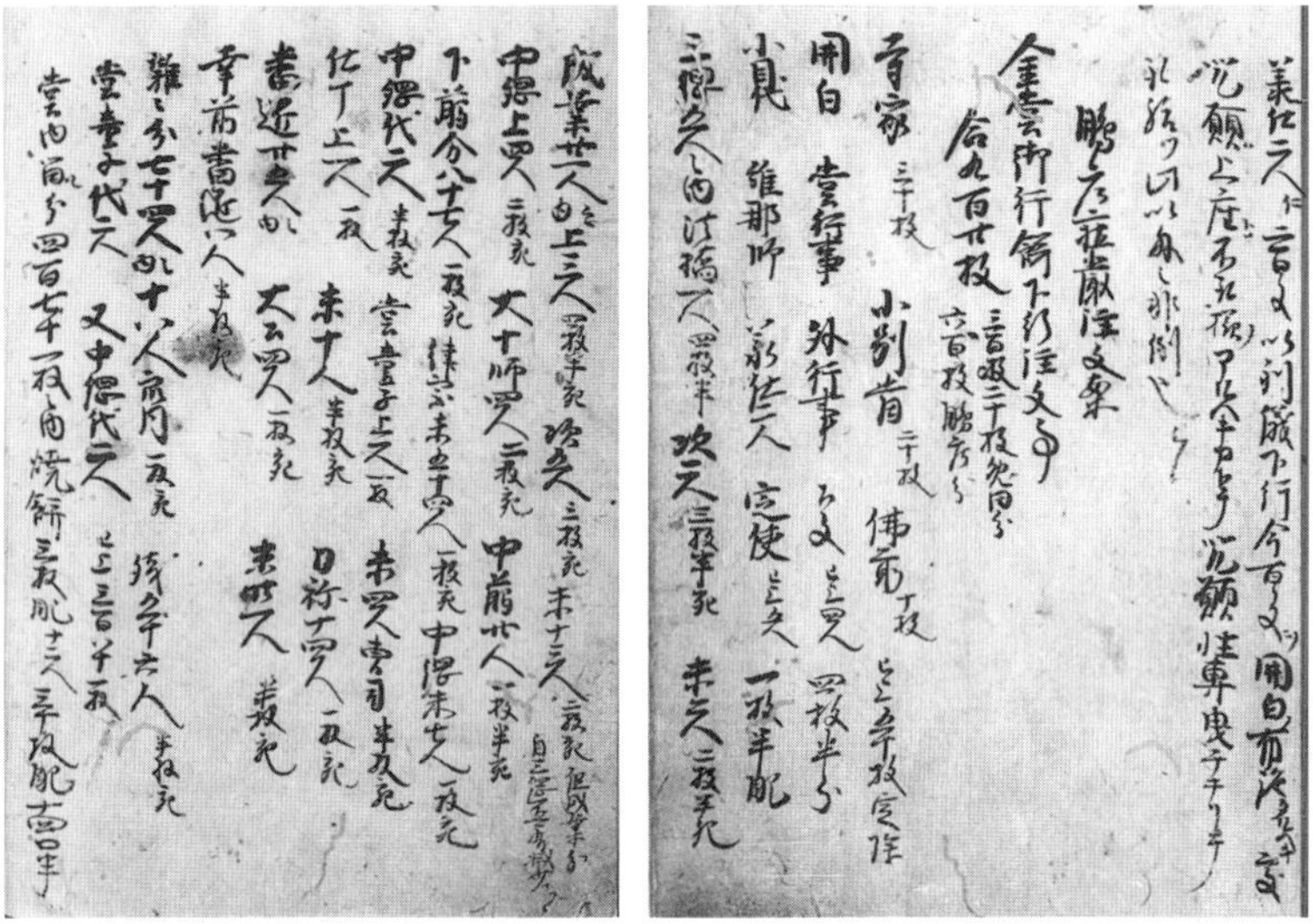

図４　建武４年金堂御行餅下行注文(法隆寺文書甲函１)

函一／図4）では、おおむね上臈・中臈の僧侶が二〇数名であるのに対して下臈分は八九名。永和二年（一三七六）の寺務《じむ》拝堂《はいどう》大僧供《だいそうく》曳帳《ひきちょう》（法隆寺文書八函一〇八）でも、上臈・中臈はほぼ同様の人数ながら、下臈分は六九名を数える。二、三例示しただけであるが、上中臈に比して下臈分のほうが圧倒的に人数は多いのが通例であったと判断できる。したがってこの人数割合から考えると、下臈分の者すべてが中臈・上臈に昇進したとは思えない。学衆間の上下格差はけっして臈次という単純な出家後の年数・年齢の原則のみではなく、資力や出自などが大きくかかわっていたであろう。

　ちなみに下臈のなかでも若臈のもの二〇名は「末二十名」とみえ、先述の梵音衆はおおむね彼らが相当すると思われるが、彼らの特徴としては法隆寺における検断機能を行使するなど、武力行動面で多くを担った存在であったようである。

　ついで禅衆（堂方・堂家）であるが、史料上、「禅宗」「堂家」「夏衆」などさまざまな呼称であらわれる。彼らは夏安居《げあんご》の際には供花や閼伽《あか》水を整えるなど、堂舎の維持管理にもつとめ、また学侶の修学に対して、当行《とうぎょう》衆として「行」をもっぱらにした。山岸常人「南北朝法隆寺の僧団と法会」（前掲）は禅衆＝夏一大・大としてその下に律宗・三昧を想定したが、このように限定することは難しく、禅衆と律宗（律衆）は言い換えが可能なものではないかと判断される。また「三昧」は堂衆のなかでも、とくに上宮王院・聖霊院・金光院などで不断の三昧行を行う役僧と考えられものであり、したがって、禅衆や律宗と上下関係ではあらわせないように思う。『嘉元記』には、聖霊院三昧一臈が夏一戒師《げいちかいし》となっていたり（暦応二年五月一〇日条）、堂衆の事務にあたる諸進職を兼任している事例が見えること（観応元年一一月条）などはその証左となろう。堂方は大きくわけて行方《ぎょうかた》と律学方からなっており、その上首をそれぞれ行方戒師・律学戒師といった。おおむね前者のほうが上位であったようで、夏一大法師はこちらがつとめていたようである。行方と律学方の違いはあまり明瞭ではないが、後者は「浄行衆」として妻帯しなかったのではないかと考えておきたい。

そして学衆と禅衆では、総体として前者が上位にあると意識されていたことはまちがいない。禅衆の極位は大法師どまりであり、僧綱にはなれなかったことがそのことを明瞭に示している。また、弘安三年（一二八〇）に作成された法隆寺の寺内法によると、「禅宗大ヲハ先例に任せて中臈の次座に着すべし」となっており、この内容をもつ契状は年会櫃に大切に保管されていた（『法隆寺置文契状等大要抄』）。禅宗方の大法師は、学衆中臈よりも下位に位置づけられていたことがわかる。それは年齢階梯たる臈次にはかかわりない、身分的な階層差であったのである。

中綱・仕丁ら公人

学衆・禅衆のほかに、さらに下位には公人《くにん》層として「中綱」・「仕丁《しちょう》」がいた。中綱は、寺務組織の下にあって実務を執り行う下級僧侶であり、勾当《こうとう》・都維那《ついな》・専当《せんとう》を勤めている。しばしば仕丁とともに法隆寺の使者をつとめている。仕丁は俗名をもつ俗体の者であるのに対して、中綱は僧名をもつ僧体であるが、妻帯して家を形成しその職を世襲していたと思われる。

『嘉元記』には、中綱と仕丁がともに行動している事例がしばしば見受けられるので、そこに登場する人名を具体的にあげてみると、中綱としては、「京林」（正和四年三月六日条）「京憲」「定京」（康永二年四月一〇日条）「京憲」「京乗」（貞和三年一一月六日）らがみえ、仕丁が「四郎」「金剛」（康永二年四月一〇日条）とか「三郎」「五郎」（貞和三年一一月六日）と、いずれも俗人の名前であるのと好対照である。また中綱の名前にいずれも「京」という文字がついているのも特徴的で、ちなみにこの文字は学侶名としてはほとんど使用例がない。

ところで第五章第一節3（二九四〜八頁参照）で詳しくふれた夢殿寛喜二年（一二三〇）棟札では、中綱として名を記す一九名のうち「京」がその名につくのは、わずかに権専当京増法師だけであった。これが先の『嘉元記』の記事や永和二年（一三七六）閏七月五日寺務拝堂大僧供曳帳（法隆寺文書ハ函一〇八）になると、「中綱」は「京観・京真・舜京・京念・京珍・京尊」とすべて「京」の文字がついている。鎌倉時代から南北朝期にかけて、こうした傾向が次第に強くなっていったのであろうが、その背景には、寺内における職掌が家格として次第に固定化されていくという事情があったのではないだろうか。そして、このような家格や身分という点で見逃せないのは、彼ら中綱・仕丁の子弟は決して堂衆にはなれなかったということである。

延文五年（一三六〇）正月日の三経院唯識講衆規式には次のような条項がみえる。

一　中綱仕丁等の子息に於いては、設《たと》い堂衆に入るべきの由、競望《けいもう》せしむと雖も、永くこれを許すべからず。此の条、且《かつう》は公人減少の基、諸輩誹謗の媒《たばかり》なり。況《いわん》や又子は堂上に住立し、親は地下に蹲踞し、殆ど主従の礼節を致さしむるの条、不儀不便の至り、内典外典の禁なり。向後《きょうこう》寺僧の儀を停止《ちょうじ》せしむべき事。

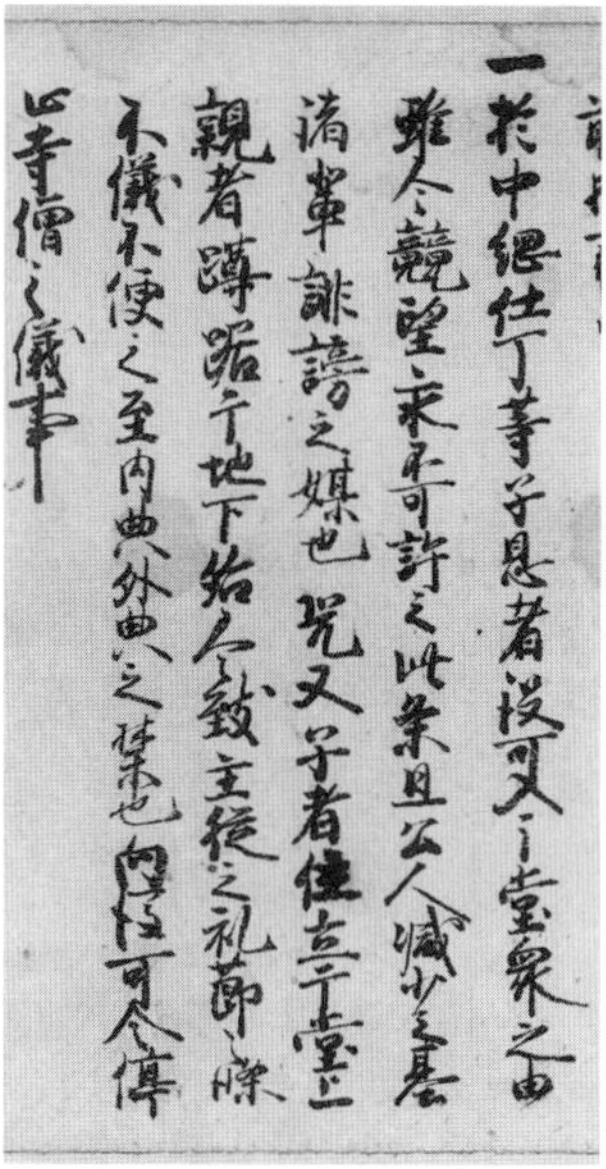

図5　三経院唯識講衆規式第3条(法隆寺文書イ函41)

（法隆寺文書イ函四一／図5）

中綱・仕丁を堂衆にすることは、公人減少の原因であるとされ、また堂衆は堂上に上がれても、公人らは地下に控えることになっていたことも、ここから読みとれる。中綱・仕丁は、いわば「平民職者」であり、一方、学衆・堂衆は「侍品」であって、この間には、大きな懸隔が存在していたのである。

寺内の諸衆間はこのように多くの重層的な階層秩序が存在していたのである。こうした事情は決して法隆寺に限ったことではなく、むしろ中世の寺院社会一般の通例であった。ちなみに多彩な構成員ということでいえば、実は、寺僧周辺にも存在していた。たとえば、南北朝期の永和二年（一三七六）、法隆寺関係者への振る舞いの記録を見ると、学衆や禅衆、公人らのほかに以下のような人々が確認できる（カッコ内の数字は人数）。

堂童子(5)　刀禰(29)　番匠(43)　高座番匠(8)　定使　壁塗(1)　瓦巧(1)　鐘突(2)　塗師(3)
葺師(1)　木守(1)　主典(8)　池守(4)　湯屋守(1)　神主(3)　巫(7)　師子(13)　細男(2)
御輿舁(2)　鍛冶(10)　経師　仏師(3)　唐紙師(1)　乞食（国符後）

（永和二年閏七月五日寺務拝堂大僧供曳帳、法隆寺文書ハ函一〇八）

かつての寛喜二年の棟札記載と比べてみた時、もちろん共通するものもあるが、その職種がきわめて多くなっていることがわかるだろう。

このうち刀禰《とね》は寺辺の東西両郷の住人のなかからその有力者が任命され、法隆寺と寺辺直轄郷をつなぐ役割を果たしていたが、そのほかにも番匠をはじめとする手工業者や、神主・巫といった宗教者など（別の史料では陰陽師もいた）、さまざまな「職掌人」（「諸道の者」）がいたことがわかる。法隆寺とその周辺はまことに多彩な社会的分業が展開していた場でもあった。彼らはそれぞれ寺家に対して独自の役目や機能を果たしていたのであり、いわば寺家における周辺的な構成員でもあった。それは、「乞食」さえも例外ではなかった。彼らが罪人に対する行刑役をつとめたことはよく知られている（細川涼一「中世の法隆寺と寺辺民衆」、『中世の身分制と非人』、日本エディタースクール出版部、一九九四）。そのほかにも、たとえば正月の金堂修正会についてさまざまな前例を記した「吉祥御願御行旧記」（法隆寺文書甲函一）によると、

一小便所事

暦応四年（一三四一）評定云、雨の時夜小便に遠く出るのはことのほか大事、小さな桶を儲けて亥終わりころから東の下の石壇の上に置く、朝に乞食が取り捨てる、

とある。乞食が、修正会参仕者の小便を処理しており、このように彼らにふさわしいと考えられていた固有の役割が振り当てられていたのである。まことに法隆寺の寺中寺辺には、宗教者はもとより、手工業や芸能に携わる人々まで、じつに多様な階層からなる多彩な人々がひろく集結していた。このような寺中寺辺の様子は、まさしく在地性を豊かに保持していた中世寺院としてのあり方をよく示すものであった。

これらの人々の存在にみられた多様性は確かに法隆寺における日常的な諸機能を支えるものであったが、時には、矛盾を生じたり、激しい対立を引き起こす場合も当然ながらあった。南北朝期の社会的な動乱や秩序の動揺という事態から法隆寺も決して無縁であったとはいえず、むしろそうした傾向を色濃く反映していた。次にその

点に目を向けよう。

3　寺院諸衆の紛争と対立

南北朝時代は、社会の各層でさまざまな対立抗争が起こり、社会の流動性が非常に高まった時期であるが、こうした時代の趨勢は、法隆寺においてもみられるところであった。とりわけこの時期に特徴的なことのひとつに、別当と寺門との間の対立が頻発したことがあげられる。

法隆寺別当と寺門

いま試みに史料にみえる別当と寺門の紛争について、その主要なものをまとめてみると表2のようになる。

一三世紀前半までは、さほどでもなかったものが、一三世紀後半以降になると急増しており、さらに一四世紀にはいっそうその激しさを増していることが読みとれよう。別当に違背《いはい》する場合、寺僧らは法隆寺の諸堂舎を閉門したり、鐘木を切り落とすという行為に出ていたこともわかる。別当の交替時には、鐘木を新たに懸けることや主要堂舎への巡拝が行われるのは常であったから、こうした寺僧らの抗議行動は、たとえ朝廷によって法隆寺別当が補任されたとしても、その別当の存在を認めず拒否するという意味がこめられていた。そして別当と寺家の対立についていえば、鵤荘など寺領荘園の支配をめぐる問題もさることながら、この時期特徴的なのは、ほかならぬこのような就任儀礼である「拝堂」に関して集中的に現出していたことである。

嘉暦三年（一三二八）三月に就任した別当憲信《けんしん》法印は、七月末になっても「御拝堂」を実施しなかったため、満寺の寺僧らは法隆寺を閉門、別当の荘園所務を停止するという行動に出た。その間の事情を示す寺僧らの契状（嘉暦三年七月二八日）は、次のように記している。

契約す　別当拝堂の間の事正文は年会櫃にこれ在り

合

一　別当御補任の以後、百箇日中に拝堂の節を遂げらるるは、往古より定め置く規式なり。而るに今度当御寺務憲信法印、先々の例に背き、百ヶ日を馳せ過ぎるも其の節を遂げられざるの上は、閉門せしめ、諸庄薗に於いては、寺務の御所勘に随うべからざるの由、満寺一同沙汰の事。（『法隆寺置文契状等大要抄』所収）

史料中には「往古より定め置く」といっているが、就任後一〇〇日以内の拝堂実施が定められたのは、じつは、さほど古いことではない。このことが定められたのは、嘉元三年（一三〇五）九月二八日契状によってである（『法隆寺置文契状等大要抄』所収）。前年の嘉元二年一二月に就任した別当公寿の拝堂遅引が問題化した際に定められたもので、公寿は、この決定から一週間ほどのち一〇月六日にようやく拝堂を行っている。

現在知りうる法隆寺別当の拝堂事例をみても、一〇〇日以内に実施されているのは、一一世紀から一五世紀初頭までの二四例中、わずか六例にすぎない。したがって、この問題は、単なる拝堂実施期日の問題というよりも、一四世紀初頭における別当と法隆寺寺僧との緊張関係のひとつの表現であったと思われる。先の公寿の事例でも、拝堂は実施したものの、表2にあるように、結局のところ、徳治二年（一三〇七）正月二〇日から翌年七月まで、彼の在任期間はずっと長期にわたる閉門という事態が起こっていた。

嘉暦年間の憲信法印の事例に戻ると、閉門が実施された三カ月あまりのち、一一月初旬に拝堂を行うことで、一応の解決をみたが、激烈であったのは、それから三代後の別当範守の時のことであった。貞和元年（一三四五）一一月就任した範守は、奇しくも憲信の弟子でもあったが、彼も拝堂一〇〇カ日以内の規定を遵守せず、さらに加えて「拝堂随意」との院宣を申し給わるなど、あくまでも寺家と対決する姿勢を示した。寺家が貞和二年七月「堂寺閉門諸庄園抑留」の挙に出ると、範守はその秋、収穫時期にあたっていた法隆寺領弓削・珍南・鵤《いかるが》荘

表２　鎌倉～南北朝期における別当・小別当と寺門の対立

建仁元(1201)	1.8 供料仏供が下行されず吉祥御願闕如し、小別当上野法橋を追却す。城を構えること30余日。 4月頃 別当に違背し鐘木を切り落とし聖霊院の池に入れる。 7月 小別当に加賀法橋を補して鐘木を懸ける。　(第41代成宝)
嘉禄２(1226)	12.15 戒師改定のことで別当範信を追却し、鐘木を切り落とす。 12.24 塔九輪に鳥が巣くう物怪、別当逝去。小別当を追却す。 (第44代範信)
康元２(1257)	12.晦 戌時大衆起こるも沙汰ならず。惣寺悪しき故也。次年１年中、寺中不安。　(第47代尊海)
弘長４(1264)	2.6 鵤荘平方雑掌論により、鐘木を切り落とし別当に違背。張本は少輔得業。　(第49代頼円)
文永７(1270)	10.24～12.17 別当に対決して当寺閉門。鵤荘久岡名名主職真蓮法師を補したことに抗議(『寺要日記』8月勧学講)。　(第50代玄雅)
徳治２(1307)	1.20 鐘木を下げ違背、閉門(翌年7.3公寿が法隆寺別当をやめるまで)。
徳治３(1308)	1月「去年正月廿日奉違背寺家尊光院、于今沙汰未断之間、重テ寺閉門」(「吉祥御願御行旧記」法隆寺文書甲函１)。　(第57代公寿)
嘉暦３(1328)	7.28～11.16 拝堂を100箇日以内に実施という規定が守られなかったために閉門。別当の荘園所務も止める(『法隆寺置文契状等大要抄』)。 (第66代憲信)
貞和２(1346)	7.19 新別当と拝堂をめぐる対立で閉門。諸荘園における別当所務を停止。 秋、別当範守法印の沙汰として、弓削・珍南・鵤荘に悪党を引き入れ、当寺所務を押し取る(『嘉元記』「吉祥御願御行旧記」法隆寺文書甲函1)。 (第69代範守)
貞和３(1347)	1月 別当違背により寺閉門の間、金堂御行は略儀(「吉祥行願御行旧記」法隆寺文書甲函1)。 3.24 別当範守に腫れ物ができ、4.13 別当辞任。4.21 辰時他界。 4.21 酉時開門して鐘木下げる。　(第69代範守)
文和元(1352)	就任時に年貢収納をめぐって寺門と新別当のやりとりあり(「寺務御拝堂注文」『史料集成』９)。　(第71代懐雅)
延文４(1359)	12.27 前任小別当他界後、新任の小別当円重現観房得業の拝堂役をめぐり、衆徒と相論(『官符宣記』)。　(第71代懐雅)
延文５(1360)	4.26 大湯屋蜂起、閉門(前年末就任の小別当任料について／「寺務御拝堂注文」)。 閏4.28 開門(「寺務御拝堂注文」『官符宣記』)。　(第71代懐雅)
応安５(1372)	10.14 別当僧正悪行(鵤荘所務を企図し守護方を相語らい荘内乱入)を興福寺学侶方へ訴える(法隆寺文書ハ函16巻1号)。　(第73代顕遍)
応永16(1409)	7.16 100箇日拝堂御役無いため、鐘木を切り下げる。　(第78代兼覚)

注：特に出典注記のないものは『別当記』による。文末の(　)内は時の別当。

に、悪党を乱入させ所務を押し取るという実力行為に出たのである。この結果「惣寺年貢一粒一銭モ無収入」（「吉祥御願御行旧記」法隆寺文書甲函一）という事態に至った。これに対して、寺家では守護に訴えたり、あるいは種々の祈禱を行うなどして、この乱妨に対抗したようである。

その後の展開として、『別当記』『嘉元記』は、次のエピソードをことさらのように書きとどめている。別当範守は、翌年三月二四日腫物ができて、四月一三日に別当辞任、四月二一日にそのまま他界したという。一方、法隆寺領荘園に乱入した高石新左衛門は、貞和二年の一一月二一日、自分の住宅に戻ったところを夜討にあい死去。さらに、その一年後の貞和三年一一月二一日には、鵤荘に乱入した八木四郎左衛門が、天王寺で「好色女人相論」のことで傍輩に打たれたという。三人とも年や月こそ異なるがいずれも二一日に他界しており、これはまさしく「不可思議之御罰也」というわけである。ちなみに、閉門が解かれ開門したのは貞和三年四月二一日のことであった。周知の如く、聖徳太子忌日は二二日であるから、その前日にあたる日に、このような奇瑞が起こったことは、何か因縁めいた印象を人々に与えたことであろう。

拝堂儀礼の様子と拝堂役

別当範守の後も、拝堂をめぐる紛争が起こっていたことは、前掲表2が示すとおりである。法隆寺別当や小別当に寺外居住の興福寺僧が任命されていた以上、拝堂は別当と寺家をとり結ぶ貴重な場であった。したがって法隆寺別当の就任時の一連の動きについては、「法隆寺別当補任寺役次第」（東京国立博物館蔵、『史料集成』3に影印）をはじめ、「寺務御拝堂事」（法隆寺文書甲函一三号）「寺務御拝堂注文」（同甲函一四、『史料集成』9に影印）など、いずれも南北朝期に作成された拝堂関連の記録が多く残されている。

これらをもとに簡単に拝堂の経過をまとめておこう。

新別当の決定は、興福寺関係者である「前使」によって法隆寺にもたらされる。前使は、三日間にわたって法隆寺のち在庁公文や三綱から振る舞いを受ける。そのあと、今度は法隆寺から在庁上座・公文寺主・中綱・堂童《どうどう》子《じ》・仕丁《しちょう》（箱持ち）らが新別当の坊まで赴き、「印鎰渡《いんやくわたし》」や「印鎰対面式」という儀礼をとり行う。法隆寺から持参の印鎰箱より鉄印を取り出し、公文執筆の吉書に、新別当が御判をすえるのである。いわゆる「政所始め」に類する行事であり、吉書としては別当政所下文が作成されたのであろう。

一方、新別当は補佐役たる小別当をただちに任命し、こちらは別当御教書《みぎょうしょ》によって法隆寺に通告される。むろん小別当も興福寺僧が任じられた。新任小別当は別当に先立って法隆寺に赴いて拝堂を行ったようであり、その後、日をあらためて別当の拝堂（本書では区別しないが、小別当の「拝堂」に対して、別当の場合は史料上「御拝堂」と表記する場合が多い）が実施された。

別当の拝堂当日、南大門では在庁公文のほか、多くの裹頭《かとう》大衆が迎えに立った。新別当は入寺すると、まず惣社に赴いて神拝奉幣を行う。そのあとは、講堂、金堂、そして東院の順でそれぞれ拝堂儀礼を行う。それらが終わると、新別当は聖霊院の外陣に南面して着座し、法隆寺の寺僧らによる参賀を受ける。まずは三綱、そして宿老成業、中﨟、大十師というように諸衆が順次赴いた。そのあと「大僧供」と称する供料下行《くりょうげぎょう》の振る舞いがあり、聖霊院前では延年なども行われた。その日は法隆寺内に設定された別当坊に宿泊した後、翌日、諸堂ごとに布施物の下行があって一連の儀礼は終了する。

ここにみられるように拝堂儀礼は、新別当が法隆寺諸堂や神仏、そして寺僧らと関係を取り結ぶ重要な儀礼行為であり、多くの供料や布施物や振る舞いがなされたのである。法隆寺では、別当・小別当のみならず、学侶一﨟職になった者も、もう少し簡略化された形式での拝堂を行っていた。拝堂は、重要なかつ大変な手間と費用のかさむ儀礼であったといえる。

法隆寺別当の拝堂は、『別当記』の記録によると寛仁四年（一〇二〇）一二月末に別当宣下された延幹君が、その翌年に行ったというのが最も早い事例であるが、興福寺僧という寺外の僧侶が別当・小別当となることが恒常化すると、この儀礼のもつ意味はいっそう大きくなったと思われる。

ところが、先述したように、嘉元元年（一三〇三）には就任後一〇〇日以内の拝堂が寺僧らの評定で決定されるなど、一四世紀になると拝堂をめぐる新たな事態が生じていた。実施期日もさることながら、拝堂役の規模もしばしば問題とされた。たとえば、延文四年（一三五九）から五年にかけての相論は、そのあたりの事情を伝えている（『官符宣記』、「寺務御拝堂注文」法隆寺文書甲函一四など）。

拝堂役をめぐる相論と居拝堂

延文四年一二月、小別当重親が他界すると、一週間後、ただちに円重が新たに小別当に任じられた。そしてその新任小別当の拝堂をめぐり相論が起こる。同一別当任期中における小別当のみの新任ということで、拝堂役は本来の規模で行うのではなく半役ですまそうとした別当・小別当に対して、寺門衆徒は強く異議を申し立てたのである。衆徒の理解では、同一人が再任する場合は半役でもよいが、その人物が新任であれば同一別当の任期中の交替であろうとも本役をつとめるべきだというのが、その主張である。寺門衆徒らは、代々の規式をたてに初任の如く本式で行うべしと述べ、別当が証拠を示せと求めたのに対しては、「公文良玄法橋日記」をすすめている。別当側はそれを披見し「御領状」あったにもかかわらず拝堂が行われなかったため、ついに延文五年四月朝、大湯屋《おおゆや》蜂起があり閉門となった。寺門衆徒らの言い分は、自分たちは旧記や先例を守っているのに、小別当の自由な新儀非法を別当がいさめず、その言い分のみを受け入れ旧記先例を疑ったことに対し、愁訴のあまりに閉門したというものであった。およそ一カ月の閉門ののち、寺門の言い分が通り、閉門は解かれた。

寺門衆徒の言い分は、延文五年（一三六〇）閏四月の「陳答事書案文」（『官符宣記』所収）に詳しいが、そこでは、別当・小別当と寺門との間での対立は、直接的には拝堂を本法通りにするか半役にするかであったが、それ以外にも多岐にわたっていたことがわかる。ここでは詳述しないが、問題の背景に、小別当側が近年得分が減少しているので本役はつとめられないとか、拝堂役を三分の二でどうかなど、経済的負担を問題にしていることがわかる。さらに、鵤《いかるが》荘の所務得分、寺務方年貢の損免、閏月の仏聖灯油料足の下行《げぎょう》なども争点となっていた。別当・小別当の地位が得分権化していく状況に対して、寺門の側は激しく抵抗し寺門興隆を求めていたともいえるだろう。

寺門の立場からすれば、「寺務方年貢」はもっぱら伽藍修造の要脚であり、代々別当もそうしてきた。しかるに近年の講堂修理をはじめ、少分の修理についても別当の合力は無かったという。諸寺の執務は多くは朝恩であるけれども、まずは寺院の興行を先にすべきであって、その余剰が生ずればそれを得分とすべきというものであった。

このように別当・小別当の拝堂問題も、それにともなう得分の争いという性格を色濃く持っていたのである。この意味では拝堂儀礼がきちんと行われるかどうかは二次的な問題であったともいえる。というのも正和四年（一三一五）に別当となった修南院隆遍の時を最初として、「居拝堂」という事例が急増するのである。隆遍の場合は、「大病に依り居拝堂儀」（三九六〜七頁の表3―No.13）であった。居拝堂というのは、別当が法隆寺におもむかないままの、その意味では簡略化された拝堂で、ただ拝堂役としての供料下行は行ったものと思われる。ちなみに、この時は、別当拝堂に先立ってなされた小別当拝堂も居拝堂であり、先例にはしないとされていた。しかしながら、これ以後居拝堂はしばしばみうけられ、常態化したのである。例えば以下の別当は、いずれもみな居拝堂であった。良寛（元亨二年〈一三二二〉任）、能寛（元亨三年任）、憲信（嘉暦三年〈一三二八〉任）、良暁（康永三年〈一三四四〉任）、覚懐（貞和三年〈一三四七〉任）、懐賀（文和二年〈一三五三〉任）など、もはや居拝堂は通例となったといってよい。

延文五年（一三六〇）の小別当拝堂役をめぐる争いに話を戻そう。この時、閉門が解かれたのは閏四月二八日のことで、この日は門々を打ちつけていた押木が取りはらわれ、東大門・西大門・南大門の際《きわ》に掘られていた穴が埋め戻されている。そしてその日のうちに拝堂が実施されたが、やはりこの時も「居拝堂たるに依り略儀」であった。開門の当日ただちに「拝堂」が行われていることからみても、小別当は実際に法隆寺に赴いていなかったと思われ、本人抜きの略式の拝堂だったのであろう。

このような居拝堂の常態化は、儀礼としての拝堂の意味がもはや減じており、その儀礼にともなう得分や下行物のほうに重大な関心が寄せられるにようになっていたことを思わせる。その意味では、拝堂をめぐる相論は年貢収納や鵤荘支配をめぐる対立（三八二頁の表2―文和元年・応安五年など）と同様の性格をもっていたといえよう。

延文五年、寺門の衆徒らは、別当が伽藍修造をきちんと行わず「非分の資貯」を行うのは「天平の流記」「弘長の官符」に背くものだと指弾した。「天平の流記」というのは、天平年間に行信大僧都が土貢を四分割して、功徳分（講演料足）・修学食飯分・衆僧衣服分・寺務分（ただし修造分）とした事績をさすが、ここで注目されるのは、後者の「弘長の官符」である。

これはおそらくは、弘長三年（一二六三）八月一三日の宣旨、いわゆる「公家新制」四一カ条中の第一一条「一、諸寺の執務をして任限を定め、本寺を修造せしむべき事」を指しているとみていいだろう。

南北朝内乱期、寺門衆徒らは、かつての公家新制にみえる寺社修造規定をてこにして別当に対して要求をつきつけていた。「公家新制」は統治者による「徳政」の一種であるから、こうした寺僧らの要求はまさに寺内における「徳政」要求にほかならず、寺門衆徒らによる寺門興行、もしくは仏法人法興隆の主張とみなすことも可能である。法隆寺内部でみられるこのような徳政要求は、別当・小別当に対抗しつつ、寺内における寺僧自治の進展をはかろうとする寺内諸衆の活発な動きが、ひとつのかたちをとってあらわれたものであった。

学侶と堂衆の相克と下剋上

鎌倉後期から南北朝動乱の時代、法隆寺内での対立や抗争は、決して前項で述べたような別当・小別当との間でなされた事柄にとどまるものではなかった。法隆寺もこの時代に生きた多彩な人々が織りなすひとつの社会にほかならず、当然、さまざまな衝突が発生することは避けられなかった。そして、この時期のそれは、多く集団間・階層間の構造的な軋轢であったことに特徴があった。

図6　南大門

まずは、法隆寺に限らず中世の諸寺でしばしば起こっていた学侶と堂衆（禅宗）との対立があった。『別当記』によると、久寿元年（一一五四）、学衆との「交雑」を求めた禅宗の訴えを認めた目代憲経に対して、学衆らが強く反発し諸仏事を停止させたことがあり、この種の対立の早い事例となっている。現在の法隆寺南大門は永享年間の造立であるが（図6）、これは禅・学の対立事件によって、永享六年（一四三四）もしくは七年に焼失したためだった。

この時期についていえば、延慶二年（一三〇九）四月、「学侶衆（引退者)」と「非学道(宿坊者)」の間で確執があったことを『嘉元記』が伝えているが、これも学侶と堂衆のあらそいであろう。ついで正和四年(一三一五)二月には、行者講衆が西院伽藍廻廊の南西裏に的を懸けて弓射を行い、これを制止した衆分との間で衝突が起こり、死者まででている(『嘉元記』正和四年二月二九日)。『別当記』はこの事件を「行者講衆弓場狼籍(ママ)に依り、堂家罪科の珍事出来す」と記録しており、行者講衆＝堂衆と学侶衆分との衝突であったに相違ない。

こうした状況があった後、応安五年(一三七二)四月、学侶の若輩一同が四人の堂衆狼藉人について罪科に処すと定めた起請文を作成している。ここには、この頃の学侶と堂衆の興味深い様子がうかがえる。少し長いが以下に記そう(傍線は筆者による)。

定む　堂衆内狼籍(ママ)人慶弘・顕実 行祐・宗弁 罪科の間条々

一凡そ学侶禅徒甲乙の礼儀、古より今に至り、本寺と云い辺山と云い、その法式更に乱す事なし、然るに<u>近年当寺禅徒ら礼法を内外に乱し、狼藉を惣別に致すの余り、結句、学侶に対して不儀□悪口を現わすと云々、下克上の至、誡めても余り有る者哉</u>、仍て若輩一同の評議として、件の人躰を罪科に処せしめ訖んぬ、須らく堂衆一円の科条に処すべきと雖も、供花等の時分聊か故実を存じ、且つは隠便(ママ)の儀を以て、先ず重犯に属すの輩をその沙汰に致す者也、然れば則ち縦い惣分口入の子細有りと雖も、曽て以てこれを叙用せしむべからざる者也、若し強逼の沙汰に及び、面々難議の子細出来の時は、廿人分においては、縦い離寺逐電に及ぶと雖も、相互に同心合力せしめ、更に改変の儀あるべからず、

一罪科免許の時は、傍例にまかせ四人各々本式の酒肴を致すべき也、全く興隆の足と称し潤色の儀あるべからざる事、

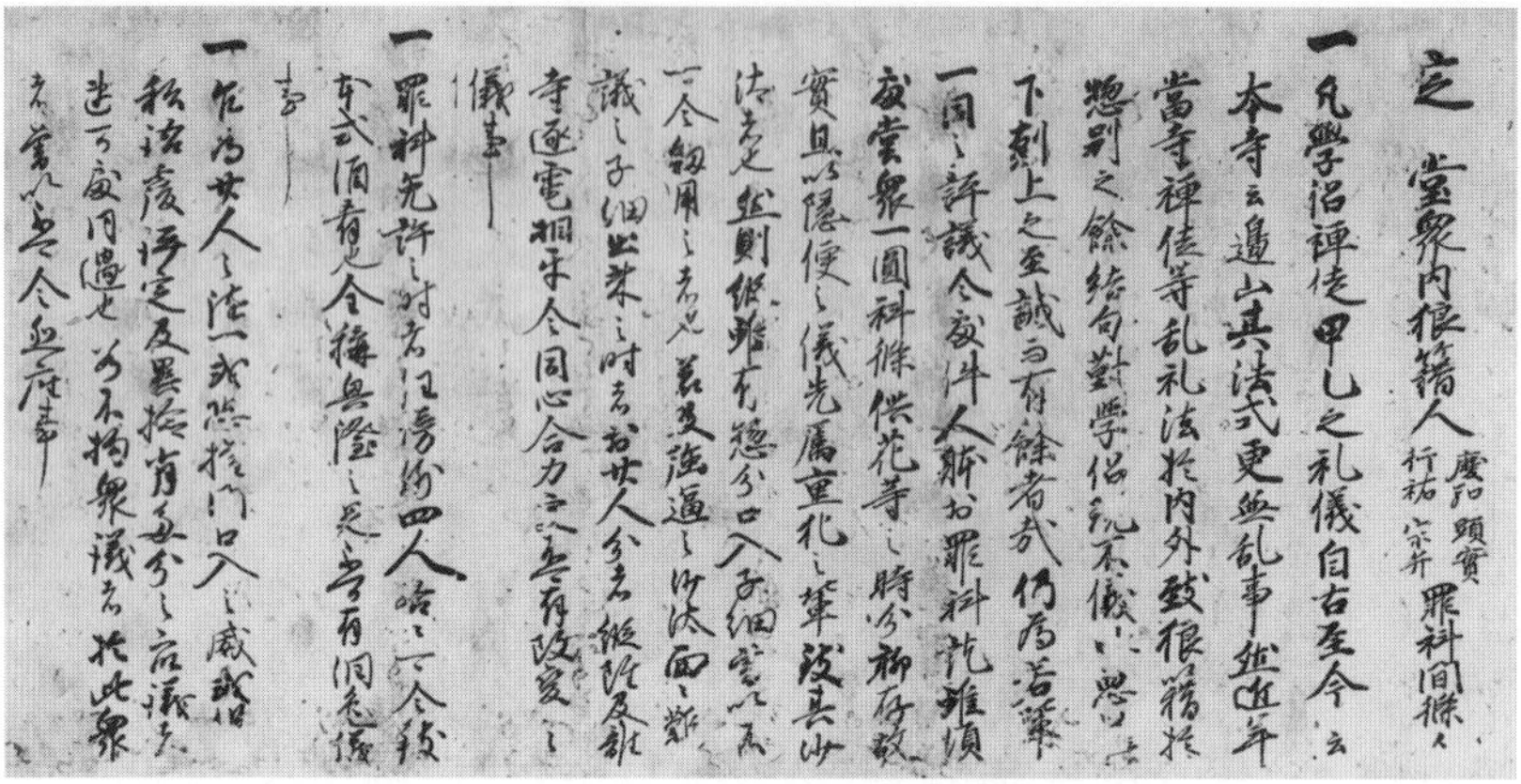

図７　堂衆内狼藉人罪科沙汰条々事書并追加（法隆寺文書ロ函226）

一廿人の随一たりながら、或いは権門口入の威を恐れ、或いは私の語らいを□(現わしカ)、評定を覆えし異検(見)に及び、多分の衆議に背かば、速やかに同過に処すべき也、若し衆議に拘わらざれば、此の衆においては、曽て以て烈座せしむべかざる事、

（法隆寺文書ロ函二二六／図７）

との三カ条を定め、さらにこのあとに続けて、起請文言を記してこの規定を遵守することを誓い合い、二〇名の署判が据えられた。その上で「追加」として

上件の罪科の沙汰について、廿人より牒せらるるの間、下﨟分においては即ち同心合力せしむ処也、已に判形を加え、一揆せしむるの上は、向後更に改変の儀あるべからざる者也、又条々規式の旨、一事以上違失せしむべからざるの旨、評定に依り状件の如し、

とあるように先の二〇名は下﨟分への同心合力を求め、それをうけた一一名の僧侶の名が連ねられている。

この文書が作成されることになった直接的な経緯は不明であるが、第一条目の傍線部にあるように、この時期、学侶に対する禅徒＝堂衆の不義がはなはだしく、それを「下剋上」のいたりと述べているのは見逃せない。堂衆全体を処罰すべきところであるが、夏安居《げあんご》の時期にあたっており、彼らには「供花の故実」があるのでそれはできない、そこで特に四人を指名したのであった。このように学侶と禅徒とは階層間の緊張がたかまる状況が現出しており、学侶らにとってみれば、それは堂衆らによる下剋上と意識されていた。

学侶下臈分・末廿人の動き

と同時にもうひとつ注目したいのは、堂衆に対して学侶方の動きの中心となっているのが学侶の「若輩」であったことである。彼らはこの文書では、「廿人分」や「下臈分」となっているように、学侶のなかでも若い浅臈の者たちであった。このうちの「廿人」は「末廿人」「廿人衆」とも言い、聖霊会・勝鬘会では梵唄を担当する梵音衆でもあった（林幹彌『太子信仰の研究』、第三部第二章）。そしてその初見は正中二年（一三二五）のことで、法服種子米の未進者に対して、「末廿人」が罪科を行使することが定められている（法隆寺文書ロ函二二八）。『嘉元記』によれば、この同じ年に「若輩梵音衆十一人衆」と「九人衆」とが寺内で武力衝突し、「成業以下老僧」の仲介でおさまったことがわかる（『嘉元記』正中二年二月二六日・四月六日）。鎌倉末の段階で、学衆の若輩下臈分がひとつの集団としてまとまりを見せ、検断や武力を担当していること、そして時には内部抗争を行っていたことがわかる。

このような二〇人のあり方は、さらに組織整備がすすみ、康応元年（一三八九）には彼らは次のような評議条々事書まで定めている。

契定す　廿人評議条々

一　寺僧らに於いて犯科の子細ある時、法に任せて速やかに其の身を罪科に処すべき事、

一　若し科条赦免の時は、定め置かるるところの法式に任せ、酒肴等の沙汰、必ず本式たるべき事、

一　酒肴等の沙汰に於いては、縦い権門或いは強縁等の口入ありと雖も、都《すべ》て以て潤色減少の評定に及ぶべ

からず、次に彼の酒肴に於いては熟調せしむるの条勿論也、而して若し時に臨んで代物を以て沙汰せしむべきの由、去り難き口入あるの時は、参貫文必ず其の沙汰致さしむべき也、三結分全く以て増減あるべからざる事、

右、条々評定に依り斯くの如し、若し此の規式の旨に背かば、日本国主天照大神を始め奉り、惣じて六十余州大小神祇、別して当寺勧請諸大明神、殊に　太子聖霊七堂三宝の御罰を面々の身中に罷り蒙るべきもの也、仍て記録の条、件の如し、

康応元年己巳三月　日

順実（花押）

（他一九名連署略）

（法隆寺文書ロ函一一一七）

寺僧らに対する検断を「廿人」が担当することが銘記され、罪科赦免の時の酒肴沙汰、権門や俗縁など外からの介入に左右ない、などの諸規定は、先にふれた応安五年（一三七二）の規式と同様の内容のものであり、よりはっきりと二〇名の評議によって規定されている。

この時期、法隆寺やその周辺における警察・裁判機能ともいうべき検断機能は、自力救済というこの時代通例の原則のもとでさまざまなレベルで実施されていた。その一方で、次第に職権化する動きがあったと思われ、法隆寺では「公文」や「衆分」がそれに関与していたことが明らかにされている（林屋辰三郎「南北朝時代の法隆寺と東西両郷」、『中世文化の基調』、東京大学出版会、一九五三、初出一九四六／井上聡「中世法隆寺における検断権の所在をめぐって」、勝俣鎮夫編『寺院・徳政・検断』、山川出版社、二〇〇四）。「廿人」衆が、こうした公文や衆分とどのようにかかわっていたかは、まだ十分に検討できていないが、彼らが学衆の下﨟分でありながらも、単なる下

部機関であったとはいえず、集団としての自律性や独自性をもっていたことはいえるだろう。「末廿人」は同じ頃、法服種子米の運用管理にも大きな権限を持つようになっていたから（法隆寺文書ロ函二二三～二二五など）、彼ら寺内若輩僧の法隆寺内における位置づけが増大していくような体制は、おそらくはこの鎌倉末南北朝に進展していったとみていいだろう。「末廿人」らも、むろん﨟次と寺役勤仕の階梯によって中﨟・上﨟へと昇進していく存在であり、身分的に固定されていたわけではないが、こうした若輩の活動を軸にして寺内の体制整備が進められたことは、これもある意味で「下剋上」の傾向を示すものであろう。「下剋上」は、決してすでに述べたような堂衆の学侶に対する行動にとどまるものだったのではなく、さらに広範な趨勢を示すものなのであった。

ちなみに堂衆内部においても、「堂家老若相論」は起こっていたのである。康永二年（一三四三）一二月鵤荘浮免分の年貢をめぐって、これは昔から若衆にはあてていないとする「堂家老僧」に対して、「若衆」らは強く反発し「一堂寄進物」である以上は自分たちも取るべきであるとしていた。この相論によって翌年正月の当行が闕如する事態となったが、結局は学侶の仲介によってようやく和与が成立したのであった（『嘉元記』）。

4　寺院規式の制定と編纂

延文五年のふたつの法

寺内で起こるさまざまな相論や紛争は、諸衆内部もしくは諸衆集団の間で、その上下秩序が大きく動揺しつつあったことを物語るが、これは一方で、寺内諸衆が自律性を高め、あらたな規範を制定しようとする動きが活発にすすめられていたことを意味するものでもあった。

延文五年（一三六〇）一一月一一日、一五日から始まる仏名大会を前にして、「学侶一﨟」の権少僧都実禅から「末座僧」の定算までが、その名を連ね起請文形式の寺院法を定めた（『寺要日記』一一月仏名大会の項）。そのいうところによると、仏名大会は「滅罪生善」「治国安民」の由緒ある法会であるのにも関わらず、近年はその作法や行儀が乱れ、「或いは異声を放って諸仏を軽蔑し、或いは狂言を吐いて三宝を嘲弄する」ような状態にあり、滅罪どころか「起罪の縁」になっていた、という。そこで改めてその行儀をただすこととし、導師は慇懃《いんぎん》に仏名を奉読し、その間、下座の者は宝号を唱えて「余言」を交えず、軽々しい振る舞いをせぬよう定めたのである。重要な年中行事の法会において、軽躁というべき事態を現出させていること、そしてそれを改善しようという寺僧らの姿勢がうかがえよう。そして注目すべきは、この起請文の最後に、「新入寺僧に於ては、毎年法用定の時、彼の名字を此状に書き副えて加判せしむべき也」とあるように、これ以後、新入寺僧は毎年一一月一日に行われる仏名大会の法用定めの際に、自分の名前をこの起請文に書き加え、加判することが求められたことである。学侶らが定めた起請文に名を連ね、その規範を遵守し仏名大会に参画することが、学衆集団の一員となるに不可欠とされた。学侶のメンバーシップというものは、寺院規式への署判や法会出仕の共同勤仕と不可分であったことが、如実に示されている。寺僧集団は寺院法や法会勤仕にこそ、その成立の根拠を持っていたのである。

同じ延文五年の正月、注目すべき内容を持つ三経院唯識講衆規式（法隆寺文書イ函四一／図8）が、やはり一﨟権少僧都実禅から末座定算まで八九名の署名をもって作成されていた。このメンバーはおそらく先の仏名大会勤行についての起請文を作成したメンバーとほぼ同じであったと思われる。したがって両者は内容的にもおおいに関係が深く、あいまってこの時期の情勢を物語るものである。この三経院唯識講衆規式の一部については、中綱・仕丁《しちょう》の子息は堂衆になれないことを定めたものとして既述した（三七六〜八頁参照）。この規式は全体では三カ条からなっており、次のような内容をもつものであった。まず、「平民職者」の子息は三経院唯識講衆にはなれない。つぎに講衆の一員になるにあたっては、横入は禁止でしかるべき階梯をふむこと。最後が、中綱・仕丁

図8　三経院唯識講衆規式（法隆寺文書イ函41）

の子息は堂衆にはなれないということ、であった。

三経院唯識講衆は学侶であるから、最初の規定は、学侶になるのは侍品以上の出自のものに限るということであり、三つめの規定は中綱・仕丁という公人層のものは堂衆になれないということであった。つまりこの三経院唯識講衆規式は、全体として寺内における上下の身分規定を厳格に糺そうとする意図を持つものであったと評しうるのである。したがって延文五年の学衆方総出で成文化されたふたつの寺院法は、「下剋上」的な状況が横溢するなかで、なんとかその立て直しをはかり階層秩序を再確認しようとする動きを示すものであったといえるだろう。

『法隆寺置文契状等大要抄』や寺院規式の作成

こうした寺院規式を制定整備する動きは、じつはこの時期の大きな特徴となっていたことがらであった。そのことを端的に示しているのが、『法隆寺置文契状等大要抄』という一冊の書物の存在である。これは、年会五師の文書櫃や綱封蔵《こうふうぞう》の学侶唐櫃《がくりょからびつ》に保管してあった置文や契状など重要な規式類を書写編集したものである。その内容をまとめたものが、表3である。もっとも古い年紀のものが文治五年（一一八九）で、以下、暦応三年（一三四〇）のものまで、ほとんど鎌倉期のもの三〇数通がおさめられている。法隆寺別当や五師、三綱、学侶、禅宗、講衆をはじめとする諸衆、周辺郷民や刀禰に関するもの、法会や集会、所領支配、供料・判料・補任料などの諸規定、寺辺の山木管理、興福寺など他寺との関係など、まことに多彩な内容から

表３　『法隆寺置文契状等大要抄』の主な内容

	年月日	書き出しなど、主たる内容	備考・注記
1	建長６(1254)　3.	竜田三十講弁夷祭用途員数事	正文年会櫃
2	文永11(1274)　2.26	五師三綱置文(紛失状・義絶状に判料とる事)	正文年会櫃
3	弘安元(1278)　5.11	上宮王院供僧置文(供田、補任の次第)	正文年会櫃
4	正安２(1300)　7.11	禅宗大成(10石)弁任戒師職課役(5石)法則事(任料や任補弘の飯酒)	正文年会櫃 建武４年12月年会裏書
5	弘安３(1280)12.9	中宮寺供養以後、律宗大は中臈の次座に着す	正文年会櫃
6	弘安９(1286)11.23	三経院評定(常楽寺結衆の諍論悪口に過料)	正文年会櫃 東西両郷刀禰の判
7	弘安11(1288)　3.25	公文寺主良玄請文(満寺会合の場での非を詫びる)	正文年会櫃
8	 正安２(1300)11.8 正安２(1300)11.28	(興福寺金堂供奉の事) 長者宣 別当御教書	正文年会櫃 法隆寺供奉色衆五人の僧名
9	年末詳　　7.29	別当御教書(東大門築垣の６本は鵤庄役)	正文年会櫃
10	 宝治２(1248)　2.15 文永2(1265)閏4.26	(寺山守護置文・起請文) 定置寺山樹木守護事 寺山制禁間条々起請文(７カ条)	正文年会櫃
11	 文治５(1189)　5. 承元5(1211)閏1.7 承元5(1211)閏1.8	(花山阿伽并水の解文) 法隆寺夏衆解弁別当外題 服之郷民等請文 蓮迎請文	案文年会櫃
12	 正慶２(1333)　2. 〃	(花山近年禅徒に付けらる契状) 契定　花山樹木守護間条々 契約　花山樹木守護事	案文年会櫃
13	 嘉元３(1305)　9.28 嘉暦３(1328)　7.28	(寺務御拝堂日限契状) 契定　御寺務拝堂日限間事(100日以内) 契約　別当拝堂間事(上記の違反に閉門、一味同心)	正文年会櫃 尊公院公寿・再任拝堂は半役・西南院実聡法印・修南院隆遍・良寛再任拝堂事例の覚え書き

14	弘安元(1278) 3.10	別会五師良弘(法隆寺所望袈裟の興福寺送状)	
15		(賓頭盧庄坪付等)	
	康元元(1256)11.5	法隆寺下文	正文年会櫃
	弘長元(1261) 3.	志紀北条郡内法隆寺御領坪付注進状	〃
	弘長元(1261)11.	志紀北条郡内法隆寺御領仏名田所当徴符注進	案文年会櫃
	年未詳 2.15	国真書状	正文年会櫃
16		(学道衆置文)	
	弘長3(1263) 3.	学道衆置文(衆分)(成業分)	正文綱封蔵学侶唐櫃
	弘安元(1278) 3.28	学道衆置文(博奕、武装、国中和市)	
	文永5(1268)12.22	契約三蔵会竪義者事(遂業を供僧に)	
17		(三経講衆契状)	
	文保元(1317) 6.	三経講供料下行定置	正文綱封蔵学侶唐櫃
	元徳3(1331)11.	契約三経講出仕躰可有清選間事	
18	正和3(1314) 4.27	両郷刀禰成任料置文	正文年会櫃
19	建武2(1335) 6.14	四節供間事	正文年会櫃
20	年未詳	注進年会櫃文書目録	
21	暦応3(1340) 3.	定置上宮王院舎利絵殿両預補任規式間事	

なっている。これらの文書を年会櫃や学侶唐櫃から取り出して書写し編集したのは、こうした重要な諸規定を参照し実用に供することができるようにする意図があったことは間違いなかろう。

本書に所収された置文類が作成された時期をみると、一三世紀後半以降のものが圧倒的に多く集中している。また料紙の紙背《しはい》文書には貞治二年（一三六三）の年紀がみえ、おおむねその頃にまとめられたとみて差し支えない。つまり、この寺院規式集は、一三世紀後半〜南北朝期に法隆寺で作成された諸規定を総括し、さらにそれを規範として参照し活用せんとした作業なのである。時期的には、まさに寺内諸衆の動きが活発に展開したときにあたっており、これまでしばしば引用してきた『寺要日記』『嘉元記』『法隆寺縁起白拍子』『別当記』など、中世法隆寺を語る上でも基本史料となるようなさまざまな寺誌記録類がまとめられた時期にも一致していた。

じつは『法隆寺置文契状等大要抄』以外にも、この時期にはさまざまな寺院法が制定されていたことが確認できる。『至宝九　古記録・古文書』をざっと通覧して、ほぼ同じ時期に作成された寺院法としての性格を持つと考えられるものを列挙してみると、以下のようなものが目につく。

法服米種子置文案　正中二年（一三二五）（法隆寺文書ロ函二二八）
中宮寺盗人沙汰落書規式　建武四年（一三三七）一一月二四日（イ函四〇）
児童大衆等規式幷追加　貞和二年（一三四六）一二月・応永九年（一四〇二）二月（ロ函二二二）
三経院唯識講衆規式幷追加　延文五年（一三六〇）正月・明徳三年（一三九二）五月（イ函四一）
梵音衆法服米沙汰規式評定記録土代　貞治六年（一三六七）（ロ函二二三）
堂衆内狼藉人罪科沙汰条々事書幷追加　応安五年（一三七二）（ロ函二二六）
廿人沙汰条々事書(法服種子米)　永和四年（一三七八）（ロ函二二四）
有胤賢禅房沙汰題目置文　康暦元年（一三七九）七月日（イ函四二）
勝鬘会法服種子米沙汰条々事書　康暦元年（一三七九）（ロ函二二五）
廿人評議条々事書　康応元年（一三八九）（ロ函二二七）

前後の時代に比べてもその数は多いといわねばならない。それらの内容についてここで詳細な検討をする余裕はないが、おおむね検断に関する事柄や、種子米の運用に関するものの多いことが特徴的となっている。そしてこれらはいずれも廿人（梵音衆）など寺内の若輩層が大きくかかわることがらであった。

検断については、前項に述べたとおり廿人が実際に関与行使していたし、種子米についても同様であった。種子米は出挙に類する貸付米で、その利殖運用によって勝鬘会・聖霊会の法服料にあてたものである。その基本的な枠組みは正中二年（一三二五）の置文で定められていたが（法隆寺文書ロ函二二八）、貞治六年（一三六七）以後は、満寺評定によって廿人中に預け置かれたのである（法隆寺文書ロ函二三三・二二五）。事実、これをうけて「勝鬘会聴衆法服米下行帳」（法隆寺文書甲函二〇）が貞治六年から記載がはじまっているが、その沙汰人のうち一名は「廿人一薦」宗樹が勤めていた。ちなみに宗樹はこのほか応安五年（一三七二）には上宮王院の会場を広げるための種子米五石も寄進するなどした人物であり、その経済力には注目すべきものがあった。

人法の興隆

ここで再び、延文五年（一三六〇）正月の三経院唯識講衆規式（法隆寺文書イ函四一／三九五頁の図8）に目を向けてみたい。この規式には、寺僧らによる寺院法制定の際の意識というものがよく表現されているからである。

この規式冒頭で、法隆寺は「三宝恢弘の濫觴、四海擁護の霊場」であり、一朝万人の崇敬を集めていると宣言される。これはすべて「仏法の威力」によって「僧宝」が保持されているからだという。すなわち法隆寺の興隆を支えるのは、「僧宝」＝寺僧らの存在如何《いかん》にほかならないという理解である。さらにそのあとに続けて

法は人に依って弘まり、人は法に依って存す、

と法と人との一般的な相依関係が述べられる。ここでいう「法」と「人」というのは、「仏法」と「人法」と言い換えられる。それは、次のような記述がただちに続くことからも明瞭である。

仏法若し廃亡せば、人法更に存し難し、人法若し零落せば、仏法も亦尓あるべき歟、

と、仏法が廃亡すれば人法も存在できず、逆に人法が零落すれば仏法も同様の憂き目にあう。仏法と人法とは、

このように互いに支え合って存在している関係であることが強調される。こうした相依関係はこのほかにも中世で広く見られた意識といえるが、ここでいう「人法」とは、世俗社会の秩序一般を意味するのではなく、あくまでも法隆寺の僧侶集団＝僧宝を中核とする人々であり、彼らの営みを意味していた。

『寺要日記』所収の表白文にも、こうした類似の表現は見出せる。弘安元年（一二七八）開始の東院十講表白には、

法ハ依テ人ニ弘、最可崇三学之徒、人ハ依法ニ栄、何ソ不ン興八宗之教ヲ

（法は人に依て弘まる、最も三学の徒を崇むべし。人は法に依て栄う、何ぞ八宗の教えを興さざらん）

と高らかに「人」と「法」の相依関係が示されている。そのあとで、聖徳太子の三経講経以来、行信・道詮・教仁・長賢・五師厳暁らの努力による勧学の歴史、そしてこのたびの五日十座の講経を行う趣旨が語られる。これらの人々の活動こそが寺門興復の大本であり、これによって伽藍安穏・仏法ないし法界平等利益がはかられるとする。「人」と「法」とはまさに学侶と仏法のことであり、「人法」と「仏法」との相依関係とそれによる伽藍興隆が述べられた。

同様に、弘安九年始行の因明講《いんみょうこう》で、この頃作成されたであろう表白文（『寺要日記』三月因明講の項）にも、

人法住持一万之学徒並窓、仏法繁昌七十講堂連軒

（人法は住持して一万の学徒窓を並べ、仏法は繁昌して七十の講堂軒を連ねる）

と、人法の住持は、多数の学徒が連なり修学する状況をさし、そのことが仏法繁昌と不可分なものと意識されている。仏法繁昌とは伽藍施設の充実ぶりで語られており、人法はマンパワーの側面でとらえられている。法隆寺の興隆は、観念上の事柄なのではなく施設の充実と寺僧住持というきわめて具体的な実体をもつものとしてイメ

ージされた。

このように「人法」＝寺僧らの存在が基軸となって、法隆寺の仏法や寺院の再興が図られているのであり、これこそが「仏法人法興隆」の内実をさしていた。それゆえに、寺僧らによる各種の寺院規式の制定は、その仏法人法興隆の具体的な行動であり手だてであった。寺僧らにとって、新たな規式類の制定や集団としての自律性を高めていく行為は、人法興隆であり、それはそのまま仏法興隆に連動するものであった。中世法隆寺の寺僧集団における自治の高まりというものは、まさに「仏法人法興隆」の行為にほかならなかった。

寺外止住の別当・小別当に対する寺僧らの強い姿勢や、寺内諸衆の集団的自治の高まりもこうした意識に支えられていたものである。かかる動向は、寺院運営の実質的な諸権限を次第に別当から寺僧らの手に移動させていくこととなったといえる。その端的なあらわれが公文の性格変化である。かつて別当系列下にあって三綱の一員であった公文が、次第に学衆方からの公文目代にその性格を変化させていき、検断、寺内法会の請定、重要書類の管理といった諸権限も学衆方へ移動していったのである。そしてその傾向は応永末年から宝徳年間には決定的となったのである（井上聡前掲論文）。

第二節　法隆寺と寺辺

1　『嘉元記』にみえる犯罪と検断

林屋辰三郎の指摘と『嘉元記』　中世の法隆寺や、その周辺諸地域との関係について考えるとき、敗戦直後に発表された林屋辰三郎「南北朝時代の法隆寺と東西両郷」（前掲論文）が行った以下の指摘は、今もなお千鈞の重みを持っている。

大和法隆寺はたしかに世界に誇称するに足る存在である。併し法隆寺の価値はその塔・金堂・中門等が世界最古の木造建築である点にのみあるのでは決してない。そうであれば法隆寺は単に我が古代の、飛鳥或いは白鳳時代の記念碑的存在でしかあり得ないのである。私は法隆寺が現に其後各時代に成った附属建築物を含めて七堂伽藍を完備し、今も一宗の本山として活動しつつある点に於いて、最も驚歎すべきものがあると思う。こうした寺院の規模と組織を一千歳に遺していることこそ、実に日本文化の遺産に他ならぬ。

林屋氏は、古代の美術や芸術品の存在だけではなく、その伝来のために費やされてきた努力や経緯にもっと目を向けるべきであると注意を喚起している。本書でも中世における堂舎や法会の整備をはじめとする、諸衆のさまざまな動きをみてきたが、この指摘はまことに当を得たものといわねばならない。そして、こうした伝統の存続に大きく寄与した存在こそ、南北朝期に典型的にみられた寺中と寺辺郷のありかたであり、そこにはぐくまれた自治的な組織と機能なのであった。そして、そのような理解の根拠となるような多くの素材を提供した史料が『嘉元記』であった。

『嘉元記』（東京国立博物館蔵）は、記事の始まりが嘉元三年（一三〇五）ということから名づけられたと思われるが、以後、貞治三年（一三六四）にいたるまで、法隆寺とその周辺で起こった日々の出来事がつづられ、当時の人々の生活ぶりが生き生きと立ちあがってくるような日録体の史料である。一部に追筆や別人の筆跡もみられるが、おおむね同一人による書であり、日々そのつどに書き継がれたというよりも、そのような記録をもとに、ある時点でまとめられたものと考えられる。冒頭部には内容目次が掲げられ（図9）、それに該当する本文部分には朱合点も施されていて、整理作業がなされた痕跡を示している。ただし末尾部分の康安二年（貞治元＝一三

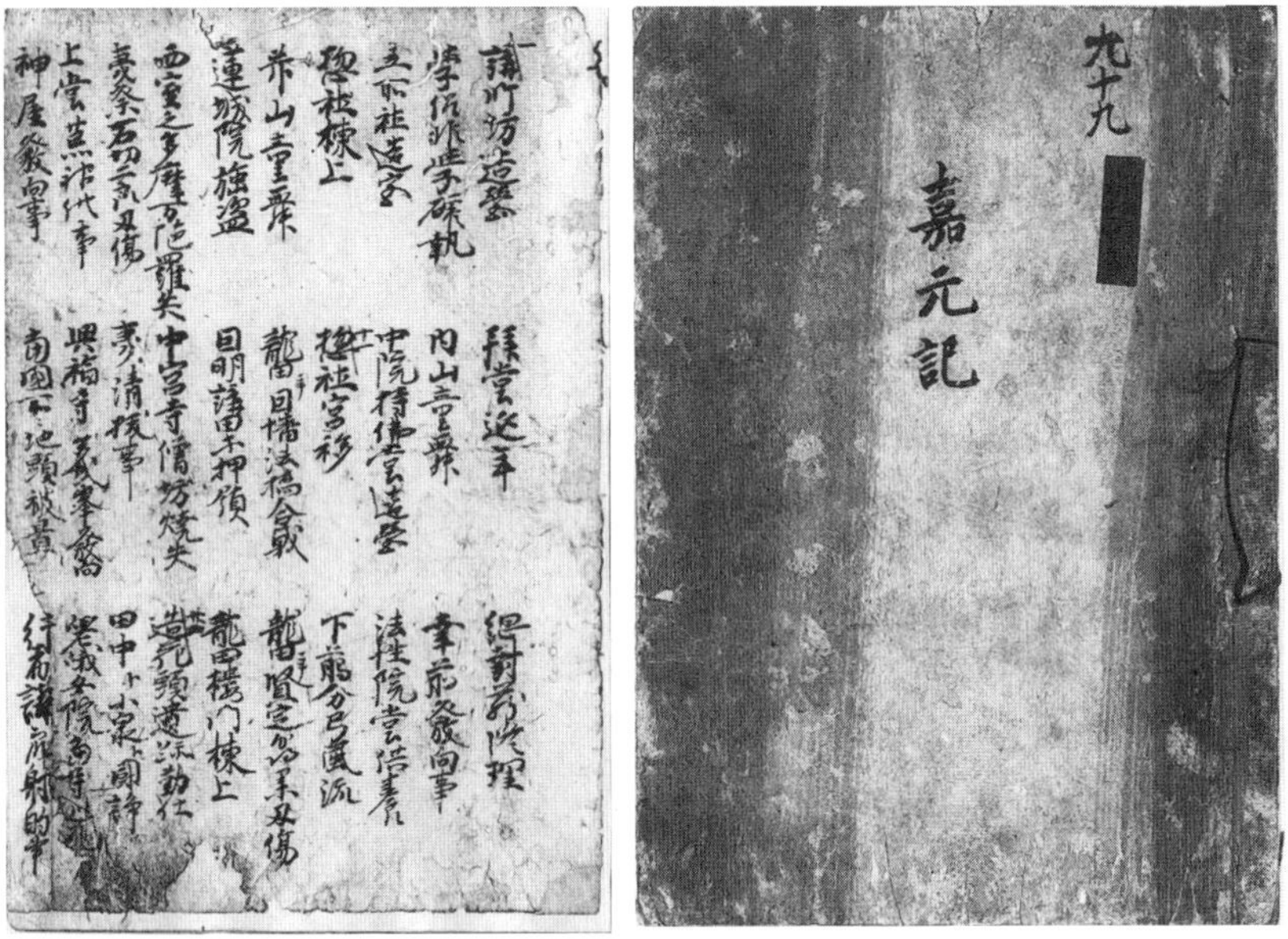

図９　『嘉元記』の表紙（右）と冒頭の目次（左）

六二）三月六日条以降の記事は、料紙にしておよそ五帖分ほどであるが、冒頭の目次記載がなく本文の朱合点もない点で他の部分と異なっている。筆跡は同一人のものであるから、おそらくこの部分は、本書がいったんまとめられた後、あまり時期をおかずに増補されたものだろう。以上のことから本書の成立時期は、およそ康安二年から貞治三年にかけての頃であったと判断できる。

『嘉元記』の記事内容についてみると、刃傷《にんじょう》・殺害事件や盗難、祈雨や市立て、祭礼、堂舎供養など、どちらかといえば、年中行事化した諸仏事法会よりも、日々に起こったさまざまな出来事の記載のほうにその特色が認められる。奥書には、元禄九年（一六九六）正月に修補したという西園院権少僧都良《りょう》尊《そん》の記載があり、本書が西園院に伝来したことがわかるが、西園院は公文所があった場所でもあり（『嘉元記』延文二年三月一六日）、本書の記事内容とも合わせて考えると、これは公文方における記録をとりまとめ、寺内運営の際の典拠として役立てようとした公文方日記のごときものではないかとも推測される。実務的な記載が多いのもこの点に由来するのかもしれない（なお『嘉元記』は『改訂史籍集覧』に翻刻されているが、その釈読は訂正すべき部分が多いので注意が必要である）。

武力騒擾と寺僧の武装

『嘉元記』には興味深い記事がまことに数多いのであるが、ここでは、そのなかからこの時期の寺中・寺辺の様子をうかがわせるようないくつかの騒擾《そうじょう》をとりあげてみよう。

すでに述べたような別当と寺門の対立や、堂衆内の老若相論などに関する事柄も『嘉元記』が貴重な材料であったが、このほかにもさまざまな紛争がここには記されている。寺内の小競り合いということでは、元応三年（元亨元＝一三二一）中院と西南院が定朝法印の処分相論の合戦をしているし、文和二年（一三五三）七月には、松立院と北東院が中間童《ちゅうげんわらわ》の殺害から合戦となっている。また延文二年（一三五七）には下人同士の紛争から、中院と金剛院が戦っている。寺内においても案外に武力衝突事件が多かったことがわかる。この時代は、自力救済を原則とする社会であり、寺僧らも武装することが普通であったことの反映であろう。

こうした事例をあげるには事欠かないが、たとえば、弘安元年（一二七八）三月二八日の学道衆置文によると、武具を帯びて戦場に臨む学侶が当時さかんにいたことが読みとれる。この置文はそれを誡め「弓箭兵杖等を帯し遠近往還」を禁じている（三九六～七頁の表3―No.16）。その一方で当該条項は「寺中の喧嘩ならびに盗人沙汰」についてはこの限りではないとも規定していた。寺中の紛争や盗人相手の武力行使は公認されており、学侶であっても武器を保持することは普通のこととみなされていたのである。

暦応二年（一三三九）九月、興福寺からの牒状があり、おりから反南都の動きを示していた悪党戒重西阿《かいじゅうせいあ》の討伐に法隆寺も発向することになった。そのときの編成をみると、この時期の法隆寺における武力編成の有り様が小規模ながら見てとれる。すなわち、公文手四人（出雲寺主・同舎弟・円了房・賢順房）、下﨟分二人、堂家通夜衆五人、以上の一一名が「皆武具用意」をしており、これに馬が両郷と寺僧から準備され、さらに人夫一一名が神南《こうなん》荘から召し出された。武装兵が公文という三綱寺官系列からと、および学衆方若僧（下﨟分）と禅衆方（堂家通夜衆）から構成され、彼らはそれぞれ武具をみずから準備して参加している。そしてその兵糧や世話をする馬や人夫が両郷や神南荘から召し出されるという体制となっていた。

こうした武力編成のあり方は、この時期の寺家内部できちんと構造化されて位置づけられており、法隆寺周辺での自力救済機能を支えていたものであろう。なかでも「公文手」にみえる「出雲寺主」は公文寺主覚延その人だと思われ（「寺務拝堂注文」法隆寺文書甲函一四）、彼は天童米盗人の作麦点定や住屋検封などを行っていたことが『嘉元記』にみえている（暦応二年九月、康安元年〈一三六一〉六月）。公文はこうした武力をもとに検断機能を行使しえたのである。

一方、しばしば院家間相論の発端となっていた下人や中間童らは、なお自力救済が困難な階層であり、彼らは寺家や院家に属して保護され、それに対して奉仕するという関係にあったのだろう。先にみたように彼らをめぐる相論は、しばしばただちに所属集団の間での紛争にまでおよんだのであった。

犯罪と落書・検断

こうしたある種の共同性・集団性というものは、法隆寺とその周辺地域の間でも確かに存在していた。『嘉元記』のなかでも有名な事件の顚末は、このことをよく伝えてくれる。その事件とは、延慶三年（一三一〇）七月五日夜に発生した蓮城院強盗に関するものである（図10下）。

七月五日夜、蓮城院へ強盗入って物を取り畢んぬ。寺、種々の沙汰に及ぶと雖も、所詮上品廿貫文、中十貫文、下品五貫文の解文を放ち畢んぬ。

強盗事件の解決のため、寺が懸賞金を定め公示したことがわかる。犯人逮捕や被害品回収など、万全な解決がなされた場合を「上品二十貫文」として、それ以下、解決の度合いによる等級を定め人々に通知したのである。

しかしながらこの時、事態は進展をみせず、七月一七日、竜田社にて大落書、すなわち神仏に誓いをたてたうえでの無記名投票による犯人の割り出しを行うことになった。寺から参加が求められたのは、「法隆寺・龍田・五百井・服（服部）・丹後・神南・目安・吉田（小吉田）・富川・笠目・阿波・神屋・幸前・三井・興富（興留）・安堵・岡崎」の一七カ所であり（図10上）、総数は六〇〇余通にものぼった。

落書による犯人捜索というのは決してこの時のみの特異なことではなく、暦応二年（一三三九）三月二九日の天童米蔵盗人、延文元年（一三五六）一二月の神南荘悪党による追いはぎ事件、康安元年（一三六一）六月二一日の盗人沙汰、貞治二年（一三六三）の禅宗武蔵坊への強盗事件などでも行われていた。

蓮城院強盗の落書にもどると、法隆寺から「開衆」として堯禅房《ぎょうぜんぼう》湛舜《たんしゅん》ら七人の僧侶が出仕し、二日間にわたる開票を行った結果、「実証一〇通、風聞六〇通」で犯人と認定との基準のもとで、寺僧の定松房（二〇余通）・舜識房（一九通）の二人が犯人と治定された。この結果を受けて、大落書に参加した一七カ所の人々はただちに法隆寺に向かうが、寺中のことは惣寺が処理するという寺側と小競り合いとなる。この後、犯人と目された両人は、無実だとして自分たちで犯人を捕らえることとなり、一二月に入って、この二人は「ヒロセノ市」で斎藺《さいおん》寺初石八郎《じはついしはちろう》という男をとらえ寺に差し出した。尋問の結果、真犯人であることが確定すると、

> （一二月）六日夕、初石八郎極楽寺に於いて頸切了《おわ》んぬ。カセヒ野ノ七郎、これを切る。細工五人有之に酒肴、維那師の沙汰。銭一貫文を賜い了んぬ。頸をば国符後の乞食にかけさせて三ヶ日守り畢んぬ。実証の躰に臓物を副えて出すの間、上品の沙汰也とて廿貫文出し了んぬ。寺中の家別を取りてその足に用い畢んぬ。

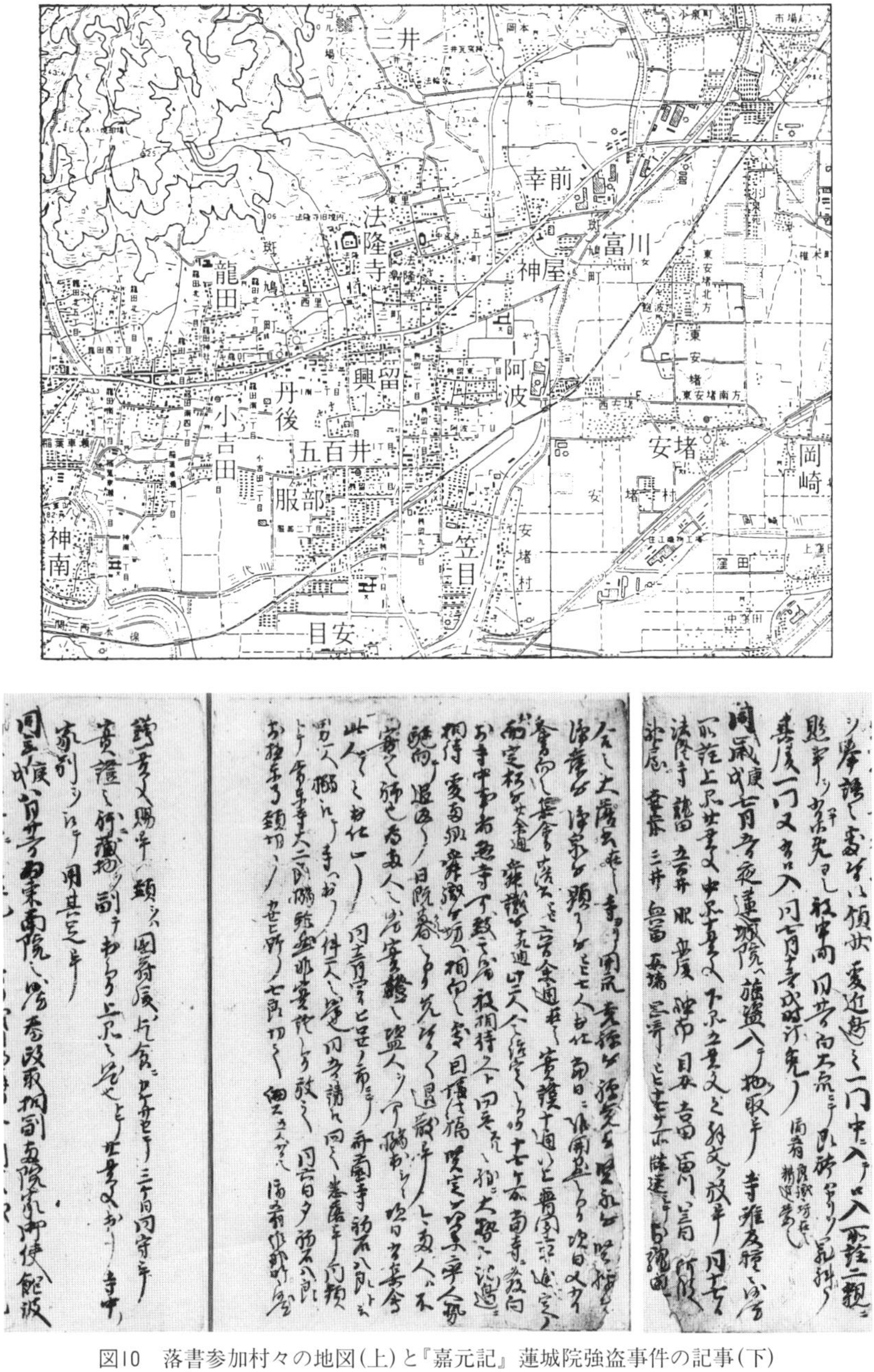

図10　落書参加村々の地図(上)と『嘉元記』蓮城院強盗事件の記事(下)

強盗は法隆寺西院伽藍の北東に位置する極楽寺で斬首され、国符後乞食が監視する中三日間さらし首とされた。そしていったんは被疑者とされた人物はみずから真犯人をとらえて盗品も取り戻したということで上品の沙汰として二〇貫文を得たというわけである。

この一連の事件の経緯からさまざまな視点によって多くが語られてきた。盗みは大罪であり死刑となること、処刑に細工や乞食が関与していること、落書による地域の人々による犯人摘発システム、事件処理後の懸賞獲得など、いずれもたいへん印象深い論点が示されている。ここでは、それらにふれる暇《いとま》はないが、なによりもまず、強盗事件という犯罪が発生した時に、それをきちんと処理する自律的なシステムが寺中寺辺において成立していたという事実そのものを確認しておきたいと思う。

このことに関連してもうひとつ類似の事件をあげておく。

それは建武五年(一三三八)七月に起こった強盗殺人事件である。「七月四日多部浄智房屋」に強盗が入り浄智房は殺害されたが、そのあと『嘉元記』は次のように記す。

同閏七月廿八日、龍田市東口に於いて、盗人下長ノ馬場二郎という男を搦め取り了んぬ。浄専房の沙汰也。同卅日頸切り畢んぬ。下文用途は廿貫文也。この内浄智房遺跡より五貫文出し畢んぬ。残る所は人別・家別を取る。

ここでも犯人は死刑とされ、犯人を捕らえた者に懸賞が与えられている。その額が二〇貫文とあって蓮城院強盗事件の例では「上品」の沙汰にあたる。その料足は、先の例では「寺中の家別」から徴集したとあったが、この徴集に応じた「寺中」の内容について、今回の場合はもうすこし具体的なことが判明する。すなわち二〇貫文のうち、まず被害者の遺跡から料足を捻出した後、その残額について、以下のような配分で負担したのである。

成業以上 人別百五十文宛、中臈分 人別百文宛、大分 百文宛。下臈分以下寺僧 人別五十文宛、刀禰弁番匠大工四人人別五十文宛此の衆は家別方除く、両郷家別三十文宛寺僧坊をば除く、中綱上四人五十文宛自余皆三十文宛、堂童子一臈二臈五十文宛自余皆三十文宛　云々、然りと雖も中綱仕丁は歎き申すに依り無沙汰か

人別一五〇文は成業《じょうごう》以上の学衆上臈、一〇〇文は学衆中臈と「大」＝堂衆大法師、五〇文は学衆下臈分・堂衆らの寺僧と刀禰《とね》・番匠大工・中綱上・堂童子一、二臈。それ以外は三〇文が両郷家別と公人の人別というようになっている。

本章第一節2（三七三頁以下）で述べた寺内諸衆間の上下の階層差というものが、ここでは負担額の差となって明示されている。「寺中」がいかなる人々によって構成されていたか、ということもここにみることができる。学衆・禅宗らの寺僧はもとより、中綱以下の公人、番匠大工ら職掌人、そして両郷家々も「寺中」に含まれていたのである。この「両郷」が、法隆寺寺辺の直轄郷である東郷・西郷をさすことは明らかで、「寺中」観念がこうした寺辺にまでおよんでいたこと、そしてここにこそ中世法隆寺を支えた大きな基盤があると、それまで理解されてきているわけである。

犯罪を処理する自力のシステムは、地域の安全を維持する上でも重要な自力救済の機能でもあったが、先にあげたふたつの強盗事件が示すように、法隆寺はその重要な担い手であった。このほかにも検断沙汰として、犯人の住屋検封や焼却行為を法隆寺公文は行っているが、こうした刑罰には、犯罪によって生じたケガレを除去するという一面があったという。そうだとするならば、これらはまさしく法隆寺がこの地域の宗教的領主として、混乱や異変、無秩序を除去し、地域の共同性や安穏を維持する機能を果たす上で大きく貢献していた具体例といえるものであろう。

2　法隆寺と東西両郷

東西両郷と近隣郷

法隆寺の寺中と寺辺が緊密な関係にあったことを最もよく示すのが、寺辺直轄郷たる東西両郷の存在であるが、その名残りはいまも、法隆寺の東西に「東里」「西里」という地名として残っている。この名はすでに一二世紀の初頭には確認でき、法隆寺別当経尋（天仁二年〈一一〇九〉任、在任二一年）の時代に、「西里私畠地子始被徴納之」とあるのを早い例とし、天永三年（一一一二）四月には、「東西里人」が寺僧らとともに心経会に参加していた（『別当記』）。興福寺や東大寺については、その周辺に四面郷の「里」が一一、一二世紀には登場し、それが鎌倉時代に寺辺「郷」として展開再編されていった推移が明らかになっている。おそらく法隆寺の場合もこれと同様のことがあったと思われる。中世社会が形成されていく時期に、この地域では法隆寺をひとつの核としながら、その寺辺に東西里を登場させ、里人らは新しいまとまりをもつ地域を形成していったのであろう。

東西両郷の範囲としては、前項で紹介した延慶三年（一三一〇）蓮城院強盗事件の落書に参加した一七カ所をあてる考えがあり（斑鳩町史編集委員会編『斑鳩町史』〈一九六三〉など）、そのような理解も捨てがたいのであるが、ここではもう少し狭く限定しておきたいと考えている。というのも、『嘉元記』によると、「両郷」が、その一七カ所中に含まれていた「幸前」に発向し「ハク屋」（博奕場か？）一宇を焼き払ったり（延慶二年一二月一四日）、同じく「神南」荘に対して「両郷」が衆分・堂家とともに追捕検断《ついぶけんだん》のために発向した、という記事が見えるからである（貞治三年〈一三六四〉三月九日）。

延文二年（一三五七）、諸進《しょしん》善聖房の坊に盗人がはいり、「酒ミソ惣堂鉢提桶《ひさげ》等」の雑具がことごとく盗難にあうという事件があった。この時、衆分の沙汰で「西郷家々より国府後まで」家宅捜索が行われ、国符後で盗品がみつかっている。この捜索範囲が西郷から国符後（現、桜池南の字「神後」）であったというのも、西郷の範囲を考える上で興味深い。国符後は西郷の西方に位置していたのではないだろうか。

今後さらなる検討が必要であるが、とりあえず、両郷の範囲については、現在の法隆寺東里、西里や法隆寺南大門前を中核とする地域で、河内街道の北側の範囲と考えておきたい。それはおおむね寛永二一年（正保元＝一六四四）「法隆寺村桜池水論治定絵図」に「法隆寺領」と記載されている地域にあたるのではないだろうか（図11、なお伊藤寿和「大和国斑鳩地域の溜池をめぐって」〈『歴史地理学紀要』二九、一九八七〉に同種の地図トレース図が掲載されている）。

したがって、そうだとするならば先の大落書に際して参加していたのは両郷をこえた範囲からということになる。法隆寺と周辺地域との関係は、直轄郷たる東西郷と、それ以外の近隣近郷の村落という濃淡差を持つ二種から成り立っていたのではあるまいか。

『寺要日記』三月の「龍田三十講并夷祭」の項には、竜田社西浦に勧請された夷《えびす》祭礼のことを記すが、夷祭では、当初法隆寺に御輿を入れて、そのあと「両郷并近隣近郷」に渡し、そこで入れ替わり猿楽を仕《つかまつ》っていたという。このように法隆寺両郷とその周辺郷が、竜田社祭礼にあっては共同で参画することがあった。竜田社を紐《ちゅう》帯《たい》とする地域的なまとまりが法隆寺両郷よりも広い範囲で存在しており、そのなかで次第に法隆寺および東西郷の位置が増大していくという状況があったのであろう。

東西両郷の諸役と刀禰

『カタカンナ双紙』には、文和三年（一三五四）、「番匠大工」に「西里六郎宗国」が補任されたことが記されているが、彼のような番匠のほか、鋳物師《いもじ》や塗師など本章第一節2（三七三頁以下）

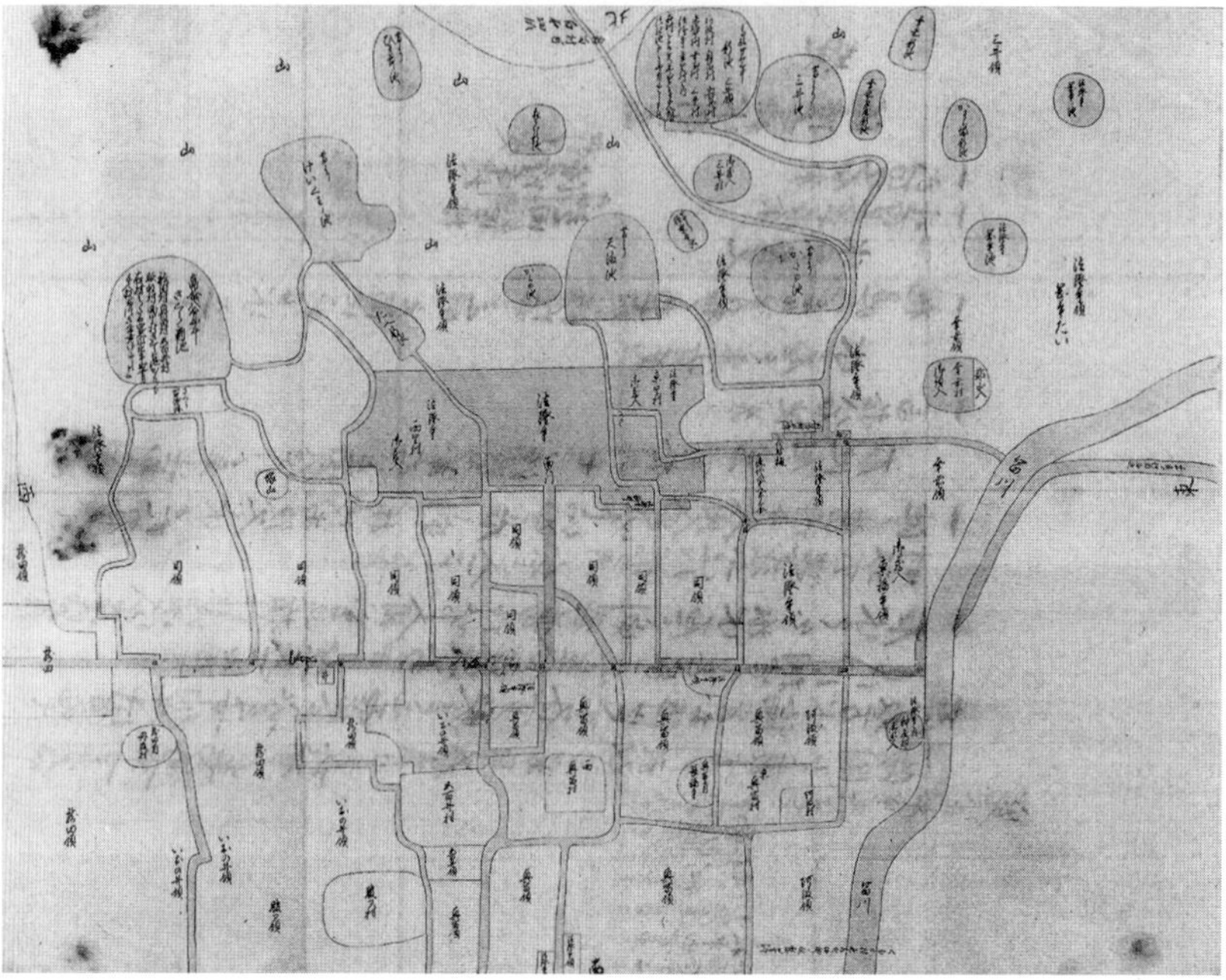

図11　法隆寺村桜池水論治定絵図

であげたようなさまざまな職掌人たちが、この東西郷に居住していたことと思われる。したがってここはおのずと一種の都市的な場を形成していたとも考えられる。

『寺要日記』によると、八月二四日には、東郷では常楽寺祭、西郷では上堂祭が同日に行われており、おそらく両郷の郷民は、それぞれ常楽寺や上堂の結衆として、その祭礼を行っていたのであろう。ちなみに常楽寺には法隆寺によって市が立てられていたことが知られている。法隆寺の鎮守神竜田神社の祭礼などにおいて、両郷は近隣近郷の村々とともに、御輿供奉や猿楽田楽を勤仕するなどして、地域共通の祭祀圏をかたちづくっていたが、このような市の存在も、直轄郷と近隣郷とを経済的に連結させる機能を果たしていたことであろう。

両郷郷民らは、当然のことながら、さまざまな法隆寺での年中行事遂行のための役を負担していた。『寺要日記』によれば、正月心経会の幡立てのために竹切り役、正月一四日金堂修正会中の「牛玉湯《ごおう》」を沸かす際の「焼木」の取り集め（貞和二年〈一三四六〉からは家別一〇文となる――『史料集成』2所収「吉祥御願御行旧記」）、正月一六日上宮王院修正月の夜荘厳《しょうごん》役、七月一三日大掃除では境内の一部掃除を担当、などなどが確認できる。

このほか法隆寺による検断活動にあたって、直接現地に発向し、住屋焼き払いなどに携わることもあったし（『嘉元記』延慶二年〈一三〇九〉一一月一四日・延文二年〈一三五七〉三月九日など）、犯科人懸賞金の家別負担や軍役負担のような、臨時の諸役などがあったことはすでに述べた（四〇四〜五頁参照――『嘉元記』建武五年〈暦応元＝一三三八〉・暦応二年）。

東西両郷の郷民の中心にあって法隆寺との間の連絡役となったのが刀禰《とね》であり、彼らは林屋辰三郎氏によって、自治的な寺辺郷村落の長老的な存在だと性格づけられた。

たしかにそのような一面があることは事実であるが、刀禰はあくまでも法隆寺によって補任される職であったことも見逃すわけにはいかない。

正和三年（一三一四）法隆寺沙汰衆らは東西刀禰について、次のような三カ条を定めている。

定め置く　東西両郷刀禰職の間の事正文は年会櫃にこれあり

合

一　機量の躰を簡定し、刀禰職に補任せしむべき事

一　任料二斛を以て、寺庫の沙汰人の許《もと》に運上せしめ、その後補任の状を成し下し賜うべき事

一　三輩一同の評定に任せて、輙《たやす》く少分の沙汰として、彼の職に補すべからざる事

（『法隆寺置文契状等大要抄』、三九六〜七頁の表3—No.18）

（以下略）

刀禰となるためにはその器量と、そして刀禰成任料《にんりょう》をきちんと支払うこと、これがその重要な要件とされた。刀禰は細々とした「寺役郷役」を免れるという特権をもっていたので、希望するものも多かったのであろう。こうした規定が法隆寺僧によって定められていたのである。

その人数について、林屋辰三郎氏は前掲論文中で東西両郷で各五人と推定したが、史料をみる限りあまり一定しておらず、特に定員といったものはなかったようである。寛喜二年（一二三〇）東院夢殿棟札の裏面では刀禰は三名を数えることができたが、『法隆寺置文契状等大要抄』所収の弘安九年（一二八六）一一月請文では、東郷刀禰二人、西郷刀禰三人が連署していた（前掲表3—No.6）。南北朝期から室町期にみえる曳出物《ひきでもの》分配史料を通覧すると、建武四年（一三三七）正月一二日金堂御行餅下行注文では、一四人の刀禰に一枚ずつの餅が与えられていたが（『史料集成』2所収「吉祥御願御行旧記」）、そのほかでは、少ない場合は五名（永正四年〈一五〇七〉正月一八日「上宮王院修正会免田餅支配状」法隆寺文書ハ函二七）、多い場合には三〇人（永和二年〈一三七六〉七月一七日「寺務拝堂大僧供曳帳」法隆寺文書ハ函一〇九）となっており、やはり一定していない。

刀禰は寺辺郷にあってその有力な存在ではあったが、このように任料を納め寺家から補任されるという寺家職掌人としての一面ももち、法隆寺の儀式に参加して下行に預かる存在であった。したがって彼らを単純に自治的郷村の長老やリーダー的存在と規定して済ますわけにはいかない。また東西寺辺郷における自治というものも、自己完結的で独立したものというよりも、あくまでも法隆寺を中核とする自力救済の世界の中に位置づけられることで成立していたといえるだろう。

こうした性格は生産の根幹である用水をめぐるあり方においてさらにはっきりとあらわれる。

3　雨乞い祈禱と用水池

『請雨旧記』にみえる祈雨

中世宗教が担う現世利益の祈りのひとつとして、雨乞いは大変重要なものである。地域の寺院としての法隆寺でもそれは同様であり、雨乞行事に関しては寺辺の郷民とも共同した豊富な事例が確認できる。その様子は『嘉元記』からも十分にうかがえるところであるが、これとは別に、まとまった史料として、鎌倉末から戦国時代にわたる雨乞い活動を記録した『請雨旧記』（法隆寺文書甲函一八・一九）が法隆寺に伝わっている。

『請雨旧記』（甲函一八）は、貞治五年（一三六六）に寺僧懐暁《かいぎょう》がまとめた鎌倉時代末以来の雨乞いと雨悦に関する行事記録である。懐暁は、同じ年に『寺要日記』書写も行っており、この『請雨旧記』も南北朝期の重要な寺誌記録とりまとめの動きのひとつといえよう。本書は前闕のため、いつ頃からの記録があったかは不明だが、途中から始まっている冒頭の記事は、内容からみて正和五年（一三一六）九月聖霊院で行われた雨悦の記事と判断できる。この記事以降、貞治四年まで一〇あまりの事例がまとめて記され、さらにその後を懐暁とは別の人物が書き継いでいる。もう一冊の『請雨旧記』（甲函一九）は、その後の時代、すなわち明徳四年（一三九三）から天文二二年（一五五三）までの雨乞い活動について、順次書き継いだものである。

これらをもとに、どのような祈雨活動がなされたかをごく簡単にみておこう。だいたい最初に行われるのが、大般若経転読で、これは講堂と龍池でそれぞれ行われた。そのあとは経典の書写がなされ、その供養は中門で実施されている。その次の段階として、寺僧らはあらためて持斎をしたうえで、上宮王院礼堂や竜田宮において大規模な一〇〇〇巻読経をはじめる。また他方、参籠衆が選ばれて学衆禅衆がそれぞれ龍池での山籠りをして勤行を行う。龍池の参籠衆は当初の数日間は一日一食であるが、そこで効果があらわれなければ断食行へと移った。

こうした法隆寺寺僧らの活動にあわせて、時に東西郷民による「一万度」もあった。この様子について、文和元年（一三五二）八月五日の場合は次のように記されている。

辰時ヨリ始テ両郷一万度十五以上皆参、東郷五千度、西郷五千度、中門ノ前ヨリ東ヘ聖霊院ノ御前ヲトオリテ宝光院ノ西ウラヲ南ヘ橋ヲ渡リテ東ヘ、東院ノ上宮王院ノ北ウラヘ東南ヘマワリテ四足ヲ出テ中門ノ前マテヲ一返トス、服者等ノケカレノ物ハ別ニ御舎利堂伝法堂ヲマワル云々

当日ニハ八千五百度云々、次日一千五百度、午時ニ於礼堂供養導師一﨟湛舜僧都登高座説法在之、布施両方寄合テ百文云々

（『請雨旧記』法隆寺文書甲函一八）

東西郷民の一五歳以上のものが全員参加し、中門前から、聖霊院前、宝光院の横を通って東大門を経て、上宮王院をぐるりとめぐり、また中門に戻る。これを繰り返し行うのである。喪に服するものなどは、これとは別に東院の舎利堂・伝法堂をまわったとある。

室町期の奈良においても郷民らが南円堂や春日社をめぐっての祈雨儀礼が行われていたことが知られているが、それと同様のものが法隆寺でも確認できる。満行後は、法隆寺の学侶一﨟による説法が礼堂でなされている。祈雨の儀礼は農業生産を左右する死活問題であり、法隆寺寺僧と郷民が一体となって、さまざまな方策がとられていたことがわかる。

願いが叶い雨が降ると、「雨悦」の行事がやはり寺僧や郷民らの多数参加のもとで行われた。延年芸能の田楽猿楽や相撲、験競《げんくらべ》が行われ、また最勝王経読経や仁王講百座など、立願の際に寺僧や郷民が行った誓いや約束事に則《のっと》って、さまざまな法楽が、捧げられたのである。

ところで、この祈雨のための参籠が行われていた龍池というのは、法隆寺背後の矢田丘陵《やたきゅうりょう》内で、今、慶花池《けいかいけ》がある西方の小池であり、付近には蔵王堂もあった。これは建久八年（一一九七）の大旱魃の時、第五章第一節3（二九四頁以下参照）でも言及した五師大法師隆詮が中心となって掘り当てた龍穴であり、隆詮がここに善達龍王を勧請したと伝えられている。以来、この場所は降雨祈禱の霊験あらたかな場とされていた。その由来については、隆詮から伝授され太子伝を大成したことで有名な顕真が、『太子伝私記』や「法隆寺花山龍池縁起」（法隆寺文書別集良訓本三五）にまとめている。隆詮が中世法隆寺整備に活躍した人物であることは先に述べたが、ちょうど同じ頃、彼は祈雨という人々の切実な願望に対して具体的に応えられるような手段についても整えていたのであった。このことについては十分に注意をしておく必要があるだろう。

中世法隆寺が、このように地域の生産活動に寄与する勧農機能を宗教面以外の具体的方策としても十分に人々に供していたこと、このことは見過ごせない。

用水池の築造

たとえば用水池築造は法隆寺が中心となって人々や資材を調達編成することで実現された。文永一〇年（一二七三）二月から龍池の河上を築き籠めて池とする工事が行われたが、その沙汰人は禅宗・学衆・成業《じょうごう》から各一人が勤め、最初の一〇日あまりは禅宗の浄行不浄行が築き、のちには一寺の禅学郷民が参加、さらに服など三里（五百井・服・丹後）・笠目・興富らの里も勧めに応じたという（『嘉元記』）。学衆禅衆と寺辺郷民が中核となりながらも、さらに近隣郷民も集い池の造築工事が進められた。『別当記』はこの池を大谷池と称しているが、弘安三年（一二八〇）には堤が切れて流失したとあって、その所在ははっきりしない。ただ龍池の河上というから、これも矢田丘陵内の谷をせき止めてつくった池であったことはまちがいない。

また、応安四年（一三七一）一〇月には五師所評定の場で、寺領用水のために琵琶田を新池とし、年内着工す

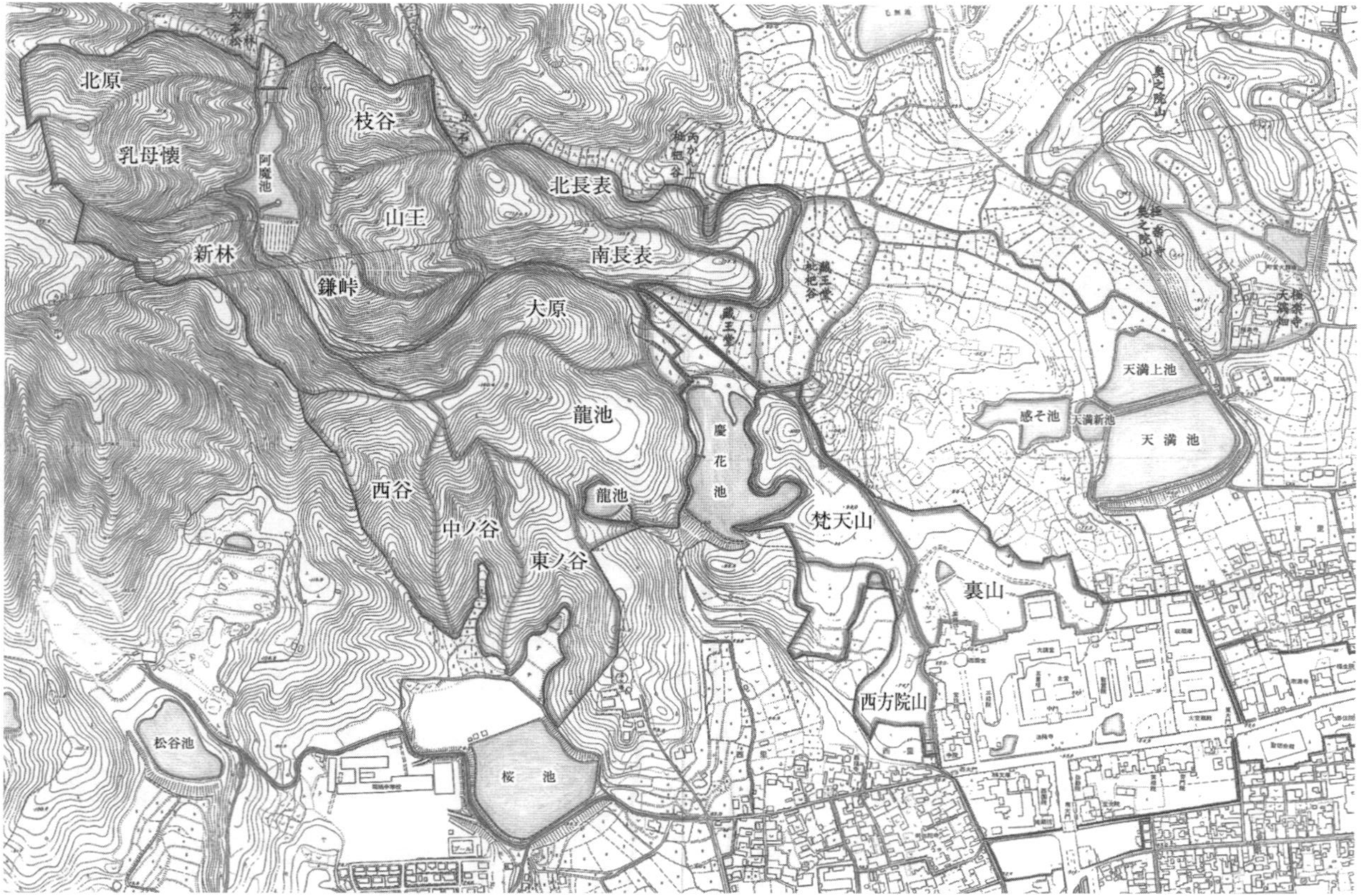

図12　法隆寺北側山林の字名と池

ることになった。池堤を築くために鍛冶・番匠・塗師等諸職人の食料など費用調達のために段米《たんまい》賦課することなどが定められている（「五師所方評定引付」法隆寺文書甲函一六）。のちの史料に琵琶谷池としてみえるものだが、これも現存していない。慶花池北方に「枇杷《びわ》谷」との地名が残るので、そのあたりの谷筋を築堤でせき止め池としたものだろう。

古くは、今、天満池とよばれる猪那部《いなべ》池が（図13）、一二世紀初頭の別当定真の代にはじめて築造され、次代の別当経尋の時にその樋の造替が行われたこと、このことが『別当記』に記載されている。詳細は不明であるが、この池築造に法隆寺が関与したことは間違いない。時期的にみても、既述したように寺辺には東西里が登場し、法隆寺が中世的な地域寺院としての性格を強めていく頃と一致しており、法隆寺は、このような貴重な雨水集積源である矢田丘陵の南山麓に位置する地の利を生かし、その谷筋に池を作るなどして、平地部に対する勧農機能というものを強く意識していたことであろう。

図13　天満池

池用水の用益と管理

用水池策造に法隆寺が大きく貢献していた以上、その用益についても同寺が大きな権限を行使したことはいうまでもないことであった。『嘉元記』暦応二年（一三三九）の天童米盗人事件に関する記事のなかに、所領と用水の関係について次のような表現がみえる。

当院家の私領として、全く法隆寺の領内に非ず、而る間寺役勤仕なきに依り要水を入れず、偏えに別相伝の私領也、

寺役を勤仕していないので用水を利用していないと述べており、寺役勤仕

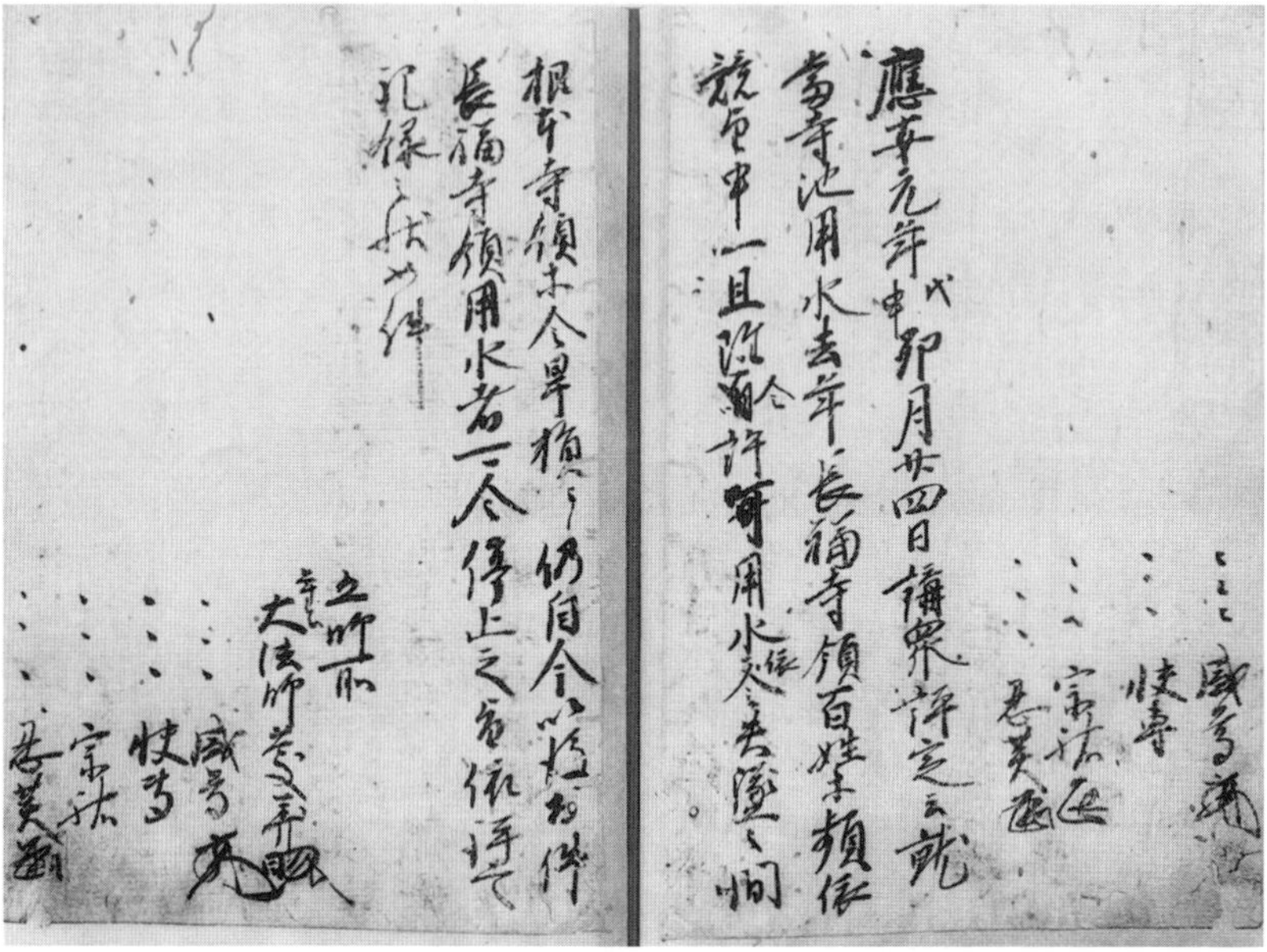

図14　「五師所方評定引付」応安元年４月24日条評定（法隆寺文書甲函16）

のための土地ということと用水利用が不可分であるとする意識が、ここにはっきりとうかがえるのである。すなわち用水利用のためには寺役を勤仕することが必要なのであった。

応安元年（一三六八）は旱魃《かんばつ》だったようで、この年の五師所ではさかんに池用水の使用に関する評定がなされている。主なものをあげれば、以下のようなものがみえる（「五師所方評定引付」法隆寺文書甲函一六／図14）。

長福寺領の百姓が歎くので去年は当寺池用水を許可したが、そのために根本寺領が失墜旱損となってしまった。そこでこれ以後は禁止する（四月二四日条）。

禅円房が悔過谷池の水を用いることを禁止。自由に入用すれば禅円房ならびに池守を罪科とする（五月一四日条）。

天満神楽田の用水利用について、これは寺領ではないが、神楽免《かぐらめん》・西円堂油田であるので特別の儀として池水を入れることを認める（五月一八日条）。

いずれの評議からも、池水について法隆寺が強い管理権を行使していたさまが読みとれよう。法隆寺では、このような池水や堤を管理するために、「池守《いけもり》」なる職掌人が定められていた。それは四つの池（天満池・悔過谷池・鹿田池・琵琶谷池）に四人ないし五人（天満池に二人の場合）があたっていたことが確認できる（法隆寺文書ロ函一四五・ハ函一〇八）。彼らは池水の不正使用がないように見張るとともに、大雨洪水時の池堤の保全にあたることを職務としていた。先の評定にあるように、勝手な用水利用を許すと、みずからも罪科に処された。また、このほかに、池堤修理などにあたっては池奉行が存在していたことも確認できる（「五師所評定引付」法隆寺文書甲函一七、康暦元年一二月五日条）。

こうした用水管理のありかたから容易に判断されるように、池水を盗んだものに対しては、厳しい処罰が加えられた。田地にはシメを立て、住屋検封等の処置がとられた事例が確認できる（『カタカンナ双紙』康安二年）。また、堤を切ったものに対しては「落書」によって犯人を捜し出し、速やかに罪科に処すことも評定されている（「五師所評定引付」法隆寺文書甲一七、至徳元年五月二四日条）。

地域の中核として法隆寺が勧農に果たした役割はまことに大きなものがあった。ここでは用水池についてみてみたが、このほかにも例えば、周辺の山や山木の用益についても、用水と同様に、周辺住民と法隆寺の間でのやりとりがあったことが史料上で確認できる。用水や山木の利用という、周辺地域の人々にとって日々の生産や生活のうえで重要な要素が法隆寺の強い管理下にあるということは、人々は自然と法隆寺に頼らざるを得ないという構造ができあがっていくことを意味している。そして、そこからの逸脱は処罰の対象となった。この意味では中世法隆寺は地域を基盤として地域に支えられるという一面と同時に、地域における領主としての性格を持っていたともいえるだろう。南北朝期の「五師所評定引付」をみると、その処罰規定として、「寺僧」に対しては出仕停止、郷民の場合は住屋検封や田畠点定ということがしばしばみえている。五師所評定の場において、寺僧のみならず郷民に対してもその処罰規定を設けることは通例であったのである。

法隆寺は地域の寺院として、人々の願いを受け止め、それに応えるさまざまな活動を行っていたことはまちがいない。個々の人々にとっては「現世安穏、後世菩提」というのがもっとも概括的な願いであったろうが、社会的なレベルでいえば「天下太平、五穀豊穣、寺中繁昌、郷内安穏」(『寺要日記』二月一日常楽寺修二会項)というのが一般的なところといえるだろう。こうした願いに応えるべくさまざまな法会法要の実施や読経祈禱など宗教活動がなされていたが、その一方では、きわめて具体的かつ現実的な方策も構じられていたのであった。強盗、殺人、放火などの犯罪に対しては、落書の実施や武力発動など検断沙汰を行使して地域の自力救済機能を実現し、そして生産活動においては用水管理などの勧農機能を担っていたのである。これらの機能や役割によって地域の郷内安穏や五穀豊穣の実現がはかられていた。こうしたありかたはまさしく広く中世寺院一般がもつ特質であり、法隆寺もまったくその例外ではなかったのである。

第三節　法隆寺と寺領

1　法隆寺とその周辺

法隆寺は、堂塔伽藍を中心とする地域が中核であることは当然のことであるが、伽藍の内部や周囲に子院が成立してくると、「寺中」の概念が広がってくる。そして従来は隔絶されべき寺中と、その周辺に広がっていく子院、さらには法隆寺東大門、西大門に至る道筋に連なる集落をも併せて「寺中」とみなされるようになる。興福寺や東大寺において、興福寺郷、東大寺郷と称される寺辺の郷が存在したように、法隆寺でも同様に周辺郷が発達し、それが東西両郷であったのである。

法隆寺とその周辺の寺領との関係を『嘉元記』でみてみよう。

例えば延慶二年（一三〇九）一二月の記事には、「寺領タルニヨッテ、両郷発向セシメテ、幸前ノハク屋一宇焼失シ了ヌ」とあり、東西両郷は「寺領」と認識されていたことがわかる。それ以外の地域でも、同年八月、飽波領二六町余に差し押さえの点札を立てている。この件に関しては、興福寺とのやり取りがあったが、結局法隆寺の沙汰による刈り取りが行われている。

図15　竜田神社

正和三年（一三一四）には神南荘に地頭が入部する事件があったが、公文以下が蜂起して、追い出している。また文和三年（一三五四）七月に、竜田社頭より幸前荘へ神宝が振り入れられ、一〇月に帰座している。また延文二年（一三五七）三月に神南荘に対し神人からの要求により清掃用途三貫文を惣寺沙汰として立て替えたときには、神南荘下司《げし》・百姓上酋《じょうしゅう》らがその返却に応じなかった。その処置として、彼らを罪科に処し、その作田の点定が行われた結果、返却に応じることになった事件が記されている。

東西両郷に対して、法隆寺は両郷の「大行事」を通して検断権を行使した。また建武五年（一三三八）閏七月盗人などが頸切りの処刑をされたとき、下文の用途を請求されているが、成業以上、中﨟、下﨟以下寺僧、刀禰・番匠大工、両郷家、中綱他、堂童子他などが各階層によって異なる額の負担を課されており、両郷家も寺僧と同様に負担を分担する立場であった。

このように東西両郷をはじめ周辺の所領は、課税の対象として法隆寺の経済的基盤としての側面を持っており、検断についても法隆寺が携わるところであった。

さらに東西両郷については、例えば正嘉二年（一二五八）五月の竜田会神事にかんして竜田社神人と信貴山山僧の間で闘乱が起こったとき、法隆寺は興福寺西金堂衆・東金堂衆の助力を得て、堂衆ならびに郷民七〇〇余人が信貴山に討ち入り、山郷を焼き払った記事（『別当記』「別当次第」尊海の項）がみえ、そこに法隆寺と周辺郷民の一体的行動が指摘されている（『斑鳩町史』）。また弘長元年（一二六一）九月、後嵯峨上皇の行幸に際しては、路次整備のため、中門前の芝を東西郷民が清掃を行っており、また東西郷民が南大門門前の参道左右に松を植えるなど、大いに協力していることが判る（『別当記』）。

法隆寺と東西両郷の緊密性は、検断という警察的支配につき第六章第二節2（四一〇頁以下参照）の記述やいま掲げたところからもうかがわれるが、今度はその地域的まとまりを芸能からみてみよう。

寺と周辺での芸能行事

ここでもとりあげる史料は『嘉元記』である。そこには、法隆寺境内で執り行われる風流などの様子が記されている。例えば、徳治三年（一三〇八）八月に別当実懸が拝堂したときには、聖霊院の前にて延年舞が行われ、さらに翌日には別当坊の前で延年、田楽、風流が行われた。田楽衆一〇人には成業以下がなり、風流衆には猿楽衆五人・若音二人、そして管弦や鐘突きを担当する児七人で行事が執り行われた。

康安二年（一三六二）三月には源春坊五師が「法隆寺縁起白拍子」を制作したとの記事が『嘉元記』にみられるが、そのことが中花園での天満講談義のあとに披露されている。延慶四年（一三一一）三月には、西郷の夷祭が行われ、竜田の一群が猿楽を行っている。このときに竜田の石切二郎という人物の刃傷事件が発生したために『嘉元記』に記されることになったのであるが、法隆寺周辺の郷相互間の繋がりのなかに、事件発生に際して検断などでの法隆寺の関わりがみられる。

正和四年（一三一五）二月には、禁止されているにもかかわらず回廊の未申西裏の連子に松木の的を懸け、弓射が行われた。衆分集会で制禁を加えたが、承引しなかったので、ここでも衆分と弓射をした者の間で、刃傷沙汰が起こっている。

『嘉元記』には、請雨、雨悦により行われた延年舞、田楽などの記事が多い。

例えば正和五年九月、請雨行事によって待望の雨があったものか、雨悦として聖霊院にて延年舞、風流舞が執り行われており、また元応二年（一三二〇）一〇月には、竜田宮宝前で雨悦のための田楽猿楽両座が営まれている。また延慶二年（一三〇九）五月には内山童舞、三年には菩提山童舞など他寺院との関係で行われる行事もみられる。

以上のような状況は、法隆寺とその鎮守である竜田社、周辺地域としての東西郷とその郷民が、一つの地域的信仰圏を形成していることがわかる。

2　播磨国鵤荘の展開

『鵤庄引付』

「嘉暦四年図」（口絵16）「至徳三年写図」の段階で、播磨国鵤荘は一部弘山荘により押領されていたとはいえ、ほぼ法隆寺の一円所領として確立していた。そしてさらに戦国時代まで法隆寺はその支配を何とか維持していくのであるが、その法隆寺の鵤荘支配の実態はいかなるものであったであろうか。

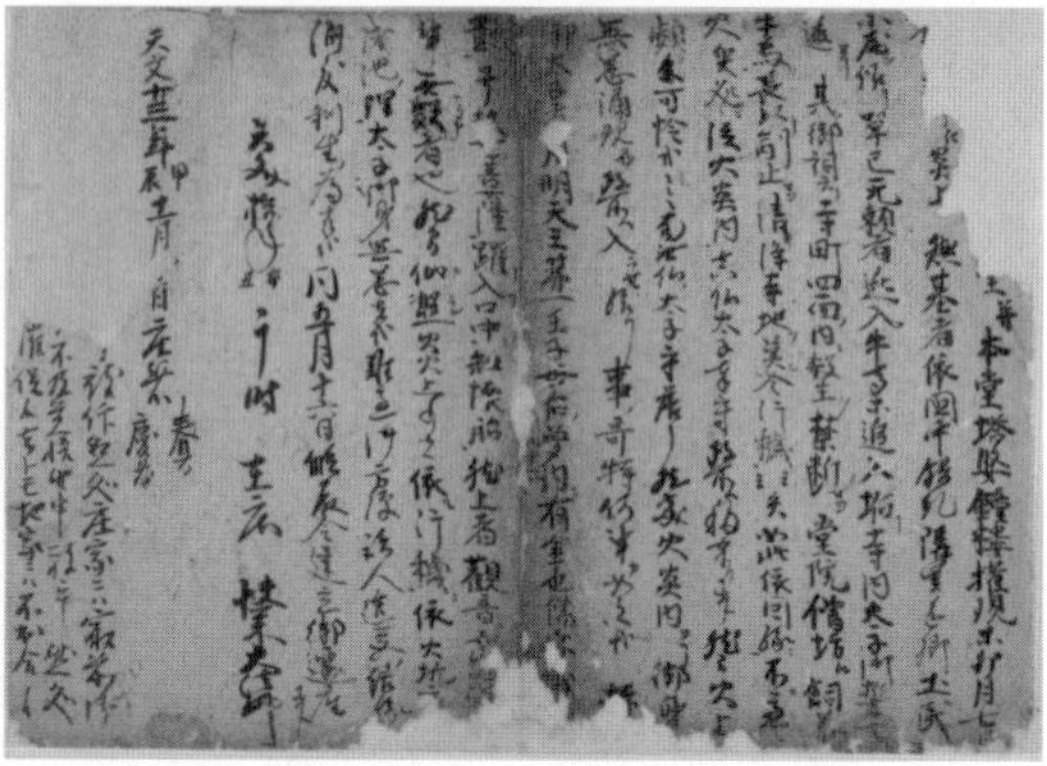

図16　『鵤庄引付』天文10年条

それを物語る史料として、応永五年（一三九八）から天文一四年（一五四五）にかけて書き継がれた『鵤庄引付』という冊子体の史料がある（図16）。その史料から鵤荘の実態をみてみよう。

まず鵤荘の村落としての構成であるが、もとは東方、西方に分かれていて、東方は平方《ひらかた》・東北（東保）・東南条と呼ばれる三区域から、西方は福田・馬場・鵤条の三区域から成り立っていた。そして東方から松田・助久《すけひさ》・東出が分村し、西方から内山・上福田などが分村して、あわせて一二村の村落が所属していた。

その『鵤庄引付』には鵤荘の支配を行うために置かれたいろいろな役職がみえる。鵤荘は、政所によって支配されていたが、居住する建物としての政所は、『鵤庄引付』所収応永六年（一三九九）八月二二日鵤荘政所舎宅并敷地契約状案に、「政所居宅并敷地」の所在は「合久安名内四段卅代并政所屋宅一円者」とあり、また『鵤庄引付』所収同年五月八日理趣三昧料田寄進状案によれば、「合壱処者　播磨国鵤庄西方条久安名内政所一宇　同屋敷等事　堀外北浦卅代」云々とあって、政所の一つは鵤荘西方の久安名《ひさやすみょう》内に所在したことが知られる。それは「九月廿一ヨリ政所三方堀ヲホル、六ケ村ノ普請也」（天文一四年〈一五四五〉条）とあるように東南西の三方を堀で囲まれていた。

鵤荘現地には法隆寺から「預所《あずかりどころ》」が派遣され、荘園の管理・運営にあたり、同じく法隆寺から任命された「筆取《ふでとり》（筆師）」が預所の業務を補佐した。預所・筆取は東方・西方それぞれに置かれたようで、法隆寺から派遣され、鵤荘の荘園経営で手腕を発揮した預所は、任を終えて寺に帰ると、寺内における綱封倉《こうふうそう》沙汰人、さらには五師所の一員に昇進する例が多く、鵤荘預所の勤務が重要視されていたかがわかる。

鵤荘は東西二条に二分され、東西両条にそれぞれ政所が置かれ、その長官として預所が法隆寺から任命されたのである。なおこのふたつの政所は、正長元年（一四二八）までは、南北政所と呼ばれていたことから、当初南北に位置して設けられたもようであるが、その後永享四年（一四三二）になると、東西政所と呼ばれるようになる。鵤荘の年貢は、法隆寺に納められ、年会五師《ねんえごし》が受け取り、綱封倉沙汰人二人によって収納された。年会五師は、法隆寺経営の中心人物で、法隆寺では綱封倉沙汰人や鵤荘預所から年会五師と昇進するのが順序であった。鵤荘経営の任が法隆寺において重要であったことを物語ろう。

預所の下には、補佐役として筆取が法隆寺から任命されたが、預所が不在のときは、預所代に任命されて、荘務を代行した場合もあった。

預所・筆取以外に、鵤荘政所公文・図師・中司《ちゅうじ》・下司・沙汰人などの役職が存在し、それらには多く在地の有力者が任命されている。

おおむね在地で実力的に勝れていた人物が任命される公文は東方・西方各一名ずつ置かれたが、年貢収納のためなどに公文は法隆寺から派遣される場合もあった。そして公文には、別給米が支給され、名田を保有するものが多かった。公文職については、康永三年（一三四四）山本三郎覚誉《かくよ》が西方公文職を押領したことがあったが、それに対し足利尊氏はその押妨をとどめ、法隆寺が持つ公文職に対する補任の権限を確認した。公文職は東西両条に置かれた公文所に各一人ずついた。室町時代の公文職は、東方公文職は実報寺《じっほうじ》氏、西方公文職は内山氏がその任にあった。ともに在地における有力土豪であり、法隆寺と在地百姓との折衝にあたる立場であった。応永二五年（一四一八）鵤荘荘民が逃散をしたとき、百姓をなだめて事件を解決したり、永享五年（一四三三）赤松氏からの兵庫嶋堀人夫徴発のとき、その負担軽減に活躍したのも、さらに永正一一年（一五一四）小宅荘との水争いの際にも活躍したのが公文であった。

図師は東西政所に一人ずつ置かれた。図師は年貢などの算出を行い、公文が政所にその指出を提出して年貢額が決定された。下司は、平安時代末期から鎌倉時代にかけては、在地における最大の実力者であったが、次第に力を失い、室町時代には全く勢力を失ってしまった。沙汰人は、荘内で起きた各種の事件の処理を担当するもので、数名が政所に直属した。

さらに荘内には次のような役職もみえる。

定使は毎年荘内の重要時期に法隆寺から派遣されて、現地視察を行い、年貢納入の円滑化を図った。田所は公文のもとで田地管理の役割を果たし、中司は東方条の平方、東保、東南各条に各一人ずつ置かれ、西方条三カ条についても同様であったと考えられる。沙汰人は鵤荘に三人から五人ほど置かれ、荘内有力土豪層から選ばれ、政所の命令、荘例により決定されたこと、衆議による取り決めなどに従い、荘内で発生した事件の処理にあたった。寺兵士は、荘民が寺家に勤務するために徴集され、荘内各地に分宿して警備にあったもので、荘民の課役であった。

このような多様な役職により法隆寺の鵤荘の支配は維持されていたのである。

鵤荘の年貢賦課の単位は「名田」にまとめられる。在地の有力者が、政所から名田職または名主に補任され、年貢納入単位の責任者を勤めるのである。名主になる名主層といえる階層には、実報寺・内山・玉田・五百井・平方・浦上・田尻・周世・辛川・中・山下・沢・円山などの諸氏があげられる。そのうち実報寺氏は東方の公文・

沙汰人にも任命され、内山氏は西方の公文に任命されるなどの実力者であったことは先に触れた。

年貢賦課単位の名田の規模は、複数の条にまたがる「吉永名」が最も大規模で、西方吉永「八拾弐石六斗六升三合」、東保吉永「卅六石九斗九升七合」、東南吉永「四十二石三斗五升八合」および平方吉永「三十一石三斗二升四合」のあわせて計一九三石三斗四升二合におよぶ（『鵤庄引付』所収永享五年〈一四三三〉一二月一一日注進状案）。

鵤荘荘民である農民の負担は、通常の年貢をはじめ、各名に割り当てられる荘官たちのために佃《つくだ》を耕作することや、諸役臨時課役の賦課、「寺兵士」といわれる政所や寺院を守護する役目などであった。

荘内には、名主に隷属して、形式的には一年期限を原則とする請作《うけさく》をし、未進の場合は翌年の請作は保証されない存在である散在請作人も存在した。

一方、南北朝・室町時代を通じて、領家である法隆寺の方では、別当を頂点とする五師所による集団指導体制がとられたが、荘園経営に直接関係するのは、寺庫の綱封蔵を管理する二名の「綱封倉沙汰人」であり、年貢は毎年二時期に分けて冬成《ふゆなり》と春成《はるなり》の年貢として寺納された。そしてそのつど、綱封倉沙汰人が「年貢算用状」という報告書を作成し、五師所に上申し、その確認を得ることになっていた。

鵤荘からの年貢納入

そこで次に宝徳四年（享徳元＝一四五二）から天文一九年（一五五〇）間の年貢の記録である『播磨国鵤庄御寺務方年貢算用状』（法隆寺文書甲函一五四、『太子町史』第三巻三七二頁）により、その頃の鵤荘から法隆寺への年貢納入状況をみてみよう。

記録がつけられ始めた宝徳四年から以降、文明八年（一四七六）までは「冬成御年貢」「春成御年貢」についてそれぞれ五〇貫文上納と定められていた。そしておおむね文明四年（一四七二）までは、「代米」で納められる「野洲庄檀供」などの用途分を除いた残銭はほぼ順調に納入されていた。

ところが応仁文明の乱（応仁元年〜文明九年）が起こると、法隆寺の鵤荘経営も大いに打撃をうけた。すなわち文明四年（一四七二）冬成年貢・五年春成年貢は記録されず、文明五年冬成年貢は、「天下乱世によって、庄家年貢寺庫に最少のこと運び納め候」という状況になった。そこで文明四年冬成年貢から、春成・冬成年貢ともに一〇貫文宛と減額されたが、その一〇貫文分さえも遅れて納入され、文明六年七月にまとめて記載されることになった。さらにその文明四年冬成・五年春成冬成・六年春成分の各四〇貫文は未納入と記録されている。

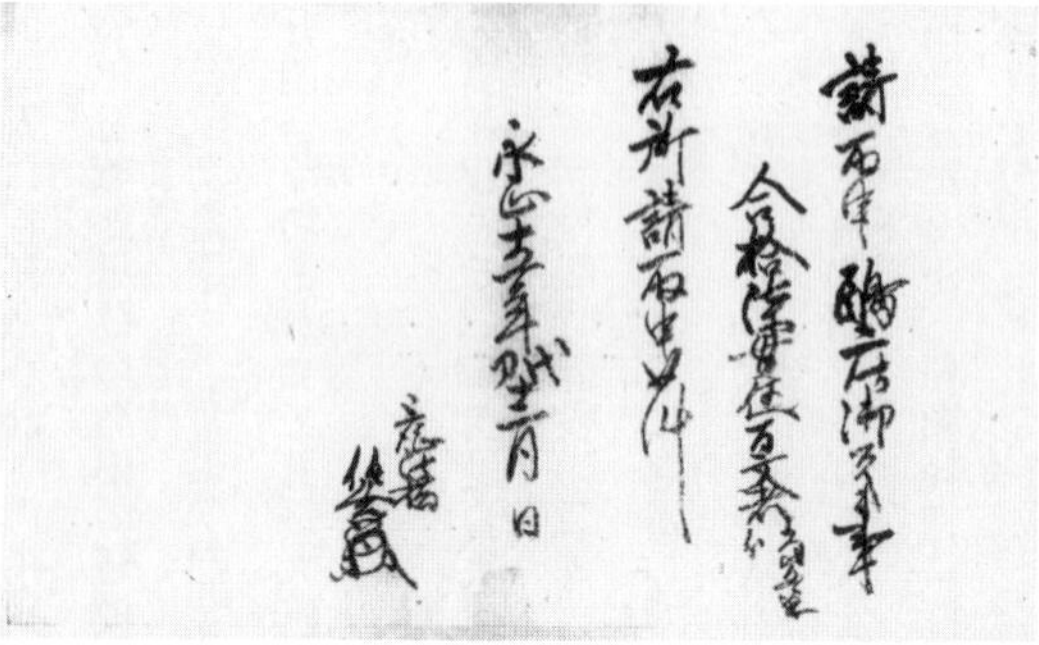

図17　「上総法橋俊玄鵤庄公用銭請取状」（永正15年）

さらに文明七年の「春成年貢」は「同じく夏ころ、小別当へお詫び事申し入れ候ところに、去冬幷春成年貢は、秋の所務有名無実たるによって、廿五貫文ニテ皆済」として、五〇貫文から二五貫文に減額して皆済扱いになっている。

そして文明九年「春成御年貢」は「天下乱世に依って、鵤庄年貢未納之間、大儀詑言企てること色々在り、然りと雖御奉書以下成し下され、此の如く廿五貫文宛ニテ落居し了ぬ」とあり、冬成・春成合わせて五〇貫文に減額され、文明九年以降は春成・冬成ともに二五貫文上納ということになっている。

さらに文明一一年には、「春成冬成は、近年両季に五〇貫文ずつたるといえども、なお以て庄家年貢等、寺庫に運納なし」という状態であったので、今後は「春成」「冬成」ともに一七貫五〇〇文を寺納することになった。その年貢額が、記録の最終年の天文一九年まで続く。

しかし室町時代後期になると、公文以下の違乱などにより年貢の減少が起こり、次第に法隆寺の支配力が衰えてくる。さらに鵤荘を取り巻く周辺の情勢の変化も法隆寺の支配力に大きな影響をきたすことになった。

応仁文明の乱のときには、鵤荘から法隆寺に納める年貢未進が起こるが、さらに播磨地方に繰り広げられた山名氏と赤松氏の争乱がうちつづき、さらに永正一七年（一五二〇）から大永三年（一五二三）におよぶ赤松義村と浦上村宗との抗争、そして天文七年（一五三八）出雲からの尼子晴久の軍勢の播磨国への進入などがあり、現地に対する法隆寺の支配力の低下は顕著となった。そして翌八年、不審火により斑鳩寺の堂塔が炎上するなど苦悩の日々が続いた。

古代中世を通じて、鵤荘は法隆寺がいくつかの危機はあったとしても、不輸不入権を持つ一円支配であることを維持できた荘園といえる。それは当荘が、「聖徳太子一円の御領」（至徳二年〈一三八五〉法隆寺学侶等申状案）という意識や「今寺家一円之料所、守護不入之地、而敢えて他の妨無き処也」（永正一五年〈一五一八〉法隆寺学侶等申状案）という強い決意によって維持されたといえよう。ここに根強い聖徳太子信仰、一円所領としての鵤荘の歴史があるといえよう。

そのとき現地にある斑鳩寺の存在が大きいといえる。

斑鳩寺は、平安時代創建当初はどちらかといえば、寺でありながら所領荘園のなかに置かれた荘園管理のための施設としての性格も持っていたと考えられるが、次第に法隆寺末寺として整備されてくる。そして荘域拡大につれて荘務の量が増大し、煩雑化すると、場所を変えて荘園管理が専門の「政所」が設置され、また一方、斑鳩寺の堂塔伽藍（太子堂・講堂・三重塔が法起寺式伽藍配置を構成）が整備されるとともに、信仰対象と荘園管理とは機能分化しつつも、位置的に近隣にあって、両者相俟つことで法隆寺と鵤荘を結びつけたものであろう。その後、斑鳩寺は次第に地域純粋な信仰の中心として存在するようになり、往時は山内に三六の塔頭子院が存在したという。荘民は、斑鳩寺に対し氏子意識を強く持ち、二月七日大般若会から二二・二三日の聖徳太子会式（春会式）までつとめる「御頭」という行事がいまに続くのもそのあらわれである。

また鵤荘が、『鵤庄引付』にみられるような六つの土地区画の集合体から、荘域全体として共同体的性格を帯びた「村」への変質がみられ、荘民たちもみずからの社会集団を「惣」と称し、「惣別」（永正三年〈一五〇六〉一一月二四日条）や「斑鳩寺惣中」（『斑鳩寺古文書写』慶長一七年〈一六一二〉一月一九日条）という文言にその意識をうかがえるとされる。

しかしまた法隆寺の鵤荘への支配力は、豊臣秀吉の播磨侵入によって決定的になくなることになる。秀吉は、中国毛利攻めに際し、天正五年（一五七七）播磨国に入国し、それ以後、上月城宇野氏、三木城別所氏を陥落させ、播磨国を平定すると、天正八年三月、斑鳩寺に対し寺領三〇〇石を保証するなど当初は比較的それまでの権益を保持させる様子であったが、翌九年三月になると寺領を揖東郡における一五〇石に減じて寄進している。文禄の検地以降もこの額は変わらなかった。そしてここに寺領荘園として法隆寺領鵤荘は消滅したのである。

第七章　法隆寺の中世的世界

第一節　室町戦国期の動向と法隆寺

1　法隆寺と大和国内の動向

争乱のなかの法隆寺の動向

京都の北朝と吉野の南朝が争乱を繰り広げた時代、法隆寺はいかなる状況であり、どのように対応したであろうか。暦応二年（一三三九）九月、後醍醐天皇崩御に際して、惣寺使者として北室《きたむろ》良勝房が、供に良覚房と下部《しもべ》犬熊丸《いぬくままる》を連れ、弔いのため吉野に登山している。ところが同九月に興福寺別会《べちえ》五師《ごし》英憲《えいけん》から、南朝方として行動している戒重（階重）西阿《せいあ》入道《にゅうどう》の来襲に対処するため、加勢するようにとの牒状《ちょうじょう》がもたらされた。それをうけて法隆寺では、公文《くもん》四人、下﨟二人、堂家衆五人が武具を用意し、それに東西両郷からの下人一一人をつけ、馬も東西両郷と寺僧衆から、人夫一一人は神南荘から徴発し、糧物も支給して、対応している（『嘉元記』／図1）。

この対応のように法隆寺は、北朝方である興福寺からの要請は断れない存在であったことがわかる。現在伝来

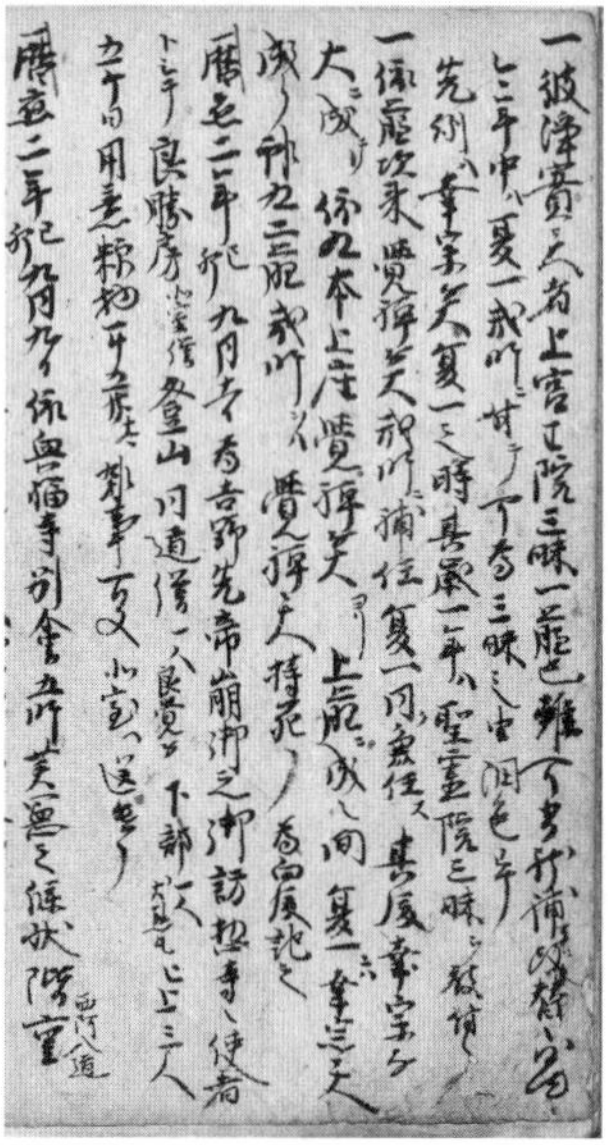

図1『嘉元記』暦応2年9月条

する法隆寺文書の年号は、基本的にはすべてが北朝年号であり、『嘉元記』でも正平一統のとき以外は、同様である。

しかし一方ではこのような出来事もある。法隆寺僧慶祐《けいゆう》は、文和三年（正平九＝一三五四）五月権律師《ごんりっし》、康安元年（正平一六＝一三六一）二月権《ごん》大僧都《だいそうず》に任じられているが、これは南朝方からの南朝年号をもつ宣旨によったものであり、また但馬公永尊《たじまのきみえいそん》は文和三年唯識講《ゆいしきこう》衆になったが、それは「吉野帝方沙汰として奉公有るにより」のためであるといわれている（『嘉元記』）。法隆寺内も南北両派に分かれていたものであろう。

また『嘉元記』観応二年（一三五一）正月に、山城八幡山に立て籠もった三条殿足利直義《ただよし》に兵糧米を送っていることを記す。南北朝の動乱期、北朝方の内部においても足利尊氏の執事高師直《こうのもろなお》・師泰《もろやす》兄弟と尊氏の弟直義との対立があり、当時いったん京都を追われていた直義が大和から京都をうかがい、八幡に進出していたのである。この後、直義は京都に攻め上り、足利義詮《よしあきら》を追い出し、さらに二月尊氏までも摂津の打出浜《うちでのはま》で破るのである。周辺勢力の状況に影響されつつ、対応していることが読みとれる。

一方、鎌倉後期から南北朝期において、法隆寺は周辺郷との結びつきを強めていく。

第六章第二節でも見たとおり（四〇五頁以下参照）、延慶三年（一三一〇）七月、法隆寺内蓮城院に強盗が入った。その摘発には懸賞金がかけられたが、犯人は判明せず、落書起請《らくしょきしょう》が行われた。落書が行われた範囲は、法隆寺・竜田・五百井《いおい》・服《はとり》・丹後・神南《こうなん》・目安《めやす》・吉田・富川・笠目・阿波・神屋・幸前《こうぜん》・三井・興富《おきとみ》・安堵《あんど》・岡崎の一七カ村で、竜田において取り集められ大落書が行われた。落書とは、無記名で犯人についての情報を投票することで、その開票には法隆寺から開衆《ひらきしゅう》として堯禅房《ぎょうぜんぼう》など七人の僧が派遣された。落書は六〇〇余通あり、二人の容疑者があがった。二人は僧侶なので、寺中の事件ということで惣寺で沙汰することになったが、その二人は不実であって、かえって二人の沙汰により実の犯人が摘発され処刑されている（『嘉元記』）。

このとき落書が実施されたのは、現在の斑鳩町内の法隆寺以南、大和川以北の地域が主たる範囲であるが、一部富雄川以南の安堵町にまたがっている。しかし当時の富雄川の流路は現在よりも東に位置していたとされ（『安堵町史』）、そのようであれば、これら一七カ村は領域的に一体性があったといえる。

また文永一〇年（一二七三）二月、法隆寺北方に竜池の川上を築き籠めて悔過谷池《けかだにいけ》を造作したとき、寺内の禅宗方、学侶方の僧侶の指揮のもと、服部、笠目、興富などの里の人々を動員している（『別当記』）。

このように法隆寺周辺の村々は、犯罪の摘発、犯人の処断などの検断や、法隆寺に対する労役の提供などについて、地域としてまとまりのある中世的といえる郷を形成していく。

国人たちの争い

室町時代、大和では武士間における争乱は絶えなかった。その争乱が、社寺に与えた大規模な損害は、源平争乱のときの治承四年（一一八〇）南都焼き討ち、享禄元年（一五二八）の兵火による薬師寺の罹災、永禄一〇年（一五六七）松永久秀と三好三人衆との合戦による東大寺大仏殿焼亡などが思い浮かぶが、幸いにも法隆寺は、そのような被害に遭うところがなかった。

南北朝の合一がなされた後も、室町時代から戦国時代に大和国では、後南朝勢力の反幕府の動きがあり、また在地の武士たちも興福寺から離れ、在地領主として独立する傾向を示して、国人間の争乱も絶えなかった。

室町時代、大和国全体を渦中にまきこむ争乱がしばしば起こっている。永享元年(一四二九)七月、衆徒井戸《いど》氏と衆徒豊田中坊《とよたなかぼう》が戦いを始めた。井戸氏には筒井、十市《といち》氏が助力し、豊田中坊には箸尾《はしお》、越智《おち》氏が味方した。幕府からの停止にもかかわらず、戦線は拡大し、大和国全体に広がった。大和永享の乱と呼ばれる争乱である。さらに永享四年一〇月の越智・箸尾勢と筒井勢の戦いで、竜田社が越智勢に焼かれることもあった。この争乱では、筒井勢と越智勢との攻防が一進一退の状態が続き、大和国を南北に二分する状況となるが、越智勢が後南朝勢力と結びついたことが、室町幕府による越智勢の弾圧につながり、ついに永享一一年越智勢の敗北に終わった。

ところが勝者である筒井氏内部でも分裂が起こり、さらには勢力を回復した越智氏と古市氏との対立となった。さらに康正元年(一四五五)に畠山持国が死ぬと、畠山氏の家督をめぐって実子義就《よしなり》と養子政長との対立が激化し、筒井・箸尾・片岡氏などは政長方、越智氏は義就方についた。そして応仁元年(一四六七)一月、京都上御《かみご》霊《りょう》社において始まった義就と政長との合戦を契機として、八代将軍足利義政を推戴し、政長を助けた細川勝元の東軍と義就を助けた山名宗全の西軍が天下を二分して戦う応仁の乱が始まった。この乱でも筒井・箸尾氏などは東軍、越智氏などは西軍につき、大和国内でも二分して国人が相戦う情勢が続いた。

その後大和では、文明九年(一四七七)には筒井氏とそれに与同した国人は没落し、越智・古市氏が勢力を持つようになった。ところが越智・古市氏の間でも反目が出来、古市氏が支援を求めた細川政元の武将赤沢朝経が大和に進入し、興福寺をはじめ各所を攻撃した。朝経が殺された後、細川晴元に属した木沢長政が大和国を支配した期間もあったが、一六世紀中頃になると、当時官符衆徒《かんぷしゅと》棟梁《とうりょう》になっていた筒井順昭が徐々に勢力を持つようになった。それを継いだ子順慶に対し、永禄二年(一五五九)には三好長慶《みよしながよし》の家臣松永久秀が大和に進入した。同五年に三好長慶が畿内を制圧すると、松永久秀も大和の支配を強めていった。そして多聞《たもん》城《じょう》を築城し、そこを根拠としたが、それに対し筒井順慶は三好三人衆と結び、久秀と対峙した。そして永禄一〇年（一五六七）一〇月の両者の戦闘に際し、東大寺大仏殿が罹災したのである。

その後永禄一一年、松永久秀は織田信長から大和国支配を承認されたが、のち信長に背き、今度は逆に信長の支配下に入った筒井順慶に信貴山城《しぎさんじょう》で滅ぼされることになる。

天正八年（一五八〇）九月、信長は、大和一国に対し、指出検地を実施した。興福寺の一九、〇〇〇石、多武《とうの》峰《みね》八〇〇〇石を筆頭に所領の石高を決めたが、法隆寺は一三〇〇石、法隆寺堂方七〇〇石であった。

このように室町時代は、大和国では国人相互の戦闘が、中央勢力の消長に影響されつつ、止むことはなかった。ところが法隆寺は、このような絶え間のないともいえる争乱の中、ほかの諸大寺と異なり兵火の難をうけることなく、その伽藍の堂舎を損なうことがなかったのである。竜田市を近郊に持ち、奈良大城を結ぶ竜田越の街道筋に位置するにもかかわらずである。

そこに幸運とともに、地域に根付いた地域的信仰圏ともいえる力が感じられよう。

2　建築物の変遷

境内現存の建物と絵図にみえる子院

現在、法隆寺境内には国指定だけでも五重塔一基と五四棟の門・堂宇、回廊・築垣などが現存している。その時代別分類は、おおむね次のとおりである。

飛鳥様式　金堂、五重塔、中門、回廊、東室
奈良時代　経蔵、食堂《じきどう》、東大門、東院夢殿、東院伝法堂
平安時代　綱封蔵《こうふうぞう》、大講堂、鐘楼、妻室《つまむろ》

鎌倉時代　東院鐘楼、東院舎利殿・絵殿、東院礼堂、東院回廊、東院四脚門、細殿、聖霊院《しょうりょういん》、三経院・西室、西円堂、上御堂《かみのみどう》、宗源寺四脚門、新堂

室町時代　南大門、大湯屋表門、東院南門、北室院表門、北室院本堂、北室院太子殿、地蔵堂、福園院本堂、宝珠院《ほうしゅいん》本堂、中院本堂、薬師坊庫裡《くり》

桃山時代　大湯屋、西園院客殿、西園院唐門、西園院上土門

江戸時代　西院大垣、西院東南隅子院築垣（宝光院・弥勒院・実相院表門を含む）、西院西南隅子院築垣、東院大垣、律学院本堂、西大門、護摩堂《ごまどう》

これらの建物は、西院伽藍、東院伽藍を中軸に展開しているが、そのことは江戸時代の絵図をみると、西院伽藍と東院伽藍の周辺に数多くの子院が描かれていることからも知られる。

なお江戸時代の法隆寺の石高は、御朱印一〇〇〇石であり、内訳は学侶《がくりょ》方六七〇石、堂衆《どうしゅう》方三三〇石であった。そして子院は、寺格によって学侶方、堂衆方、承仕坊《じょうじぼう》に分けられており、学侶方は二〇坊で花園院、観音院、明王院、地蔵院、西園院、中院、宝珠院、円明院、妙音院、椿蔵院、宝蔵院、知足院、弥勒院、西南院、安養院、松立院、政蔵院、普門院、阿弥陀院、宝光院であり、堂衆方は一九坊で喜多院、仏餉院、橘坊、政南院、東蔵院、福生《ふくしょう》院、発志《ほっし》院、賢聖院、持宝院、文殊院、東住院、福園院、橋之坊、法華院、蓮池院、十方院、蓮光院、善住院、清浄院であった。さらに三綱《さんごう》寺として多聞院、承仕寺として遍照院、円成院、金剛院、そして境内末寺として西方院、宗源寺、北室院、正学寺が存在した。

門と築地

それでは境内の建物を概観することにするが、はじめに、法隆寺の寺域を画する施設である門と築地についてまずふれておく。

門で奈良時代以前の建物が残るのは中門、東大門である。『法隆寺資財帳』にみえる「仏門二口」のうち金剛力士像を安置している門が、現在の中門に該当すると考えられている。その金剛力士像の造立が和銅四年（七一一）とあるので、中門はそれ以前建立とされる。中門の両脇から東西に回廊がとりついている。回廊は『法隆寺資財帳』の記述と一致することから、天平一九年（七四七）以前の造作とみられる。なお北面は元来、回廊によって閉鎖されていたが、大講堂と鐘楼が再建された一〇世紀末頃に、現在のように回廊が大講堂にとりつくような形に変更された。

東大門は西院の東面築地に東院への参道に向かって開かれている。様式からみて天平年間（七二九〜七四九）の建立といわれるが、解体修理によると本来は南面もしくは北面の門であったことが判明しており、それが現在位置に移築されたのである。元の位置は現食堂の南あたりと考えられており、移築の時期は不明であるが、一三世紀の『太子伝私記』に現東大門の記載があるのでそれまでには移転が行われていたことが知られ、平安時代中頃かといわれている。東大門の移転は西院の寺地の拡張を示すものである。

図２　西大門

図３　法隆寺西大門と竜田神社を結ぶ道

南大門は現在南面築地に開かれている。しかし創建当初は、現在中門前の手水屋《ちょうずや》付近にあり、中門と近接していた。南大門が、現位置に移動したのは、長元四年（一〇三一）に再建されたときと考えられており、その再建された門は永享六（一四三四）・七年頃に焼失した。現南大門は棟木銘により永享八～一〇年にかけて再建されたものとしられる。南辺に関しても寺域拡大の現象がみられるのである。南大門は三間一戸八脚門で、入母屋造《いりもやづくり》本瓦葺《ほんかわらぶ》きで、その後慶長一一年（一六〇六）には片桐且元が豊臣秀頼の命をうけ、修理をしている。

なお西大門は、門自体は江戸時代の建物であるが、元の位置を保っている（図2）。

寺地と各院の周囲に築造された築地は、現在西院の南面・東面および西面大垣と東西の子院を囲む築垣が指定されており、版築による造成など古様を伝えているが、ほとんどは元禄年間の修築にかかり、古いものでも慶長年間（一五九六～一六一五）かといわれている。

西院伽藍の建物

それでは西院伽藍の建物はどうであろうか。

回廊に囲まれた金堂、五重塔は西院伽藍創建からの建物であり、法隆寺の骨格である。それに平安時代になり大講堂、鐘楼が再建されたとき、それらもあわせて経蔵も回廊に取り込まれた形に変更がなされた。なお大講堂の位置には、創建当初には食堂があったと想定されている。

大講堂北方の斜面中腹に上御堂がある。上御堂は、平安時代前期に創建されたかと考えられ、平安中期に二度顚倒している。現在の建物は、鎌倉時代末期のもので、文保二年（一三一八）に立柱、上棟が行われた。

回廊東方には、東室・聖霊院、妻室、綱封蔵、食堂・細殿がある。また回廊西方には、西室・三経院、西円堂がある。食堂は『法隆寺資財帳』では政所であった。

ところで平安末期からの聖徳太子信仰の高まりとともに、堂舎の再建、創建が活発に行われた。

法隆寺で現存している堂塔は、平安時代以前に建立されたまま存続する西院伽藍、東院伽藍の堂塔に付け加えて、鎌倉時代に再建された堂舎には、西院の聖霊院・三経院及び西室・上御堂・西円堂、東院の礼堂・舎利殿及び絵殿・袴腰《はかまごし》鐘楼などがある。

まず中世に建造の建物としては、聖霊院があげられる。聖霊院は、西院伽藍東面回廊の東方に建ち、その北には東室がある。聖霊院は、『別当記』によると、弘安七年（一二八四）の造立で、内陣宮殿の中央の間には、聖徳太子四五歳の勝鬘経講讃像《しょうまんぎょうこうさんぞう》、東脇の間に卒末呂王、恵慈法師と地蔵菩薩像、西脇の間に山背大兄王《やましろのおおえのおう》、殖栗《えぐり》王《おう》と如意輪観音菩薩半跏像を祀る。『太子伝私記』には、聖霊院の創立を保安二年（一一二一）としている。

この聖霊院は、平安時代末期から鎌倉時代にかけての太子信仰の高揚をあらわす建物である。

聖霊院は、東僧房の南端三房を堂に改めたもので、棟を南北に通し、妻入りの桁行《けたゆ》き六間、梁行《はりゆ》き五間の切妻《きりつま》造本瓦葺きの主屋に檜皮《ひわだ》葺きの前庇と向拝を設ける。鎌倉時代建築の建物は、法隆寺では興福寺と同じように当時流行の大仏様ではなく、和様の様式の建物である。

東室は、顛倒した大房を保安二年に古材を利用して再建されたもので、『法隆寺資財帳』記載の四棟の僧房のうちの一棟に相当する。再建された僧房は、南三房（柱間六間）分が堂として太子影像を祀る場所とされ、また法隆寺一切経を安置する施設でもあった。そしてさらにその部分が弘安七年に聖霊院として少し幅を拡げ、内・外陣で構成する住宅風仏堂に改築されたのである。

西室の方でも、創建当初の位置からやや西にずれた場所に現在の三経院及び西室が建てられている。当初の僧房が承暦年間（一〇七七～八一）に焼失し、それが鎌倉時代初期、寛喜三年（一二三一）になって再建されたものである。その際、南端七間を三経院として区画し、北一二間が僧房の西室とされた。なお文永五年（一二六八）

にも、「三経院造営、同三経院被立」（『別当記』）との記事があり、西室柱底面にも同年の墨書があることから、この頃にも大きな改造があったと考えられる。三経院は、法華、勝鬘、維摩《ゆいま》の三経を講ずる施設であり、これまた聖徳太子の偉業を継承する意識が強く感じられる。

また西円堂は、創建は奈良時代と考えられるが、当初建物は平安時代、永承年間（一〇四六〜五三）に大破し、現西円堂は鎌倉時代、建長二年（一二五〇）に再建された建物である。その本尊薬師如来像に対する庶民の信仰が盛んになり、武具や鏡の奉納が数多くされるようになるが、法隆寺は聖徳太子信仰とともに庶民信仰の寺としての面も持っているのである。

東院においても、一三世紀に大修理・改築が行われている。夢殿は、寛喜二年に旧材を使用しての大規模な改造が行われ、舎利殿・絵殿は建保七年（一二一九）再建され、東院礼堂は寛喜三年再建である。このように東院の主要な堂舎も、当時の聖徳太子信仰の高揚をうけて、再建が盛んに行われ、東院整備も大規模に実現したのである。

子院の建物

ところで法隆寺では、僧侶として、学侶衆という仏教の修学をもっぱらにする僧侶と、行法を修し、戒律を守ることをもっぱらにする堂方衆《どうほうしゅう》との階層に分かれていた。その両集団は、基本的には学侶が上位にあったが、お互いにその勢力を競い合い、ときには争いを引き起こすこともあった。争いの結果、永享年間には争乱により、南大門を焼失する事件まで起こしている。

僧侶は奈良時代までは、もっぱら回廊の周辺に設けられていた大房・小房からなる僧房に居住していたが、次第に伽藍周辺に子院を設け、そこで居住するようになる。

子院は、平安時代にすでに円成院、金光院、北御門房、東花園院などの名がみえ、一三世紀に入るとさらに西園院、興薗院、松立院、北室院、地蔵院、政南院、中院、西福院、宝光院、瓦坊、法性院、中道院、蓮城院など数多くの子院が記録にみえる。

これらの子院は、南北朝時代から江戸時代にかけて、西院伽藍の周辺や、東院とを結ぶ参道の南北両側を中心に展開した。享禄二年（一五二九）「坊別並僧別納帳」には、学侶坊や堂衆坊の院名や、客僧の名が記録されており、また前述のように江戸初期の法隆寺境内絵図には、西院伽藍と東院伽藍の周辺に東院側二九カ院、西院側四一カ院におよぶ数多くの子院が描かれている。

現存の子院関係で中世の建物とされるものはさほど多くない。以下、それらにつき、若干ふれておこう。現在、西院と東院とを結ぶ参道の北側にある宗源寺は、その地にあった金光院が焼失した跡に元禄一二年（一六九九）に建てられたが、その四脚門は、『太子伝私記』にみえる金光院の四足門にあたり、嘉禎三年（一二三七）木工《もっこう》則清《のりきよ》の造立である。

また南大門を入って西側の築地内にある西園院の門のうち、参道に向かって開く唐《から》門と上土《あげつち》門は、いずれも西園院南隣にあった地蔵院の門が移築されたものである。ともに江戸時代初期をくだらない建物とされる。三経院の西にある中院本堂も、もと地蔵院の本堂で、棟木の墨書銘から永享六年（一四三四）建築と知られる。西園院の客殿も桃山時代か江戸時代初期の建物とされる。宝珠院は、中院の北にある子院であるが、この本堂も永正九年（一五一二）政南院持仏堂として建てられたが、文化一三年（一八一六）に宝珠院に移建された建物である。

このように中世にさかのぼる子院の建物も現存するが、そのほとんどが移築されている。子院は、それ自体で本堂、庫裡《くり》、経庫《きょうこ》などを有し、築地で囲まれている僧侶の居住空間である。したがって居住者の移動などにしたがい、建物の興隆廃亡が珍しくないことから、このような現象が生まれたのであろう。その点は堂塔とは性格が異なるといえよう。

以上、門、西院伽藍、東院伽藍、その周辺建物と概観した。そのことをふまえて法隆寺の建物群を考えると、次のような光景としてとらえられようか。

法隆寺は、聖徳太子信仰の基礎である東院伽藍とともに、創建のときの根幹といえる金堂、五重塔の存在を核とする回廊で囲まれる西院伽藍というふたつの区画を骨格として、西院の一部において鎌倉時代の太子信仰の高揚期に対応して既存建物に改変を加えられ、聖霊院、三経院などの建物が造立され、そして西院、東院の周辺を取り囲み、伽藍を守るように並び立つ子院の建物群、そのような法隆寺のたたずまいが戦乱の被害をうけないまま近世に引き継がれたのである。

第二節　中世の造形と太子信仰

1　太子信仰と毘沙門天信仰の接点

聖律師道静の造像

第四章第二節で説かれるように、一一世後半の法隆寺では聖徳太子信仰の新たな展開がみられる。太子信仰を保つ薬師寺僧道静らが法隆寺に移り住み、はじめ勝鬘会《しょうまんえ》を修し、聖霊会や舎利信仰をも中興し、次にみずからの浄土往生を願って別所を開き迎講《むかえこう》を行ったことがわかる。太子信仰（釈迦・観音信仰）と阿弥陀浄土信仰が、同一の場で矛盾なく一体視されているのが注目される。この時代には太子はさまざまな方法で浄土教に関係づけられたようにみえる。この現象はいかなる意味を含むものだろうか。そして何を生んだのか。中世（院政期から鎌倉時代）法隆寺の造形活動について、聖徳太子信仰をキーワードにしながら考えることにしたい。

そこで前章と重複するが、ここでは太子関係の造像を通して中世法隆寺の歴史的信仰的状況を探ってみたい。「開浦院《さくらいん》住僧解《じゅうそうのげ》」によれば、かつて薬師寺別当であった聖律師道静《どうじょう》は、治暦年間（一〇六五～六九）に法隆寺西別所を開き居住した。道静はまず勝鬘会を修するのが目的だったようだ。勝鬘会が勝鬘経講讃《しょうまんぎょうこうさん》と勝鬘夫人《しょうまんぶにん》讃歎とを中心とするものであれば、ただちに太子の勝鬘経講讃の故事が想起される。一方、この頃には太子が勝鬘夫人の化身と信じられていたことが知られるので、勝鬘会とは、太子（釈迦／勝鬘夫人）が勝鬘経を説き同時に讃歎されるという構造の、重層連環的な修法であったと想像される。その勝鬘会のために道静らは法隆寺寺僧とともに「夢殿之絵」を製作したが、これはいわゆる「勝鬘経講讃図」であったはずだ。その後、嘉承元年（一一〇六）に法隆寺に参詣した大江親通《おおえのちかみち》は、「上宮王院」で「太子俗形絵像影」を拝観した。『七大寺日記』法隆寺上宮王院条には、「上宮王院亦名夢殿又号東院（中略）東西ニ太子俗形絵像影奉懸之、其影像様、太子右ニ恵慈法師影、太子御座前下、蘇我馬子大臣、左ニ小野妹子大臣、右ニ百済呉徳博士等也、可見之」とあって、現在、勝鬘経講讃図として知られる主題（画像としては、例えばのちに述べる「尊智《そんち》比定本」がある）に描かれる恵慈《えじ》、馬子、学哿《がくか》、妹子についての言及がある。太子を中心とする位置関係も相似で、つまり勝鬘経講讃図こそが「開浦院住僧解」のいう「夢殿之絵」にあたると考えたい。なお、大江親通は「東西ニ」太子俗形影像があったとするが、二面とするのは不自然で、ここでは「東面ニ」の誤写の可能性も考え、夢殿の内陣、西側の柱間に東面して懸けられていたかと想像したい。

それでは、この法隆寺夢殿に描かれた当初の勝鬘経講讃図の図像的特徴の詳細とは何か。しかし残念ながら「夢殿之絵」原本は伝わらない。ただこの時点の法隆寺で、法会の本尊像としての太子像が成立しうることは、康平四年（一〇六一）の薬師寺慈恩会《じおんえ》始修の際に描かれたとされる慈恩大師像（現存）から考えても十分に蓋然性がある。「夢殿之絵」の成立は法隆寺における勝鬘経講讃図製作という、きわめて創造的な仕事であったのであり、その成立には製作者らの信仰の内容が深くかかわると思う。そこでしばらく道静らの信仰を追うことにする。

道静の行動

さて、「夢殿之絵」に次いで道静らが行った仕事は、『法隆寺別当次第』などによれば聖霊会料の製作である。「令図絵聖霊会料　御影」と「開浦院住僧解」にあるもので、治暦五年（一〇六九）のことである。「聖霊会料　御影」とは、現存する木造聖徳太子童形像（および絵殿の聖徳太子絵伝）を指すとみられる（三〇〇頁の図8）。『太子伝私記』に、「絵殿ノ東面ニ有ス御影、童子形也、聖霊会之料也」とあることから確定的である。この像の胎内銘によれば、木造彫成は仏師円快《えんかい》であり、彩色施工は絵師秦致貞である。太子生年「五百五歳」にあたる仕事としている。後述する太子没後五百歳の聖霊院太子像の成立とも、深く関連すると思われる。道静らは治暦五年、聖霊会料木造聖徳太子童形像をまず造立し（聖霊会直前の二月五日完成）、絵殿の太子絵伝をも並行して製作した。なお、この年の太子忌日（二月二二日、聖霊会当日）は、春分に正確に一致している。道静らはそうしたタイミングもはかり、一連の計画を浄土教的雰囲気の中で実施したに相違ない。なお、当時の法隆寺別当彦祚《げんぞ》は、宿曜師（「造暦」についての専門的技能を有する）である。

その『別当次第』彦祚条によると仏師円快は信貴山僧であり、絵師秦致貞（または致真）は「摂津国大波郷住人」である。秦致貞は聖徳太子童形像を彩色し、絵殿の聖徳太子絵伝（現在の東京国立博物館法隆寺献納宝物N1、綾本著色　一〇面）をも描いた。この治暦元年以前に、四天王寺では聖徳太子絵伝と聖霊会料の太子像（おそらく童形像）がすでに成立していたことが確実視されるので（藤岡穣「聖徳太子像の成立——四天王寺聖霊院像を基点とする太子像の史的理解のために——」、『文学』第一一巻第一号、二〇一〇）、秦致貞の法隆寺における実際の作画や彩色の際には、守旧的に参考にされた可能性はある。ただ絵師致貞は宮廷絵師的な立場で幅広く新古の図像情報収集が可能であり、法隆寺を地理的な中心地として絵伝を再編再構築したと考える研究もある（太田昌子「法隆寺絵殿本「聖徳太子絵伝」の語りの構造――太子絵伝研究序説――」、『金沢美術工芸大学紀要』四二号、一九九八）。すなわち空間的場所の唯一性・創造の拠点としての法隆寺を重要視するのである。一方、童形像の場合はどう考えるのか。『太子伝私記』によれば童形像は、かつて夢殿西浦に安置されていたようで「自昔時御影次第々々移来像也」と注記する。行信による聖霊会始修時の彫像の姿を受けていると理解される。法隆寺における古い伝統は重要視すべきである。また同時に四天王寺の童形太子像との関係も視野に入れなければならない。ちなみに法隆寺童形像の着衣は、四天王寺に伝来する聖徳太子袍とされる飛鳥時代裂によく似ている。この太子裂は、当像や勝鬘経講讃図にもみられ、太子像の図像的な特徴の一つとされたようだ。この時代には太子関連造像の図像的情報はある程度流通していて、このネットワークの中に信貴山もすでに一定の位置を保っていたとみられる。法隆寺における道静らも、そうした当時の聖徳太子関連造像の動向を熟知していたはずである。

道静の迎《むかえ》講《こう》

道静らは延久四年（一〇七二）に、法隆寺西門のさらに西方に造建した開浦院で迎講を修した。開浦院は三昧堂《さんまいどう》（阿弥陀如来像を安置する本堂）と曼陀羅堂《まんだらどう》などで構成された。その所在は「平群郡八条十里十四坪字蓁田池坤」（久野修義『日本中世の寺院と社会』、塙書房、一九九九、三二四頁）であり、現在のさくら池南西側の子守大明神あたりであり、信貴山の二つのピークの鞍部とほぼ同緯度となる。法隆寺南大門付近からも信貴山が見通せるが、開浦院はその西側延長上、信貴山二コブの鞍部を真西に見通せる位置に建造されたと考えたい。つまり春分と秋分には、開浦院からみる夕陽が信貴山鞍部に沈むことになる。日想観《にっそうかん》は阿弥陀浄土への入口である。すなわち道静らによって法隆寺の太子信仰（釈迦・観音信仰）は、浄土教を介して信貴山

図4　行道面(観音)

毘沙門天信仰（太子信仰）と必然的に連絡結合したのではないだろうか（信貴山における太子信仰は、一〇世紀初頭の命蓮《みょうれん》在世当時すでに存在していたと推測できる）。開浦院での迎講の始修は、道静らにとって聖徳太子信仰と浄土教との関連が強く意識されたことを反映すると考えられるが、道静らは同時に、法隆寺西方の信貴山毘沙門天信仰にも着目しながら、聖徳太子信仰を二つながら（釈迦・観音信仰と毘沙門天信仰と）追求したのではないだろうか。ちなみに、信貴山朝護孫子寺に現存する「信貴山寺資財帳」（命蓮筆原本の一一世紀写本）は、江戸時代まで法隆寺に伝来した。このことも当寺と信貴山との関係の深さを示している。なお迎講はしばらくの間継続したらしく、康和四年（一一〇二）銘の仏師僧善祐《ぜんゆう》作菩薩面（観音面）が伝来している（図4）。

金堂の毘沙門天像と吉祥天像

迎講始修から数年後の承暦二年（一〇七八）のこととして、同じ「開浦院住僧解」に、道静らが法隆寺金堂に毘沙門天像と吉祥天像を安置したことがみえる。現在も中の間釈迦三尊像（口絵4）の左右に侍立する二像で（木造彩色截金　毘沙門天像・像高一二三・二センチ／二七二頁の図10　吉祥天像・像高一一六・七センチ／口絵12）、各々が釈迦如来側に宝塔と宝珠を持す。修正会《しゅしょうえ》吉祥悔過《きちじょうけか》の本尊像として製作された。吉祥天を毘沙門天と対であらわすのは『金光明最勝王経』四天王護国品にもあるが、吉祥悔過の場合は必ずしも毘沙門天と対とはしない。しかし宋・遵式《じゅんしき》『金光明懺法補助儀《こんこうみょうせんぽうほじょぎ》』ではそうした安置法が認められていて、法隆寺例も新傾向の安置法にしたがったと理解される。ちなみに『三宝絵《さんぼうえ》』に「吉祥天女ハ毗沙門ノ妻ナリ」とあるように、当時の信仰状況が反映して毘沙門天が注目されたということか。道静らの太子信仰がにじみ出ているところだ。この二像の製作安置は『金堂日記』に誇らしく記される。これ以前の吉祥悔過は講堂で修されていたがこれを金堂に変え悔過会再興がはかられた。吉祥天・毘沙門天二像が、金堂の本尊像である金銅釈迦如来像（「尺寸王身」像）に関連づけられたのだ。そこには法隆寺の信仰史上特別な意味を持つ舎利・宝珠信仰をキーワードにする尊像の統合という意味づけがあったのではないだろうか。なおこれに先んじて橘寺からは小仏四九体がもたらされ、金堂の中大厨子《なかのおおずし》に安置された。この頃の橘寺は、法隆寺小別当であった範俊《はんしゅん》が別当をつとめていたと思われる。のちに白河院に随侍し宝珠法《ほうじゅほう》で著名になる鳥羽僧正範俊の活躍期と、法隆寺の新たな動向とが時期を重ねることが注意される。橘寺小金銅仏を法隆寺に移すについて実際に動いたのは橘寺住持僧仙命《せんみょう》であったようだが（『金堂日記』）、この仙命はまた『拾遺往生伝』所見の、四天王寺聖霊堂で「尊像」を供養した持経者仙命と同一人かと思われる。道静らが説話上、橘寺を舞台とする勝鬘経講讃図（「夢殿之絵」）を製作したことと併せ考えると、当時の法隆寺を中心とした太子信仰の広い交流が思いうかぶ。そうした交流と信仰の高まりの一つの結実が、舎利・宝珠信仰をも象徴する毘沙門天・吉祥天像の安置であったのだろう。

その後、大治元年（一一二六）に開浦院（金光院《こんこういん》）三昧堂は、三経院《さんぎょういん》として改めて造立されたが（久野修義前掲著書二二三頁）、天承二年（一一三二）には三経院に開浦院什物であった高八寸の金銅釈迦如来像、一搩手半の金銅観音像、三昧堂本尊の皆金色阿弥陀如来坐像（現在の三経院本尊像と目されている）が施入されている。なお、現在の西円堂に祀られる木造千手観音像（木造彩色　像高一七三・六センチ　平安時代後期）も、開浦院の旧物である。

聖霊院太子及び四侍者像の成立

承徳二年から三年（一〇九八～九九）に法隆寺前五師興円《こうえん》らによって書写がはじめられた大般若経は、その後の法隆寺一切経に引き継がれた。現存の一切経のうちもっとも書写年紀が早い

図5　聖霊院聖徳太子像内納入の観音菩薩像

のは承徳三年（一〇九九）の『大宝積経』だから、大般若経から一切経へと間断なく写経が進められたことがわかる。これを永久二年（一一一四）頃には勧進僧勝賢《しょうけん》が引き継ぎ、元永元年（一一一八）には二七〇〇巻が完成し、小田原上人経源《きょうげん》（念仏聖）によって経典開題供養が修される。この時点で残巻が四四〇〇余巻というが、林幸《りんこう》に引き継がれ大治六年（一一三一）頃まで書写が続く（林幸「一切経書写勧進状」）。現存する経巻（大般若経を除く）は寺中に九九五巻（『至宝　写経・版経・版画』）、巻間にも約四〇〇巻が伝わる（宮﨑健司「総説　法隆寺一切経について」、『法隆寺一切経と聖徳太子信仰』、大谷大学博物館、二〇〇七）。林幸によれば、この一切経書写は聖霊院聖徳太子（口絵13）及び四侍者像（木造彩色截金　太子像・像高八四・三センチ　山背王・恵慈六四・〇センチ　卒末呂《そまろ》王・殖栗《えぐり》王五四・〇センチ）の供養のために企てられたものである。ただし太子像供養後も書写は進む。林幸らは「当伽藍是救世観音垂化之聖跡、釈迦遺教初伝之鴻基也」と言い聖徳太子への篤い信仰をあらわしているので、この一切経勧進が聖霊院の聖徳太子及び四侍者像の成立と深くかかわっていることは明らかである。

　ところで、この聖霊院太子像の成立年代はいささか事情が複雑である。法隆寺の古伝を記す『法隆寺縁起白拍子』の「聖霊院縁起事」によれば、この太子像の安置場所は、勧学院《かんがくいん》、綱封蔵《こうふうぞう》と移り、天仁二年（一一〇九）には綱封蔵南側の七間三面の坊宇（「仮殿」）に安置された。（前）五師覚印《かくいん》の工夫で、像内に蓬莱山《ほうらいさん》上に立つ金銅救世観音像を安置し（図5）、隆暹《りゅうせん》書写の法華経二巻、勝鬘経・維摩経合一巻の併せて三巻の経巻をともに納入したのはこの時のこととされる。永久年中（一一一三〜一八）には経源上人を請じ供養した、とある。これは林幸の「勧進状」にいう、元永元年（一一一八）一〇月二日の供養と記録が合致すると思われる。その後、東室大房が倒壊したので、その再建にあたって南端の七間分を堂に改め聖霊院とした。『別当次第』経尋条では保安二年（一一二一）一一月二一日、新造の聖霊院にて再び経源上人を請じて開眼供養をしたとしている（『太子伝私記』もほぼ同じ）。この年は、推古天皇三〇年（六二二）を没年とする、聖徳太子五百歳忌にあたる。一切経書写事業が承徳二年（一〇九八）には始まっていることから考えると、太子像も保安二年以前、遅くとも納入品が整えられたと思われる天仁二年までには造立されていたとするのが穏当だろう。顕真《けんしん》『太子伝私記』は聖霊院太子像を「勝鬘経講讃御影」としていて、太子三四歳か四五歳の姿と考えている。なお、道静らが造立した治暦五年（一〇六九）の太子童形像胎内銘に「五百五歳」とあることから、これを五歳像とみて基準点とした場合に、承徳二年（一〇九八）が太子三四歳、天仁二年（一一〇九）が四五歳となり、道静らの太子年齢観でみれば、いずれも勝鬘経講讃の年に相応しいと考えられるのが参考になる。造立年のさらなる考察は今後の研究に委ねることとする。

さて、聖霊院聖徳太子像は、巾子冠《こじかん》を被り、その正面には当初から毘沙門天立像をあらわしていた。したがって太子は毘沙門天化身とみてよい。眉根を寄せ歯を僅かにあらわすのは、忿怒相《ふんぬそう》であると考えられる。おそらく治暦年間本勝鬘経講讃図（「夢殿之絵」）に従う表現であると思われる。なお瞳には青緑色の玉かガラスの薄片を嵌め、上下瞼には細かい睫をあらわすなど実際の肉身に迫る生身表現が注目される。着衣は、窄袖の上に袍を着け、石帯《せきたい》を結び、襪をはく。講讃図に準じるとみられるが、袈裟は着けない。また講讃図の麈尾《しゅび》の代わりに両手で笏《しゃく》を持つ。『太子伝私記』が「勝鬘経講讃御影」とするのは、太子面貌が忿怒相にあらわされるところが顕真

図6　蓬萊山蒔絵袈裟箱
（法隆寺献納宝物N69）

の知る講讃図に同様であったことに由来するのだろう。侍者は顕真によれば、山背大兄王（窄袖・袍に袈裟、右手で如意を執り、左手は伏せ二指を伸ばす。講讃図由来か）、殖栗王（窄袖・袍に表袴。両手で香籢を執る）、卒末呂王（窄袖・袍に表袴。右手執大刀、左手一・二指を念ず）、恵慈（衣に袈裟。柄香炉を執る）とされる。王子らの面貌表現はきわめて優れていて拝観者によって表情は幾通りにもみえたに相違ない。ちなみに持物の大刀は毘沙門天の武神的性格（あるいは寺宝の七星剣を象徴か）、香籢は福徳神的性格を象徴するように想像される。

太子像の胎内に観音像を納入するのは、観音・毘沙門同体の表現と解される。注意すべきは観音が補陀落山《ふだらくせん》ではなく大鼈上蓬萊山《ほうらいさん》に立つことである（図5）。蓬萊山は道教世界観にいう東海中の神仙世界であり理想郷である。山中の楼閣は皆金玉、珠玕《じゅかん》の樹が叢生し仙聖が住む（『列子』）。かぐや姫は「蓬萊の玉の枝」を求めた（『竹取物語』）。宝珠信仰に傾倒した白河天皇は応徳三年（一〇八六）鳥羽山荘に蓬萊山を構築した（『扶桑略記』第三〇）。時代は少し降るが、唐招提寺の金亀舎利塔《きんきしゃりとう》は大鼈上の宝塔形（見立て蓬萊山）に舎利を安置する。このようにみると蓬萊山は「玉（宝珠）」を介して、より毘沙門天に親近である。

ところで、法隆寺東院宝蔵には聖霊院太子像と同時代の松喰鶴蓬萊山蒔絵袈裟箱《まつくいつるほうらいさんまきえけさばこ》が伝来した（東京国立博物館所蔵法隆寺献納宝物N69／図6）。それは「釈尊糞掃衣《ふんぞうえ》」（法隆寺献納宝物N33）を納める箱であり、蓬萊山主題という点で太子像納入品の蓬萊山形と共通するのが意義深い。また一方の糞掃衣は釈迦如来が勝鬘夫人に授けたもので、小野妹子が隋から請来し、太子が勝鬘経講讃の時に着用したとの伝説がある。大江親通も拝観し、顕真はこの太子袈裟は勝鬘経講讃所用と解した。聖霊院の木造聖徳太子像は袈裟は着けていないが、「蓬萊山」を共通主題とする袈裟箱に納入された袈裟が、生身の太子像に捧げられたと考えるのもあながち的外れではあるまい。聖霊院太子像はそうしたことを考えさせるほどに、迫真の表現（生身性）を保っている。なお、聖霊院像造立に近い元永三年（一一二〇）には、広隆寺上宮王院の木造聖徳太子像（裸形着装像）が製作された。願主は法隆寺とも交流がある定海《じょうかい》であったが（定海には『聖徳太子生身供式』の著述がある）、聖霊院像との影響関係も想像される（伊東史朗「総説広隆寺聖徳太子像の概要と諸問題」、『調査報告　広隆寺上宮王院聖徳太子像』、京都大学学術出版会、一九九七／奥健夫「裸形着装像の成立」、『MUSEUM』五八九号、二〇〇四）。さてこの聖霊院太子像は保安二年（一一二一）に再度供養されたが、導師の小田原上人経源は浄土信仰（観音・毘沙門天信仰も）の持経者であり、納入経を書写した隆暹や、金銅観音像納入を工夫した覚印も一切経写経奥書などからみて浄土教者であっただろう。聖徳太子・観音・毘沙門天を通して浄土教がつよく意識されていると考えたい。

なお、保安二年の数年後に「画像之御影」が図絵されたが、その際には隆暹・覚印は最下臈であったが請僧に抜擢されたとある。この時の画像は太子正面向きの水鏡御影のような図様が想像されるが、残念なことに伝存しない。

2　太子信仰と平安仏画

法隆寺伝来の仏画

平安時代後期の法隆寺で忘れてはならないのは、少なくとも三幅が伝来する平安仏画の存在である。それは、(一)北斗曼荼羅《ほくとまんだら》（星曼荼羅《ほしまんだら》）甲本（絹本著色額装　縦一一七・三センチ　横八三・〇センチ／図7）、(二)北斗曼荼羅乙本（絹本著色掛幅装　縦八六・五センチ　横八二・九センチ）、(三)法華曼荼羅《ほっけまんだら》

図7　北斗曼荼羅甲本

図8　法華曼荼羅

（絹本著色掛幅装　縦七一・一センチ　横五八・五センチ／図8）の三幅である。これに現在奈良国立博物館所蔵の（四）大仏頂曼荼羅《だいぶっちょうまんだら》（絵一八五）と、同じく同館の（五）十一面観音像（絵二一七）の存在があり、さらに私案ではあるが当寺の（六）孔雀明王像《くじゃくみょうおうぞう》（絹本著色掛幅装　縦一一八・五センチ　横八二・〇センチ）をも一二世紀仏画の一つと考えたい。このように少なくない数の貴重な平安仏画が現在まで伝えられたことは特筆に値する。

　まず、奈良国立博物館所蔵本二件の伝来を記せば、（五）十一面観音像は、もと当寺近傍竜田神社の伝燈寺にあり、同社の本地仏の一つであったようだ。近世には法起寺に伝来した。なお竜田神社は法隆寺伽藍の鎮守社であって法隆寺僧が支配していた。十一面観音像の斜め向きの姿と特徴ある面貌表現は、当寺金堂壁画の菩薩像（柳澤孝「十一面観音像」、『日本の仏画』第二期第九巻、学習研究社、一九七八）や九面観音像（初唐）を彷彿とさせるもので、当寺有縁の絵画に相応しい図像表現である。仁和寺末の島根県峯寺の平安仏画である聖観音像の表現（特に装飾文様）ともきわめて近いことが注目されてきた。

次に(四)大仏頂曼荼羅は、旧軸木に「此金軸ハ法隆寺之旧物也」とあり、法隆寺に伝来したことは明らかである（谷口耕生「奈良国立博物館蔵　大仏頂曼荼羅図」、『国華』一四四五号、二〇一六）。この「金軸」はおそらく「金輪」であろうから、大日金輪と釈迦金輪をあらわす本図そのものを指すことは間違いない。なおこの大仏頂曼荼羅の伝来は、(一)と(二)の北斗曼荼羅の存在と無関係ではないだろう。北斗曼荼羅と大仏頂曼荼羅と、ともに須弥山上に坐す釈迦金輪（密教的に解釈された釈迦如来像）を描いているからである。

さて、北斗曼荼羅はわが国で案出されたもので定まった儀軌《ぎき》はなく、諸説不同で意楽《いぎょう》に従うと考えられてきた。平安時代の北斗曼荼羅は、久米田寺本がよく知られている。久米田寺本は一二世紀前半に描かれた方形曼荼羅で、当時の普通流布曼荼羅は仁和寺寛助《かんじょ》（一〇五七〜一一二五）の勘案になるという。曼荼羅の中心に描かれるのは釈迦金輪、その下辺に北斗七星があらわされる。寛助は白河院のために鳥羽殿において大北斗法、孔雀経法など真言密教の修法を修して霊験を顕《あらわ》したとされる。東寺長者となったが、広隆寺・聖徳太子裸形着装像造顕時の広隆寺別当でもある。聖徳太子信仰との接点はある。

法隆寺に伝来するのは、この方曼荼羅に対して円形の曼荼羅である。円曼荼羅は天台の慶円《きょうえん》（九四四カ〜一〇一九）が考案したとされるが、仁和寺にも古い円曼荼羅白描図像が伝わり、図像の成立・伝来は単純ではないようだ。法隆寺本はこの仁和寺本図像に近い。ただし北斗曼荼羅を構成する要素の中心の釈迦金輪は須弥山上に坐す姿をしていて同じだが、二重目の北斗七星（釈迦金輪の上辺）と九曜星、三重目の十二宮、最外院の二十八宿の基準となる位置や回転方向に違いがある。法隆寺甲本と乙本の間にも、二十八宿の位置に星宿一つ分の回転差がある（武田和昭『星曼荼羅の研究』、法藏館、一九九五）。円曼荼羅の成立には、その構成要素である北斗七星、日月九曜、十二宮、二十八宿の複雑な運行の正確な観測が前提であったようだ。かねて天体運行の学問的研究はわが国仏教界でも深く求められたが、天台日延《にちえん》（天徳元＝九五七年帰朝）の『符天暦《ふてんれき》』請来が契機となって平安時代宿曜道が成立発展し、その結果、この方面の研究が精緻化したとされる。宿曜師は造暦にたずさわり、また特定の人物の生誕日のホロスコープ図を作成し増福のための修法を行った。最近の研究では、円曼荼羅の成立と、古天文学や宿曜師・ホロスコープ図との直接関係が注目されている（松浦清「星曼荼羅の成立とホロスコープ占星術――円曼荼羅の構成原理を中心に――」、『密教美術と歴史文化』、法藏館、二〇一一／宇代貴文「円形式北斗曼荼羅考――高山寺蔵『宿曜占文抄』をめぐって――」、『美術史論集』一二号、二〇一二）。なお、法隆寺の甲・乙二本の北斗曼荼羅は、釈迦の生誕日を図にあらわすと考えられていて（松浦清前掲論文）、当寺の太子信仰と関連することは確実である。

宿曜師は東密では東大寺、栖霞寺、興福寺で活躍したようだが、その興福寺から宿曜師の彦祚と能算《のうさん》が続けて法隆寺別当に任じている（山下克明『平安時代の宗教文化と陰陽道』、岩田書院、一九九六）ことは看過しがたい。前述したように彦祚は治暦五年（一〇六九）の春分聖霊会の際の法隆寺別当であり、能算は承保二年（一〇七五）に別当に任じ、平安後期法隆寺の太子信仰隆盛期を通して二一年間その職にあった。なお、別当経尋《きょうじん》の代（天仁二年〈一一〇九〉任、在任二一年）にも興福寺出身の宿曜師珍也《ちんや》が法隆寺末寺聡明寺目代をつとめていることも知られ（つまり法隆寺僧であることがわかる）、宿曜師が法隆寺と継続的な関係を保っていたことが明らかである（『別当次第』経尋条）。法隆寺の甲・乙二本の北斗曼荼羅が成立するのは、能算・経尋別当時代よりは遅れて一二世紀半ば頃から後半のことと思われるが、興福寺からの影響を受けつつ法隆寺における宿曜道の学問的伝統は守られていたに違いない。蛇足ながら、珍也の息の珍賀《ちんが》は、長寛三年（一一六五）に洛東清水寺近傍に北斗降臨院を建立し、貴顕のために北斗法を修した（『玉葉』『山槐記』など）。

森田龍僊によると、この北斗法には「一夜北斗供」と「本命星供」といわれる二種がある（『密教占星法』下巻、高野山大学出版部、一九四一）。前者は『宿曜経』巻下に「七日二十二日是朋友日。梵云七婆怛沙耶仙神下　唐云北斗也」（『大正新脩大蔵経』二一巻394b）とあることに従ったもののようで、月ごとの七日と二十二日夜の北斗降臨に合わせて修法する。「二十二日」はいうまでもなく聖徳太子の忌日と重なる。法隆寺における北斗曼荼羅の存在は、太子信仰と関連する可能性が高いかと思われる。ちなみに北斗七星は、当寺重宝の飛鳥時代七星剣にあらわされるのが早い。また北斗降臨のイメージは「開浦院住僧解」に「本願太子再降臨給」とあるように、当寺では古くまでさかのぼりうる。なお、法輪寺では平安後期に妙見信仰（北極星の信仰）が行われているが、法隆寺における北斗信仰とのかかわりも想像される。

当寺に伝来した(四)奈良国立博物館本大仏頂曼荼羅（特徴的な図柄から「竹曼荼羅」と呼ばれた）は、前述のように大日金輪と釈迦金輪を並べ描く。ただその経軌上の依拠は明らかではない（「唐本」）。大仏頂法に懸用されるが、南都に影響を与えた醍醐三宝院流では、金輪法（北斗法）の本尊像になり得る。すなわち北斗曼荼羅と同等の存在となるのであり、当寺の北斗曼荼羅との関係性が成立すると思う。描かれたのは乙本に近い頃と思われる。なお、保延二年（一一三六）に藤原宗弘《ふじわらのむねひろ》が描いた内山永久寺の両部大経感得図（大阪藤田美術館所蔵）のうち南天鉄塔図と「唐花」表現がきわめて近い。永久寺は興福寺大乗院と関係が深く、本図製作の環境を考えるときに参考になる。

(三)は知られる限り現存最古の法華曼荼羅例である。やや小幅で、絵から受ける印象もやわらかくやさしい。中心に多宝塔中に坐す釈迦と多宝如来を描き（法華経宝塔品所説）、その周辺に多数の菩薩や天部を配している。

不空訳『成就妙法蓮華経王瑜伽観智儀軌』（『法華儀軌』）に従った図像である。『法華儀軌』は釈迦を主尊とする法華経信仰の功徳《くどく》を密教的な解釈で述べる。中でも強調されるのは毘沙門天や曩国天《のうこくてん》（持国天か）などの陀羅尼の功徳と、普賢菩薩の加護、普賢行願讃（普賢菩薩の誓願）を通した浄土教への慫慂である。法華経の信仰は究極は浄土教につながるのだ。

（六）は鎌倉時代後期の作品とされるが、図像表現には五代末北宋初頭の原本の影響を遺すという（大原嘉豊「孔雀明王像解説」、『藤原道長――極めた栄華・願った浄土――』、京都国立博物館、二〇〇七）。画像の色感は、一二世紀半ば頃の（五）十一面観音像に近いとみたい。醍醐寺で釈迦金輪と同等とされた孔雀明王でもあるので（増記隆介『孔雀明王像』、至文堂、二〇〇八）、当寺の北斗曼荼羅との関係を考えて、一二世紀仏画とする可能性を残しておきたい。今後のより詳細な調査研究が必要である。

以上のように考えれば、特別な重みを持つ当寺の平安仏画の存在も、太子信仰をキーワードとして理解することができるように思われる。

3　太子信仰と鎌倉時代絵画（その一）

鎌倉時代初期の勝鬘経講讃図

さて、ここでふたたび勝鬘経講讃図について考えてみたい。説明が前後することになったが、勝鬘経講讃図とは、『日本書紀』推古天皇一四年（六〇六）七月条に、聖徳太子が推古天皇のために勝鬘経を講説したという故事を絵画化したものである。勝鬘経講讃図の図様がいつ頃成立したものであるかについては多くの議論がある。早く天寿国繡帳にもあらわれているとする見方もある（東野治之「天寿国繡帳の図様と銘文」、『日本古代金石文の研究』、岩波書店、二〇〇四）。天平期法隆寺の『東院資財帳』にみえる「勝鬘経壹巻（略）首紙繪法王像」の首紙絵は、構図詳細は不明だが勝鬘経見返絵である以上、講讃図として描かれたと考え得る。一方、四天王寺では五重塔（当時の塔は一〇世紀後半建立）の初層外陣に祖師像があらわされたが、その東北角西側には太子・学哿・馬子が描かれた。太子画像の目前には袁智天皇発願の四天王像（多聞天）が立ち、太子と毘沙門天との関係性をも示唆する。四天王寺五重塔壁画太子図の構成は今の勝鬘経講讃図とは一致しないが、その先行例の一つとみてよい。

次に、前述の「夢殿之絵」は治暦年間に成立したが、これは「尊智《そんち》比定本」（後述）と同構図の先行例とみられる（画中銘文の一致）。これに数年おくれて延久元年（一〇六九）に成立した、法隆寺上宮王院（東院）絵殿の秦致貞筆聖徳太子絵伝に描かれる勝鬘経講讃の場面（二図）がある。綾本に描かれる聖徳太子絵伝（東京国立博物館所蔵法隆寺献納宝物N1）第三面部分と第六面部分である。前者は剥落はなはだしく宮殿内はうかがい難い。宮殿前庭には大蓮弁が降り積もる。天明模本では宮殿中人物が僅かにトレースされるが、「尊智比定本」とは布置が異なる。後者は正面五間の屋形に似寄りの人物が配されるが、「尊智比定本」と全く一致するわけではない。太子は団扇を執り几を前に坐すが、忿怒相にはみえず舎利容器も置かない。双方ともに画中に短冊形人物銘は置かない。絵伝の勝鬘経講讃図は古い伝統的構図・表現とみるべきか。私見では「夢殿之絵」こそが太子忿怒形「尊智比定本」勝鬘経講讃図の先行図像（祖本）であり画期的構図であったはずで、修法の本尊像として相応しい意味が込められた図様であっただろう。

ところで鎌倉時代初期の法隆寺では、藤原摂関家出身の慶政《けいせい》（一一八九～一二六八）が上宮《じょうぐう》王院の復興造営に活躍している。慶政は九条良経《よしつね》の長子で道家《みちいえ》の兄、出家して園城寺の僧になった人。延朗《えんろう》（勧進聖）に学び、慶《けい》範《はん》からも受法した（同門に尊円《そんえん》、覚真《かくしん》がいる）。山城松尾に草庵を結び遁世した（晩年に西山法華山寺を創建）。建暦

図9　勝鬘経講讃図その一

二年（一二一二）以降に入宋し、建保五年（一二一七）には福建の泉州にあった。在宋中の事績としては福州版一切経補刻開版に喜捨したことが特記され、わが国でも建長四年（一二五二）の泉涌寺版『四分律刪繁補闕行事鈔』に喜捨した（東大寺戒壇院にも蔵本がある）。帰朝後、法隆寺上宮王院や達磨寺の復興造営に積極的にかかわるのは入宋中の経験が動機の一つとされる。篤信の太子信仰者で、浄土教者である。『諸山縁起』『当麻寺流記』の所持者であったことも重要で、慶政の中では矛盾なく太子信仰と山岳修験・勧進聖的行動が一つとなっていたと思われる（谷口耕生「役行者の孔雀明王――當麻寺をめぐる修験ネットワーク――」、『當麻寺――極楽浄土へのあこがれ――』、奈良国立博物館、二〇一三）。法隆寺近傍の松尾寺に住んだ（西松尾上人）。法隆寺・興福寺を通じて南都に特別な地位を保っていたとされ、太子信仰と摂関家を結ぶ重要人物である。明恵《みょうえ》との交流は著名で（明恵を通じておそらく貞慶《じょうけい》とも）、園城寺を通じた人脈や、律を通じた人脈があったことが推測される。なお著書『閑居友《かんきょのとも》』があり、冷静な観察者・思想家として厭離穢土《おんりえど》を語る。

　この慶政は建保七年（一二一九）頃より上宮王院舎利殿の修造にふかくかかわり、二年で完成させた。舎利殿には新たに仏壇が作られ、その仏壇前方に舎利塔が置かれ、仏壇後壁より少し前方に板貼りの太子御影が立てられた。宝物の入った櫃《ひつ》も仏壇に置かれた。板貼りの太子御影は、『別当次第』範円条に「承久四年（一二二二）壬午三月十一日、御舎利殿太子御影、尊智法眼奉図絵」とあるその「太子御影」で、顕真『太子伝私記』には

「次舎利殿ニ有ス勝鬘経講讃之御影、其ノ曼陀羅者ハ、蘇我大臣太子御舅、小野臣妹子、大兄皇、五徳博士学呵外典御師也、高麗ノ僧恵慈内典御師也、御前ニ安舎利ヲ、以上曼陀ラ也、太子四十五歳之像也」と記され、これが太子没後六百年を期した勝鬘経講讃図であることがわかる。当寺に現存する額装本勝鬘経講讃図その一（絹本著色額装　縦一一〇・五センチ、横一七七・四センチ／図9）が、この尊智筆本にあたると考えたい（「尊智比定本」）。尊智は鎌倉時代初期に活躍した南都絵所の絵師。興福寺一乗院に属した絵所座である松南院座の祖とされる人である。興福寺や四天王寺に描いたことが知られる。本図は、はやくから注目されてきた画像であり平成二五年、重要文化財に指定された。

　この勝鬘経講讃図（「尊智比定本」）は薫染や画絹の剝落があるが、後世の補筆はほとんど認められない。大画面における構図・構成や、それを表現する細勁な線描、随処にみえる古様な文様など古画の優美を十分に伝える。図様は、桁行三間梁行二間に縁が取り付くとみられる建物（宮殿）の中で、奥の間中央盤上に坐す聖徳太子が、山背大兄王（「大兄皇子」銘）、高麗僧恵慈（無銘）、百済博士学哿（「百済博士学架」銘）、蘇我馬子（「蘇我大臣馬子」銘）、小野妹子（「小野妹子」銘）を前に、勝鬘経を講ずる場面を描く。太子の左側に、荘厳された舎利塔（舎利容器）が配されるのが重要で、太子はこれを鋭い目で睨む（聴聞衆をみているのではない。近藤謙「石山寺兜跋毘沙門天像に関する一試論」、『佛教大学大学院紀要』三二号、二〇〇四）。太子は団花文のある赤い袍（淡墨の衣文線に段隈）に袈裟を着ける姿で冕冠《べんかん》を被る（冕冠の正面に毘沙門天をあらわす。笠井昌明『信貴山縁起絵巻の研究』、平楽寺書店、一九七一）。左手に麈尾を執り右手は多足几上の経巻に添える。几上には、ほかに柄香炉と念珠箱を置く。太子の表情は僅かに忿怒を含む表情（眉根を寄せ、口髭端があがり、口唇を少し開き、歯列がのぞく）とみられる。なお、髪を美豆良に結う童形の山背大兄王の面貌も明晰である。強い眼は太子同様に舎利容器を凝視する（禅膩《ぜんに》師童子《しどうじ》に擬すか）。大兄王の手前には高麗僧恵慈が坐す。恵慈も舎利容器を睨むようだ。

宮殿手前の縁側には向かって左から、学哿、馬子、妹子が並び坐す。馬子・妹子は衣冠束帯に威儀を正す。学哿の着衣は異国的（百済風か）である。馬子は大刀佩き姿、手に笏を執り太子を礼拝する態。妹子は左右手で笏を執り太子をみあげる。太子の左には鷺足四脚の台上に金薄押しの舎利容器を置く。蓮華台上真円形の舎利容器（宝珠形）である。その形状は救世観音持物の火焔宝珠《かえんほうじゅ》（一説に舎利容器の変容）、玉虫厨子軸部正面の舎利容器、長谷寺銅板法華説相図塔中の舎利容器などに近く、古い伝統形式を継承している。

以上を本図の主題から再度説明すれば、そもそも勝鬘経とは、勝鬘夫人が釈迦になり代わって経説を説くという形式をとるが、本図の場合はさらに聖徳太子が勝鬘夫人になり代わる。釈迦は舎利（宝珠）として図中に祀られ、その舎利を守護するのが毘沙門天となった聖徳太子である、という関係が成立する。さらにその毘沙門天（聖徳太子）を通して浄土世界に導かれるという構想が描かれたと思われる。聖徳太子は毘沙門天の姿（性格）をあらわしているとみるのが大事である。聖徳太子と毘沙門天を同体とみなし、太子の面貌を眉根を寄せ眼を怒らせ歯列をみせるという忿怒形で表現し、あたかも毘沙門天の持物のごとく舎利容器を一画面中に描き込んだところが、この図像をユニークなものにしたのだ。

ところですでに指摘されているように、図中に描き込まれる彩色文様はきわめて古様である（北澤菜月「聖徳太子勝鬘経講讃図（斑鳩寺本解説）」、『中世絵巻と肖像画　日本美術全集・第八巻　鎌倉・南北朝時代II』、小学館、二〇一五）。一乗寺の絹本著色天台高僧像（一一世紀）の文様と比較されるほどであって、「尊智比定本」の先行本（祖本）の存在を想定すべきだろう。また、図中の宮殿奥壁とみられるところには、斜格子文の中に大きい唐草文を配する文様が布置され、その下方には地模様なきところに淡色で折枝花文《せっしかもん》を散らしている。これらの文様も古様であるが、その境界があいまいなのが気になる。斜格子に唐草文という壁面文様も不自然である。そこでこれを、古い祖本の画絹の地文様（織文様）写しと考えてみたらどうだろうか。さらに、舎利容器の鷺足四脚台の一脚が直線的になるのも注意される。こうしたことは本図が古祖本写しと考えることで解決できよう。その想定される祖本こそが「夢殿之絵」に他ならないとしたい。なお「尊智比定本」は「夢殿之絵」の法量をも写したと考えられるが、その法量が夢殿内陣の柱間にちょうど収まるほどの数値であることも付言したい。

再々度言いかえれば、「尊智比定本」勝鬘経講讃図は、治暦年間成立の「夢殿之絵」を祖本として製作されたこと。その「夢殿之絵」とは、聖徳太子を毘沙門天化身としてあらわしたところが特色であり、それは浄土教を軸として、太子信仰と信貴山毘沙門天信仰を連絡した道静らにしてはじめて発想し得る図像であったことを強調しておきたい。道静らは、太子信仰の浄土教化、信貴山における太子信仰について深く理解した上で、法隆寺における太子信仰の中世的復興を期した、というのが筆者の推測である。したがって「尊智比定本」は法隆寺で成立した勝鬘経講讃図の当初の姿を伝えるきわめて貴重な存在であると考えたい。

なお当寺には、この「尊智比定本」に構図がほぼ等しい勝鬘経講讃図その二（絹本著色額装　縦一九四・五センチ、横一六五・二センチ）も伝来している。周辺が切りつづまっている分、法量が小さい。画面は大変に損傷しているが、太子の袍の文様、麈尾の宝相華文、学嗣冠の文様、人物の耳介の特徴ある表現など部分的にはきわめて古様である。しかし、太子の冠や柄香炉などの金具表現に用いる金泥、また太子や恵慈の袈裟の条部にみられる金泥文様の使用法が新しく、これが当初からのものであるとすれば製作年代は降るだろう。その一と同様に、古い構図を伝えるところは貴重としなければならないが、金泥を補筆とみるかどうかも含めて製作年代の判断は保留したい。

図10-1　法相曼荼羅（三経院本）

図10-2　勝鬘経講讃図（三経院本）

ところで、法隆寺で描かれた鎌倉時代以前の勝鬘経講讃図で、文献にあらわれるものが四件ある。その内の二件が前記の「夢殿之絵」と「尊智比定本」である。三件目は、『別当次第』覚遍《かくへん》条、天福二年（一二三四）の「上宮王院太子御影」で、開眼導師は興福寺の璋円《しょうえん》、願主は慶政と尼真如《しんにょ》、絵師は覚盛《かくじょう》（佐土公）である。「銘二品法親王（道《どう》助《じょ》）」とあるのは画中の短冊形人物銘を指すであろうから勝鬘経講讃図としてよいと思う。但し現存が確認できない。

四件目が同じ『別当次第』覚遍条に、「文暦二年乙未七月一日、三経院之法相宗祖師曼陀羅幷太子御影安置之、願主慶政聖人、絵師工覚盛佐土公、銘大納言殿御筆也、九条大殿御弟也」とあるものだ。前年に続いて描かれ、銘は九条教家《のりいえ》が書したという。この画像は、対幅で現存している三経院本法相曼荼羅（絹本著色掛幅装　縦一九六・〇センチ　横一五三・二センチ）と勝鬘経講讃図（絹本著色掛幅装　縦一九七・〇センチ　横一五五・〇センチ）であることは明らかである（図10-1・2）。『太子伝私記』にも「此ノ西室ノ堂ニハ阿弥陀ノ半丈六金色定印坐像也、四天王　法相ノ祖師一複、太子曼陀羅一複、共ニ新ナリ」と記され、『古今一陽集』三経院条にも「法相祖師曼陀羅、太子御影勝鬘経講讃像（略）右二鋪、近世為軸物、納庫蔵」とあるものに相当する。

この文暦二年（一二三五）慶政発願覚盛筆本の勝鬘経講讃図は、構図的に前の二本の講讃図とは異なり、まず宮殿を描かない。すなわち背景がないところに人物を配する。また馬子と妹子の位置が入れ替わる。短冊形に書き入れる墨書銘は、向かって左上から左廻りに「大兄皇子」「恵慈法師」「学架博士」「妹子臣」「蘇我大臣」とある。対幅となる法相曼荼羅とともに、表現描写は墨線が効いていて明快である（図10-2）。対幅の法相曼荼羅は中央に大きく六角台座上の弥勒菩薩を描き、その左右に法相祖師を配した図様である。短冊形に祖師名が「無《む》着《じゃく》菩薩」「世親《せしん》菩薩」「天主菩薩」「陳那菩薩」「戒賢論師」「護法菩薩」「慈恩大師」「玄奘三蔵」「恵沼大師」「濮陽大師」と書かれる（図10-1）。墨書銘は勝鬘経講讃図と同筆だから、一対の製作に間違いない。

そもそも法相曼荼羅は、弥勒菩薩を主尊とする法相宗の次第を絵画化したものであって、法相祖師図という意味合いがある。わが国の記録に残るものでは、東大寺大仏殿に置かれた天平勝宝年代の六宗厨子・法性宗厨子扉絵に描かれる祖師図が初めである。そこには「梵天、弥勒菩薩、観自在菩薩、勝義生菩薩、無着菩薩出家、帝釈、増長天王、広目天王、羅刹皮袈裟皮前垂、雪山童子皮衣白褌、世親菩薩出家、護法菩薩菩提樹出家、釈迦菩薩国王合掌礼形、阿私仙老者、多聞天王、持国天王」など一六尊が描かれた。その後、この大仏殿法性宗厨子は永承三年（一〇四八）二月二二日、興福寺金堂法相柱図絵のために絵仏師教禅《きょうぜん》によって写された。教禅はその翌日に大安寺で勝鬘夫人影をも写している。太子の忌日とその翌日に図像を写していることから、（勝鬘夫人影は明らかに）弥勒菩薩像は太子図像と意識されていた可能性があると思う。さかのぼれば、「法起寺塔露盤銘」に、福亮は「聖徳皇御分敬造弥勒像一軀」（六二八年）としているごとく、太子と弥勒菩薩との明確な関係は遅れてもそこまではさかのぼることができる。なお、本図成立と同時代の人である慶円《きょうえん》（覚遍の小別当）は、「弥勒菩薩図像集」を所持していて、法隆寺絵殿後堂の弥勒菩薩像に言及している（但し図はない）。中世法隆寺における弥勒菩薩像の信仰的位置が想像できる。法隆寺三経院に法相曼荼羅が描かれたのは、法隆寺が法相宗寺院であることによるのは当然だとしても、弥勒菩薩と聖徳太子信仰が関係づけられて理解されていたことにも起因するのではないだろうか（兼子恵順「笠置上人貞慶と聖徳太子信仰――『太鏡百錬鈔』所収の三種の資料をめぐって――」、『印度学佛教学研究』一〇七号、二〇〇五）。

さて三経院本法相曼荼羅の弥勒菩薩図像はきわめて特徴ある姿で、宋画写しの諸本にみられる特徴があると指摘されている（石田尚豊「法相曼荼羅解説（その三）」、『奈良六大寺大観　法隆寺五』、岩波書店、一九七一／谷口耕生前掲二〇一三年論文）。ここに入宋僧慶政の関与を認めることもできると思われる。

4　太子信仰と鎌倉時代絵画（その二）

金堂の阿弥陀如来像台座の絵

金堂須弥壇西の間に置かれる阿弥陀三尊像も興味深い存在である。この阿弥陀三尊像の台座は、下座が飛鳥時代のもの、上座が阿弥陀三尊像と同時の鎌倉時代の製作である。天蓋は中の間天蓋と同様に、飛鳥時代後期の金堂創建時にまでさかのぼる古式大形のものである。しかし当初の安置仏については、明らかではない。現状では、その台座上座に金銅阿弥陀如来像が坐す。寛喜三年（一二三一）、別当範円《はんえん》の時に製作され、翌貞永元年（一二三二）、別当覚遍の時に開眼供養された。金堂須弥壇中の間の釈迦三尊像、東の間の薬師如来像、釈迦三尊像左右の毘沙門天・吉祥天像、後方の玉虫厨子、橘夫人厨子、小金銅仏群、白檀地蔵菩薩像、百済観音像、四方守護の四天王像、外陣の浄土図及び諸菩薩像壁画に加えて、この阿弥陀三尊像の安置をもって中世までの金堂内の仏像布置は完了したものとみられる。銘文によって知られる大仏師法橋康勝《こうしょう》（運慶第四子）が、同じ金堂内の古像を子細に観察・工夫しながら製作し、時代の特色を随所に明らかにしているとされる（倉田文作「阿弥陀如来坐像解説」、『奈良六大寺大観　法隆寺二』、岩波書店、一九六八）。像高六四・六センチは、東の間薬師如来像の像高六三・八センチとほぼ同大であって、そこにある種の意志があるのは明確である。阿弥陀が定印にあらわされるのが注目されるが、当代の密教志向を反映したものだ（大日如来の近傍の阿弥陀如来）。翌年に東の間薬師像の天蓋を造顕寄進した隆詮《りゅうせん》五師は真言の権威であった。隆詮は、中世法隆寺に慶政とともに業績を遺した顕真の師匠でもあって当代の金堂整備の構想に直接かかわったと解される。

さて『別当次第』範円僧正条によると、この阿弥陀如来像は「等身也」とされていて、聖徳太子との特別な関係が推測されるが、『太子伝私記』によれば「廟崛偈《びょうくつげ》」に重ねて「西間須弥壇阿弥陀三尊者、間人皇女聖徳太子高橋妃之御本體、故尤根本本尊也云々」とあるので、これは穴穂部間人皇后と「等身」であることを示す言い方である。穴穂部間人皇后、聖徳太子、膳夫人を阿弥陀三尊に擬すという考えは、それではどこまでさかのぼるものだろうか。これは穴穂部間人皇后を阿弥陀如来、太子を観音菩薩、膳夫人を勢至菩薩という「廟崛偈」の出現や、弘法大師の磯長廟参籠説話、さらには善光寺如来との往返御書説話ともかかわる。また念仏聖の存在も関係して、幾重にも重なった複雑な信仰状況が想像される。ここではひとまず、「廟崛偈」は天喜二年（一〇五四）の「太子御記文」の出現の意味と重なるようにして、磯長廟が浄土教の隆盛に取り込まれる時期に（平安時代後期に）あらわれた説話と考え、したがって阿弥陀三尊像が穴穂部間人皇后・太子・膳夫人と等身なのだという構想も同時に知られていた、と考えたい。聖徳太子信仰と浄土信仰とが同じ空間で語られるところが重要であると思う（西口順子「磯長太子廟とその周辺」、『研究紀要』一一号、京都女子学園仏教文化研究所、一九八一／吉原浩人「聖

徳太子伝と善光寺如来」、『国文学解釈と鑑賞』五四―一〇、一九八九)。

この金堂の本師阿弥陀如来が、本願聖徳太子の母穴穂部間人皇后であることを前提としているとして、銘文をみれば、「仰願本師阿弥陀伏乞本願聖霊納受、而面懇志不空」とあるのは意味深長である(武笠朗「善光寺信仰とその造像をめぐって」、『佛教藝術』三〇七号、二〇〇九)。信仰の中で穴穂部間人皇后と聖徳太子の対面が願われているのだ。じつは太子と母との浄土での邂逅というモチーフは、早くから法隆寺で伝えられてきたものである(石井公成「法隆寺金堂釈迦三尊像光背銘に関する新発見!」、同ブログ、二〇一〇年、閲覧日二〇一七年一二月/新川登亀男「法隆寺金堂釈迦三尊像光背銘の成り立ち」、『国立歴史民俗博物館研究報告』一九四集、二〇一五)。法隆寺におけるそうした古い記憶が、新しい阿弥陀三尊像の造顕につながる原動力の一つだったともいえるのではないだろうか。

図11-1　阿弥陀如来坐像(康勝作)

図11-2　同台座(上座)北面五台山図

阿弥陀如来像の台座上座の四面に描かれる濃彩細密の絵画も、興味深い。西松尾上人慶政や南都絵所絵師尊智との関係が推測されている（谷口耕生「献納本聖徳太子絵伝第十面「衡山図」の図像継承をめぐって」、『法隆寺献納宝物特別調査概報XXXII』、東京国立博物館、二〇一二／同「鎌倉時代やまと絵の形成――尊智・円伊・高階隆兼――」、前掲『中世絵巻と肖像画　日本美術全集第八巻　鎌倉・南北朝時代II』）。ここで画題について適宜補足説明すれば、上座の東面に霊鷲山《りょうじゅせん》図、南面に補陀落山図、西面に南岳衡山《こうざん》図、北面に五台山図（図11-1・2）が描かれていて、それぞれに霊鷲山中に分け入る主従（頻毗娑羅王と従者か）、海上に飛翔する十一面観音と補陀落山中の二臂如意輪観音、三塔三石のある南岳衡山中で問答の恵思《えし》と達摩《だるま》、五台山中で文殊を拝する童子が描かれる。以上は、聖徳太子に関係づけられた聖地四図としてもとらえることができるであろう。以下、多少詳しくみることにする。

東面には経絵でみなれた霊鷲山中に、石塔が二基描かれる。『大唐西域記』のいう「下乗」「退凡」の窣堵波である。一方には、はっきりと宝珠が放光しているのがみえる。宝珠は密教的なモチーフだが、おそらく釈迦の象徴であり、釈迦はまた聖徳太子と重層する。霊鷲山下には釈迦が説法するであろう。そこはまた太子前身の恵思聴聞の場所でもある（光定《こうじょう》『伝述一心戒文』）。図中の花樹を白梅とすれば春景である。

南面の海波上飛翔の十一面観音像をみれば、鎌倉時代の南都で春日信仰や東大寺とかかわって描かれた十一面観音図像が想起される。南海の補陀落山から来迎する場面とみられる。かつて法隆寺に唐請来の檀像九面観音像が寄進され、その後上宮王院に安置されたことからもわかるように、太子は十一面観音ともされたと思われ、さらにさかのぼれば法隆寺金堂一二号壁の雄大な十一面観音像にも思い当たる。同じ画面中の右方に描かれる二臂観音は、東大寺本華厳海会善知識曼荼羅《けごんかいえぜんちしきまんだら》（鎌倉時代）にみえる観音と同図像。新案図像とみられるが、右手で光明山（補陀落山）を安ずることから、如意輪観音とみられよう。二臂如意輪観音は太子を象徴するとみてよい。

如意輪陀羅尼を読誦することによって西方浄土に導かれる（法隆寺本『如意輪講式』）。いうまでもなく補陀落山は太子関連の聖地とみてよい。

西面に描かれるのは南岳衡山図である。三塔三石のある深山中（『聖徳太子伝暦』の引く『七代記』に「三石三塔」説話がある）に恵思と達摩の問答図が描かれる（『伝暦』に、衡山中、仏殿・石塔のある辺りを「般若台」とある）。この構図は、前述の如く法隆寺絵殿の聖徳太子絵伝から借用されている。達摩が飛翔する図が目立つが、その左方には庵中の恵思が描かれていて、これは太子前世の姿とみられよう。したがって衡山も聖徳太子説話にかかわる聖地である。

北面には冬景の五台山中に五髻文殊菩薩を描く。この文殊菩薩に童子が謁する。童子は文殊五尊を構成する善財童子とみるよりも、『日本霊異記』巻上五縁の、太子が五台山で妙徳菩薩（文殊菩薩）に帰依した場面に相当すると考えて、聖徳太子とみてはどうだろうか。美豆良に赤い袍を着すのは七歳像に同じ太子の属性である。そうみれば五台山もまた太子有縁の聖地となる。『梁塵《りょうじん》秘抄《ひしょう》』三六番歌や一九六番歌に、文殊は釈迦や諸仏の母である、とあることともかかわる。すなわち、文殊は聖徳太子（釈迦・観音）の母であるという意味となろう。また、いうまでもなく文殊菩薩は阿弥陀如来ときわめて親近であり（五台山竹林寺法照説話。また文殊は阿弥陀如来の正法輪身）、太子の聖霊は文殊菩薩を通して台座に坐す阿弥陀如来に受け渡されるのだ。聖徳太子と母との関係が全体のテーマであることは、先に記した光背の銘文が示しているとおりである。

次に、もう一度以上の場面を別の角度からみることにする。南面にみられる十一面観音来迎図像は興福寺貞慶（一一五五～一二一三）がふかくかかわって成立したことがわかっている（西山厚「講式から見た貞慶の信仰――『観音講式』を中心に――」、『中世寺院史の研究』下、法藏館、一九八八）。『観音講式』を三種著わし晩年には補陀洛山海住山寺に住した貞慶は、とくに十一面観音・補陀落山浄土への信仰が篤い。「一切経供養式弁祖師上人十三年願文」によれば、元仁二年（一二二五）の貞慶一三年忌のために、「霊叡往生之画図」が描かれていて、これが十一面観音来迎図であった可能性が高い。十一面観音来迎図は貞慶にかかわる特別な画題であると考えてよい。貞慶の『値遇観音講式』に「粗推方域当于我国之西南歟」「煙波雖遙、風帆可通」とある句からうかがわれる遥々淼々たる情景は、南面の十一面観音来迎図を彷彿させる。

この西の間阿弥陀如来像を、貞永元年（一二三二）に開眼供養した別当覚遍は貞慶の上足で、「一切経供養式弁祖師上人十三年願文」の作者だから、貞慶一三年忌供養の法会には立ちあって十一面観音来迎図をみている。貞慶は法隆寺とも関係が深く太子信仰者でもある。想像すれば、覚遍がこの台座四面の画題選択にかかわり、そこに師僧貞慶の太子憧憬を投影したかもしれない。なお、銘文にみえる「大勧進観俊《かんしゅん》」は、『別当次第』範円条に「大勧進菩提山静恩浄覚房弁賢了房観俊法師」とあるように正暦寺の僧であり、貞慶と親交のあった勧進聖菩提山専心《せんしん》に有縁の人だろう。太子信仰の造像と勧進聖の活動が垣間みえる。

また覚遍と同時代の慶政の存在にも注目すべきである。確証はないが、『太子伝私記』に記す建長七年（一二五五）冬頃、東大寺戒壇院において衡山達磨・恵思の秘事を顕真に伝えた「入唐上人」とは慶政ではないだろうか。『古今一陽集』は慶政入唐中に彼地で達磨寺が話題となった古伝を載せるが、慶政が衡山達磨大師秘説を知っていたとすれば、西面南岳衡山図成立にも無関係ではあるまい。また「入唐上人」は聖徳太子が聖武天皇に転生したとしているが、これは『日本霊異記』巻上五縁を前提としていて北面五台山図の典拠とみられることは先述した。かくして慶政が、この台座絵成立に関与した可能性も考えられよう。

さて、この別当覚遍の時代には慶政の弟である九条道家《みちいえ》（一一九三～一二五二）が数度法隆寺に来駕している。また建長六年（一二五四）と翌年には近衛兼経《かねつね》（一二一〇～五九）も参詣した。こうした中で、前述のように慶政は尊円や顕真とともに上宮王院の修造に力を傾けている。慶政がかかわった上宮王院関係の作善を簡略に記すと、前記のほかに寛喜二年（一二三〇）の夢殿の修造（桁一重・鴨居一重加増）、文暦二年（一二三五）の夢殿石壇修理、嘉禎二年（一二三六）四月八日の舎利殿前の法華経転読、同三年二月の聖霊会に際して上宮王院に白蓋・幡・華鬘などを寄進、四月八日の万灯会供養、十一月上宮王院礼堂と廻廊の葺立（屋根替）、十二月五重塔石壇修造、同年五重塔初層北面涅槃像の修理、延応元年（一二三九）五重塔塑像の修補彩色などがあり（『別当次第』など）、仁治元年（一二四〇）の聖霊会に供養した（『顕真得業小双紙』）。この間、天福二年（一二三四）と文暦二年（一二三五）には、絵所絵師覚盛佐土公とともに勝鬘経講讃図などを製作した。慶政は太子信仰・浄土教と摂関家を結ぶきわめて注目すべき存在である。

聖皇《しょうこう（しょうおう）》曼荼羅《まんだら》の成立

この慶政と顕真、兼経の関係を想像させる出来事が、『太子伝私記』にみえる。それは紙本著色聖徳太子像（御物「唐本御影」）についてのことである。この画像は、嘉禎四年（一二三八）八月上旬に道家の子、将軍頼経《よりつね》の命によって、慶政・顕真らが随伴し宝物拝観修理のために太子舎利とともに入洛した。九条家、宣陽門院、持明院などでの披露拝観の後、八月十四日に近衛兼経邸に入る（『法隆寺雑記』に引く『顕真得業小双子』）。

顕真は、まさにこの時兼経邸で、画像を前に自身と慶政、兼経の間で交わされた会話を、『太子伝私記』に記録している。「（次太子御影）但於此ニ有多ノ義、当寺ノ相伝者ハ唐本ノ御影也」などとあるのが顕真の説明、「（西山聖人云）非唐人ニハ百済ノ阿佐之前ニ現給形ナリ云々」が慶政の見解、「（或摂政関白殿下兼経宣ク）更ニ非他国之像スカタニ、日本人ノ装束其昔ハ皆如此也」が兼経の言葉である。裏書に「嘉禎四年戊戌八月十四日近衛殿下」とあり、この日付が兼経邸での披露拝観の日と合致するから、その際の会話の記録と考えて間違いない。裏書には続けて「西松慶政上人勝月坊、為令久故、御裏ニ押絹ヲ給、其時表紙令替錦ニ給」とあり、入洛に併せて画像表具改装が行われたようだ。「唐本御影」は太子生前の姿を彷彿させる画像として尊重されていたことがわかる。こうして太子信仰を介した顕真と兼経との縁が、次の聖皇曼荼羅の製作につながっていくことになる。

聖皇曼荼羅（絹本著色掛幅装　縦一六三・五センチ　横一一七・〇センチ／口絵14）の製作は聖霊院主顕真の悲願であったとも感じられるが、その成立の過程を追ってみたい。『別当次第』覚遍条に「建長六年（一二五四）三月一日、近衛大殿兼経御参、御宿所聖霊院也、次年（一二五五）三月十三日又御参、宝物宝蔵御覧、被渡聖霊院、即御宿所也、及此御口入、太子曼陀羅始絵之、東大寺戒壇院実相上人円照院、聖霊院院主五師顕真、両人其施主」「建長七年（一二五五）乙卯十月十三日、於御夢殿前開眼供養、導師京如林房松殿御息也」とあって、製作の概略がわかる。さらに詳細が記されるのは亀田孜が紹介した『聖皇曼荼羅図記』である（亀田孜「聖皇曼荼羅図説」、『日本上代文化の研究』、法相宗勧学院同窓会、一九四一）。顕真は宿願をもって建長四年（一二五二）四月に絵様を考案し、同五年、東大寺戒壇院円照《えんしょう》上人が法隆寺大勧進となった際に図画完成のための結縁《けちえん》を願う。一方、円照の夢に衲袈裟持香炉の金色童子形太子御影があらわれる。その後、円照は兼経に参じたところ作画を南都絵師堯尊《ぎょうそん》に任せることとなる。顕真の構想をもとに下図を作画した堯尊は、顕真とともに京上三度、円照及び兼経の考証により本様が定まる。建長六年（一二五四）冬頃から彩絵がはじまり、翌七年三月に、東大寺戒壇院で開眼供養された。六月には京上、兼経にも披露し、同年一〇月一三日に上宮王院で惣供養がなされる。供養導師は千本釈迦堂澄空《ちょうくう》である。

堯尊はこの図絵の功をもって法橋に叙された。巨勢氏系図によれば（『大乗院寺社雑事記』文明四年一二月条）、堯尊は巨勢氏の末裔で南都に下って興福寺大乗院家絵所の長となった参河法橋有尊の子息である。西大寺叡尊《えいそん》のもとで作画に励んでおり、建長二年（一二五〇）一二月から翌年二月末にかけて文殊菩薩・十六羅漢図など仏画二一幅を描いた。またこの間に高雄九幅曼荼羅紙形相伝のことを叡尊に語り、根本両界曼荼羅製作の宿願があったことがわかる。堯尊が聖皇曼荼羅にかかわったのはこの直後であり、叡尊の真言律・太子信仰を介した円照、顕真らとのネットワークが機能していることは確実である。その後も堯尊は叡尊とともに作画を続けるが、中でも注目されるのは、正嘉二年（一二五八）に九幅金剛界曼荼羅を、文応元年（一二六〇）に九幅胎蔵曼荼羅を製作していることである。宿願を果たしたのである。奇しくも両幅ともに開眼供養はその年の一二月二一日である。これは聖徳太子母の穴穂部間人皇后の忌日と一致する。すなわち、この両界曼荼羅は太子母のために捧げられたのだ。両界曼荼羅の主尊である大日如来に象徴される密厳浄土《みつごんじょうど》が、じつは太子母と観念される阿弥陀如来の極楽浄土と本来同じものである、と考える密教の浄土観が影響を落としている。宿願によりこの両界曼荼羅を作成した絵師堯尊にも、叡尊同様に篤い太子信仰があったと認めなければならない。

さて、聖皇曼荼羅は、一見して密教の曼荼羅風の構図・人物配置である。兼経の仰せにより「諸尊銘」が残されたので（『聖皇曼荼羅図記』）、図様理解に至便である。その概要は、太子母の穴穂部間人皇后を中央に、その左に聖徳太子、右に膳夫人を配し、阿弥陀三尊像に擬す。前述のように顕真は、太子母を中心とする阿弥陀三尊観について、おそらく師僧隆詮を通して既知であるから、ここにも密厳浄土説の影響があるだろう。堯尊の作図が曼荼羅的であることと関係する。なお、聖徳太子は勝鬘経講讃図と同様の、巾子冠上に毘沙門天を戴く姿である。勝鬘経講讃図は、聖徳太子の舎利信仰とともに浄土教を連想させる図様であり、また護世毘沙門天と救世観音とは通底するので、ここで母皇后（阿弥陀）の左脇侍としてあらわされるのは相応しい（なお、勝鬘経講讃図の恵慈、馬子、学哿、妹子も近傍に配される)。衡山の恵思、念禅比丘、達磨和尚(慶政請来の新図像とする見方がある)と父用明天皇が中台を形成する。中央下には講讃図にあった舎利容器(太子拳内舎利)をはじめ、三経義疏など太子著書が並ぶ。これを囲繞し中台周囲に二重に配される山背大兄王はじめ二五人の子弟孫子は、阿弥陀の二五菩薩がイメージされたとみることも可能である。この二五人は『聖徳太子伝暦』にいう、皇極天皇二年(六四三)一一月の入鹿襲撃時の往生者(『伝暦』に「向西方飛去」とある)の名と正確に一致し(余人を交えない)、そこに何らかの強い意味が込められたことが推測される。本図製作は、そのおよそ六一〇年後の作善である。この聖皇曼荼羅には、太子の事績を顕彰するとともに、浄土に往生した太子一族を拝するという意味合いがあったのだ。

注意すべきは、『伝暦』以前にも、『補闕記』や『法王帝説』にこの事件の重要性が伝えられることである。鎌倉時代からみてはるか過去のこととはいえ、顕真(調子丸子孫とされる)らにとっては決して忘れ得ぬ事件であったに相違なく、それが本図に見立て阿弥陀三尊二十五菩薩図としての表現をも与えたのではないか。すなわち聖皇曼荼羅は、太子伝を取り込んだ阿弥陀浄土図ともみることができるのではないだろうか。

鎌倉時代の作画

以上のほかにも法隆寺には鎌倉時代絵画が豊かに伝来している。以下概観する。まず尊智周辺の絵画について記す。勝鬘経講讃図その一が尊智筆に比定されることは前述した。この舎利殿勝鬘経講讃図(板貼つけ)が置かれたのは、仏壇後壁の前方であったが、その仏壇後壁に描かれた障子絵とされるのが蓮池図(絹本著色屛風装　縦一八〇・〇センチ　横二四七・四センチ)である(『古今一陽集』)。阿弥陀浄土を象徴した絵で、浄土教に方向づけられた勝鬘経講讃図とセットに相応しい。描かれたのは同時代とみられる。

毘沙門天像(絹本著色額装　縦二六二・七センチ　横一二八・三センチ/図12)と聖徳太子孝養像(絹本著色額装　縦一四九・〇センチ　横五九・〇センチ/図13)も、厚みのある表現であって、尊智と同時代の作例とみられる。さら

図12（上）　毘沙門天像
図13（下）　聖徳太子孝養像

に一点、春日宮曼荼羅の古本（絹本著色掛幅装　縦一二四・〇センチ　横七八・二センチ）がある。尊智はかつて承元元年（一二〇七）に後鳥羽院御願寺最勝四天王院に名所障子絵一二図を描いているが（『明月記』）、その画題の一つに「春日野」があった。尊智は大和絵も仏画も描いた。本図は春日社殿を正面からみてあらわすという古式の表現であり、尊智の世代をあまり降らないものとしておきたい。

鎌倉時代の半ば、聖皇曼荼羅が製作された頃には、法隆寺では五尊図（絹本著色掛幅装　縦一〇五・〇センチ　横八六・六センチ／三二一頁の図20）、法相曼荼羅（絹本著色掛幅装　縦一四四・四センチ　横六六・九センチ／図14）、釈迦十六善神図（絹本著色掛幅装　縦一二二・五センチ　横七九・五センチ／図15）なども描かれた。このうち、五尊図と法相曼荼羅は、画題は異なるがかなり描き手が近い。五尊図は金剛界大日如来像を中心に、童形の聖徳太子像、弘法大師像を下辺にあらわし、上辺には六臂如意輪観音像と二臂虚空蔵菩薩像を描いている。中心の金剛界大日如来像を毘《び》盧《る》遮《しゃ》那《な》仏《ぶつ》とみれば、三尊の組合わせは東大寺大仏殿像と同じになる。聖徳太子が大仏を造り（『日本霊異記』巻上五縁）、弘法大師は太子の後身であるという真言密教の信仰に寄せた説話が浮かびあがる。なお弘法

図14　法相曼荼羅

図15　釈迦十六善神図

大師に仮託された『南無仏舎利口訣儀軌』（鎌倉時代）では、虚空蔵菩薩と如意輪観音は同体であり、ともに太子の御本地であるとされる。ちなみに叡尊は当寺顕真相伝の檀像如意輪観音像（初唐）と、額安寺の乾漆造虚空蔵菩薩像（奈良時代）とを修理しており、本図製作の事情と何らかの関係があるかも知れない。

次の法相曼荼羅の弥勒菩薩像は、円相中にあらわされていて前者同様に密教がかった作図である。その相好、プロポーション、着衣の文様などが五尊図に近似する。また現在宝蔵殿に安置される平安時代一一世紀の瀟洒な木造弥勒菩薩像（木造漆箔彩色　像高九四・〇センチ）とも印象が近いように思う。平安時代の由緒ある尊像を写しながら当世風の表現となったということだろうか。なおこの図の弥勒菩薩像は、尊智の時代にさかのぼるとみられる宝山寺の弥勒菩薩像にも図像的にきわめて近い。宝山寺像はまさに法隆寺金堂壁画式の表現であって、この間に時代を通じた南都仏画の強い伝統がうかがわれる。

最後にとりあげる釈迦十六善神図は、前二者とは多少画趣が異なる。しかし明快な彩色と描起し線は南都絵所で描かれたことを示すものだろう。本図図様は高野山桜池院の薬師十二神将像の図像を借りて成立している。桜池院本は藤末鎌初（一二世紀末頃）の作例で、薬師寺金堂三尊像の脇侍菩薩像を写し、十二神将像は東大寺珍海に淵源する玄証本図像に従っている。本図はその桜池院本の十二神将像に四神将像を加えて十六善神像に改変し、さらに玄奘と深沙大将像を配して作られる。手前にはみごとな師子形香炉もあらわし、随所に涌雲《ゆううん》も配して絵は多少宋元風のモチーフもみせる。鎌倉時代南都絵所の面目を示す作例と思われる。

法隆寺では古文化財がよく保存され現在に伝えられてきた。それは太子信仰と無関係なことがらではない。さまざまなかたちで聖徳太子が信仰されてきた故に、多種多様な製作が存在し内容豊富である。縷々説明してきた以上の作品のほかにもなお言及すべき作例も多い。本節を通して、聖徳太子信仰と釈迦（大日如来）・観音・毘沙門天・阿弥陀、すなわち舎利・宝珠信仰と浄土教の回路が多少でも明らかとなり、そうした信仰を背景とする造形の成立と伝来を幾分か示すことができていれば幸いである。

第三節　中世の瓦生産

1　修理工事と瓦生産

南都と法隆寺の瓦

平重衡による東大寺や興福寺の焼き討ち後、南都仏教の復興ということもあって、鎌倉時代に入ると、奈良では東大寺と興福寺を中心として、寺院の造営工事が精力的に進められ、それと相俟って瓦生産もさかんとなる。平安時代末近くに、その質が低下した瓦も、この時代に良質なものが生産されるようになる。

鎌倉時代における大和での瓦は、一部の寺の瓦を除いておおむね興福寺系のもので占められている。このことは、大和の多くの寺々が、当時興福寺の末寺になっていたという面があったからと考えられる。一部の寺の瓦とは東大寺の瓦である。東大寺は古代以来、官の大寺として造営工事が進められており、その伝統を伝えていた。南都復興に際してもその技術が活用され、寺内で必要とする瓦は寺家に勧進所を設置して生産された。興味あることは、東大寺系の瓦が山城の寺で見られることである。このことは、東大寺が興福寺の勢力に対抗できなったことを示すものでもあろう。

法隆寺においては、平安時代後半に南大門の移建、金堂・五重塔・講堂などの修理工事が行われたことが『別当記』や『嘉元記』などによって知られる。鎌倉時代になると、南都での寺々の復興とともに法隆寺においても多くの堂舎の修理工事、あるいは新たな造営工事が行われた。それらの工事が進められた時の別当はすべて興福寺から派遣されており、このようなところにも興福寺との関係の深さをうかがわせる。文永五年（一二六八）の西室三経院の造営にあたっては、「番匠南都ヨリ下され」（『別当記』）とあり、興福寺の大工が法隆寺での普請に携わったことが知られる。しかし、瓦については軒瓦の文様や製作技法からは、興福寺との関係が見受けられない。多くの堂舎を擁した法隆寺をはじめとして斑鳩では、前代からの造瓦組織が存在したものと考えられる。

瓦葺き上げの工事に関して、『別当記』に記されているものをあげてみると、寛喜元年（一二二九）の金堂、正和二年（一三一三）の大湯屋《おおゆや》と築地がある。また元弘二年（一三三二）の蓮光院地蔵堂供養の記事には、「施主瓦大工三郎大夫」とある。ここに記されている三郎大夫は、唐招提寺金堂大棟の東端に載せられていた鴟尾《しび》に「作者寿王三郎大夫正重」と記した者との同一人であろう。

また東院においても寛喜二年（一二三〇）の夢殿大修理や、翌年の中門を礼堂に造り替えた工事などが行われている。夢殿の寛喜二年の大修理の棟札銘《むなふだめい》には「仕丁瓦工」とあり、その下に一三名の人名が記されているので、これらの瓦工がこの工事に関わったことがわかる（二九六〜八頁参照）。

瓦　窯　昭和五三年度から五八年度まで行われた防災施設工事にともなう発掘調査で、西室のすぐ北側で二基の瓦窯を検出した（法隆寺編『法隆寺防災施設工事・発掘調査報告書』、奈良明新社、一九八五）。これらの瓦窯は、中世における法隆寺での瓦生産の状況を知る上で貴重な資料となった。二基ともに分焔牀《ぶんえんしょう》をともなった平窯である。平窯というのは、窯の底面がほぼ平坦な窯のことを言い、藤原宮造営の頃、すなわち七世紀末から八世紀初頭にかけてあらわれた瓦窯であり、燃料を焚く燃焼室と瓦を焼き上げる焼成室とで構成される。奈良時代の後半に、火熱の効果を高めるために畦《あぜ》状の分焔牀が設けられるようになった。その形が石炭ストーブなどのロストルを思い浮かばせるので、ロストル式瓦窯と呼ばれることもある。

検出された二基の瓦窯は近接して築かれており、いずれも二条の分焔牀をそなえている。同時に築かれて操業されていたものであろう。一号窯は、燃料を焚く燃焼室、製品を焼く焼成室、炎を導く分焔孔が良く残っており、全長二・三メートルである。壁体は一・一メートルの高さまで残っていた。二号窯は焼成室だけが残っており、これは西室北側の崖面を整形した際に、燃焼室が破壊されたと考えられている。このことから、寛喜三年（一二三一）の西室造営以前に築かれたものであることがわかる。また、一号窯の焼成室から出土した軒平瓦からも、一三世紀頃に操業されていた瓦窯であることが知られた。

西室周辺では、粘土採掘のためと見られる大小の土坑が見つけられている。大規模なものでは長さ約三・四メートル、幅約三・二メートルあり、底近くから一号窯出土のものと同じ軒平瓦が出土している。法隆寺境内での粘土採掘がさかんだった様子をうかがうことができる。

中世の瓦窯は、東院伝法堂の東南でも検出されている。この瓦窯も分焔牀をもつ平窯であるが、分焔牀は三条設けられている。全長は二・三メートルで、さきの瓦窯と同じ規模である。焼成室で四時期にわたる床面が確認され、最下層、すなわち最初の床面を造る際に一二世紀の土器を含む土層を掘りくぼめているところから、この瓦窯が鎌倉時代操業の窯であることが明らかにされた。

2　法隆寺の中世瓦

文字を記した瓦

境内から出土する中世の遺物には、土器や陶磁器類をはじめとして多くのものが見られる。しかし、何といっても厖大な量で出土するのは瓦類である。古代の瓦の出土量もかなり多いが、中世以降の瓦はまさに厖大な量なのである。そのことによって、あるいは棟札銘などによって、中世以降の堂塔の屋根葺き替え工事が幾度となく行われた状況を知ることができる。たとえば西円堂における応永一五年（一三九八）の修理を記した棟札によれば、同年三月五日から工事を始め、同月晦日に終了していることから、この工事は瓦葺き替えと考えられている。その前年、応永四年の銘をもつ西円堂の雁振瓦《がんぶり》には、二七〇枚の瓦を作ったことが記されており、前年には西円堂用の瓦生産が行われていたのである。

法隆寺の多くの堂舎の屋根には、現在も中世の瓦のかなりの数のものが葺かれているのである。すでに六〇〇年を経過している。いかに丁寧に良質の瓦が作られたかがわかる。そして注目すべきは、文字が記された瓦、文字瓦が見られることである（『至宝』一五・瓦）。そうしたもののうち、鬼瓦の側面に記されたものなどは、双眼鏡で読みとることもできる。明治以降の修理工事の際に、そうした文字をもつ瓦に関しては寺の歴史を知る資料として保存されているものもある。

文字瓦には製作者の名前を記したものもずいぶん見られ、また製作の年を記したものもかなり残されている。それらを見ると、室町時代のものが多く、製作者も「瓦大工橘某」と記したものが目立っている。瓦大工橘氏で最も早い時期に見られるのは橘正重である。この名は前項でふれたように、唐招提寺金堂大棟東に据えられていた鴟尾に見えるのであり、「作者寿王三郎大夫正重」と記され、それは元亨三年（一三二三）の作であることも合わせて記されている。橘正重はさきに記したように、その一〇年前に東院の西北に近接した蓮光院地蔵堂の施主であることが『別当記』によって知られる。法隆寺で活躍した瓦大工橘氏の活動を追ってみよう。

瓦大工橘氏

この橘氏が瓦工としていつ頃から活躍しはじめたのか定かではないが、正重が寿王三郎太夫という名をもっていることからすれば、鎌倉時代の早い時期から活躍しはじめたのではなかろうか。

折りしも、鎌倉仏教の台頭で多くの寺々が建立、あるいは修造されていく。そうした流れにのったのであろうと考えられる。橘氏が瓦大工として記録に数多くその名をとどめるようになるのは、室町時代の永徳三年（一三八三）の夢殿の棟札に「瓦大工国重」の名が見えてからなので、その頃から法隆寺で活躍しはじめたと思われるのである。この棟札には、「瓦大工国重」の下に九名の瓦工の名が記されている。また応永五年（一三九八）の西円堂の棟札には、

「瓦葺衆

大工国重」

とある。おそらく後世とは異なり、瓦大工は瓦製作も行い、瓦の葺き上げも行なっていたのであろう。瓦に関する全ての作業を担当していたものと考えられるのである。このときの棟札には「吉重」の名も記されている。この時には「権大工吉重」となっている。この吉重こそ、中世の瓦大工としてその名を高からしめた「瓦大工寿王

三郎橘吉重」である。

吉重が瓦大工としてひとり立ちしたのは二九歳の時であり、そのことが応永一三年（一四〇六）に作られた聖霊院の丸瓦に、

「瓦大工ヒコ次郎
寿王三郎トナノルコノトシナヲカエテ
トシワ廿九　」

とあることによって知られる。ところが、永享一〇年（一四三八）に作られて南大門に載せられていた鬼瓦には「トシ廿七カラ大工ニナル」と記されているのである。これは永享一〇年に作られたものであり、彼はすでに六一歳になっており、自分がひとり立ちして名を変えた時をまちがえたもののようである。これはこれで興味あることである。

彼の晩年に作った瓦に「ユウアミユツルナリ」と記されたものがある。それは文安五年（一四四八）製作のものであり、その年に名を譲ったもののようであり、この初代吉重と二代吉重によって、法隆寺の多くの堂舎の屋根の瓦が葺かれているのである。二代吉重は初代ほど銘を残していないが、法隆寺では文明一三年（一四八一）まで三五年間のものが残されている。初代と二代の橘吉重によって作られた瓦が葺かれた法隆寺の堂舎は、表1に示すように数多

表1　文字瓦に記された堂塔の瓦製作の年

製作年	使用堂塔
応永2年	五重塔
8	西院回廊
12	大講堂
13	聖霊院
23	聖霊院
永亨8	南大門
9	東院絵殿
10	南大門
嘉吉2	伝法堂
3	回廊(東院か)
文安3	伝法堂
	礼堂
5	経蔵
	東院回廊
宝徳4	食堂
長禄3	東院南門
寛正2	金堂
	五重塔
3	大講堂
天文16	大講堂

く見られる。ここで気づくのは、瓦が葺き上げられた建物が西院、東院ともに堂塔だけであり、子院の名が見られないことである。当時の子院の屋根は板葺きで、「大和葺」と記されたものも見える。大和葺は、現在では西院金堂と五重塔の裳階の板屋根を指すが、実際にどのような板屋根だったのか、定かでない。瓦を葺いた子院は食堂の東にあった勧学院だけであったようで、瓦坊とも呼ばれていた（高田良信『法隆寺子院の研究』、同朋舎、一九八一）。なお、近世の興福寺伽藍境内図に描かれた子院の多くに「屋根大和葺」とあって、これは杉皮葺を示すらしく、現在の法隆寺子院でも西園院客殿（桃山）は杉皮葺である。

さて、屋根に葺き上げられる瓦の数がいかに多かったのか、そうしたことも文字瓦から知られて興味深い。応永一三年（一四〇六）には、聖霊院に葺く瓦が数多く作られている。この年の五月一八日の日付のある丸瓦には、

「ヒラ四千マル二千三百
アフミ二百十枚
ノキ二百三十枚
フスマ百八十枚
アナアケのマル百枚　」

と記されている。ここにみえる「ヒラ」は平瓦、「マル」は丸瓦、「アフミ」は軒丸瓦、「ノキ」は軒平瓦、「フスマ」は大棟や降り棟に載せる雁振瓦のことである。雁振瓦に関しては、五月二一日の日付をもつ雁振瓦に「衾瓦百八十枚」とある。この時作られた瓦は全部で七〇二〇枚となるが、実際にはさらに多くの瓦が必要だったことであろう。

また、応永一三年八月一四日の日付のある丸瓦には「シャウラウエタウノウワフキノ瓦八千マノ内」とあり、

応永一三年と同二三年に聖霊院の大規模な葺き替え工事のあったことが知られる。

永享八年（一四三六）からは南大門の瓦作りが始まった。同年の丸瓦には、

「南大門瓦以上合一万
五千枚スヘシ
永享八年六月　」

とあるが、これだけではなく、同一〇年には追加の瓦作りが行われており、平瓦に「南大門ヲイツクリ　四千八百枚ノ内云々」とある。同様の内容をもつものに、軒丸瓦や鳥衾などがある。

瓦作りの工夫　橘氏の造瓦活動で注目されるのは、瓦にいろいろな工夫がなされていることである。例えば原料の土の吟味である。永享一〇年の妻室の平瓦には、

「　南大門の瓦
コノ土ワシチタウノマエノ土ナ
リ
戊午七月四日
瓦大工寿王三郎　」

とあり、同年の南大門の雁振瓦には「コノ　土ワシキタウノ　マエノツチナリ」とある。妻室の平瓦に見える「シチタウ」は、南大門の雁振瓦にある「シキタウ」と同じことで、食堂をさす。ことさらに食堂の前の土を使ったことを記しているのは、その土を十分吟味し、良い瓦ができた喜びを記したものであろう。また嘉吉二年（一四四二）の伝法堂の平瓦には、

「カキチ二子九月日
コノツチワヲウカイトノ
ツチナリスイフン
ヨシ」

とあり、良質の土を採ることができたことを記しており、同年のやはり伝法堂の平瓦には、

「ニシムロノ土トフクイノ土
トヲハフンアワセニシタル土
ナリヨキカワルキカシランカ
タヘナリヨクワノチニモトルへ
シ
嘉吉二年十月六日」

と記している。〝良きか悪きか知らんがためなり〟と、試みに西室の土と福井の土を混ぜて使ったことを記しているが、実際に作られた瓦が使われているので、その試みは成功したのである。このような土の吟味は文安三年(一四四六)の資料にも見られる。これも伝法堂の瓦であり、二枚の丸瓦に、

「ヤマツチヨキカワルキ
カシランカタヘナリ
フアン三年九月十九日
大工ユウアミトシ六十九

トラノトシ　」（図16）

「コノ土ワチウツヤノ
ナリヨキカワルキカ
シランカタヘナリ
　瓦大工吉重トシ六十九
フアン三年九月廿七日
　ヒノエトラ　」

とある。「チウツヤ」は手水屋の意味である。

こうした資料の他にも「カシハウノマエノ土」を吟味したり、「タ土トコ、ノ土トハフンツ、　ナリ」と記されたものがある。「カシハウ」がどこの坊か判然とせず、境内のいずれかの子院であろうが、「ハシハウ」の誤りであれば、橋坊は東大門から東院へ向かって右側ふたつ目の子院である。また、「ココノ土」はどこかわからず、「タ土ト」は「他の土と」のことであろうが、常に土の吟味をしていたことが知られる。

室町時代の瓦大工橘氏は瓦そのものの改良にも心がけていたことがわかる。たとえば、永享一〇年（一四三八）の南大門の平瓦には「ハコイタヒラ」瓦と記されたものがある。これは「羽子板平」のことであろう。平瓦の葺き足の部分を狭く作ったもので、

図16
東院伝法堂の丸瓦に記された文字

図17　瑞花院（橿原市）本堂の平瓦に記された文字

羽子板に似ていることからそのような名前が付けられたのであろう。これは、「懸かりの瓦」と呼んでいる凹面前半に袖状の作り出しを設けた軒平瓦が考案され、「二の平」はその分葺き足の部分を狭く作る必要があった。懸かりの瓦に関する文字瓦は法隆寺には見られないが、瑞花院吉楽寺（奈良県橿原市）の嘉吉元年（一四四一）の資料に「カ、リ百五十枚ノ内」とある。勾配の強い屋根に対するものとして考案されたものである（図17）。このような特殊な軒平瓦や平瓦がこの頃瓦大工橘氏によって作られた可能性は法隆寺南大門の平瓦銘によって知られる。それには、

「コノハコイタワ又三郎殿ノ
五サクナリコノ土ワシタノタ
ノマエノ土ナリ　　」

と記されている。この瓦には年紀が見られないが、ここにある「又三郎」は永享一〇年の南大門の平瓦にその名が見える。したがって、瓦大工橘氏一門によって懸かりの軒平瓦、羽子板状の二の平瓦が考案されたと考えられる。そしてこの軒平瓦にともなう軒丸瓦にも工夫が凝らされている。その凹面に仕切りを設けて、ずれたり、滑ったりしないような工夫がなされているのである。

法隆寺史《ほうりゅうじし》　上　──古代《こだい》・中世《ちゅうせい》──

2018(平成30)年 3月22日　発　行
2021(令和 3)年 7月 7日　第2刷

編　者　法隆寺
発行者　田中　大
発行所　株式会社　思文閣出版
〒605-0089 京都市東山区元町355
電話 075-533-6860(代表)

印　刷
製　本　株式会社 思文閣出版印刷事業部

ISBN978-4-7842-1924-7　C1021

執筆者紹介・執筆担当

①生年・出身　②学歴　③現職　④主要業績

鈴 木 嘉 吉（すずき　かきち）

①1928年　東京都生　②東京大学工学部建築学科（日本建築史）　③奈良文化財研究所名誉研究員　④『法隆寺』（小学館、1964年）『上代の寺院建築』（至文堂、1971年）『法隆寺東院伽藍と西院諸堂』（岩波書店、1974年）

執筆担当：第2章コラム

……………………………………………………………………………………………（以下執筆担当順）

岩 本 次 郎（いわもと　じろう）

①1935年　大阪府生　②大阪市立大学文学部史学科（日本古代史）　③元帝塚山大学人文科学部教授　④『奈良県史4・条里制』（共著、名著出版、1987年）『北浦定政関係資料』（共著、奈良国立文化財研究所史料42、奈良国立文化財研究所、1997年）『播磨国鵤荘現況調査報告総集編』（共著、兵庫県揖保郡太子町教育委員会、2004年）

執筆担当：序章、第1章第3節、第2章第5節、第3章第6節

渡 辺 晃 宏（わたなべ　あきひろ）

①1960年　東京都生　②東京大学大学院人文科学研究科国史学専門課程博士課程単位修得退学（日本古代史）文学修士　③奈良大学文学部教授　④「平安時代の不動穀」（『史学雑誌』98-12、1989年）『平城京と木簡の世紀』（講談社版日本の歴史04巻、2001年）『平城京一三〇〇年全検証――奈良の都を木簡からよみ解く――』（柏書房、2010年）

執筆担当：第1章1節、第3章第1～4節、第4章1節

森　　郁 夫（もり　いくお）

①1938年　静岡県生　②國學院大學文学部史学科（考古学）　③元帝塚山大学教授　2013年逝去　④『日本古代寺院造営の研究』（法政大学出版局、1998年）『ものと人間の文化史100　瓦』（法政大学出版局、2001年）『増補改訂版　日本の古代瓦』（雄山閣、2005年）

執筆担当：第1章第2節、第2章第1～4節、第7章第3節

東 野 治 之（とうの　はるゆき）

①1946年　兵庫県生　②大阪市立大学大学院修士課程修了（日本古代史）　東京大学博士（文学）　③日本学士院会員　杏雨書屋館長　④『遣唐使と正倉院』（岩波書店、1992年）『日本古代金石文の研究』（岩波書店、2004年）『聖徳太子』（岩波ジュニア新書、2017年）

執筆担当：第2章第6節、第3章第5節、第4章第2節

久 野 修 義（ひさの　のぶよし）

①1952年　大阪府生　②京都大学大学院文学研究科博士後期課程研究指導認定退学（日本中世史）京都大学博士（文学）　③岡山大学名誉教授　放送大学客員教授　④『日本中世の寺院と社会』（塙書房、1999年）『重源と栄西』（山川出版社、2011年）「嘉暦年間における長洲訴訟記録について」（勝山清次編『南都寺院文書の世界』思文閣出版、2007年）

執筆担当：第5章第1・2節、第6章第1・2節

綾村　宏（あやむら　ひろし）

①1945年　京都府生　②京都大学大学院文学研究科博士後期課程単位修得退学（日本史）　文学修士　③奈良文化財研究所客員研究員　④『法隆寺の至宝8　古記録·古文書』（共編、小学館、1999年）『石山寺の信仰と歴史』（編、思文閣出版、2008年）

執筆担当：第5章第3節、第6章第3節、第7章第1節

梶谷亮治（かじたに　りょうじ）

①1947年　島根県生　②九州大学文学部哲学科美学美術史専攻卒業　③奈良国立博物館名誉館員　④「平家納経雑感」（『鹿園雑集』第2・3合併号、2001年）「「勧修寺繡帳」覚書――法隆寺金堂壁画と聖徳太子信仰の接点を求める――」（『聖徳』第233号、2017年）

執筆担当：第7章第2節

図表・略称一覧

＊「／」のあとに所蔵者、写真提供者を掲げた。
＊所蔵者と写真提供者が同一の場合、後者は省略した。
＊所蔵者が法隆寺の場合、所蔵者表記を省略した。

口　絵

序　章

第1章

第２章

第3章

第4章

第5章

第6章

第７章

略　　称

頻出する史料・図書は原則として次のように略した。

『法隆寺伽藍縁起幷流記資財帳』→『法隆寺資財帳』
『上宮聖徳法王帝説』→『法王帝説』
『上宮聖徳太子伝補闕記』→『補闕記』
『古今目録抄』『聖徳太子伝私記』→『太子伝私記』
『法隆寺東院縁起』→『東院縁起』
『法隆寺別当記』→『別当記』
『太子伝玉林抄』→『玉林抄』
『昭和資財帳　法隆寺の至宝』→『至宝』
『法隆寺史料集成』→『史料集成』

人名索引

な

に

ぬ

ね

の

は

れ

わ

事項索引

き

く